제3판

경영학의 이해

Understanding of Business Administration

경영학의 이해

제3판

류태모 · 송경수 · 정동섭 · 정현우

publishing and culture
피앤씨 미디어

제3판 머리말

이 책은 경영학을 처음으로 접하는 학생을 대상으로 경영에 대한 관심을 이끌어 내고 기본 개념을 이해시키기 위해 경영학의 기초 이론과 적용사례를 간결하게 정리함으로써 비교적 쉽고 편안하게 경영학에 접근할 수 있도록 하는 데 초점을 맞추어, 15년 이상 경영학원론을 강의한 4명의 인사조직교수가 각자의 전공분야를 담당하여 집필되었다.

학생들이 아무리 많은 경영학 지식을 기억한다고 하더라도 사회에 나간 다음 학교에서 배운 경영학 지식에 꼭 들어맞는 상황을 만나는 경우는 극히 드물다. 따라서 정말 도움이 되는 교육이란 학생들에게 몇 가지의 기본적인 경영학 개념들을 이해시키고, 이를 실제 상황에 적용시키는 능력을 키워주는 것이라는 평소의 생각을 바탕으로, 경영학의 기본 개념을 쉽게 이해하고 응용하기 위하여 체계적이고 간결한 경영관련 지식을 경영현장과 연결시킴으로써 독자들이 스스로 이해하기에 부담이 되지 않으면서 경영학을 이해하도록 하는 데 목적을 두고 저술되었다.

따라서 본 교재에서는 학생들로 하여금 경영학 전반에 걸친 폭넓은 이해를 할 수 있도록 하는 데 주안점이 있으므로, 다음과 같은 세 가지 기본방향에 충실하도록 노력하였다.

1. 경영학원론의 뼈대를 이루는 경영학의 기본 원리 중심으로 구성한다.
2. 독자의 눈높이에 맞도록 독자 중심으로 내용과 형식을 서술한다.
3. 100년에 걸친 경영학 연구의 성과를 알기 쉽게 소개하고자 하였다.

이러한 관점에서 이 책은 다음과 같은 점에서 나름대로의 특징이 있을 것으로 본다.

첫째, 경영학의 기본 원리와 기초 이론들을 중심으로 가능한 한 독자들이 읽기 쉽고 이해하기 쉽도록 핵심적인 내용만을 간결하게 설명하려고 노력하였다.

둘째, 본 교재에서 제시된 경영학 기초이론들과 관련되는 현실의 응용사례를 '시작이야기' 및 예로서 제시하여 이론에 대한 실제적인 이해를 높이려고 노력하였다.

셋째, 비록 학문적으로 이론정립이 되어 있지 않는 경우라도 최근 경영현장에서 자주 쓰이는 경영학용어나 기법 및 동향에 관해서는 '지금 경영현장에는…'에서 그 내용을 소개하였다.

넷째, 독자들에게 경영현장에 자주 접하는 문제들을 스스로 생각하고 판단해 보는 기회를 제공하고자 'LET'S THINK'을 두어 이슈들에 대한 의사결정 능력을 배양하고자 하였다.

다섯째, 각 장에 관련된 인터넷을 통해 학습하고자 'EXPLORING INTERNET' 코너를 각 장 끝에 두었다.

여섯째, 수업 중에 단순히 토론이나 강의뿐만 아니라 실제로 연필을 가지고 직접 연습을 할 수 있도록 'EXPERIENTIAL EXERCISES' 란을 두었다.

이 책은 3부 15장으로 이루어졌으며, 그 내용을 간략히 소개하면 다음과 같다. 제1부 경영학의 이해에서는 경영과 기업조직, 경영자(제1장), 경영의 발전(제2장), 기업과 환경(제3장) 및 기업의 사회적 책임과 기업윤리(제4장)에 관한 내용을 다루고 있다. 제2부에서는 경영관리에 관한 내용을 검토하고 있는데, 의사결정(제5장), 계획활동(제6장), 조직활동(제7장), 동기부여(제8장), 리더십(제9장), 의사소통(제10장), 통제 및 경영성과(제11장)에 대해 설명하고 있다. 마지막으로 제3부에서는 경영분야의 이해에 관한 내용을 설명하고 있는데, 인적자원관리와 마케팅관리(제12장), 회계와 재무관리(제13장), 정보관리와 생산·운영관리(제14장), 그리고 기업가정신과 창업(제15장)을 다루고 있다.

이러한 저자들의 의도가 제대로 반영되어 이 책이 독자들의 요구에 성공적으로 부응하고 있는지는 전적으로 독자들의 판단에 달려 있을 것으로 본다. 따라서 독자들의 아낌없는 지적과 조언을 기대하며 부족한 점이나 이해하기 어려운 부분은 가까운 시일 내에 다시 고쳐나갈 것이다.

이 책이 완성되기까지 많은 분들의 도움을 받았다. 이름들을 다 열거하기보다는 저자들을 알고 있는 모든 분들에게 감사함을 엎드려 표현하고 싶다. 또한 저자들이 재직하고 있는 대학들의 여러 동료교수들에게도 마음에서 우러나오는 고마움을 전하고자 한다.

2019년 1월

저자 일동

차 례

PART 1

경영의 이해

PART 2

경영관리

PART 3

경영분야의 이해

01

제1부에서는 경영에 대한 기본 개념들에 대해서 알아본다. 우선 경영이란 무엇이며 어떻게 수행되는지에 대하여 알아보고, 성공적인 경영자의 요건들은 무엇인지에 대하여 논의된다.

또한 지난 100년 동안의 경영이론에 대하여 살펴보고 경영이론이 기업경영에 어떤 영향을 미치는지에 대하여 알아본다.

다음으로 기업환경은 무엇이고 또한 그것이 기업에 어떤 영향을 미치는가에 대하여 살펴본다.

끝으로 기업의 사회적 책임과 기업윤리는 무엇이고 어떻게 구성되는지 살펴본다.

PART 1

경영의 이해

Chapter 1

경영과 기업조직, 경영자

새로운 경쟁자, 새로운 기술 및 새로운 생활양식은 새로운 경영을 요구한다.

– 존 영(John A. Young), President and CEO, Hewlett-Packard

비즈니스, 과학, 기술의 모든 것에 있어서 기업의 핵심성공요인은 결코 다른 기업을 흉내내지 않는 것이다.

– 마사루 이부카(Masaru Ibuka), Cofounder, Sony Corporation

● 시작 이야기 ●

'전략적 변곡점을 넘어서기'

이스트만 코닥 컴퍼니(Eastman Kodak Company)

코닥(Kodak)은 1882년, 뉴욕 로체스터 은행 서기였던 조지 이스트만이 현대식 필름의 초기 형태를 만들어 내고, 1883년에는 세계 최초의 감광필름을 만들어내 이것을 양산화하는 데 성공함으로써 본격적으로 시작되었다. 창업자인 조지 이스트만은 알파벳 'K'가 소비자나 사용자 모두에게 강한 인상을 주고 있다는 믿음을 가지고 있어 알파벳 'K'를 앞뒤에 반복하여 사용하여 Kodak이라는 이름으로 사업을 시작했다.

코닥은 1888년부터 "당신은 찍기만 하세요, 나머지는 저희가 알아서 하겠습니다."라는 광고 카피를 사용하여 카메라의 판매에 뛰어든다. 그러나 당시로써는 카메라가 대중화되지 않았기 때문에 코닥이 개발한 카메라와 필름은 일부 전문 사진사 계층에게만 호응을 얻었다. 그러나 당시 경영학에서는 '이벤트'로 그치던 광고라는 것에 세계 최초로 지속적인 투자 및 광고를 결정함으로써 잠재 시장을 빠르게 넓혀갔다. 또한 당시에는 파격적인 의상인 파란 줄무늬 원피스를 입은 'Mrs. Kodak'이라는 캐릭터를 광고에 기용해 사진이 전문가의 전유물이 아니라는 이미지를 심어주고, 결과적으로 급속도로 대중에게 사진과 카메라를 전파하게 되어 필름 시대의 황금기를 개척하게 된다.

1910년대부터 필름을 코닥이라고 부를 정도로 필름의 대명사가 될 만큼 회사는 급성장하였고, 1930년대 후반, 현대적인 필름을 개발함으로써 또다시 시장을 개척하는데 성공하는 등의 발전을 이룬다.

1950년대에 카메라 시장이, 카메라 바디, 렌즈, 필름으로 세분화되어감에 따라 독일의 칼 자이스, 라이카와 일본의 니콘, 캐논, 펜탁스이 등장하게 되면서 입지가 줄어들기 시작했다. 하지만 코닥은 필름 사업에서 고정적인 수입을 올리고 있었기 때문에 이러한 분위기에도 흔들리지 않을 수 있었다. 결과적으로 필름 시대가 끝나가는 1990년대 이르렀을 때에는 매년 1억 대가 넘는 일회용 카메라를 판매하고, 각종 특허와 디지털 기기를 개발하는 데 성공하

제 1 절

경영이란

1.1 경영이란 무엇인가?

경영이란 말은 우리 주변에서 흔히 듣기 때문에 친숙한 느낌이 든다. 하지

는 등 대내외적으로도 큰 성장을 이뤄냈고, 미국 25대 기업에 이름을 올리게 된다.

디지털 카메라에 대한 대처

1975년 코닥의 전자 사업부 엔지니어였던 스티브 세손은 세계 최초로 디지털 카메라(CCD)를 만들어 냈다. 그러나 코닥은 이 디지털 카메라가 향후 아날로그 필름 시장 전체를 바꿔놓을 것이라고 결론 내리고, 이것에 대한 상용화를 중지시켰으며, 필름 시장의 붕괴를 우려해 간간히 디지털 카메라의 시험작만을 출시하며 디지털 카메라의 출현을 억지로 늦추려고 시도했다.

이러한 억제 전략은 20여 년 간 이어졌지만, 1998년, 디지털 카메라의 대중성을 예측한 일본 카메라 기업들이 보급형 디지털 카메라를 출시하기 시작하면서 필름 카메라는 급속도로 사장되기 시작했고, 이러한 시장 역전에 코닥의 입지와 수익성은 극단적으로 숨어들기 시작했다.

수익성이 악화된 코닥은 끝내 2012년 1월 19일에 끝내 파산보호 신청을 하게 된다. 이후 코닥은 연방정부에서 844만 달러를 지원 받았으며, Chapter 11에 따라 인쇄의 기술적 지원, 전문가들을 위한 그래픽 커뮤니케이션 서비스 분야만을 남겨두게 되었고, 카메라 사업부는 Kodak 라이선스와 함께 JK Imaging으로 매각되었으며, 필름 사업부는 상업 영화 필름만을 남겨두고 나머지는 전부 매각했다. 이에 미 정부는 코닥의 수익성이 성공적으로 제고됨을 인정해 2013년 9월 4일 파산보호에서 벗어나게 되었다.

위의 사례처럼 한때 미국을 대표하던 필름산업의 절대강자인 코닥이 디지털 카메라가 나오면서 2012년 파산하고 말았다. 그리고 휴대전화의 절대강자였던 핀란드의 '노키아'도 스마트폰이 나오면서 그 지위가 순식간에 사라졌다.

이제 각 분야의 일등기업도 안심할 수 없는 상황이 되었다. 인텔 회장이었던 '앤드류 그로버'는 이러한 현상을 '전략적 변곡점(Strategic Inflection Point)'이라는 말로 설명하였다. 전략적 변곡점이란 '지금의 프레임워크가 더 이상 작용하지 않는 새로운 변화를 직면할 때'를 말하는데, 이 시점을 잘 넘기지 못하면 일류기업도 하루아침에 평범한 기업으로 전락하고 만다는 것이다.

앞으로 기술적으로 엄청난 변화를 가져올 4차 산업혁명 시대에는, 이런 충격적인 변화가 빈번하게 일어날 것으로 예측된다.

만 경영이 무엇이냐고 물으면 제대로 대답하지 못하는 것이 사실이다.

'경영학원론' 시간은 지금까지 경영학을 들어보지 못한 학생들이 처음으로 경영을 접하는 과목이다. 이들에게 종종 수업 첫날에 경영이란 무엇이라고 생각들하고 있는지 그림으로 한번 그려보라고 하면 다양하고 재미있는 답을 얻을 수 있었다.

작은 돈주머니가 큰 돈주머니로 변화되고 있는 그림, 사과나무에 사과들이 주렁주렁 달려 있고 이를 흡족한 듯이 바라보고 있는 농부의 모습, 손에 손잡고 일렬로 열심히 뛰고 있는 사람들의 모습, 장애물이 가득한 고속도로를 질주하고 있는 승용차와 운전자의 모습, 한 그루 나무에 물을 주고 있는 그림, 맞물려 돌고 있는 기계 톱니바퀴, 눈이 오는 풍경 아래 계속 커져 가는 눈덩이를 밀고 있는 사람 등 다양하고 재미있는 그림들이 많았다.

경영학에 대한 사전지식이 없는 이들이 그린 그림의 한 가지 공통점은 경영이란 개념에는 어떤 최초의 경제적 가치를 계속 확대해 가는 행위나 과정을 포함하고 있다는 점이다. 시작하는 이야기의 포스코 사례처럼 포스코는 초기에 신일본제철의 프로세스를 그대로 받아들였고 일본 기술진의 조업 지도를 받으며 볼품없이 시작하였지만, 임직원들의 끊임없는 노력으로 세계 철강업계의 후발 주자인 포스코를 세계 초일류 철강기업으로 성장시켜 그 경제적 가치를 엄청나게 확대시키는 신화를 창조하였다.

경영의 의의에 대해서는 학자에 따라 다양한 견해가 있다. '사람을 통하여 일을 성취시키는 기술', '조직의 자원을 활용하는 것', '조직을 운영하는 것' 및 '의사결정' 등 십인 십색이다.

이는 경영학의 발전과 더불어 다양한 경영 이론이 속속 등장하기 때문이다. 전통적인 경영관리론에서는 테일러의 과학적 관리법이나 메이요의 인간관계론이 초기 경영학의 토대를 장식하였다. 특히 현대 경영학에 이르러서는 불확실한 경영환경 속에서 모든 상황에 항상 적용 가능하거나 또는 동일한 효과를 창출하지 않는다는 전제하에 경영자는 각각의 상황 조건에 가장 어울리는 적합한 대응책을 선택하는 것이 최선이라는 상황적합이론(contingency theory)까지 등장하였다.

본서에서는 현대경영이론의 또 하나의 중대한 맥락을 형성하고 있는 시스템이론(system theory)에 기초하여 경영(management)을 조직이 경영목표를 달성하기 위하여 계획·조직·지휘·통제하는 연속적인 과정을 통하여 인적·물적·재무적 자원을 효율적으로 배분하고 운용함으로써 최종 생산물을 만들어 가는 순환과정으로 정의한다. 즉 경영은 하나의 시스템으로 사람을 비롯한 여러 자원을 투입하여 경영 관리활동을 통해서 보다 많은 산출물을 생산하는 일련의 과정을 의미한다.

또한 조직체의 종류에 따라 국가경영, 군대경영, 학교경영, 교회경영 등 여러 종류의 경영 형태를 생각할 수 있으나 본서에서의 경영은 기업경영만을 다루기로 한다.

따라서 기업을 집에 비유해서 설명하면, 집의 지붕에 해당하는 경영 목표는 기업의 본질인 이익 창출을 뜻한다. 다만 기업은 경제적 공동체이지만 사회적 공동체로서 그 책임 또한 크므로 통상 기업의 경영목표는 경영이념으로 표출되면서 이익창출 외에 사회적 책임을 지니게 된다.

이러한 기업의 경영목표인 가치 있는 이익 창출을 위해서는 투자된 기업 자원이 효율적으로 운용 배분되어야 하며, 이것을 통하여 경영의 주체인 경영자와 구성원들의 경영활동이 이루어진다.

경영자의 경영활동의 주요한 기능은 기업의 본원적 활동부분인 라인기능(line function)과 지원적 활동부분인 스태프기능(staff function)으로 대별된다. 기업의 라인기능은 제품의 생산과 판매에 관련된 활동으로서 생산·운영관리와 마케팅관리 활동으로 이루어진다. 또한 기업의 스태프기능은 본원적 활동인 라인기능이 원활하게 수행되도록 지원해주는 기능으로서 자금의 효율적 관리를 다루는 재무관리와 인적자원의 효율적 배분과 관리를 다루는 인적자원관리활동으로 구분된다.

그림 1-1 기업경영의 구조와 목표

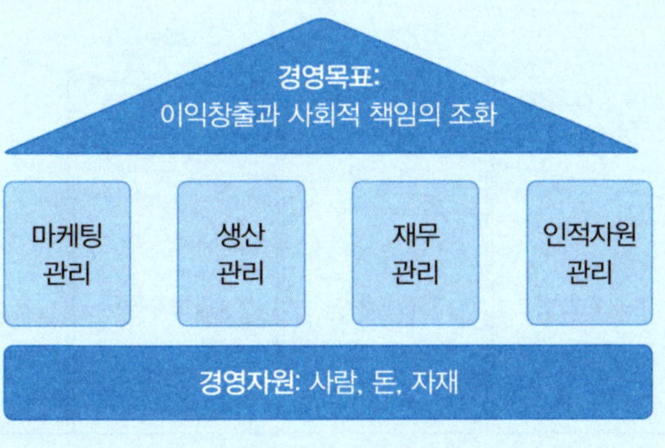

1.2 경영관리 과정

A기업은 시간이 지남에 따라 점점 실적이 좋아짐에도 불구하고 B기업과 비교하면 점점 더 뒤떨어지는 기업으로 전락하게 되는 경우가 종종 있다. 왜냐하면 B기업이 A기업보다 빠른 속도로 성장하기 때문이다.

왜 B기업에게 이런 결과가 발생하는지에 대해 조이너(Brian L. Joiner)는 해답을 제4세대 경영(Fourth Generation Management)에서 찾고 있다. 그는 혼자 꾸려 가는 경영을 제1세대 경영, 일일이 지시하는 경영을 제2세대 경영, 권한을 위양하고 결과만을 따지는 경영을 제3세대 경영이라고 분류하면서 이런 형태의 경영보다 우수한 것으로 제4세대 경영을 주창하였다. 제4세대 경영이란 고객을 위한 품질, 시스템식 과학적 접근, 그리고 전 조직원의 일체감 등으로 구성된 경영이라고 정의하였다.

나아가 이러한 제4세대 경영을 촉진시키는 결정적 요소 중의 하나로 조이너는 계획(plan), 실시(do), 점검(check), 그리고 실행(action)의 경영 과정이 유기적으로 통합되어 있어야 함을 강조하고 있다.

그림 1-2 조이너의 경영관리의 발전과정

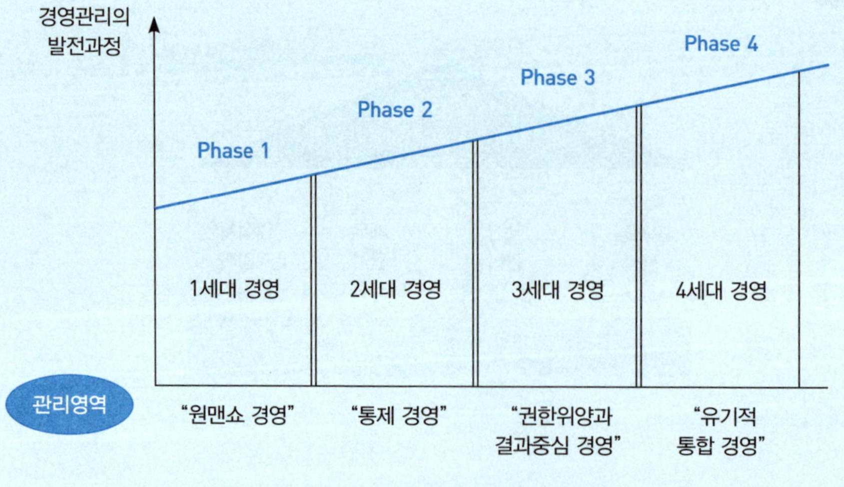

경영은 조직체의 목적을 달성하기 위해 인적, 물적, 재무적 자원을 효율적으로 배분하여 산출물을 만들어 내는 순환 과정이다. 이 순환 과정을 학자에 따라 계획(plan)-실시(do)-조정(see) 또는 계획-실시-점검-실행, 아니면 계획화(planning)-조직화(organizing)-지휘화(directing)-통제(controling) 등 여러 기능 요소로 분해하고 있다. 그러나 기업의 경영 목표를 원활하게 달성하기 위해서는 이러한 기능들이 기업 내에서 시스템적으로 연결되어야 하며 이것이 관철되도록 하는 것이 경영자의 직무이다.

경영활동을 경영관리의 과정(process) 측면에서 구분하여 보면 계획화, 조직화, 지휘화, 통제로 이어지는 일련의 순환과정으로 볼 수 있다.

계획화는 기업의 경영목표를 세우고 이를 달성하기 위한 가장 좋은 방안을 찾는 관리기능이다.

조직화는 수립된 계획을 성공적으로 달성하기 위하여 어떠한 형태로 조직을 구성할 것인가를 결정하고 인적, 물적, 재무, 정보, 지식 등을 배분하고 조정하는 관리기능이다.

지휘화는 기업의 목표를 달성하기 위하여 요구되는 업무를 잘 수행하도록 종업원들의 동기를 유발하고 이끄는 관리기능이다.

통제는 조직원이 수행하는 업무가 제대로 추진되고 있는가를 확인하고 문제가 있을 때 수정하는 관리기능이다.

이론적으로 이러한 경영관리기능은 계획, 조직화, 지휘화, 통제라는 순차적인 순환과정을 거치게 되나, 실질적으로는 경영자는 이 과정 전체를 시스템적으로 파악하고 있고 한 기능에서 다른 기능으로 쉽게 이동하며 문제가 되는 특정 기능에 집중하게 된다. 이런 경영관리기능이 조직 목표의 달성을 위해 총체적으로 통합되는 기업경영이 조이너가 강조하는 제4세대 경영일 것이다.

그림 1-3 경영관리과정

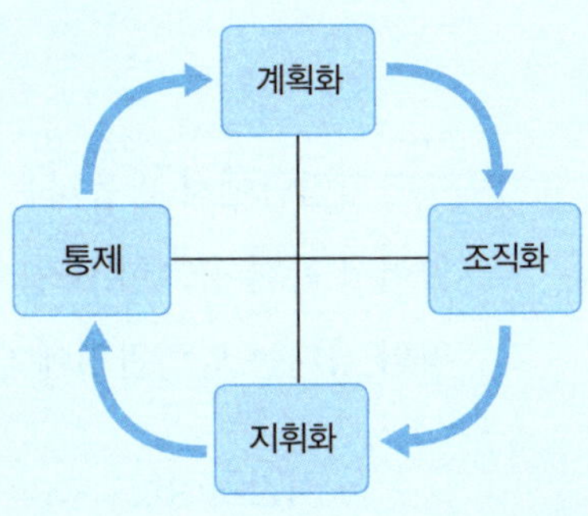

1.3 경영의 대상과 경영활동

모든 조직은 상품과 서비스를 생산한다. 이러한 생산을 하기 위해서 필요한 것이 바로 생산요소인데 이것을 잘 관리하는 것이 경영이다. 따라서 경영의 대상은 생산요소가 된다.

과거 산업사회와는 달리 오늘날은 정보화 사회에서는 정보나 전략을 경영요소에 포함하고 있다.

가. 경영의 고려대상

1) 자 본

원료, 생산설비, 기술, 정보, 통신장비와 컴퓨터 등이 없이는 생산이 불가능한데 이러한 것들은 비용을 지불해야 하므로 자본이 필수적인 생산요소이다. 자본은 자신이 마련할 수도 있지만 주식을 발행하든지 금융기관에서 차입하여 사용할 수도 있다. 자본은 인체의 혈액과 같은 역할을 하므로 잘 경영하지 않으면 부도가 나든지 어려움에 처할 수 있다.

2) 자 원

토지, 공장입지, 천연자원 등과 같은 자원은 과거부터 중요한 경영의 대상이다. 현대와 같은 정보화 사회에서는 정보가 가장 중요한 자원으로 인식되고 있다.

3) 인 력

기업안에서 활동하는 조직구성원 모두가 인적자원이다. 인적자원은 경영에 있어서 특히 중요한 자원으로 인식된다. 인간은 조직활동의 주체이기 때문에 경영의 성패는 인력관리에 달려 있다고 해도 과언은 아니다.

4) 기업가정신

도전정신을 가지고 어려운 환경 속에서도 사업을 하려는 의지가 매우 중요하다. 이러한 정신이 없다면 기업이나 공장이 생길 수 없고 제품이나 서비스의 생산도 없다. 기업을 설립하고 신제품을 개발하고 신시장을 개척하고 위험이 큼에도 불구하고 변화와 혁신을 추구하는 기업가정신도 중요한 경영의 대상이다.

5) 전 략

기업이 어떤 방향으로 나아갈 지를 효율적으로 의사결정하는 것은 미래의 성공을 위해 필수적이다. 따라서 전략도 경영활동의 중요한 고려대상이다.

나. 경영활동

중요한 경영활동으로는 생산·운영활동, 마케팅활동, 인적자원관리활동, 재무관리활동, 회계활동, 경영정보관리활동 등이 있다.

1) 생산·운영활동

생산활동은 생활필수품을 비롯하여 인간이 살아가는 데 필수적인 제품이나 서비스의 생산활동을 말한다. 이러한 생산운영활동은 곧 기업의 이익창출활동의 출발점이 된다.

생산운영활동은 생산시스템의 효율성을 극대화할 수 있도록 생산활동이나 생산운영과정을 관리하는 활동이다. 기업은 이러한 활동을 통해 고객이 요구하는 제품을 얼마만큼 언제까지, 최저의 비용으로 제공할 수 있는가를 모색하는 기업활동이다.

2) 마케팅활동

마케팅활동은 기업조직과 소비자 사이를 연결하는 가교적 역할을 한다. 마케팅활동은 단지 제품이나 서비스를 판매하는 그 이상의 것으로서 소비자의 욕구를 예측하고, 그 욕구를 충족시킬 제품이나 서비스의 생산을 계획하며, 가격을 결정하고 판촉활동을 전개하며 그 제품이나 서비스에 대한 소비자의 반응을 수집·분석하여 다음 생산계획에 반영하는 등의 여러 활동을 포괄한다.

3) 인적자원관리활동

능력있고 헌신적인 인력을 모집·채용하고 그것을 유지·개발하여 적절히 활용하는 것이 인적자원관리활동의 핵심이다. 적절한 인적자원이 없다면, 잘 만들어진 계획과 잘 설계된 조직이 있다 하더라도 조직활동의 동력을 얻지 못할 것이다. 따라서 모든 인사관리자의 가장 중요한 활동 중의 하나는 높은 업적을 올릴 수 있는 능력있는 인재를 확보하고 개발하여 잘 활용하는 것이다.

4) 재무관리활동

재무관리활동은 기본적으로 기업이 필요로 하는 자금을 합리적으로 조달하고, 이 조달된 자금을 효율적으로 운용하는 관리활동이다.

오늘날에는 기업활동의 모든 분야에서 재무관리자의 조정역할이 강화되고 있기 때문에 재무관리자로 하여금 경영활동의 통제기능에 대한 책임을 지도록 하고 있다. 따라서 재무관리자는 기업의 가치를 최대로 하기 위해 자금의 원천과 운용의 대안에 관한 의사결정을 하고, 자본조달과 투자의 계획 및 예측, 다른 부문과의 상호작용 등에 관한 중요한 결정을 한다.

5) 회계활동

기업의 회계활동은 모든 거래활동에 대하여 기업회계기준에 따라서 거래를 분석하여 이를 체계적으로 기록하는 재무제표 작성이 그 핵심이라 할 수 있다. 또한 이러한 재무제표를 바탕으로 회계정보를 분석함으로써 의사결정에 도움을 활동을 수행한다.

6) 경영정보관리활동

앞에서 설명한 모든 경영활동들이 효과적으로 수행되기 위해서는 의사결정이 잘 이루어져야 한다. 의사결정이 잘 이루어지기 위해서는 여러 가지 필요한 정보를 수집하고 분석을 잘 해야 한다.

경영자가 적절한 정보를 적시에 갖고 있지 않다면 우수한 의사결정을 할 수 없을 것이다. 그래서 기업조직은 경영정보시스템을 개발하고 훌륭한 의사결정을 위해 정확하고 적시적인 정보의 중요성을 강조하게 되었다.

1.4 의사결정 측면으로 본 경영

앞에서 언급한 다양한 경영활동을 의사결정이 이루어지는 측면에서 살펴보면, 전략적 의사결정, 관리적 의사결정, 운영적 의사결정으로 구분한다.

전략적 의사결정(strategic decision making)은 기업이 상황변화에 대처하여 목표를 설정하고 그 목표를 달성하기 위하여 외부환경으로부터 주어지는 기회를 내부의 능력으로 포착, 조직이 나아갈 방향을 정하고 집행하는(자원배분결정 등) 전략적인 의사결정을 하는 활동이다.

관리적 의사결정(administrative decision making)은 결정된 전략을 집행하는 데 투입되는 자원을 효율성을 추구하여 목표의 달성도를 최대화하는 활동이다.

운영적 의사결정(operating decision making)은 특정업무의 효율적이고 효과적인 수행과 관련한 활동을 사전 정해진 방식과 체계에 따라 수행하는 활동이다.

사실 우리 주위에서는 베네통의 경우와는 정반대로 부모로부터 엄청난 재산과 기업을 상속받았거나 새로운 사업을 시작하였는데 투하자원이 송두리째 없어지는 경우도 비일비재하다. 중고 자전거와 아코디언을 수천억원으로 둔갑시키기 위해서는 우선 앞의 마술의 집의 구조와 관리 비법을 충분히 이해할 필요가 있다.

LET'S THINK

우리 국민들 사이에는 아직도 재벌을 위시한 대기업들에 대하여 부정적인 인식을 하고 있다. 우리나라에서는 '전문경영인 체제는 선(善)이고 오너 경영체제는 악(惡)이다.' 등의 용어가 널리 퍼져 있다. 반면에 미국 레이건 전 대통령은 대통령 취임사에서 '현대의 영웅은 기업'이라고 말했다.

과연 '기업이란 무엇인가'를 다시 생각해 보게 한다.

여러분이 생각하기에는 기업이란 무엇이라고 생각하는가?

지금 경영현장에는

불황에 빛난 교토식 경영

일본의 고도(古都) 교토(京都). 일본의 옛 왕궁인 교토고쇼(京都御所)와 긴카쿠사(金閣寺) 등 1,000년이 넘은 문화유산들로 유명한 세계적 관광 도시이다. 하지만 교토는 전혀 다른 면모도 갖고 있다. 즉 세계적인 첨단 IT 기업들이 모여 있는, 일본판 실리콘밸리이기도 하다. 전통과 첨단이 공존하고 있는 것이다.

교토에는 교세라와 일본전산, 롬, 무라타제작소, 호리바제작소, 옴론, 도세, 니치콘, 일본전지, 삼코가 있다. 주로 첨단 IT 분야의 핵심 부품 업체라는 공통점을 갖고 있는 이들 회사들은 저마다의 분야에서 압도적인 시장점유율로 세계 톱에 위치하고 있다. 이들 기업은 일본이 장기 불황에 빠져 기업들의 성장이 거의 정체돼 있는 동안에도 예외적으로 높은 성장률과 이익률을 기록했다.

왜 유독 교토 기업들이 강한 것일까? 교토대의 스에마쓰 지히로(末松千尋) 교수는 〈교토식 경영(2002·한국어판 2008)〉이란 책에서 교토 기업들의 특징을 간추렸다. 가장 큰 특징은 도쿄의 대기업과의 계열사 관계를 거부하고 독립 노선을 걸어왔다는 점이다. 교세라의 이나모리 가즈오나 일본전산의 나가모리 시게노부처럼 대개 기술자 출신의 오너가 맨손으로 창업했다.

대기업 계열이 아니다 보니 계열사의 지원도 없었고, 은행 문턱도 높았다. 살아남는 길은 오직 실력밖에 없었다. 교토 기업이 국내 시장보다는 세계 시장을 겨냥하고, 현금흐름 중시와 무차입 경영을 하고, 경쟁을 중시하는 인사 관리를 하며, 투명한 회계 시스템을 도입한 것은 이런 상황에서 어쩔 수 없는 선택이기도 했다. 하지만 이는 결과적으로 교토 기업들에 축복이 됐다. 일본식 경영 모델의 실패로 버블이 붕괴됐을 때 교토 기업들은 상처는커녕 오히려 약진의 기회를 잡을 수 있었다.

교토 기업의 창업자들은 예외 없이 강한 개성과 카리스마의 소유자이기도 하다. 이를테면 호리바제작소의 창업자인 호리바 마사오 명예회장은 "모난 사람이 모나지 않은 사람보다 우수한 인재일 가능성이 높다"면서 "삐져나오는 못은 더 삐져나오게 하라"고 말한다.

일본식 경영과 교토식 경영 비교

일본식 경영	구 분	교토식 경영
현장 출신자의 내부 승진	경영자의 출신	기술자 출신 오너
동질성 요구, 전체주의적	사고방식	다양성 존중
종합형, 다각화	사업구조	전문·특화형
국내시장 → 세계시장	시장 지향성	세계시장+국내시장
간접금융(차입 경영)	자금 조달 방식	직접금융(무차입 경영)
연공서열, 종신고용	인사 시스템	성과주의, 유연한 고용
계열 중심 수직적 거래	기업 간 거래	개방형 수평적 거래

자료: 양준호, 〈교토 기업의 글로벌 경쟁력〉, 2008

그러나 이들은 명확한 비전을 제시하고 임직원 모두가 핵심가치를 공유하게 하는 등 강한 리더십을 발휘했다. 이들 경영자의 파이팅 넘치는 리더십의 근저에는 도쿄에 대한 저항의식과 반골(反骨) 정신도 작용했다.

교토 기업의 특징을 요약한다면?

"무엇보다 다른 사람들의 영향을 받지 않고, 자기 철학, 자기 스타일을 확립해 밀고 나갔다는 점입니다. 그리고 문제의 본질을 추구했습니다. '인간은 어떤 존재인가, 어떻게 해야 즐겁게 일하게 할 수 있나, 글로벌 경영 환경에서 일본식 경영 방식을 어떻게 바꿔야 하나' 이런 의문에 깊이 천착했죠. 기득권에 안주하는 일본 기업 중에 '유일하게 그건 잘못되지 않았나' 하는 비판정신도 갖고 있었습니다. 사원들의 자주성이 강하고 매우 적극적인 것도 특징입니다. 톱이 권한을 위임하니 스스로 열심히 하고 획기적인 이노베이션을 하게 됩니다. 위에서 안 시키면 안 하는 일본의 다른 회사들과는 정반대죠."

자료: 조선일보 기사 요약, 2009.10.28

제 2 절

기업조직이란

2.1 기업조직이란

모든 조직이 경영학의 관심대상이지만, 그중에서 특히 기업조직은 경영학의 주요 연구대상이다. 기업은 제품이나 서비스를 생산·판매하는 조직시스템이다. 기업이 항구적인 존속을 위하여 기업은 사회의 한 구성요소로서 자신의 역할을 효과적으로 수행해 갈 수 있어야 한다.

기업이 수행할 중요한 역할은 첫 번째로 경제적 역할이다. 기업은 산업사회의 생산주체로서 자원을 창조적이고 효율적으로 활용하여 사회가 필요로 하는 재화와 용역을 효율적으로 생산하여 공급하여야 한다. 그리고 그 결과로 얻어지는 이윤을 기업의 경제적 목표로 하고 있다.

둘째로 기업은 사회적 역할을 수행해야 한다. 기업을 둘러싸고 있는 이해관계자집단의 이해관계와 사회의 요구에 기여를 해야 한다. 그리고 인간생활의 질적 향상과 바람직한 문화의 형성에 기여할 뿐만 아니라 여러 가지 사회문제해결에 참여하는 등 사회적 책임도 수행해야 한다.

이와 같은 기업의 경제적·사회적 역할 이외에도 기술개발 및 기술혁신, 노사문제 해결 등과 같은 다양한 역할을 수행한다.

따라서 기업은 사회의 하나의 구성원으로서 경제적·사회적 역할을 수행하는 조직시스템이며, 이러한 다양한 역할을 효과적으로 수행함으로써 항구적인 존속·발전을 해 가는 조직이다.

2.2 기업의 형태

기업은 목표달성을 위하여 어떤 유형이 가장 적합한가는 기업소유자의 입장에서는 매우 중요한 결정이 된다. 대기업이든 중소기업이든 모든 기업은 경영상의 필요에 의해 가장 적합한 구조형태를 선택하여야 한다.

법률적 소유구조란 출자자의 수와 책임한도, 경영원리 및 특성 그리고 기업내부의 주요기관 및 구조와 같은 분류요건에 의한 기업의 유형을 말한다. 이와 같은 분류에 따른 기업의 형태는 개인기업, 소수공동기업, 다수공동기업으로 구분된다.

그림 1-4 기업의 단독형태

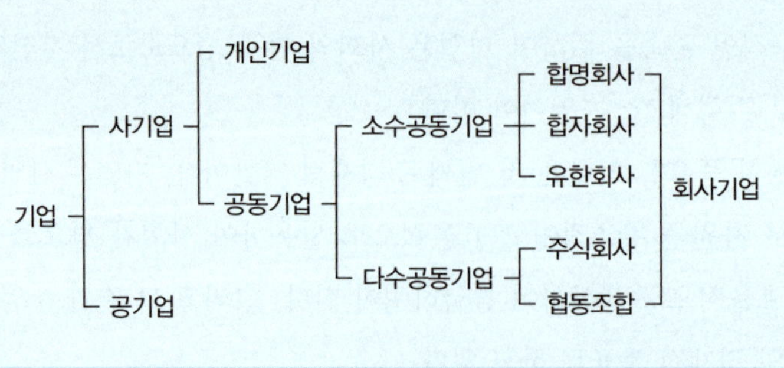

가. 개인기업

개인이 혼자 자본을 대고 경영도 직접하는 기업형태로 소유주가 조직의 모든 활동을 관리하며 모든 결과에 대해서 무한 책임을 진다. 경영면에서 의사결정의 유연성 내지는 기동성이 있고 설립이 쉽다. 그러나 자금조달능력과 경영능력에 한계가 있기 때문에 소기업에 적합하다.

나. 소수공동기업(합명/합자/유한회사)

이 기업형태는 두 사람 이상의 사람들에 의해 공동 소유되고 있는 기업이다. 합명회사는 두 사람 이상의 무한책임사원이 출자하여 모든 업무를 집행할 권한과 책임을 가진다. 합자회사는 무한책임사원이 경영하는 사업에 유한책임사원이 자본을 제공하고 이익의 분배에 참여하는 형태의 회사이다. 유한회사는 모두가 유한책임사원으로 출자만 하고 경영은 제3자가 하되 지분의 증권화나 타인에의 양도가 쉽지 않은 형태의 회사이다.

다. 주식회사

기업활동이 확대됨으로써 기업의 규모가 커지고 점점 더 많은 자본이 필요하게 되었다. 이러한 필요에 의해서 기업의 신용을 담보로 하고 기업이 책임을 지는 증서를 발행하여 수많은 사람들에게 나누어 주고 자본을 모아서 설립된 기업이 주식회사이다. 주식회사는 소유와 경영이 분리된 기업형태로서 현대기업

표 1-1 주식회사의 특징

주식회사의 법률적 특성	주식회사의 경영적 특성
① 지분 및 이에 따르는 권리 의무는 제도화되어 그 비율적 단위로써 주식이 발행된다. ② 증권화한 주식은 자유양도성을 갖는다. ③ 주주는 주식의 인수가액을 불입하기만 하면 되거나 혹은 급부 이외의 재산상의 의무를 지지 않는 소위 유한책임을 가진다. ④ 사단법인성을 갖는다.	• 자본 혹은 투자와 경영의 분리가 제도화되고 있다. • 불완전하게나마 주주는 투자주주화되어 위탁관계를 주체로 한다. • 경영기능 중 조직기능은 주주총회가 보유하되 의사결정기능은 점차 포기하게 되어 이사회에 위탁한다. • 업무진행은 경영층에 위탁한다.

의 대표적인 형태이다. 주식회사의 특징은 유한책임제도, 주식제도, 소유와 경영의 분리이다.

라. 공기업

정부나 지방자치단체 등 공공기관이 소유주로 되어 있는 기업을 공기업이라고 한다. 공기업이 존재하는 목적은 첫째, 정부나 공공단체도 공공복지를 위해 많은 예산이 필요하기 때문에 담배인삼공사나 한국전력공사와 같은 공기업을 통하여 재정을 확보한다. 둘째, 지하철사업, 신공항사업 등과 같이 거대한 자본이 들어가는 사업은 민간자본으로서는 감당하기가 어려운 경우이다. 셋째, 산간벽지에 수돗물 공급, 버스운행, 통신안테나 설치 등 손해지만 필요한 사업을 운영하는 경우이다. 넷째, 국토방위와 무기제조, 상하수도사업과 전기·가스사업 등 국민의 안전과 국방과 관련된 사업의 경우이다.

LET'S THINK

성공에는 분명한 법칙이 있다.
그것은 도전에서 시작한다.
도전하는 삶은 늘 새로운 기회를 제공하고,
새로운 시도는 항상 새로운 자극을 준다.

적당히 사는 인생은 적당한 대우밖에 받을 수 없다.
평범을 단호하게 거부하고 스스로 환경을 만들어 나가라.
자신이 가진 에너지를 전부 쏟아부어 일하라.
자신이라는 존재를 세상에 드러내고
내 인생을 일으켜 세우려는 강한 각오와 열의로 시작하라.

또한 이 때 중요한 것은 아무것도 없는 상태에서
'어디서 무엇을 하면서 어떻게 살아야 자신을 화려하게 꽃피울 수 있는가'를 찾아내는 것이라는 것을 결코 잊지 말자.

그러나, 이러한 공기업은 사기업에 비해 비효율적 요소를 많이 포함하고 있다. 예를 들면, 경영자의 비전문성이나 방만한 경영, 구성원들의 경쟁의식의 결여와 무사안일의 업무태도로 인한 경영손실이 국민의 세금으로 메워지고 있는 경우이다.

지금 경영현장에는

공기업 개혁은 정치적 타협의 대상이 아니다

우리나라에는 300여 개의 공공기관이 있고 경제에서 차지하는 비중도 실로 막대하다. 공기업은 매우 다양한 영역에 걸쳐 있다. 에너지, 물, 주택 및 토지, 철도 및 도로, 공항과 항만 등과 같은 유틸리티나 인프라의 상당 부분을 차지하고 있다. 이들은 대부분 독점기업의 비효율성이나 방만한 경영의 문제를 안고 있다.

공기업이 국가가 주도하는 경제개발의 과정에서 어느 정도 역할을 수행한 점도 있다. 초기의 열악한 개발환경에서 정부가 주도하는 유틸리티와 인프라의 건설이 불가피했다고 보는 것이다. 그러나 우리나라의 경제가 상당한 수준으로 발전하고 민간경제의 역량이 과거와 비교할 수 없게 커졌음에도 불구하고 공기업 시스템을 고집하는 것은 상당히 심각한 문제를 야기하게 된다. 시장의 자유로운 움직임으로 해결해야 할 문제를 정치적으로 혹은 이해관계의 충돌로 해결하는 나쁜 관행이 만연해 있다. 이의 조정에 들어가는 사회적 비용은 이미 막대한 수준에 이르고 있다.

여기에서 더 나아가 공기업 문제는 자원배분을 왜곡시켜 엉뚱한 투자를 하거나 민간경제를 위축시켜 미래의 건강한 산업발전에 중대한 장애가 된다. 또한 가뜩이나 어려운 국가재정에 더욱 큰 짐이 되고 있다. 그렇잖아도 부족한 복지정책을 펼 수 있는 재원마저 소모하고 있는 것이다. 돌이켜보면 우리나라는 여러 공기업들을 성공적으로 민영화한 경험을 갖고 있다. 정부 소유 기업이었던 대한항공이나 한국석유공사는 일찌감치 민영화하여 오늘날 세계적인 기업으로 성장하였다. 비교적 최근에도 포항제철은 포스코로, 한국통신은 KT로, 담배인삼공사는 KT&G로, 한국중공업은 두산중공업으로 민영화하였다. 이들은 모두 매우 성공적인 기업으로 재탄생하였으며, 국가경제에 크게 이바지하고 있다. 이러한 소중한 경험을 애써 외면하고 경쟁과 민영화 추세를 역행하는 것은 결코 바람직하지 않다. 이에 대하여 고민하고 미래 세대를 위한 해법을 찾으려는 노력은 여전히 유효할 수밖에 없다.

자료: 메일수신 '한국경제연구원', 2009.8.7(http://www.keri.org)

제3절

경영자란

3.1 경영자란 누구인가

경영은 기업의 종합마술과 같은 것으로 기업의 비전과 목표를 달성하기 위해 계획하고 실행하고 이를 평가하는 일련의 동태적인 과정이다. 그러면 경영의 주체인 경영자는 누구인가? 경영자는 기업의 사명과 목표에 따라 전략방향을 결정하고 경영활동을 직접 수행하는 주체로서의 역할을 담당하는 사람이다. 따라서 경영이 종합마술이라면 경영자는 종합마술이 가능하게 하는 종합마술인이다.

경영자(manager)는 조직을 이끌고 그 결과에 책임을 지는 사람이다. 따라서 대기업 회장, 사장, 영업부장, 공장장도 경영자이고 슈퍼마켓 주인뿐만 아니라 가정을 꾸려나가는 주부도 경영자라고 할 수 있다. 그러나 일반적으로 경영자라고 하면 기업의 목표를 달성하기 위해서 생산, 마케팅, 인사, 재무 등과 관련된 활동을 계획·조직화·지휘·통제를 통해 기업을 경영하는 경영주체를 말

그림 1-5 경영자의 유형

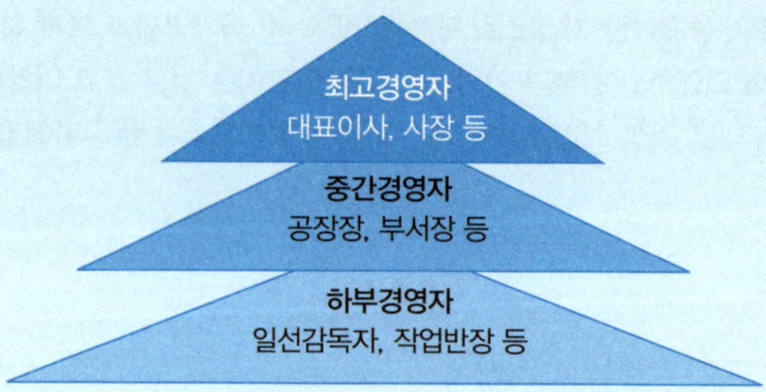

한다. 또한 경영자를 '경영의 중간에 위치하는 자(the man in the middle)'라고도 한다. 이는 경영자가 기업의 경영환경, 주주 및 종업원 등 다양한 이해 관계자들 사이에서 중간 조정자의 역할을 수행한다는 것을 의미한다. 이런 관점에서 최고경영자는, 조직의 이곳저곳을 날아다니면서 아이디어를 수집·전파하고 창조적인 활기를 불어넣는 호박벌로 비유되기도 한다.

「전략경영」으로 유명한 앤소프(H. Z. Ansoff)는 기업의 의사결정을 기업과 환경 등의 외부 문제와 관련된 전략적 의사결정, 기업의 여러 사원을 조직화하는 관리적 의사결정과 이러한 2가지 의사 결정을 좀더 구체화하기 위한 기업 내 여러 자원의 변환과정에서 효율성의 극대화를 목적으로 하는 운영적 의사결정으로 나누었다.

이러한 의사결정의 중요도에 따라 경영자계층은 최고경영자, 중간경영자, 그리고 하위경영자로 나눌 수 있다.

특히 이 중 최고경영자는 기업의 사활을 좌우하는 전략적 의사결정자로 그에 대한 중요성이 인식되어야 한다. 그러나 훌륭한 경영자는 저절로 탄생되는 것이 아니다. 다양한 경영지식(knowledge), 관리능력(skill), 그리고 사고력과 창의력이 있는 자세(attitude)가 필요하다.

[그림 1-6]은 경영자계층과 의사결정 간의 관계를 보여주고 있다.

그림 1-6 경영자계층과 의사결정

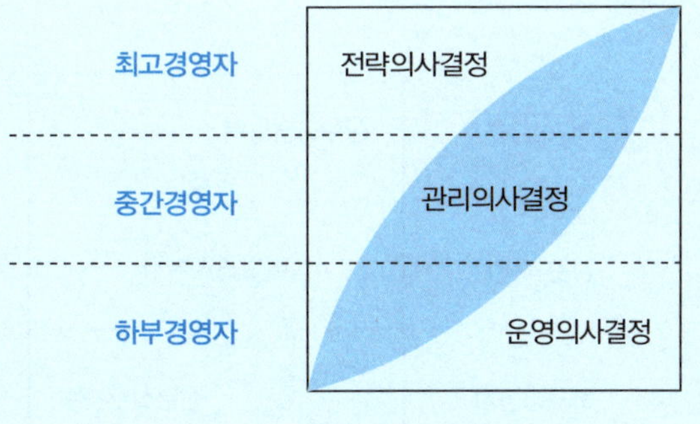

3.2 경영자의 관리능력

경영자가 해야 할 당연한 역할은 경영관리에서 필요한 계획, 조직, 지휘, 통제와 같은 다양한 역할들이다. 따라서 경영자가 계획을 세우고 조직하고 지휘하며 통제하는 등의 경영활동을 얼마나 효과적으로 수행하는가는 각 경영자가 갖고 있는 관리능력(managerial skills)에 의해 좌우된다고 할 수 있다. 경영자가 갖추어야 할 관리능력은 크게 전문실무능력, 대인관계능력, 상황판단능력 등 세 가지로 구분된다.

전문실무능력(technical skill)은 특정 업무분야의 직무수행에 필요한 전문적 지식 및 기법, 절차 등의 활용능력을 말한다. 경영자들은 현장실무와 관련된 능력을 갖고 있어야 하며, 이는 특히 실무자나 하급경영자에게 가장 중요하게 요구되는 관리능력이라고 할 수 있다.

대인관계능력(human relation skill)은 경영자가 개인 또는 집단의 일원으로 다른 사람이나 다른 집단과 더불어 일하고, 원활한 의사소통을 하며, 동기부여를 할 수 있는 능력을 의미한다. 이러한 대인관계능력은 상대적으로 중간경영자에게 많이 요구되고 필요로 하는 관리능력이라 할 수 있다.

상황판단능력(conceptual skill)은 기업의 전체 상황을 파악하고 환경변화에 대응하는 능력을 말한다. 이 능력은 기업을 전체적인 관점에서 바라볼 수 있고,

그림 1-7 경영자 계층별 필요한 관리능력

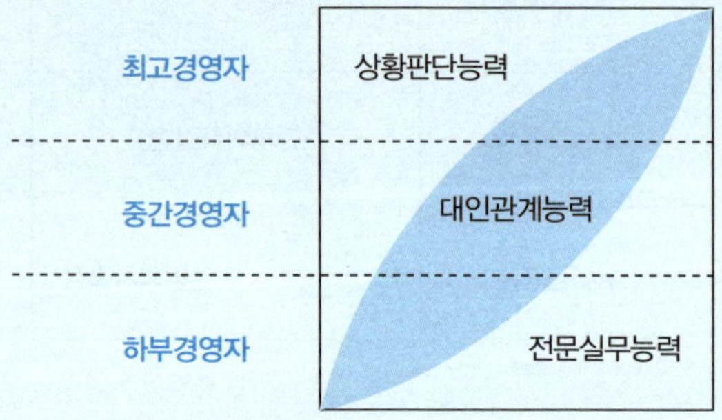

기업 내의 각 부분은 서로 어떤 연관성이 있으며, 한 부분에서의 변화가 기업 전체에 어떤 영향을 미칠 것인가를 예측할 수 있는 능력을 말한다. 따라서 이러한 상황판단능력은 특히 최고경영자에게 상대적으로 더 중요하게 요구되는 관리능력이다.

기업 조직의 규모가 급격하게 확대되고 있고, 새로운 직무가 계속 출현하고 있으며, 경영환경이 다양 복잡해지고 세계화·정보화·무한경쟁이 일반화되고 있는 21세기에 있어서는 전문적인 관리지식과 능력을 갖춘 유능한 경영자를 요구하고 있다. 특히 몇 가지 전문영역에 정통한 만능선수 같은 인력을 필요로 하기 때문에 체계적이고 효율적인 경영교육의 필요성이 절실하다고 할 수 있다.

3.3 경영자의 역할

경영자가 해야 할 직무에 대한 또 하나의 측면은 경영자에게 요구되는 역할이나. 이 같은 경영자의 역할을 체계적으로 연구한 민츠버그(H. Mintzberg)에 의하면 경영자의 역할은 대인간 역할, 정보관리역할, 의사결정역할 등 세 가지 범주로 구분한다.

첫째 대인간 역할(interpersonal role)에는 경영자로서 해야 할 우두머리(figurehead)역할, 리더(leader)역할, 연락자(liaison)역할 등을 포함시키고 있다.

둘째 정보관리역할(informational role)에는 경영자의 정보탐색자(monitor)역할, 정보보급자(disseminator)역할, 대변인(spokesman)역할 등을 포함한다.

셋째 의사결정역할(decision-making role)에는 경영자의 역할 가운데 가장 중요한 역할로서, 기업가(entrepreneur)역할, 혼란조정자(disturbance)역할, 자원배분자(resource allocator)역할, 협상자(negotiator)역할 등 4가지 역할을 포함시킨다. 이 같은 관계를 보다 구체적으로 나타내면 〈표 1-2〉와 같다.

표 1-2 경영자의 역할

관리활동의 범주	역할	경영자역할의 내용
대인간 역할	우두머리	그 부서의 상징적인 대표자, 방문자의 접견, 문서에 서명, 조직대표로서 행사에 참석 등
	리더	하위자를 동기부여하고, 인력충원 및 훈련책임을 수행, 조직의 하위단위 부서들이 전체목표를 위해 협력하게 하는 역할, 채용, 승진, 지휘, 해고 등
	연락자	외부적인 지지의 확보 및 정보를 얻기 위해 외부와의 접촉망을 유지하는 역할
정보관리역할	정보탐색자	조직의 내부 및 외부환경 속에서 일어나고 있는 일들을 계속 주시함으로써 유용한 정보를 찾아내어 분석·검토하는 역할
	정보보급자	내부 및 외부에서 얻은 정보를 조직의 구성원들에게 보급하는 역할
	대변인	조직의 정책, 계획 및 활동에 관한 정보를 외부에 알리는 역할, 중간관리자의 경우는 상부에 보고하는 역할
의사결정역할	기업가	조직이나 집단의 현재상태를 개선하기 위하여 사업기회를 포착하고 새로운 제품의 개발, 새로운 장비구입, 공식구조의 재조정 등에 관한 아이디어를 내는 역할
	혼란조정자	예기치 못한 위한 위기에 직면했을 때 수정조치를 취하는 역할, 종업원간의 갈등조정 및 파업조정 등
	자원배분자	인적 및 물적자원, 자금의 적절한 배분의 책임, 사업계획의 추진에 따른 시간 조절, 임금인상 등
	협상자	단체협약 및 외부와의 계약과정에서 조직을 대표하여 협상하는 역할, 조직 내의 부서 간의 협상 등

지금 경영현장에는

21세기 경영자의 자질

작은 것은 위임하고 큰 전략을 수립하라 소프트뱅크는 10명 단위의 팀을 운영하고 있다. 손정의 소프트뱅크 사장은 이들 팀장들에게 전폭적인 권한을 부여하고 각 사업팀을 독립채산제로 운영하도록 했으며 최고경영자는 그룹의 전략과 비전을 제시하는 데 주력했다.

과감한 결단력과 추진력 자신의 사업에 도움이 된다고 판단되면 리스크를 지더라도 과감하게 도전하는 결단력과 추진력을 보유해야 한다.

영향력 있는 최고 전문가와 네트워크를 구축하라 손정의 소프트뱅크 사장은 루퍼트 머독, 빌 게이츠, 짐 클라크 등 각계 최고 실력자와 e-mail을 통해 수시로 아이디어를 교환하며 정보를 공유하고 있다.

당근을 제공하라 당근이 없는 기업에는 직원들이 남아 있지 않는다. 디지털시대 정보가 폭주하는 기업환경의 종업원들은 회사에 대한 로열티가 없다.

미래를 내다보는 선견지명 이병철 전 삼성그룹 회장은 주위의 반대를 물리치고 수원과 기흥에 반도체 공장을 설립하며 국내반도체사업을 육성했다.

전문기술을 갖춰라 손정의 소프트뱅크 사장, 빌 게이츠 마이크로소프트 회장 등은 모두 전문적인 기술을 갖고 있다. 단순한 관리와 용병술만으로 부족한 것이 디지털시대다.

글로벌 경영감각 디지털시대에는 국경이 없다. 서울과 부산에만 머무는 기업은 더 이상 존재하지 않는다. 영어는 기본이고 글로벌 감각이 필수적이다.

자료: 매일경제신문, 2000.1.6

Exploring INTERNET

기업가(entrepreneur)란 자원의 제약을 극복하고 사업을 일으킨 사람을 의미한다. 반면, 경영자(manager)는 앞에서 언급한 바와 같이 기업의 목표를 달성하기 위해서 경영관련 활동을 계획, 조직, 지휘, 통제를 통해 기업을 경영하는 경영주체를 말한다. 20세기 우리나라의 가장 뛰어난 기업가와 경영자의 예로서 흔히 언급되는 사람들은 다음의 두 사람이다. 즉, 전 현대그룹 설립자인 정주영 씨와 전 삼성그룹 설립자인 이병철 씨이다.

정주영 씨와 이병철 씨에 관한 내용들을 국내 주요 일간신문 및 경제신문들의 대부분 기사가 DB로 정리되어 있는 한국언론재단의 KINDS DB(www.kinds.or.kr)를 이용하여 기업가와 경영자가 어떻게 다른지 살펴보고 토론해 봅시다.

개인적 가치에 관한 자기 평가 실험

아래 16개 항목을 읽고 각 항목이 여러분에게 얼마나 중요한지 0에서 100까지 점수를 매겨보시오.

전혀 중요하지 않다			그저 그렇다					매우 중요하다		
0	10	20	30	40	50	60	70	80	90	100

1. 즐겁고 만족스러운 직업
2. 수입이 많은 직업
3. 만족스러운 결혼
4. 새로운 사람과의 만남이나 사회적 교류
5. 지역사회 활동 참여
6. 나의 종교
7. 스포츠를 즐기는 것
8. 지적 개발
9. 도전적 기회가 있는 경력
10. 좋은 차, 의복, 집 등
11. 가족과의 화목
12. 몇 명의 진실한 친구
13. 봉사단체에서의 자원봉사활동
14. 명상, 기도 등
15. 다이어트
16. 교육적 독서, TV, 자기개발 프로그램 등

〈점수산정 방법〉

아래의 해당되는 칸에 각 항목의 점수를 기록하시오.

전문적	재무적	가족	사회적
1. ______	2. ______	3. ______	4. ______
9. ______	10. ______	11. ______	12. ______
계: ______	계: ______	계: ______	계: ______
지역사회	정신적	신체적	지적
5. ______	6. ______	7. ______	8. ______
13. ______	14. ______	15. ______	16. ______
계: ______	계: ______	계: ______	계: ______

〈해석 및 자기평가〉

- 특정 영역의 점수 합계가 높을수록 그 영역에 대하여 당신은 더 가치를 부여한다. 모든 8개 영역의 점수가 비슷할수록 당신은 더욱더 원숙한 사람일 것이다. 당신이 높은 점수를 받은 3개 영역을 선택하여 그 영역들에 쏟은 시간과 노력에 대하여 생각해 보자.
- 당신이 원하는 수준까지 달성하였다고 생각하는가?
- 만약 그렇지 않다면 당신은 점수를 변화시키기 위하여 무엇을 할 수 있는가?
- 또한 어떤 영역에 더 높은 가치 점수를 받아야 한다고 느끼는가? 만약 그렇다면 어느 영역에, 그리고 변화하기 위하여 당신은 무엇을 할 수 있는가?

Chapter 2

경영의 발전

과거를 기억하지 못하는 사람은 과거를 반복한다.

– 조지 산타야나(George Santayana)

우리는 다음 분기를 위하여 기업을 경영하지 않는다.
우리는 다음 세대를 위해 경영한다.

– 샘 존슨(Sam Johnson), Chairman, Johnson & Son, Inc.

● 시작 이야기 ●

한국경제, 이렇게 죽고 마는가?

1985년 일본이 플라자 합의로 엔화가 대폭 절상된 후 10년 넘게 경제가 심한 침체국면을 벗어나지 못한 것을 흔히 '잃어버린 10년'이라고 해왔습니다. 우리나라는 어떤가요? 1997년 IMF 외환위기 이후 현재까지 '잃어버린 20년'입니다.

최근에는 '잃어버린'이라는 차원을 넘어 '심각한 위기' 징후가 나타나고 있습니다. 올해 3분기 설비투자는 전 분기 대비 4.7% 감소해 2분기 연속 뒷걸음질을 쳤고, 민간소비는 0.6% 증가하는 데 그쳤습니다. 그나마 수출은 전 분기보다 좀 나아져 3.9% 늘어났으나 반도체 한 품목에 의존한 결과입니다.

특히 일자리, 소득, 분배 상황은 심각합니다. 2018년 2분기 소득부문 가계동향조사에 의하면, 가계가 소비지출에 사용할 수 있는 실질 처분가능 소득이 전년 동기대비 0.1% 감소, 7분기 연속 감소세이며 소득 불균형도 악화되고 있습니다. 소득 하위 20%인 1분위 가구의 월평균 근로소득은 51만 8,000원으로 전년동기보다 15.9% 감소했습니다. 전 분기(13.3%)보다 더 감소했는데, 이는 2003년 이후 가장 큰 감소폭입니다.

고용상황은 우리를 더 슬프게 합니다. 올해 10월 통계청 고용동향을 보면, 신규 취업자 수는 1년 전보다 6만 4,000명 증가하여 앞선 석달보다 조금 나아지긴 했습니다. 그러나 재정투입으로 만들어낸 일자리가 아니었으면 마이너스를 기록할 뻔했습니다.

인구대비 취업자수를 나타내는 고용률도 61.2%로 올해 2월부터 9개월째 하락하고 있습니다. 이는 금융위기 시절인 2008년 1월부터 2010년 3월까지 27개월 연속 이후 가장 긴 고용률 하락 추세입니다.

2010년부터 2018년까지 미국, 일본, 독일, 영국 등 선진 주요국가들의 일자리는 전부 증가 추세인데 우리나라만 역주행하고 있습니다.

이처럼 국내 경제상황이 어려운데 우리 경제가 기댈 언덕인 세계경제 여건마저 좋지 않습니다. 경제 전문가들은 한결같이 과거 10년간의 세계경제 확장 국면이 이제 끝나고 하강국면으로 접어들 것이라고 진단하고 있습니다. 여기에 미국과 중국간의 무역전쟁이라는 악재까지 겹쳐 있는데, 한국이 영향을 받지 않을 수 없기 때문입니다.

그러면 왜 이런 현상이 일어나고 있을까요? 세계에서 가장 빠른 성장, 기적이라고 일컬어지던 발전, 세계에서 유일하게 원조받던 나라에서 원조하는 나라로 변신한 우리나라가 왜 세계 평균성장에도 못 미치는 나라, 냄비 속의 개구리로 전락한 것일까요? 경제주체, 특히 기업들이 현실안주, 무사안일, 자신감 상실이라는 병에 걸려 의욕을 상실하고 있고 한편으로는 정부가 경제, 산업, 고용, 노동 정책을 제대로 추진하고 있지 못하기 때문입니다.

우리 경제는 왜 이런 병에 걸리게 되었을까요?

첫째는 IMF 외환위기라는 미증유의 사태를 극복해 나가는 과정에서 습득한 쓰라린 경험 때문입니다. '세상은 넓고 할 일은 많다'며 세계경영을 표방, 드라이브를 건 '대우'라는 굴지의 그룹이 하루아침에 해체되는 것을 보면서 무리한 도전, 과감한 투자와 차입경영은 망하는 길이구나, 현금이 제일이구나 하는 교훈을 체득하였습니다

그래서 1997년 IMF 외환위기를 분수령으로 해서 우리나라 기업들이 적극경영, 도전경영보다는 안전경영으로 돌아섰고 미래를 위한 투자보다는 재무 건전성, 현금흐름 중시경영으로 그 패러다임을 바꿉니

다. 외환위기를 기점으로 기업의 투자가 반토막 나게 된 것입니다.

두 번째 원인은 IMF와 정부의 권유에 의해 글로벌 스탠더드 경영체제를 도입하면서 투자 의사결정을 종전에 비해 좀 더 주저하게 만들고 있기 때문입니다. IMF와 우리정부는 우리나라 기업, 특히 대기업들의 경영 투명성이 결여되었다고 신단하였습니다. 그룹 총수와 그 일가에 의한 독단경영, 방만경영이 기업부실과 우리나라 경제의 부실을 초래한 것이라고 보고 글로벌 스탠더드에 따른 경영방식과 투명성 보장, 경영 민주화 등을 위한 각종 제도를 도입해 현재에 이르고 있습니다.

투자는 현재의 이익창출보다는 미래의 기회를 선택하는 의사결정입니다. 그렇기 때문에 투자는 리스크 테이킹입니다. 그런데 주주 중시와 소액주주 보호를 위한 대표 소송제나 집단 소송제 등의 도입은 경영사로 하여금 종전에 비해 과간한 투자 의사결정을 주저하게 만드는 요인으로 작용할 수 있습니다. 지금과 같은 법적 테두리와 시회 분위기 등 환경하에서라면 삼성의 이병철 회장이 사장단이나 전문가 의견을 물리치고 반도체 사업에 대한 투자 의사결정을 할 수 있었을까요? 현대의 정주영 회장이 조선사업 진입결정을 할 수 있었을까요? 이 세상에 투자하고 바로 이익 나는 사업이 어디 있습니까? 최소한 몇 년은 적자가 누적되는 것이 통상입니다. 경영의 투명성, 경영의 민주화, 소액주주 보호가 강조되는 현 사회 분위기라면 아마 바로 집단소송이나 배임이니 뭐니하여 소송에 휘말렸을 겁니다.

세 번째는, 투자관련 직·간접적인 규제 때문입니다. 예컨대 지주회사 요건 강화, 은산 분리 규제, 연금 스튜어드십 코드 도입, 그리고 집중투표제, 감사위원회 선출의 대주주 의결권 제한 등을 골자로 하는 상법 개정안 등은 투자보다는 당장의 경영권 방어를 위한 자사주 매입에 자금을 투입하도록 만듭니다. 투자보다는 당장의 경영권 방어를 위한 자사주 매입에 자금을 투입하도록 만듭니다. 결국 투자를 어렵게 만듭니다.

네 번째로는 경영자들이 최근 급격한 경영여건 악회로 수익성 확보에 자신이 없다는 것입니다. 더 나아가서 현재 사회분위기에 비추어 더 이상 적극경영, 도전경영을 할 필요성을 못 느낀다는 것입니다. 최저임금의 급격한 인상, 주52시간제실시 등으로 국내에서의 수익성 확보가 어렵기 때문에 오히려 외국으로 사업장을 이전하는 식으로 투자방향을 돌리고 있습니다. 세계경제포럼(WEF)이 2017년에 평가한 한국의 규제환경은 OECD 27개국 중 23위입니다.

마지막으로 정부의 정책도 문제입니다. 정부정책은 경제의 기본상식과 원리에 충실해야 합니다. 일자리는 기업의 투자에 의하여 만든다는 것, 경제의 성장도 기업의 투자에 의하여 만들어진다는 것, 그리고 투자는 리스크 테이킹이기 때문에 도전정신, 기업가정신 없이는 안 된다는 것, 또한 경쟁시키지 않으면 경쟁력은 생기지 않는다는 것 등이 기본상식이며 원리입니다.

결론적으로, 어떻게 하면 기업들의 도전정신과 의욕을 고취시킬 것인가? 투자로 연결되도록 할 것인가? 이것이 핵심입니다. 그러기 위해서는 투자에 방해되는 규제의 혁파, 친기업 사회분위기 등 환경조성, 경제제일, 좀 더 구체적으로 얘기한다면 성장제일(경제침체기, 제2도약을 위한 혁신단계일 때는 특히)의 실용주의 정책과 리더십이 있어야 합니다.

자료: 현명관 경영이야기⑫, 기사요약, 2018.12.1(mkhyun21@naver.com)

제 1 절

현대경영학의 발전

1.1 경영학자들의 발자취

길거리를 가다 보면 원조 ○○곰탕집이라는 간판을 흔히 볼 수 있다. 바로 옆에도 진짜 원조 △△곰탕집이라는 간판을 볼 수 있다. 우리 주변에는 ○○곰탕집뿐만 아니라 삼계탕, 갈비집, 떡볶이집에서도 원조 간판이 줄을 잇고 있다. 매사에 뿌리는 중요한 법인가 보다.

경영학 역시 다른 사회 과학과 마찬가지로 그 생성과 발달을 더듬어 보는 것이 보다 체계적인 접근에 매우 중요하다. 그러면 과연 경영학의 원조는 누구일까? 경영학의 역사는 멀리 고대 이집트인의 피라미드 축조, 또는 그리스와 로마제국의 조직 운영에까지 거슬러 올라갈 수도 있으므로 사실상 경영학의 뿌리를 찾는다는 것이 쉬운 일은 아니다. 더욱이 경영학은 경제학 등과는 달리 그것이 발생 성립되어 온 각국의 사정에 따라 큰 차이를 보이고 있어 나라마다 그 원조를 달리할 수도 있다.

지금까지 경영학을 빛낸 사람들은 수없이 많이 있다. 예컨대 경영의 개념이 작업(work)과 책임(responsibility)의 일면을 지니고 있다고 볼 때 플라톤은 의미 있는 작업의 수행을 위한 권위적 명령의 필요성을 강조하였고, 아리스토텔레스는 인간을 사회적 또는 정치적 동물로 규정함으로써 경영사에 기여하였다고 할 수도 있다.

도교 사상, 칭기즈칸의 군사 훈련 및 한국의 실학 사상도 경영 개념을 포함하고 있다. 또 마키아벨리(N. Machiavelli)의 「군주론」은 현재까지도 리더십과 권력 분야에 대한 고전으로 간주되고 있다. "자기 행동을 시대정신에 맞춰 조정하는 리더는 성공하고 시대에 어긋나게 행동한 리더는 실패한다"고 「군주론」에서 기술했다.

그러나 근대 경영학의 기초를 제공한 사람은 프랑스의 페이욜(H. Fayol)과 미국의 테일러(F.W. Taylor)라고 할 수 있다.

페이욜은 광업 회사 사장으로서의 경영 경험을 바탕으로 기업에는 기술, 영업, 재무, 안전, 회계 및 관리적 기능 등의 6가지 본질적 기능이 있다고 하면서, 이 중 관리적 기능을 다시 계획, 조직, 명령, 조정과 통제의 5가지 요소로 분류하여 오늘날의 관리과정론의 기초를 마련하였다.

한편 기사로 근무하면서 야간 대학을 마친 테일러는 시간 연구와 동작 연구를 통한 표준 작업량의 설정과 과업 달성에 따른 차별적 성과급제를 주 내용으로 하는 과학적 관리법을 주창하면서 기존의 표류 관리를 청산하고 미국 경영학 발전의 초석을 구축하였다.

이제 약 100년 정도의 역사를 맞고 있는 근대 경영학에 공헌한 사람들을 나름대로 서술해 본다. 이들의 주요 저서를 통하여 그들의 경영 사상을 기업 경영 실무에 어떻게 적용할 수 있을지 생각해 보자.

'경영자는 일을 바르게 하고, 지도자는 바른 일을 하는 것이다(Managers do things right, and leaders do the right things).' 뉴욕 출신의 산업 심리학자인 베니스(W. Bennis)의 유명한 경구이다. 일을 바르게 하기 위한 방안으로서 그는 관료주의(bureaucracy)를 지양하고 에드호크리시 조직(adhocracy)의 필요성을 주장하였다.

거대 기업 제너럴 모터스(GM)를 30여 년 간이나 이끈 슬로안(A. Sloan)은 쓰러져 가는 GM에 연방적 분권원칙을 도입함으로써 회사를 회생시켰다.

독일의 경제학자 슈마허(E.F. Schumacher)는 1970년대 대량 생산의 열기 속에서 홀연히 '작은 것이 아름답다(Small is beautiful)'라고 하여 인간 중심의 경영을 역설하였다. 캐나다의 민츠버그(H. Mintzberg)는 10가지의 경영자 역할을 대인간 역할, 정보관리적 역할, 그리고 의사결정적 역할의 셋으로 대별하며 경영자의 역할을 강조하였다.

경영 컨설턴트인 험블(J. Humbel)은 드러커의 목표 관리(management by objectives: MBO)의 실무 방법론을 개발하였으며, 말타 출신의 드 보너(E. de Bono)는 고정 관념에서 탈피하여 문제를 획기적인 방법으로 해결하자는 '수평적 사

그림 2-1 경영관리의 중점목표

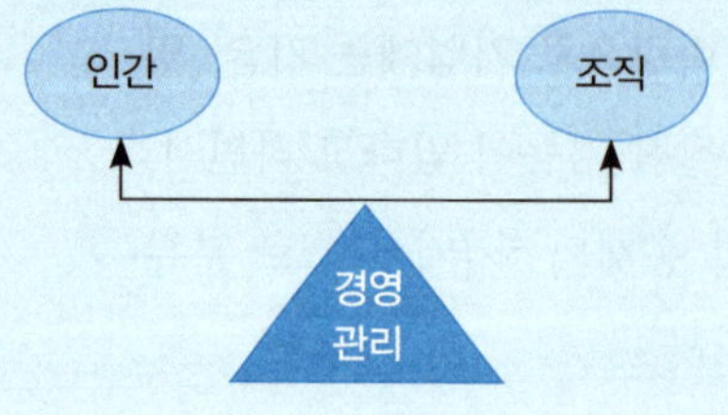

고(lateral thinking)'를, 영국의 레반스(R. Revans)는 팀워크를 바탕으로 한 '경험적 학습(action learning)'이라는 내용의 경영 사상을 창출하였다.

데일 카네기(D. Carnegie)는 사람을 상대하는 기본적인 매뉴얼을 창시한 사람이었다. 그의 저서 「사람을 움직여라」는 전 세계 세일즈맨들에게 성서처럼 읽혔고 스티븐 코비(S. Covey)의 정신적 지주가 되었다.

이렇듯 테일러 이후 각양각색의 경영 이론들이 쏟아지고 있어 '경영 이론의 밀림(management jungle)'이라는 쿤츠(Koontz)의 표현이 과장된 것이 아닌 듯하다.

그러나 밀림처럼 복잡해 보이는 여러 경영 사상도 하나의 공통된 뿌리를 가지고 있다. 즉 각 경영이론이 과업(task), 인간관계(human relations), 그리고 조직(organization) 등 어디에 중점을 두고 연구하였나에 다소의 차이는 있을지 몰라도 그들 모두가 효율적이고 효과적인 경영(efficient and effective management)을 목표로 한 바는 동일하다는 점이다. 따라서 효과적인 경영관리란 인간중심의 경영과 조직중심의 관리를 얼마나 조화시키느냐에 따라 경영의 효율성이 결정된다.

현대 경영학은 경영을 하나의 시스템으로 인식하는 시스템 이론(system theory)과 각 기업의 상황 조건에 가장 어울리는 대응책을 선택하는 것이 최선이라는 상황적합이론(contingency theory)이 새로운 경영 이론으로 맥락을 이루고 있다.

널리 알려진 피터 드러커(P. Drucker)는 목표관리에서 지식노동자 관리까지 총체적인 경영이론을 세웠다. 그는 「현대경영의 실제」, 「단절의 시대」 등 저서를 통해 민영화와 지식경영 개념을 확립했다. "노동 대신에 지식이 사회의 새로운 척도로 떠오르고 결국 자본주의 구조 자체가 바뀔 것"이라는 드러커의 주장은 세계를 바꾸는 동력이 되고 있다.

오마에 겐이치(K. Ohmae)의 업적은 세계화시대 경영마인드를 이론화했다는 점이다. "어느 지도자건 글로벌 경제의 상업적·정치적·사회적 영향과 충격을 파악하지 않고는 기업을 미래를 인도할 수 없다"고 단언했다.

일본의 경영자 마쓰시카 고노스케는 '진취적 거대기업' 개념을 만들었다. 그는 기업이 사회 전반적인 문제에 진취적으로 참여해야 한다고 역설했다. 사회의 자본과 인력, 물자를 가지고 이윤을 내지 못하는 기업은 일종의 범죄를 저지르고 있는 것이라고 주장할 정도였다.

존 나이스비트(J. Naisbitt)는 '리스트럭처링'이라는 괄목할 만한 이론적 개념을 정립했다. 그는 전 세계에서 800만 부가 팔린 저서 「메가트렌드」를 통해 정보의 유출과 유통에 따라 달라지는 세상을 읽어내고 그것에 맞춰 변하는 마인드를 가져야 한다고 역설했다.

1990년대 들어서도 신경영 기법으로 마이클 해머(M. Hammer)의 리엔지니어링(reengineering), 피터 센지(P. Senge)의 제5경영, 게리 하멜(G. Hamel)의 핵심역량(core competence)이나 벤치마킹(benchmarking) 등이 속속 등장하는 것도 완벽한 경영 이론은 없다는 상황적합론의 하나의 반증일지도 모르나, 효율적인 경영 추구라는 관점에서 원조의 뿌리에 닿게 된다.

조선 시대 전통적인 농본 위주의 사상에서 산업의 개발을 역설한 최초의 학자가 토정(土停) 이지함 선생이라고 한다. 그의 사상은 실학파의 상업관에 영향을 주었다. 얼마 전 서울대학교 이면우 교수에 의해 한국의 기술 경영학을 찾자는 'W이론'도 주창된 바 있지만 아직 세계적인 이론으로는 정립되지 못하고 있다. 우리의 실정에 맞는 실천적 경영학의 연구가 무엇보다 필요하다.

1.2 현대경영이론의 전개

우리가 과거의 경영 이론들을 학교에서 배우는 이유는 무엇일까? 그 이유는 현재의 시점에서 의사결정을 하는 데 과거의 많은 법칙과 이론들이 도움을 주기 때문일 것이다. 비록 오래된 기법이나 이론일지라도 현실의 의사결정에 해결책을 제시해주는 등대 역할을 한다. 따라서 과거의 경영기법이나 이론들이 현실적인 감각이 떨어지지만 그러한 이론 바탕 위에서 새로운 모델과 가설이 성립되고 새로운 경영혁신기법이 등장하게 된다. 그러므로 우리는 100년 남짓한 경영이론들의 흐름을 이해함으로써 훌륭한 경영자로서의 자질을 갖추게 된다.

가. 과학적 관리

미국경영학에 있어서 전통적 관리론의 조류는 바로 경영관리론의 시초라고 할 수 있다. 특히 미국의 경우 산업확장의 속도는 더욱 빨라졌다. 날마다 새로운 기술이 등장하며 급속한 기술의 진보를 이룩하고 있었는데 반대로 인간의 의식수준은 낮아 생산성의 향상을 기할 수 없었다. 따라서 경영기법이나 경영관리의 이론은 어떻게 하면 생산성을 높일 수 있는지에 초점이 맞추어지기 시작하였다. 이러한 방안들을 체계적으로 한 연구가 바로 전통적 경영관리에 속한다.

먼저 테일러(F.W. Talyor)는 1911년도에 「과학적 관리원칙」이라는 책의 출판을 통해 종업원의 생산성을 향상시키기 위한 방법들을 고안하였다. 이른바 시간연구와 동작연구를 통해 과업관리(task management)를 제안하였는데, 종업원의 진정한 능력 향상을 위해 보상제도와 연계시켜 지금까지의 주먹구구식 관리(rule of thumb)로부터 탈피하려는 첫 시도가 이루어졌다.

'현대경영학의 아버지'로 불리는 테일러의 과학적 관리법의 특징은 다음과 같다.

표 2-1 경영관리의 중점목표

과학적 관리법의 원칙	과학적 관리법의 기본 이념
• 시간적 동작연구를 통한 효율적 직무의 재설계(job redsign) • 작업자들의 동기유발을 위한 차별적 성과급제(price-rate system)의 도입 • 직능별 직장제도(functional foremanship)의 도입: 분업화를 통한 직무전문화 직무단순화의 강조 및 직능별 전문가인 직장에 의한 감독제 실시 • 과학적인 작업자선발 및 훈련제도의 도입	• 고용주와 종업원의 공동번영은 생산성의 극대화를 통해 성취될 수 있으며, 생산성의 개선은 보다 능률적인 직무설계에서 온다. • 업무수행에 대한 작업자들의 정신적 자세는 능률적인 작업방법의 활용과 그에 따른 차별적인 성과급의 제공에서 온다. • 과학적 관리의 핵심은 관리자와 작업자 간의 협동에 있다. 관계자들 모두의 협동적 노력을 통해 사회의 개선이 가능해진다. • 능력과 동기수준에 대한 보다 합리적인 평가를 통해 일할 수 있는 능력과 의지를 보유한 사람을 확보해야 한다.

① 과학적 작업방식의 연구: 직무수행의 능률을 높이기 위해 유일 최선의 작업방법을 연구

② 과학적인 작업자 선발: 최선의 작업방법으로 직무를 수행할 수 있는 사람을 선발

③ 차별적 성과급제도: 작업자들이 최선을 다해 일을 수행할 수 있도록 동기유발을 위해 성과급제도를 도입

④ 직능별 직장제도 노입: 분업에 의한 직무전문화를 강조하고, 감독자도 과업성격에 따라 기능별로 나누어 업무수행을 하도록 한다.

나. 관리이론

산업혁명 이후 규모가 큰 기업조직이 나타남에 따라 개별직무의 능률보다 전체조직의 관리에 관심이 높아지게 되었다. 이때에 나타난 이론이 관리이론이다. 관리이론은 경영을 관리자가 수행하는 관리기능으로 설명하고 있다. 그리고 관리이론에서는 목표달성을 위한 여러 자원의 조정에 강조점을 두고 있다.

초기 관리이론의 창시자인 페욜(H. Fayol)은 프랑스의 광산회사의 경영자로서 자신이 경험하였던 경영의 관리원칙을 중심으로 체계적인 경영기법들을 개발하였다. 그가 제시하였던 관리원칙이란 계획, 소식화, 명령, 조정, 통제 등을 통해 조직과 경영의 기능적인 측면을 강조하였다.

전통적인 경영관리론은 기술(art)로서만 강조되었던 1900년대 초의 경영기법들을 체계적인 학문으로 발전시켜 놓음으로써 경영학 발전에 초석을 다졌다. 특히 산업혁명 이후 점점 거대해지는 기업들을 어떻게 다룰 것인가에 대한 많은 시사점을 제시하였다. 하지만 고전적 경영학에 속하는 전통적 경영관리이론들은 한결같이 조직을 기계적인 시스템으로 간주하여 조직 속에 있는 개인들의 특성을 동일시함으로써 인적자원의 중요성을 간과하였다. 따라서 전통적인 경영관리이론들을 '인간없는 조직'(organization without people)으로 비유하기도 한다.

다. 인간관계론

전통적인 경영관리론은 생산성을 높이는 데 많은 기여를 하였지만 1920년

대 접어들면서 생산성 향상을 위한 전통적 관리원칙들은 현실의 경영관리에서 유용성이 떨어졌다. 왜냐하면 조직은 점점 성장해 나가기 시작하였지만 노동력의 부족현상으로 관심의 초점은 노동력의 고용과 효과적인 훈련에 맞추어지기 시작하였기 때문이다. 즉 새로운 경영이론들의 방향은 조직 내의 개개인의 심리와 집단역학 등 인간행동에 대한 연구가 시작되었다.

호손실험은 1924년부터 1932년까지 약 8년간 조직 내의 인간행동의 변화가 생산성에 어떠한 영향을 미치는지를 살펴보기 위하여 진행되었다. 호손실험은 하바드 대학의 메이요(E. Mayo) 교수에 의해 1차 조명실험, 2차 계전기 조립실험, 3차 면접실험 그리고 4차 뱅크배전관찰 등 4차례에 걸쳐 실시되었으며, 메이요 교수의 연구결과는 조직 내의 인간행동에 다양한 개념들을 정립하였다.

첫째, 기업조직은 기술·경제적 시스템일 뿐 아니라 사회적 시스템이다.

둘째, 개인은 경제적 유인뿐만 아니라 다양한 사회 심리적 요인에 의하여 동기화된다.

셋째, 비공식조직이 작업자의 태도와 성과를 결정짓는 중요한 요인이다.

넷째, 인간관계론자들은 전통적 조직관에 의거한 권위적 리더십과 민주적 리더십 형태를 강조한다.

다섯째, 인간관계학파는 작업자의 만족과 생산성을 결부시켜 일반적으로 만족의 증가가 조직의 유효성을 가져온다고 주장한다.

마지막으로 조직 내의 여러 계층 사이의 효율적 의사소통경로를 개발하는 것이 매우 중요하며, 유용한 방법의 하나로서 참여를 강조하였다.

이처럼 호손연구를 중심으로 한 인간관계론은 사람에 대한 관심을 가지는 중요한 계기가 되었다. 그리하여 효과적인 경영을 위해서는 사람의 감정, 태도, 배경, 욕구, 사회적 관계 등이 매우 중요하다는 것을 알게 되었다. 그러나 과학적 관리의 지배적 논리인 '능률의 논리'나 '비용의 논리'와는 달리 인간을 사회인으로 보고 인간의 태도나 감정을 중시하는 '감정의 논리'를 주된 논리로 삼고 있는 인간관계론도 지나치게 인간적 요소만을 강조하는 잘못을 범하였다.

따라서 경영관리에 있어서 조직의 논리가 무시되어 공식적 집단보다는 비공식적 집단이 강조되는가 하면, 인간을 둘러싼 경영의 다른 측면이 소홀히 다루어졌다. 따라서 인간관계론을 '조직없는 인간'(people without organization)으로 비유하기도 한다.

라. 바나드의 조직론

오늘날 근대 '조직론의 아버지'로 평가받는 바나드(C.I. Barnard)는 자신이 경영자로서의 경험과 사회학, 철학 등에 관한 폭넓은 지식을 바탕으로 조직 경영자의 직무를 분석하여 「경영자의 직능」이라는 저서를 출간히였다. 바나드의 경영이론들을 근대 조직론의 선구자로 평가하는 이유는 전통적 경영관리론과 인간관계론을 조화시켜 근대경영학의 새로운 근간을 마련하였다는 것이다.

바나드의 조직균형이론에 의하면 인간은 혼자의 노력으로 달성할 수 없는 목표를 달성하기 위해 조직을 형성한다는 것이다. 따라서 조직의 목표와 조직구성원의 목표가 균형을 유지할 때에 기업조직이 효과적으로 운영·존속될 수 있다는 것이다. 조직균형이론은 조직과 조직을 구성하는 인간에 대하여 비교적 균형잡힌 이론을 전개하여 전통적 경영이론과 인간관계론을 조화시켰다.

또한 바나드는 시스템적인 조직관을 가졌으며 조직 자체를 시스템으로 파악하였을 뿐 아니라 조직 자체를 큰 시스템의 하위 시스템으로 간주하였다.

마. 계량적인 경영연구방법

1950년대 경영이론들이 행위론적 접근을 통하여 조직을 연구하는 동안 또 하나의 경영학 접근방법이 연구되고 있었는데 이것이 바로 계량적인 연구방법(quantitative approach)이다. 계량적 접근방법은 1940년대의 제2차 세계대전에서 훌륭한 공적을 이루었던 운영관리(operations research: OR)의 기법들이 구체화되어 경영과학적 접근으로 이어졌다.

즉, 계량적 접근방법은 수학적 기술들이 문제해결과 의사결정 향상을 위해 사용될 수 있다는 가정하에 출발하고 있는데, 특히 경영과학적 접근법은 의사결정자들에게 경영계획을 세우거나 어떠한 대안을 선택할 때 유용한 선택대안을 제시해주는 기법으로 경영상황에 대하여 수학적이고 통계적인 모델을 적용하는 것이다.

제 2 절

경영학의 현대적 접근법

앞에서는 전통적인 경영관리이론에서부터 근대적인 경영관리 및 계량경영학적 접근법에 대해 설명하였다. 이들 이론들은 모두가 경영현상을 설명하고 발생하는 문제를 어떻게 해결해야 하는가에 관한 방법들로서 상호보안적인 성격을 갖는 것도 있으나 본질적으로 상호 배타적인 것들도 있다.

50년대 이후 기업조직의 환경이 급격하게 변화되면서 경영에 대한 새로운 접근법들이 나타나게 되었다. 조직규모의 확대, 제품의 다양화, 기술의 발전, 컴퓨터화 의사소통수단의 개선 등과 같은 환경의 급속한 변화가 경영자들로 하여금 조직을 환경과 상호작용하는 개방시스템으로 보게 하였다.

이와 같은 상황에서 나타나게 된 것이 경영학의 현대적인 접근법이다. 오늘날의 현대 경영학의 관점에서 경영학자들이 도입하고 있는 접근법으로 시스템이론과 상황적합이론 등이 있다.

2.1 시스템 이론

시스템 이론(system theory)은 시스템의 개념에 기초하여 기업의 경영현상을 설명하면 무엇보다 복잡한 경영현상을 체계적으로 분류하여 이해할 수 있다는 것이다. 왜냐하면 시스템이란 '공통된 목표를 달성하기 위해 각 하위시스템들이 상호연계되고 상호관련되어 있는 복합적 전체'라는 의미로 이러한 하위 시스템으로 구성된 전체 시스템(total system)은 환경과 끊임없이 상호작용하며 공통된 목표를 효율적으로 달성할 수 있기 때문이다. 기업을 하나의 시스템으로 보게 되면 조직 내에 많은 부분들과 부서, 하위시스템(subsystem)이 상호 관련되어 있고, 그 같은 상호 관련된 부분들 모두가 기업목표달성에 공헌해야 한다는 것을 쉽게 이해할 수가 있다.

시스템은 가장 간단한 형태로 투입(input), 변환과정(transformation process), 그리고 산출(output) 사이의 상호작용으로 나타낼 수 있다.

그림 2-2 기업조직시스템의 기본형태

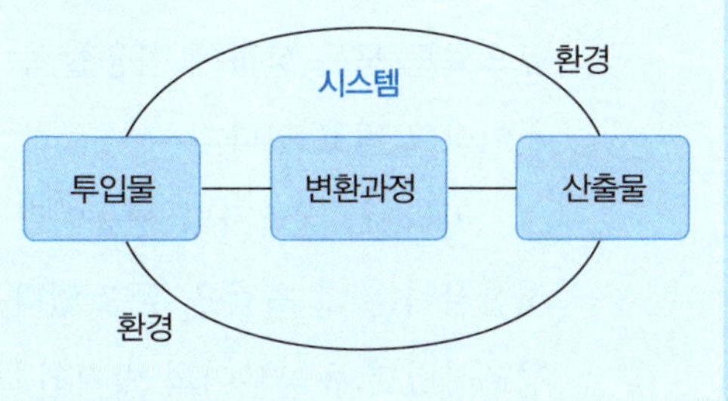

이같은 투입, 변환과정, 산출 간의 관계는 모든 시스템에서 볼 수 있는 현상이다. 자동차의 경우 휘발유가 투입되고 에너지가 산출된다. 인간의 경우에는 음식물이 투입되어 육체적 활동과 정신적 노력이라는 산출이 나온다. 기업조직의 경우에는 자원이 투입되어 제품 혹은 서비스가 산출된다. 이처럼 자동차시스템, 인체시스템, 기업조직시스템에 있어서 투입을 산출로 바꾸는 과정을 변환과정이라고 한다.

기업조직에서 변환과정은 기업조직 활동의 관리과정으로 볼 수 있다. 투입이 외부환경으로부터 기업 내부에 들어오고 변환과정을 거쳐 산출된 산출물은 외부환경으로 나가게 된다. 이와 같이 외부환경과 자유롭게 상호작용하는 시스템을 개방시스템이라 하고, 외부환경과의 상호작용이 없는 시스템을 폐쇄시스템이라고 한다.

2.2 상황적합이론

전통적 경영이론이 가장 합리적이고 유일 최선의 방법을 찾는 것이 목적이었는데, 오늘날 경제환경과 기술혁신으로 인해 경영환경이 급속하고 복잡하게 변화되었다. 이에 따라 모든 상황에 유일하게 적용될 수 있는 이론이나 기법을 찾을 수 없다는 결론을 내리게 되었다. 이러한 문제에 대한 반응으로 상황적합이론이 나타나게 되었다.

상황적합이론(contingency theory)은 여러 가지 관리기법, 관리유형, 관리기능의 효과가 상황의 특별한 여건에 따라 달라진다는 것을 의미한다. 또 더 나아가 오늘날 경영학이 모든 상황에 적용할 수 있는 최선의 방법을 찾지 못했다는 것을 의미하기도 한다. 실제로 환경, 조직, 인간의 복잡성으로 인해 경영학은 앞으로도 모든 상황에 적용할 수 있는 문제해결의 최선안을 찾는 것이 불가능할 것이라고 믿고 있다.

따라서, 경영자의 행동이란 주어진 조건상황에서 특정조직의 환경에 맞게 적합시키는 데 초점을 두고 있다. 이러한 상황이론의 관점은 고전적 경영이론이 강조하였던 유일무이의 법칙인 '최선의 법칙'(one-best way)을 거부하며, 환경 및 조직에서 사용하고 있는 기술이나, 규모, 전략 등에 따라 경영활동이 달라져야 한다고 강조한다.

지금 경영현장에는

세계 진짜 1위는 '브랜드'를 판다

MP3플레이어는 국내 벤처기업들이 오디오 데이터 압축 기술인 MP3 기술을 적용하여 세계 최초로 제품화에 성공한 제품이다. 그러나 브랜드 및 마케팅역량이 부족했던 국내 벤처기업들은 초기시장 대응에 실패하여 미국의 소닉블루 등에 주도권을 내어주었다. 이후 치열한 경쟁과정에서 최고의 경쟁력을 가진 소수기업 중심으로 시장이 재편되었고, 지속적인 기술개발을 바탕으로 다양한 제품을 출시함으로써 세계 시장을 석권하기에 이르렀다

이러한 국내 기업들 중 CD를 저장 매체로 활용한 MP3 CD플레이어를 주력상품으로 내건 레인콤의 성장은 단연 돋보인다. 레인콤은 MP3 CD플레이어 부문에서 미국·일본 등 주요 선진국 시장점유율 1위(생산량 기준)를 기록했다. 특히 소니·파나소닉·도시바 등 기라성 같은 전자 기업들이 즐비한 일본 시장에서 국내의 작은 벤처기업인 레인콤이 1위를 차지하였다는 사실은 가히 주목할 만하다.

세계 MP3 CD플레이어 시장에 대해 주요 시장조사기관은 2001년~2005년간 연평균 40% 이상의 고성장세가 이어질 것으로 예측하고 있어 향후의 시장 전망도 무척 밝은 편이다.

그러나 이처럼 시장 성장 가능성이 가시화됨에 따라 경쟁이 점차 치열해지고 있어 레인콤의 앞날이 순탄하지만은 않다. 소니·파나소닉 등 메이저 전자기업들의 시장 침투가 가속되고 있고 가격경쟁력을 무기로 한 중국 기업들의 진입도 예상되고 있다.

레인콤의 현재 1위는 OEM 위주의 사업을 통해 도달한 것이므로 안정적인 지위라고 보기는 힘들다. 중국 기업들의 추격이 본격화되면 현재 확보하고 있는 가격경쟁력 또한 위태로워질 가능성이 크다.

이렇게 볼 때, 레인콤의 브랜드사업 강화라는 전략은 올바른 선택이었다고 판단된다. 레인콤은 작년

12월부터 자체 브랜드인 'iRiver'로 제품을 출시하고 있다. 휴대용 기기에서 소형화·경량화는 핵심적인 경쟁요소다.

iRiver 브랜드를 내건 레인콤의 '슬림 엑스'의 경우 두께가 17.5mm로 경쟁사에 비해 훨씬 얇아 상당한 경쟁력을 확보한 제품으로 평가받고 있다. 이처럼 관련 기술력도 상당 수준 확보한 레인콤이 신속한 의사결정이 가능한 벤처기업의 장점을 십분 발휘하여 발 빠른 시장대응을 해 나간다면 향후 브랜드 사업에서도 충분히 승산이 있다고 판단된다.

또한 MP3 CD플레이어 부문에서의 성공을 바탕으로 다양한 퓨전제품들을 지속적으로 개발·출시함으로써 궁극적으로는 휴대용 디지털 가전부문에서 세계적인 기업으로의 성장을 기대할 수도 있을 것이다. 이 모든 가능성을 두고 볼 때, 슬림엑스 출시에 사용된 'Sorry Sony'라는 도전적인 광고 카피가 결코 허황된 말로 들리지는 않는다.

자료: 이코노미스트 620호, 2002.1.4

제 3 절

한국기업의 발전

현존하는 우리나라 기업 중 가장 오래된 기업은 두산이다. 1896년 서울 배오개에서 '박승직 상점'으로 출발해 105년의 역사를 자랑하면서 아직도 30대 기업에 포함돼 있다. 주식회사의 효시라고 볼 수 있는 경성방직은 1919년에 설립된다. 그러나 대부분의 기업은 식민지 경제를 탈피한 8·15 광복 후 출현했다. 현대, 삼성, LG 등은 50년대 이후 출발해 본격적인 성장가도를 달린다. 기업인들이 출현하고 관료나 근로자도 시장경제가 무엇인지를 알 때다.

경제가 역동적이다 보니 기업의 부침도 심했다. IMF 관리체제가 들어 대우그룹이 해체되기까지 수많은 기업이 명멸했다. 1965년에 매출액 기준 100대 기업 중 90년대에 살아남은 기업은 20개도 되지 않는다. 절반가량은 아예 역사의 뒤안길로 사라져버렸다.

3.1 대기업의 태동

대부분 국내 대기업의 출발시기는 1950년대이다. 일제 때 취약한 생산기반이 6·25전쟁을 거치며 모두 파괴돼 기업활동이 원점으로 돌아갔기 때문이다.

전후 복구사업과 함께 등장한 기업들의 업종은 제당, 제분, 방직, 화학 등 경공업이 대부분이다. 당시 사업근거를 갖고 있으며 현존하는 기업을 55년도 자본금 기준으로 보면 락희화학공업사(LG, 4위), 금성방직(쌍용, 5위), 현대건설(현대, 9위), 제일제당(삼성, 17위) 등이 있다.

이들 기업은 재벌 형태도 갖추기 시작했다. 1960년 10대 재벌을 보면 단일 업종인 한국유리, 태창방직, 동립산업을 제외한 7대 재벌은 다양한 사업을 영위했다.

예를 들어 삼성(이병철)은 한일은행, 삼성물산, 제일제당, 한국타이어, 안국화재, 근영물산, 한국기계, 풍국주정, 조선양조, 천일증권, 동양방직, 효성물산을 갖고 있었다. 락희(구인회)는 반도상사, 금성사, 락희화확, 락희유지를, 동양(이양구)은 동양시멘트, 동양제과, 동양제당을, 극동(남궁련)은 극동해운, 극동통상, 한국정유, 한국흄관을 각각 계열사로 가지고 있었다.

3.2 대기업의 성장사

1999년 현재 10대 그룹은 현대, 삼성, 대우, LG, SK, 한진, 쌍용, 한화, 금호, 롯데이다. 이들 기업은 대부분 중화학 분야에 뛰어들면서 급성장한 경력을 갖고 있다.

예를 들어 현대, 삼성, 대우, LG, SK, 한진 등 6대 그룹이 중화학공업화 선언이 이뤄진 1973년에 기록한 매출액이 4,170억원이다. 그런데 1980년에는 14조 7,430억원으로 연평균 50.9%라는 놀랄 만한 성장을 했다. 계열사도 116개에서 308개로 증가했다.

기업 성장사는 유망산업의 성쇠와 일치한다. 기업은 근본적으로 업종 자체의 성장성을 극복하기 힘든 탓이다. 1960년대 유망분야이던 제당, 제분, 모직 등에 주력하던 기업은 서서히 퇴조하고 1970년대 이후에는 조선, 전기, 전자, 자동차 분야에 주력한 기업이 각광받았다. 조립금속, 기계, 철강, 화학·석유 등은 1966년부터 1990년대 초까지 연평균 30~35%의 성장률을 보였다.

실제로 유망산업이 나타날 때마다 과감히 진출한 기업은 살아남았지만 그렇지 못했을 때는 처졌다. 기업은 시대흐름을 쫓기도 했지만 때로는 선도하면서 한국 경제의 수역이 됐던 것이다.

삼성이 1936년 첫 출발인 삼성상회를 설립할 때 업종은 무역, 제분, 제면이었다. 이병철 전 회장은 광복 후 조선, 양조로 돈을 벌어 이를 바탕으로 무역과 제당에 진출했다. 1963년에는 삼성생명과 신세계백화점을 설립하고 1969년부터는 전자사업에 본격 진출했다. 특히 1980년대 들어 반도체에 뛰어들어 반도체가 삼성의 알짜사업으로 떠올랐다.

현대도 국가정책 차원에서 추진한 건설과 중화학 분야에 진출해 경제번영의 기초를 마련했으며, 대우는 수출주도형 경제에 걸맞도록 세계시장을 누비는 무역으로 성장가도를 달렸다. SK는 과거 무역과 섬유 등이 주력업종이었으나 이제는 정보통신과 정유를 주력업종으로 하는 그룹으로 탈바꿈하는 데 완전히 성공했다.

반면, 시대흐름을 쫓지 못한 기업은 쇠퇴의 길을 걸었다. 1965년 10대 기업 중 매출액 1위이던 동명목재를 비롯해 판본방직, 경성방직, 대성목재, 동일방직 등 10대 기업들은 현재 재계 대기업 순위에서 멀어졌거나 사라졌다.

3.3 확장경영시대의 종말

1990년대 중반에 접어들면서 국내기업은 새로운 경영환경에 접하게 되었다. 이익보다는 매출액 증가에 관심을 기울였던 기업들이 차례차례 쓰러진 것이었다.

본격적 징후가 나타난 시기는 1995년이다. 덕산, 유원건설, 건영 등 중견기업들이 잇따라 문을 닫았다. 부채를 감당하지 못할 만큼 경영이 악화됐기 때문이다.

이 같은 대기업 부도는 1997년도에 더욱 심해졌다. 대표적인 사례가 한보 철강과 기아자동차이다.

IMF 외환위기는 시장이 더 이상 빚경영을 용납하지 않음을 보여줬다. 30대 기업 중 3분의 1가량이 기업개선작업(워크아웃) 대상이 됐거나 해체되는 운명을 맞았다.

반면 두산, 한화 등 구조조정에 일찍 착수한 기업들은 어려움을 헤치고 착실히 성장할 수 있는 기반을 다졌다. 시장의 목소리를 듣고 일찍부터 뼈를 깎는 노력을 한 덕택이다.

대우는 '대마불사(大馬不死)'라는 재벌시대의 진리가 완전히 무너졌음을 보여주는 대표적 사례이다. 기업 규모는 더 이상 자랑거리도 아니며 오로지 '기업가치중심 경영'만이 기업의 미래를 담보함을 보여준 것이다.

3.4 21세기 새로운 경영조건

우리나라 기업은 21세기를 맞이하여 시장가치, 주주가치, 기업가치를 모두 만족시켜야 하는 상황에 처해 있다. 게다가 급변하는 경영환경에 능동적이고 신속하게 대처해야 살아남을 수 있는 시대가 됐다.

현재 거론되는 21세기 경영 패러다임은 고객만족경영, 지식경영을 통한 지식경쟁력 강화, 끊임없는 새로운 사업 추구, 인터넷을 활용한 네트워크조직, 복합화와 전략적 제휴, 글로벌화 등이다.

대기업도 시대흐름을 따르지 못하면 시장에서 외면받고 처질 수밖에 없는 것이다. 주식시가 측면에서 현재 조그마한 벤처기업의 시가총액이 중견 대기업 몇 개를 합친 것보다 더 많다는 사실은 기업의 미래가치가 얼마나 급변할 수 있는지를 보여주는 좋은 사례이다.

경제개발 이후 기업의 성장 역사가 그대로 반복된다고 가정하면 현존하는 100대 기업 중 앞으로 30년 안에 사라질 기업은 80개가 넘는다. 냉혹한 시장경쟁에서 탈락하지 않으려면 끊임없는 기업의 변신과 최고경영자 및 구성원들의 노력이 절실하다고 할 수 있다.

표 2-2 한국기업의 흥망사

일제 1940년대	1950~60년대	1970년대	1980년대	1990년대
식민지 경제 민족자본 태동	소비재산업 중심, 대기업의 토대마련	중화학 위주 산업 개편	제조업의 발전, 기업의 국제화	정보통신· 벤처기업 시대
• 삼양사, 경성방직 등 극소수 민족기업 • 유한양행(1926) • 화신백화점(1931) • 삼성상회(1936)	• 현대건설(1950) • 삼성물산(1952) • SK상사(1956) • LG전자(1958) • 대한항공(1962) • 삼성생명(1963) • 대우(1967) • 현대자동차(1967) • 포항제철(1968) • 삼성전자(1969)	• 10대 재벌 형성 • 현대중공업(1973) • 삼성중공업(1974) • 제세 부도(1978) • 율산 부도(1979)	• 한국통신(1982) • SK텔레콤(1984) • 메디슨(1985) • 동명목재부도(1980) • 화신 부도(1980) • 국제 해체(1985)	• 미래산업(1990) • 데이콤, 하나로 통신 등 정보통신 업체 급부상 • 한양부도(1991) • 한보, 기아부도(1997) • 대우해체(1999)

* 괄호 안은 연도

표 2-3 한국의 10대 재벌

1960년	1972년	1979년	1987년	1992년	1999년
삼성	삼성	현대	현대	현대	현대
삼호	럭키	럭키	삼성	삼성	대우
개풍	한진	삼성	럭키	대우	삼성
대한	신진	대우	대우	럭키	LG
럭키	쌍용	효성	선경	선경	SK
동양	현대	국제	쌍용	한진	한진
극동	대한	한진	한화	쌍용	쌍용
한국유리	한화	쌍용	한진	기아	한화
동립산업	극동해운	한화	효성	한화	금호
태창방직	대농	선경	롯데	롯데	롯데

LET'S THINK

동명목재(창업주 강석진), 화신(박흥식), 제세(이창우), 율산(신선호), 명성(김철호), 국제(양정모), 한양(배종렬), 한보(정태수), 동아건설(최원석), 기아(김선홍), 대우(김우중) 등은 우리나라 기업사에서 이름이 사라진 기업들 중의 일부이다.

여러분이 생각하기에 이러한 기업들은 왜 붕괴되었다고 생각하는가 토론해 봅시다.

지금 경영현장에는

박·정·이 동시 탄생, 민족 행운의 7년

내년이 이병철 삼성 창업주 탄생 100주년이다. 기념행사가 준비되고 있다는 소식을 듣고 최근 본 뉴스들을 떠올렸다. 올해 우리나라 무역흑자가 일본을 앞설 것이라고 한다. 필자의 기억 속에서 일본은 감히 넘보지 못할 무역흑자 대국이었다. 금융위기 후의 특수한 사정 탓이겠지만 식민지였던 우리가 이 흑자대국을 한번이라도 앞서는 일은 필자의 생애에서는 보지 못할 줄 알았다.

런던에서 팔리는 전자제품의 30%가 삼성전자 제품이다. 지금 미국에서 가장 성장하는 자동차 회사는 현대자동차다. 모두 일본 회사들이 차지하고 있던 자리다. 대영제국의 저 콧대 높은 수도와 세계 자동차 산업의 메카에서 우리가 일본을 위협하게 된 이 일들을 기적이라는 말 외에 무엇으로 표현할 수 있을까. 한국이 일본보다 앞서 G20 정상회의의 의장국이 된 정도의 기적은 이제 기적 축에 끼기도 어려울 정도다.

개인적으로 너무나 궁금한 것은 우리의 무엇이 이런 기적을 일으켰느냐는 것이다. 우리나라는 임진왜란 이후 300년간 퇴락을 거듭하다가 100년 전에는 세계 지도에서 없어져 버렸던 나라다. 무려 300년간 지리멸렬하다가 망했다면 집안이든, 사회든, 나라든 회생의 불씨가 완전히 꺼지게 마련이다. 우리만 유일하게 정말 쓰레기통에서 장미꽃 피듯이 일어났다. 우리 어딘가에서 소중한 불씨가 꺼지지 않고 있었던 것이다. 그 답 외의 다른 답 하나가 있다면 이 땅에서 1910년과 1917년의 7년 사이에 일어났던 일이라고 생각한다.

1910년, 지금부터 99년 전 우리나라가 일본에 망했던 바로 그해 2월 12일에 이병철이란 아이가 태어났다. 이 아이가 장차 전자 왕국을 만들어 어마어마한 국부(國富)를 창출하게 될지 누구도 알지 못했다. 나라가 망한 해에 앞으로 나라를 먹여살릴 인물이 태어났다는 것은 우리 민족의 미래에 대한 예언과도 같았다.

그로부터 5년 뒤 1915년 11월 25일 정주영이란 아이가 태어났다. 이 남루한 아이가 조선(造船)대국, 자동차대국의 꿈을 이루고 우리후손들이 영원히 얘기할 성공 신화를 만들 줄 안 사람은 없었다. 두 사람은 장성하기까지 서로 얼굴도 이름도 몰랐으나 꿈과 의지만은 똑같았다.

필자는 이병철, 정주영 두 사람의 업적은 광개토대왕에 필적한다고 믿는다. 우리 역사에서 위대한 장군들은 거의 전부가 외적의 침입으로부터 나라를 지킨 사람들이다. 밖을 공격해 영토를 넓힌 사람은 광개토대왕 같은 몇 사람뿐이다. 지금의 세계에서 영토는 시장(市場)이다. 이병철과 정주영은 지구 땅 끝까지 찾아가 상륙했다. 피를 흘리며 교두보를 확보하고 거기서 적을 치면서 전진해 우리 영토로 만들었다. 그렇게 얻은 영토가 5대양과 6대주에 미치지 않는 곳이 없다. 대영제국에 해가 지지 않았던 것과 조금도 다를 것 없이 지금 대한민국 영토에는 해가 지지 않는다. 얼마 전 만난 한 대기업 회장은 "우리나라에서 GE의 잭 웰치가 유명하지만 그는 이병철, 정주영의 발톱 새 때만도 못한 수준"이라고 했다. 두말할 필요도 없는 얘기다.

광개토대왕과 같은 영웅은 수백 년에 한 명씩 태어나는 법이다. 정주영과 이병철은 5년 사이에 태어났다. 이것만도 기적과 같은 역사의 행운이다. 그러나 우리 민족의 행운은 여기서 그치지 않았다. 정주영이 태어난 지 다시 2년 만인 1917년 11월 14일 박정희라는 아이가 태어났다. 작고 못생겼던 이 아이가 패배의식에 찌든 나라를 부국강병의 길로 몰아갈 줄은 누구도 생각하지 못했다. 박정희의 수출주도 성장전략, 중화학공업 육성전략, 외자도입 전략은 결국 모두 성공하고 우리 역사의 물줄기를 바꿔 놓았다. 박정희가 있었기에 이병철·정주영이 있었고 이병철·정주영이 있었기에 박정희가 위대할 수 있었다.

식민지 시절 박정희가 일본군에 들어갔다고 비난하는 사람들이 있다. 박정희가 쌓은 토대 위에서 우리나라는 지금 곳곳에서 일본을 제치고 있다. 이 이상의 극일(克日)이 있는가. 일본과 가장 잘 싸운 사람이 누군가. 이병철·정주영의 과오에 대해서도 말들이 있지만 그들의 업적에 비하면 지엽말단도 되지 않을 일들이다.

이제 사흘 후면 박정희 탄생 92주년, 곧 다시 정주영 탄생 94주년이다. 이병철 100주년을 계기로 이 세 거인과 함께했던 우리의 위대한 역사에 대해 본격적인 평가가 일어났으면 한다. 박정희는 국립묘지에 묻혔으나 정주영, 이병철은 그러지 못했다. 두 사람은 국민 마음속의 국립묘지에 묻혀 있다고 생각한다.

자료: 조선일보, 양상국칼럼 부분발췌, 2010.1.11

EXPERIENTIAL EXERCISES

여러분에게 익숙한 조직(동아리, 기업, 공공단체 등)을 하나 선택하라. 여러분이 선택한 조직의 역사, 과거 리더, 과거의 업적이나 문제점 등을 수집·분석하라.

문제

1. 수집한 자료를 바탕으로 이러한 과거 역사로부터 여러분은 무엇을 배웠는지 설명해 보시오.
2. 현재의 리더(사장, 대표)에게 무엇을 추천할 수 있는지 토론해 보시오.

Chapter 3

기업과 환경

변화를 선택하든 안 하든 피할 수 없다. 적응하든가 아니면 파멸되든가

– 테오도르 레비트(Theodore Levitt), Editor, *Harvard Business Review*

적을 알고 나를 알면, 백 번을 싸워도 두려워 할 필요가 없다. 적을 모르고 나 자신만 알면, 승패는 반반이다. 적을 모르고 나 자신도 모르면, 싸움마다 패할 것이다.

– 손자, 손자병법

● 시작 이야기 ●

기술변화는 못막아…

5일(현지시간) 미국 애틀랜타에서 전미경제학회(AEA) 연차총회 일환으로 매일경제와 한미경제학회(KAEA)가 공동 주최한 '매경포럼'에서 강연자인 수전 애시 스탠퍼드대 교수가 공유경제의 미래에 대해 발표하고 있다. [특별취재팀]

"많은 택시기사가 결국 일자리를 잃을 수 있다. 택시 업계는 경쟁력을 갖추기 위해 그들 스스로 차량공유 업체를 연구할 필요가 있다." 교수는 이날 포럼에서 '기그 경제(Gig Economy)에서의 서비스 질'이라는 주제로 강연하며 차량공유 서비스 '우버'의 운전사 행태를 분석한 연구 결과를 소개했다. '기그 경제'란 근로자가 원하는 시간에 원하는 만큼 일하는 유연한 근로 방식을 의미한다. 그는 "미국 시카고에서 수집한 우버의 실제 데이터를 바탕으로 우버와 택시 서비스를 분석해보니 우버가 택시보다 저렴한 이용료를 받으면서도 더 양질의 서비스를 제공하고 있었다"고 말했다.

'기그 경제'의 상징과도 같은 우버 운전사들은 정규 근로 체계에 속하지 않는다. 특정한 운전 교육을 받지 않고, 자격 기준도 따로 없다. 그러다 보니 훈련과 자격 기준이 필요한 택시에 비해 서비스 질이 떨어질 것이라는 게 기본적인 인식이었다. 하지만 애시 교수는 "이 같은 통념은 사실과 다른 것으로 나타났다"고 결론 내렸다.

애시 교수는 "우버와 같은 공유 서비스는 소비자의 반응과 운전사에 대한 평가 등으로 자격 기준이나 훈련을 대체한다"며 "그리고 이들 서비스는 개별 서비스 제공자들과 더 많은 소통을 하고 있어 낮은

제 1 절

기업조직과 환경

1.1 경영환경의 중요성

1865년 노르웨이인에 의해 고래작살이 고안·제작되고 나서 포경 산업이 급속도로 성장했다. 마침내 무차별적인 포경 행위로 인하여 고래 수가 급격히 줄자 고래 자원의 보호를 위해 1948년에 국제 포경 조약이 체결되었다. 이로부터 포경업은 점차 사양길로 접어들게 되었다.

이와 같은 환경변화에 따라 미국에서는 포경업에서 바다에서 시원하게 물

가격에 높은 질의 서비스를 제공할 수 있다"고 설명했다. 그는 "우버 운전사들은 택시보다 이용자들 피드백을 더 자주 받고, 이 같은 정보에 의해 자신들의 행동을 개선하고 있다"면서 "모니터링과 평가, 리뷰 등이 유연한 근로 형태를 보완하고 있는 것"이라고 덧붙였다. 애시 교수는 한국 내에서 '카카오 카풀' 도입과 관련힌 시회 갈등이 발생하는 것에 대해 택시 업계도 스스로를 돌아봐야 한다고 주장했다. 그는 "택시요금이 현재 서비스 수준에서 적정한지부터 먼저 생각해볼 필요가 있다"고 말했다. 그러면서 "생산자들은 수요자가 원하지 않는 물건을 만들지 않는다"며 "차를 소유할 능력이 없는 사람이 어딘가를 가야 할 때 차량공유 서비스는 소비자 복지 측면에서 가장 좋은 선택"이라고 덧붙였다.

애시 교수는 장기적으로 차량공유 서비스가 택시를 구축하게 되는 상황에 대비하고 택시 업계 종사자들의 직업 전환을 위해 정부가 대안을 고려해야 한다고 제안했다. 그는 "노동 시장에서 택시·우버와 같은 문제는 상당히 논란이 되는 문제"라며 "정부가 이들에 대한 대안을 내놓는 것도 생각해볼 필요가 있다. 예를 들어 고령화시대로 접어들면서 고령인구를 돌볼 인력 수요가 커질 수 있는데, 이와 같은 새로운 일자리가 대안이 될 수 있다"고 말했다.

다만 '기술 독점'으로 인해 몇 개의 서비스 중개업체만 남게 되면 시장의 힘이 지나치게 독점 기업에 집중될 수 있다는 우려도 내놨다. 애시 교수는 "만약 한 차량공유 서비스의 독점으로 인해 경쟁이 줄어들면 서비스 질이 떨어질 수 있다"며 "이는 검색엔진을 비롯한 모든 기술기업에 해당하는 문제"라고 설명했다.

자료: 매경, 한미경제학회 '애틀랜타 포럼'
일부요약, 2016.1.6

을 뿜고 있는 고래를 보고 즐기는 고래 관광업이 개발되어 최근에는 그 시장규모가 2억 달러에 이르게 되었으며, 일본도 당시 그 시장규모가 빠르게 성장하는 추세였었다.

일본 근해의 브라이드 지역에는 16마리의 고래가 살고 있었는데, 고지현에 있는 오가타촌 사람들이 이를 관광자원으로 이용하여 새로운 생계수단으로 삼아 가고 있다.

사실 고래 한 마리를 잡으면 2억 4,000만원 정도에 팔 수 있으나 여기서 인건비, 연료비, 포경선 임차료 등을 빼면 그 이익은 매우 미미한 데 반해, 브라이드 고래의 예상관광 수익은 향후 15년 간 40억원을 능가할 것이라고 한다. 따라서 고래는 고래대로 살리면서 관광수입은 수입대로 올리므로 일석이조의 효과가 있는 사업전환인 셈이다.

환경의 중요성에 대하여 이야기하는 흔히 인용하는 이야기는 개구리 실험이야기이다. 펄펄 끓는 물에 개구리를 순간적으로 잡아넣으면 개구리는 자신의 힘으로 끓는 물속에서 뛰어 나온다고 한다. 그러나 찬 물통 속에 개구리를 넣고 아주 천천히 가열하면 개구리는 기분좋은 듯 온기를 서서히 즐긴다는데, 어느덧 물이 펄펄 끓게 되어도 개구리가 앞서처럼 뛰쳐나오지 못하고 결국 물속에서 죽게 된다는 이야기이다.

이 이야기에서 핵심은 환경과 관련이 있다. 즉 개구리가 점점 물이 뜨거워지면서 자기의 목을 조이고 있는데도 이러한 변화를 위기적으로 감지하지 못하고 그대로 물속에서 죽고 만다는 것은 바로 기업이나 경영인들이 오랜 타성이나 고정 관념에 빠져 있어 새로운 환경변화에 적절히 대처하지 못할 경우 치열한 경쟁시대에서 생존하기 어렵다는 사실을 경고해 주는 것이라고 볼 수 있다.

환경의 중요성이 현대경영학의 시작부터 인식되었던 것은 아니다. 20세기 초만 하더라도 기업을 하나의 폐쇄시스템(closed system)으로 인식하고 기업내부의 생산, 영업, 회계, 재무관리만 능률적으로 잘하면 기업이 잘되는 것으로 보고 오직 물적자원의 내부능률에만 연구를 집중하였다. 그러나 사회는 갈수록 복잡해지고 사람들의 인식도 바뀌어 오늘날 경영은 열린 시스템(open system)으로 이해되면서 경영환경의 중요성이 부각되기 시작하였다.

기업의 환경이 처음에는 고객(시장)의 중요성만 고려되다가 그 이후 주주, 노조, 협력업체, 경쟁업체, 정부 등 기업을 둘러싸고 있는 이해관계자 집단의 영향력에 관심을 갖게 되었고, 최근에는 국제적 환경이나 문화까지도 중요한 경영환경으로 인식하게 되었다.

기업은 이제 환경 속에 살고 있는 생명체로 파악되어야 한다. 생물이 그 생명력을 유지하기 위해서는 환경과의 사이에 물질과 에너지 및 정보를 끊임없이 교환하지 않으면 안되듯이, 기업도 동태적으로 변화하는 환경에 잘 적응하여야 생존이 유지될 수 있는 것이다.

특히 최근 정보화와 국제화가 새로운 경영환경으로 부각되면서 그 변화의 속도가 지극히 빠르고 미래에 대한 불확실성이 더욱 높아진 상황하에서는 환경변화에 대한 기업경영의 능동적 대처의 중요성이 더욱 증가하고 있다.

1.2 21세기 경영환경

21세기 경영 화두(話頭)인 '디지털'은 새로운 사업 창출과 혁신의 무기를 제공해주는 기회로 인식된다. 반면 적응하지 못하면 도태된다는 위협이기도 하다. 생존과 번영을 추구하는 기업이라면 새로운 경영전략의 수립과 체질화가 필수불가결한 요소가 된 것이다.

삼성경제연구소에 따르면 21세기 사업은 이동표적전략과 비전제시형 리더십을 전략으로 채택해야 한다. 장기계획도 중요하지만 수시로 변덕을 부리는 시장욕구와 기술·경쟁자 동향에 즉각 조건반사하는 체제를 갖춰야 하며, 최고경영자는 단기간에 기업 흥망성쇠가 결정되므로 사업의 계속·중단에 대한 정확한 판단과 과감한 결단이 요구된다는 얘기다.

마케팅은 단기간에 폭발적 수요를 일으키는 대형 히트상품을 내놓고, 개개인을 목표로 고객판매가 아니라 고객만족 개념으로 접근하며, 가상사회를 네트워크로 연결해 고객의 인정을 받는 방향으로 추진해야 한다. 고객의 신뢰를 잃으면 전파력이 강한 네트워크에서 내쫓기므로 생존할 수 없다.

기업은 무엇보다 원자재 공급에서 최종 사용자에 이르는 연결고리를 유기적으로 통합해 효율성을 높이는 게 중요하다. 내부업무의 표준화·전산화를 통해 인터넷 등 외부 네트워크와 신경망을 구성해 정보통합 처리와 의사결정의 신속화·효율화를 꾀하는 디지털신경망 경영은 기본이다.

디지털 경영시대의 조직은 창조력과 혁신력을 가지는 횡적 조직이 돼야 한다. 조직의 기본 골격은 유지하되 계층간·부서간 벽을 파괴해야 한다는 것이다.

디지털 경제를 지배하는 10가지 법칙

1950년대 제너럴 모터스(GM)는 산업발전의 본보기였다. GM은 단지 자동차만을 만든 것이 아니라 미국을 만들었다. 학자들은 40년 뒤에 성공한 모든 기업들이 GM처럼 될 것이라고 예측했다. 그러나 학자들의 예측은 빗나갔다. 지금의 새로운 역할 모델은 GM이 아닌 마이크로소프트다. 학자들은 디지털이라는 엄청난 변화의 핵심을 예측하지 못한 것이다.

디지털은 새로운 경제를 만들었다. 새로운 경제는 전 지구적이며 눈에 보이지 않는 무형의 것들에 가치를 부여하고 모든 것은 네트워크로 연결되어 있다. 미디어, 소프트웨어, 서비스 등 눈에 보이지 않는 것들이 철강과 석유 같은 눈에 보이는 것들을 움직이는 시대가 온 것이다.

케빈 켈리는 「디지털경제를 지배하는 10가지 법칙」에서 디지털경제에서 기업이나 개인이 생존하기 위한 핵심 법칙 10가지를 소개하였다.

첫 번째는 네트워크로 연결된 집단의 힘이다. 네트워크에 연결되면 작은 것들도 상상할 수 없는 큰 힘을 만들어 낸다. 수직적인 통제는 존재하지 않으며 오로지 온라인을 통한 수평적 집단이 사회를 바꾸게 된다.

두 번째로 더 나아가 대규모 단일 네트워크 구축이 성공의 열쇠가 된다. 네트워크의 구성원은 산술급수로 증가하지만 네트워크의 가치는 기하급수적으로 증가한다. 실리콘밸리에 있는 기업들이 성공한 가장 큰 요인 중의 하나는 실리콘밸리라는 공통의 네트워크를 가지고 있었기 때문이다.

세 번째는 풍요의 원칙이다. 디지털경제에서는 희소성의 원칙보다 풍요의 원칙을 적용시켜야 한다. 네트워크는 수많은 방향으로 열린 가능성의 집합체다. 특수하고 귀한 것보다는 많은 기회를 제공하는 것이 가치를 인정받는다. 네트워크에서 기회는 또 다른 기회를 만들어 준다.

네 번째는 무료의 법칙이다. 기회를 제공하되 무료로 해야 한다. 기회를 팔아서 돈을 만들지 말고 기회를 이용한 집단의 힘이 더 큰 것이 되어 돌아오는 걸 기다리라는 것이다. 무료제공은 네트워크를 넓히는 데 가장 효과적인 수단이다.

다섯 번째는 네트워크의 가치를 키워야 한다는 것이다. 모든 능력을 웹에 집중시켜야만 살아남을 수 있다. 정보의 속도는 과거 기업이나 개인을 존재하게 했던 그 어떤 물질적인 요인보다도 빠르다.

여섯 번째는 늘 새롭게 시작하라는 것이다. 디지털경제에서 기업의 생성과 발전, 소멸은 엄청나게 빠른 속도로 진행된다. 지금 성공했다고 해서 안주하지 말 것이며 실패했다고 해서 좌절할 필요가 없다. 과감하게 창조적 파괴행위를 할 수 있어야 살아남는다.

일곱 번째는 글로벌화다. 지구 전체를 무대로 생각하는 자세가 필요하다.

인간은 정해진 공간을 살 수밖에 없지만 경제는 그렇지 않다. 경제는 사이버공간이라는 아무런 장벽이 없는 곳에서도 존재한다. 경제에 대한 이해가 글로벌 시각을 바탕으로 이루어져야 한다.

여덟 번째로 디지털경제는 조화가 아닌 흐름이다. 과거의 경제는 최적의 효율성을 찾기 위한 노력이었다. 원인만큼의 결과가 늘 예측되어 있었다. 그러나 디지털경제는 불균형을 밑바탕에 깔고 있다. 원인이 있다고 해서 결과가 반드시 나타나지 않는다. 디지털경제에서 필요한 것은 이성적인 공식이 아니라 흐름을 읽는 감각적인 눈이다.

아홉 번째는 기술로 시작해서 신뢰로 끝을 맺어야 한다는 법칙이다. 네트워크시대에서는 기술보다 관계가 중요하다. 훌륭한 기술을 제공했다고 해서 승리하는 것이 아니라 훌륭한 관계를 구축한 사람이 승리하게 되어 있다.

마지막 열 번째는 효율보다 기회가 중요하다는 것이다. 해결할 수 없는 지금의 문제를 포기할 줄 알아야 한다. 지금의 문제를 잘 해결할 수 없다면 다음 기회에 몇 배로 보상하면 된다. 네트워크 사회는 수많은 뜻밖의 기회를 제공한다.

지금 경영현장에는

밀레니엄 트렌드

트렌드란 현재의 사회를 만들고 있으며 미래를 만들어갈 힘이다. 따라서 미래의 씨앗은 트렌드에 숨겨져 있다.

1. 코쿠닝(Cocooning) 트렌드 누에고치(Cocoon)처럼 자신의 안식처에 숨어 있으려는 경향이다. 위협적이고 복잡한 세상에서 사람들은 자신을 보호하기 위해 무슨 대가라도 치른다.
2. 유유상종(Clanning) 트렌드 마음이 통하는 사람들끼리 어울리고 싶은 것이다. 가치관과 관심사가 일치하는 사람들과 어울려 안락함과 든든함을 느끼고 싶어한다. 인터넷에 '혀 짧은 사람들'이나 '왼손잡이' 등 독특한 개성을 지닌 사람들의 모임이 활성화되는 등 이 같은 추세는 이미 시작되고 있다.
3. 작은 사치 사람들은 가끔씩 자신의 기본을 뒤흔들지 않는 범위 내에서 사치를 하고 싶어한다. 고급 만년필이 잘 팔리고 애완견에게 내가 먹는 것보다 비싼 먹이를 사주기도 한다.

4. 개성찾기 획일화되고 시스템화된 세계 속에서 사람들은 나를 찾아 헤맨다. 단 하나뿐인 나를 표현하기 위해 돈을 쓰게 된다. 맞춤형 옷이나 컴퓨터가 각광을 받기 시작하는 것도 이 때문이다.

5. 여성적 사고 여성적 감수성이 세상을 바꾼다. 소비형태도 조직형태도 여성적인 감수성에 의해 좌우된다.

6. 남성성으로부터의 탈피 남자도 울 수 있다. 남자다움이라는 허구는 파괴된다. 부드럽고 섬세한 남자의 세상이 된다.

7. 행복찾기 사람들은 나만을 위해 살고 싶어 한다. 직함보다 생활의 질을 중시하고 조직보다 나를 위해 산다.

8. 소비자 감시 트렌드 사람들은 제품이나 기업에 대해 사소한 것이라도 당당한 의사표시를 한다. 그들의 행동이 기업의 운명을 바꿀 수도 있다.

9. 우상파괴 트렌드 과거의 영광에 관심이 없다. 지금이 중요하며 절대적인 것들에 대한 파괴를 즐긴다. 권력에 대한 패러디가 유행하고 그것이 오락으로 발전한다.

10. 공포 아무것도 믿지 않는다. 광우병, 다이옥신 파동 등이 사람들을 점점 공포에 갇혀 살게 한다. 공포심리를 이용한 광고나 마케팅이 먹혀든다.

제 2 절 기업의 경영환경

기업을 열린 시스템(open system)으로 파악하는 경우, 경영환경은 기업 내·외부에 존재하여 기업활동에 직접·간접적으로 영향을 미치는 여건이나 상황을 의미한다. 경영환경은 기업의 경영활동에 광범위한 영향력을 행사하고 있으며, 기업의 생존문제와도 직결된다는 점에서 매우 중요하다. 이러한 경영환경은 기업에게 성장의 기회를 제공하거나, 다른 한편으로는 기업의 생존에 영향을 미칠 수 있는 위협요인이 되기도 한다.

경영환경이 가져오는 성장기회와 생존위협은 기업의 대응방법에 따라 다른 결과가 나타난다. 따라서 기업은 경영환경의 변화에 적극적으로 대응하려는 노력을 해야 한다. 왜냐하면 기업은 경영활동에 필요한 자원을 외부환경으로부터 받아 이를 결합·변화하여 환경이 요구하는 제품이나 서비스의 형태로 만들어 이를 다시 외부환경에 내보낸다. 그리고 기업이 생산한 재화와 용역의 구매·사용·소비의 대가가 기업의 이익으로 실현되고, 이를 기초로 기업은 장기적으로 성장·발전할 수 있는 기반을 마련할 수 있기 때문이다.

오늘날 경영환경은 매우 복잡·다양하고 그 범위도 확대되고 있으며 변화도 빠르게 진행되고 있다. 그러므로 경영환경에 적절하게 대응하기 위한 경영자의 의사결정은 더욱 어려워진다. 따라서 환경의 중요성을 인식하고 경영환경의 분석 및 예측을 통한 적절한 미래에 대한 대책마련이 필요하다.

2.1 외부환경

기업의 외부환경은 기업활동에 직접적이며 적극적인 영향을 미치는 과업환경과 기업활동에 간접적이며 장기적인 영향을 미치는 일반환경으로 나누어 살펴볼 수 있다.

가. 일반환경

일반환경(general environment)은 특정기업에 직접적으로 영향을 미치기보다는 산업 전체 또는 국가 전체에 전반적·간접적으로 영향을 미치는 환경을 말한다. 일반환경은 조직의 특성, 산업에 따라 각 환경요인의 중요성 정도가 다르다. 이러한 일반환경은 크게 네 가지 유형으로 구분될 수 있는데 경제적 환경, 사회문화적 환경, 정치법률적 환경, 그리고 기술적 환경 등이 그것이다.

1) 경제적 환경(economic environment)

경제적환경이란 기업활동과 관련을 가지는 경제시스템 전체를 말한다. 예로는 실업률의 변화, 경제성장률, 현재 및 미래 이자율, 환율 등이다. 이 외에도

그림 3-1 조직의 외부환경과 내부환경

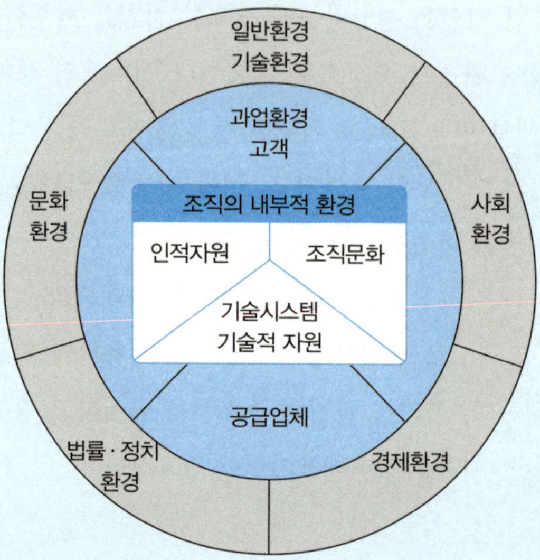

노동시장, 원재료시장, 소비자시장, 재정정책, 산업구조 등의 요인도 경제적 환경의 구성요인이 되고 있다. 기업은 경제적 기능인 생산을 보다 효율적으로 수행하여야 하므로, 경제적 환경은 다른 모든 일반환경과는 달리 기업의 경영활동에 직접적이고 또한 즉각적인 영향을 미친다.

2) 사회문화적 환경(sociocultural environment)

사회문화적 환경은 사회구성원들의 행동과 사고와 관련되는 일반환경으로 기업의 경영활동에 영향을 미치는 문화·규범·가치관·생활양식·전통·관습 등의 사회적 제도나 태도 등이 포함된다. 오늘날 고령인구의 증가, 교육수준의 향상, 인구의 증가, 대중매체의 발달, 서구화, 취업여성의 증가 등은 사회가치관에 영향을 미치며 기업경영에 새로운 시각을 요구하고 있다. 이런 사회문화적 환경은 기업의 경영자나 종업원의 행동은 물론, 소비자행동에도 중요한 영향을 미친다.

3) 정치법률적 환경(political law environment)

정치법률적 환경은 법률과 공공정책이 형성되는 과정에 영향을 미치는 정치집단 및 이해관계자집단을 의미한다. 즉 정치법률적 환경은 법률이나 규칙, 정부기관의 활동이 복합된 환경이다. 이러한 정치법률적 환경에는 상법, 회사법, 공정거래 및 독과점규제법, 노동법, 중앙정부, 지방자치단체 기타 정치세력 등이 포함된다. 또한 기업의 활동은 공해유발, 매점매석, 허위광고, 독과점의 폐해 등 사회에 바람직하지 못한 결과를 초래하기도 한다. 따라서 정부는 조세감면, 금융지원, 중소기업육성 등 기업활동을 촉진·보호하고 기업의 자율성을 보장해 주기도 하지만, 반면 자유경쟁질서의 파괴, 공공이익의 침해 등과 같은 기업활동의 부정적 결과를 방지하기 위해 기업 활동에 대해 여러 가지 규제를 가하게 된다. 상법, 세법, 공해방지법, 독과점규제법, 공정거래법, 품질규제법 등과 같은 법률을 제정하고 행정명령을 통해 기업활동에 영향을 미치고 있다.

4) 기술적 환경(technological environment)

기술적 환경이란 기업의 경영활동에 영향을 미치는 국가 또는 산업의 기술수준을 말한다. 즉 기술적 환경은 제품이나 서비스 생산과 관련있는 지식의 상태를 나타내는 것으로, 어떤 일을 하는 방법에 관한 지식인 노하우를 의미한다. 이러한 기술적 환경에는 정보기술, 생명공학, 공장자동화, 컴퓨터지원 설계 및 생산시스템 등이 포함된다. 이러한 기술적 환경은 경영자에게 적어도 두 가지 시사점을 제시하고 있다. 첫 번째는 새로운 기술의 영향으로 제품진부화(product obsolescence)와 경쟁이 증가한다. 두 번째는 기술변화에 대한 정교한 감시와 예측기법을 개발할 필요성이 증대된다는 것이다. 따라서 경영자는 경쟁우위를 계속 유지해가기 위해 산업 내외에서의 기술발전을 분석·예측하기 위한 통합적 기술과 진단기술을 개발해가야 한다.

나. 과업환경

과업환경은 기업활동에 직접적인 영향을 미치는 환경으로 다음과 같은 것들이 있다.

1) 고객

기업 간의 경쟁의 심화로 고객의 위상과 그 영향력은 매우 높아졌다. 소비자들은 조직화되어 소비자고발센터, 공정거래위원회, 정부, 매스컴 등에 호소하기도 하고 인터넷을 이용하여 고객집단의 여론을 주도하기도 하여 고객이 왕이 되는 시대가 되었다.

2) 주주

대주주 혹은 소액주주 집단은 주주총회에서 대표이사를 임명할 수 있을 뿐만 아니라 이사들을 선출하여 경영활동의 방향을 주도하기도 한다.

3) 노동조합

기업구성원을 대표하는 노동조합은 협상을 통한 의견제시나 파업 등을 통하여 경영활동을 제약하거나 방향을 바꾸기도 한다.

4) 경쟁기업과 협력업체

경쟁기업은 같은 시장을 놓고 서로 경쟁을 하며, 협력업체는 원료공급과 제품유통과정에서 기업이 가장 관심을 가지는 과업환경이다. 경쟁업체는 시장점유를 넓혀올 뿐만 아니라 종업원, 신기술, 노하우도 빼내는 부정적인 측면도 있지만, 공정한 경쟁을 통하여 자극을 주어 서로 발전하기도 한다. 한편 협력업체를 지나치게 무시하면 부실기업이 되어 불량원재료를 공급하는 등의 문제를 가져오기도 한다.

따라서 오늘날 기업은 점차 다양화, 전문화되어 협력업체와의 우호적인 관계형성을 통하여 성장하여야 한다.

5) 정부와 법

세법, 공정거래법, 독과점법, 공해방지법 등 많은 법과 규제가 기업활동을 지원하거나 제한하기도 하며 정부는 국민경제를 이끌면서 벤처기업 육성, 특별금융지원, 공기업의 민영화, 임금가이드라인 제정, 외국인 투자허용, 규제완화 정책 등 기업에 중요한 영향력을 미친다.

6) 지역사회와 압력단체

지역시민의 영향력은 조경권 침해, 환경보호, 위락시설 설립반대 등의 형태로 증대되고 있으며, NGO의 환경운동, 참여연대의 소액 주주운동, 재벌상속세 개정법, 성희롱방지법, 남녀고용평등법 등은 모두 시민단체의 압력으로 정부에 의해 제정되어 경영활동에 직접적인 영향을 미치고 있다.

다. 외부환경의 속성

기업조직의 영향을 미치는 환경요인이 수없이 많으며, 그 영향력도 동일한 것이 아니다. 각 기업의 특성과 목표 그리고 경영방식에 따라 그 영향의 정도는 다르게 나타난다. 또한 그 환경요인이 가지고 있는 속성에 따라서도 그 영향력은 달라진다. 경영환경의 두 가지 속성은 동태성 정도와 복잡성 정도이다.

1) 동태성 정도

환경요소들이 안정적이냐 아니면 동태적 상태에 있느냐의 정도를 나타내는 차원이다. 한경이 안정적이면 어떤 특정한 환경적 상황이 시간의 경과에 따라 빈번하게 반복되기 때문에 경영자가 미래의 사건을 예측할 수 있게 된다. 그러

그림 3-2 환경의 두 가지 속성

복잡성의 정도 ↑ / 변화의 정도 →	안정적 환경	동태적 환경
복잡한 환경	• 안정적이고 예측가능한 환경 • 제품의 종류는 많다. • 고객, 공급업자, 경쟁자의 수가 많다. • 정교한 지식의 필요성이 높다.	• 동태적이고 예측불가능한 환경 • 제품의 종류는 많다. • 고객, 공급업자, 경쟁자의 수가 많다. • 정교한 지식의 필요성이 높다.
단순한 환경	• 안정적이고 예측가능한 환경 • 제품의 종류는 적다. • 고객, 공급업자, 경쟁자의 수가 적다. • 정교한 지식의 필요성이 낮다.	• 동태적이고 예측불가능한 환경 • 제품의 종류는 적다. • 고객, 공급업자, 경쟁자의 수가 적다. • 정교한 지식의 필요성이 낮다.

그림 3-3 조직의 외부환경과 불확실성

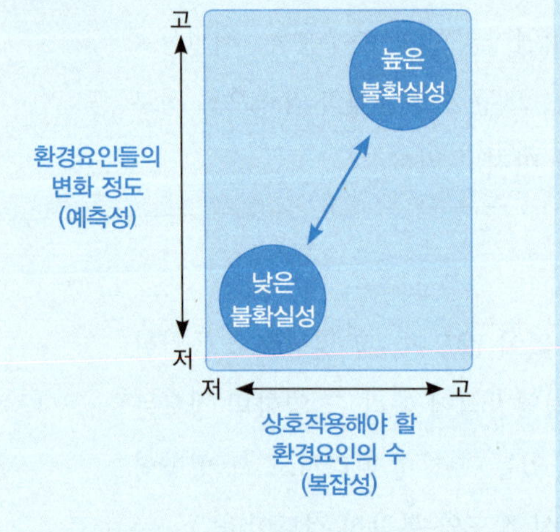

나 환경적 상황이 변화가 빈번하면 미래의 사건에 대한 예측력이 낮아진다.

환경 내의 다양한 요인들이 환경을 안정적이거나 동태적이 되게 한다. 경제 상태의 예측불가능한 변화, 소비자 욕구와 수요의 급속한 변화, 불안정한 정국, 이해관계자집단들의 영향력 증대, 급속한 기술의 변화 등이 그것이다. 여기서 동태적 환경이란 환경요인이 날씨처럼 변화무쌍하게 변한다는 것이 아니라, 경영자가 과거의 패턴으로부터 미래를 예측할 수 없는 환경을 의미한다.

2) 복잡성의 정도

기업환경에서 경영자가 고려해야 할 요소들이 얼마나 많으냐에 따라 복잡성의 정도가 나타난다. 환경의 복잡성에 영향을 주는 요인에는 두 가지가 있다. 첫 번째 요인은 기업이 상호작용해야 할 환경요인의 수 내지는 다양성이다. 즉, 많은 수의 소비자, 많은 수의 공급업체, 많은 수의 경쟁업체 등이 그것이다. 두 번째 요인은 조직의 환경이 조직으로 하여금 제품이나 소비자에 대해 필요한 많은 정교한 지식의 요구 정도이다. 목장을 경영하는 데는 정교한 지식의 필요성이 낮지만, NASA는 많은 고도의 정교한 지식을 요구하므로 매우 동태적이고 복잡한 환경을 가진다고 할 수 있다.

라. 외부환경의 예측

경영환경은 기업조직의 활동에 막대한 영향을 주기 때문에 예측이 어려운 환경에 대해서는 창조적으로 적응해 가야 할 뿐만 아니라 이들 환경에 대처하기 위해 경영자는 기업의 환경을 정확하게 파악하고, 분석하고, 예측할 수 있어야 한다.

[그림 3-2] 와 [그림 3-3]에서 보는 바와 같이 두 환경적 속성이 결합하여 불확실성을 결정한다.

환경이 '안정-단순'에서 '동태-복잡'으로 변화됨에 따라 경영의사결정은 높은 불확실성하에서 이루어진다.

[그림 3-4]에서 보는 바와 같이 환경분석은 사업의 기회, 위협, 제약요인 등을 파악할 수 있게 해주므로 매우 중요하다.

경영자들은 환경분석으로부터 파악된 사업의 기회, 위협요인, 제약요인 등을 종합하여 미래의 경영활동 영역을 결정하게 된다.

그림 3-4 외부환경의 분석

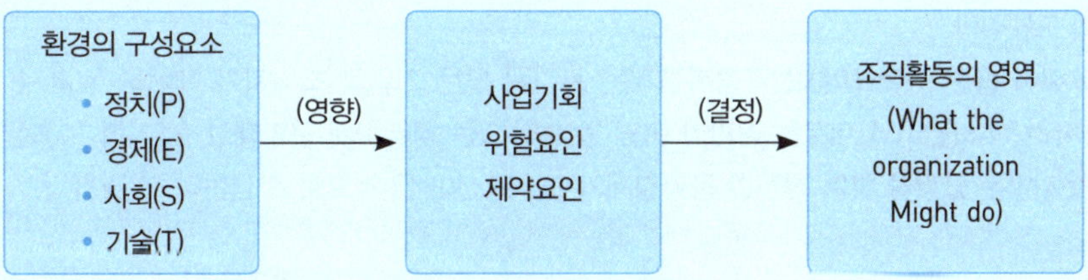

지금 경영현장에는

불황기 블루오션 '프리코노믹스'(Freeconomics)

전 세계적인 경기불황의 그늘이 깊어지고 있는 가운데 기업이 상품을 무료로 소비자에게 제공하고 수익은 다른 경로를 통해 확보하는 이른바 '공짜경제(Freeconomics)'가 새로운 블루오션으로 뜨고 있다.

'Freeconomics'는 공짜(free)와 경제(economics)의 합성어로 롱테일 법칙의 창시자인 크리스 앤더슨이 이코노미스트지의 '2008년 세계경제대전망'에서 새로운 비즈니스 트렌드로 소개하면서 알려진 개념이다.

해외에서는 이미 면도기 제조업체인 질레트가 면도기를 무료로 제공한 뒤 면도날을 지속적으로 구입하게 함으로써 일회용 면도기 시장을 새롭게 개척한 전례가 있고, 인터넷 검색포털인 구글은 서비스를 무료로 제공하고 메인화면에 광고를 하지 않는 대신 검색어와 연관된 URL을 통해 광고수익을 얻고 있다.

미국의 이동통신회사인 버진 모바일은 2006년 여름부터 'Sugar Mama'라는 서비스를 도입, 휴대전화 광고 메일을 보고 설문조사에 응하면 1분 무료통화 혜택을 제공하는 공짜 마케팅을 진행중이다.

국내에서는 생활가전업체인 웅진코웨이가 최근 외환은행과의 제휴를 통해 발행한 '페이프리(Pay-free)' 카드가 공짜경제를 도입한 전형적인 모델로 호평을 받고 있다. 웅진코웨이 정수기를 렌탈해서 사용하는 고객이 페이프리 카드를 발급받아 일정 액수 이상을 사용하면 외환은행측이 월 렌탈료와 맞먹는 금액을 현금으로 고객 통장에 입금시켜주는 것이다.

용산 아이파크 백화점도 최근 공짜경제 모델을 도입했다. 백화점을 찾아온 여성고객들에게 쇼핑하기 편한 운동화를 빌려주고, 신고 온 하이힐 등 신발은 살균 소독을 해서 돌려주는 서비스를 무료로 제공하고 있다.

아이파크 백화점이 고객들에게 빌려주는 신발은 채널티비의 아이젝스 S1 제품으로 체지방 감소와 근력 강화에 도움이 되도록 고안된 기능성 제품으로 보이지 않는 홍보 효과를 누리고 있다.

이 밖에 지하철 등에서 무료로 신문을 배포하는 대신 광고수익으로 수입을 챙기는 지하철 무가지, 의무약정제를 통해 사실상 소비자에게 공짜로 휴대전화를 제공하는 것 등도 이미 우리에게 익숙한 공짜경제의 모델이다.

웅진코웨이 홍준기 대표이사는 "공짜경제는 관련된 모든 기업과 소비자가 혜택을 누릴 수 있어야 하며, 공짜인 척 하면서 실제로는 공짜가 아닌 '눈속임'과는 엄격하게 구별돼야 한다"며 "10년 만에 외환위기 못지않은 불황을 맞아 진정한 공짜경제가 블루오션이 될 것으로 확신한다"고 말했다.

자료: 이코노미스트지, 2008.11.3

2.2 내부환경

기업조직이 외부환경으로부터 얻은 기회를 이용하여 구체적인 경영활동을 하기 위해서는 능력과 역량을 가지고 있어야 하는데 이것은 그 기업이 가지고 있는 자원과 관련된다. 그리고 이 같은 조직의 자원을 조직의 내부환경이라 부른다. 조직의 내부환경은 기업조직이 무엇을 할 수 있는가를 결정해 준다. 조직의 자원에는 다음의 〈표 3-1〉에서 보는 바와 같이 재무자원 물적자원, 인적자원, 시스템 및 기술자원 등이 있다.

이와 같은 기업조직의 내부환경, 즉 조직의 자원을 평가하여 기업조직의 강점과 약점을 파악한 뒤 경영자의 가치시스템에 따라 기업이 무엇을 할 수 있는가를 결정하게 된다.

표 3-1 기업조직의 자원

기업조직의 자원	자원의 내용
재무적 자원	• 자금조달 능력(주식발행, 사채발행, 유보이익, 가용자금) • 재무자원의 배분능력(예산편성의 과정, 수익성이 가장 높은 부문에 재무자원을 배분하고 있는가의 여부) • 재무자원의 통제능력(컴퓨터에 의한 재무구조의 모델 활용)
물적자원	• 우수한 공장설비(제조공장의 능률성, 연구 및 실험시설, 창고 및 기계설비) • 공장의 입지(시장접근성, 원재료공급, 노동력 공급의 용이성, 수송수단의 활용성) • 원자재 확보(원자재 공급의 장기적 계약)
인적자원	• 전문인력(제조, 공급 및 과학분야의 전문지식을 갖춘 인력을 확보하고 있는 정도: 과학자, 기술, 생산 및 품질관리전문가, 컴퓨터 시스템전문가 등) • 관리인력(유능한 관리자의 확보 등)
정보 및 기술적 자원	• 시스템(품질관리모델, 보상시스템, 유통시스템, 정보시스템, 이익분배제도 등) • 기술능력(특허, 고품질의 제품생산, 소비자의 상표충성도 등)

2.3 외부환경과 내부환경의 적합

경영전략이란 “조직목표의 달성을 위해 조직활동의 내용과 방향을 결정하기 위한 지침이 될 수 있는 포괄적이고 통합적인 틀이다”라고 정의할 수 있다. 그래서 전략계획은 기업조직의 활동영역을 결정하는 전략적 의사결정인 것이다. 그런데 이 같은 전략수립은 앞에서 설명한 기업조직의 외부환경과 내부환경의 적합에 의해 이루어진다.

기업조직이 외부환경을 분석하고 예측하여 경영활동의 기회와 위협요인 및 제약요인 등을 식별하고 나면 기업조직의 활동가능영역을 찾아 낼 수 있게 되며, 이어서 기업의 내부환경을 분석·평가함으로써 기업조직의 강점과 약점을 찾을 수 있게 된다. 그리하여 기업은 강점을 살리고 약점을 보완할 수 있는 기회를 선택하고 위협을 피할 수 있는 전략적 대안을 설정하고, 그 같은 대안들을 분석·평가하여 하나의 전략을 선택하게 된다. 즉, 제품, 시장, 수직적 통합, 합병, 퇴각 등과 같은 기업조직의 행동방향을 결정한다.

그림 3-5 외부환경과 내부환경의 적합

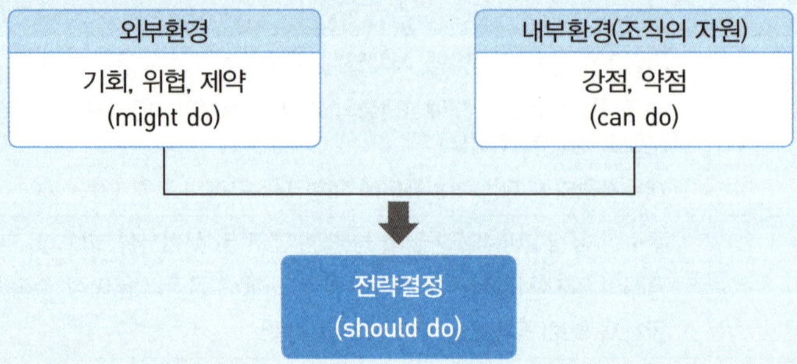

지금 경영현장에는

LG 조직문화 바꾼다

"창의적이고 자율적인 조직문화를 만들기 위해선 개방, 몰입, 도전, 배려, 통찰 등을 실천해야 합니다."

LG그룹의 수장인 구본무 회장이 창의와 자율의 조직문화를 구축해 달라고 지시하자 계열사 최고경영자(CEO)들이 쏟아낸 실천방안이다. 구 회장과 LG그룹 계열사의 최고경영진 40여 명이 지난 14~15일 경기 이천 LG인화원에서 1박2일 동안 머리를 맞댔다. 그룹의 올해 경영전략을 수립하는 자리인 글로벌 CEO 전략회의가 이들을 모이게 한 이유였으며 이 자리에서 중점적으로 논의한 것은 조직문화였다.

그동안 여러 차례 변화의 필요성을 역설해왔던 구 회장은 이 회의에서 최고경영진에게 "소수 리더가 가진 능력만으로는 변화를 주도할 수 없다"고 운을 뗐다. 그는 "변화무쌍한 고객의 생각을 읽어내기 위해서는 모든 구성원이 고객가치에 몰입해 자유롭게 상상하고, 개개인의 상상력이 다양하게 살아나야 한다"고 강조했다. 그는 특히 "변화의 주도를 위해서 창의와 자율이 중시돼야 한다"며 CEO들에게 창의와 자율 문화가 LG그룹에 정착될 수 있도록 해달라고 당부했다.

LG그룹 관계자는 "지난해 전략회의에서 인간존중의 경영에 대한 공감대가 형성됐다면 올해는 창의와 자율에 대한 논의가 집중적으로 진행됐다"며 "창의와 자율의 조직문화를 경영활동에 접목해 진정한 고객 가치 창출을 실현하는 것이 중요하다는 데 의견을 모았다"고 설명했다.

자료: 매일경제신문, 2010.1.17

제 3 절

환경에 대한 적응과 통제

기업조직이 환경요인에 대하여 많은 관심을 가지는 이유는 환경을 이해하고 환경에 적절하게 대처하면서 경영활동을 하기 위해서이다.

다시 말해서, 경영자는 환경을 잘 분석하여 환경으로부터 오는 불확실성을 효과적으로 대응해야 하는 것이다. 조직이 환경에 대응하는 방법은 다양하겠지만 다음의 두 가지 기본적인 전략으로 나눌 수 있다. 첫째는 환경에 대하여 조직 자체가 환경에 맞추어 나가는 것이고, 둘째는 조직의 특성에 맞도록 환경을 바꾸어 나가는 것이다.

3.1 환경에 대한 적응

조직이 과업환경과 관련하여 불확실성이 높아진다면 이 같은 환경변화에 적응하기 위한 몇 가지 전략을 사용할 수 있다. 즉, 경계활동, 완충활동, 계획과 예측, 유연한 조직구조, 합병 및 조인트벤처 등이 그것이다.

가. 경계활동

환경대응을 잘 하기 위해서는 환경변화를 정확히 예측하는 것이 중요하다. 따라서 환경과 기업의 경계선에서 활동하는 종업원들의 수를 늘이고 이들의 환경변화에 대한 정보수집활동을 적극지원하여 미래예측의 능력을 높인다.

나. 완충활동

기업이 환경으로부터 투입받는 곳이나 산출하는 곳에 예비자원을 많이 확보해 놓으면 환경변화에 의한 타격이 적을 것이다. 원료를 미리 사서 비축해 놓으면, 갑자기 공급이 중단되어도 시간을 벌 수가 있다. 또한 시장의 수요가 폭등할 때를 대비해 미리 많이 만들어 놓으면 수요의 폭등에 대해 공급을 안정적으로 할 수 있다.

다. 계획과 예측

환경변화에 대한 미래의 예측 및 계획은 모든 조직의 주된 활동이다. 환경의 불확실성이 높아지면 조직은 계획부서를 강화하고 추세분석 및 계량적 경제모형을 활용하여 미래의 사건을 예측하기도 한다.

라. 유연한 조직구조

조직구조는 환경의 변화에 효과적으로 반응할 수 있도록 만들어져야 한다. 조직이 환경의 변화로 인해 불확실성이 높아져 조직혁신이 요구될 때에는 유연한 조직구조가 가장 효과적이다. 유기적 조직구조의 특성은 정보의 자유로운 흐름, 느슨한 규칙과 규제, 팀워크의 활성화, 의사결정의 분권화, 권한의 위양 등이다. 이러한 조직구조 유형은 환경의 변화가 심할 때 매우 효과적이다.

마. 합병 및 조인트벤처

다른 회사나 경쟁회사와의 인수합병이나 조인트벤처도 불확실성을 줄이는 한 가지 방법이다. 합병이란 경쟁력 강화를 위해 두 개 이상의 회사가 하나의 회사로 통합하는 것이다. 그리고 조인트벤처는 두 조직 이상에 의한 전략적 제휴나 합작기업형태를 말한다.

3.2 환경의 통제

환경의 불확실성을 줄이는 또 하나의 전략은 환경이 기업에 긍적적인 영향을 미치도록 하거나 또는 적어도 부정적 영향을 최소로 줄이도록 환경과의 관계를 바꾸거나 환경 자체를 변경시키는 활동이다. 이러한 경우에 많이 활용되고 있는 기법은 광고 및 홍보, 정치적 활동, 동업자협회의 활동, 사업변경 등이 있다.

가. 광고 및 홍보

기업의 광고는 제품에 대한 수요를 창출하고 기업이미지를 높이는 데 매우 강력한 수단이다. 광고는 일반국민, 정부, 거래처 사람들을 설득시켜 불확실성을 줄이는 중요한 방법이다. 소비자에게 광고하여 수요를 창출할 수도 있고, 공해물질 배출에 대한 지역주민의 반발을 기업이미지 광고로 잠재울 수도 있다. 이처럼 광고나 기업이미지에 대한 홍보는 기업에 불리한 환경을 유리한 환경으로 변화시키는 데 매우 큰 역할을 한다.

나. 로비활동

로비활동이란 정부의 입법이나 규제의 제정에 영향을 미치려는 조직활동이다. 많은 조직들이 로비스트를 통해 자신들의 조직활동에 장애가 되는 규제를 풀거나 제정하지 못하도록 한다든지 또 외국으로부터의 수입을 억제하여 자신들의 사업활동을 보호하기 위해 영향을 행사하는 일들이 여기에 속한다. 기업이 자체적으로 로비활동이 힘들 경우에는 자기와 이해관계를 같이 하는 조직들과 손을 잡고 연대하여 로비활동을 하거나 영향력을 행사한다. 우리나라의 전국경제인연합회, 중소기업연합회, 대한상공회의소 등이 있다.

다. 동업자협회의 활동

대부분의 기업조직들은 자신들의 이익을 보호하기 위해 동업자협회를 결성한다. 이같이 하여 자금 및 인력을 결집하고 환경에 영향을 미친다.

라. 사업변경

기업이 어떤 환경에 대응하기가 매우 어려울 때는 그 사업을 포기하든지 아니면 다른 사업으로 업종을 변경하는 수도 있다. 예를 들면 담배제조 회사가 소비자의 소송과 금연 캠페인으로 기업 활동이 어려워지니까 담배제조를 줄이고 건강과 관련된 사업에 손을 대는 경우가 이에 속한다.

지금 경영현장에는

기업의 百年大計

'최고경영자(CEO)들은 뇌(腦)를 모두 바꿔라.' 기업경영자들에게 주어진 21세기 지상과제다. 경영자들은 전통적 방식과는 전혀 다른 방식으로 기업을 경영해야 한다. 지금까지 겪어보지 못한 전혀 낯선 기업환경에 직면하게 되기 때문이다. 전통적 개념의 시장이 몰락하고 적군과 아군의 구분이 없어지는 현상은 이미 현실화하고 있다.

주문과 판매가 온라인으로 이뤄지면서 회사 창고에는 재고가 없어진다. 제품이나 자재는 필요한 때 필요한 만큼 즉시 생산해 공급한다. 생산시설이 없는 제조업체가 등장하면서 벌어들인 돈을 모두 연구개발에만 쏟아붓는 기현상도 나타난다.

CEO의 얼굴이 곧 기업브랜드로 변하는 추세도 뚜렷해진다. 이런 낯설고 새로운 기업환경을 만들어내는 마술은 바로 인터넷이다. 인터넷이 만들어낸 가상공간은 수많은 기업들이 수 백년에 걸쳐 현실 공간에 공들여 쌓아놓은 경제적 부를 블랙홀처럼 순식간에 빨아들이고 있다.

거대한 부의 이동이 일어나는 이유는 현실공간의 성장은 정체돼있는 반면 가상공간은 무한하고 폭발적인 성장잠재력을 갖고 있기 때문이다. 인텔의 그로브 회장은 그래서 인터넷 가상공간을 '신대륙'이라 부른다. 15세기말 크리스토퍼 콜럼버스가 발견한 아메리카 대륙이 오늘날 세계최강의 국가로 성장했듯이 인터넷 신대륙을 먼저 차지하는 것은 새천년 승자의 자리를 예약해두는 일이다.

인터넷 가상공간은 자본주의 경제가 현실적 한계에 부딪쳐 실천하기 어려웠던 문제들을 한꺼번에 해결해준다. 인터넷은 시장진입과 퇴출이 무한정 개방돼있는 완전경쟁시장, 비교 우위를 가진 기업만이 살아남는 제한없는 지구촌의 자유무역 실현을 가능케한다. 따라서 가상공간은 경제학의 원조 아담 스미스가 200년 전 꿈꾸었던 자본주의 경제의 이상향(理想鄕)이 될지도 모른다.

제 4 절

글로벌 환경

"국제경영학과 경영학의 차이점은 무엇입니까?" 경영학을 듣는 학생이 질문한 내용이다. 국제경영학은 경영학의 한 분과로서 다국적기업과 같은 국제기업을 다루는 학문 분야이다. 즉 경영학의 모든 분야는 기업의 문제를 다루고 있는 데 반해, 국제 경영학은 기업활동이 국제적인 기업의 문제를 다루는 차이점이 있다. 국내기업과 국제기업이 기업이라는 측면에서는 근원적으로 다른 것이 없으나, 이들의 기업 활동이 상이한 환경 속에서 영위된다는 점에서 이러한 연구 분야가 확장되고 있는 것이다.

그러나 근자에 들어 급속도로 국가 간 시장의 국경이 무너지고, 소위 무한경쟁시대로 진전됨에 따라 이제 국제경영학과 경영학을 뚜렷이 구분을 그을 필요가 있는지 의문이 커진다. 국내기업이라 하더라도 이제 그들의 경쟁 상대는 국제기업이며, 기업의 업무 영역이 점차 확대되면서 앞으로 정도의 차이는 있으나 거의 모든 기업이 국제화 요소를 고려하여야 할 것으로 보이기 때문이다.

4.1 글로컬라이제이션

21세기의 화두(話頭)로 글로벌라이제이션(globalization: 세계화)과 로컬라이제이션(localization: 지역화) 이 두 가지를 꼽는다. 이 두 가지 흐름은 21세기 세계의 모습을 바꾸는 가장 큰 힘이다. 이러한 흐름은 무역과 자본이동, 환경, 분권화, 그리고 도시개발 등 모든 영역에 영향을 미친다. 또한 이 두 가지 흐름의 균형을 잡기 위해 어떤 노력을 기울이느냐에 따라 21세기 승자와 패자가 달라질 수 있다. 나아가 인류 전체의 번영과 좌절을 결정할 수 있다.

이 두 가지를 합해서 글로컬라이제이션(glocalization)으로 흔히 부르고 있으며, '사고는 세계적으로, 행동은 지역적으로'라는 슬로건으로 더 많이 알려져 있다.

세계은행의 「99~2000년 세계은행 연차보고서」에서 '21세기의 문을 연다'라는 제목이 붙어 있다. 표지에 '門'이라는 글씨를 큼직하게 새겨놓았다. 이 보고서는 세계화와 지역화, 이 두 가지 힘이 인류의 모습을 어떻게 바꿔놓을 것인지를 분석한다. 어떻게 경제발전에 대한 보다 효과적이고 포괄적으로 접근할 수 있는 규칙과 구조를 만들 수 있는가, 또 어떻게 현재의 상황에서 새로운 상황으로 성공적으로 이전할 수 있는지에 대한 제언을 담고 있다.

세계화는 더 이상 새로운 명제가 아니다. 세계화는 한 나라를 뒤집거나 혹은 순항하게 하는 거대한 파도와 같음과 동시에 성공적인 지역화는 지역단체와 사회, 각 그룹의 구성원들이 개인적 자율성을 증대하고 함께 일할 수 있는 인센티브를 제고하는 상황을 창조해 나가는 열쇠이다. 지역화는 요컨대 참여의 확대를 말한다. 정치와 보다 가깝게, 권리와 보다 가깝게, 성장과 발전에 보다 가깝게 다가서려는 인류의 노력을 뜻한다. 지역화는 필연적으로 권력의 분권화, 경제주체로서의 도시의 등장, 삶의 터전으로서의 도시기능의 확대를 동반한다. 국가단위로 경쟁력을 측정하던 과거의 잣대는 지역화시대에서는 더 이상 통용되지 않는다.

4.2 글로벌 스탠더드

글로벌 스탠더드(global standard)란 단일화된 세계시장에서 공통의 기준으로 통용되는 규범을 말한다. 이는 크게 두 가지 종류로 구분된다. 첫째는 ISO(International Standard Organization: 국제표준화기구) 인증과 같이 표준화 기관의 승인에 의해 규정된 공식적 표준이고, 둘째는 글로벌 시장에서 서로간의 경쟁을 통해 시장의 대세를 차지하게 된 사실상의 표준이다.

최근의 글로벌 스탠더드는 작게는 첨단산업의 기술에서부터 크게는 금융 및 회계를 포함하는 경제 전반의 시스템에까지 그 범위가 확대되고 있다. 그리고 개방경제하에서 생존을 위해 반드시 수용해야 하는 필요조건으로 자리잡아가고 있다. 그렇지만 이러한 글로벌 스탠더드는 강자의 논리기준이기 때문에 고정되어 있지 않고 시대가 변화됨에 따라 유동적으로 변하는 것이기도 하다.

1980년대 일본경제의 전성기에는 일본식 경영방식이 글로벌 스탠더드였다. 그러나 2000년 현재는 미국의 로컬 스탠더드가 글로벌 스탠더드가 되고 있다. 정치를 상품화하는 워싱턴, 금융의 메카인 월스트리트, 첨단 정보산업을 주도하는 실리콘밸리 등에서 통용되는 방식이 오늘날 각 분야의 글로벌 스탠더드로 자리잡고 있는 것이다.

예를 들면 일본의 최대 PC 생산업체인 NEC은 일본 시장의 70% 이상을 차지했던 막강한 세력의 '98 시리즈' 생산을 중단하겠다고 갑자기 선언하여 일본 시장을 깜짝 놀라게 했다. 그 이유는 미국의 IBM과 호환성이 없어 IBM 호환모델과 더 이상 경쟁할 수 없었기 때문이다.

이와 같이 현재 세계 각국은 미국식 글로벌 스탠더드로 전환하기 위한 개혁에 경쟁적으로 나서고 있다. 글로벌 스탠더드의 조류에 뒤처지는 국가와 기업은 통상압력뿐만 아니라 국제거래상 불이익을 감수해야 하므로 점점 살아남기 힘들어지고 있는 것이다. 그러므로 자칫 제도와 규범의 혁신에 소극적이거나 기본역량이 부족한 국가와 기업은 엄청난 비용을 부담할 수밖에 없게 되었다.

우리나라도 1997년 IMF 외환위기 이후 글로벌 스탠더드로의 개혁이 진행되고 있다. 예를 들면 금융기관간 합병, 겸업주의, 개방화, 자율화, 자산건전성 강화라든지 기업경영에서의 이사회, 감사의 실질적 경영감시, 소액주주 등 외부견제 활성화, 주주대표소송 활성화, 경제적인 조직과 법제도 일치 등 점진적으로 글로벌 스탠더드로 전환하고 있는 것이다.

4.3 글로벌화에 대한 우려

FTA 협상이나 세계무역기구(WTO)의 회의기간 동안 수많은 단체들의 반대 집회와 항의가 있었다. 이는 많은 국민들이 글로벌화에 대해서 걱정을 한다는 것을 보여준다. 글로벌화에 대한 부정적 측면은 다음과 같다.

첫째, 수많은 사람들이 수입이나 생산지의 해외이전으로 인하여 직업을 잃는다. 대부분 새로운 일자리를 구하지만 그 직업들은 보수가 적다.

둘째, 또 다른 수많은 사람들은 특별히 경쟁적인 환경에서 운영되는 기업에서 직장을 잃을 것을 두려워한다.

셋째, 노동자들이 임금삭감에 합의하지 않을 시에 발생되는 기업의 해외이전에 노동자들이 위협을 느낀다. 서비스와 사무직 직업들은 사업장의 해외이전에 점점 취약해진다.

국내의 일자리를 해외로 이전시키는 것을 아웃소싱이라 하는데, 델컴퓨터, IBM, AT&T, GM 등과 같은 미국의 많은 기업들은 인도, 아일랜드, 그리고 다른 국가에 콜센타, 현지법인, 합작회사 등을 설립하였다. 한국의 현대자동차나 삼성전자 등 한국의 많은 기업도 현지공장이나 사업부를 미국, 인도, 중국 등 여러 국가에 설립하고 있다.

그런데 이러한 아웃소싱이 일자리를 줄어들게 만들어 직업을 잃게 되는 부정적인 측면이 있지만, 일부 경제학자들은 비용을 감소시킴으로써, 국민들에게 제품과 서비스를 매우 저렴하게 제공하는 이점도 있다고 한다.

4.4 글로벌화의 이점

글로벌화에 대해 긍정적인 시각에서 살펴보면 글로벌화가 지금까지 일자리와 부를 창출하는 원동력이 되어 왔다는 사실을 알 수 있다. 글로벌화의 이점은 다음과 같다.

첫째, 생산성은 국가가 비교우위를 가진 제품과 서비스를 생산할 때 더욱 빠르게 증가하고, 생활수준 또한 빠르게 증가할 수 있다.

둘째, 글로벌 경쟁과 값싼 수입품은 물가를 낮추어서 인플레이션의 가능성을 줄인다.

셋째, 개방경제는 기술혁신에 자극이 된다.

넷째, 1997년도 이후로 주요 거래 품목의 제품가격은 실제로 하락하였다. 미국의 경우 컴퓨터와 주변기기들의 가격은 86%, 비디오 설비는 68%, 장난감은 36%, 여성의류는 20% 그리고 남성의류는 17% 하락하였다. 해외와는 경쟁의 대상이 아닌 항목들의 서비스 및 제품의 가격은 하락하는 경우가 드물었다. 학비는 53%가 증가하였고, 케이블과 위성 TV 가격은 41%, 치과 의료 서비스는 38%, 처방전 조제 및 의약품가격은 37%가 상승하였다. 한국의 경우도 미국과 유사하다고 할 수 있다.

다섯째, 펩시, 아메리칸익스프레스, 마이크로소프트와 같이 해외에 지사를 두고 있는 미국기업의 수입은 연간 2,000억 달러를 능가하고 있다.

LET'S THINK

최근 젊은이 사이에 퓨전(fusion) 문화가 빠른 속도로 확산되고 있다. 패션, 패스트푸드점, 재즈, 대중가요, 영화, 요리 등 다양한 분야에서 널리 퍼지고 있다.

여러분이 좋아하는 분야에서 퓨전의 예를 들어 토론해 보시오.

지금 경영현장에는

라이벌과 협업: 삼성, 스마트 TV에 애플 '아이튠스' 탑재

세계 1위 TV 제조사 삼성전자와 동영상 콘텐츠 분야를 강화하려는 애플이 손을 잡았다. 스마트폰 시장에서 치열하게 경쟁하는 양사가 협업한다는 점에서 글로벌 가전·콘텐츠 업계의 관심이 쏠리고 있다.

삼성전자는 6일(현지시간) 미국 라스베이거스에서 세계 최대 전자제품박람회 'CES 2019' 개막을 앞두고 업계 최초로 스마트 TV에 '아이튠스'와 '에어플레이2'를 탑재한다고 발표했다. 아이튠스는 애플이 자체 보유한 콘텐츠 시장으로 수십만 개의 콘텐츠를 유통하고 있다. 아이폰이나 맥북, 애플TV 등의 iOS 기기 사용자들은 아이튠스 스토어에서 각종 콘텐츠를 구입한다. 에어플레이2는 애플 기기에 저장된 음악·영상·사진 등을 외부 기기와 연동해 바로 재생(스트리밍)해주는 기능이다.

이번 협업을 통해 삼성전자는 전 세계에 출시하는 스마트 TV에 아이튠스와 에어플레이 기능을 별도의 기기 연결 없이도 제공할 방침이다. 지난해 상반기에 출시된 제품의 경우는 소프트웨어 업데이트 방식으로 이용이 가능할 것으로 보인다. 아이튠스는 또 유니버설 가이드, 뉴 빅스비, 검색 등 삼성전자 스마트 TV의 자체 기능과도 유기적으로 연계된다.

아이튠스가 애플 이외 다른 회사 기기에 탑재되는 것은 이번이 처음이다. 애플이 아마존 에코 스피커에 애플뮤직 콘텐츠를 제공하기로 한 적은 있지만 아이튠스가 타사 제품으로 들어간 적은 없다. 게다가 삼성전자와 애플은 스마트폰 특허를 둘러싸고 오랜 법적 분쟁을 벌여온 사이다. 업계 관계자는 "아이폰 판매가 둔화되는 등 하드웨어 분야에서 하락세를 보이는 애플이 이를 만회하기 위해 콘텐츠 및 서비스 분야로 확장을 시도하고 있다"고 분석했다.

삼성전자 영상디스플레이사업부 이원진 부사장은 "삼성전자는 소비자 관점에서 가치 있는 경험을 제공하기 위해 운영체제(OS)나 제품 차이를 넘어서는 개방형 파트너십을 추진해 왔다"며 "이번 애플과의 전략적 협력으로 삼성전자 TV와 iOS 기기 사용자들이 한층 풍부하고 편리한 경험을 즐길 수 있기를 희망한다"고 말했다.

자료: 국민일보, 기사요약, 2019.1.7

EXPERIENTIAL EXERCISES

문제 기업의 환경은 갈수록 변화의 속도가 커질 것이다. 여러 가지 자료를 찾아서 미래의 경영환경은 국내·외적으로 어떻게 변할 것인지를 예측하고 이에 대한 기업의 전략에 대하여 생각해 보시오.

Chapter 4

기업의 사회적 책임과 기업윤리

매일 아침 눈 뜰 때 오늘 내가 할 일과 개발하게 될 기술이 인류의 삶을 변화시킨다는 생각을 하면 더 없이 흥분되고 에너지가 넘친다.

– 빌 게이츠(Bill Gates), Chairman, Microsoft

경쟁자로서 나의 목적은 인간과 자원을 결합하여 개인이 만들어낼 수 없는 가치를 창조함으로써 더 큰 선(善)에 봉사하는 것이다.

– 하버드대 경영대학원 MBA 선서

인도 '타타 그룹'의 성공 비결을 찾아서

1868년 설립되어 올해로 150년 지속 성장을 기록하고 있는 장수 기업, 2008년에는 자국을 식민 지배했던 영국의 자존심이라 할 수 있는 자동차 기업인 재규어와 랜드로버를 인수한 기업, 바로 인도의 다국적 복합기업 타타 그룹 (Tata Group)입니다. 타타 그룹은 1901년 인도 최초로 제철소를 건설한 기업입니다. 또한 제강소, 면방직공장, 수력발전소 등을 건설하여 인도 산업발전에 지대한 공헌을 끼쳤습니다. 우리에게는 대우상용차 인수로 잘 알려진 기업입니다.

자동차, 철강, ICT, 엔지니어링, 원자재, 서비스, 에너지, 화학 등 다방면에 진출하여 인도 재계 서열 2위, 하지만 '인도 국민에게 가장 사랑받는 기업'인 타타 그룹의 지속 성장 비결을 살펴보도록 하겠습니다.

'국민 섬기는 서번트 기업'으로 자리매김

"어느 날, 회장과 임원들이 차를 타고 이동하던 도중에 타이어 펑크가 났습니다. 운전기사가 급히 길가에 차를 세우고 수리를 시작했습니다. 임원들은 차에서 내려 스트레칭을 하거나 잡담을 하고 있었습니다. 이때 회장의 모습이 보이지 않자 누군가가 '우리 회장님 어디 가셨지?' 하며 찾았습니다. 회장님은 자동차 뒤에서 운전사의 타이어 교체를 열심히 돕고 있었습니다. 잭과 스패너를 쥔 그의 솜씨는 능수능란했고 와이셔츠와 이마에 땀이 흘러내렸지만 얼굴에는 특유의 온화한 미소가 가득했습니다. 이 모습을 본 임원들은 회장의 겸손함, 격의 없음을 새삼 확인함과 동시에 진정한 리더십이 무엇인지 깨닫게 됐습니다."

150년이란 긴 역사 속에 전 국민에게 사랑받는 기업으로 확고부동하게 자리매김한 타타 그룹, 라탄 타타(Ratan Tata) 전 회장의 일화입니다. 이와 같은 최고 경영자의 서번트 리더십은 '직원을 넘어 인도 국민을 감동시키는 착한 기업'으로 자리매김하였습니다.

더 놀라운 사실은 이 그룹 자산의 66%는 그룹 자선 단체인 타타 트러스트가 소유하고 있어서 회사가 돈을 많이 벌면 벌수록 자선단체를 통해 국민에게 이익이 돌아간다는 점입니다.

'사회로부터 받은 것은 사회로 환원한다!'는 경영철학으로 직원복지를 넘어, 빈민구제, 인재 양성 등 기업의 사회적 책임을 통해 국민을 섬기는 서번트 기업으로 자리매김하였습니다. 인도가 IT강국으로 발전할 수 있었던 배경인 인도과학원을 설립하여 인재양성이 가능토록 한 것이 바로 타타 그룹이었던 것도 같은 이유에서였습니다.

제 1 절

기업과 사회와의 관계

최근까지 과연 이익극대화(profit maximization)를 목표로 하는 기업에게도 사회적 책임이 따르는가에 대해 의문을 제기하는 경우가 있었다. 하지만 기업이

경영혁신과 과감한 M&A전략

타타 그룹은 전 세계에서 가장 저렴한 자동차 타타나노를 만듭니다. 가격은 220만원입니다.

의미심장한 것은 이 자동차를 연구개발하게 된 배경입니다. 출근길, 타타 회장은 스쿠터에 가족을 태워 가던 사람이 고장으로 수리하는 모습을 목격합니다. 어린 자식은 비를 맞으며, 떨고 있었습니다. 이 모습을 보고 돈 없는 서민을 위해 오토바이 가격에 구입가능한 자동차를 만들기로 결심합니다. 그리고 5년의 연구개발 끝에 세계에서 가장 저렴한 자동차를 선보입니다.

타타 그룹의 놀라운 성장 배경에는, 막강한 내수 시장과 다양한 영역에서의 공격적인 M&A를 통한 사업 확장이 탁월한 시너지 효과를 만들었습니다.

세계 2위 영국 차(茶) 판매 업체 테틀리 티 인수(2000년), 한국 대우상용차 인수(2004년), 영국 철강 업체 코러스 매수(2007년), 타타 모터스의 영국 재규어와 랜드로버 매수(2008년) 등이 그 대표적 사례입니다. 그리고 그 결과는 타타 그룹의 놀라운 글로벌 시장 점유율과 기업 성장으로 이어지고 있습니다.

신의와 헌신을 바탕으로: '윤리경영'을 뿌리내리다

타타 그룹은 창업자 정신을 본받아 신의와 헌신을 모토로 합니다.

부패한 인도 정치인들조차 불법 자금을 요구하지 못하는 깨끗한 기업 이미지를 갖고 있습니다. 일체의 비자금이 없고, 정치계와 법조계 등에 로비를 하지 않으며, 종교단체 이상으로 재정을 철저하게 관리합니다.

그러기까지는 많은 희생이 요구되었습니다. 대표적 사례 중 하나가 2002년 타타 그룹 계열사 타타파이낸스의 회계 부정 사건입니다.

지주회사인 타타선스에서 내부 감사를 통해 타타 파이낸스의 내부자 거래, 분식 회계 등 불법행위를 발견합니다. 통상 대부분 기업들이 자체 내부 감사에서 해결하고 쉬쉬할 이 사건은 그룹의 과감한 사법 당국 고발로 이어집니다. 계열사 사장과 관련자는 구속되고, 타타 파이낸스는 파산합니다. 그룹 역시 엄청난 자금 손실의 대가를 지불하게 됩니다.

반면 앞서 일화를 통해 소개한 타타 회장은 여전히 인도 국민의 사랑과 존경을 받으며, 자그마한 아파트에서 매우 검소한 삶을 영위하고 있습니다. 그러기에 인도 국민들은 타타 그룹 제품을 구매하는 데 비용을 지불하는 것을 전혀 아까워하지 않을 뿐만 아니라 '인도의 자부심'으로 받아들이고 있습니다.

자료: Kicox ,150년 지속 성장의 사랑받는 장수 기업 기사 요약, 2018.12.28

국가경제에서 차지하는 역할이 증대되면 될수록 적극적으로 사회적 책임을 다해야 국가경제가 전반적으로 발전을 이룰 수 있을 뿐만 아니라 기업 자체도 생존과 성장을 누릴 수 있을 것이다.

피터 드러커(P. Drucker)는 "우리는 우선 조직이 사회에 대해 어떤 일을 하는지를 살핀 후, 그 다음으로 조직이 사회를 위해 어떤 것을 할 수 있는지를 살펴야만 한다"고 말했다. 이는 사회적 책임이 근본적으로 합법성(legality)과 책임감(responsibility)의 두 가지 차원으로 구성되어 있음을 보여준다.

1.1 불법적이고 무책임한 행동

오늘날 기업의 사회적 책임에 대한 인식이 널리 퍼져 있기 때문에 불법적이고 비윤리적인 방식으로 경영활동을 지속하는 기업을 상상하기란 힘들다. 그럼에도 불구하고, 그런 일들이 종종 발생한다. 폭우가 내릴 때에 맞추어 폐수를 방출하는 기업, 어린이들의 건강을 해치는 유해물질을 포함한 음식물 등 여러 가지 형태로 나타나고 있다. 이러한 기업들은 법에서 어떤 행동들이 합법인지 아닌지를 결정한다.

1.2 무책임하지만 합법적인 행동

때때로 기업들은 무책임하게 행동하지만, 그러한 행동이 합법적인 경우가 많다. 정부는 더욱 책임있는 광고를 하라고 광고업계와 주류업계에 압력을 가하고 있다. 청소년들이 TV를 많이 보는 시간대에 술 광고를 내보내면 이러한 광고효과가 청소년들의 음주행동에 영향을 미칠 것이다. 물론 이러한 광고가 불법인 것은 아니지만 사회에 대한 무책임한 행동이라 할 수 있다.

1.3 합법적이고 책임있는 행동

경영활동의 대다수는 합법적이고 책임있는 행동에 포함된다. 대부분의 기업들은 합법적인 행위를 하며, 또한 사회적으로 책임있는 기업이 되려고 노력한다.

기업의 사회적 책임(corporate social responsibility)이란 기업이 이윤을 추구할 때 사회 전체의 복지도 동시에 고려해야 한다는 사회적 요구를 말한다. 따라서 기업은 정부, 주주, 종업원, 공급자, 고객, 경쟁자, 지역사회 등 다양한 이해자집단(Stakeholder)과의 공동이익을 도모할 수 있는 경영을 지속해 나가야만 기업의 사회적 책임을 다하는 것이 된다.

기업의 사회적 책임에 대한 논란에는 크게 두 가지로 구분할 수 있다. 하나는 고전적 견해로 아담 스미스(A. Smith)의 자유방임주의에 기반을 두어 기업은 제한된 자원을 효율적으로 배분하여 가치를 극대화하는 데 초점을 두어야 하기 때문에 법의 테두리 내에서 이익극대화를 추구하는 것만이 기업의 사회적 책임이라는 주장이다.

지금 경영현장에는

기업 인재상 변천사… 2010년대엔 도덕성 갖춰야

고려대 경영정보대학원 이신철 씨가 발표한 논문 '한국 대기업 인재상의 변화'에 따르면 기업이 추구하는 인재상은 1960년대 '순응형'에서 1980~1990년대 '자기 주도형'으로, 2000년대에는 전방위 역량을 발휘하면서도 도덕성까지 갖춘 '전인적(全人的) 인재'로 변했다. 이씨는 경제·사회적 상황과 기업의 발전단계 등에 따라 인재상도 바뀌었고 이전에 새로운 항목이 다음 세대에 주요 키워드로 제시됐다며 "2010년대에는 도덕성과 글로벌 역량, 주인의식 등을 갖춘 사람을 기업들이 원할 가능성이 높다"고 전망했다.

이씨는 대한상공회의소, 전국경제인연합회의 각종 통계치와 기업별 인사관리 서류 등의 사료를 분석해 기업이 요구한 인재의 특징을 시내별로 뽑아내 분석했다. 논문에 따르면 산업화가 시작된 1960년대 기업들이 책임감과 협조성, 성실성 등을 바탕으로 한 순응형 인재를 선호했으며, 정부 주도의 경제발전이 본격화한 1970년대에도 성실성은 여전히 중요한 항목이었지만 경제 성장을 이끌기 위한 적극성과 진취성이 새로운 장점으로 요구됐다.

1980년대는 삼성과 현대 등 일부 대기업에서만 활용됐던 주도성과 창의성이 대기업의 보편적 인재상으로 확산한 탓에 이전의 순응형과 자기 주도형 인재상이 혼재했다고 논문은 지적했다. 이씨는 또 논문에서 1990년대에 들어서는 적극성을 갖춘 자기 주도형 인재를 기업들이 발탁하는 사례가 두드러졌다며 1990년대는 기업들의 인수·합병 등 구조조정으로 성과 중심적인 사고와 글로벌 스탠더드 개념이 도입돼 성실성보다는 적극성, 도전의식, 진취성, 성취욕 등으로 표현되는 주도성 역량이 인재상의 키워드가 됐다고 분석했다.

또한 논문에 따르면 성장 위주 대신 지식기반 경제로 전환한 2000년대에는 글로벌 경쟁 아래 도덕성과 창의성을 기반으로 전문적인 역량과 도전정신을 실천에 옮길 수 있는 전인적인 사원이 기업들이 선호하는 인재로 자리 잡았다.

자료: 매일경제신문, 2010.1.17

반면에 기업의 사회적 책임 견해는 모든 사람들이 살기 좋은 사회를 만드는 데 협력해야 하듯이 기업도 사회를 구성하고 있는 일원이기 때문에 당연히 역할을 떠맡아야 한다는 주장으로 당연히 기업은 사회적 책임을 다해야 한다는 것이다.

이러한 기업의 사회적 책임에는 경제적 책임뿐만 아니라 법률적 책임, 윤리적 책임, 그리고 자선적 책임까지 포함된다. 이를 구체적으로 보면 기업을 계속적으로 유지·발전시켜야 하는 책임, 다른 기업과의 공정한 경쟁을 해야 하는 책임, 이윤을 공평하게 분배해야 하는 책임, 환경을 보호하고 개선시켜야 하는 책임, 지역사회에 대한 책임 등을 들 수 있다.

기업의 사회적 책임에 대한 기업전략으로는 기업의 사회적 책임을 무시하는 방해전략(obstructive strategy), 기업이 져야 할 사회적 책임에 대하여 수동적으로 대응하는 수동전략(defensive strategy), 문제가 발생했을 때에야 반응하는 순응전략(accommodative strategy), 기업의 사회적 책임에 대하여 사전에 적극적으로 대처하는 능동전략(proactive strategy) 등이 있다.

제 2 절

기업의 사회적 책임

기업의 사회적 책임(corporate social responsibility: CSR)이 기업 경영의 중요한 과제로 부상하고 있다. 기업의 역할에 대한 일반인들의 기대 수준이 높아지고 기업을 둘러싼 이해관계자들의 행태가 변하고 있기 때문이다. 국내 여론조사를 통해서도 우리 국민들의 CSR에 대한 높은 관심을 확인할 수 있었다. 아직 우리 기업들은 국내에서나 글로벌 시장에서 높은 평가를 받지 못하고 있다. 단순한 이미지 개선이나 홍보 차원의 사회공헌만으론 사회문제 해결이나 기업 경영에 큰 도움이 되지 않는다. 한 차원 높은 사회적 책임을 이행하려면 우선 기업의 CSR 비전이나 핵심가치를 새롭게 정립하고, 사회 이슈에서 발생하는 위험과 기회 요인을 파악하는 내부 프로세스를 갖춰야 한다. 사회 문제를 해결할 수 있는 고유 역량과 이해관계자들과의 쌍방향 커뮤니케이션 능력도 필요하다. 결국 사회 구성원들이 염려하고 있는 사회 문제나 세계 문제에 대해 깊은 관심을 갖고 해결 방안을 내놓는 기업에게 앞으로 더 많은 역할과 성장 기회가 주어질 것이다.

2.1 기업의 사회적 책임

최근 우리나라에도 기업의 사회적 책임에 대한 관심이 높아지고 있다. 언론 등을 통해 기업들은 자신의 사회공헌 활동을 적극적으로 홍보하고 있다. 반대로 사회적 책임을 다하지 못했다는 이유로 여론의 뭇매를 맞는 기업도 나온다. 그만큼 현대 사회에서 기업에 갖는 관심과 기대가 커졌다는 반증일 것이다.

그렇다면 기업의 사회적 책임은 과연 어디까지인가. 우리 국민들, 또 나아가 세계 시민들은 기업이 사회적으로 어떤 역할을 해주길 바라는 것이고 이러한 기대에 대해 기업들은 어떻게 대응해야 하는 것일까? 과거에는 사회학자들한테나 어울렸을 법한 질문이 이제는 경영인들의 입에 자주 오르내리고 있다. 많은 기업인들이 경영의 주요 과제로 사회적 책임을 거론하고 있고, 세계적 컨설팅회사들도 21세기에 중요한 경영 트렌드 중의 하나로 기업의 사회적 책임 증대를 꼽고 있다.

기업의 사회적 책임이란 개념이 미국 학계에 등장하기 시작한 것은 1950년대부터이다. 주주자본주의의 산실이라고 할 수 있는 미국에서 이 분야의 연구가 본격화됐다는 것은 다소 의외지만 나름의 이유도 찾을 수 있다. 당시 유럽이나 일본은 전후 복구사업에 여념이 없었고 애당초 이해관계자(stakeholder)를 중시하는 경제체제를 갖고 있었기 때문에 CSR이 당연시된 측면도 있을 것이다. 실제로 전세계의 다국적기업들을 대상으로 CSR을 평가한 결과를 보면 유럽기업들이 미국 기업들보다 오히려 높은 점수를 받는 경우가 많다.

기업의 사회적 책임을 수행한다는 것은 일반적으로 “이해관계자를 비롯해 사회구성원들이 기업에 대해 기대하는 경제적, 법적, 윤리적, 자선적 책임에 부응하면서 비즈니스를 추구하는 것”으로 정리할 수 있다. 즉 기업에게는 단계별로 경제적 책임, 법률적 책임, 윤리적 책임, 자선적 책임이 있다는 것이다.

경제적(economic) 책임은 제품과 서비스를 가장 효율적인 방법으로 생산하고 이윤을 남겨 주주에게 돌려주는 것으로 기업의 가장 기본적인 책임이다. 1단계의 책임을 다하지 못하는 기업, 즉 시장에서 생존하지 못하는 기업에게 어떤 사회적 책임도 기대하기 어려울 것이다. 2단계인 법률적(legal) 책임은 기업이 속한 사회의 법을 지키는 것으로 이 역시 기업이 당연히 지켜야 할 의무이다. 3단계인 윤리적(ethical) 책임이란 법으로 강제되지는 않지만 기업의 경영 활동이 사회에 미치는 영향까지 고려했을 때 윤리적으로 타당해야 한다는 것을 의미한다. 종업원에 대한 대우나 윤리 규범 준수, 환경경영, 제품안전 등 광범위한 활동이 여기에 포함된다. 마지막 4단계인 자선적(philanthropic) 책임이란 기업의 직접적인 경영 활동과는 별개로 이루어지는 자선활동이나 지역사회 공헌 활동을 의미한다. ‘기업의 사회적 책임’ 하면 떠오르는 가장 대표적 단계로 실제로 많은 CSR 영역이라 할 수 있다. 기업의 책임이 반드시 1단계에서 4단계로 순차적으로 확대되는 것은 아니다. 다만 최근 사회적 관심과 요구가 높아지고 있는 분야는 3단계와 4단계에 해당하는 보다 높은 차원의 사회적 책임을 요구한다.

이와 같이 CSR의 개념은 단순하지만 복잡한 비즈니스 세계에서 기업이 여러 단계의 책임을 어떻게 조화시킬지는 간단한 문제가 아니다. 법과 사회 규범 자체가 시대에 따라 급변하고 사람들의 기대 수준도 수시로 변하기 때문이다. 미국의 경우를 보더라도 2차대전 이후 경제가 호황을 누렸던 1970년대까지 CSR에 대한 관심이 고조되다가 1980년대 이후 경제가 어려워지면서 CSR에 대한 관심 역시 정체됐던 적이 있다. 1단계의 경제적 책임과 보다 넓은 의미에서의 사회적 책임을 조화시키는 것이 쉽지 않음을 알 수 있다.

우리나라와 같이 사회의 변화 속도가 빠르고 언론 매체의 영향력이 큰 사회에서 기업들은 사회의 기대 수준에 맞게 행동하는 데 어려움을 겪기도 한다. 기업과 사회의 관계는 팽팽한 긴장 관계이고 기업에게 사회적 책임은 피하고 싶은 비용인 경우가 많았다. 물론 창업 초기부터 기업인의 철학에 의해 복지사업이나 장학사업과 같은 자발적인 자선활동이 이뤄지기도 했지만 경영과는 별개로 진행되는 경우가 일반적이었다.

2.2 CSR이 중요한 이유

기업의 사회적 책임에 대한 요구가 높아지고 있는 것은 우리나라만이 아니라 글로벌한 현상이다. 지난 1999년 코피 아난(K. Annan) 전 유엔 사무총장이 '인간의 얼굴을 한 세계화'를 주창하면서 기업들의 인권보호, 노동권보호, 환경보전, 부패방지를 골자로 한 국제 협약 '글로벌 콤팩트(Global Compact)'가 2000년에 체결되었다. 저개발국들의 사회문제 해결에 목적을 둔 이 국제협약에는 현재 4,000개 이상의 기업들이 동참하고 있다. 글로벌 거대기업은 물론 각국 중소기업들까지 범지구적 문제 해결에 나서게 되는 계기가 되었다. 실제로 2000년대 들어 기업의 사회적 책임 활동은 기하급수적으로 증가하고 있다. 국제적인 스탠더드 수준에서(GRI 기준) 자신들의 CSR 활동을 보고서로 작성하는 기업들의 수가 2000년에 50개에 불과했지만 2006년에는 1,100개로 늘어났다. 우리나라에서도 정기적으로 CSR 보고서를 작성하는 기업들이 차츰 늘어나고 있다.

글로벌 콤팩트가 출범한 것은 코피 아난 개인의 성과라기보다 기업이 나서지 않고서는 지금의 여러 가지 사회적 문제들을 해결하기 어려운 현실을 반영하는 것이다. 사회적 문제를 해결해야 할 1차적 책임이 있는 정부나 국제기구는 여러 면에서 문제 해결 능력의 한계를 드러내고 있다. 미국을 비롯해 고령화가 빠르게 진행되고 있는 선진국들은 앞으로 정부의 재정난이 더 심해지면서 빈곤, 환경 등 자국의 문제를 해결하는 데에도 어려움을 겪을 것으로 예상된다. 또 정부와 공공부문의 비효율성 때문에 가능하면 민영화, 시장 원리 도입 등을 통해 민간 부문의 역할을 늘려 나가는 것이 세계적인 추세다. 반면 세계 경제의 성장과 교역, 투자를 주도하고 있는 다국적기업들의 영향력은 날로 확대되고 있다.

국제연합무역개발회의(UNCTAD)는 2002년에 이미 전 세계에서 부가가치 창출 기준으로 가장 큰 경제권 100개 중에 29개는 국가가 아니라 초국적기업이라고 발표한 바 있다. 이들 거대 기업들은 단순히 돈만 가진 것이 아니라 사회적 문제를 해결할 수 있는 기술과 역량까지도 가지고 있다. 에너지 문제를 해결할 기술을 가진 것도 기업이요, 후진국에 식수 문제를 해결할 수 있는 능력을 가진 것도 기업인 것이다.

사정이 이렇다 보니 일반인들이 기업에 거는 기대는 갈수록 커지고 있다. 캐나다 글로브스캔(Globe-Scan)사의 CSR에 대한 일반인과 기업인 대상 조사에 의하면, 종업원에 대한 정당한 대우나 환경 보호와 같이 전통적인 기업의 책임 분야에 대해 일반인이나 기업인들 모두 80~90%가 넘는 절대 다수가 기업의 책임을 인정하고 있었다. 그보다는 낮지만 자선 단체에 대한 지원, 교육 문제, 인권 문제, 범죄, 빈곤 문제와 같은 사회 문제에 대해서도 일반인들은 기업이 책임져야 할 분야로 인식하고 있었다. 반면 기업인들은 아직 이런 분야에 대한 책임의식이 낮은 것으로 나타났다. 예를 들어 '빈부 격차 해소에 대해 기업이 책임이 있느냐'는 질문에 대해 일반인 중 49%가 '그렇다'고 답한 반면 기업인 중에는 21%만 동의했다.

중요한 것은 일반인들의 인식 변화가 거기서 그치는 것이 아니라 고객, 투자자, 종업원, 정부 등 기업을 둘러싼 이해관계자들의 행동 변화로 나타나고 있다는 것이다. 국내·외 대부분의 조사에서 소비자들은 프리미엄을 주고서라도 윤리적 기업들의 제품을 사겠다는 의사를 보이고 있다. 물론 소비자들이 실제 구매 시 그렇게 행동할 것인지에 대해서는 이견이 많지만 분명한 대안이 있을 경우에는 소비 행태를 바꿀 의지가 있는 것으로 볼 수 있다. 예를 들어 개발도상국 농민들을 보호하기 위한 공정거래(fair trade) 제품이나 환경문제를 유발하지 않는 유기농 제품에 대한 선호도가 선진국을 중심으로 높아지고 있다. 이것은 정확한 정보나 대안이 있을 경우 윤리적 소비가 계속 확대될 수 있음을 보여주는 것이다.

고객들의 윤리적 의식은 구매업체나 협력업체에도 영향을 미친다. 유통업체나 구매업체가 친환경 제품만 판매하겠다고 결정하는 순간 그 영향은 납품업체들에게 그대로 파급된다. 또 종업원들의 관심도 높아지고 있다. 사회적 책임을 훌륭히 수행할 때 종업원들의 회사에 대한 자부심이나 충성심이 높아지는 것으로 보고되고 있다. 좋은 인재를 확보하거나 유지하는 데에도 CSR이 기여할 수 있다는 것이다.

따라서 사회적 책임 활동은 단순히 이미지를 개선하는 데 그치는 것이 아니라 기업의 경쟁력에 중대한 영향을 미칠 수 있는 요소가 되고 있다. 예를 들어 비만이라는 사회 문제는 식품 산업의 경쟁 양상을 완전히 바꾸어 놓았다. 1990년대 미국에서는 비만이 중요한 사회 이슈로 부각되고 있었다. 90년대 초반만 해도 언론에서 이 문제를 다룰 때에는 비만의 원인을 주로 개인의 잘못된 식습관, 운동 부족 등으로 돌리는 경향이 있었다. 하지만 시간이 지나면서 언론들은 이 문제를 단순한 개인의 잘못이 아니라 사회적 환경이 빚어낸 문제로 보기 시작했다. 즉 기업들의 마케팅이나 정부의 미흡한 조치가 문제를 악화시키고 있다는 것이다. 패스트푸드 업체에 대한 소비자 소송이 잇따르고 학교 내 탄산음료 금지 움직임도 늘어났다. 이와 같이 사회 인식이 변하면 식품업계의 경쟁 양상도 달라졌다. 과거에 식품업체들이 주로 맛과 가격, 양 등을 놓고 경쟁했다면 이제는 영양이나 성분과 같이 건강에 미치는 영향을 놓고 경쟁하게 된 것이다. 펩시콜라가 과일쥬스 등 건강음료를 부각시키고 네슬레 같은 회사들이 건강과 영양을 내세우면서 사회적 책임을 공언하는 것도 경쟁의 새로운 양상을 반영하는 것이다.

이제 사회적 책임은 경영의 중요한 요소가 되었다. 과거 우리 기업들은 경제 발전에 기여하는 것만으로도 사회적 기여를 어느 정도 인정받을 수 있었지만 이제는 좀더 직접적인 사회 공헌의 필요성이 높아지고 있다. 특히 대기업들은 과거에 비해 고용 창출에 대한 기여도가 떨어지고 있어 국민들로부터 사랑과 존경을 받기 위해서는 사회적 책임 활동을 더욱 강화할 필요가 있다.

성공적인 CSR이 되기 위해서는 우선 기존의 비전이나 핵심가치에 부합되는 CSR 비전을 수립할 필요가 있다. 방향과 목표가 설정되면 자사의 위험과 기회를 관리할 수 있는 내부 진단 프로세스를 구축하고, 사회 문제 해결에 필요한 구체적인 역량을 쌓는 노력도 필요하다. 사회의 관심과 기대가 어떻게 변하는지 파악하고 자사의 노력도 알릴 수 있는 쌍방향 커뮤니케이션 채널도 갖춰야 할 것이다. 또한 이해관계자들과의 대화도 꾸준히 지속해야 한다.

과거 고도성장기에는 제품이나 서비스의 공급보다는 수요가 많았고 우수 인재를 얻기 위해 사방팔방으로 뛰어다닐 필요도 적었다. 그러나 이제는 고객의 마음을 사야 하고 우수 인재를 끌어들일 수 있는 매력이 있어야 하는 시대가 되었다. 사회 구성원들이 염려하고 있는 지구적 문제나 사회 문제에 대해 열정을 갖고 해결 방안을 내놓는 기업에게 더 많은 역할과 성장 기회가 주어지는 것은 어떻게 보면 당연한 현상일 수 있다. 우리 기업들은 '돈을 잘 버는 기업'을 만드는 데만 열심을 내는 게 아니라 사회에도 기여하는 '착한 기업(good company)'을 만드는 데 열심을 내야 할 때이다.

LET'S THINK

최근 경영관리 측면에서 많이 언급되고 있는 것 중에 하나는 '도덕적 해이(moral hazard)'라는 용어다.

도덕적 해이란 무엇이며 이에 어떻게 대처할 것인지 토론해 보시오.

지금 경영현장에는

대기업 59% '사회적 책임' 국제표준 無대책

우리나라 100대 기업 중 59%는 기업의 사회적 책임에 대한 국제표준인 ISO 26000에 대해 대응책을 갖추지 못하고 있는 것으로 조사됐다. 대한상공회의소 지속가능경영원이 최근 국내에서 매출액 기준 100대 기업을 대상으로 조사해 26일 발표한 '신무역장벽 ISO 26000에 대한 기업인식'에 따르면 ISO 26000에 대해 대응책을 완전히 갖췄다고 대답한 기업은 4.9%, '어느 정도 대응책을 갖추고 있다'고 답한 기업은 36.1%로 나타났다. '대응하지 않고 경쟁기업 동향만 파악하고 있다'는 기업도 36.1%에 달했으며, '대응하지 않고 있다'는 21.3%, '전혀 관심이 없다'는 1.6%를 각각 차지해 전체의 59%는 대응책을 갖추지 못한 것으로 밝혀졌다.

지배구조, 인권, 노동관행, 환경, 공정거래 등을 포함하는 ISO 26000은 2010년 말 발표될 예정으로 쌍방간 거래에 있어 사회책임 활동에 관한 검증 기준으로 활용될 가능성이 점차 커지고 있다.

국내 대기업의 대응 수준이 낮은 이유로는 '구체적인 추진방법을 몰라서'라는 응답이 27.8%로 가장 많았으며, '경영층의 관심이 적어서'(16.7%), '시간과 예산이 부족해서'16.7%), '효과에 대한 의문이 들어서'(5.6%), '전담 조직이 없어서'(5.6%) 등이 뒤를 이었다.

그러나 조사대상 기업의 86.9%는 ISO 26000 제정이 추진되고 있는 것을 알고 있는 것으로 조사돼 관심은 높은 것으로 나타났다.

앞으로 기업에 미칠 영향에 대해서는 100대 기업의 59.0%가 '사회적 책임 활동 전개에 긍정적 영향을 미칠 것'이라고 답했고, '별로 효과가 없을 것'이란 응답은 8.2%에 그쳤다.

지속가능경영원은 "ISO 26000은 지침 수준이지만 앞으로 우리 기업의 수출길을 막을 수도 있다"고 지적하고 "적용 대상이 기업뿐 아니라 정부, 시민단체, 노동, 연구기관 등을 포함하므로 이해관계자 간 역할과 책임에 대한 논의가 필요하다"고 설명했다.

자료: 매일경제신문, 2010.1.26

제 3 절

기업윤리

경영자들은 매일 그들이 옳거나 그르다고 판단하는 믿음에 기초하여 의사결정을 내린다. 그들은 자신들의 행위를 통해 허용될 수 있는 것과 그렇지 않은 것을 조직구성원들에게 본보기로 보여주고, 기업의 윤리적 규범을 구체화한다.

윤리(ethics)란 무엇이 옳고 그른지를 판단하기 위한 규범의 집합이다. 개인적 윤리와 기업윤리는 조직의 토대로서, 사회에 대한 기업의 궁극적인 기여를 구체적으로 보여준다.

3.1 개인적 윤리

개인적 윤리는 개인적인 선택과 우리가 일하며 살아가는 환경에 의해 형성된다. 우리 사회의 법률은 옳은 것과 그른 것을 선택할 수 있게 해주는 지침이다. 사람들이 윤리적 딜레마에 맞닥뜨렸을 때 내릴 수 있는 선택에 영향을 주는 개인적인 철학과 견해는 다음과 같다.

윤리 관련 세 가지 견해는 행동이나 의사결정의 결과가 다수의 사람에게 이익이 된다면 옳다고 보는 공리주의 견해(utilitarian view of ethics), 개인의 자유와 권리를 보호하고 존중하는 관점인 권리우선 견해(rights view of ethics), 규칙이나 행위는 모든 사람에게 공평하게 적용되어야 한다는 공정성우선 견해(justice theory of ethics)가 있다.

가. 공리주의 견해

공리주의는 옳은 것과 그른 것 사이의 선택에 영향을 미칠 수 있는 철학 중 하나로, 개인이나 조직이 취할 행위의 결과에 초점을 맞춘다. "최대다수가 가장 행복해지는 결과를 낳게끔 행동해야 한다"는 견해는 공리주의에서 비롯됐다. 어떤 행위가 많은 사람에게 불리한 영향을 미친다면, 그 행위는 윤리적으로 그른 것이다. 이 관점의 문제점은 특정 결정이 대다수의 사람에게 어떻게 영향을 미치게 될지를 정확하게 평가하기가 거의 불가능하다는 것이다. 또한 공리주의는 항상 승자와 패자의 문제와 관련이 있다. 경제불황이 계속되자 경영자들이 모든 직원의 근무시간을 주당 30시간으로 줄이는 것보다 직원 5명을 해고하는 편이 낫겠다고 결정한다면, 근무시간을 유지한 20명은 승자이지만, 해고된 5명은 패자다.

나. 권리우선 견해

권리(rights)라는 개념은 인간은 특정한 권리—살아갈 권리, 자유를 누릴 권리, 행복을 추구할 권리—를 태어날 때부터 부여받았으며 그 권리를 마음대로 빼앗아갈 수 없다는 것을 의미한다. 개인이나 집단의 권리를 부정하는 것은 비윤리적이고 불법적인 것으로 간주된다. 정부와 법률은 특정 권리들을 보장하는데, 이런 권리는 법적 권리(legal rights)로 간주된다. 대한민국 헌법은 국민의 권리를 명확하게 규정한다. 그런 권리들을 무시할 수 있는 것은 전시(戰時)와 같은 극단적인 상황에서뿐이다. 종교·언론·결사의 자유, 부당 체포, 수색 및 몰수로부터 보호받을 권리 등이 법적 권리에 속한다.

다. 공정성우선 견해

정의(justice)란 개념은 사회에 널리 퍼져있는 규범들을 따를 때 공정하다고 판단되는 행위를 의미한다. 우리 모두는 인생이 합리적인 측면에서 공정하기를 기대한다. 여러분이 치르는 시험이 공정하기를 기대하며, 학점이 공정하기를 기대하고, 하는 일의 유형에 적절한 임금이 공정하게 지불되기를 기대한다. 또한 사회가 우리에게 부과하는 의무와 제공하는 보상이 공평하게 분배됨을 의미하는 정의를 믿는다. '동일노동 동일임금' 원칙을 믿는 민주적인 사회에서 살아가는 사람들은 그들이 제공하는 서비스에 대해 자유로운 시장에서 매긴 가치를 토대로 보상을 받는다. 시장은 상이한 직업에 대해 상이한 가치를 매기기 때문에 임금과 같은 보상이 반드시 동일하지는 않다. 그럼에도 불구하고, 많은 사람들은 그런 보상을 공정하다고 여긴다.

3.2 기업윤리

기업윤리(business ethics)란 기업활동에 있어서 경영자가 행동에 앞서 판단기준으로 삼아야 하는 원칙이며 윤리적으로 옳다고 판단하는 행동을 행하는 것을 말한다. 빈약한 기업윤리는 기업에 대해 매우 부정적인 이미지를 창출해낼 수 있고, 회사나 관련 경영자들에게 값비싼 대가를 치르게 만들 수 있으며, 파산이나 위반자들의 구속을 초래할 수 있다. 조직은 구성원들에게 윤리규범을 교육하는 것으로, 모범사례 제시와 다양한 공식·비공식 프로그램들을 통해 구성원들을 지도하는 것으로 이런 유형의 책무 소홀로 인한 책임 추궁이 생길 가능성을 줄일 수 있다.

구성원들은 경영자들이 보이는 모범사례를 따르는 경우가 많다. 따라서 경영자들은 조직 내에서 허용되는 행동과 그렇지 않은 행동을 결정하는 행동유형을 확립한다. 벤 & 제리(Ben & Jerry's) 아이스크림의 벤 코헨(B. Cohen) 사장은 회사에서 가장 임금이 적은 직원이 받는 급여의 7배를 상회하는 급여를 받을 수 없다는 방침을 세우고 실천하였다. 이러한 벤 코헨의 행동은 벤 & 제리의 윤리적 가치관을 형성하는 데 도움을 주었다.

가. 기업윤리교육

최근 기업윤리교육에 대하여 대학뿐만 아니라 기업에서도 점차 관심이 고조되고 있다. 대기업들에서도 사회신뢰경영을 외치기 시작했으며 정도경영을 강조하고 있고 윤리도덕적 기업경영이 어떻게 이루어져야 하며 이를 위해 어떤 관리적 노력과 교육활동이 필요한가에 대해서 고민을 시작하고 있다.

기업들은 윤리적 딜레마를 해결할 시스템을 제공하는 것 외에도, 문제될 소지가 있는 경영행위를 파악해낼 능력을 키우고, 그에 따른 적절한 대응책을 실행하는 능력을 계발하기 위한 공식적인 교육프로그램도 제공한다. 리바이스, 아메리칸 익스프레스 등이 창안해 낸 프로그램들은 이러한 윤리적 딜레마를 해결하는 기법으로 프로그램을 시작한다. 그 다음에 구성원들에게 일련의 상황들을 제시한 후, 가장 최적의 윤리적 해결책을 제시하라고 요구한다. 일부 기업들은 이런 딜레마들을 게임의 형태로 소개함으로써 윤리교육 프로그램에 재미를 가미하려고 노력하고 있다. 예를 들어, 시티그룹은 노동윤리 게임(The Work Ethic)이라는 보드게임을 개발하였는데, 이 게임은 참여자들이 윤리적인 문제들에 대해 법적이고 규제에 부합하여 정치적으로 적절한 해법을 찾으려고 노력하는 내용으로 구성되어 있다.

그렇지만 기업에서의 윤리교육수준은 아직 기업윤리헌장을 어떻게 초안할 것인가, 과연 윤리헌장이 기업에 필요한 것인가, 오히려 기업활동을 저해하지는 않을까 하는 질문에 대한 해답을 찾고 있는 수준이다.

나. 윤리헌장의 제정

많은 기업들은 윤리헌장을 제정하고 명문화하여 조직구성원들에게 배포해 왔다. 일반적으로 윤리헌장(code of ethics)은 경영자와 직원들이 동료 임직원,

고객, 납품업체 등에 대해 보여야 할 책임과 행동의 관점에서 회사가 그들에게 기대하는 것과 관련된 지식을 제공한다. 일부 행동규범은 임직원을 위한 상세한 지침들을 제공한다. 이러한 지침의 내용들은 기업의 목표와 방침, 행동의 우선순위 등을 포함한다. 일부 기업은 윤리헌장을 액자에 담아 사무실 벽에 걸어놓거나, 항상 휴대하고 다닐 수 있도록 카드로 보급하기도 한다.

LET'S THINK

벤 & 제리 아이스크림사의 홈페이지(http://www.benjerry.com)에 들어가서 이 기업이 사회적 책음을 어떻게 실천하고 있는지 살펴보고 토론해 보시오.

제 4 절

사회적 기업

최근 사회적 일자리 창출과 복지서비스 제공이라는 공익가치 실현을 영리적인 방법으로 달성하는 사회적 기업(social enterprise)에 대한 관심이 높다. 공익성과 영리성이라는 상호 이질적인 가치가 만나 사회문제를 해결하는 데 도움이 될 수 있을 것이라는 기대 때문이다. 우리나라는 아직 시작단계지만 초기 성과가 좋아 일단 연착륙에 성공한 것으로 보이며 향후에도 지속 성장이 기대된다.

IMF 외환위기 이후 지난 10여 년간 세계 경제는 신자유주의 영향하에서 급격한 양적 성장의 시대를 맞았고 우리 경제도 그 혜택을 누려왔다. 하지만 그 이면에는 사회 양극화와 계층간 빈부격차 심화라는 부산물도 함께 수반되었다. 그 와중에 최근 세계 경기 침체로 사회적 취약계층은 상위 계층보다 더 심각한 위기적 상황에 처해 있다.

최근 사회적 기업에 대한 관심은 여기서 비롯된다. 고용창출과 사회복지서비스 제공을 통해 사회적 취약계층을 지원하면서 동시에 기업으로서도 성장하는 공익과 영리의 두 마리 토끼를 다 잡을 수 있지 않을까 하는 기대 때문이다. 더욱이 최근 악화된 경제 상황 속에서 사회적 기업은 취약계층 지원이라는 시대적 요청과 재정여력 제약으로 사회서비스 제공에 있어 한계 상황에 직면한 공공부문의 고민이 서로 만나는 접점에서 이 문제를 해결할 대안으로 주목 받고 있다. 또 어려운 상황에 처한 각 지역사회 취약계층의 고용을 유지하고 지역경제에도 도움이 되는 비즈니스를 통해 지역사회 재생과 통합을 도모할 수 있지 않을까 하는 점도 주목 받는 이유다.

4.1 사회적 목적을 영리적으로 실현하는 하이브리드기업

자본주의가 발달해 온 이래 사회적 약자에 대한 보호와 사회서비스 지원의 책임은 공공부문, 즉 정부의 몫이었다. 이러한 짐은 사회가 발전하면서 정부의 제도적·물질적 후원 속에 시민사회에 속한 비영리민간조직들이 나누어지고 왔다. 하지만 그 과정에서 조직 운영의 효율성 부족, 관료주의적 병폐 등 여러 문제들이 생겨났다. 또 공공재정의 투입이 증가한 만큼 고용창출과 사회서비스 제공이 개선되지 못하는 정체 현상도 나타났다.

이러한 와중에 경제가 어려워지면서 장애인, 소외 청소년, 미혼모, 빈곤층 등 사회적 약자가 받는 소외와 배제는 심화되었다. 게다가 지금과 같이 고용 없는 성장의 시대가 지속되고, 사회안전망 부족과 정부 재정력 약화로 사회서비스 공급이 원활하게 이루어지지 못하게 되면 취약계층에 대한 사회적 배제 현상이 장기화 될 수밖에 없다. 급기야 이 문제는 사회불안과 위기로까지 이어질 가능성이 높아진다. 사회적 기업은 이러한 문제를 해결하기 위한 정부와 시민사회의 대안 모델이라 할 수 있다.

사회적 기업 연구에서 권위를 인정받는 유럽 15개국 사회적 기업 연구네트워크인 EMES는 사회적 기업을 "사회적 목적을 갖는 영리적 비즈니스 단위"라고 정의하고 있다. 여기서 '사회적 목적'이란 공익 지향을 뜻하며 그 내용으로 취약계층 고용창출, 사회복지서비스 지원, 지역사회 이익 추구, 이익의 사회적 환원 등의 원칙을 들고 있다. 또 '영리적 비즈니스'라 함은 기업으로서 수익성(이윤)을 추구한다는 의미로 재화/서비스의 생산·판매, 경영상 리스크 동반, 경영의 자율성, 최소한의 유급노동이라는 기준을 갖춰야 한다고 설명하고 있다.

OECD에서도 빈부격차차별시정위원회 보고서(2004)를 통해 이와 유사한 정의를 하고 있다. 〈그림 4-1〉에서와 같이 OECD가 인용하고 있는 킹 보드(King Board)재단의 사회적 기업에 대한 정의는 "미숙련 근로자들을 노동시장에 복귀시키려고 시장과 비시장 자원을 모두 활용하는 기업 활동체로서 넓게는 비록 취약 계층을 고용하지 않더라도 사회적 목적을 추구하는 단체들도 포함한다"고 되어 있다.

하지만 사회적 기업을 한 마디로 정의하기란 쉽지 않다. 용어만 보면 최근 들어 미국의 'social enterprise'로 점차 통일되어가는 추세긴 하지만 이전에는 용어도, 조직 형태도 국가마다 달랐다. 유럽에서는 사회적 협동조합(social cooperative), 사회적 목적회사(social purpose company), 지역공동체이익회사(community interest company)등 외에도 여러 이름들로 불렸다. 이처럼 사회적 기업에 대한 이해의 수준과 접근 시각은 천차만별이었다. 지금까지의 권위 있는 다양한

그림 4-1 사회적 기업의 위치

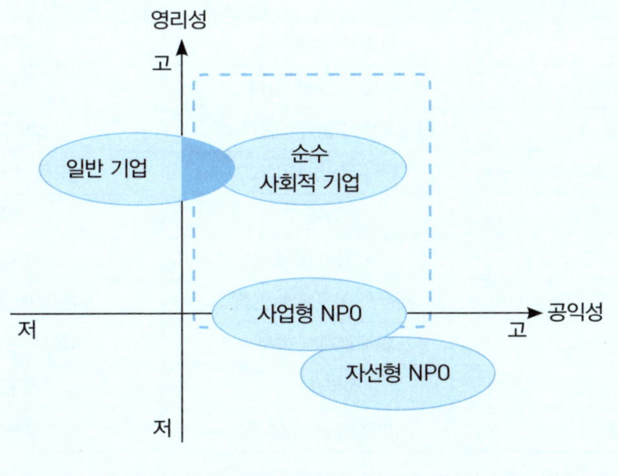

연구들의 정의를 통해 볼 때 사회적 기업은 "사회적 가치와 목적을 실현하기 위해 영리적인 기업활동으로 수익을 창출하는 기업"이라고 정리할 수 있다.

4.2 사회적 기업 발전 모델

개념 자체의 태동은 근대 유럽에서였지만 오늘날과 같은 형태의 사회적 기업은 미국의 성장과 더불어 발전해 왔다. 60년대 미 존슨 행정부가 빈곤퇴치를 위한 사회복지 정책(The War on Poverty)을 확대하는 과정에서 비영리민간단체(NPO)의 수익사업을 별도 기업화시키고 이를 지원하면서부터 본격화됐다. 이후 1970~80년대 유럽에서도 여러 나라의 사회복지국가 정책이 어려운 경제상황 속에서 민영화와 같은 구조조정의 물결을 만나 공백이 생기자 취약계층 고용창출과 사회복지서비스를 사회적 기업을 통해 제공하기 시작하면서 점차 발전했다.

사회적 기업에 대한 국제적인 현황은 아직 체계적인 연구단계에까지 이르지는 못했지만 커린과 피아티(I. Kerlin & K. Peattie) 교수 등의 국가별 비교연구에 따르면 사회적 기업은 크게 유럽형과 미국형으로 분류된다. 이들의 연구에

표 4-1 유럽형과 미국형 사회적 기업 비교

구 분	유럽형	미국형
강조점	사회적 기여(수혜)	수익 창출
정부지원 여부	세제 감면 등 지원	없음
조직 형태	협회/협동조합/연대결사체	상법상 회사
활동상 초점	대인(휴먼) 서비스	모든 비영리 활동
사회적 기업 형태 수	적음	많음
환경	사회적 경제	시장경제
이윤분배 구조	제한적 이윤분배 인정	이윤분배 원칙적 배제
의사결정	이해관계자 참여	제한적 인정과 참여
전략적 육성 주도	정부/EU	민간재단
법률적 틀	미약하지만 개선 중	부족(취약)

자료: I. Kerlin & K. Peattie(2006), *Social Enterprise in the United State and Europe*.

따르면 국가마다 사회적 기업으로 간주되는 조직의 종류와 활동의 사회·경제적 거버넌스 구조는 서로 다르게 나타나며 그 주요 내용은 <표 4-1>과 같다.

가. 유럽형 모델

유럽형 모델은 법제도적 지원을 통해 취약계층 일자리 창출과 사회복지서비스 제공 등 사회적 혜택 확대에 초점을 두고, 지역사회 연계 중심의 비즈니스 형태로 발전해 왔다. 각국 정부와 유럽연합(EU)은 사회적 기업 지원을 위한 법적·제도적 기준을 확대하고 있는데 영국의 경우 블레어 정부 들어 2004년 지역공동체이익회사법(CIC)을 제정하고 관련 부서를 통합, 내각사무처(Cabinet Office) 제3섹터청(OTS)에서 총괄케 하였다. 대표적인 사례로는 BBBC(Bromley By Bow Center)를 들 수 있다. 이는 런던 동부 빈민촌 지역내 브롬리바이바우 교회를 주민자치센터로 개발한 후 사회적기업가 앤드류 모슨(A. Mawson)의 전문경영을 통해 성장한 예이다. BBBC는 설립 당시 인근가구의 37%가 한부모 가정, 인구의 57%가 제3국 난민, 52%만이 영어 구사 가능, 실업률 45%, 청소년 약물중독 등 피폐된 지역경제와 심각한 복지문제 등 총체적 난맥상을 보이고 있었다. 모슨은 이 지역이 다문화가 공존하는 지역사회로서의 특성을 가지고 있음에 주목했다. 이후 성공회 교회를 다문화 종교활동이 가능한 교회로 개방하고, 문화예술인들을 상대로 각국 문화예술 창작실을 무료로 대여했다. 이를 알고 찾아온 인근 지역 예술인들을 주민자치센터와 건강센터에 개설된 다양한 문화교실 프로그램과 예술치유 프로그램에 자원봉사 강사로 참여케 함으로써 여기서 나온 수익을 취약계층 고용창출과 사회서비스 제공에 활용했다. 프로그램을 수강함으로써 직업훈련을 받은 취약계층 주민들과 일반 주민들은 저마다 습득한 창작능력을 바탕으로 추가적인 사회적 기업을 창업해 독립하기도 했다.

BBBC 자체적으로는 현재 원예사업단, 다문화 전통가구 제작사, 디자인사업단, 지역문화사업단, 석공예사업단, 공원관리사 등 문화예술관련 7개 사회적 기업을 운영하는 종업원 수백 명의 사업체로 자리 잡았다. 일례로 원예사업단의 경우 임대주택 아파트 주민들의 정원에 대한 관심에 착안, 원예사업단 내 정원을 만든 후 여기에 빈곤여성 전문 종합병원을 설립해 수익을 내고 있다.

나. 미국형 모델

유럽과는 달리 미국형 모델은 사회적 기업에 대한 정부 차원의 명문화된 제도적 지원이 없다. 유럽에 비해 사회적 기업의 유형 수가 많은 것도 법규에 의한 제약이나 지역연계의 부담이 없기 때문이다. 그러다 보니 이전에는 비영리 조직의 별도 영리사업법인 형태로 발전하던 사회적 기업이 1990년대 들어서는 영리와 비영리 간의 구별이 모호해지게 됐다. 그 결과 지역사회벤처(community wealth venture)와 같은 기술이나 경영혁신을 통해 사회적 가치 실현과 경제적 이익을 동시에 달성하려는 벤처기업들까지도 사회적 기업의 범주에 포함되고 있다. 자금조달도 유가증권을 발행하거나 펀드를 조성해 조달하는 경우가 많다. 따라서 사회적 취약계층을 지원한다는 공익적 미션하에서 영리 비즈니스를 하는 기업도 사회적 기업으로 분류된다.

실제 처음부터 순수하게 수익창출비즈니스만 하는 기업이 사회적 기업으로 평가 받는 기업도 있다. 작고한 배우 폴 뉴먼이 1982년 창업, 지금까지 수천 개 단체에 2억 6천만 달러를 기부한 뉴먼즈오운(Newman's Own)이 좋은 예이다. 일반적으로 사회적 기업은 비영리 단체의 수익 창출을 목적으로 하거나 소외 계층의 자립을 위해 일자리를 제공할 목적으로 설립되는 경우가 많다. 반면 이 회사는 순수 일반 영리기업이다. 정부로부터 혜택을 받지도 않고 직업훈련 프로그램 같은 것을 운영하지도 않는다. 그런데도 이익의 전부를 온전히 사회적 목적에 환원하고 있다. 이런 면에서 미래 사회적 기업의 새로운 방향을 제시하는 사례라 할 수 있다.

한편 미국의 활발한 기부문화와 자원봉사는 사회적 기업 활동에 좋은 조건으로 작용하고 있다. 미국의 기부문화는 자선을 시혜가 아닌 투자로 보는 많은 민간재단에 의해 활성화되었다. 사회적 기업 입장에서도 재단으로부터의 기부를 투자유치로 인식하고 있다. 이를 벤처자선(venture philanthropy)이라고 하며 미국 사회적 기업 활성화에 큰 기여를 하고 있다. 미국은 또 전 세계적으로 자원봉사 활동이 가장 활발해 2003년 존스 홉킨스대 시민사회연구소 조사에 의하면 전체 경제활동 인구의 9.8%가 사회적 기업에 자발적 노동력을 직간접적으로 제공하고 있다. 이는 유급상근인력 860만 명에 상당하는 규모다.

다. 한국의 사회적 기업

우리나라와 같이 법률로 사회적 기업 육성을 직접적으로 명문화한 예는 영국, 프랑스 등 몇몇 나라를 제외하고는 찾아보기 어렵다. 정책 당국의 의지가 그만큼 강함을 방증한다. 사회적기업육성법 제1조는 이 법의 목적을 "사회적 기업을 지원하여 사회서비스를 확충하고 새로운 일자리를 창출함"이라고 명시하고 있다. 통상적으로 사회적 기업을 '빵을 팔기 위해 고용하는 것이 아니라 고용하기 위해 빵을 파는 기업'으로 좋은 일 하면서도 수익을 내는 기업으로 설명하고 있다.

우리나라에서 사회적 기업 개념이 태동한 시점은 1997년 IMF 외환위기 즈음이다. 대량 실업발생이 사회문제화 되면서 긴급 처방으로 공공근로민간위탁사업(1999년)을 시행, 일자리 창출을 도모한 것이 출발이다. 그러다가 2007년 7월 사회적기업육성법이 시행됨으로써 우리나라 사회적 기업은 중대 전환기를 맞게 된다. 이전까지의 취약계층 대상 고용창출에 중점을 두던 정부정책이 여기에 사회복지서비스 제공을 추가하여 이를 민간영역인 사회적 기업에게 담당케 하는 소위 제3섹터형 사회적 기업 육성 방향이 실징된 깃이다.

정부 인증 절차, 이윤 2/3의 사회적 목적 재투자(상법상 주식회사인 경우) 의무조항 등을 통해 알 수 있듯 우리나라 사회적 기업은 정부주도로 육성되고 있다. 사회적 기업이 영리 기업처럼 시장 경쟁력을 확보하기 전까지는 어느 정도 정부지원이 필요하다는 점에서 불가피한 면이 있긴 하지만 노동부 인증이라는 절차를 통해 육성하려는 구조에 대해서는 논란이 있다.

현재 노동부가 주관이 되어 매 분기 기업의 신청을 받아 인증해 주는 형태로 운영되고 있는 우리나라 사회적 기업의 수는 2008년 말 현재 총 218개이다. 이들 기업의 2008년 매출 추정액은 465억원, 당기순이익은 28억원 정도다. 선진국과 비교시 아직은 걸음마 단계라 할 수 있다. 기업당 평균 매출액에 있어서는 8억~10억원 사이로 영국의 사회적 기업과 비슷한 수준이다. 문제는 매출과 이익에 대한 중위수를 볼 때 평균과 차이가 커서 일부 기업에 한해 높은 매출과 이익이 쏠려 있는 점이 재정자립도 개선 측면에서 지적될 수 있다. 또 아직은 초기 성장단계에 있어 사업의 다양성, 기획 및 마케팅 역량, 조직구조 분화와 인적자원관리의 안정성 등에서도 부족한 면이 많다. 업종별로도 발전 수준의 편차가 커 사회적 기업간 네트워킹과 멘토링을 통해 경험과 노하우를 공유할 필요도 크다.

현재 우리나라 대다수 사회적 기업들의 경우 자체적으로 소규모 비즈니스 모델을 통해 성장해 왔지만 이러한 발전 과정에 있어 한 가지 특징적인 점은 대규모 기업집단의 연계기업으로서의 기여측면도 있었다는 점이다. 교보생명은 함께 일하는 재단과의 파트너십을 통해 교보 다솜이 간병사업단을 우리나라 제1호 사회적 기업으로 탄생시켰다. SK의 행복도시락센터도 기업의 사회적 공헌활동의 일환으로 시행 중이던 29개 센터 중 6개가 사회적 기업으로 인증을 받았다.

초기 단계이긴 하지만 현재 우리나라 사회적 기업의 성장성은 매우 높은 편이다. 2007년 154개 인증 사회적 기업의 총 매출액과 당기순이익은 2006년에 비해 각각 28배, 300배 이상 급성장했다. 2007년 하반기부터 사회적 기업 인증제도 시행에 따라 인증된 기업들에 대한 일부 세제혜택 외 별도의 직접 지원이 없었음을 감안한다면 자체 노력에 의해 성장했다는 중요한 의미를 갖는다. 총 자산 증가율은 48.5%, 부채비율은 82.8%로 재정건전성도 양호한 편이다. 이런 의미에서 우리나라 사회적 기업들의 향후 성장 가능성은 밝다고 하겠다. 기업 스스로 다양하고 혁신적인 사업 아이템을 발굴하고, 원활한 기업활동을 위한 마이크로 파이낸싱 등 사회적 자본 조성과 사회적 책임투자(SRI)와 연계된 금융지원제도 보완 등이 이뤄진다면 더 활발한 비즈니스를 통해 경제적 성과를 향상시킬 수 있을 것으로 기대된다.

인증제도에 있어서도 일정 기간 사회적 기업활동을 수행한 후 정식 인증 기업화 될 수 있는 기회를 부여해 주는 '예비 사회적 기업 지정'과 같은 유연한 제도 운영을 고려해 볼 수 있을 것이다. 사회적 기업 스스로도 창업자의 혁신 리더십, 사회적 목적(morality)과 수익창출(profit) 간의 균형을 늘 유지해야 한다. 이러한 보완이 이뤄진다면 그간 짧은 시간이지만 양적·질적으로 성장해 온 우리나라 사회적 기업의 지속 성장 가능성은 밝을 것이다.

지금 경영현장에는

LG전자 노조 '사회적 책임' 선언…국내 기업 첫 사례

LG전자는 28일 경주 대명콘도에서 남용 부회장과 박준수 노조위원장을 비롯한 노사 대표 300여 명이 참석한 가운데 노조의 사회적 책임(SR)을 담은 USR 헌장 선포식을 가졌다고 밝혔다. 국내 기업에서 노조가 사회적 책임을 표명하고 나선 것은 LG전자가 처음이다.

이 회사 노조는 USR 헌장을 통해 "LG전자를 신뢰하고 성원해준 고객의 사랑이 없었다면 오늘의 노동조합은 존재하지 않았을 것"이라며 "고객의 사랑에 보답하고 기업시민으로서의 소명을 다하기 위해 노조의 역할과 사명을 새롭게 정립하고자 한다"고 밝혔다.

LG전자 노조는 사회적 책임을 다하기 위해 환경, 사회적 약자 배려, 기업·노조 등의 측면에서 4가지 행동 지침을 채택했다. 이 행동지침은 △생명공동체의 존엄성을 존중하고 생태적 온전성을 유지하기 위해 노력할 것 △사회적 약자를 보호하고 국제 공동체를 위해 공헌할 것 △노조운영의 투명성을 제고해 회사의 윤리·투명 경영을 촉진할 것 △현장 경영자로서 업무현장의 혁신을 주도하고 적극 참여할 것 등이다.

이 노조는 행동지침을 실천하기 위해 구체적 실행계획도 마련했다. 우선 환경 측면에서는 온실가스 감축과 생태계 보전을 위해 자전거 타기 생활화, 나무심기, 하천정화 운동 등을 진행하기로 했다. 또 사회적 측면으로는 노소원들의 삶의 질과 역량 향상, 협력사와의 공존, 사회적 약자에 대한 차별해소 사업 등을 추진하기로 했다. 경제적 측면으로는 현장 경영자로서 노조원들의 역할을 강화하고 회사의 투명경영과 윤리경영을 촉진할 계획이다

남 부회장은 "이번 선언은 노동조합이 진보하고 회사가 지속성장 기반을 마련하는 계기가 될 것"이라며 "LG전자가 세계 최고의 자리에 오르는 데 노동조합이 큰 힘이 될 것"이라고 강조했다.

자료: 매일경제신문, 2010.1.28

Exploring INTERNET

전국경제인연합회 홈페이지(www.fki.or.kr)에 들어가 윤리경영에 대하여 알아보시오.

특히 최근 윤리경영헌장을 선포한 기업들을 살펴보고 기업간의 유사점과 차이점에 대하여 알아보고 토론해 봅시다.

문제 기업의 사회적 책임 수행 측면에서 바람직하지 않은 결정은?

① 기업지배구조를 개선하기 위해 이사회에서 사외이사 비율을 높이기로 했다.

② 종업원 복리후생비를 절감해 올해 이익을 늘려서 내년 초에 주주들에게 배당금을 더 지급하기로 했다.

③ 탄소지표를 만들어 공장에서 발생하는 탄소 배출량을 상시 측정·관리하면서 줄여 나가기로 했다.

④ 기업의 장기적 성장을 위해 기술혁신을 위한 연구개발(R&D) 투자액을 늘리기로 했다.

⑤ 장학재단을 설립·운영해 국내외 우수한 학생들에게 매년 장학금을 수여하기로 했다.

02

제2부에서는 경영관리 과정에 대한 기본 개념들에 대해서 알아본다. 기업의 경영활동에서 경영자의 역할이 무엇보다도 중요하다.

경영자가 경영활동을 관리하는 데 있어서 기본적인 관리기능은 계획활동, 조직활동, 지휘활동, 그리고 통제기능이다. 또한 경영자의 기업에서의 일상생활은 의사결정의 연속이라고 할 수 있다. 제2부에서는 이러한 경영자의 관리기능과 의사결정에 대하여 알아보기로 한다.

PART 2

경영관리

Chapter 5

의사결정

"얘, 내가 여기서 어디로 가야 하는지 말해 줄 수 있어?"라고 Alice가 물었다. 그러자 Puss는 "그건 네가 가고 싶은 곳에 달려 있어"라고 대답했다.

– 루이스 캐롤(Lewis Carroll), 이상한 나라의 Alice

모든 의사결정은 타협이다.

– 허버트 사이먼(Herbert Simon), 노벨경제학상 수상자

● 시작 이야기 ●

경영자의 계기판

모든 운전에는 계기판이 필요하다. 자동차를 운전하는 사람은 속도계와 네비게이션, 그리고 도로 표지판을 보아야 한다. 비행기를 운항하는 사람은 고도, 압력, 방향, 속도, 온도계 등 좀 더 복잡한 계기판을 필요로 한다.

경영자의 계기판은 어떠해야 하는가? 매일 보아야 하는 숫자는 무엇이고, 매주 혹은 매월 체크해야 하는 것은 무엇일까? 계기판 자체가 경영을 잘하게 해주지는 않는다. 하지만 최소한 현재 어디에 있는지 알게 해 주고 잘못된 길로 가는 것을 막아주는 역할을 한다.

경영계기판은 '경영자의 계기판'이다. 경영자가 경영을 해 갈 때 조직이 원하는 목표와 전략, 그리고 수행하고 있는 집중과제가 어떻게 진행되고 있는지 알 수 있게 해 주는 숫자상의 도구이다. 자전거를 운전할 때는 필요 없던 계기판이 자동차를 운전할 때는 3~4개 정도가 생기고, 배나 비행기를 운전할 수준이 되면 보다 많은 계기판을 점검하면서 운행을 해야 한다. 경영자는 조직의 특성이나 규모에 맞는 계기판을 세팅하고 정기적으로 관리해야 한다.

균형성과표(Balanced Scored Card, BSC)

과거의 성과에 대한 재무적인 측정지표에 추가하여 미래성과를 창출하는 동안에 대한 측정지표인 고객, 공급자, 종업원, 프로세스 및 혁신에 대한 지표를 통하여 미래가치를 창출하도록 관리하는 시스템이다.기업의 가치를 평가할 때 과거의 상태를 보여주는 재무지표들로만 평가해서는 안된다. 그렇기 때문에 그 기업의 고객가치나 내부적인 프로세스, 그리고 인적자원 가치 등 미래의 가치를 반영하는 지표를 평가해야 한다는 취지에서 BSC가 사용되었다. 또한 기업 전사적 차원에서뿐 아니라 부서나 팀 단

제 1 절

의사결정

1.1 의사결정

개인이 행한 의사결정은 자신의 삶에 좋은 결과를 가져다 줄 수도 있고 그렇지 못할 수도 있다. 마찬가지로 기업의 최고경영자가 어떤 의사결정을 하느냐에 따라 기업경영의 성과가 달라질 수 있다. 기업은 수많은 이해관계자들과의

위에서도 변화를 이끌어가는 로직으로도 사용되고 있다. 경영계기판에서 다시 BSC가 주목 받는 이유는 경영에서 변화를 이끌 때 "직원의 변화(학습 및 성장) – 프로세스의 변화 – 고객의 만족 – 재무 성과의 향상"이라는 흐름이 매우 합리적으로 이해되기 때문이다.

KPI(Key Performance Indicator)

KPI 경영계기판이 제대로 작동하려면 조직의 전략적인 목표가 뚜렷해야 한다. 경영자가 직접 챙기는 계기판을 구성원 모두가 인식하고 있어야 하며, 그들 모두가 전략적인 목표로서 KPI의 현재와 목표 수준을 암기하고 있어야 한다. 그리고 거기에 대한 책임을 모두가 느끼는 것이다. 예를 들어 전 직원이 신제품을 개발하고, 자신의 팀이 개발한 신제품 사업에 직접 참여할 기회를 주는 것으로 유명한 3M의 경우 '신제품의 판매비율이 전체의 20% 이상이어야 한다'는 확실한 KPI를 가지고 있다.

로직모델

로직모델은 활동의 투입(Input), 활동(Activity), 산출(output), 결과(outcome)의 단계로 나누어 관리하는 성과지표 관리방법이다. "측정할 수 없다면, 관리할 수 없다"는 피터 드러커의 명제에서 로직모델은 가장 효과적인 측정 모델을 제시한다. 예를 들어 '금연 클리닉을 통해 흡연관련 질병을 감소한다'는 전략적인 목표를 수립했다면 이 경영자는 최소한 4가지의 영역을 측정하고 관리할 수 있게 되는 것이다.

경영자의 책상이나 스마트폰에는 '계기판'이 있어야 한다. 매일 점검해야 하는 숫자도 있고 매 주, 혹은 월, 분기에 한번 보면 되는 숫자도 있다. 중요한 것은 경영자가 지금 어디를 향해 가고 있으며 현재 어떤 속도와 상태로 운항 중인지 아는 것이다.

"현재 우리는 어디로 가고 있으며
어디까지 왔습니까?"

자료: 가인지 경영, 2018.11.12

교환관계가 이루어지는 조직체이므로 기업경영자의 잘못된 의사결정은 기업경영을 위기로 몰아넣을 가능성이 높다.

경영자는 기업의 다양한 경영활동에서 매일 여러 가지 종류의 의사결정을 내려야만 한다. 어떤 제품이나 서비스를 언제 얼마만큼 생산할 것인가? 제품이나 서비스가격은 어느 수준으로 결정할 것인가? 기업이 필요로 하는 종업원을 어느 시점에 얼마나 많이 채용할 것인가? 이처럼 의사결정은 기업 경영관리의 핵심적 측면이라고 할 수 있다.

그렇다면 의사결정의 본질적 내용을 알기 위해서 몇 가지 알아야 할 내용이 있다. 우선 의사결정에서 결정(decision)이란 문제해결을 위한 여러 가지 대안적 해결책 중의 하나이다. 그리고 문제해결에서 문제(problem)란 바람직한 상태와 현재의 실제적인 상태 간의 차이를 말한다. 따라서 의사결정(decision making)이란 문제해결을 위하여 주어진 여건에서 여러 대안 중에서 가장 적절한 대안을 선택하는 과정이라 할 수 있다.

가. 의사결정의 유형

일반적으로 모든 의사결정은 구조화된 의사결정과 비구조화된 의사결정으로 구분할 수 있다.

구조화된 의사결정(programmed decision)은 일상적이고 어느 정도 구조화되어 있으며, 반복적으로 일어나는 문제를 해결하기 위한 의사결정이다. 이 경우에는 경영자가 미래에 유사한 문제가 발생할 때 적용할 수 있도록 절차나 규칙을 개발한다. 예를 들어, 원자재의 재고량이 일정수준 이하로 떨어질 때 주문하는 절차를 미리 결정하고 미래에도 반복 적용할 수 있게 하는 의사결정이 여기에 해당된다. 기업의 경영활동에서 일상적인 절차나 기본적인 운영상의 의사결정은 많은 부분이 이에 해당된다.

비구조화된 의사결정(nonprogrammed decision)은 특수하고 비교적 비구조화되어 있어 문제해결을 위한 어떤 표준적인 절차나 규칙이 존재하지 않는 의사결정이다. 예를 들어, 신제품이나 서비스의 개발결정, 다른 회사와의 전략적 제휴, 새로운 시장에의 진입 등에 관한 의사결정이 이에 해당된다.

나. 의사결정에 관한 두 견해

1) 고전적 모델

경영자가 어떻게 의사결정을 해야 한다는 것을 제시하고 있는 고전적 모델(classical model)로서 합리적 모델(rational model)이라고도 한다. 이 모델은 합리성(rationality)이라는 가정에 근거하고 있으며, 경영자는 대단히 논리적이고 합리적인 사람이어서 기업에 최적(optimizing)인 의사결정을 하려 한다고 가정한다.

고전적 모델은 다음과 같은 가정에 의해 특징지어지고 있다.

① 경영자는 자신이 해결해야 할 과제와 최종 목표를 분명하게 알고 있다.
② 문제를 해결을 해줄 수 있는 모든 대안과 각각의 대안이 초래할 결과에 대해 알고 있다.
③ 선호하는 대안이 명백하게 존재하고 시간이 지나도 그 선호도가 변하지 않는다.
④ 시간이나 비용상의 제약을 받지 않는다.
⑤ 최선의 대안은 경제적 이익을 극대화시킨다.

2) 관리모델

고전적 모델과는 대조적으로 관리모델(administrative model)은 경영자가 실제로 어떻게 의사결정을 하고 있는가에 대한 현상을 제시하고 있는 모델이다. 경제학자인 사이먼(Herbert A. Simon)이 주장한 모델로서 의사결정과정에는 비합리적이고 불완전한 구석이 존재하기 때문에 이상적인 해결책보다는 가능한 주어진 상황에서 만족할(satisfying) 수 있는 해결책을 찾게 된다는 것이다. 이 모델에서 주장하는 중요한 두 개념은 제한된 합리성(bounded rationality)과 만족(satisfaction)이다. 제한된 합리성이란 의사결정자 자신이 가진 지식의 한계, 불완전한 정보 등으로 인하여 완전한 합리성에 바탕을 둔 의사결정이 이루어지지 못하는, 즉 의사결정자의 합리성에는 한계가 있다는 것을 말한다. 그러므로 의사결정자는 최선·최적의 해결책을 추구하기 위해 가능한 모든 대안들을 철저히 찾아내어 그것들을 일일이 평가하여 최선의 것을 선택하지 않고 어느 정도 만족스러운 대안을 선택한다.

의사결정의 관리모델은 다음과 같은 기본적 가정에 근거하고 있다.

① 아무도 자신있게 미래를 예측할 수 없다. 따라서 가능한 대안을 모두 찾는 것은 어렵다.
② 불충분한 정보를 근거로 결정을 내려야 하는 경우가 대부분이다.
③ 인간의 두뇌는 한정된 처리능력을 갖고 있으며 시간적인 제약을 받거나 스트레스를 느끼면 최선을 다하려는 의욕이 저하된다.

다. 합리적 의사결정을 저해하는 요인

현실적으로 다음의 제약조건으로 인하여 비합리적인 의사결정을 내리는 경우가 있다.

(1) 직관
(2) 감정과 스트레스
(3) 개인성향
(4) 불충분한 정보 제공
(5) 기존 손실의 크기
(6) 불확실성
(7) 위험
(8) 모호성

1.2 의사결정과정

어떤 의사결정이 구조화된 의사결정이든 비구조화된 의사결정이든 간에, 그리고 그 결정이 어떤 상황하에서 이루어지든 간에 의사결정은 〈그림 5-1〉에서 보는 바와 같이 6단계로 이루어지는 과정이라 할 수 있다.

그림 5-1 의사결정과정

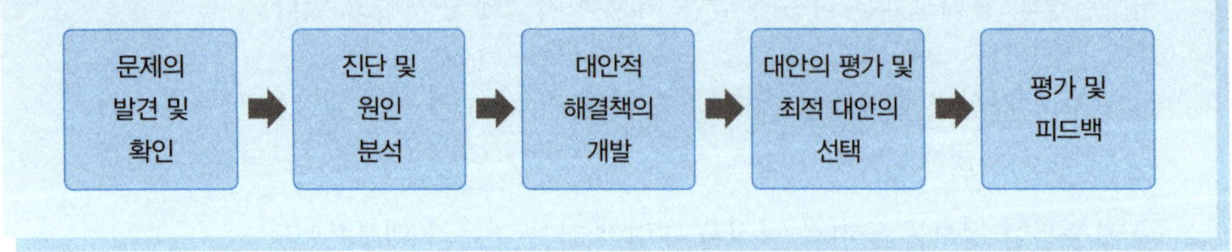

가. 문제의 발견 및 확인

경영자가 경영활동을 수행하는 과정상에서 직면하는 의사결정의 필요성은 문제점이나 기회라는 형태로 나타난다. 문제확인 과정에서 경영자는 문제의 징후와 문제 그 자체를 혼돈해서는 안 된다. 징후는 문제가 존재할 가능성에 대한 신호에 불과하기 때문이다.

예를 들면, 어떤 부서에서 높은 수준의 결근율은 문제의 징후이지 문제 그 자체는 아니다. 그러나 징후도 매우 중요하다. 징후는 경영자에게 문제가 존재할 가능성을 알려주기 때문이다. 그 부서의 높은 결근율의 경우 문제점은 그 부서의 직무설계나 직무에 대한 임금이 너무 낮다거나 또는 경영자의 리더십에 문제가 있다거나 하는 것이 될 것이다.

나. 진단 및 원인분석

일단 문제점이나 기회의 가능성이 확인되고 나면 상황에 대한 분석이 필요하다. 문제의 원인을 깊이 있게 탐색하는 노력없이 대안적 해결책의 개발단계로 넘어가는 것은 경영자가 범하기 쉬운 오류이다.

다. 대안적 해결책의 개발

의사결정과정의 세 번째 단계는 문제에 대한 대안적 해결책을 개발하는 단계이다. 이 단계는 현재의 상황과 바람직한 상황 간의 차이를 줄이거나 없애기 위한 활동이 무엇인가를 찾아내는 단계이다. 이 단계가 효과적으로 수행되기 위해서는 의사결정자가 창의적인 대안을 마련할 수 있도록 충분한 시간이 주어져야 하며, 창의적인 대안을 창출하는 과정에서 관계 당사자들은 다른 사람들의 아이디어를 비판하지 않고 인내력을 가지고 기다려야 한다.

라. 대안의 평가 및 최적대안의 선택

대안들이 만들어지게 되면 각 대안을 평가해야 한다. 이 단계에서 사용하는 3가지 평가기준은 실행가능성 기준(그 대안이 실행가능한가), 효과성 기준(그 대안이 문제를 해결할 수 있을 것인가), 결과의 중요성 기준(그 대안의 실행결과로 인해 기업에 미치게 될 영향의 중요성) 등이다. 이 같은 평가가 이루어지고 나면 이어서 최적의 대안이 선택된다.

마. 대안의 실천

선택된 대안을 현실화시키는 과정이 바로 대안의 실천단계이다. 아무리 훌륭한 대안이라고 적절하게 실천되지 않으면 문제를 해결할 수 없다. 의사결정의 성공적인 실천은 조직구성원들의 결정내용에 대한 수용 여부와 그 같은 결정이 잘 실천될 수 있도록 열심히 노력하려는 헌신성에 달려 있다. 따라서 의사결정 과정의 모든 단계에 구성원들을 참여시켜 의사결정에 대한 그들의 지지는 물론 문제해결을 위한 헌신적 노력을 얻어내도록 해야 한다.

바. 평가 및 피드백

의사결정과정의 마지막 단계는 의사결정의 효과성에 대한 평가와 그에 따른 피드백 과정이다. 의사결정과정의 첫 번째 단계에서 문제가 해결되었는가? 만약 실천된 의사결정이 문제해결을 하지 못하고 있다면 경영자는 그 같은 실패의 근본적인 원인을 규명, 해결책을 다시 모색해야만 할 것이다.

LET'S THINK

최근에 여러분이 내린 의사결정을 회상해 보아라. 예를 들면, 어느 대학을 선택할 것인가, 어떤 컴퓨터나 휴대폰을 구입할 것인가 등.

여러분이 이러한 의사결정을 내릴 때 위의 의사결정 과정 6단계를 어느 범위까지 의식적으로 따랐는지 생각해 보시오.

제 2 절

집단의사결정

오늘날 많은 조직에서 대부분의 의사결정이 개인에 의해 이루어지기보다는 집단에 의해 이루어지고 있다. 조직 내에서 집단의사결정이 널리 이루어지고 있는 이유는 오늘날 복잡하고 동태적인 경영환경은 한 개인이 가지고 있는 지식이나 정보보다 더 다양하고 전문화된 지식이나 정보를 요구하기 때문이다. 따라서 기업은 경영활동에서 의사결정에 필요한 충분한 정보와 전문성을 확보하기 위해 집단의사결정(group decision making)에 의존하게 된다. 이에 덧붙여 의사결정의 실천 여부 역시 집단구성원의 강한 실천의지에 많이 좌우된다. 즉, 의사결정과정에 집단을 참여시키게 되면 그 의사결정을 보다 적극적으로 수용하게 되고, 그 의사결정의 실천에 대한 구성원들의 강한 실천의지를 확보할 수 있게 된다. 팀(team), 테스크포스(task force), 위원회와 같은 집단의 권한부여(empowerment)를 통해 집단으로 하여금 의사결정을 하도록 하는 것은 오늘날 조직에서 보편화되고 있다.

그러나 집단의사결정의 문제점은 의사결정을 하는 데 소요되는 시간이 많이 들고, 책임소재의 불명확성, 그리고 집단사고 등이 있다. 집단사고(groupthink)는 제니스(Irving Janis)에 의하여 확인된 것으로, 집단의사결정을 함에 있어서 응집력이 높은 집단의 의견일치에 대한 압력으로 인하여 각 개인의 비판적 평가능력을 억누르게 되는 경향을 말한다.

2.1 집단의사결정 기법

집단의사결정에 도움이 되는 몇 가지 기법이 있다. 일반적으로 널리 활용되고 있는 기법에는 브레인스토밍, 노미널 집단기법, 델파이 집단기법 등이 있다.

가. 브레인스토밍

브레인스토밍(brainstorming)은 구성원들이 문제해결을 위해 머리에 떠오르는 아이디어를 즉흥적으로 제안하도록 하는 기법으로, 기본적인 목적은 그 제안된 아이디어의 실천가능성 여부를 떠나 창의적인 대안(아이디어)을 많이 만들어 내려는 데 있다.

전형적으로 5~10명 정도로 구성된 집단이 탁자에 둘러앉아 문제를 해결하기 위해 모두가 아이디어를 제출한다. 여기에는 4가지 원칙이 엄수되어야 하는데, 그 원칙은 ① 비판엄금의 원칙(아무리 엉뚱한 아이디어라도 서로가 비판하지 않는다), ② 자유분방의 원칙(마음에 떠오르는 것은 무엇이나 제출한다), ③ 질보다 양의 원칙(우수한 해결책보다는 무엇이나 양적으로 많은 아이디어를 생각해 낸다), ④ 결합 및 개선의 추구 등이다.

여기에서 특히 강조되어야 할 사항은 비판이나 평가가 결코 허용되어서는 안 된다. 브레인스토밍의 기간(보통 15~30분 동안)이 끝나고 난 후에 평가가 실시된다.

이 기법은 구성원들 간에 아이디어를 짜내려는 경쟁적 분위기를 유발하며, 다른 사람의 아이디어를 변화·개선하고, 다른 사람의 아이디어에다 자신의 아이디어를 첨가시킬 수 있는 좋은 기회를 제공할 수가 있다. 의사결정과정의 세 번째 단계인 대안적 해결책의 개발을 위해 매우 유용하게 활용될 수 있는 기법이다.

나. 노미널 집단기법

매우 상호작용적이고 자유분방한 브레인스토밍과는 달리, 노미널 집단기법(nominal group technique)은 어떤 규칙하에서 구성원과 집단교류를 통합하는 창조력과 의사결정을 촉진하는 기법으로, 모임의 진행순서가 짜여져 있고 의사결정과정에서는 상호간에 의사소통을 하거나 논의를 하는 것을 제한한다. 구성원들이 일반 회의에서와 마찬가지로 회의장에 출석하지만 상호 독립적으로 창의적인 아이디어를 제안하도록 한다.

노미널 집단기법은 다음과 같은 절차에 따라 진행된다.

(1) 의사결정하는 데 있어서의 문제점 설명 및 이슈를 제기한다.
(2) 구성원들이 하나의 집단으로 문제해결을 위한 논의가 시작되기 전에, 각 구성원들은 독자적으로 문제점에 대한 자기 아이디어를 기록한다.
(3) 각 구성원들은 집단 전체 앞에서 한번에 하나씩 자신의 아이디어를 제시하고 제시된 모든 아이디어는 기록이 되며, 모든 아이디어의 기록이 끝날 때까지는 아이디어에 관한 토론은 금지된다.
(4) 각 구성원들이 제시한 아이디어에 대하여 논의, 아이디어의 장점 및 실현성을 평가한다.
(5) 각 구성원들은 말없이 독자적으로 그 아이디어들의 서열을 매기고, 순위 후 순위서열이 가장 높은 아이디어를 채택한다.

노미널 집단기법은 다음과 같은 장점이 가지고 있다. 즉 아이디어 창출에 초점을 두며 아이디어 창출의 저지효과를 최소화하고, 과업 자체에 집중하며, 강력한 주장자로부터 영향을 배제하고 모든 집단구성원들이 의사결정과정에서 동등하게 대우를 받으며, 그리고 의사결정에 일종의 소유감 등을 느낄 수 있다.

다. 델파이 집단기법

델파이 집단기법(Delphi group technique)은 위의 두 기법보다 더 복잡하고 시간이 소요되는 기법으로 기술변화에 대한 예측을 하기 위하여 미국 RAND사에서 1950년대에 고안한 의사결정기법이다. 현재는 여러 방면에서 장기적 예측을 하거나 집단의사결정을 할 때에 흔히 이용되며 공식적 회의가 없이도 많은 전문가들로부터 전문적 의견을 수집하기 위해 설문지를 사용한다. 브레인스토밍이나 노미널 집단기법과는 달리 델파이집단에 참여한 전문가들은 대면적인 만남은 없으며, 또한 지역적으로 다른 지역에 살고 있을 수 있으므로 서로 간에 반드시 얼굴을 보게 될 우려도 없다.

델파이 집단기법의 절차는 다음과 같다.

(1) 해결해야 할 문제가 무엇인지 그 문제의 내용을 보다 명확히 하여 신중하게 작성된 설문지를 각 전문가에게 발송하고 설문지에 그 문제의 해결책이 될 수 있는 아이디어를 적어 다시 회송해 달라고 요구한다.

(2) 각 전문가들은 독자적으로, 그리고 익명으로 첫 번째 설문지를 완성하여 다시 회송한다.

(3) 첫 번째 설문의 결과는 담당부서에 의해 수집·분석·정리되어 그것을 다시 각 전문가들에게 발송한다.

(4) 전문가들은 첫 번째 설문의 결과를 검토한 후 자신이 제안한 해결책을 수정하거나 전혀 새로운 해결책을 다시 제시하여 설문지를 회송한다.

(5) 의견일치를 볼 때까지 (3), (4)단계의 작업을 되풀이한다.

지금 경영현장에는

'Under-100 조직'

'Under-100'이라는 단어가 위키백과에 등장했다. 위키백과에 따르면, Under-100 기업은 100인 이하의 사업체를 뜻한다. 스타트업의 확장으로 인해 중소기업의 범이가 넓어지고 있는 실정에서 Under-100이라는 새로운 단어가 사용되기 시작했다. 위키백과에서 인용한 2017년 중소기업현황 자료에 따르면, 한국의 중소기업 사업체 수는 전체 사업체 수의 97.1%이고, 이 중 99.3%가 49인 이하 기업이다.

위키백과는 "2017년 중소기업 현황 자료에서는 매출을 기준으로 중소기업을 분류하지만, Under-100 기업은 100인 이하 사업장을 뜻하기 때문에, 기준이 직원수가 된다. 전국경제인연합회에 따르면 중소기업에서 1인 이하는 82.3%, 2~9인은 13.9%, 10~49인은 3.2%를 차지고 있다. 기업은 매출과 더불어 직원 수의 변화가 생기는 것이 불가피하며, 직원 수에 따라 많은 변곡점을 지나기 때문에 직원수를 기준으로 한 카테고리가 Under-100 기업이라고 볼 수 있다.

직원수의 많고 적음은 시장과 사회의 변화에 얼마나 신속하고 민첩하게 대응할 수 있는지의 문제와도 관계가 깊다. Under-100은 직원수가 적기 때문에, 상대적으로 변화에 빨리 대응할 수 있다는 이점을 가진다. 따라서 변화의 속도가 빠른 4차 산업혁명 속에서 Under-100의 경쟁력은 더욱 중요하고, 이들을 위한 차별화된 솔루션이 필요한 시점이다

자료: 위키피디아, 2017

델파이 집단기법의 장점은 의사결정의 보조수단으로 효과적인 기법으로 입증되고 있으며, 각 전문가들이 익명을 보장받고 자신의 마음에 있는 생각을 거리낌 없이 발표할 수 있고, 회의에 따르는 비용부담이나 불편함이 없이 전문적인 의견을 수집할 수 있으며, 그리고 애매한 문제에 대해 의견을 달리하고 있는 전문가들로부터 전문적인 견해를 수집할 수 있다.

반면에 단점은 반복되는 설문지의 발송과 회신 및 분석정리작업으로 인하여 시간의 소모가 많으며, 긴급한 해결이 요구되는 문제해결을 위한 의사결정에는 부적합한 기법이다.

제 3 절

의사결정모형

경영자들이 의사결정을 내릴 때 직면하는 세 가지 경우가 있는데, 확실성(certainty), 위험(risk), 그리고 불확실성(uncertainty)이 그것이다.

확실성은 모든 대안의 결과가 알려져 있는 의사결정을 위한 이상적인 상황으로 경영자들이 정확한 의사결정을 할 수 있는 경우이다. 예를 들면, 회사가 잉여자금을 은행에 정기예금을 한다면, 은행이 제공하는 정확한 이자를 알게 되기 때문에 각 대안에 대해 확실히 알게 될 것이다. 그러나 일상적인 경영의사결정 상황은 이와 같지 않다.

의사결정에 도움을 주는 모형들은 여러 가지가 개발되었다. 여기서는 의사결정분석표와 의사결정참가모형을 소개하기로 한다.

3.1 의사결정분석표

보다 흔한 상황은 의사결정을 하는 경영자가 확실한 결과에 대한 확률을 측정할 수 있는 위험한 상황이다. 결과에 대한 확률을 정할 수 있는 능력은 개인경험이나 다른 정보에 따른다. 이러한 경우에 경영자들은 서로 다른 대안에 대해 확률을 부여할 수 있게 있다.

의사결정분석표(decision matrix 혹은 payoff table)는 각 대안이 일어날 확률을 반영하여 정리한 표로, 일반적으로 각 대안의 기대치를 계산하여 가장 유리한 결과를 가져다주는 대안을 선택한다.

당신이 자동차를 몇 대 구입할 것인가에 대한 의사결정을 내린다고 가정하자. 미래에 대한 수요예측은 과거자료를 가지고 분석한 결과 불황, 보통, 호황에 따라 확률이 다르게 나타나는 것을 알았다. 당신이 생각하는 장래 수요예측은 기대치에 확률을 곱함으로써 계산해 낼 수 있다. 자동차 2대의 경우 기대치가 가장 높게 나타났으므로 가장 합리적인 의사결정은 자동차 2대를 구입하는 것이다.

표 5-1 자동차 구입 의사결정 (단위: 100만원)

대안 (차량대수)	상황(장래 수요예측)		
	불황(확률 0.2)	보통(확률 0.3)	호황(확률 0.5)
1대	30	32	20
2대	24	34	31
3대	−10	15	40

의사결정: 1대 경우 ☞ 30×0.2+32×0.3+20×0.5=25.6

2대 경우 ☞ 24×0.2+34×0.3+31×0.5=30.5

3대 경우 ☞ −10×0.2+15×0.3+40×0.5=22.5

따라서 2대를 구입하는 것이 가장 합리적이다.

3.2 의사결정참가모형

브룸(Victor Vroom)과 제이고(Arthur Jago)는 다양한 문제 상황에서 가장 적합한 의사결정 방법을 선택하는 데 도움을 주는 의사결정참가모형(participative decision making model)을 개발하였다. 의사결정참가모형에서 핵심 가정은 사용된 의사결정 방법이 항상 문제를 해결하는 데 있어서 적합해야 한다. 이 경우에 있어 핵심의 상황에 적합한 방법 중의 하나를 언제, 어떻게 실천에 옮길 것인가를 파악하는 것이다. 이 모형은 3가지 요소로 구성되어 있다. 즉 리더의 의사결정 스타일, 의사결정상황을 분석하기 위한 진단적 질문, 그리고 의사결정의 규칙 등이 그것이다.

가. 리더의 의사결정 스타일

브룸-제이고의 의사결정참가모형은 5가지의 종업원 참가수준을 제시하고 있다.

[표 5-2]에서 보는 바와 같이 AI과 AII는 독재적 의사결정스타일(autocratic

표 5-2 리더의 5가지 의사결정

의사결정 스타일		스타일 내용
AI	독재적 의사결정	리더는 현재 가지고 있는 정보를 이용하여 리더 자신이 단독으로 문제를 해결하거나 의사결정을 한다.
AII		리더가 하급자들로부터 필요한 정보를 얻어 문제해결을 의사결정을 리더 자신이 혼자서 한다. 하급자는 필요한 정보를 제공하기는 하지만 문제해결을 위한 대안들을 도출하거나 평가하지는 않는다.
CI	상담적 의사결정 스타일	리더가 관련된 하급자들과 개별적으로 문제점에 대한 의견을 나누고 그들로부터 해결책에 대한 아이디어나 제안을 받아 리더 자신이 최종의사결정을 내린다. 그러나 하급자들로부터의 제안은 집단회합을 통해서가 아니라 개별적으로 받는다.
CII		리더는 집단회합을 통해 하급자들과 문제점에 관한 의견을 나누고 집단적으로 아이디어나 제안을 제출하도록 하고 그 정보를 이용하여 최종결정은 리더 자신이 혼자서 내린다.
G	민주적 의사결정 스타일	리더가 집단회합을 통해 하급자들과 문제점에 관해 논의한다. 이 때 리더의 역할은 회의에서의 의장의 역할을 한다. 리더는 리더 자신의 해결책을 집단이 수용하도록 영향을 미치려고 하지 않는다. 집단 전체가 지지하는 해결책이라면 어떤 해결책도 기꺼이 수용하고 실천하겠다고 말한다.

decision making style)이고, CI과 CII는 상담적 의사결정스타일(consulting decision making style)이다. G는 집단구성원들에게 스스로 의사결정을 하도록 하는 민주적 의사결정스타일(democratic decision making style)이다.

나. 진단적 질문과 의사결정의 규칙

경영자가 위의 다섯 가지 의사결정 스타일 중 어느 것을 선택하여 활용할 것인가는 다음과 같은 8가지 진단적 질문에 대한 응답에 달려 있다.

이 의사결정모형에 있어서의 핵심은 의사결정의 질, 적합한 정보원, 의사결정을 실천하는 데 필요한 헌신, 그리고 가능한 시간제한 등이다. 모형이 얼핏 보기에는 복잡하고 시간 낭비적인 것같이 보이지만 모형에 내포되어 있는 논리는 유용한 의사결정 도구의 역할을 할 것이다.

여러분에게 익숙한 문제를 가지고 모형에 따라 연습해 보기 바란다. 그러면 시간, 요구되는 질, 가능한 정보, 그리고 하급자의 동의 등이 어떻게 의사결정에 영향을 미치는가를 인식하게 될 것이다. 또한 리더의 의사결정 스타일, 의사결정상황을 분석하기 위한 진단적 질문, 그리고 의사결정의 규칙 등 세 가지 의

그림 5-2 문제의 속성과 진단적 물음

속성	진단적 물음
QR(질의 요구)	이 의사결정의 질이 문제해결을 위해 얼마나 중요한가?
CR(헌신의 요구)	이 의사결정 실천에서 하급자의 헌신적 노력이 얼마나 중요한가?
LI(리더의 정보)	당신은 결정을 내리기에 충분한 정보를 가지고 있는가?
ST(문제의 구조화)	문제가 충분히 구조화되어 있는가?
CP(헌신가능성)	만약 당신이 혼자서 단독으로 결정했을 때, 하급자들이 그 결정의 실천에 헌신적일 가능성이 있는가?
GC(목표의 합일성)	이 문제를 해결하는 데 있어서 하급자들이 조직의 목표를 공유하는가?
CO(하급자갈등)	선호하는 해결안이 서로 달라 하급자들 간에 갈등이 존재하는가?
SI(하급자정보)	하급자들이 양질의 결정을 내리기 위한 충분한 정보를 가지고 있는가?

사결정 요소들이 모두 중요하고 유용하다는 것을 알게 될 것이다.

의사결정에 있어서 참여를 효과적으로 관리하는 핵심은 언제 각 의사결정 방법을 사용하는가와 어떻게 각 의사결정 방법을 효과적으로 실천하는가를 인식하는 데 있다.

그림 5-3 의사결정 트리

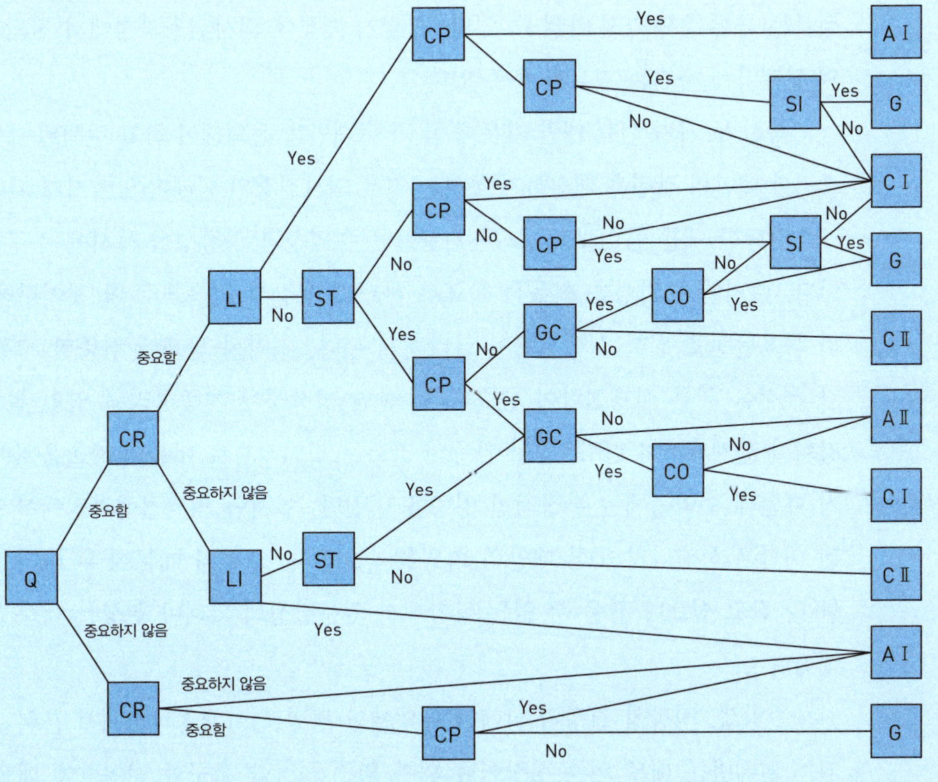

제 4 절

의사결정과 경영자

기업 경영활동은 크고 작은 의사결정의 연속과정이라고 해도 지나치지 않다. 일상 경영활동과정에서 내려지는 수많은 의사결정, 그 결과에 따라 기업의 성과는 물론 운명까지 바뀔 수 있다. 그렇기 때문에 의사결정과정에서 진퇴양난의 딜레마에 빠지는 경우가 종종 있다.

특히 두 가지 선택 대안 가운데 한 가지 대안을 선택해야 하고 선택된 대안이 포기한 대안의 장점을 대신하지 못하는 경우 의사결정의 딜레마에 빠지게 된다.

간단한 예를 들어보자. 모든 기업들은 수익성과 성장성을 동시에 추구하려 한다. 하지만 수익성을 최우선 목표로 하느냐 성장성을 목표로 할 것이냐에 따라 목표달성을 위한 실행전략이 달라지게 된다. 수익성 목표에 집중할 경우 원가 절감을 위한 실행전략이 중요하다. 반면 성장성에 치중하려면 영업 활동의 강화가 전제되어야 한다. 영업 활동의 강화는 필연적으로 비용의 지출을 수반하기 때문에 수익성에는 부정적인 영향을 미친다. 이처럼 의사결정과정에서 선택된 대안은 선택되지 못한 대안의 희생을 강요한다. 그렇기 때문에 두 마리 토끼를 다 잡고 싶으나 잡을 수 없는 상황에서 의사결정의 딜레마 현상은 더욱 심각해진다.

수익성, 성장성 결정의 딜레마 이외에도 경영 의사결정과정에서 흔히 목격되는 딜레마는 내부 의존 성장이냐 외부 의존 성장을 추구할 것이냐에 대한 성장 전략 결정의 딜레마, 단기성과와 장기성과 사이에서 겪게 되는 단기, 장기성과 결정의 딜레마, 중앙 집권과 분권 경영 사이에서 발생하는 조직 구조 결정의 딜레마가 있다.

경영 의사결정과정에서 발생할 수 있는 딜레마 현상을 살펴보고, 두 가지 대안이 지닌 장점을 동시에 추구하여 두 마리 토끼를 다 잡을 수 있는 딜레마 극복을 위한 해법을 찾아본다.

4.1 수익성 vs. 성장성

이는 수익성과 성장성을 동시에 추구하고 싶지만 한 가지 대안을 선택해야 하는 경우에 경험하는 딜레마이다. 수익성과 성장성은 지속가능경영의 필수 요건으로 동시에 달성해야 할 경영의 목표이다. 하지만 현실은 다르다. 그렇기 때문에 의사결정과정에서 수익성과 성장성 사이를 방황하며 한쪽 방향으로 쏠리게 된다. 만일 수익성을 선택하는 경우 경영자의 우선적 관심은 수익성 획보에 있다. 경영자는 수익성 향상을 위해 생산성 향상과 원가관리에 초점을 맞춘 실행전략을 전개한다. 원가관리의 압박이 강한 상황에서는 성장에 필요한 비용조차 줄여야 하는 우(愚)를 범하게 된다. 그리고 제품과 서비스의 가격도 고객에게 제공하는 가치보다는 수익성 향상의 관점에서 결정한다. 이와 같이 수익성을 선택한 의사결정은 결과적으로 성장성에 부정적인 영향을 미친다.

반면 성장성을 선택한 경영자는 수익성에 대한 관심은 덜하게 되고 성장성 확보를 위한 시장 점유율 확대에 매진한다. 이를 위해 고객에게 차별화 포인트를 강조하고, 신규고객의 확보와 기존고객의 이탈 방지를 위한 다양한 마케팅 활동을 전개한다. 뿐만 아니라 고객 만족에 더욱 신경을 써야 하기 때문에 막대한 광고비를 지출하거나, 지나친 가격 할인 정책을 실행할 수도 있다. 이처럼 성장성 확보를 위한 전략 실행은 수익성에는 부정적인 영향을 미칠 수 있다.

이러한 상황에서 수익성과 성장성을 동시에 추구할 수 있는 해법은 철저하게 고객 가치 향상의 관점에서 의사결정을 하는 것이다. 고객 가치는 특정 제품 혹은 서비스를 구매한 고객이 제품 혹은 서비스를 통해서 얻는 만족감이다. 이는 고객 혹은 제품, 서비스의 내용에 따라 다양하게 정의될 수 있다. 예를 들어 핸드폰의 경우 패션 감각이 돋보이는 디자인, 혹은 사용 편의성 등이 고객 가치를 높이는 요소가 될 수 있다. 고객 가치가 높아지게 되면 고객들은 더 높은 가격을 지불하더라도 그 제품과 서비스를 기꺼이 재구매하려 할 것이다. 그리고 자신이 사용한 제품과 서비스에 대해 주위 사람에게 적극적으로 알리면서 구매를 권유할 것이다. 비용을 지불하지 않고도 고객의 입을 통한 마케팅 효과를 거둘 수 있다. 고객 가치가 향상되게 되면 일차적으로 시장점유율이 향상되면서 성장성 목표를 달성할 수 있고, 그 단계를 넘어서면 대량 생산을 통한 규모의 경제 효과를 거둘 수 있어 수익성 목표의 달성도 가능해진다.

초콜릿 회사로 우리에게 잘 알려진 영국의 캐드배리(Cadbury Schweppes)는 미국 껌 시장 진출을 위해 미국 껌 소비자의 요구사항을 정확히 분석하고, 고객가치를 높이기 위한 해답을 찾아냈다. 미국의 껌 소비자들은 껌을 씹으면서 상쾌한 기분을 느끼는 것 이외에 치아 미백효과, 충치예방 등의 추가적인 가치를 추구하는 것으로 나타났다. 이를 신제품에 적극 반영하여 미국시장 진출에 성공하였다. 새로 출시된 제품은 타사 제품보다 가격면에서 비쌌지만 소비자들은 그에 아랑곳하지 않고 소비를 늘려갔다.

4.2 내부성장 vs. 외부성장

기술 개발, 신제품 개발과 관련하여 내부 의존 성장을 할 것인가, 외부 의존 성장을 할 것인가를 선택하는 R&D 부문에서 겪게 되는 의사결정의 딜레마다.

내부 의존 성장은 아이디어 발굴, 기획, 개발 등 R&D 전 과정을 내부에서 소화해야 하기 때문에 투자를 통한 과실을 거두기까지 장기간이 소요될 수 있고, 성공에 대한 불확실성이 매우 높다. 그뿐 아니라 개발과 관련된 모든 기능을 내부에서 소화해야 하기 때문에 과도한 자원투입이 요구되고, 폭넓은 외부 시각을 수용하기 어렵다. 특히 요즘과 같이 기술의 라이프사이클이 짧아지고, 개발기간이 장기간 소요되는 경우 자체적인 R&D 역량만으로 효과적인 R&D 성과를 기대하기는 어렵다. 하지만 자체적인 개발이 성과로 나타나면 타사가 지니지 못한 우월적 지위를 오랫동안 확보할 수 있다는 이점이 있다.

외부 의존 성장은 외부에서 이미 개발되었거나 개발중인 역량을 아웃소싱하여 성장의 기반으로 활용한다. 이 대안은 이미 외부에서 축적된 R&D 역량을 단기간에 활용할 수 있어 신속한 제품 개발과 단기간에 시장 진출이 가능하다. 그러나 외부 역량을 단기간에 확보해야 하기 때문에 일시에 막대한 자금이 소요될 수 있어 자금 압박 요인이 될 수 있다. 자금관련 문제보다도 더욱 심각한 문제는 지속적인 경쟁우위의 원천이 될 수 있는 원천 기술의 확보가 요원해진다는 점이다.

4.3 단기성과 vs. 장기성과

이는 단기성과를 중시할 것인가 장기성과를 중시할 것인가를 선택하는 과정에서 겪게 되는 의사결정 딜레마이다. 단기성과를 중시하는 경영자는 매년 매년의 성과에 일희일비하는 함정에 빠져 매년의 성과 목표 달성에만 안간힘을 쓰게 된다. 특히 단기성과에 따라 경영자의 보상이 결정된다면 이러한 현상은 더욱 심각해진다. 경영자는 미래의 성장에는 관심이 그다지 크지 않기 때문에 성과가 장기적으로 나타나는 R&D에 소홀할 수 있고, 장기적인 투자 사업보다는 단기성과에 관련된 활동에만 집중하게 된다. 또한 고객과의 장기적 관계 형성을 위해 양질의 서비스를 제공하려는 노력보다는 단기적인 시각에서 밀어내기 식의 매출 확대 전략과 가격 인상 정책을 실행하기도 한다. 이는 당장 단기성과에는 긍정적인 영향을 미칠 수 있으나 미래의 장기성과에는 부정적인 영향을 미친다.

반면 장기성과를 중시하는 경영자는 단기 현금 흐름 관점보다는 순현재가치의 극대화 측면에서 모든 의사결정을 한다. 이런 상황에서는 단기 현금흐름에 문제가 발생할 수 있고, 자금의 조달과 운영상의 차질이 우려된다. 또한 CEO 임기 내에 사업성과가 나타나지 않을 경우 사업성과에 대한 책임이 후임 CEO에게 전가되기 때문에 사업 추진 책임에 관한 논란의 문제가 남게 된다.

기업이 지속적으로 성장하려면 단기와 장기 관점이 균형을 유지해야 한다. 하지만 현실은 그렇지 않다. 경영자는 재임기간 동안 높은 성과를 올릴 수 있는 단기성과에 치중할 것이다. 특히 경영자의 보상이 단기성과에 연동되는 폭이 클수록 단기 중시 경향은 두드러진다. 경영자가 단기성과에 치중할수록 미래의 장기 유망 사업 전개는 요원해질 수밖에 없다. 이에 대한 딜레마를 해소하는 방법은 안정적인 현금흐름이 지속될 수 있도록 관리 시스템을 강화하는 것이다. 안정적인 현금흐름을 강조하게 되면 미래를 희생시켜 단기적인 성과를 높이거나 단기적인 성과를 포기하면서까지 장기성과를 고집할 수 없다. 만일 안정적인 현금흐름하에서 장기성과를 위한 투자가 실행된다면 단기와 장기 선택 딜레마는 어느 정도 해소될 수 있다.

영국의 BP 아모코(BP Amoco)는 지속적이고 안정적인 현금흐름을 창출하기 위해 경제 상황, 유가 전망, 경기 사이클 등을 종합적으로 감안하여 투자 타이밍을 조절하는 관리시스템을 운영하고 있다. 뿐만 아니라 매년 발생하는 현금흐름을 감안하여 장기투자계획 등을 검토, 조정하고 있다. 단기사업계획과 장기사업계획을 현금흐름의 관점에서 균형을 잡아가는 것이다. 또한 경영자가 단기성과에 치중하지 않도록 단기성과뿐만 아니라 장기성과 창출을 위한 경영 활동을 성과 평가 척도로 반영하고 있다. 이를 통해 단기성과와 장기성과의 균형을 이룰 수 있었고, 매년 안정적이고 지속적인 현금흐름 창출이 가능해졌다.

지금까지 경영활동과정에서 쉽게 경험할 수 있는 의사결정 딜레마에 대해서 알아보고, 그 해답을 도출하였다. 두 마리 토끼를 잡으려다 두 마리 모두 잃게 된다는 속담이 있다. 하지만 기업 경영활동에서 두 마리 토끼를 동시에 잡아야만 하는 딜레마에 빠질 수 있다. 이런 딜레마에 대한 해답을 찾는 것은 쉽지 않다. 하지만 두 마리 토끼를 잡기 위한 혁신 활동은 지속돼야 한다.

지금 경영현장에는

독도 가치 연 11조 5,842억 5천만원

독도의 해양생물과 광물자원 등을 포함한 연간 가치가 11조원을 넘는다는 분석이 나왔다.

25일 호서대 해외개발학과 유승훈 교수가 독도연구저널 8호에 발표한 '독도의 경제적 가치 평가'에 따르면 독도와 그 일대의 시장적 가치는 해양생물자원 9,492만원, 해저광물자원 10조 3,208억 1천만원, 관광 514억 1천만원 등 연간 10조 3,723억 1천만원이며, 역사적·상징적 가치, 군사안보적 가치 등 비시장적 가치 1조 2,119억 4천만원까지 합치면 11조 5,842억 5천만원에 이를 것으로 나타났다.

더욱이 독도의 비시장적 가치(1조 2,119억 4천만원)는 한려해상국립공원(915억 4천만원), 가로림만(106억 7천만원) 등 국내 7개 주요 자연자산보다 월등히 높았다.

시장가치 가운데 가장 큰 비중을 차지하는 해저광물자원에는 차세대 연료로 주목받는 메탄 하이드레이트(매장량 6억t)와 인산염 등이 다량 매장돼 있는 것으로 분석됐다.

유 교수는 이번에 평가된 독도의 경제적 가치가 향후 독도와 관련된 정책수립 및 의사결정 과정에 참고가 될 것이라고 밝혔다.

자료: 조선일보, 2010.1.25

Exploring INTERNET

Mind mapping은 한 장의 종이에 머리 속에 있는 생각과 아이디어, 경험, 감정을 지도로 그리는 기법이다. 문제의 핵심을 중앙에 놓고 방사상으로 체계화하면서 해결책을 찾는다. 고객만족, 품질향상, 커뮤티케이션의 개선 등 경영활동에 있어서 문제해결을 위한 아이디어를 얻는다. 이 기법은 영국의 토니 부잔이 개발한 것으로 잠재의식이나 직관을 이용하되, 말에 의한 직선적 사고에 익숙해진 머리를 비언어, 비직선적 사고로 바꾼다.

www.mindman.com을 방문하여 mind mapping에 대하여 일아보고 trial version을 down 받아 사용해 보시오.

자료: MindJet 사(www.mindman.com)

귀하는 약 10㎞ 정도 되는 해안을 경비하는 경비대장이다. 귀하는 9명의 간부들과 65명의 경비원들을 거느리고 있다. 귀하의 임무는 일반적인 해양법을 집행하고 수색 및 구조활동을 하는 것이다. 오늘 새벽 2시, 2주 동안의 순찰을 마치고 귀항하는 길에 구조연락본부로부터 육지에서 120㎞ 떨어진 해상에 소형비행기 한 대가 추락했다는 연락을 받았다. 사고지점에 대한 모든 정보를 수집한 후 부하들에게 생존자 수색과 구조를 위해 최고 속도로 사고지점을 향해 뱃머리를 돌리도록 명령하였다.

귀하의 팀은 이제 약 20시간 동안 수색작업을 해왔다. 그런데 파도가 높아지고 남서쪽에서부터 극심한 폭풍이 발달하고 있어 수색작업이 어려워지기 시작하였다. 날씨가 악화되면서 구조본부와의 통신도 두절되었다. 귀하는 수색을 포기하고 폭풍우에서 빠져나가기 위해 북동쪽으로 배를 몰아갈 것인지, 아니면 위험을 무릅쓰고 사실상 생존자가 없을지도 모르는 수색을 계속할 것인지를 빨리 결정해야 한다.

폭풍우가 얼마나 더 심해지고 오래갈 것인지에 대한 가장 최근의 정보를 얻기 위해 기상청과 계속해서 접촉하고 있다. 귀하의 경비대원들이 자신들의 책임완수를 위해 항상 최선을 다한다는 것을 알지만 수색작업을 포기할 것인가, 계속할 것인가에 대한 결정에 있어서는 의견이 갈릴 것이라고 귀하는 믿고 있다.

문제 귀하가 위의 경비대장이라면 어떻게 하겠는지를 의사결정참가모형에 따라 아래의 다섯 가지 의사결정스타일 중에서 하나를 선택하여 보라.

AI　　AII　　CI　　CII　　G

Chapter 6
계획활동

단숨에 여러 가지 일을 하려고 하는 사람은 단 한 가지 일도 못한다.

– 사무엘 존슨(Samuel Johnson), 영국의 비평가

만약 어디로 가고 있는지 모른다면, 아마도 예측하지 못하는 곳에서 끝날 것이다.

– 데이비드 캠블(David P. Campbell)

경영자의 역할은 기업이 현재 어떠한가를 보는 것이 아니라 무엇이 될 수 있는가를 예측하는 것이다.

– 존 티이츠(John W. Teets), Chairman, Greyhound Corp.

● 시작 이야기 ●

소니의 계획상의 오류

계획 오류란 현실적인 어려움을 충분히 고려하지 않아 실제보다 낙관적으로 미래를 설계하는 것을 말한다. 계획 오류는 객관적으로 상황을 보지 못하는 인간의 자기중심적 성향에서 발생한다. 미래에 대한 예측이 점점 어려워지고 있는 현대 기업 환경에서, 계획 오류는 더 자주 나타날 것이다.

소니의 계획

1995년 이데이 노부유키는 오가 노리오의 후계자로 사장에 취임한다. 창업자인 이부카 마사루와 모리타 아키오, 그리고 모리타가 일찍 발굴하여 경영자로 키운 오가에 이어, 실질적인 네 번째 CEO였다. 이데이는 앞으로 소니가 당면할 경영환경이 지금까지와는 전혀 달라질 것이라고 생각했다. 당시까지 소니는 아날로그 기술로 세계를 재패했다. 소니는 세계 최초로 트랜지스터 라디오를 만들어 미국시장을 공략했고, 트리니트론 TV, 워크맨으로 세계 시장을 석권했으며, CD와 MD를 개발하여 음반 산업을 발전시켰다. 세계 최고의 AV(오디오·비디오) 기술을 가지고 있던 회사였다. 또 영화사와 음반사를 인수하여 엔터테인먼트 사업에도 진출했다. 아날로그 세계에서 소니는 사람들에게 즐거움을 주는 최고 회사였다.

그러나 다가오는 시대에는 디지털 기술이 가전과 오락 산업을 지배할 것이라고 보았다. 그래서 취임 후 처음 맞이한 연례 경영자회의 기조연설에서, 이데이 사장은 2천 명의 소니 간부들 앞에서 '제2의 창업(Regeneration)'을 주창했다. 앞으로 소니는 디지털 시대에서 자랐고 디지털 기술에 친숙한 고객의 꿈을 실현시켜줄 수 있는 독창적이고 재미가 넘치는 상품을 계속 만들어가자고 하면서, '디지털 드림 키즈(Digital Dream Kids)'라는 캐치프레이즈를 제시했다. 단순히 디지털 제품을 만들어 팔겠다는 것이 아니다. 향후 네트워크 시대의 도래를 내다보고 소니의 제품을 연결하여 고객에게 더 나은 즐거움을 주겠다는 것이다. 이를 위해 1990년대 미리 10년을 내다보고 Connect, Synergy, Hub로 이어지는 치밀한 계획을 수립했다.

1단계: Connect

소니는 콘텐츠, 콘텐츠를 실어 나르는 유통, 콘텐츠를 재생하는 기기를 모두 연결하여 소비자들이 더 쉽고 편리하게 소니의 제품과 서비스를 활용하도록 하겠다는 생각을 했다. 이미 소니는 영화와 음악, 게임 사업을 하고 있었기 때문에 소비자들에게 필요한 콘텐츠가 풍부했다. 이 콘텐츠를 디지털로 변환시켰다. 이렇게 전환된 디지털 콘텐츠를 방송이나 인터넷, 연결매체, 케이블 TV 등을 통해서 전달하기 위해, 1995년 인터넷 접속회사인 소네트를 설립하였고, 스카이 퍼펙트 TV를 통해 디지털 위성방송 사업에도 진출했다. 여기에서 그치지 않고 애플보다 먼저 온라인 음악상점인 프레스플레이(Pressplay)를 통해 음악 다운로드를 가능하게 했다. 또 에버퀘스트(EverQuest)를 통해 게임을 다운로드할 수 있게 한다는 계획도 발표했다.

이러한 콘텐츠를 소니의 TV, 오디오, 휴대용 미디어 기기, 게임기 등을 통해 재생하게 하는 것이다. 소니가 1997년 바이오(VAIO)라는 브랜드로 PC 사업에 뛰어든 것도 네트워크를 통해 디지털 콘텐츠를 연결하는 데 컴퓨터가 없어서는 안되겠다는 판단 때문이었다. 메모리스틱, AV 제품과 PC를 연결시켜주는 아이링크(i.Link) 등을 개발한 것도 가정에서 다양한 콘텐츠를 손쉽게 이동시키도록 하기 위해서였다.

● 2단계: Synergy

소니의 제품들이 연결되면 점유율이 높은 소니의 제품을 가지고 있는 소비자는 자연스럽게 다른 것도 구매할 것이라고 생각했다. 즉 연결과 점유율 확대가 선순환으로 이어질 것이라고 보았다. 가령 소니의 캠코더와 디지털 카메라에서 찍은 동영상이나 사진을 바이오와 연결하면 곧바로 재생할 수 있고 프린트까지 할 수 있다. 다른 컴퓨터로는 이처럼 편리하게 소니의 제품을 사용할 수 없다. 자연스레 바이오를 구매하게 될 것이라고 생각했다. 또 소비자들에게 인기 있는 가전제품과 콘텐츠를 지니고 있기 때문에 위성방송이나 인터넷 사이트의 회원도 점차적으로 늘어날 것이라고 확신했다. 이렇게 되면 소니 제품에 열광하는 소비자들이 소니 제품과 서비스의 연결망에 묶일 것이라고 생각했다.

하드웨어와 소프트웨어를 결합하여 시너지를 창출하려는 생각은 창업자인 모리타 회장 때부터 있었다. 모리타는 1970년대 기술적으로 우수한 베타맥스의 실패를 돌이켜 보면서, 그때 영화나 텔레비전 라이브러리를 가지고 있었다면 VHS와의 싸움에서 패배하지 않았을 것이라고 이야기하곤 했다. 이러한 모리타의 염원이 CBS 레코드와 콜럼비아 영화사를 인수하게 만든 것이다.

● 3단계: Hub

궁극적으로는 세계의 가정에 소니의 제품이 중심이 되는 디지털 허브를 구축하는 것이 목적이다. 소니가 구상하는 홈 네트워크는 디지털 방송이나 지상파, 인터넷 등을 통해 가정으로 들어오는 많은 양의 정보를 홈 서버에 축적하여 소비자가 원할 때 이용하도록 하는 것이다. 결국 이러한 콘텐츠를 소니의 TV, 각종 멀티미디어 기기, 카 미디어 같은 다양한 AV 기기를 연결하여 즐길 수 있게 된다면 다양한 수익 모델이 발생할 수 있을 것이라고 생각했다. 이렇게 소니 왕국이 건설되면 장차 디지털 시대를 제패할 수 있을 것으로 보았다.

소니의 실수

그러면 소니의 생각은 어디에서부터 잘못되었는가?

● 너무 앞서갔다

소니가 예상한 방향은 맞았다. 하지만 디지털 시대의 도래를 너무 앞서서 바라보았다. 이데이 사장은 소프트웨어와 네트워크의 미래에 관한 연설 도중에 이런 말을 했다. "앞으로 TV 한 대에 10엔이 되는 시대가 올 것입니다." 아날로그 시대에는 회사의 기술력에 따라 제품마다 커다란 차이가 있었지만 디지털 시대에는 어느 회사에서 만드는 제품이건 차이가 없어질 것이었다. 결국 하드웨어로는 차별화시키지 못할 기라고 판단했다.

그래서 디지털 TV 산업도 부품이 모듈화되고 범용화됨에 따라 컴퓨터 산업처럼 수평 분화되리라고 생각하여 당시 차세대 기술로 각광받던 LCD나 PDP에 투자하지 않았다. TV 생산에 필요한 부품은 다른 회사에서 공급받으면 된다고 생각한 것이다. 오히려 훨씬 앞선 기술인 OLED에 투자했다. 하지만 현실은 LCD TV가 대중화되어 수요가 폭발했다. LCD 모듈을 자체 생산하지 않았던 소니는 TV 수요에 즉시 대응하지 못하여 한국기업에게 시장 지위를 내주게 되었다. 반면 OLED는 오랜 기간 상품화되지 않아 투자비를 회수하지도 못하고 사업을 접었다. 너무 미래를 앞서 나간 실수를 했다.

● 너무 구체적이었다

콘텐츠와 소프트파워가 중요해질 거라는 소니의 계획은 들어맞았다. 하지만 소니는 모든 영역에서 너무나 장기적이면서도 자세한 그림을 그렸다. 소니가 구축하려고 하는 디지털 허브는 AV 제품뿐만 아니라 미디어, 게임, 정보통신 등 다양한 기술로 구성되어 있다. 이 모든 영역의 기술 변화를 정확하게 예측하는 것은 불가능하다. 소니는 네트워크 전략을 세우던 당시의 기술로 모든 것을 엮으려고 했지만 현실은 다르게 진화되었다. 가령 홈 서버에 다양한 정보를 저장하려던 소니의 계획은 인터넷의 발달로 저장매체의 중요성이 감소하여 사업성이 줄어들었다. 메모리스틱이나 아이링크로 디지털 기기를 연결하려던 계획은 산업의 표준이 다른 방향으로 진화하여 무용지물이 되었다. 미래의 기술 변화를 하나하나 예측하는 것은 불가능함에도 소니는 이를 시도했다.

즉 10년의 계획이 너무 구체적이었던 것이 또 다른 실수였다.

● 너무 자신만만했다

당시 소니는 일등 기업이었고 자신감이 있었다. 그러나 너무 자신만만했다. 소니는 콘텐츠부터 플랫폼, 혁신적인 제품까지 엔터테인먼트 관련 산업의 가치사슬(Value Chain)을 대부분 가지고 있었으므로, 자신의 왕국 안에서 소비자들을 붙잡을 수 있을 거라고 믿었다. 그래서 점점 더 많은 소비자들이 MP3 음악을 듣는 추세 속에서도 독자적인 포맷을 제시하여 소비자들을 이끌려고 했다.

더욱이 소니와 같은 일본기업이 잘나가는 것에 대해서 글로벌 경쟁기업이나 서구 사회에서는 시기와 질투심을 가지게 된다. 최근 토요타 제품 불량 사태에서 미국 사회가 보여준 것처럼, 시기의 대상이 된 기업은 약점을 보이면 더 크게 다친다. 소니가 사업에서 오만함을 보이자 소비자들은 물론이고 경쟁기업들마저 점차적으로 소니의 반대세력이 된 것이다.

자료: LG 경제연구원, 소니 사례에서 배우는 계획의 오류, 2010.10.5

제 1 절

계획화란

1.1 계획이란

경영활동은 제1장에서 설명한 바와 같이 경영활동이 이루어지는 과정측면과 각 부문별 영역측면으로 구분할 수 있다.

경영활동이 이루어지는 과정측면에서 보는 관점은 조직목표를 효율적으로 달성하기 위해서 우선 계획을 세우고, 그 계획을 달성할 조직을 구성하고, 목표에 따라 계획이 실행되도록 종업원들을 지휘하고 이끌며, 계획대로 이루어졌는가를 평가하는 통제활동으로 나누어진다.

우선 계획화를 이해하기 위해서는 먼저 계획이 무엇인지 알아야 할 필요가 있다. 계획(plan)이란 목표를 정하고 어떻게 달성할 것인가를 밝힌 내용을 말한다. 또한 계획화(planning)는 추구하는 목표를 분명하게 규정짓고 수행하여야 할 과업을 결정하는 과정으로 경영자의 관리기능 과정의 첫 번째 단계이다. 계획화는 기업의 경영목표를 세우고 이를 달성하기 위한 가장 좋은 방안을 찾는 활동이다. 무엇을 원하는지, 해야 할 구체적인 업무가 무엇인지, 필요한 자원은 무엇인지, 어떤 순서로 어떤 일을 언제 해야 하는지를 명확히 밝히는 것을 포함한다.

경영활동에 있어서 계획화는 가장 먼저 시작되는 활동이면서 기업의 성과에 중요한 영향을 미치는 활동이다. 왜냐하면 계획화는 기업의 경영목표를 어떻게 달성할 것인가 하는 수단을 나타내는 활동이기 때문이다.

이러한 계획화는 대기업뿐만 아니라 중소기업, 그리고 최고경영자뿐만 아니라 중간관리자, 일선관리자 모두에게 필요한 활동이다. 따라서 계획화는 기업의 미래지향적인 모든 경영활동을 포괄하는 청사진이자 미래를 위한 나침반이라 할 수 있다. 방향감각이 없는 조직은 오래가지 않게 마련이다. “가고 있는 방향을 모르면 어느 길이든지 좋다”는 옛말이 바로 이를 두고 한 말이다. 따라서 계획화란 조직이 가야 할 바른 길이 무엇인가를 결정하는 과정인 것이다.

1.2 계획의 유형

계획은 일반적으로 기간이나 성격에 따라 구분하고 있다. 즉 계획기간을 기준으로 장기계획, 중기계획, 단기계획으로 나누어지고, 계획을 성격기준으로 구분하면 전략계획, 운영계획, 예비계획으로 나누어진다. 그러나 이렇게 구분하는 것은 통상적으로 편이성에 의한 것이므로 기업의 업종이나 상황에 따라 탄력성 있게 운영되어야 한다.

1) 장기계획

장기계획(long-term planning)은 한 기업이 신규사업에 참여하여 거기에서 충분한 수익을 올릴 수 있거나 기존사업으로부터 철수할 수 있을 만큼 충분한 기간(보통 5년)을 가진 계획을 말한다. 기업이 나아가야 할 장기적 발전방향을 설정하고 연도별 또는 항목별로 이에 대한 구체적인 계획을 세움으로써 전체적인 지침으로 삼기 위해 필요한 것이 장기계획이다.

2) 중기계획

중기계획(mid-term planning)은 기업이 생산시설을 확장하거나 축소하여 그 효과가 나타날 수 있는 기간(보통 1~3년)의 계획을 말한다. 따라서 생산시설의 확장 또는 축소 등의 변화를 통한 효과성 증대라는 중기목표를 달성하기 위해 수립하는 계획을 말한다.

3) 단기계획

단기계획(short-term planning)은 생산능력의 효율성, 즉 생산시설의 가동률만을 변경하여 효과가 나타날 수 있는 기간(보통 1년)의 계획을 말한다.

오늘날 경영학에서 계획의 분류는 지나치게 시간만으로 장기계획, 중기계획, 단기계획을 구분하기보다는 기업의 놓여 있는 전략적 상황에 따라 계획을 분류하는 것이 바람직하며, 전략계획, 운영계획, 예비계획 등으로 구분한다.

4) 전략계획

전략계획(strategic planning)은 장기간에 걸쳐 기업의 기본방향을 결정하는 계획을 말한다. 즉 사업구조나 제품구조와 같은 경영구조 자체의 혁신이나 변혁을 의도하는 계획을 말한다. 따라서 최고경영자가 주축이 되어 기업의 장기적 생존과 성장을 위하여 수립되는 장기계획의 성격을 가지고 있다.

5) 운영계획

운영계획(operational planning)은 전략계획에 따른 부문별 세부계획을 말하며 주어진 과제를 효율적으로 해결하는 것이 주목적이다. 생산계획, 마케팅계획, 자금조달 및 운용계획, 인력계획, 연구개발계획 등 주로 기능별 업무계획으로서, 주로 중간관리자가 주축이 되어 전략계획의 개별 실행방법을 설정하기 위한 목적을 가지고 수립되는 중기계획의 성격을 가지고 있다.

6) 예비계획

예비계획(contingency planning)은 기업이 예상치 못한 상황에 처할 경우에 대비하여 마련하는 계획을 말한다.

1.3 계획화의 3단계

기업이 합리적으로 계획을 수립하기 위해서는 다음의 3가지 단계를 거치게 된다.

우선 첫 단계는 기업의 경영목표를 구체적으로 설정하는 것이다. 기업목표의 예는 수익성, 시장점유율, 매출액, 성장성, 정해진 날짜까지 달성해야 할 프로젝트 등이다.

두 번째는 설정된 목표에 영향을 주는 상황들은 확인하고 분석하는 단계이다. 기업의 목표를 달성하는 데 영향을 주는 요인들은 고객들의 구매력, 경쟁자들의 전략 등이 그 예이다.

세 번째는 목표를 달성하기 위하여 체계적인 접근방법을 개발하는 단계이다. 누가 무엇을 어떻게, 언제, 어떤 결과를 가져올 것인가에 답을 구하는 것을 포함한다.

그림 6-1 계획화의 3단계

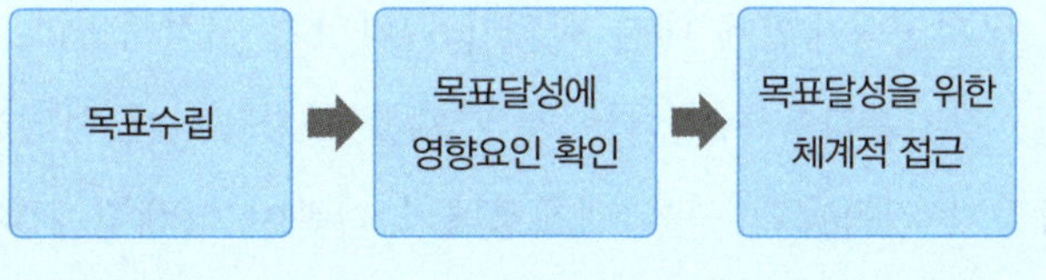

제 2 절

계획수립기법

2.1 계획수립의 발전과정

경영학에서 계획수립의 중요성이 대두된 배경은 미국의 다각화기업들이 거대해진 기업을 어떻게 효율적으로 운영할 것인가 하는 현실적인 문제에 직면하면서부터이다. 이런 거대기업들이 가졌던 근본적인 문제는 어떻게 대기업 내에 있는 사업단위를 최고경영자가 효과적으로 통제할 수 있는가 하는 계획수립의 실질적인 문제였다.

예를 들어, 기업들은 5년 정도의 중장기전략계획을 세우고, 앞으로 5년 동안 성취해야 할 목표를 설정한다고 하면 다음과 같은 발전과정을 통해 계획수립 기법 등이 등장하고 발전하였다.

가. 제품포트폴리오 매트릭스

1970년대에는 제품포트폴리오 매트릭스(product portfolio matrix: PPM)가 전략분석의 가장 중요한 분석도구로 사용되었다. 그 당시 다각화된 대기업이 직면한 가장 큰 문제점은 경영자원, 특히 투자자금을 각각의 사업부에 어떻게 할당할 것인가 하는 거였기 때문이다. 이와 같이 전략을 하나의 장기적인 계획(planning)으로 이행하는 경향은 1970년대 당시의 다른 학문분야에서도 볼 수 있는 공통적인 특징이었다.

그러나 1970년대 후반에 들어서부터는 여러 경제상황 자체가 바뀌기 시작하면서, 장기전략계획에 대한 회의가 나타나기 시작하였다. 먼저 두 차례의 오일쇼크는 경기순환을 예측하는 것 자체를 불가능하게 하였다. 5년 또는 그 이상의 중장기 전략계획 역시 세계경제의 기복이 심해짐에 따라서 그 유용성이 의심받기 시작하였다. 따라서 최고경영자들은 유용성이 없어진 중장기전략계획보다는 전략적인 분석과 사고능력을 키워주는 경영전략에 더 큰 매력을 느끼게 되었다.

특히 Mintzberg 같은 학자들은 점점 유용성이 떨어지는 장기전략계획을 기업들이 포기해야 하는 이유를 다음과 같이 설명하고 있다.

첫째, 그는 장기전략계획이 예측력이 없어졌다는 점을 지적한다. 기업을 둘러싼 경영환경이 더 불확실해지니 장기전략계획을 수립한다는 것 자체가 무의미해졌다는 의미이다.

둘째, 장기전략계획은 통상적으로 전략기획실 또는 종합기획실에서 수립하고 이를 하부의 사업부단위에서 이행하도록 되어 있었다. 그러나 오늘날 실제 기업의 전략들은 사업부 단위에서 수립하여 전략기획실에 보고하는 형식이므로 사업부 전략의 중요성이 강조됨에 따라 전략기획실의 장기전략계획은 그 유효성이 떨어진다.

셋째, 정형화된 장기전략계획은 변화하는 상황에 따라 순발력 있게 대응하는 능력을 오히려 떨어뜨린다고 주장하였다. 오늘날 기업경영의 전략수립단위는 실제 1년 단위도 자주 바뀌는 경영계획을 가시고 있기 때문에 정형화된 장기간의 계획은 기업의 민첩성을 저해할 수 있다.

이처럼 장기전략계획의 대두와 쇠퇴과정을 살펴보면 경영전략의 주요 관심사가 점차 정형화되어 있고 순발력이 떨어지는 장기전략계획으로부터 기업들로 하여금 순발력을 강조하고 경쟁우위를 창출 유지할 수 있게끔 분석능력을 키워주는 사고체계로 바뀌어 가고 있다는 것을 알 수 있다.

나. 산업구조분석

1970년대와 1980년대에는 장기전략계획이 쇠퇴하면서 Harvard 경영대학원의 Michael Porter 교수를 필두로 산업구조와 경쟁전략에 대한 분석방법이 대두되었다. 마이클 포터 교수는 산업경제학에서 도입된 SCP(structure-conduct-performance) 패러다임을 경영학 내의 전략분야로 도입하는 데 큰 공헌을 하였다.

장기전략계획에 대한 대안으로 마이클 포터가 제시한 산업구조분석기법은 어떻게 하면 기업이 처해 있는 외부환경을 이해하도록 전략적 사고를 배양할 것인가에 초점을 두고 있었다. 포터는 경쟁기업에 대해 경쟁우위를 갖기 위해서는 각 산업 특성에 따라 원가우위이나 차별화우위를 가져야 한다고 제시하였다. 이러한 포터의 산업구조분석기법들은 기업들에게 좋은 반응을 불러일으켰다.

다. 기업 내부의 경영자원에 주목

포터의 산업구조분석기법은 1970년대 말부터 1980년대에 이르기까지 기업들에게 큰 영향을 미쳤다. 그럼에도 불구하고 1980년대 말에 이르러는 그의 산업구조분석이 기업들이 실제로 전략을 수립하는 데는 큰 도움을 주지 못하였다는 비판이 대두되었다. Porter는 기업의 전략수립에 도움을 주는 외부환경을 분석하는 기법을 제시하였지만, 그러한 환경에 대해 어떻게 대응하여야 하는가의 구체적인 실천방향을 제시하지는 못하였다.

기업의 경쟁우위는 포터가 말하는 것처럼 산업 내의 자리잡기(positioning)보다는 오히려 그 기업이 보유하고 있는 경영자원이나 핵심역량에서 비롯된다는 사고가 확산되기 시작했다. 그리하여 바니(Barney, 1991)를 중심으로 경영전략의 최신 경향은 기업을 경영자원의 결집체로 보는 경영자원론(resource-based view of the firm)이 등장하였으며, 그중에서도 기업의 핵심역량(core competence)을 기업에게 경쟁우위를 가져오는 가장 중요한 원천으로 파악하는 관점이 주류를 이루고 있다.

2.2 계획과 목표관리

목표관리(management by objectives: MBO)는 피터 드러커(Peter Drucker)가 경영의 실천(management practice)에서 창안한 관리기법으로 기존의 상사에 의한 부하의 업적평가 대신 부하가 자기 자신 혹은 상위자와의 협의에 의한 양적으로 측정 가능한 관리기법으로 구체적이고 단기적인 업적목표를 설정하여 스스로가 그러한 업적 목표달성의 정도를 평가해서 그 업적을 보고하게 하는 방법이다. 즉, 목표관리(MBO)제도란, 조직 전체의 목표에 따라 단위부서 수준의 사업계획과 업무 목표를 구체화하고, 다시 이를 부서내 개인 수준에서 개인담당 업무목표로 분해해낸 뒤 이를 추진해 나가며, 일정 기간이 지난 뒤 이 설정 목표의 달성 정도에 따라 각 개인의 업무실적을 평가해 나가는 관리 방식을 의미한다. 따라서 이 목표관리 과정에는 상사와 부하직원이 상호합의한 객관적 성과표준을 기준으로 목표 추진의 진척도와 목표 달성도를 측정하고 이를 모니터링하는 일련의 평가절차가 당연히 수반되게 된다.

예컨대, 관리자가 각 종업원에게 차기(가령 향후 6개월간 또는 1년간에 걸쳐)에 그가 달성할 수 있다고 생각되는 직무목표를 설정해 보도록 한다. 또한 관리자 자신도 자기 부서의 목표를 생각하고 어떻게 하면 각 종업원들이 부서의 목표를 달성할 수 있겠는가에 대하여 자기 나름의 계획을 수립하게 된다. 그리고 관리자와 종업원이 한 자리에 앉아 서로 상의하여 앞으로의 직무목표를 설정하게 된다. 이와 같은 목표설정의 과정에서는 의견의 불일치가 있을 수 있으나 상호협의를 통해서 목표가 확정된다. 이 때 직무목표는 가능한 계량적으로 표현되어야 한다. 예를 들면, '종업원들의 사기진작'을 이직률, 결근율, 사고율 등을 통해서 간접적으로 측정될 수 있노록 한다.

일단 목표가 설정되면 그 목표를 달성하는 책임은 종업원에게 주어지고 종업원은 그 목표달성을 위해 필요한 것은 무엇이든 할 수 있는 자유를 갖게 된나. 목표를 달성하는 동안 종업원이 관리의 확인감독을 수시로 받기를 원하게 되면 목표설정 과정에서 그러한 내용을 관리자와 종업원 간에 상의하여 결정하게 된다. 즉, 관리자와 감독방법까지도 상의하여 결정된다. 그리고 이 과정에서 계획기간이 끝나고 난 후의 업적평가기준도 설정된다. 계획기간이 끝나고 나면 목표달성의 성과를 검토하는 공식적인 검토의 모임을 갖게 되고, 여기서 관리자와 종업원은 달성된 성과를 논의하고 목표달성이 이루어졌는지의 여부를 검토한다.

이러한 MBO는 세 가지 특징이 있다. 첫째는 목표설정에 종업원이 참여한다는 점이다. 둘째는 조직계층 간의 목표를 통합할 수 있다는 점이다. 그리고 셋째는 목표와 성과를 연계시켜 평가한다는 점이다.

따라서 상사와 부하가 목표를 설정할 때 서로 의사소통할 수 있고 부하의 아이디어를 조직에 흡수할 수 있다. 또한 각 조직구성원들은 자기 과업에 관하여 일종의 관리자로 만들어 '하향식(top-down) 시스템'을 '상향식(bottom-up) 시스템'으로 변화시킬 수 있다.

이 때 목표설정은 경영자계층에 따라 차이가 있다. 즉 일선관리자는 일상적인 업무와 관련된 직무목표를 세우고, 중간관리자는 업무의 운영목표를 설정하게 된다. 최고경영자는 기업을 이끌어가기 위한 경영목표를 설정한다. 이러한 목표는 서로 깊은 연관성을 가져야 한다. 왜냐하면 최고경영자가 설정한 경영목표를 바탕으로 하여 중간관리자의 운영목표가 수립되고, 그 운영목표를 기본으로 하여 일선관리자가 직무목표를 수립하기 때문이다.

MBO는 업무수행에 있어서 자율과 공헌의 사고방식을 강조하는 기업들이 주로 채택하고 있다. 이런 사고를 철저하게 주입시키는 대표적인 기업으로는 미국의 GM, Dupont, GE 등과 일본의 후지쯔를 들 수 있다. 후지쯔의 경우는 현재 과장급 이상을 대상으로 연초 목표의 달성 여부에 따라 평가된 성적을 상여금에 반영하는 목표관리제도를 운영해 오고 있다.

우리나라의 많은 기업들도 최근 연봉제를 도입하면서 MBO를 도입하고 있다. 예를 들면, 효성그룹, 두산그룹, 한독약품 등에서는 연봉제를 실시하면서 성과 평가방법으로 MBO를 도입하고 있다.

LET'S THINK

목표관리(MBO)는 위에서 설명한 바와 같이 종업원들의 동기부여를 위하여 좋은 기법이다. 그러나 이 MBO 역시 문제점을 안고 있다. MBO의 문제점에는 어떤 것들이 있을까 생각해보자.

제 3 절

계획과 실행

3.1 계획과 실행의 프로세스

계획수립을 위해 전략의 내용에 집중하는 경향은 전략의 수립(formulation)과 실행(implementation)이라는 이분법의 함정에 빠지기 쉽다. 그러나 실제 기업경영은 전략의 수립과 실행이라는 이분법과 맞지 않는다. 전략의 수립과정에는 실제로 전략을 수행하여야 할 사람들의 의견이 반영되어야 실행가능하고, 올바른 방향의 전략이 수립되는 것이다.

또한 전략의 수립과 시행의 단계 역시 확연히 구분된 것이 아니라, 종종 전략의 수립과 시행은 동시에 이루어지거나 깊은 상호연관성을 갖는다. 이와 같은 전략의 합리적이고 상의하달방식의 수립과정에 대해 가장 침예하게 비판을 한 사람은 앞에서도 언급한 바 있는 Mintzberg이다.

Mintzberg는 합리적인 전략분석을 통해 나오는 전략은 원래 의도(deliberate strategy)한 대로 나타나지 않는다고 한다. 우리가 관찰하는 전략은 100% 확신하에 수립된 전략이 아니라, 그때 상황에 맞게 즉흥적으로 솟아나오는 전략(emergent strategy)이 많다고 주장한다.

그는 완벽한 전략을 수립할 수 있는 정보가 없으며 최고경영자라고 할지라도 조직의 말단까지 경영권을 장악하기가 힘들다. 그러나 경영전략의 실제에 있어서는 구태여 내용과 프로세스를 나누어 살펴볼 필요는 없다. 오히려, 내용과 프로세스를 동시에 고려해야만 성공적인 전략이 나오는 것이다.

3.2 실행계획의 유의점

기업의 목표설정에 있어서 가장 중요한 좌표는 우리는 어디로 가야 하는가? 그리고 어떻게 그곳에 갈 것인가?' 하는 것이다. 결국 실행을 위한 전략과 전술을 구상하고 구체적 행동 계획을 수립하는 것이다. 계획의 성패는 결국 실행에 옮겨지느냐 아니냐에 달려 있는 만큼 매우 중요한 과제가 아닐 수 없다.

승자가 되기 위해서는 무엇을 해야 이길 수 있을지를 정확히 아는 것뿐만 아니라 실제로 그것을 행동에 옮길 수 있어야 한다. 승자와 패자를 구분 짓는 것은 바로 실행 능력이다.

지금까지 대부분의 기획부서의 전략 형성은 계획-실행-평가의 3단계를 거치는 것으로 알려져 있다. 계획단계에서는 전략적인 대안을 탐색하고 각 대안간 평가를 통해 최적의 대안을 도출해내며, 실행단계에서는 조직 개편과 같은 세부 실행 계획을 세우고 책임과 권한을 명확히 하는 동시에 자원배분의 절차를 수립한다. 마지막 평가단계에서는 모니터링 시스템, 성과평가를 통한 피드백과 조정의 활동을 하게 된다.

이와 같은 전략 형성과정의 특징은 어떤 목표를 세우면 그것의 달성을 위해 정해진 경로를 통해 일직선으로 나아갈 수 있다는 인간의 합리적인 행동을 가정하고 있다는 점이다. 계획을 세우기만 하면 조직의 실행은 자연스럽게 따라가야 하는 것으로 보고 있다.

그러나 기업을 좀 더 자세히 들여다보면 외부에서 제시된 전략의 형성을 그대로 따라갈 수 있는 조직은 거의 없다는 것을 알게 된다. 인간의 기회주의적인 행동과 권력(Power), 정치(Politics), 문화 등과 같이 가시적으로 파악할 수 없는 많은 장애물이 등장하기 때문이다.

더 나아가 오늘날과 같이 빠르게 변하는 경영환경에서는 기획부서, 혹은 Top의 의지와 같이 조직 상부의 몇몇 사람들에 의해 이루어져 아래로 내려오는 듯한 전략 수립은 그 적시성과 효과성 면에서 현장에서의 발 빠른 대응을 따라가지 못하고 있다.

이와 같은 한계를 극복하고 전략에서 실행의 의미를 강조하기 위해서는 마인드 자체를 철저히 실행중심으로 바꿀 필요가 있다. 계획–실행–평가로 이루어진 기존의 계획 중심 프로세스에서 탈피, 실행중심의 전략이 형성되도록 노력해야 한다.

이처럼 기업의 성공을 위한 중요한 요소인 실행을 성공시키기 위해 유의할 점을 살펴보면 다음과 같다.

첫째, 단순하게 하라!

너무 복잡한 계획은 혼란만 가중시키므로 누구라도 한눈에 파악할 수 있도록 작성한다.

둘째, 계획을 실행할 사람이 계획 수립에도 참여하라!

팀장이나 임원이 작성한 계획서는 현실성이 떨어질 수 있으며 또 계획 수립한 사람이 실행할 사람에게 무작정 강요할수록 실패할 확률이 높아진다.

셋째, 실현가능한 현실적인 계획을 수립하라!

의욕만 앞서는 계획은 성공하기 어렵다. 달성가능하고 관리가능한 수준의 계획을 수립해야 한다.

넷째, 권한과 의무를 명확하게 확정하라!

모든 결과를 예상해 보고 각 가능성에 대해 개인이든 팀이든 명확한 책임이 부여되어야 한다.

다섯째, 유연하게 실행하라!

외부 환경은 항상 변화하기 때문에 당초 계획대로 모든 것이 실행되기는 어렵다. 따라서 실행계획은 언제라도 수정 가능해야 한다.

지금 경영현장에는

경영현장에서 심리학이 뜬다!

심리학이 기업에서 가장 많이 쓰이는 부분은 조직 관리다. 단순히 심리학 지식을 활용하는 선에서 끝나지 않는다. 심리학자를 직접 참여시킨다. 산업 조직, 임상, 상담, 발달심리학 등 심리학을 전공한 전문가들이 조직 내부 문제를 해결하거나 시스템을 개선하도록 한다. 대부분 기업은 외부 전문가에게 아웃소싱을 주지만, 삼성그룹은 상당수 심리학자를 내부 직원으로 채용한다.

조직 관리에서 심리학이 활용되는 부분은 크게 세 파트다.

첫째, 인사 부문이다. 기업은 직원을 채용하거나 평가를 할 때 심리학의 도움을 받는다. 인적성검사가 대표적이다. 심리학자는 검사 시스템을 개발하고 운영할 수 있도록 해준다. 삼성이 신입사원을 선발하면서 시행하고 있는 SSAT도 마찬가지다. 또 면접 시 심리학자가 직접 참석하거나 사전에 면접관을 교육하기도 한다. 두산그룹이 가장 적극적이고 SK, LG그룹도 일부 계열사 중심으로 이를 활용하고 있다.

둘째, 사내 교육과 인력 개발이다. 예전에는 사내 교육을 할 때 한 분야 전문가를 초청해 직원 전문성을 높이는 데 주력했다. 하지만 최근 교육방식은 다르다. 외부 강사 1순위가 심리학자다. 직원들이 의사소통에 어려움을 호소하고 있어서다. 김종욱 LG CNS 과장은 "사내 강좌로 '사람을 알면 쉬워지는 커뮤니케이션'이란 교과목을 운영해왔다. 초반에는 인기가 없었는데 최근 신청자가 급증하고 있다. 정원도 2배 이상 늘렸다"고 전한다. 직원 교육뿐 아니라 임원 역량 강화를 위해 일대일로 심리학자를 붙이는 경우도 있다. 삼성, SK, LG 등 10대 그룹 임원 대부분은 코칭을 받는다고 보면 된다. 한 대기업 관계자는 "코칭 주제는 리더십에서 커뮤니케이션 쪽으로 옮겨가는 추세다. 업무 능력은 뛰어나지만 회의 진행, 부하 직원과의 소통 등 커뮤니케이션이 부족한 임원이 많아졌기 때문"이라고 털어놓는다.

또한 임원의 정신건강 관리 차원에서 상담심리학자가 임원을 코칭, 상담하기도 한다. 코칭은 적게는 6~7회, 많게는 10회 정도 진행된다.

셋째, 복리후생 차원이다. 직원들이 회사에서 스트레스를 받거나 가정에 문제가 있는 경우 업무 효율성이 떨어진다는 연구 결과가 보고되자 일부 대기업은 상담실을 운영하고 있다. 특히 삼성SDS, LG CNS, SK C&C 등 IT서비스 기업들이 열심이다. 직원들이 외부 고객사를 상대하면서 받는 스트레스가 커지자 전문 상담사를 채용해 상담을 받아볼 수 있게 했다.

SK C&C는 공감플러스라는 상담실을 운영 중이다. 이곳에서는 성격 유형, 종합 심리, 부모 양육태도, 결혼 만족도 검사 등 다양한 검사가 이뤄진다. 집단 상담도 가능하다. 12명이 함께 들어갈 수 있는 집단 상담실에서는 팀 빌딩을 위한 제반 워크숍이 이뤄진다.

기업 내부 조직 관리가 안전으로 이어지는 경우에도 심리학이 요긴하게 쓰인다. 항공사 예를 들어 보자. 수백 명의 안전을 책임져야 하는 기장은 누구보다 심리적인 안정이 필요하다. 또한 객실 승무원과의 의사소통도 원활해야 한다. 자칫 위기 상황에서 승무원 사이의 소통에 문제가 생기기라도 하면 사고로 이어질 확률이 높기 때문이다. 실제 사소한 의사소통 문제로 대형 여객기가 추락한 사건(1972

년 미국 에버글레이즈 참사)이 있었다. 그 이후로 항공사들은 인간의 실수에 의한 사고를 줄이기 위해 자체 교육과정을 운영 중이다. 이를 CRM(Crew Risk Management) 교육이라 한다.

대한항공에도 조종사 6명으로 구성된 휴먼팩터(Human Factor) 그룹이 별도로 마련돼 있다. 이들은 직접 심리학 세미나 또는 강의를 듣고 와서 이를 CRM 교육 시 전달해주는 역할을 한다. 아시아나항공도 심리학을 전공한 박사급 전문인력을 투입해 교육을 진행하고 있다.

기업들은 전자공시 과정에서 심리학의 프레이밍 효과(framing effect)를 응용하기도 한다. 프레이밍 효과는 같은 사물이라도 관점에 따라 인식하는 시각이 바뀐다는 심리학 이론이다. 기업들은 실적이 좋거나 기업에 유리한 내용을 공시할 때는 '당기순이익은 8,975억 3,000만원'처럼 구체적인 수치를 공시한다. 하지만 기업 실적이 예상보다 나쁘거나 불리한 내용을 공시할 때는 '이익이 소폭 감소할 것이나'나 '당기순이익이 8,500억~9,500억원으로 예상된다'는 식으로 공시한다. 부정적인 내용일수록 덜 구체적으로, 긍정적인 내용일수록 구체적으로 공시하는 이유는 구체적일수록 더 긍정적인 인상을 주기 때문이다. 병원에서 의사가 환자에게 '수술하면 10년을 더 산다'고 말하면 '수술하면 10년만 더 살 수 있다'고 말하는 것보다 수술 동의율이 높아지는 것과 유사하다.

자료: 매일경제신문, 2012.10.15

제 4 절 전략경영

4.1 전략이란

오늘날 기업에서 가장 널리 사용되고 있는 경영 용어 중의 하나는 경영전략 또는 전략경영이다.

전략이란 용어는 원래 군사병법에 근원을 두고 있다. 전략(strategy)은 그리스어 strategos에서 나온 말로서, 이 용어는 군대를 의미하는 stratos와 이끈다(lead)는 의미를 가진 -ag가 합쳐진 용어이다. 따라서 글자 그대로 군대를 승리하도록 이끄는 방법이 전략인 것이다.

우리는 전략이라고 하면 흔히 손자병법을 연상하게 되는데 손자병법하면 '지피지기 백전백승(知彼知己 百戰百勝)'을 연상하게 된다. 이는 상대편이 가지고 있는 강점과 약점을 잘 알고 자신의 능력과 한계를 잘 알면 자신의 능력을 활용하여 상대방의 약점을 공략하는 전략으로 승리를 거두게 된다는 것이다.

손자의 이러한 군사전략은 경영활동에서도 그대로 적용된다. 그러면 이처럼 군사용어에서 비롯된 전략의 개념을 경영에 접목시킨 전략경영이란 무엇인가?

전략경영(strategic management)이란 기업이 설정한 목표를 달성하기 위해 각종 전략을 수립하고 이를 통해 자원을 전략적으로 배분하는 경영활동을 말한다. 즉 경쟁기업과 비교해서 어떻게 지속적으로 상대적 경쟁우위를 획득할 수 있는가를 추구하는 경영활동이라고 할 수 있다.

가. 전략의 종류

1) 기업전략

기업전략(corporate strategy)은 그룹 또는 기업 전체를 총괄하는 차원에서 수립하는 전략으로 사업영역이나 제품종류를 결정하고, 새로운 사업개발이나 사업축소 등을 결정하며, 자원조달과 배분을 결정하며, 상승효과를 올릴 수 있는 대책을 마련하는 것을 말한다. 즉, "우리의 사업은 무엇인가?", "우리의 고객은 누구이며, 고객이 원하는 것은 무엇인가?" 등에 대한 해답이 전제가 된다.

2) 사업전략

사업전략 또는 경쟁전략(business strategy)은 사업부별 또는 전략사업단위(strategic business unit: SBU) 차원에서 수립하는 전략이다. 전략사업단위는 제품별 또는 지역별로 구분되어 독자적인 사업목표를 갖고 활동하는 부서를 의미하며, 각각 다른 시장특성과 경쟁구조를 갖고 있다. 사업전략은 다음과 같은 질문에 대한 대답이 전제가 된다. "우리가 속해 있는 특정사업영역에서 경쟁기업과 비교해서 지속적으로 경쟁우위를 확보하고 유지하기 위해서 어떻게 경쟁할 것인가?"

3) 기능전략

기능전략(functional strategy)은 생산, 마케팅 등 기능 부서별로 수립하는 전략을 말한다. "기능영역의 전문성을 어떻게 효과적으로 효율적으로 적용할 수 있을 것인가?"에 대한 해답이 그 전제가 된다.

나. 전략결정 고려요소

전략을 수립하는 데 있어서 고려해야 할 요소는 크게 세 가지로 구분할 수 있다. 첫째는 기업이 경쟁해야 할 상대가 누구인가 하는 외부환경을 고려하여 환경으로부터의 기회와 위협을 파악하는 것이다. 여기서 말하는 상대는 단순히 경쟁기업뿐만 아니라 기업이 경영활동을 수행하는 데 직접적으로 간접적으로 영향을 미치는 정치적, 경제적, 기술적, 사회적, 문화적 환경 등 모든 외부환경을 의미한다.

둘째는 기업 자신의 능력이 어떠한가 하는 내부여건을 고려하는 것이다. 즉 기업이 가지고 있는 재무구조, 생산시설 및 기술, 경영능력, 노하우 등 내부능력과 한계점을 명확하게 하는 것이다.

석을 알고 나를 안 후에는 셋째로 기업의 방향을 제시하는 경영철학을 고려하는 것이다. 이 때 최고경영자의 가치관, 비전 등을 토대로 경영철학이 형성되면서 이들이 전략결정에 전체적인 영향을 미치게 된다.

지금 경영현장에는

'위대한 기업은 다 어디로 갔을까'

「위대한 기업은 다 어디로 갔을까」(*How the Mighty Fall*)는 세계적 경제학자 짐 콜린스가 2010년 내놓은 책이다. 2001년 「좋은 기업을 넘어 위대한 기업으로」(*Good to Great*)를 발간해 화제를 모았던 그는 10여 년 만에 위대한 기업이 어떻게 몰락하는지에 대해 추적했다.

① 성공으로부터 자만심이 생겨나는 단계다.

짐 콜린스는 "운과 기회는 성공의 중요한 요인인데, 자기 능력과 장점을 과대평가하면서 자만에 빠진다"고 말했다.

1995년 휴대전화 제조업체 모토로라는 조개껍질을 본떠 만든 '스타텍' 출시를 앞두고 있었다. 당시 모토로라는 10년 만에 매출이 5배 늘어나는 등 성공에 취해 있었다. 경영진은 무선통신 시장이 아날로그에서 디지털로 이동하고 있는 것을 무시했다. 한 고위 경영진은 "4,300만 명의 아날로그 고객이 있는데 대체 뭐가 문제란 말인가"라고 말했다. 결국 시장점유율이 50%가 넘던 모토로라는 1999년 17%로 추락했다.

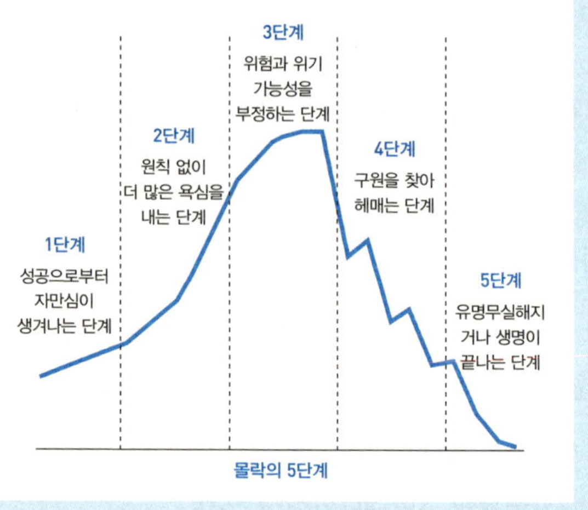

② 원칙 없이 더 많은 욕심을 내는 단계다.

월마트보다 4년 빨리 마트 시장에 진출한 에임스가 대표적 예다. '소도시와 시골에 기반을 둔 대형 할인점'이란 사업모델로 승승장구하던 에임스는 1988년 백화점 '자이레'를 인수하면서 망가졌다. 30년간 '시골'을 겨냥해온 사업모델이 '도시'로 바뀌면서다. 결국 에임스는 파산했다.

인재를 확보하는 것보다 더 빠르게 수익을 늘릴 수 없다는 '팩커드 법칙'을 깨는 것이 2단계의 징후다. 무능력한 사람을 핵심 자리에 앉히고, 인재가 나간 자리는 관료주의가 더욱 심화된다. 결국 딱딱하고 관료적 문화는 한때 위대한 기업을 꿈꿨던 회사를 평범함이라는 질병에 감염시킨다.

③ 자만심과 섣부른 욕심은 '위험과 위기 부정'으로 이어진다.

짐 콜린스는 "3단계에 접어들면 내부에 경고가 증가하지만, 외부 성과가 여전히 견고하기 때문에 우려를 크게 하지 않는다"고 설명했다. 경영진들은 부정적인 데이터를 자신의 책임으로 받아들이지 않고, 남 탓을 하게 된다.

④ 구원을 찾아 헤매는 단계다.

이 단계에 들어선 기업들은 단번에 사태를 역전시킬 수 있는 묘안을 찾아 나선다. 입증되지 않은 기술에 베팅하기, 전혀 새로운 신제품에 의지하기, 합병 대상 찾기, 구원을 약속하는 컨설턴트 고용하기, CEO 바꾸기 등이다. 하지만 이러한 극약처방은 반짝 효과에 그친다.

⑤ 마지막은 유명무실해지거나 생명이 끝나는 단계다.

짐 콜린스는 "1~4단계까지 거치며 현금이 계속 고갈되는 상황에서는 기업의 운명을 통제하기 어렵다"고 설명했다. 회사가 성공할수록 현금 확보에 대한 개념이 없어지지만, 정작 기업은 '수익 부족'이 아닌 '현금 부족'으로 죽는다는 게 그의 설명이다.

자료: 비즈니스워치, 2013.11.8

4.2 전략수립과정

전략을 수립하는 데 있어서는 다음의 각 과정을 거치게 된다. 즉 기업사명의 설정, 기업목표 설정, SWOT분석, 전략수립 및 실행 과정을 거치게 된다.

가. 기업사명(이념) 설정

기업의 사명 또는 이념은 기업의 존재이유를 밝히는 것을 말한다. 즉 우리의 사업은 무엇인가, 우리의 사업은 미래 어떤 방향으로 나아가야 하는가 등을 명시하는 것을 포함한다. 또한 고객에 초점을 두어야 하며, 실행 가능해야 하고, 구체적이고 동기부여가 되고 경쟁기업과 구분이 되어야 한다. 예를 들면, 대우그룹의 세계경영, LG그룹의 고객을 위한 가치창조, 인간존중의 경영 등이다.

나. 기업목표 설정

기업목표는 기업사명(이념)을 실현하기 위한 장기적으로 달성해야 할 구체적 실행목표를 말한다. 따라서 조직의 기대이익수준, 시장지위, 명성 등 측정가능하고, 구체적이고, 명확하고, 실행 가능하도록 목표를 설정하여야 한다. 예를 들면, 우리 회사의 목표는 향후 5년 간 15%의 연간투자수익률을 달성하는 것이다.

다. SWOT 분석

SWOT(strength, weakness, opportunity, threat) 분석은 환경으로부터의 기회와 위협을 파악하고 또한 조직능력의 상대적 강점과 약점을 파악하는 데 유용한 방법 중의 하나이다.

이러한 SWOT 분석을 통해 외부환경으로부터의 기회와 위협을 분석하고 기업내부의 능력을 정확히 파악하여 기회를 최대한 이용하고 위협요인은 회피할 수 있는 전략을 제시하여야 한다. 특히 자사의 강점과 약점을 분석할 때 주의할 것은 항상 경쟁자와 비교한 상대적인 개념이라는 것이다. 즉 경쟁자에 비교해서 우리의 강점과 약점은 무엇인가에 초점을 두어야 한다. 또한 외부환경을 분석할 때는 산업에 따라 성패를 결정지을 수 있는 주요 요인인 핵심성공요인

그림 6-2 SWOT 분석

	강점(S)	약점(W)
기회(O)	기회를 활용하기 위해 강점을 활용	약점을 보완함으로써 기회를 활용
위협(T)	위협을 최소화하기 위해 강점을 사용	약점을 보완하고 위협을 최소화

그림 6-3 SWOT 분석을 통한 전략결정

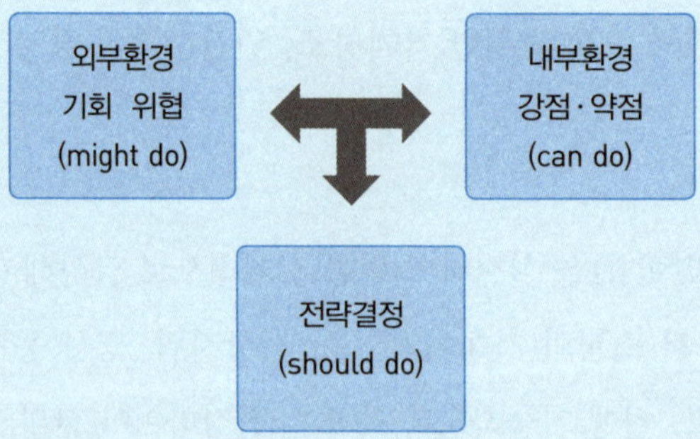

(key success factors)에 초점을 두어야 한다. 예를 들면, 소매업에 있어서의 핵심 성공요인은 고객이 원하는 상품을 원하는 시간에, 원하는 장소에, 원하는 가격에 제공하는 것이라 할 수 있다.

4.3 전략수립모델

가. 제품포트폴리오전략

제품포트폴리오전략(product portfolio management: PPM)은 1970년대 초반 보스턴 컨설팅그룹(Boston Consulting Group: BCG)에 의해 개발되었기 때문에 BCG 매트릭스라고도 한다.

제품수명주기(product life cycle: PLC)와 경험곡선(experience curve)을 바탕으로, 사업 또는 제품에 관한 자금의 유출은 해당 제품시장의 시장성장률과 기업의 상대적 시장점유율과의 조합에 의해 정해진다는 가정을 바탕으로, 시장성장률과 상대적 시장점유율의 두 차원에 의해 개발된 2×2 매트릭스 전략이다.

BCG 매트릭스의 수직축은 시장 전체의 매력도를 측정하는 시장의 성장률이다. 급격히 성장하는 시장에는 기업이 생산을 높임으로써 높은 이윤을 얻을 수 있는 기회가 존재하며, 수요가 정체된 산업의 시장에서는 수요의 정체로 인한 유휴설비의 존재로 수익률이 하락한다. 한편, 수평축의 시장점유율은 기업이 시장에서 높은 시장점유율을 확보하였는지 또는 그렇지 않는지를 측정한다. 시장점유율이 높은 것은 그 기업이 경쟁우위를 갖고 있다는 사실을 말해 준다. 즉, 시장점유율이 높은 사업에서는 개별기업의 수익률이 다른 개별기업의 수익률보다 높을 가능성이 많다. BCG 매트릭스는 시장에서의 성장률과 시장점유율이란 단순한 두 가지 변수를 축으로 하여 여러 사업들을 2차원 공간에 나타내어 상호비교가 가능하게 해 주는 기법이다.

제품포트폴리오전략은 제품별 전략사업난위(SBU)별로 효율적인 자원계획수립을 위한 기법으로 전략사업단위 또는 제품에 대한 현재의 전략적 입장과 사업 포트폴리오에 관한 전반적인 내용 파악을 가능하게 함으로써 미래의 전략적 지침이나 방향에 대한 통찰력을 제공한다. 또한 이 매트릭스는 어떤 제품(사업)을 구축, 유지, 철수하고 새로운 제품(사업)을 추가하여야 할 것인지를 결정하는 데 유용하게 이용된다.

BCG 매트릭스를 작성하는 방법은 다음과 같다.

① 시장성장률 계산: 기업이 속한 국가의 GNP 성장률 또는 산업 전체의 연평균 성장률과 비교하여 계산한다.

② 상대적 시장점유율 계산: 동종산업에 있는 경쟁기업 중 가장 큰 기업의 규모와 비교되는 상대적 시장점유율. 즉 해당 SBU의 시장점유율/최대경쟁자의 시장점유율을 이용한다.

③ 원의 표시: 사업(제품)의 매출액이 자사의 총매출액에 비례한 크기로 표시한다.

그림 6-4 제품 포트폴리오 전략

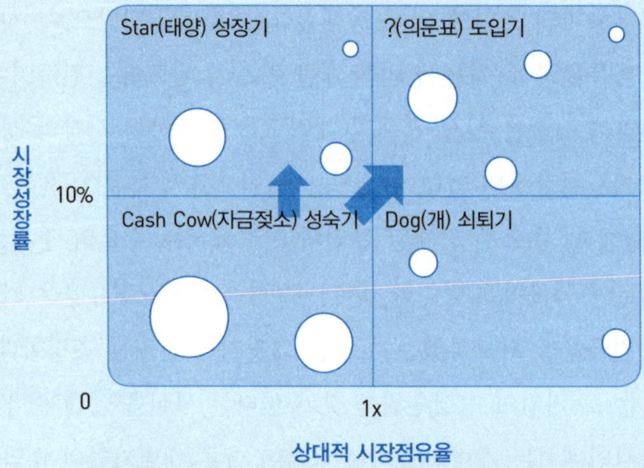

BCG 매트릭스에서 각 분면에서의 특성을 분석하면 다음과 같다.

1) 1/4분면(고성장 – 저점유, Question Mark, 의문표)

1/4분면에 위치한 사업은 현재 시장 내에서의 위치가 미약하기 때문에 점유율을 높여서 제품단위당 원가를 내려서 경쟁성을 확보하기 위해서는 많은 어려움이 따르지만, 만일 성공만 한다면 시장 자체의 시장성이 높기 때문에 좋은 수익성을 올릴 수 있는 가능성을 갖고 있다. 따라서 이 사업을 유지 성장시키기 위해서는 많은 자금이 필요한 반면, 시장점유율이 낮은 까닭으로 조속한 시간 내의 자금회수는 곤란하다.

2) 2/4분면(고성장 – 고점유, Star, 태양)

여기에 속한 제품이나 사업은 성장률과 점유율이 높은 사업으로서, 현재상태에서 자금은 자급자족할 수 있으나 보다 빠른 성장과 높은 시장점유율을 갖기 위해서는 더 많은 투자가 필요하다. 그러나 장기적으로 볼 때 많은 수입을 가져오는 사업이 될 것이다.

3) 3/4 분면(저성장 – 고점유, Cash Cow, 자금젖소)

이는 자금의 투입보다 자금의 창출이 더 큰 사업이다. 이 사업은 대부분 과거 Question Mark에서 Star의 과정을 거쳤으며, 현재 시장점유율은 높으나 이미 제품수명주기상의 성장기를 넘어선 사업이다.

4) 4/4분면(저성장 – 저점유, Dog, 개)

이 사업은 성장률도 낮고 점유율도 낮은 까닭에 수익이 많지 않을 뿐 아니라 앞으로 전망도 별로 없기 때문에 재투자도 그 가치가 없게 된다.

이상과 같이 BCG 매트릭스를 기업의 모든 사업단위에 표시하면 그 기업의 전반적인 건강상태와 자금조달능력을 한눈에 알 수 있다는 특징을 가지고 있다. 예를 들면 대부분의 사업이 젖소에 위치하고 있다면 기업의 자금동원능력이 상당히 좋은 상태에 있다는 것을 알 수 있으며, 대부분의 사업들이 개에 위치하고 있다면 기업의 유동자금이 부족하고 기업 전체가 상당히 어려운 국면에 있다는 것을 알 수 있다. 기업의 가장 이상적인 상태는 젖소에 큰 사업이 몇 개 있고 별에 다수의 사업이 존재하는 경우이다. BCG 매트릭스는 기업 경영자에게 각 사업단위의 자원배분에 대한 지침을 제공하며, 존속시킬 사업, 처분해야 할 사업, 기업의 목표를 달성해 줄 수 있는 사업 등 기업의 이상적인 균형을 알 수 있게 해준다.

제품 포트폴리오 전략은 사업 포트폴리오 작성을 위한 매우 단순하면서 유용한 모형이지만 다음과 같은 한계점을 가지고 있다.

① 복잡한 사업의 성격을 너무 단순하게 시장성장률과 상대적 시장점유율 2측면만을 고려하여 실제 전략을 수립하는 것은 현재 상황을 너무 단순하게 파악하여 실제로 적용되지 않는 경우가 많다.
② 시장점유율과 수익률은 반드시 강한 상관관계를 가지지 않는다. 낮은 점유율의 경우에도 높은 수익률을 성취할 수 있다.
③ 우리가 속해 있는 산업 또는 시장에서 단 하나의 경쟁자만 고려하는 것은 비현실적이다.

나. Porter의 본원적 경쟁전략

포터(Michael E. Porter)는 경쟁환경분석모델에서 제시하였던 다섯 경쟁요인과 싸워 나가면서 우위를 확보할 수 있는 본원적인 경쟁전략으로서 원가우위전략, 차별화전략, 집중화전략 등 세 가지 실행 가능한(feasible) 전략을 제안한다.

1) 원가우위전략

원가우위전략(low cost strategy)은 경쟁제품에 비해 품질은 그다지 손색이 없지만 경쟁업체보다 가격을 낮게 매기는 전략이다. 이때 원가상의 우위를 확보하기 위한 구체적인 방법으로는 규모의 경제를 달성할 수 있는 설비의 건설, 경험에 의한 원가절감의 추구, 원가와 총비용에 대한 엄격한 통제, 한계고객과의 거래회피, R&D·서비스·판매·광고 등에 있어서의 원가최소화 등을 생각할 수 있다. 그러나 더 저렴하게 생산할 수 있는 경쟁자가 나타나면 곧 고객을 잃게 되는 것이 취약점이다.

2) 차별화전략

차별화전략(differentiation strategy)은 기업이 제공하는 제품이나 서비스를 경쟁기업과 차별화시킴으로써 소비자로 하여금 그 기업이 독특하다고 인식할 수 있도록 어떤 이미지를 창조하는 전략이다. 이러한 차별화의 방법으로는 고객에 대한 서비스, 디자인, 상표이미지와 기술, 포장 및 기능 등 여러 가지가 있을 수

그림 6-5 포터의 본원적 경쟁전략

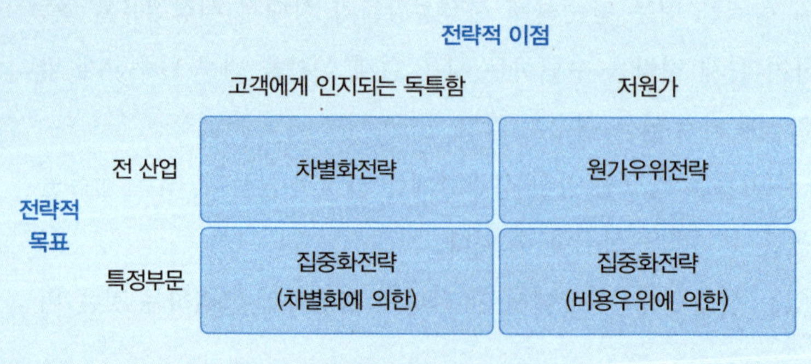

있다. 그러나 차별화전략을 채택한다고 해서 비용을 무시해도 좋다는 뜻은 아니고, 다만 비용이 제일의 전략적 목표가 아니라는 것이다.

3) 집중화전략

집중화전략(focus strategy)은 특정시장, 즉 특정 구매자 집단이나 제품라인의 일부분 또는 특정지역을 집중적으로 공략하는 것이다. 비용우위전략이나 차별화전략이 산업의 전반적인 목표를 위한 전략인 것에 반하여 집중화전략은 특정시장에만 역량을 집중하는 전략이라고 할 수 있다. 집중화전략은 광범위하게 경쟁하는 경쟁기업보다 좁은 전략시장을 중점적으로 공략하는 것이 보다 효율적이고 효과적임을 전제로 한다. 따라서 기업은 특정시장을 대상으로 하여 이들의 욕구를 만족시키는 차별화전략을 채택하든지 아니면 원가를 낮춤으로써 그 특정시장에 대한 원가우위로서의 위치를 갖게 된다.

4) 어중간한 상태(stuck-in-the-middle)

전략대인의 선택에 있어서 가장 유의해야 할 점은 여러 전략들 중에서 가장 적합하다고 생각되는 하나의 전략을 충실히 수행하여야 한다. 서로 배타적인 것이 아닌 두 가지 전략적 대안을 동시에 수행할 수도 있겠지만, 만약 기업이 충분한 여력이 없어서 그중 어느 하나도 제대로 수행하지 못하게 되면 어중간한 상태가 되어 오히려 위험에 빠지게 될 수도 있다. 이처럼 어중간한 상황에 처하지 않기 위해서는 기업이 근본적인 전략적 의사결정을 내려야만 한다. 비용우위를 통해 시장점유율을 높이든지, 아니면 시장점유율을 다소 포기하더라도 기업의 차별성을 살려서 경쟁기업과 차별화를 시도해야 한다.

다. 블루오션 전략

블루오션 전략(blue ocean strategy)을 이해하기 위해 우선 블루오션과 레드오션의 개념을 이해할 필요가 있다. 레드오션은 오늘날 존재하는 모든 산업을 뜻하며 이미 세상에 알려진 시장 공간이다. 레드오션에서는 산업 간의 경계선이 명확하게 그어져 있다. 기업들은 기존 수요에서 보다 큰 점유율을 얻기 위해 경쟁자를 능가하려 애쓰고, 시장 참가자 수가 늘어남에 따라 수익과 성장에 대한 기대치는 점점 낮아진다.

반면에 블루오션은 미개척 시장 공간으로 새로운 수요 창출과 고수익 성장을 향한 기회로 정의된다. 블루오션은 기존 산업의 경계선 바깥에서 완전히 새롭게 창출되는 경우도 있으나 대부분은 기존 산업을 확장하여 만들어진다. 블루오션에서는 게임의 규칙이 아직 정해지지 않았기 때문에 경쟁과 무관하다. 수익과 성장의 새로운 기회를 잡기 위해서는 블루오션을 창출해야 한다고 본다.

블루오션 전략에서 가치혁신(value innovation)이 매우 중요한 개념인데, 가치혁신이란 기업이 유용성에 기반을 두고 가격, 비용의 포지션을 잘 조정함으로써 생겨나며, 경쟁 기반에서 널리 사용되는 가치와 비용의 상쇄(trade off)관계를 받아들이지 않고 차별화와 비용우위를 동시에 추구하는 것이다. 따라서 가치혁신은 새로운 전략적 사고와 전략 실행 방법으로 블루오션을 창출하고 경쟁의 굴레에서 벗어나게 한다.

1) 블루오션 전략의 4가지 핵심 원칙

① 시장 경계선을 재구축하라

치열하고 살벌한 경쟁에서 빠져 나와 블루오션을 창출하기 위해서는 무엇보다도 '경쟁의 틀을 깨고 시장 경계선을 재구축'하여야 한다. 이를 위해서 경영자들은 기존 시장의 경계선 내에서의 경쟁이 아니라 그 경계선 너머를 바라볼 필요가 있다. 기존의 사고의 틀에서 벗어나, 대안이 될 만한 산업, 전략그룹, 구매자 그룹, 보완적 제품이나 서비스, 산업의 기능적, 감성적 성향, 그리고 시간의 흐름을 고찰할 때 기존의 틀을 넘어서는 새로운 시각과 접근이 필요하다.

② 숫자가 아닌 큰 그림에 집중하라

위에서 언급된 블루오션의 통로를 발견한 후에는 블루오션에 도달하는 전략 기획 프로세스를 정렬하고 아이디어를 전략 캔버스(strategy canvas) 위에 작성토록 해야 한다. 즉 '숫자가 아닌 큰 그림에 집중해야만 한다. 복잡한 숫자 놀음과 전문 용어보다는 주요 관심사를 큰 그림 위에 포커스할 수 있어야 한다.

전략 캔버스 작성은 다음의 세 가지 역할을 담당한다.

첫째, 산업 참여자들 간의 경쟁에 영향을 미치는 요소와 미래에 가능성이 있는 요소를 선명하게 묘사함으로써 산업의 전략적 프로파일을 보여준다.

둘째, 현재 경쟁자와 잠재적 경쟁자들이 전략적으로 투자하는 요소를 규명해 그들의 전략적 프로파일을 보여준다.

셋째, 기업이 어떻게 현재와 미래에 이 요소들에 투자할 것인가를 잘 묘사하는 전략적 프로파일을 보여준다.

③ 비고객을 찾아라

기회를 최대화하고 리스크를 최소화하는 전략인 블루오션을 실행하면서 블루오션의 규모를 최대화하는 방법은 무엇일까? 이 질문은 비고객을 찾음으로써 해결할 수 있다. 이 접근법은 새로운 공급 상품에 가장 큰 수요를 집결시킴으로써 신 시장 창출과 연관되는 규모의 리스크를 낮추어 준다. 또한 고객들의 차이점에 초점을 맞추기보다는 구매자들이 가치를 두는 강력한 공통점에 기초를 둘 필요가 있다. 이것은 기업이 기존 고객을 뛰어넘어 이전에 존재하지 않았던 새로운 고객을 발견할 수 있게 한다. 즉, 수요 창출을 위해서는 고객보다는 비고객을, 구매자의 차이점보다는 공통점을, 세분화 추구보다는 비세분화를 먼저 생각해야 하는 것이다.

④ 정확한 전략적 시퀀스를 만들어라

현재까지 블루오션 가능성을 발견할 수 있는 통로와 전략을 명확하게 표현할 수 있는 전략 캔버스를 작성하고 규모를 최대화할 수 있는 소비자에 대해서 살펴보았다, 다음은 수익성을 창출하기 위한 강력한 비즈니스 모델을 구축하는 것이다. 따라서 아이디어를 구체화하고 유효하게 만들어 줄 수 있는 전략적 시퀀스가 필요하다는 것이다. 블루오션 전략의 시퀀스는 구매자의 효용성이 명확해지면, 전략적 가격 책정으로 넘어간다. 단 여기서 가장 중요한 것은 구매를 이끌기 위해 '상품 가격이 최다수의 목표 구매자를 끌어들여 그들이 상품값을 지불할 수 있도록 책정되었는가'에 포커스되어야 한다. 다음으로 전략적으로 책정된 가격에 기반하여 이익을 낼 수 있도록 비용 목표를 달성하도록 해야 한다. 목표 비용을 맞출 수 없으면 블루오션 아이디어 자체에 수익성이 없으므로 그것을 포기하거나 목표 비용이 맞춰지도록 비즈니스 모델을 혁신해야 한다. 마지막 단계는 도입과 관련하여 아이디어 채택을 가로막는 장애 요소를 제거할 수 있어야 한다.

2) 블루오션 전략의 실행 원칙

① 조직상의 주요 장애를 극복하라

수익성 있는 사업 모델을 가진 블루오션 전략이 수립되면, 이를 실행에 옮겨야 한다. 블루오션 전략의 실행은 현재 상태에서 많은 변화를 요구하고 집중화를 통해 저비용으로 차별화 가치 곡선으로 전환할 수 있는 구조를 만들어야 한다. 그렇지 않으면 실행상의 장애가 발생할 수 있는 것이다.

첫째, 전략적 이동의 필요성을 인식하지 못하는 인지적 장애이다.

둘째, 제한된 자원의 문제, 전략 변화가 크면 클수록 실행에 더 많은 자원이 필요할 것으로 예상한다.

셋째, 꾸준하게 현재의 상황을 돌파하기 위하여 동기부여가 되어야 한다. 그러나 관리자들은 시간이 충분치 않다.

넷째, 회사 내 정치성의 장애로서 기득권층으로부터 강력한 저항이 있다.

이러한 장애를 극복하기 위해서는 급소경영 리더십(tipping point leadership)이 요구된다. 급소경영 리더십은 기업에서 드물게 활용되는 실제 인자들, 실적에 균일하지 않게 영향을 행사하는 사람, 활동, 업무 등이 있다는 사실에 기반을 둔다.

② 전략 실행을 전략화하라

블루오션을 실행하기 위해서 기업은 가장 기본적인 실행의 토대를 마련해야 한다. 그 기본적인 토대는 블루오션의 전략적 이동의 성공과 실패를 가름하는 '공정한 절차'이다. 시행해야 할 절차가 공정하다고 인정되면 사람들의 참여가 증가하고 만족도 또한 높아지게 마련이다. 따라서 공정한 절차가 전략과정에 실행될 때 사람들은 공평한 장이 존재한다는 것을 믿는다. 이러한 믿음은 결국 전략적 결정에 자발적으로 협력할 수 있을 것이다.

지금 경영현장에는

피말리는 맞수 경쟁, 피하지 말고 좋은 상대 골라 즐겨라

라이벌과의 경쟁이라면 알레르기를 일으키는 사람도 있다. 하지만 강력한 라이벌의 존재는 약이 되기도 한다. 경쟁 브랜드의 공격으로 치명타를 입을 수도 있지만, 때로는 시장 규모와 브랜드 파워를 키우고, 새로운 기회와 시너지 효과를 얻는 데 필요한 존재가 되기도 한다. 좋은 라이벌이 있었기에 성공한 브랜드가 되는 경우도 많다. 반대로 좋은 라이벌이 없어 쇠락한 브랜드도 있다.

라이벌을 어떻게 성공의 밑거름으로 활용할 것인가? 경쟁의 틀을 성공의 지렛대로 활용하는 것이 바로 '라이벌 마케팅'이다.

영원한 라이벌 코카콜라 대 펩시

세계 최고의 브랜드 코카콜라와 끝없는 추격전을 펼쳐온 펩시의 싸움은 언제나 흥미진진하다. 그런데 두 브랜드 간의 경쟁이 과거와는 사뭇 달라졌다. 과거에는 '청량음료'라는 카테고리 내의 경쟁이었고, 그 속에서 펩시는 언제나 2인자에 머물렀다. 펩시는 '맛'이라는 속성으로 승부를 내려고도 했지만('블라인드 테스트'를 활용한 광고가 그 사례다), 이 전략도 실질적인 수익 창출로 연결되지는 못했다. 펩시는 코카콜라와의 소모직 경쟁을 접는 대신, '웰빙'을 키워드로 하는 새로운 카테고리로 '도약'하는 전략으로 멋진 승부수를 날렸다. 2006년 인도계 여성 CEO인 인드라 누이가 취임하면서, 웰빙 트렌드에 어울리지 않는 청량음료 비중을 줄이고 대신 소비자의 건강에 도움이 되는 비(非)탄산음료 카테고리를 공략하기 시작했다. 과자 부문에서도 치토스나 썬칩 같은 튀긴 과자의 비중을 줄이고 유기농 과자로 카테고리를 옮기면서 2007년 세계시장에서 20%의 매출 증가를 기록했다.

2등 브랜드라는 꼬리표를 달고 다녔던 펩시가 탄산음료 시장에만 집착했다면 어떻게 되었을까? 하지만 펩시는 경쟁자인 1등을 지렛대 삼아 다른 카테고리로 훌쩍 뛰어넘는 전략을 구사, 시장의 변화에 적절히 대응했다.

자료: 조선일보, 2009.12.19

4.4 전략실행

아무리 잘 수립된 전략이라 해도 실행단계에서 문제가 있으면 성공할 수 없다. 따라서 수립된 전략이 성공적으로 실행되도록 최선을 다해야 한다. 성공적인 실행을 위해서는 모든 부서, 지위고하를 막론하고 모든 구성원들이 전략의 내용과 그것이 각 개인에게 의미하는 바를 잘 알고 있어야 한다. 대부분의 기업들은 이러한 의사소통의 중요성을 잘 알고 매년 경영방침이라는 형태로 신년사, 방침의 제시, 부서 내 회의 등 각종 의사소통 채널을 통해 이를 알리고자 노력하고 있다. 그러나 실제 많은 기업들은 전략수립의 결과를 전달하는 데 초점을 둔 나머지 의사소통의 궁극적 목적이 전략의 실행에 있다는 점을 간과하기 쉽다.

가. 수립한 전략 체크리스트

(1) 기업이 추구하는 최종목표에 적합한가?

(2) 강·약점을 볼 때 전략이 실천될 수 있는가?

(3) 기회와 위협요인을 충분히 반영하고 있는가?

(4) 지속될 수 있는 경쟁우위를 갖게 해주는가?

(5) 예상되는 위험이 감당할 만한 수준인가?

(6) 예상하고 있는 기간은 적당한가?

(7) 전략이 유연한가?

나. 전략 실패원인

(1) 전략수립내용의 부실

(2) 전략실행과정에서의 문제

전략을 실행하는 과정에서 발생할 수 있는 일반적인 문제는 구성원들의 낮은 참여도와 무엇 때문에 전략을 수립하는지조차 잊어버리는 목표전치(goal displacement), 그리고 자기가 소속해 있는 특정 부서를 위하여 기업 전체를 희생하는 부분최적화(sub-optimization) 등이 있다.

LET'S THINK

Porter는 3가지의 본원적 경쟁전략을 주장하였다. 즉 원가우위전략, 차별화전략, 집중화전략이 그것이다. Porter는 이 3가지 전략 중 어느 하나를 선택하여 집중하도록 권하고 있지만 실제 현실에서는 많은 기업들은 2개 이상의 전략을 동시에 사용한다.

이러한 경우 성공한 기업과 실패한 기업들을 조사하여 토론해 보시오.

지금 경영현장에는

스타벅스의 사이렌 오더

스타벅스커피 코리아에 따르면 하루 평균 50만 명 이상이 전국 1,200여 개 스타벅스 매장을 찾는다. 대다수는 매장에서 주문과 결제를 하지만, 이 가운데 약 15%는 줄을 서지 않고 모바일 스타벅스 앱으로 미리 주문·결제한 음료를 매장에서 받아간다. 일명 '사이렌 오더'다.

사이렌 오더는 모바일 기술을 활용해 소비자의 편의를 높인 스타벅스의 대표 성공 사례로 꼽힌다. 스타벅스의 강점은 흔히 알려진 브랜딩과 마케팅에만 국한되지 않는다. 스타벅스가 한국을 포함한 글로벌 시장에서 성공할 수 있었던 이유 중 하나는 디지털화다. 정보기술(IT)에 투자해 새로운 서비스를 경쟁사보다 먼저 선보인다. 사이렌 오더를 포함한 애플리케이션(앱) 관련 서비스가 대표적이다.

스타벅스커피 코리아는 2014년 전 세계 스타벅스 최초로 '사이렌 오더'를 독자적으로 개발했다. 손님이 몰리는 시간대에 매장에 길게 늘어선 줄을 보고 발길을 돌려 다른 커피숍을 찾아 나서는 고객 수를 줄이기 위해 마련한 해결책이다. 사이렌 오더는 스타벅스 앱 내 선불카드에 돈을 충전하거나 신용카드로 미리 음료를 주문·결제하는 방식으로 운영된다. 줄을 서지 않고 원하는 시간대에 음료를 받을 수 있어 큰 호응을 얻었다.

스타벅스커피 코리아 관계자는 "사이렌 오더는 길게 줄서는 것을 좋아하지 않는 남성 고객과 1인 고객이 특히 선호한다"고 말했다.

사이렌 오더는 스마트폰으로 음식을 배달하고 쇼핑을 하는 젊은 세대의 소비 습관과도 맞아떨어졌다. 김난도 서울대 소비자학과 교수는 사이렌 오더가 올해 소비 트렌드 중 하나로 꼽은 '언택트 마케팅'과도 관련이 있다고 분석한다. 언택트(un-tact)란 사람과의 접촉, 즉 '콘택트(contact)'를 없애는 일종의 무인서비스를 함축하는 개념이다. 사이렌 오더는 이런 비대면 서비스에서 요구하는 편의성과 실용성을 갖췄다는 게 업계 관계자들의 평가다.

주문·결제가 클릭 몇번으로 간단하게 이뤄진다는 점도 장점이다. 많은 기업들이 모바일 강화 전략의 일환으로 모바일 주문·결제 시스템을 도입했지만, 사이렌 오더만큼 간편하지 않다.

스타벅스 본사는 한국의 성공 사례를 참고해 이듬해 미국에도 비슷한 '모바일 오더&페이' 서비스를 도입했다. 현재 사이렌 오더는 미국, 영국, 캐나다 등 전 세계 5개국에서 사용되고 있으며, 국내에서만 누적 이용 횟수 5,000만 건을 돌파했다. 하루에만 평균 9만 건의 주문이 사이렌 오더로 이뤄진다. 전체 주문건수의 16%에 달한다.

이 밖에 스타벅스 앱은 음료를 마시면 받는 쿠폰(e프리퀀시)을 모으면 스타벅스 다이어리를 증정하는 행사, 자주 마시는 메뉴를 등록하는 '나만의 메뉴' 같은 맞춤형 서비스, 전자영수증 발급 등 다양한 기능을 제공한다.

자료: 조선일보, 2018.12.21

Exploring INTERNET

현재 컴퓨터를 제조하여 판매하는 회사들이 많이 있다. 그 숫자만큼이나 각 회사의 경영전략도 다르다고 할 수 있다. 대표적인 예로는 차별화전략을 구사하는 삼성 컴퓨터, 저가정책을 구사하는 델 컴퓨터 등이다.

아래의 회사들은 어떠한 전략들을 수립실행하고 있는지 살펴보시오. 또한 이러한 전략들의 장점과 문제점들은 어떤 것들이 있는지 생각해 보시오.

삼성전자(http://www.samsungelectronics.com)
델 컴퓨터(http://www.dell.co.kr)

나익희 사장은 주로 대학생을 상대로 스포츠웨어를 판매하는 상점을 운영하고 있다. 이 점포에서 취급하는 상품들은 주로 우리나라에서 생산된 외국브랜드 상품들이다. 최근 근처에 비슷한 가게가 문을 열었는데 유사한 상품을 취급하였다. 그러나 그 가게에서는 주로 중국, 태국, 필리핀, 말레이시아 등에서 생산된 제품을 낮은 가격으로 판매하기 시작하였다.

나익희 사장은 이 가게 때문에 자신의 사업이 적자를 보기 시작한다고 믿고 있다. 나익희 사장을 위한 컨설팅 팀의 일원으로서 다음과 같은 과제를 부여받았다.

문제 이 상황을 헤쳐 나가기 위해서 어떻게 Porter의 전략을 적용시킬 것인가? 여러분이 수립한 전략은 얼마만큼 신뢰할 만하다고 생각되는가?

Chapter 7

조직활동

당신은 좋은 쥐덫을 만들 수 있다. 그러나 그것이 적절한 때 적절한 곳에 있지 않으면 아무런 쓸모가 없다.

– 제롬 맥커시(E. Jerome McCarthy)와 윌리엄 페리올트(William D. Perreault, Jr.)

전통적인 조직설계는 더 이상 존재하지 않는 세계를 묘사한다.

– 래리 허시본(Larry Hirschborn)과 토마스 길모어(Thomas Gilmore)

조직구조설계에 있어서의 도전은 조직구조를 완벽하게 설계하는 것이 아니라 경쟁자보다 나은 조직구조를 설계하는 데 있다.

– 이안 맥밀란(Ian C. MacMillan)과 패트리샤 존스(Patricia E. Jones)

● 시작 이야기 ●

조직 내 사일로(Silo)를 없애는 방법

"팀장님 큰일 났습니다."

"뭐야, 박 대리?"

"우리가 개발 납기를 어겼다고 중국 H사에서 지체 보상금을 요구한답니다."

"납기를 못 지켰다고? 분명 생산관리에서 납기를 맞출 수 있다고 했었잖아!"

"물론 시제품은 만들었는데요. 품질보증팀에서 품질에 문제가 있어 양산을 할 수 없다고 얘기를 했답니다."

"도대체 누가 그런 이야기를 협의도 없이 일방적으로 했어?"

"…."

상품기획팀 박 대리가 직속 상사인 최 팀장에게 긴급 보고를 하다 질책을 받았다. 박 대리는 잠시 머리를 싸매고 있다 품질보증팀 이 과장에게 전화를 걸었다.

"이 과장님, 중국 H사 신제품 양산이 연기됐다고 들었습니다. 사흘 전에 받은 양산 승인이 왜 갑자기 취소됐는지 알 수가 없네요."

"박 대리, 그걸 몰라서 지금 묻습니까? 박 대리가 우리한테 H사에서 보낸 품질 변경 요건서를 줬었잖아요. 우린 그걸 이틀 전에 받았단 말이요. 양산 이틀 전에 품질 변경을 통보하다니 그게 말이 되요?"

"아니, 과장님! 그 요건서는 중국에서 사흘 전에 보낸 겁니다. 그래서 늦었지 않습니까?

"그럼 계약은 무엇으로 하는 거야? 그냥 물량만 받아오면 되느냐고?"

"과장님! 계약은 영업에서 했지 우리가 했습니까? 품질 변경 요청서도 영업에서 받은 겁니다. 영업에서는 '내용이 지난번 품질 요건서와 다르지 않다. 다만 단서 조항이 있는데 그것은 제품의 하자가 있을 경우에만 해당한다'고 했단 말입니다."

"박 대리, 장사 하루 이틀 하는 거야? 중국 업체들의 관행을 아직도 모른단 말이야? 그런 식으로 대충 넘어가면 어떡해! 계약서의 내용이 바뀌는 경우에는 개발 일정을 연기하는 내용으로 계약을 하거나, 생산에 차질이 없도록 일찍 사전 조치를 해야지 않소?"

"과장님, 제가 무슨 힘이 있습니까? 영업에서는 기다리라고 하고, 제품은 만들어야 하고, 그래서 지난번 같이 일단 개발에 들어갔고, 시제품까지 만들었지 않습니까?"

"그래, 시제품 만들 때 한 번 더 요청을 했어야지. 무턱대고 제품 출하한 뒤에 그게 반송돼서 돌아오면 책임질 겁니까?"

"지금의 품질이 제품이 반송될 정도로 심각하진 않잖습니까? 그리고 양산 연기를 결정하실 때, 왜 우리 팀과 협의를 안 하십니까? 직접 고객과 협의하고 양산 일정까지 바꾸면 우리는 뭐가 됩니까?"

두 사람은 한참을 더 옥신각신했다. 결국 대화는 문제가 생긴 구체적인 이유와 대처 방안은 다루지도 못한 채 책임 공방으로 끝났다. 상품기획팀 최 팀장은 이 상황을 보며 속으로 생각했다.

'왜 이런 문제가 계속 반복될까? 품질보증팀은 이런 문제를 자체적으로 판단해서 고객과 협의해도 되는 걸까? 물론 품질 요건서에서 지적한 것과 다른 제품이 양산에 들어가서는 안 된다. 그러나 제품에 납기가 있는데 마냥 기다릴 수도 없는 상황이지 않은가?'

이처럼 상품기획팀과 개발팀, 품질보증팀 사이에 상호 보이지 않는 갈등이 계속 이어지고 있다. 이러한 팀 간 갈등을 해결할 방안이 없을까?

본 사례는 다음과 같이 요약할 수 있다.

상품기획팀과 품질보증팀, 두 팀은 모두 같은 고객을 대상으로 업무를 한다. 상품기획팀은 제품의 특성과 개발 일정에 초점을 둔다. 반면 품질보증팀은 제품의 품질과 양산 시 발생할 수 있는 문제를 중요시한다. 긍정적인 면에서 보면, 양팀은 조직 내에서 서로를 견제하면서 고객에게 최적의 제품을 제공하는 데 기여한다. 그런데 제품을 바라보는 관점과 부서에 대한 평가 기준이 다르기 때문에 갈등이 계속되는 것이다.

그리고 양팀 사이의 문제를 3가지로 정리할 수 있다.

① 팀의 미션과 역할의 차이
② 평가 기준의 상이함에 따른 문제 대처 방법의 차이
③ 팀 간 문제 발생 시 의사소통 채널의 부재였다.

두 팀의 갈등 해결을 위한 방법으로 ITB(Inter Team Building)를 제안할 수 있다. ITB란 상호 관련된 업무를 수행하는 2개 이상의 조직을 대상으로 비생산적이고 효율성을 저해하는 업무들을 규명하고 개선해 조직 간 협력 풍토를 증대시키는 팀워크 증진 활동을 말한다.

갈등이 없는 조직은 없다. 따라서 갈등의 유무보다는 발생한 갈등을 어떻게 조절하고 해결해서 조직의 성과를 높이느냐가 더 중요하다. 보통 부서 간 갈등은 서로가 일을 잘 하려다 발생하며, 부서별로 입장이 다르다 보니 처리가 어려워진다. 다음은 조직 간 갈등이란 이슈를 해결하기 위한 ITB가 필요한 상황이다.

① 조직 간 상호 커뮤니케이션 부재로 인해 업무 누수가 생기거나 효율성이 저하될 때
② 지나친 성과주의로 인해 조직 이기주의나 우월주의가 증대하고 조직 내부의 경쟁이 심화돼 상호 불만이 커질 때
③ 각 조직의 목표가 상충하거나 인식의 차이가 커 조직 간 갈등이 증폭될 때

조직 내의 커뮤니케이션 부재와 지나친 성과주의, 팀간 목표 충돌이 나타나는 배경에는 자기 조직의 이익을 최대화하고 우선시하려는 경향이 있다. 더불어 오늘날의 기업에서는 각 부문의 자율경영이나 분권화를 장려하는 추세다.

세계적인 경영학자인 데이비드 아커 UC 버클리대 교수는 조직 간 협력의 어려움을 '사일로(silo)'란 용어로 설명했다. 원래 '사일로'란 곡식을 저장하는 원통 모양의 창고를 말하지만, 경영학에서는 조직 내 부서 간 장벽이나 부서 이기주의를 뜻한다. 조직 내의 부서들이 외부와 담을 쌓고 다른 부서와의 협력이나 교류 없이 내부적 이익만을 추구하는 모습이 사일로를 연상시키기 때문이다. 많은 기업이 조직 안에 만연한 사일로 문제 때문에 고심한다. 아커 교수는 "사일로 문제를 해결하기 위해서는 보상 체계와 직무평가 제도 자체를 완전히 뜯어고쳐야 한다. 경영진은 커뮤니케이션과 협력수준, 팀워크, 팀 차원의 해결책 등을 모두 고려해 보상을 실시해야 한다"고 주장했다. 이것은 조직 내의 사일로를 없애기 위한 통합적인 해결책이다.

사일로의 역기능이나 그로 인해 발생하는 문제들을 극복하면서 모든 부서가 개성과 자율성을 유지하며 상호 윈윈(win-win)하는 방법은 없을까? 바로 ITB가 좋은 부분은 다치지 않으면서 환부의 핵심만을 치료하는 방법이 될 수 있다.

ITB의 초점은 "모든 부서들을 똑같게 만드는 것이 아니라, 서로 다르고 대조적인 부서들이 협조해 더불어 일할 수 있게 하는 통합화 프로세스(integration process)를 개발하는 것"이다.

자료: 동아비즈니스, 2009.11

제 1 절
조직화란

사람은 태어나면서부터 원하든 원하지 않든 조직에 속하게 되어 일생을 살아가게 된다. 따라서 조직을 정확하게 이해하는 것이 조직화를 이해하는 전제조건이 될 것이다.

조직(organization)이란 어떤 공동목표를 달성하기 위해 분업을 통해 함께 일하는 두 사람 이상의 집합체를 말한다. 이 정의에는 다음과 같은 네 가지 특성이 있음을 알 수 있다. 즉 (1) 사람들의 집합체(collection of people), (2) 분업(division of labor), (3) 공동노력(working together), (4) 공동목표(common goal) 등이 그것이다.

조직의 존재이유가 바로 개인 각자의 분산된 노력에 의해 성취할 수 있는 것보다 더 많은 것을 성취하기 위해 사람들의 노력을 결집시키려는 데 있다. 이것을 상승효과(synergy effect)라 한다. 즉 전체는 개별적 부분들의 합보다 크다는 의미이다.

또한 조직은 이와 같은 상승효과를 얻기 위해 분업, 즉 과업이 각 개인이나 각 집단에 의해 전문적으로 수행될 수 있도록 세분화되어야 한다. 이러한 과업의 세분화과정을 전문화(specialization)라 한다. 그리고 조직이 상승효과를 달성하기 위해서는 공동노력, 즉 많은 사람들이 세분화되고 전문화된 활동이 조정(coordination)되어야 한다. 만약 구성원들의 활동의 조정이 이루어지지 않으면, 조직의 전체 목표의 성취가 불가능하게 될 것이다.

1.1 조직화란

경영관리 과정인 계획화, 조직화, 지휘화, 통제의 경영관리활동은 상호의존적이고, 계속적인 과정의 성격을 갖는다. 이에 따라 먼저 설정한 기업의 목표에 따라 계획이 수립되고 나면 이를 효율적으로 실행할 조직을 구성하는 조직화가 필수적이다.

따라서 조직화(organizing)는 기업의 목표를 최적의 방법으로 달성할 수 있도록 어떠한 형태로 조직을 구성할 것인가를 결정하고, 이에 따라 각종 경영자원을 배분하고 조정하는 활동을 말한다. 즉 기업의 목표를 달성하기 위해 인적자원과 물적자원, 정보, 지식 등 모든 경영자원을 단위별로 나누어 배분하고 조정하는 활동이라고 할 수 있다.

이러한 조직화활동은 경영활동의 한 부문으로서 목표달성을 위한 업무세분화 과정의 성격을 갖고 있다. 즉, 어떤 업무가 이루어져야 하며, 누가 그것을 수행할 것인가. 업무분류는 어떤 방법으로 이루어지며, 업무보고는 누가 하고, 의사결정은 어디에서 이루어지는가에 관한 문제를 다루는 활동이라고 할 수 있다. 따라서 각자가 맡은 역할에 최선을 다하고 이를 체계적으로 결합하여 기업 전체의 목표를 보다 효과적으로 달성할 수 있도록 조정이 필요하다.

결국 조직화는 경영자가 기업의 목표달성을 위해 자원과 업무를 관리 가능한 단위별로 세분화하기 위하여 적절하게 배분하고 조정해 나가는 과정을 의미한다. 따라서 경영자의 조직화 기능은 다음과 같은 두 가지 문제에 초점을 둔다.

(1) 자원과 업무를 분업의 형태로 어떻게 전문화시킬 것인가?

(2) 분화된 자원과 업무를 어떻게 조정하고 통합할 것인가?

이러한 조직화는 조직과는 의미상에 차이가 있다. 조직이란 조직화 과정을 거쳐 조직구조가 형성되어 체계를 갖춘 완성된 결과물을 말한다. 따라서 조직화는 조직을 형성시켜 나가는 과정으로, 조직은 조직화 노력을 통해 얻어진 결과로 이해할 수 있다.

1.2 조직구조

조직이란 다수의 인간들이 공통된 목적을 달성하기 위하여 상호작용을 하는 집합체이다. 따라서 조직은 그 존재 목적에 따라 각기 다른 형태의 구조를 지닌다.

가. 조직설계와 조직구조

조직설계(organization design)는 조직화하는 과정에서 조직의 틀을 어떻게 구성할 것인가를 결정하는 것을 말한다. 이러한 조직설계의 결과 나름대로의 모양과 특색을 갖춘 짜임새 있는 모습으로 나타난 조직의 틀을 조직구조(organization structure)라고 한다.

예를 들면 우리가 집을 지으려고 한다면 우선 어떤 모양으로 지을 것인지를 생각한 후 집설계도를 작성하게 된다. 이 설계도를 통해 몇 층으로 지을 것인지, 한 층의 크기는 어느 정도인지, 현관과 창문을 어디에 낼 것인지, 화장실은 어디에 둘 것인지 등에 대해 알 수 있다. 이렇게 집의 모양이나 짜임새를 결정하는 과정을 집의 설계라고 하고, 집이 다 지어지고 나면 설계도에 나타난 것처럼 어떤 모양과 특성을 지니게 되는데 이것을 그 집의 구조라고 한다. 기업의 조직도 집과 마찬가지다. 기업의 조직도 설계가 필요하며 그 설계에 따라 조직이 만들어지며 기업 나름대로의 구조적인 특징을 지닌 조직구조를 갖게 되는 것이다.

나. 조직도

기업의 조직 구조를 체계적으로 표시한 도표가 조직도(organization chart)이다. 이러한 조직도를 결정하기 위해서는 조직의 목적을 우선 고려하여야 하며, 그 외 조직이 처리하여야 할 업무량과 조직 구성원의 크기 등도 아울러 감안하여야 한다.

조직도는 기업 내의 업무상 직위간의 기본적 관계를 표시하는 도표로 다음의 정보를 제공한다. 즉 분업의 직위, 업무의 유형, 상사와 부하의 관계, 의사소통의 경로, 관리의 계층 등이 그것이다.

다. 공식구조와 비공식구조

공식구조(formal structure)란 조직도에 나타나는 구조를 의미하며 이의 특성은 조직목표의 계층화를 분명히 되어 있으며, 계층 및 부문 간의 권한 및 책임관계와 의사소통의 경로를 분명하게 밝히고 있는 구조를 가지고 있으며, 모든 구성원에게 구체적인 업무가 할당되고 지위, 신분의 체계를 나타나 있으며, 공식구조는 경영자에 의해서 의도적으로 구성된 조직이며, 조직의 수명이 지속적이라는 것이다.

반면에, 비공식구조(informal structure)는 공식조직 내에서 조직구성원들의 자생적으로 형성된 집단이다. 비공식집단이 형성되는 요인은 주로 종업원들의 사회적 욕구를 충족하기 위한 목적으로 형성된다. 즉, 종업원들이 인접한 위치에 있거나 또는 그들이 공통적인 배경과 공통목적이 유사하기 때문에 자발적으로 동호회, 향우회, 취미클럽 등과 같은 비공식구조가 만들어진다. 기업의 측면에서 비공식구조가 중요시되는 이유는 비공식구조가 종업원들의 업무성과와 사기(morale)에 큰 영향을 미치기 때문이다.

1.3 조직화 과정

앞에서 설명한 바와 같이 조직화란 기업의 목표를 달성하기 위하여 자원과 업무를 적절하게 배분하고 조정해 나가는 과정이다. 일반적으로 조직화의 과정은 크게 네 단계로 나누어진다. 즉 첫째로 기업의 목표를 달성하기 위하여 종업원들의 업무를 분업하고 전문화시키고, 둘째로 확정된 과업을 수행하기 위하여 일정한 기준에 의하여 부문으로 과업을 합치고, 셋째로 부문별로 책임이나 권한을 배분하는 등 수직적으로 조정하고, 넷째로 이들이 상호 연결되도록 수평적으로 조정하는 과정을 거치게 된다.

가. 분업과 전문화

조직화 과정에서 첫번째 단계는 종업원들이 해야 할 업무를 구체적으로 어떻게 나눌 것인지 결정하는 활동이다.

이와 관련해서 아담 스미스(Adam Smith)는 1776년 발간한 저서 「국부론(The Wealth of Nations)」에서 조직의 원칙을 제시하였다. 조직의 기본원칙 첫째는 업무를 가능한 한 세분하여 단순화시키고, 둘째로 작업자들을 단순화된 업무에 대해서 전문화시키면 기업은 높은 생산성을 이룰 수 있다는 것이다.

여기서 첫째의 원칙을 분업(division of labor)의 원칙이라 하고, 둘째를 전문화(specialization)의 원칙이라고 한다. 이는 조직 내의 일을 나누는 방식으로 각 구성원들이 비교적 단순한 일을 반복적으로 처리하도록 하는 전문화 원칙이 사용되어 왔으며, 일반적으로 생산성을 높여주는 효과가 있다. 장점으로는 효율성과 생산성을 높일 수 있으며 또한 기능습득을 위한 훈련비용을 절감시킬 수 있다는 것이다. 반면에 단점으로는 인간의 소외감 및 인간을 기계의 부품화시켰다는 것이다.

나. 업무의 집단화: 부문화

조직화 과정의 두 번째 단계는 부문화(departmentalization)로 업무를 집단화하여 업무를 수행할 부서를 결정해야 한다.

일반적으로 많은 일들을 여러 사람들이 나누어 처리하게 되면 이를 효과적으로 관리할 필요가 생긴다. 이를 위해서 서로 유사하거나 관련이 있는 업무를 함께 할 수 있도록 부서별로 묶게 된다. 이러한 부문화는 기능별 부서화, 사업부별 부서화, 그리고 매트릭스 부서화 등의 방식으로 나눌 수 있다. 이에 대해서는 이 장의 조직구조의 유형에서 다루기로 한다.

다. 수직적 조정

기업의 목표를 효과적으로 달성되려면 수평적으로 분화된 모든 활동이 적절하게 조정되어야 한다. 다양하게 분화된 여러 활동은 조화롭게 기능하는 통합된 전체를 형성해 가야 하기 때문이다. 그런데 이와 같은 조정활동을 뒷받침하는 기반은 권한(authority)이다. 권한은 기업이 개인에게 합법적으로 부여한 의사결정권을 의미한다. 이러한 권한은 권한계층을 형성한다. 각 계층별 구성원들이 자신들의 업무를 효율적으로 수행하는 데 필요한 의사결정을 내릴 수 있도록 권한을 적절히 위임해 주어야 한다.

수직적 조정(vertical coordination)이란 이와 같은 권한의 계층을 활용하여 분화되고 전문화된 조직의 여러 가지 요소를 통합하는 과정이다.

권한위임(delegation of authority)이란 구성원들이 자신들에게 부여된 업무를 효율적으로 수행하는 데 필요한 의사결정을 내릴 수 있도록 권한을 적절히 나누어주는 것을 말한다. 의사결정을 위한 권한을 조직의 상부에 집중시킬 것인가, 아니면 광범위한 권한위임을 통해 관리상의 의사결정권을 조직의 모든 계층에 분산시킬 것인가에 따라 의사결정의 집권화(centralization)와 분권화(decentralization)가 발생한다.

권한을 배분할 때에는 따라야 할 몇 가지 일반적인 원칙들이 있다.

계층연쇄의 원칙(scalar principle)은 최고경영자에서부터 현장종업원까지 모든 계층의 구성원을 연결시키는 명백하고 단절없는 명령의 연쇄가 있어야 한다는 것이다.

명령일원화의 원칙(unity of command principle)이란 모든 하급자는 오직 한 사람의 상급자에게 명령을 받아야 하며 이에 대한 결과도 한 사람의 상급자에게 보고해야 한다는 원칙이다.

통제범위의 원칙(span of control principle)은 상급자 한 사람이 적정수의 하급자를 통제하도록 해야 효과적으로 업무를 수행할 수 있다는 것이다. 페욜(H. Fayol)은 일선경영자는 20～30명을, 최고경영자는 3～4명의 일선경영자를 통제할 수 있다고 하였으며, 쿤쯔(H.D. Koontz)는 상위직에서는 4～8명, 하위직에서는 8～15명이 적당하다고 하였다.

책임-권한 동등의 원칙(parity principle)은 주어진 업무에 대한 책임을 부여하기 위해서는 이와 상응하는 권한 역시 부여되어야 한다는 원칙이다.

라. 수평적 조정

수평적 조정(horizontal coordination)이란 기업의 여러 활동이 횡적으로 조정하는 것을 의미한다. 각 부서 구성원들이 맡아 처리하는 업무들 간의 상호의존성이 있으며 또한 각 부서 간의 업무가 서로 다르기 때문에 수평적 조정이 필요하다. 예를 들면 생산부서와 마케팅부서의 경우 서로 추구하는 목표가 다를 것이다. 이렇게 되면 생산부서와 마케팅부서 사이에 마찰이 생기게 되어 기업 전체의 목표를 달성하는 데 걸림돌이 될 수 있기 때문에 수평적 조정이 필요하다.

조정방법으로는 직접적 접촉을 통한 의사소통, 위원회, task force팀을 구성하는 것 등이 있다.

지금 경영현장에는

깨진 유리창 이론

누군가 돌을 던졌는지 한 상점의 쇼윈도 유리가 깨져 있다. 그런데 1주일째 깨진 유리창이 그대로 방치돼 있다면, 대부분의 사람들은 건물 주인이나 관리인이 건물에 별 신경을 쓰지 않는다고 생각할 것이다. 시간이 조금 지나면 깨진 유리창 앞에 쓰레기가 쌓이기 시작한다. 누군가는 재미로 아무 거리낌 없이 돌을 던져 또 다른 유리창을 깰지도 모른다. 방치된 쇼윈도를 본 다른 사람들은 가게의 모든 유리창을 죄다 깨버리고 말 것이다. 바로 '깨진 유리창 이론'이다. 이것은 범죄학자 제임스 윌슨과 조지 켈링이 1982년 3월 월간 저널 애틀랜틱에 처음 소개한 개념이다.

실제 사례를 보자. 1980년대 중반 미국 뉴욕 시는 빠르게 슬럼으로 변했다. 길거리는 온통 지저분한 낙서투성이였고, 더러운 지하철 역사에서는 범죄가 끊이지 않았다. 범죄 발생률이 높아지자 기업과 중산층이 교외로 급속도로 빠져나갔다. 그 바람에 거리와 지하철은 밤은 물론 낮에도 한적해져 두려움의 대상이 됐다.

이 상황을 어떻게 해결할 수 있을까? 깨진 유리창을 없애면 된다. 1994년 뉴욕 시장에 취임한 루돌프 줄리아니는 강력한 의지로 정화 작업에 돌입했다. 그는 뉴욕의 주요 거점에 CCTV를 설치해 낙서한 사람들을 끝까지 추적했다. 지하철 역사 내부의 벽을 깨끗이 청소하고 경범죄를 집중 단속했다. 그러자 놀라운 일이 일어났다. 시 정부의 강력한 의지를 거듭 확인한 뉴욕 시민들은 자신들의 과거 행태를 바꾸기 시작했다.

주위 환경이 전체적으로 더러울 때 사람들은 오물을 쉽게 버린다. 하지만 주위가 깨끗할 때는 그러지 못한다. 자신의 부적절한 행동이 쉽게 들통 나기 때문이다. 작은 것을 관리하면 큰 것은 저절로 관리된다.

이 이론은 기업 경영과 조직 관리에도 그대로 적용할 수 있다. 커다란 경영 전략이나 비전에 많은 노력과 시간을 투자하면서도 정작 기업을 갉아먹고 있는 사소하지만 치명적인 문제들을 간과하는 기업들이 많다. 이러한 기업들은 사소한 문제(깨진 유리창)에 집중함으로써 성공을 꾀할 수 있다.

제 2 절

조직구조의 유형

앞에서 설명한 바와 같이 부문화는 일정기준에 의해 구성원 및 업무를 결합시켜 일정한 관리·통제하에 둠으로써 관리단위화하는 것을 말한다. 부문화의 기능은 다음과 같다.

(1) 누가 무엇을 하고 누가 누구에게 보고책임을 지는가를 구체적으로 명백히 함으로써 권한관계를 명백히 한다.

(2) 비슷하거나 상호관련된 업무상의 책임을 맡고 있는 종업원들끼리 한데 묶어 단위화함으로써 의사소통과 통제를 촉진한다.

(3) 적절한 정보와 의사결정능력이 있는 곳에서 의사결정을 하도록 함으로써 의사결정의 질을 높인다.

부문화 과정 결과 조직의 틀로 나타난 것이 조직구조라 할 수 있다. 조직구조의 유형으로는 기능별 구조, 사업부제 구조, 매트릭스 구조가 기본적인 형태이다. 최근에는 급격하게 변하는 환경변화에 적응하기 위한 탄력적인 조직구조가 여러 가지로 개발되고 있다.

2.1 기능별 구조

기능별 구조(functional structure)는 생산, 마케팅, 재무, 인사 등 조직구성원이 수행하는 유사한 기능이나 활동을 바탕으로 부문화하여 만들어지는 조직형태를 말한다. 이 구조는 가장 일반적인 조직구조로서 많은 기업들이 이 조직형태를 따르고 있다. 특히 중소규모의 기업에 적합하다. 기능별 구조는 효율적으로 운영될 때 구성원들의 전문화를 기할 수 있고 상사의 명령에 따라 조직이 일

그림 7-1 기능별 구조

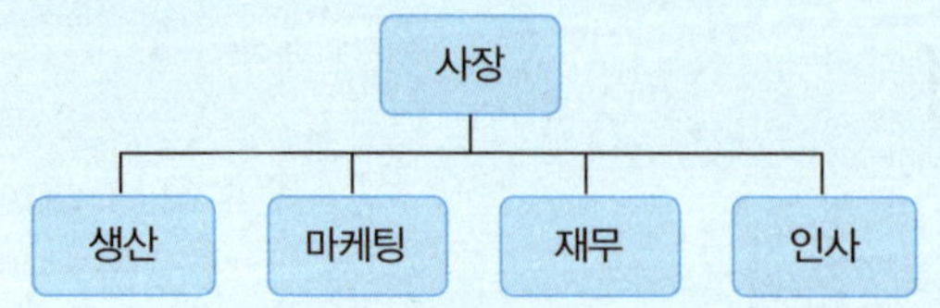

사분란하게 움직이는 장점이 있다. 그러나 각 기능부서의 종업원들은 자기 부서의 입장에서만 보는 편협된 시각을 가질 수 있고 외부환경변화에 둔감한 경향이 있다. 또한 타부서 간에 의사소통이 부족하기 때문에 갈등이 발생할 때에 조정이 상위계층에서 이루어져야 하기 때문에 시간의 낭비를 초래할 수 있다.

2.2 사업부제 구조

사업부제 구조(divisional structure)는 기업의 규모가 커지고 제품과 시장이 복잡하게 되면서 제품이나 시장 또는 지역을 바탕으로 부문화하여 만들어지는 조직형태를 말한다. 오늘날 대기업들이 지역적으로 분산되어 있는 자회사들을 경영하기 위하여 가장 보편적으로 채택하고 있는 조직형태라 할 수 있다.

이러한 사업부제 구조는 다음과 같은 특징을 가지고 있다. 첫째, 특정 제품, 고객, 지역에 관련되는 경영활동은 대부분 해당 사업부문의 책임자에 의해 이루어진다. 따라서 사업부의 책임자는 대부분의 권한을 보유하고 행사하게 된다. 둘째, 사업부는 상당히 독립적인 지위를 가진다. 따라서 사업부는 경우에

그림 7-2 사업부제 구조

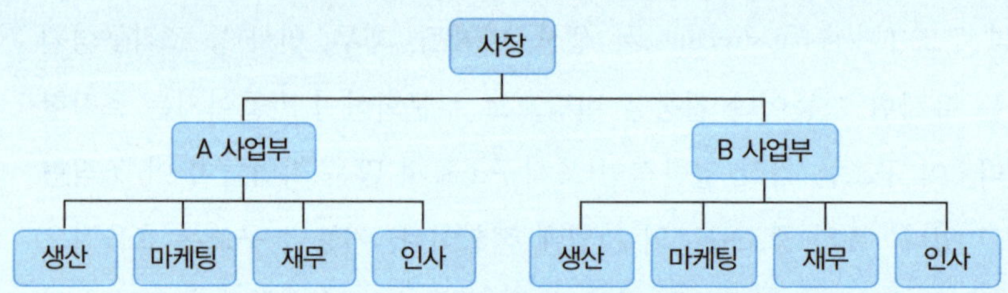

따라 하나의 독립기업과 마찬가지로 많은 일을 주어진 권한 내에서 스스로 결정하고 처리할 수 있다.

사업부제 구조는 기능별 구조에 비하여 사업단위별로 권한과 책임을 부여함으로써 외부환경(시장)의 변화에 재빠르게 대처할 수 있을 뿐만 아니라 책임 소재도 분명하게 할 수 있다. 반면에 사업부마다 중복된 부서가 있어 자원의 낭비를 초래하기나, 각 사업부 간의 지나친 경쟁을 유발하여 기업 전체의 목표달성을 저해할 수도 있다.

2.3 매트릭스 구조

본래 사업부제 구조는 환경변화에 적합하게 대응할 수 있다는 장점이 있으나 기능이 중복되기 때문에 비용이 많이 든다는 단점이 있다. 매트릭스 구조(matrix structure)는 이를 해결하고 새로운 환경변화에 적극적으로 대처하기 위하여 고안된 조직형태이다.

이는 한쪽에는 생산, 마케팅, 기술 등 기능별 부문이 있고, 또 한쪽에는 제품별, 지역별, 사업부별, 프로젝트별 부문이 있어 이들을 바둑판처럼 엮어서 만든 형태이다. 이 구조의 특징은 계층적 기능구조에 수평적 사업부제 구조를 첨

그림 7-3 매트릭스 조직구조

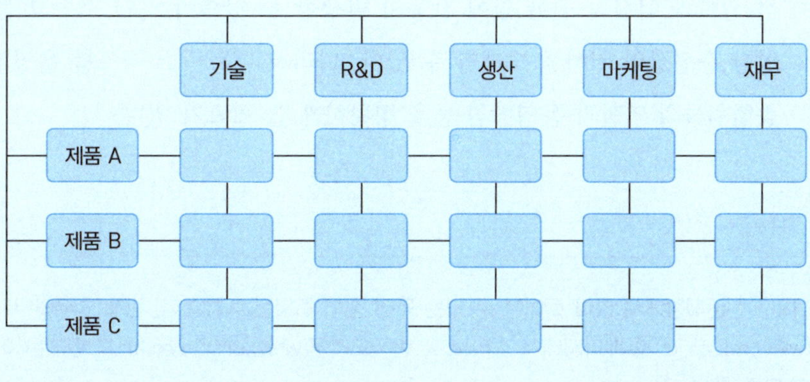

표 7-1 각 조직구조 형태의 특성

	기능별 구조	사업부제 구조	매트릭스 구조
장점	• 기능상 규모 획득(효율성) • 기술개발 용이 • 기능목표 달성 가능 중간 이하 규모 조직에 적합 소품종생산에 효과적	• 불안정, 급변환경에 적합 • 제품에 대한 책임 명확화로 고객만족 극대화 • 기능간 조정 용이 • 제품, 지역, 고객에 따라 적응 용이 대규모조직에 적합 다품종생산에 적합	• 다양한 환경의 요구에 적합 • 제품간 인적자원 사용 용이 • 환경변화에 대한 복잡한 의사결정에 효과적 • 기능과 제품간 통합기술 개발의 기회 보통규모에 적합 다품종생산에 적합
단점	• 환경변화에 대한 대응 늦음 • 경영자의 지나친 의사결정 권한 • 부문간 상호조정 곤란 • 조직목표에 대한 제한된 시각	• 기능부서의 규모 경제 상실 • 제품라인 간 기능의 조정 곤란 • 기술전문화와 경쟁력 상실 • 제품라인 간 통합/표준화 곤란	• 양부문간 갈등 야기 • 갈등해소에 시간과 노력 필요 • 구성원의 이해부족시 비효과적

가한 형태로, 한 사람의 부하가 두 사람의 행렬상사(이중 권한체계)와 두 개의 수직적 및 수평적 명령연쇄를 가진다. 이는 앞에서 언급한 명령일원화의 원칙을 위반하고 있지만 유효한 조직구조라 할 수 있다.

매트릭스 구조는 기능별 조직이 보유하고 있는 인적자원을 효율적으로 이용할 수 있고, 한 프로젝트에서 얻은 지식과 경험이 다음 프로젝트에도 활용될 수 있으며, 그리고 시장의 변화에 융통성있게 대처할 수 있다는 장점이 있다. 그러나 기능별 상급자와 제품별 상급자라는 두 명의 상급자를 갖게 되므로 이들로부터 서로 다른 명령을 받을 경우에는 갈등과 혼란이 발생하게 된다. 또한 고정적 권한과 임시적 권한 간에 갈등이 발생할 수 있으며 자기 소속의 불명확으로 인한 충성심의 저하를 초래할 수 있다. 따라서 매트릭스 구조를 운영할 때는 각 종업원들의 역할과 운영방침 등을 명확하게 할 필요가 있다.

LET'S THINK

최근 TV나 신문지상에서 많이 들어볼 수 있는 용어 중의 하나는 팀제이다. 팀제가 무엇인지 매일경제신문(www.mk.co.kr) 홈페이지에서 찾아보고, 한국오라클(www.oracle.co.kr)의 팀제는 어떻게 운영되는지 토론해보시오.

2.4 구조형태의 선택

기업에 적합한 구조를 선택할 때는 조직이 속한 경영환경과 기업이 추구하고 있는 전략 및 조직구조 유형을 면밀히 검토해야 한다.

21세기에는 컴퓨터와 정보통신을 중심으로 한 지식경영으로 경영패러다임이 전환됨에 따라 기업은 더욱더 신속하고 능동적으로 환경변화에 적응할 필요가 있는 것이다. 따라서 기업의 조직구조가 이와 같은 새로운 환경에 따른 전략을 효과적으로 뒷받침할 수 있어야 한다. 즉 과거에는 많은 기업들이 상의하달 위주의 관료조직 형태의 조직구조를 선택하였으나, 미래에는 급변하는 환경이 요구하는 바와 같이 유연하게 변화할 수 있고 하부구조에 권한과 책임을 부여하여 실무부서에서 자율적인 의사결정을 내리도록 하여 조직의 적응력을 높일 수 있도록 할 필요가 있다.

앞에서 설명한 바와 같이 세 가지 구조형태 중에서 매트릭스 구조, 사업부제 구조, 기능별 구조의 순으로 변화가 심하고 복잡한 경영환경에 적합하다는 판단을 많은 학자들은 내리고 있다. 따라서 최근 기능별 구조를 가지고 있던 많은 기업들은 사업부제 구조나 매트릭스 구조로 개편함으로써 새로운 경영환경에 맞는 조직구조를 개발하려고 노력하고 있다. 그러나 위 세 가지 조직구조 중 한 가지를 일괄적으로 도입할 필요가 있는지 고려해볼 필요가 있다.

예를 들어 기업간의 경쟁이 치열해짐에 따라 많은 기업들은 일사분란한 조직 전체의 경영활동이 필요로 함과 동시에 변화하는 환경에 따라 유연하게 대처할 필요성을 동시에 절감하고 있다. 따라서 기업이 처한 환경에 따라 기능별 구조, 사업부제 구조, 매트릭스 구조의 장단점을 고려한 혼합형 구조에 대한 필요성이 대두되고 있다.

지금 경영현장에는

민첩한 조직

민첩한 조직(Agile Organization)은 어떻게 만들어질까? 민첩한 조직은 민첩한 직원이 만들고 민첩한 직원은 민첩한 리더가 만들며 민첩한 리더는 민첩한 조직이 만든다. 민첩한 조직은 이처럼 선순환 구조로 되어 있다. 그렇다면 민첩한 조직의 출발점은 어디일까? 과연 무엇이 선행되어야 이 선순환이 정상적으로 작동될까?

민첩한 조직과 직원 그리고 리더는 합(+)의 관계가 아니라 곱(×)의 관계이다. 어느 것 하나라도 제로(0)가 된다면 전체 구조는 무너진다는 점에서 무엇 하나 소홀히 다룰 수 없는 주체들이다. 결정만 빠르고 지원은 부족한 조직, 지시만 빠르고 설명은 부족한 리더, 불평만 많고 실행은 부족한 직원이 존재한다면 혁신은 하나의 구호로 끝날 공산이 크다.

첫째, 민첩한 조직이 되기 위한 실행전략 조직에는 다양한 사람이 존재한다. 생각이 다르기에 해석도 다르고 해석이 다르기에 반응도 제각각이기 마련이다. 이제는 조직이 어느 방향으로 향하고 있는가를 직원들에게 정확하게 알려줄 수 있는 비전을 재점검하고 재구성해야 한다. 그러려면 조직 내부에 민첩한 조직을 실현하기 위한 평가제도가 구축되어야 한다. 민첩한 조직을 만들어야 하는 이유와 방법 그리고 예상되는 장애요인에 대해 임직원들의 이해와 양해를 구하는 것과 동시에 제도적인 기준이 선행되어야 한다.

둘째, 민첩한 리더가 되기 위한 실행전략 리더야말로 조직과 직원 사이에 끼여 가장 힘든 역할을 해야 한다. 조직의 명령을 여과 없이 전달만 하거나 리더가 먼저 조직에 대한 불만을 토로한다면 리더의 설자리는 없어진다.

셋째, 민첩한 직원이 되기 위한 실행전략 조직이 원하는 대로 민첩하게 움직이면 직원은 무엇을 얻을 수 있을까? 조직 좋은 일만 하고 정작 직원 자신은 죽도록 일만 하다가 결국 조직으로부터 버림받는 건 아닐까 하는 두려움은 월급쟁이라면 누구나 어렵지 않게 상상할 수 있는 불쾌한 가정이다.

직장생활의 수명은 점점 줄어들고 여생은 더 길어졌다. 부모로부터 물려받은 것이 많다면 별걱정 없겠지만, 맨몸 하나로 인생을 버텨야 한다면 방법은 딱 한 가지다. 스스로 단단해지는 것이다. 그 누구한테도 구속당하지 않고 온전히 자신의 내공과 깡다구로 인생을 살고 싶다면 먼저 조직에 있을 때 자기만의 내공을 쌓아야 한다.

하는 일마다 민첩해지면 농밀해지고, 농밀해지면 단단해진다. 단단해지면 내공도 커진다. 내공이 커지면 떠날 준비가 되었다고 해석해도 무방하다. 조직에서의 민첩함을 자기발전의 기회로 해석하면 힘겨운 조직생활도 견딜 만하다. 조직에서 보내는 시간을 조직에 대한 불만과 냉소적 태도, 그리고 갈등을 겪는데 낭비한다면 본인만 손해다.

결국 민첩한 조직은 조직과 리더 그리고 직원들 각 주체의 이해관계와 이익의 관점에서 해석되고 조정되어 합의에 이르러야 한다. 한 주체의 일방적인 이익 추구만으론 민첩해지기 어렵다. 그 누구도 손해 볼 생각은 없을 테니 말이다. 따라고 민첩한 조직을 만들기 위한 현실적이고 성공적인 방법은 서로의 입장을 수용하고 함께 노력하는 실행전략에 달려 있다고 볼 수 있다

자료: 서울경제, 2019.1.28

제3절

경영혁신

3.1 경영혁신의 의의

경영혁신이란 조직의 목적을 달성하기 위하여 새로운 생각이나 방법으로 기존업무를 다시 계획하고 실천하고 평가하는 것이다. 예컨대, 경영혁신은 새로운 제품이나 서비스, 새로운 생산 공정기술, 새로운 구조나 관리 시스템, 조직 구성원을 변화시키는 새로운 계획이나 프로그램을 의도적으로 실행함으로써 기업의 중요한 부분을 본질적으로 변화시키는 것을 의미한다. 제품과 공정을 뒷받침하는 기술이 아무리 우수하다 하더라도, 고객이 원하는 우수한 품질의 제품이나 서비스를 저렴한 가격으로 신속히 공급할 수 없다면 아무 소용이 없다.

최근 미국에서 출시된 애플의 아이폰은 출시된 지 이틀 만에 수십만 대가 판매되는 등 소비자들의 폭발적인 반응을 얻고 있다. 한때 연이은 수익 악화로 파산 직전까지 몰렸던 애플이 이제는 아이팟, 아이폰, 아이패드 등 연이은 히트작으로 화제를 몰고 다니며, 각종 기관에서 발표되는 혁신 기업 1순위를 차지하고 있다. '애플'하면 항상 '혁신'이라는 수식어가 따라다닐 정도다. 그뿐만이 아니다. 얼마 전 발표된 이 회사의 실적은 과거의 매출과 순익 기록을 또다시 뛰어넘었다. 이쯤이면 애플은 혁신에 통달하여 그 성과를 시장에서도 인정받는 '혁신의 달인(Master of Innovation)'이라 불릴 만하다.

'애플 II'의 개발로 PC 시대를 열었던 애플은 과거에도 혁신의 대명사였다. 하지만 당시 애플은 기술을 맹신한 나머지 소비자의 편의성을 고려하지 않았을 뿐만 아니라, 부품 및 소프트웨어 공급자들에 대한 폐쇄적인 정책으로 일관했다. 결과적으로 애플은 IBM에게 PC 시장의 주도권을 내주고 고작 10% 내외의 시장점유율에 만족해야 했다.

오늘날 애플의 'iPod'의 성공이 높게 평가받고 있는 것은, 애플이 기존의 기술 집착증에서 벗어나 시장 지향적인 혁신에 성공했다는 점이다. 'iPod'이나 'iTunes'가 대단한 기술을 바탕으로 애플의 부활을 이끌었다고 평가하는 사람은 많지 않다. 애플 'iPod'의 성공 원인이, 차별화된 디자인 및 소비자의 사용 편의성 제고를 통한 제품 혁신에 있었기 때문이다. 게다가 애플은 단순히 제품 혁신에만 머무르지 않았다. 새로운 형태의 온라인 음악 판매 채널인 'iTunes'의 도입을 통해 비즈니스 모델을 혁신하는 데 성공했다. 이처럼 애플의 부활은 기술에 대한 맹목적인 집착을 버리고, 소비자로 시선을 돌린 이룩한 혁신의 결과였다

특히, 경영학의 대가 피터 드러커는 그의 저서에서 경영 환경의 광범위한 변화를 예고한 바 있다. "어제의 기업이 반드시 내일의 기업이랄 수 없다"는 그의 말은 지금 현재 사실로 증명되고 있다. 경영혁신이란 기존의 패러다임, 즉 체계 속에 안주하고 있는 조직을 한 단계의 수준으로 이행시키기 위한 일련의 작업을 의미한다. 이를 달성하기 위하여 지혜를 짜서 효과적인 제도를 만들고, 그것을 이용하여 조직 내에서 일하는 사람들의 의식과 행동에 변혁을 일으키는 것이다.

3.2 성공적인 경영혁신의 조건

오늘날 많은 기업들이 혁신의 중요성을 인식하고 있지만 이를 성공적으로 실행하고 있는 기업들은 많지 않다. 성공적인 혁신을 위해서는 명확한 목표를 설정하고 적극적이고 지속적인 실행이 수반되어야 한다.

살아남기 위해서 기업은 어쩔 수 없이 혁신을 통한 변화를 도모해야 하며, 이를 제대로 실행하지 못한다면 언젠가 쇠퇴의 운명을 맞게 될 수밖에 없다. 혁신을 위한 노력은 선택 사항이 아니라 필수 사항이 되고 있다. 격변하는 경영환경에서 현재, 혁신의 중요성을 부정하는 기업이나 구성원들은 거의 없다. 또한 많은 기업들이 혁신을 위한 노력에 힘을 쏟고 있다. 그러나 혁신을 성공적으로 실행하고 있는 기업들은 그렇게 많지 않다. 즉 혁신의 실행에 대한 딜레마가 존재한다.

가. 혁신 실행의 딜레마

기업들은 실제 성과와 자신들이 원하는 바람직한 성과 간에 차이가 발생하면 무엇인가 조치가 필요하다고 인식하게 된다. 이러한 성과 차이를 줄이기 위해 기업들이 취할 수 있는 첫 번째 접근법은 현재 수행하고 있는 업무에 투입하고 있는 시간과 노력을 증대하는 것이다. 두 번째 접근법은 혁신 활동을 통한 프로세스 실행 역량의 향상을 도모하는 것이다.

현재 수행하는 업무를 보다 열심히 하는 것만으로도 단기간의 성과 제고는 가능하지만, 보다 지속적인 성과 향상을 도모하기 위해서는 혁신을 통한 역량 향상이 필요하다는 것은 두말할 나위가 없다. 그렇지만 이러한 원칙이 제대로 이루어지지 않는 것은 혁신 추구에는 위험이 따르기 때문이다.

첫째, 혁신에 투입된 시간과 자원의 결과가 당장 나타나지 않는다는 것이다. 특히 프로세스가 복잡한 경우에는 더욱더 그러하다.

둘째, 혁신을 위한 투자가 반드시 성공을 한다는 보장이 없다는 것이다. 즉, 문제를 발생시키는 근본 원인을 찾아내지 못할 수 있고, 새로운 개선 방법이 원하지 않는 결과나 실패를 가져올 수 있다. 따라서 위험을 회피하고 당장의 효과를 추구하는 다수의 경영자들은 혁신보다는 현재 업무를 열심히 수행하는 것이 바람직하다는 판단을 내리게 되고 혁신을 위한 자원과 시간의 투입은 점차로 줄어들게 된다. 이러한 상황이 반복되게 되면 구성원들은 현업을 할 시간도 없는데 무슨 혁신이냐며 혁신에 대한 부정적 관점을 가지게 되고, 기업이 강제적으로 혁신을 추구한다 하더라도 제대로 된 혁신 활동이 이루어질 수 없다. 따라서 성공적 혁신 활동이 이루어지기 위해서는 단지 말로만 혁신의 중요성을 외치는 것이 아니라, 혁신의 명확한 전략과 원칙을 수립하고 이를 지속적으로 실행하는 것이 필요하다.

나. 혁신 실행의 원칙

첫째, 명확한 혁신 전략 수립이다.

혁신 활동이 성공적으로 이루어지기 위해서는 우선 혁신의 전략 목표가 명확해야 한다. 기업들은 기업의 비전 및 전반적 비즈니스 전략을 기반으로 하여 혁신전략 및 실행 계획을 수립해야 한다.

둘째, 과감한 실행이 요구된다.

아무리 우수한 혁신 전략이 수립되고 과제가 선정된다 하더라도 이러한 것이 제대로 실행되지 못한다면 아무런 소용이 없다. 혁신이 성공하기 위해서는 혁신 기법을 많이 아는 것보다는 하나라도 아는 것을 제대로 실행하는 것이 보다 중요하다. 따라서 조직의 혁신을 도모하기 위해서는 설정한 혁신 전략을 보다 적극적으로 실행하는 과감성이 필요하다.

한 현상을 이해하지 못하거나, 단기간의 성과 하락이나 비용 증가를 용인하지 못하기 때문에 혁신 활동의 실패를 경험하게 되는 것이다.

셋째, 모든 구성원의 참여가 요구된다.

혁신 활동이 일정 수준까지 오르기 위해서는 경영층의 관심과 열의가 필수적이다. 경영층이 관심을 가지고 주도를 해야만 구성원들도 관심을 갖고 혁신 활동을 수행하기 때문이다. 그러나 경영층이 주도하는 혁신 활동은 한계가 있다. 경영층이 계속적으로 혁신 활동을 주도하기 위해서는 결국 관리와 통제에 의존할 수밖에 없기 때문이다. 그러나 관리와 통제에 익숙해진 구성원들은 혁신 활동의 근본 취지와 달성 목표를 이해하고 능동적으로 혁신 활동에 참여하려고 하지 않기 때문에 경영층의 관심이 적어지게 되면 그들의 참여도 역시 낮아지게 된다. 결국 성공적인 혁신 활동이 이루어지기 위해서는 현장 구성원들의 능동적이고 적극적인 참여가 중요하다.

넷째, 혁신 문화의 형성이 필요하다.

혁신을 성공적으로 실행하기 위해서는 이를 뒷받침하는 문화 형성이 필수적이다. 혁신 문화가 형성되어야만 구성원들이 보다 적극적으로 혁신 활동에 참여하게 되기 때문이다. 혁신 문화 형성에 있어 중요한 것은 혁신 활동에 필요한 학습 및 창의성 개발의 원리 원칙을 인식하고, 관련 정보가 적재적소에 도달할 수 있는 학습 조직을 구축하는 것이다.

다섯째, 체계적 관리 시스템의 구축이 필요하다.

혁신 활동은 이미 정형화되어 있는 기계 장비처럼 시장에서 손쉽게 구입할 수 있는 것이 아니다. 타 기업에서 성공적으로 실행된 혁신 프로그램이라 하더라도 이를 도입하여 자기 기업에 바로 정착시키는 일은 결코 쉬운 일이 아니다. 따라서 혁신 활동을 제대로 관리할 수 있는 체계적인 시스템을 구축해야 한다.

지금 경영현장에는

비전이란 무엇인가?

기업을 중심으로 이를 설명하면 비전이란 '기업이 미래에 달성하고자 하는 기업상(企業像)' 이다. 즉 오늘의 모습에서 벗어나 미래 어떤 시점에 기업이 갖고자 하는 의미를 나타낸 것이다.

이런 비전과 현재 모습과의 격차(Gap)를 극복하는 것이 바로 전략(Strategy)이며, 이런 전략이 잘 실현되도록 해주는 것은 변화관리(Change Management)로 이들 세 개념은 구분된다. 즉 비전이란 전략이 존재하게 하는, 전략에 우선하는 개념이며, 변화관리의 맨 첫 출발점에 존재하는 상위 개념이다. 기업의 비전은 순간적인 발상 또는 영감에 의해 우연히 발생하는 것이 아니라 광범위한 정보 수집, 분석, 다양한 경험과 지식의 습득 및 공유를 통해서 형성되는 것이다. 즉 무한한 가능성의 세계인 미래에 대한 끊임없는 물음과 이에 답하기 위한 정보, 지식 및 경험을 수집, 축적, 논의, 공유하는 과정에서 창조되는 것이 비전인 것이다. 충분한 시간과 잘 정의된 프로세스를 따를 때 절차적 타당성과 함께 경영 목표 실천을 위한 구체적이고 현실적인 처방이 도출되고 공감대와 실행력이 확보될 수 있다.

세계적인 음료 회사인 코카콜라의 비전은 '물을 이기는 것'이며, 세계 1위의 글로벌 여객회사인 보잉의 비전은 '항공기 운항의 표준 모델'이 되는 것이다. 경쟁의 개념을 물로 확대한 코카콜라, 비행기를 제조하는 수준이 아니라 글로벌 운항의 표준모델 차원에서 미래규범(Standard)에 도전하는 보잉 그리고 전체 미주 지역에서의 꼼꼼한 커버리지를 비전으로 설정한 GNC 사례는 우리에게 분명한 것을 시사한다. 바로 도전적이며 콤팩트 한 비전에서 우리는 3가지를 쉽게 느낄 수 있다. 바로 쉽다는 것, 명쾌하다는 것 그리고 강력하다는 것이다.

자료: 매일경제, 기업의 비전 수립과 달성 방법, 2011.5.20

〈맥주 회사의 조직도 그리기〉

종업원이 200명 정도인 맥주 공장을 운영하는 사장이 여러분에게 조직도를 작성해 줄 것을 요청하였다.

문제 맥주공장이 효율적으로 운영되기 위해서는 어떠한 기능이 포함되어야 하며 이에 맞는 조직 형태가 뒷받침되어야 할 것인지를 그림으로 나타내고, 그 이유에 대하여 토론하시오.

Chapter 8

동기부여

훌륭한 경영인은 비전을 창조하고 비전을 명확하게 하며, 비전의 완성을 위해 냉혹하게 추진한다.

— 잭 웰치(Jack Welch), GE 회장

20년 동안의 연구결과 '진정으로 무엇이 사람을 동기부여시키는가'에 대한 해답은 '당신의 부하에게 가서 물어 보아라'이다.

— 빈센트 플로워스(Vincent S. Flowers)와 찰스 휴즈(Charles L. Hughes)

• 시작 이야기 •

기업이 직원 만족을 이끌어내는 5가지 원칙

돈은 대단한 동기유발요인이다. 그러나 가장 중요한 건 아니다. 컨설팅기업 맥킨지(McKinsey) 보고서를 보면 현금을 들이지 않는 동기유발요인이 실제 기업의 미래를 만들어나간다고 주장한다.

1. 영감을 불어넣는 리더가 돼라

직원 동기유발의 출발은 바로 당신이다. 기업내 직원 동기유발을 돕는 리더십을 개발하라. 포브스(Forbes) 기사를 보면 그 방법이 제시돼있다. 무엇보다 고난의 시기에도 당신이 직원들과 함께 있을 것이라고 용기를 불어넣어줘라.

2. 당신 직원들이 빛나게 하라

당신 직원들의 능력을 절대 폄훼하지마라. 그들이 잘하는 영역에 배치하고 빛나게 하라. 작업스케줄을 유연하게 디자인하고, 경쟁하고, 직원간 유대를 강화하고, 커뮤니티 봉사프로그램에 참여하는 걸 의미한다면 그렇게 하라. 「행복프로젝트」(*The Happiness Project*)라는 책을 쓴 그레첸 루빈(Gretchen Rubin)이 블로그에서 한 말이다. 멤버십을 창출하는 것도 중요하다.

제 1 절

동기부여의 의의

기업의 목표를 달성하기 위해서는 효과적인 지휘활동이 이루어져야 하는데 이러한 지휘활동은 리더십을 통해서도 이루어질 수 있지만 종업원들의 동기부여를 통해서도 이루어질 수 있다.

우리나라 옛날 속담에 “말을 물가까지 끌고 갈 수는 있어도 억지로 물을 먹일 수는 없다”는 말도 있듯이 기업의 목표를 달성하는 데 있어서 종업원들의 동기부여는 꼭 필요하다고 할 수 있다.

동기부여(motivation)란 종업원들이 기업의 목표를 자신의 목표 중 하나로 받아들여 그것을 달성하기 위해 자발적으로 열심히 노력하도록 유도하는 과정을 말한다.

3. 기술계발을 위한 교육기회를 제공하라

학습문화는 직원 동기부여에 무척 중요하다. 기술 부족과 생산성향상 사이의 갭을 메우기 위해서도 기업의 교육이 필요하다. 비록 돈이 들더라도 적절한 교육은 부채가 아니라 투자라는 관점에서 실시돼야한다.

4. 더 투명해져라

폐쇄정책(closed-door policy)은 직원들에게 실망만 안겨주고 마찰을 유발할 것이다. 투명해지라는 주문은 당신 회사의 기밀이나 민감한 데이터를 모두 공개하란 뜻이 아니다. 누구나 쉽게 다가갈 수 있는 리더의 문화를 발전시키자는 것이고, 정기적인 미팅으로 직원들이 가치있게 대접받는다고 느끼게 해주라는 것이다.

5. 최고의 직장환경을 만들어라

비즈니스 인사이더(Business Insider)의 기사를 보면 자포스는 위계적 관리시스템을 철폐하고 수평적 조직구조를 도입했다. 직원들과 기업목표를 통합함으로써 직원들에게 희망을 불어넣었다. 직원들의 관심을 기업이 헤아리면 그들은 더 열심히 일 할 것이다.직원이 행복한 기업이 하루아침에 나오지는 않는다. 열매를 얻으려면 수년을 기다려야 할지 모른다. 그러나 계속 노력하다보면 그들은 가장 소중한 자산이 돼줄 것이다. 혁신은 직원 참여를 이끌어내는 열쇠다.

자료: 미디어 SR(http://www.mediasr.co.kr), 2014.5.2

이러한 동기부여는 인간이 가지고 있는 여러 가지 욕구(need) 중 어떤 것이 충족되지 못한 경우 그것을 충족시켜 줄 수 있는 행동을 선택하여 노력하는 과정을 의미한다. 이 때 행동을 하도록 유도하기 위해서는 경제적 보상을 포함한 여러 가지 보상으로 그 사람이 갖고 있는 욕구를 충족시켜 줄 수 있어야 한다.

동기부여는 충족되지 않은 욕구 → 동기화 → 보상의 과정을 거쳐서 강화되거나 약화된다. 인간의 욕구가 일단 만족되어지면 그 강도가 약화되어 동기화하지 않으며, 또한 인간의 행동은 일반적으로 그 시점에 있어서 가장 강한 욕구에 의해 영향을 받는다.

종업원이 업적을 달성하는 데 있어서 다음의 요소들에 영향을 받는다.

Performance	= Ability ×	Support ×	Effort
(종업원의 업적)	(능력)	(지원)	(노력)
	= Ability ×	Environmental Conditions ×	Motivation

동기부여에 대한 대표적 이론으로는 매슬로(A. Maslow)의 욕구계층이론, 허즈버그(F. Herzberg)의 2요인이론, 브룸(V.H. Vroom)의 기대이론, 아담스(J.S. Adams)의 공정성이론 등이 있다.

제 2 절 동기부여의 이론

2.1 동기부여이론

가. 동기부여의 초기 접근방법

과학적 관리법을 제창한 테일러(Frederick Taylor)는 인간은 주로 경제적 요인(돈)에 의하여 동기유발된다고 보았으며, 인간관계학파 학자들은 작업의 사회적 측면에 초점, 작업자들 자신을 중요시 느끼도록 동기부여시켜야 한다고 주장하였다. 그러나 양쪽 모두 종업원들을 극히 반복적이고 세분화된 작업을 수행하는 데 있어서 관리자의 지시에 엄격히 복종하도록 해야 한다는 것을 강조하였다.

나. 내용이론과 과정이론

다양한 동기부여이론들은 크게 두 가지의 범주로 분류한다. 그 하나는 내용이론(content theory)으로서 "인간의 행동을 유발하고 활성화시키는 것은 무엇(what)인가?"에 초점을 두는 이론이다.

이 이론에서는 인간의 요구 또는 동인이 인간을 행동하도록 하는 요인이라고 가정하여 인간의 행동에 영향을 주는 내적 욕구를 발견하는 데 초점을 두었다. 따라서 이 이론에서는 동기유발될 행동의 원인을 묘사하는 내용지향적이다. 욕구계층이론과 2요인이론은 이 같은 내용이론에 속한다.

동기부여이론의 다른 또 하나의 범주는 과정이론(process theory)으로서 인간의 행동을 유발시키고 활성화시키는 요인이 인간의 욕구라면 "인간의 욕구충족을 위해 여러 가지 행동과 행동전략을 어떻게(how) 선택하는가?"에 초점을 두는 이론이다.

따라서 이 이론은 동기유발된 행동이 일어나는 과정을 묘사하는 데 중점을 둔다. 기대이론과 공정성이론 등이 이러한 과정의 범주에 속한다.

2.2 내용이론

가. 욕구계층이론

매슬로(A. Maslow)는 인간의 본성에 대하여 세 가지 가정하에 욕구계층이론(hierarchy of needs theory)을 설명하였다.

(1) 인간의 행동은 그의 욕구에 의해 영향을 받는다.
 충족되지 않은 욕구가 행동에 영향을 미치며, 일단 충족된 욕구는 인간행동을 동기화하지 못한다.
(2) 인간의 욕구는 그 중요성에 따라 계층으로 구성된다.
(3) 기본적 욕구가 적어도 최소한도의 충족을 하고 난 뒤에야 비로소 다음 단계의 욕구에 눈을 돌리게 된다.

매슬로는 이러한 가정을 바탕으로 인간의 욕구는 (1) 삶 그 자체를 유지하기 위한 기본적 욕구인 생리적 욕구(physiological needs), (2) 신체적, 감정적인 위험으로부터 보호되고 안전해지기를 바라는 안전의 욕구(safety needs), (3) 소속감이나 애정욕구인 사회적 욕구(social or affiliation needs), (4) 내적으로 자율을 성취하려는 욕구 및 외적으로 타인으로부터 인정을 받으며 집단 내에서 어떤 지위를 확보하려는 존경의 욕구(recognition needs), (5) 자신이 이룰

그림 8-1 매슬로의 5단계 욕구계층

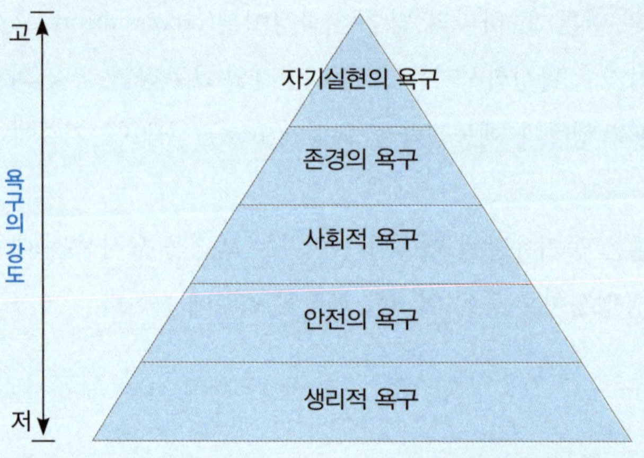

수 있거나 될 수 있는 것을 성취하려는 자아완성요구인 자아실현의 욕구(self-actualization needs) 등 5단계로 이루어져 있다고 제시한다. 인간은 하위단계에서 기본적인 욕구가 어느 정도 채워지면 상위단계의 욕구를 채우려고 노력한다고 하였다.

매슬로는 경영자들로 하여금 인간의 욕구에 대한 체계적 인식을 최초로 갖게 하였고, 하위욕구를 어느 정도 충족시켜 준 후에도 동기부여효과를 지속적으로 얻기 위해서는 상위욕구를 충족시켜 줄 수 있는 조직분위기의 조성이 중요하다는 것을 인식시켜 주었다. 그러나 그의 욕구계층이론은 다음과 같은 한계점을 가지고 있다. 첫째, 모든 사람에게 꼭 다섯 단계의 욕구가 존재한다고 하였는데 이는 개인차를 고려하는 것을 무시하였다. 둘째, 한 개인의 욕구는 정태적이 아니라 동태적이다. 셋째, 어떤 상황에서는 한 가지 욕구 이상이 동시에 작용한다. 넷째, 어떤 욕구는 속성상 완전만족이 불가능하다.

나. 2요인이론

허즈버그(Frederick Herzberg)에 의해 주장된 2요인이론(two factor theory)은 직무에 대한 만족감을 느끼게 해 동기부여 정도를 높이는 요인과 직무에 대한 불만족감을 느끼게 해 동기부여 정도를 낮추는 요인에 초점을 두었다. 즉 직무만족의 전통적 관점인 한 요인, 즉 만족-불만족 측면에서 허즈버그는 한 걸음 더 나아가 직무만족에는 두 가지 요인이 있다는 것을 주장하였다.

이때 직무만족을 통해 동기부여 정도를 높이는 요인을 동기요인(motivator factors)이라고 한다. 이는 성취감, 남으로부터 인정, 책임감, 진취성, 승진 등 작업의 내용과 관련된 것을 말한다. 반면 직무불만족으로 인해 동기부여 정도를 낮추는 요인을 위생요인(hygiene factors)이라고 한다. 이는 급여, 작업조건, 고용안정성, 회사정책이나 경영방식 등 작업의 환경과 직접적으로 관련된 것을 말한다.

여기서 위생요인은 마치 청결하고 위생적인 주변환경은 사람들이 질병에 걸리지 않도록 예방할 수는 있어도 건강상태를 높여주지는 못한다는 것과 유사하다고 할 수 있다. 따라서 직무불만족 요인은 긍정적인 방향으로 개선되어 직무에 대한 불만족을 해소할 수는 있어도 직무만족으로 이끌지는 못한다는 것이다. 그러므로 허즈버그 이론에서는 우선 직무에 대한 불만족 요인은 제거하고 긍정적인 상승효과로 작용하는 직무만족 요인을 통해 동기를 유발해야 종업원의 업적이 높아질 수 있다는 것이다.

그림 8-2 허즈버그의 2요인이론

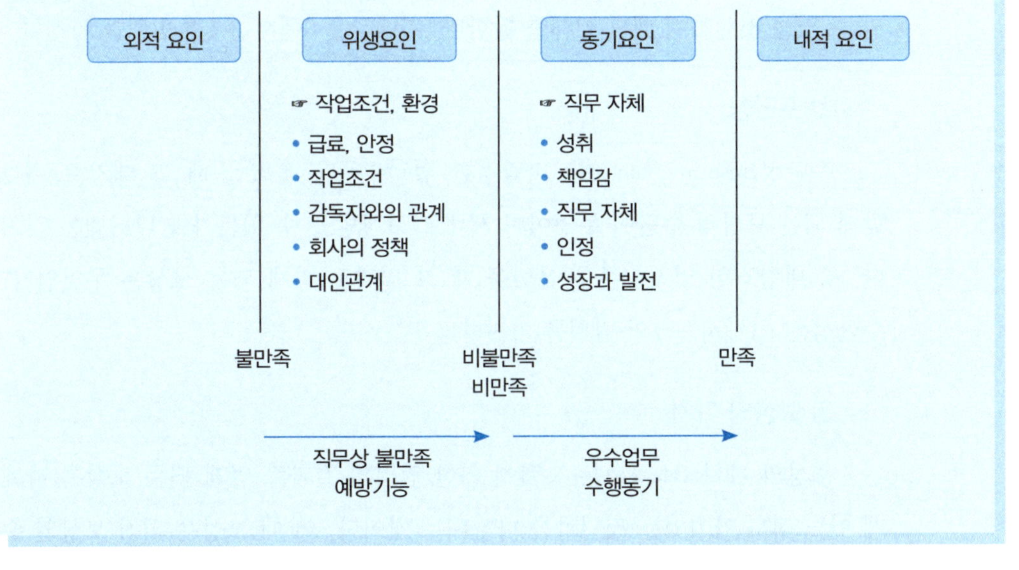

이 이론 역시 매슬로의 욕구계층이론과 마찬가지로 인간의 개인차를 고려하는 것을 무시하였고 또한 직무만족과 동기 사이의 관계가 정의되지 않았다.

2.3 과정이론

가. 기대이론

브룸(Victor H. Vroom)에 의해 제안된 기대이론(expectancy theory)은 사람들은 자신이 원하는 일을 수행하고 그에 따라 가치 있는 보상을 받기 위해 노력하게 된다는 생각에서 출발하였다. 기대이론에 의하면 사람이 어떤 일을 위해 노력하는 정도는 그 사람이 그것을 얼마나 원하는지에 따라, 그리고 그것을 이루거나 얻을 수 있을 것이라고 확신하는 정도에 따라 달라진다고 보았다.

따라서 기대이론에서는 사람들은 어느 일정수준의 성과를 달성하기 위해 필요한 노력을 하기 전에 다음의 세 가지 주요 문제를 고려한다고 보는 것이다.

1) 기대감

기대감(expectancy)은 내가 나의 능력으로 바람직한 업적수준을 올릴 수 있을 것인가를 나타낸다. 즉 자신의 능력을 발휘하여 노력하면 바람직한 업적을 해낼 수 있을 것인가에 대한 기대를 말한다. 기대감은 0에서 +1의 범위를 가진다.

2) 수단성

수단성(instrumentality)은 바람직한 업적수준을 올렸을 때 그 대가로 내가 받게 되는 보상의 수단이 무엇이며 제대로 보상받을 수 있는가를 나타내는 것이다. 즉 바람직한 업적수준을 올렸을 때 그 결과로 받게 되는 보상은 무엇인가? 수단성은 -1에서 +1의 범위를 가진다.

3) 보상의 가치

보상의 가치(valence)는 노력에 의한 업적의 결과로 얻게 되는 보상은 나에게 어느 정도 가치있는 것인가를 나타내는 것이다. 이 때 보상은 외적 보상일 수도 있고 내적 보상일 수도 있다.

이러한 세 가지 문제를 고려하여 기대이론에서는 종업원의 동기부여는 다음과 같이 표시하고 있다.

동기부여(M) = 기대감(E) × 수단성(I) × 보상의 가치(V)

만일 기업에서 아무리 큰 보상을 준다고 해도 업적을 달성해 낼 능력이나 시간, 자원이 충분하지 않다면 종업원은 보상에 대한 기대를 별로 하지 않게 되므로 동기부여는 낮아진다. 또한 과거에 보상을 제대로 하지 않았다면 수단성이 낮아져서 전체적으로 동기부여를 저하시킨다.

따라서 기대이론에 따르면 경영자가 종업원의 동기를 유발하기 위해서는 세 가지 요인, 즉 기대감, 수단성, 보상의 가치 모두를 극대화시켜야 할 것이다.

나. 공정성이론

공정성이론(equity theory)은 아담스(J. Stacy Adams)가 개발한 것으로 직무에 대한 동기부여는 개인이 받는 보상이 얼마나 공정하게 배분되는가 하는 평가에 달려있다고 보는 이론이다.

이 이론에 따르면 사람들은 자신의 업적에 따라 주어지는 보상이 공정하다고 느끼면 동기가 유발된다는 것이다. 또한 사람들은 자신의 업적에 따라 주어지는 보상이 불공정하다고 느끼면, 그런 불공정을 줄일 수 있는 방향으로 동기 유발된다. 따라서 개인의 입장에서 작업상의 자신의 투입과 산출 간의 비율을 다른 사람의 투입과 산출 간의 비율과 비교하여 자신이 공정하게 대우받고 있는지를 판단하게 되는 것이다.

$$\frac{\text{자신의 산출}}{\text{자신의 투입}} \quad \text{vs.} \quad \frac{\text{타인의 산출}}{\text{타인의 투입}}$$

비교결과 만약 자신의 비율이 다른 사람의 비율과 비슷하다고 느끼면 공정하게 대우받았다고 생각하는 반면, 다른 사람에 비해 불공정하게 적은 보상을 받거나 많은 보상을 받게 되면 그런 불공정상태를 줄이기 위해 동기부여된다.

이 때 불공정성을 감소시키기 위해 다음과 같은 방안들을 이용한다.

적은 보상을 받게 있다고 생각되면, 자신의 직무에 대해 덜 노력함으로써 투입을 줄이거나, 더 많은 보상을 요구해 산출을 높이려고 한다.

또는 실제로 투입이나 결과를 변경시키지 않고도 사람들은 인지적으로 이것을 왜곡시킴으로써 같은 결과를 얻을 수 있다. 예를 들면, 불공정한 대우를 받았다고 느꼈을지라도 직무의 결과를 의도적으로 증대시킬 수 있다. 즉 "내가 하고 있는 일이 더 중요하니까" 등으로 생각할 수 있다는 것이다.

그래도 여전히 불공정하다고 느끼면 비교대상을 바꾸거나 조직을 떠나게 된다.

반면에 다른 사람에 비해 불공정하게 많은 보상을 받고 있다고 느끼는 경우에는 적은 보상을 받은 경우만큼 불만을 느끼지는 않겠지만 역시 불공정상태를 줄이기 위해 동기부여된다. 즉 자신의 투입을 늘리거나, 자신이나 다른 사람의 투입과 산출간의 비율에 관한 처음 생각을 의도적으로 변화시켜 공정한 상태를 이끌어 냄으로써 공정상태를 이루려고 노력하게 된다.

따라서 경영자가 종업원들에 대한 보상을 할 때는 항상 형평의 원칙에 어긋나지 않도록 주의를 기울여야 한다. 비록 많은 보상이 주어진다고 해도 그것이 공정하게 배분되지 않으며 종업원들의 동기를 유발시키기는 어렵게 된다. 이렇게 종업원들의 노력이나 성과에 따라 공정한 보상이 이루어질 수 있도록 노력해야 동기부여가 이루어진다는 것이 공정성이론이다.

지금 경영현장에는

직원이 일을 하지 않는 이유는?

다니엘 핑크는 MIT, 시카고대학교, 카네기멜론 소속 등의 사회학자와 경제학자로 팀을 꾸려 인간의 동기부여에 대해 연구하고 그 결과를 알려줬다. 동기부여를 과학적으로 증명하기 위해 실험자를 대상으로 여러 가지 과제가 있고 그 과제를 충실히 수행하면 결과물에 따른 적절한 보상이 주어지는 환경을 만들었다. 단 성과가 없는 사람은 보상도 없다. 보통 회사의 성과급 제도와 같다.

결과는 어땠을까?

1. 오로지 기계적 혹은 육체적 역량만을 요구하는 과제들의 경우 기대했던 효과가 나왔다.
2. 인지적 역량이 조금이라도 요구되는 과제들의 경우 보상이 높을수록 성과는 떨어졌다.

보상이 커질수록 성과도 좋다고 학습 받는 게 보편적 일이다. 이 때문에 기업은 동기부여의 도구로 성과급을 사용한다

1. 자주는 남의 보호나 간섭을 받지 않고 삶의 방향을 자신이 스스로 정하고 싶어 하는 욕구다.

지원에게 권한은 적게 의무는 많이 부여해서 조직을 관리하는 회사가 대부분이다. 이런 경영 방식은 통제하기에 훌륭한 수단이지만, 혁신적이진 않다.

2. 숙달욕구는 자신이 하는 무언가를 너 잘하고 싶어 하는 욕구를 말한다.

일을 못하고 업무를 망치고 싶어 하는 사람은 없다. 누구나 특정한 분야에 실력을 쌓아서 세련되고 완성도 높은 결과물을 만들길 원한다.

3. 무언가에 기여하고자 하는 욕구는 사람을 담대하게 만든다.

이런 욕구를 짧게 줄여 소명욕이라 말한다. 회사도 분명 사회에 기여하고자 하는 욕구가 있다. 예를 들어 전기 자동차를 만드는 '테슬라(Tesla)'는 사람들이 빠르고 값싼 전기차를 많이 구매하길 원한다. 테슬라를 구매하는 소비자가 많아지면 회사는 돈을 벌지만, 대기오염도 줄어든다.

능동적 사람이 모이면 훌륭한 기업이 생긴다. 그 기업은 좋은 제품과 쾌적한 서비스를 만든다. 그 가치를 느낀 고객은 새로운 아이디어가 생긴다. 이들의 총합은 좋은 사회를 만든다. 지겹다고 생각하는 그 일이 사회를 긍정적 방향으로 변화하는 것이다.

자료: 아주경제, 2018.4.17

제 3 절

동기부여의 전략

지식경영의 시대에 가장 중요한 경영상의 이슈를 꼽으라면, 단연 '핵심 인재 확보'일 것이다. 똑똑하고 유능한 사람이 기업 전체의 생사를 결정할 수 있다는 믿음에서 보면 당연한 결과이다. 그러나 핵심 인재 확보에 못지않게 중요한 경영의 이슈는 바로 동기부여이다.

미국의 심리학자 매슬로(A. Maslow)는 자아실현의 욕구를 "자신의 모든 잠재력을 실현하고자 하는 욕구로서, 더욱 더 자기다워지고 자신이 되고 싶어 하는 모든 것이 되고자 하는 욕구"라고 말했다. 따라서 자아실현 욕구는 개인마다 상당한 차이가 있으며, 어떤 개인의 자아실현과 또 다른 개인의 자아실현이 상당히 다를 수 있다고 주장한다. 이는 조직 구성원의 동기부여를 향상시키려면 개인 스스로가 자기 동력을 발견하도록 유도하는 것이 바람직하다는 것을 의미한다.

기업 경쟁력 확보를 위해서는 우수 인재 확보뿐만 아니라, 구성원들이 회사와 일에 몰입하여 열정적으로 일할 수 있도록 동기부여하는 것도 중요하다. 그 핵심은 구성원들이 신바람 나게 일하고 열정적으로 일에 매진할 수 있도록 흥을 돋구어 최고의 성과를 창출하도록 유도하는 데 있다.

경영성과는 능력, 열정, 그리고 능력과 열정을 발휘할 수 있는 기회의 함수라고 한다(∴ 성과= f(능력×열정×기회)). 능력 있는 인재를 확보하고 이들이 자신의 능력과 적성에 맞는 업무에서 열정적으로 일할 수 있는 여건을 만들어 주어야, 개인은 물론 기업 전체적으로 성과를 낼 수 있다는 의미이다.

동기부여 효과를 높이기 위해서는 올바른 직무설정, 올바른 평가/보상 체제 정립, 올바른 리더십 발휘 등이 필요하다.

3.1 올바른 직무(right job)

담당하고 있는 일을 통해 실력을 키우고 업무에 흥미를 느끼고 몰입할 수 있도록 일의 가치를 높여야 한다. 평상시 담당하는 일에서 재미와 성취감을 느끼고, 그 일을 통해 성장하고 있다는 자부심을 갖도록 배려하는 노력이 보다 중요하다. 구성원들이 이러한 인식을 갖고 있어야 일에 대한 몰입과 회사에 대한 애착이 보다 높아진다.

현재 몸담고 있는 조직에서 더 이상 배울 것이 없고 자신의 시장 가치를 높일 수 없다고 생각하는 사람은 아마도 다른 기회를 찾아 회사를 떠날 가능성이 높다. 구성원들의 성장에 대한 비전은 금전적 보상보다 더 강력한 동기부여 효과를 가지고 있다. 금전적 보상 수준이 낮더라도 장기적으로 현 조직에서 전문성을 키울 수 있고 경력 목표를 달성할 수 있다고 믿는 구성원은 회사에 오래 머물면서 최선을 다하는 모습을 보이게 된다.

구성원들의 직무 가치를 높이기 위해서는 우선, 단순/반복적인 업무는 과감히 아웃소싱 하고, 정보기술을 활용하는 등의 방법을 통해 업무 효율화를 기해야 한다. 그러나 기업들은 미래를 준비하고 보다 실질적으로 가치 있는 일을 수행하기 보다는 단순히 보고 자료를 만드는 데 많은 시간을 허비하거나 불필요한 보고서 양식 꾸미기와 같이 저부가가치 업무를 수행하고 있는 것이 현실이다. 이 경우, 구성원들은 일에 재미를 느끼지 못할 뿐 아니라, 일을 통해 성장할 수 있다고도 생각하지 않을 것이다.

3.2 올바른 공정한 평가/보상(right reward)

성과에 대해서는 공정하게 평가하고 그에 합당한 보상을 제공해야 한다. 보상을 통한 동기부여의 핵심은 구성원들에게 '성과를 낸 만큼 보상 받을 수 있다'는 기대감을 주는 것이다. 성과를 낸 만큼 합당한 보상을 받을 수 있다는 기대감이 형성되어야 더 높은 성과 창출을 위해 노력하려는 의욕이 꺾이지 않게 된다.

여기서 보상의 절대 금액만이 중요한 것은 아니다. 성과를 많이 낸 사람과 그렇지 않은 사람 간에 차등 보상이 분명히 이루어지는 것 역시 중요하다. 흔히 기업들이 오해하는 것 중의 하나가, 차별 대우로 인한 팀워크 저하나 조직내 불협화음에 대한 우려 등의 이유로 모든 구성원들을 똑같이 대해야 한다는 것이다. 그러나, 선진 기업들의 경우, 고성과자와 저성과자에 대한 분명한 차등 보상을 통해 강력한 동기부여 효과를 거두는 공통된 특징을 보이고 있다.

따라서 조직 내부적으로는 높은 성과를 낸 구성원들에게는 파격적인 보상을 하여 스타급 인재를 만들고, 외부적으로는 일한 만큼 보상 받는 기업으로서의 기업 이미지를 강화해야 좋은 인재를 확보할 수 있으며 내부 종업원들에게도 충분히 동기부여가 될 수 있다.

3.3 올바른 리더십(right leadership)

경영진과 리더들은 구성원들이 실력을 키우는 육성가적 리더십 발휘에 보다 각별한 관심과 투자를 해야 한다. 아무리 가치 있는 일을 부여하고 공정한 보상 제도를 마련하더라도, 실제 구성원들과 함께 일하는 리더들이 사람을 육성하는 활동을 전개하지 않는다면 그 효과를 발휘할 수 없다.

리더는 구성원들이 자신의 꿈과 아이디어, 성장 비전을 달성할 수 있도록 기회를 제공해 주어야 한다.

LET'S THINK

여러분들이 학교에서 받는 학점 평가방법에는 상대평가와 절대평가 등이 있다.

공정성이론의 관점에서 상대평가와 절대평가 사이의 장단점들은 어떤 것들이 있는지 생각해 보시오.

지금 경영현장에는

무기력을 극복하고 내안의 열정을 깨워라

열정은 사람을 움직이는 강력한 에너지원이다. 일터에서도 개인의 성장과 성공을 위해 중요한 요소로 꼽힌다. 일터에서의 열정은 가치 있는 일에 흥미를 가지고 자신의 시간과 노력을 지속적으로 투입하는 것을 의미한다. 열정을 가진 직원들은 근성과 끈기를 가지고 스스로 자기 일에 집중하며, 무슨 일이든 새로운 시각으로 바라보고 한층 더 좋은 방향으로 바꾸려고 노력한다.

그러나, 열정을 잃어버리고 심지어 무기력에 빠진 직장인들이 적지 않다. 무기력은 동기와 의욕을 사라지게 하고 심하면 우울의 상태에 빠지게 만든다. 작은 일로 실망하거나 실패를 경험하면 무기력이 학습되는 경우도 있다. 능력 탓, 환경 탓을 하기보다는 무기력에서 벗어나 열정의 불씨를 되살릴 수 있는 노력들을 하나씩 실천해 나가는 것이 시급하다.

열정은 누구에게서 주어지는 것이 아니다. 작은 일부터 실행에 옮기는 의도적인 움직임이 있어야 한다. 처음에는 힘들지만 한 발을 내딛는 전진이 큰 의미가 있다. 하고자 하는 일이 생겼다면 기대수준을 조금 낮추되 구체적인 목표를 세워 실천해야 한다. 막연하게 '해야지'라는 생각보다는 '언제까지, 어떻게 해보겠다'는 구체적인 목표가 열정의 동력이 될 수 있다. 선배나 상사와의 대화를 통해 꾸준히 자신의 열정을 점검해 보는 것도 필요 하다. 자기 시각과 생각의 함정에 빠지는 것을 예방하는 효과도 있다.

다만, 모든 종류의 열정이 이로운 것만은 아니다. 강압이나 성과 압박 등에 의해 형성된 불량 열정은 집착, 중독과도 같다. 마치 열정의 노예처럼 강박적으로 일에 집착하게 만들고 스스로 일을 통제하지 못하는 수준에 이르게 한다. 불량 열정은 덜어 내고, 건강한 열정을 싹 틔우는 노력이 절실하다.

자료: LG경제연구원, 2018.4.11

박경영 씨는 대기업에 갓 입사한 햇병아리 사원이다. 배정된 부서에서 고객들의 정보를 입력하고 정리하는 작업을 하면서, 박경영 씨는 멘토인 선배 사원이 알려준 방법보다 더 효율적으로 작업을 할 수 있는 새로운 방안이 떠올랐다.

이 방식을 이용하면 작업 시간을 단축시킬 수 있고 더 정확한 업무 수행이 가능했다. 박경영 씨는 이 새로운 아이디어의 가능성에 스스로도 흥분되는 것을 느꼈다. 그러나 막상 박경영 씨가 팀원들에게 새로운 업무 방식을 제안하자 '신입이 건방지다' '기존 방식이 뭐가 어때서'라는 부정적인 반응들이 돌아왔다. 당황한 박경영 씨는 그 후로 창의적인 아이디어가 떠올라도 입을 다물게 되었다.

문제 이 상황을 헤쳐 나가기 위해서 어떻게 동기부여 전략을 적용시킬 것인가? 여러분이 생각하는 동기부여와 보상의 관계를 설명해 보시오.

Chapter 9

리더십

훌륭한 경영자는 비전을 창조하고 비전을 명확하게 하며,
비전의 완성을 위해 냉혹하게 추진한다.

– 잭 웰치(Jack Welch), GE 회장

20년 동안의 연구결과 '진정으로 무엇이 사람을 동기부여시키는가'에 대한 해답은
'당신의 부하에게 가서 물어 보아라'이다.

– 빈센트 플로워스(Vincent S. Flowers)와 찰스 휴즈(Charles L. Hughes)

• 시작 이야기 •

성공적인 창업자가 결코 걱정하지 않는 21가지

빌 게이츠, 스티브 잡스, 마크 저커버그와 같은 성공적인 창업 롤 모델들로부터 배울 수 있는 가장 큰 교훈 중 하나는 '그들은 자신이 제어할 수 있는 일에만 집중하고 나머지는 무시한다'는 것이다. 아래에 그들이 결코 걱정하지 않는 것들 가운데 대표적인 21가지를 소개한다.

1. 실패(Failure)

성공적인 창업자들은 결코 실패를 걱정하지 않는다. 모든 실패가 다음의 성공으로 이끌어주리라는 것을 알기 때문이다.

2. 성공(Success)

많은 예비 창업자들이 성공에 걸려 넘어질까 두려워하는 반면, 성공적인 창업가들은 나눔의 중요성을 알기에 성공을 두려워하지 않는다.

3. 행복(Happiness)

이상하게 들리겠지만 성공적인 창업자는 대체로 매우 행복하다. 그 핵심은 행복에 대해 걱정하지 않는다는 것이다. 그들은 자신이 의미 있는 일을 할 때 행복이 찾아온다는 것을 안다.

4. 한계(Limits)

메리 케이 애쉬(Mary Kay Ash)는 1960년대, 여자로서의 한계를 걱정할 수 있었음에도 불구하고 전혀 주눅 들지 않았다. 대신 그녀는 사업을 크게 성공시킴으로써 다른 사람들에게 자신의 삶을 살도록 용기를 주었다.

5. 중단(Quitting)

성공적인 창업자들은 중단하는 것이 언제나 나쁜 것은 아니라는 것을 인식하고 있다. 그들은 종종 손실을 인정하고 다른 아이디어로 이동한다.

6. 가치 창출에 대한 부담
(Charging what they're worth)

뛰어난 창업자들은 자신이 부담하는 것에 대해 결코 걱정하지 않는다. 자신이 가치를 부여하는 일에서 충분한 가치를 창출할 수 있음을 알기 때문이다.

7. 잘못될 가능성
(Things that might go wrong)

성공적인 창업자들에게는 결코 비관적인 사고가 자리잡지 못한다. 어떤 이슈가 생기면 그들은 이를 문제로 여기지 않고 곧장 처리한다.

8. 일과 삶의 균형(Work-life balance)

가혹하게 들릴지 모르겠지만 창업 초기에는 자신의 모든 것을 투입해야 한다. 성공적인 창업자는 일과 삶의 균형에 대해서 걱정하지 않으며, 어쨌든 파고들어 해낸다.

9. 지난 일(What they didn't do last week)

지난 주의 일이 100% 생산적일 수는 없다. 따라서 성공적인 창업자들은 이미 지난 일에 대해 걱정하기보다 오늘 해야 할 일에 초점을 맞춘다.

10. 다른 사람의 삶(Living someone else's life)

스티브 잡스는 바보처럼 우직하게 자신의 삶을 살라고 말한 바 있다. 그는 결코 다른 사람의 기대에 관해 걱정하는 데 한정된 시간을 쓰지 않았다.

11. 규칙 준수(Following the established rules)

반드시 그래야 한다는 당위성을 무시하라. 리처드 브랜슨(Richard Branson)은 다른 사람이 어떻게 생각하는지에 상관 없이 직관에 따라 자신의 아이디어를 실현했다.

12. 안정된 삶(Being safe)

성공적인 창업자들은 인생을 모험이라고 여긴다. 그들은 결코 안전하고 쉬운 길을 택하지 않는다. 그들은 매일 새로운 것을 찾아 경험하려고 한다.

13. 후회(Regret)

성공적인 창업자들은 자신이 한 일을 후회하기보다 하지 않은 일을 후회한다. 결국 그들은 후회할 것에 대해 염려하지 않는다는 말이다. 그들은 오로지 다가오는 기회를 포착하는 데 초점을 맞춘다.

14. 자신이 할 수 없는 일(What they can't do)

성공적인 창업자들은 자신이 결코 모든 일을 할 수 없다는 것을 알기에 자신이 할 수 없는 일을 걱정하지 않는다. 그들은 자신의 약점을 보완해줄 사람을 고용하며 자신의 강점에 초점을 맞춘다.

15. 기회 포착(Taking chances)

'미세스 필즈 쿠키즈(Mrs. Fields cookies)'의 창업자 데비 필즈(Debbi Fields)는 낯선 사람들에게 무료로 쿠키를 나눠주다 보면 언젠가 기회를 잡을 것을 알았다. 이러한 노력 끝에 그녀는 결국 10개 국가 이상에서 자신의 이름을 건 700개 이상의 가게를 열 수 있었다.

16. 할 수 없는 이유(Why they can't)

성공적인 창업자들은 자신이 어떤 일을 왜 할 수 없는지 걱정하지 않는다. 대신 그들은 장애물을 회피하는 길을 모색하고 어떻게 목표에 이를 것인지 그 방법을 찾아낸다.

17. 다른 사람의 성공(Others' success)

성공적인 창업자들은 세상에는 다양한 아이디어들이 있다는 것을 인식하고 있다. 그래서 이미 그 분야에서 다른 사람이 성공했다고 해서 주눅 들지 않는다. 그들은 오로지 자신이 세상에 기여할 일에 초점을 맞춘다.

18. 잘못되는 것(Being wrong)

'드롭박스(Dropbox)'의 공동 창업자인 드루 휴스턴(Drew Houston)은 "실패를 두려워하지 마라. 당신은 단지 한 번 해보는 것이다"라고 말했다. 성공적인 창업자들은 잘못되는 것을 걱정하지 않으며, 계속 옳은 것만 보며 나아간다.

19. 자신보다 똑똑한 직원 채용 (Having smart employees)

훌륭한 창업자는 자신보다 똑똑한 멤버를 채용하는 것을 두려워하지 않는다. 그들은 자신의 기업이 성공하려면 최고의 인재를 고용해야 함을 잘 안다. 그들은 A급 인재를 찾으며 결코 그들에게 위협받지 않는다.

20. 잘못이 밝혀지는 것(Being proved wrong)

성공적인 창업자들은 자신의 가정을 테스트해 보는 것을 결코 두려워하지 않는다. 그들은 항상 옳은 결과를 내는 일보다 올바른 일을 해나가는 것에 더 관심을 둔다.

21. 떼돈 버는 것(Making tons of money)

역설적이게도 돈을 쫓아가면 돈을 잡기 어렵다. 성공적인 창업자들은 떼돈을 버는 일에 그다지 신경을 쓰지 않는다. 그들은 다른 사람들과 함께 가치를 창조하고 공유하는 데 초점을 맞춘다. 그러다 보면 자연스럽게 부가 따른다.

자료: 이 글은 Entrepreneur에 실린 Susan Patel의 글 '21 Things Successful Entrepreneurs Never Worry About'을 번역했습니다.

제 1 절

리더십이란

오늘날 기업의 성공에 영향을 미치는 요인으로서 리더십만큼 중요한 것도 없을 것이다. 그래서 조직이 처한 상황의 변화에 따라 리더십의 개념은 계속하여 발전되어 왔다. 리더십에 관한 이론과 연구를 모두 검토해 보면 세 가지 측면이 강조되고 있음을 보게 된다. 사람, 영향력, 조직의 목표 등이 그것이다. 리더십은 사람들 사이에서 일어나는 현상이고 거기에는 영향력이 작용하며, 그 같은 영향력은 목표달성을 위해 행사되기 때문이다. 그래서 리더십(leadership)이란 목표달성을 위해 성원들에게 영향력을 행사하는 능력이라고 정의할 수 있다. 이 같은 정의가 시사하는 바와 같이 리더란 집단이나 조직의 목표달성과정에서 다른 사람들의 행동에 영향을 미치는 것과 관련된 활동을 수행하는 사람이다.

그래서 리더십은 사람과 사람 사이에서 일어나는 상호적인 성질의 것이고, 단순한 관리상의 서류작업이나 문제해결활동과는 구별되는 활동, 즉 다른 사람들의 행동에 영향을 미쳐 조직목표를 달성하는 역동적 과정이다.

제프리 이멜트 제너럴 일렉트릭(GE) 회장, 제임스 맥너니 보잉 전(前) 회장, 셰릴 샌드버그 페이스북 최고운영책임자···. 이들에겐 공통분모가 하나 있다. 바로 미국 하버드대학의 경영대학원 '하버드 비즈니스 스쿨(Harvard Business School)'을 거쳐 갔다는 점이다. 연평균 1만여 명, 100여 곳의 국가 사람들이 이곳에 지원하며, 이 중 1,000명의 사람만 수업을 받을 수 있는 기회를 얻는다. 그도 그럴 것이 하버드 비즈니스 스쿨은 최근 10년 동안 단 한 차례(2011년 2위)를 제외하고는 1위 자리를 지킨 최고의 경영대학원이기 때문이다. 이미 사회적으로 큰 성공을 거둔 CEO들도 이 곳 수업을 듣기 위해 치열한 경쟁을 뚫고 강의실에 앉는다. 세계 최고의 경영대학원 하버드 비즈니스 스쿨에서 강조하는 리더상은 무엇일까? 바로 영감(inspiration)과 직관(intuition)이다.

하버드 비즈니스 스쿨은 '소프트 리더십'에 회의적인 시각을 보낸다. 직원과 공감하는 능력, 사회와 공감하는 능력을 중시하는 소프트 리더십보다 직원들이 도전의식을 갖고 일할 수 있도록 끊임없이 영감을 불어넣어 주는 에너제틱(Energetic)한 리더십이 필요하다는 것이다. 이 같은 리더십은 권위주의적이고 수직적인 '하드 리더십'과 구분된다. 영감을 주는 리더십은 리더 스스로 회사의 명확한 비전을 세우고 이 비전이 실현됐을 때 직원들이 얻을 수 있는 것, 회사가 성장할 수 있는 최대치를 구체적으로 제시할 수 있는 리더십을 의미한다.

애플의 스티브 잡스, 아마존의 제프 베저스와 같은 리더들도 소프트 리더십과는 거리가 있었지만 스스로 옳다고 믿는 일에 확신을 갖고 직원 모두에게 이 확신을 공유했다. 이 같은 리더의 자신감은 구성원 전체의 도전의식을 자극했고 결국 회사의 성장을 이끌어냈다.

하버드 비즈니스 스쿨이 강조하는 학습방법은 '케이스 스터디'다. 케이스 스터디란 성공한 기업, 실패한 기업, 대기업, 벤처 등 다양한 기업의 경영사례를 공부하며 경영에 필요한 원리를 스스로 터득하는 것을 말한다. 그래서 하버드 비즈니스 스쿨에선 매년 250개의 케이스를 발굴해 토론하는 수업을 필수로 넣는다. 케이스를 공부하다보면 중요한 결정을 내려야 하는 상황에서 '아, 그때 이 기업은 이렇게 행동했지?' 하는 생각이 저절로 떠올라 현명한 결정을 할 수 있게 되는데, 이게 바로 하버드 비즈니스 스쿨이 강조하는 직관(intuition)이다. 더 많은 경영 케이스를 접한 리더는 결정적인 순간에 최고의 선택을 할 수 있는 가능성이 높아지는 것이다.

1.1 리더십과 관리

리더십과 가장 많이 혼란을 가져오는 개념이 관리(management)라는 단어이다. 많은 리더십의 학자들이 리더십과 관리 또는 리더와 관리자의 차이를 비교·설명하여 왔다.

최근에 리더십의 중요성이 다시 부각되면서 리더십이 관리와 대비되는 개념으로 잘못 인식되게 되었다. 리더십 분야의 연구자들은 리더와 관리자를 비교

표 9-1 관리와 리더의 차이

관리자의 역할	리더의 역할	현실적 대안
(1) 조직의 질서를 중시한다.	(1a) 질서를 깨고 변화를 이룩한다.	(1b) 변화를 강력히 추진하되 보호하고 전승해야 하는 질서는 유지, 발전시킨다.
(2) 단기적 안목을 중시한다.	(2a) 장기적 안목을 견지한다.	(2b) 장기적 효과 측면에서 단기적 대안들을 평가한다.
(3) 공시적 권한에 의존한다.	(3a) 비공식 영향력의 행사를 중시한다.	(3b) 공식적 권한의 행사와 비공식적 영향력을 필요에 따라 적절히 분별하여 활용한다.
(4) 객관성 유지를 위해 추종자들과 거리를 유지한다.	(4a) 추종자들과 감성적 유대를 발전시킨다.	(4b) 감성적 유대를 강화하되 원칙은 분명히 한다.(불가근 불가원, 不可近 不可遠)
(5) 정책을 실행하고 절차의 준수에 힘쓴다.	(5a) 공유된 가치를 중심으로 경쟁력 있는 문화를 창출한다.	(5b) 문화적 가치 차원에서 정책의 실행과 절차의 준수가 주는 의미를 평가, 공유하고 그 가치를 향상시킨다.

하면서 '관리자는 모방하지만 리더는 창조'하며, '관리자는 통제하려 하지만 리더는 신뢰를 중시'한다고 주장하였다. 또한 '관리자는 주어진 일을 잘하려고 노력하지만 리더는 무엇이 중요한지를 찾아서 하며' '관리자는 단기성과에 치중하지만 리더는 장기성과를 추구'한다고 비교하였다. 이 비교를 보다보면 관리의 개념이 상대적으로 부정적인 개념으로 생각되게 한다.

그러나, 자발적으로 능력을 발휘하여 필요한 변화를 스스로 주도하여 추진하도록 하는 리더십도 중요하지만, 적절한 관리행위도 매우 중요하다. 그러므로 리더십과 관리를 같은 수준에서 중요성을 인정하여야 한다.

결국 리더십이나 관리는 현장에서 같은 사람이 발휘하는 것이다. 훌륭한 경영자는 관리와 리더십을 동시에 발휘할 줄 알아야 한다. 현실적으로 어느 한쪽을 완전히 무시할 수 없다. 그러므로 우리는 조직에서 관리자로서의 역할과 리더로서의 역할을 상황에 맞춰 현명하게 발휘해야 한다. 관리와 리더십 모두 조직의 성공에 매우 중요하다.

1.2 리더십의 권력기반

경영자의 리더십은 권력(power)에 그 근원을 두고 있으며 이 권력은 두 가지 측면에서 영향력이 생긴다. 하나는 경영자가 차지하고 있는 공식적 지위에 관련된 지위권력(position power)에 기반을 두며, 또 다른 하나는 경영자 자신이 갖고 있는 여러 가지 개인특성에 의해 갖게 되는 개인권력(personal power)에 기반을 둔다.

합법적 권력과 보상적 권력 및 강제적 권력은 지위권력에 해당되며, 전문적 권력과 준거적 권력은 개인권력에 해당된다.

① 합법적 권력(legitimate power bases)

조직내의 공식적인 관리직위에서 오는 영향력과 그 직위에 부여된 공식적 권헌을 합법적 권력이라 한다. 관리자의 직위에 앉게 되면 대부분의 부하들은 직무활동과 관련하여 그 관리자의 지시나 명령에 따를 의무가 있다고 생각하고, 관리자의 권력의 기반을 합법적인 것으로 수용하고 따르게 된다.

② 보상적 권력(reward power bases)

지위권력의 또 하나의 형태인 보상적 권력은 관리자가 다른 사람들에게 보상을 줄 수 있는 권한에서 나온다. 관리자는 임금인상이나 임금인상을 위한 추천, 승진이나 승진을 위한 추천 등과 같은 공식적인 보상을 활용하기도 하고, 칭찬을 하거나, 관심을 보이거나, 인정을 해 주는 것 등과 같은 비공식적인 보상을 활용하여 하위자의 행동에 영향을 미친다.

③ 강제적 권력(coercive power bases)

보상적 권력의 반대 개념으로서 강제적 권력은 처벌할 수 있는 권한을 가리킨다. 관리자가 부하를 해고나 강등 또는 질책하거나 기회를 박탈하는 등과 같은 불이익을 줄 수 있는 권한을 활용하여 하위자의 행동에 영향을 미친다.

④ 전문적 권력(expert power bases)

부하들이 수행하고 있는 업무와 관련된 전문적 지식이나 기술 및 정보에서 나오는 권력을 전문적 권력이라 한다. 리더가 참으로 그 분야의 전문가일 때 부하들은 그의 탁월한 지식과 능력으로 인해 리더의 권고나 지시를 수용하고 행동하게 된다.

⑤ 준거적 권력(referent power bases)

권력의 마지막 형태인 준거적 권력은 리더의 성격특성, 즉 부하들이 본받고 싶어하고 존경의 대상이고 경외의 대상이 될 만한 인격에서 나오는 권력을 의미한다. 만약 부하가 자신을 대하는 관리자의 인격적인 자세를 존경하기 때문에 그의 지시나 명령에 복종한다면, 그 리더의 영향력은 준거적 권력에 기반을 두고 있는 것이다. 따라서 준거적 권력은 그 리더의 공식적인 직책이나 지위보다는 개인적인 인격에서 오는 것이다.

이 같은 전문적 권력이나 준거적 권력에 대한 부하의 반응은 일반적으로 헌신성으로 나타난다. 여기에서 헌신성이란 부하들이 리더의 견해와 관점을 공유하고 열정적으로 그 리더의 지시를 이행하는 것을 의미한다. 이러한 헌신성은 복종이나 저항보다 더 선호되는 반응이다. 이 같은 헌신성은 리더의 목표가 바람직한 방향으로의 변화와 혁신이 있을 때 더욱 힘을 얻게 된다. 변화는 위험과 불확실성을 수반하기 때문이다. 헌신성은 변화와 두려움을 극복하고 구성원을 하나로 묶어 주는 데 도움이 된다.

지금 경영현장에는

리더십으로 티웨이항공 위기에서 구해낸 정홍근 대표

2005년 국내 최초의 저비용항공사(LCC)로 출범한 티웨이항공은 두 번의 큰 위기를 겪었다. 2008년 경영난으로 운항을 중단한 것이 첫 번째, 2011년 모기업인 토마토저축은행 부도사태를 맞은 것이 두 번째다. 이런 위기 속에서도 티웨이항공은 오뚝이처럼 다시 일어섰다. 지난해 자본잠식을 벗어난 티웨이항공은 매출 5,840억원, 영업이익 484억원으로 2016년 대비 각각 53%, 287% 성장했다. 중국의 사드보복 상태 등 대외적으로도 악재가 겹쳤던 지난해, 정홍근 티웨이항공 대표는 어떤 방법으로 위기를 극복할 수 있었을까

정홍근 대표가 가장 중요시하는 경영가치는 '소통'이다. 정 대표 스스로도 항상 대표이사실 문을 항상 열어두면서 직원과의 거리감을 깨려고 노력한다. 정 대표는 직원 간 소통을 위해서 선후배 멘토링 프로그램, JCRM(Joint Crew Resource Management) 교육을 시행하고 있다. 특히 JCRM 교육은 조종사, 승무원, 일반 사무부서 직원으로 구성된 팀 활동을 통해 서로의 업무를 이해하고 공감하는 프로그램으로 진정한 의미의 '소통'을 지향한다. 허희영 한국항공대 경영학과 교수는 "기업의 위기 극복법은 눈에 보이지 않는다. 최고경영자의 리더십과 조직문화로 존재하고 유지된다"고 설명한 바 있다. 티웨이의 전 직원이 "더 이상 실패는 없다"며 하나로 똘똘 뭉친 것도 정 대표의 리더십이 만들어낸 소통의 결과물이다.

정 대표는 경쟁이 치열한 항공업계에서 30여 년간 일하며 잔뼈가 굵은 최고경영자다. 그는 경쟁이 심한 항공업계에서 사드보복 사태 같은 외부 악재를 극복하기 위해 변화에 빠르게 대응하는 시스템을 구축했다. 사드보복 사태 국면에서는 중국 노선 대신 일본과 동남아시아 노선을 확대하고 부정기편을 효율적으로 운영해 위기에 대응했다. 티웨이항공이 적자일 때는 기존 노선 효율성을 높이면서 고정 비용을 줄이는 전략으로 수익을 최대한 확보했고, 흑자 전환 이후에는 노선확대, 항공기 도입 등 성장전략에 초점을 맞추었다. 어느 기업이나 내·외부요인으로 인해 위기상황을 맞을 수 있다. 이 때 상황에 맞게 전략을 수정하지 않는다면 과거의 성공 전략으로 실패를 맞이하기도 한다.

정 대표가 그리는 미래의 티웨이항공은 본사를 한국에 둔 글로벌 항공기업이다. 그는 한국의 인구 절벽을 언급하며 "5년 뒤에는 외국으로 나가는 수요가 한계에 봉착할 것"이라고 진단했다. 따라서 우선 항공수요가 안정적인 일본이나 성장잠재력이 큰 베트남을 거점으로 프랜차이즈를 설립할 계획을 염두에 두고 있다. 또한 현재의 단거리 위주 LCC 시장이 포화상태에 이른 만큼 2020년까지 대형기를 도입해 새로운 블루오션인 중장거리 노선을 개척하겠다는 포부를 가지고 있다. 정 대표는 "저렴한 LCC특성은 가져가면서 대형항공사와 유사한 서비스를 제공하는 하이브리드형 항공사가 목표"라 밝히며 "2025년까지 대형기 10대를 포함, 총 50대의 항공기를 운영하며 세계로 뻗어나갈 것"이라고 말했다. 리더가 체계적 분석과 논리적 근거를 바탕으로 한 비전을 제시하고 이를 '소통'을 통해 직원들에게 전달한다면 전 직원이 흐트러지지 않고 목표를 향해 나아갈 수 있다.

자료: 지식비타민, 2018.3.29

제 2 절

전통적 리더십 이론

오늘날 기업의 성공에 영향을 미치는 요인 중 리더십만큼 중요한 것도 없을 것이다. 이에 따라 많은 학자들이 바람직한 경영자의 리더십에 대하여 연구하였다.

그림 9-1 리더십 연구의 발전

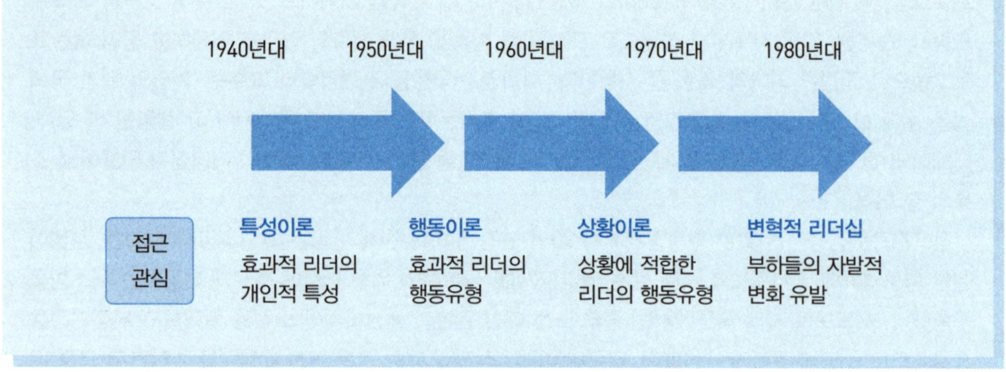

2.1 특성이론

특성이론(trait theory)은 20세기 전반에 걸쳐 학자들의 중요한 관심의 대상으로 리더십연구를 위한 최초의 체계적인 시도였다. 많은 학자들이 '어떤 특성이 사람들로 하여금 위대한 리더가 되게 만드는가'를 알아보기 위해 리더십특성을 연구하기 시작하였다.

이 이론은 위대한 사회적·정치적·군사적 리더들이 소유하고 있는 자질이나 특성 등이 무엇인가를 확인해 내는 데 초점을 맞추었다. 왜냐하면 위대한 리더들은 그 같은 특성을 가지고 태어나고 또 그 같은 특성을 소유하고 있다고 믿

표 9-2 리더십 효과성과 관계있는 리더의 특성

리더의 특성	구체적 내용
• 신체특성	• 연령, 신장, 체중, 용모
• 성격특성	• 독립성, 자신감, 지배욕구, 공격성
• 사회적 배경	• 교육수준, 신분, 사교성, 거주지, 출신지
• 지능	• 판단력, 결단력, 표현력
• 인간관계 능력	• 관리력, 협조성, 사교력, 청렴성
• 업무능력	• 성취욕구, 솔선수범, 책임감, 목표지향성

었다. 이 시기의 연구는 주로 리더와 비리더(부하)를 명백하게 구별짓게 하는 구체적인 특성이 무엇인가를 확인하는 데 집중하였다. 그러한 리더들의 공통점을 찾기 위해 나이, 키, 건강상태, 육체적 힘, 얼굴 생김새, 설득력, 지성, IQ, 야망, 판단력, 결단력, 추진력, 포용력, 자신감, 유머감각 등을 조사하였다. 그 결과 연구자들이 찾아낸 리더와 관련된 특성으로는 자신감, 창의력, 책임감, 포용력 등이며 심지어 체력이나 용모 같은 신체적 조건까지도 제시하고 있다.

그러나 이 같은 특성연구는 리더십특성의 보편성에 의문을 제기했던 연구들에 의해 도전을 받게 되었다. 어떤 연구에서는 여러 가지 다양한 상황에서 리더와 비리더를 구별짓게 해주는 일관된 특성이 없다는 것을 발견하였다. 즉 어떤 특정한 리더십특성을 가진 사람이 어떤 상황에서 리더가 될 수 있어도 다른 상황에서는 리더가 되지 못할 수 있다는 것이다.

이 연구들은 리더십이 어떤 개인이 갖고 있는 자질이라기보다는 사회적 상황 속에서 발생하는 사람들 간의 관계라고 개념화하였다. 따라서 이러한 특성들은 상황의 요구에 따라 달라진다는 것이다.

최근에 와서 특성연구에 대한 관심이 다시 살아나고 있다. 오늘날 새롭게 강조되고 있는 리더의 특성으로는 지성, 남성성, 정직성, 영감, 지배력 등이며, 강함보다는 오히려 부드럽고 사교적이어야 한다고 한다. 그리고 많은 선행연구들의 분석에 기초하여 몇 가지 성격특성들이 그 개인의 리더십에 대한 지각과 강한 상관성이 있다는 것을 발견하였다.

그러나 이러한 특성이 타고나는 것인지 아니면 학습을 통하여 육성 개발될 수 있는 것인지는 아직도 의문이다. 뿐만 아니라 그러한 특성들이 훌륭한 리더들에게 공통적으로 존재하는 것도 아니다.

2.2 행동이론

행동이론(behavioral theory)은 '리더는 만들어질 수도 있다'는 가정에서, 리더가 나타내는 반복적인 행동패턴(리더십 유형)을 찾아내고 어떤 유형이 효과적인 리더십 스타일인지를 규명하고자 하였다.

지금까지의 연구에 따르면 리더가 다른 구성원에게 보여줄 수 있는 행동은 기본적으로 다음의 두 가지 유형으로 대별된다.

첫번째 유형은 조직이나 집단에 부여된 과업을 달성하는 데 더 많은 관심을 갖는 유형으로, 이러한 리더십은 과업지향적, 구조지향적(initiating structure), 직무중심적 리더십 등 다양한 이름으로 불리고 있다.

두번째 유형은 조직이나 집단에서 일하는 사람들에 대해 더 많은 관심을 갖는 유형으로, 이러한 리더십은 종업원지향적, 고려지향적(considering), 관계지향적 리더십의 이름으로 불리고 있다.

그림 9-2 리더십 유형

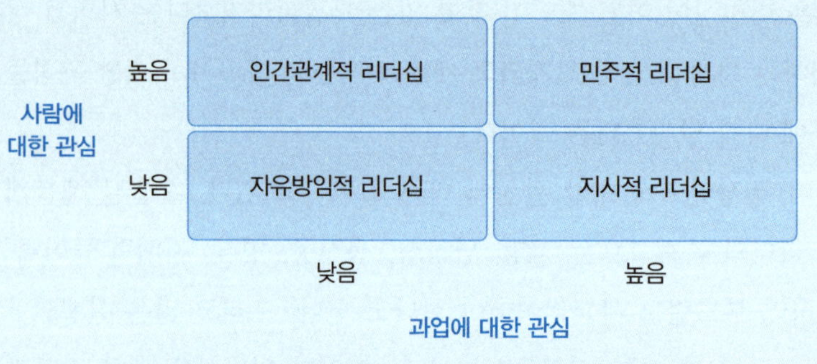

전자의 과업수행에 관심을 갖는 리더의 행동특성은 과업이 무엇인지를 분명히 하고 계획을 세우며, 과업을 나누어 구성원들에게 분담시켜 책임영역을 분명히 하는 것이다. 그리고 과업을 수행하면서 따라야 할 절차를 명확히 만들고 맡은 임무를 구성원들이 달성할 수 있도록 독려하며 결과를 주의깊게 관찰한다.

반면에 사람에 대해 관심을 갖는 리더의 행동특성은 구성원들과 친밀하고 원만한 관계를 유지하고 그들의 감정을 존중한다. 또한 구성원들이 무엇을 원하는지 그리고 무엇을 불만족스럽게 생각하는지에 대해 관심을 기울이며 그들과의 상호신뢰감을 강조한다.

1) 인간관계적 리더십(human relations leadership)

사람에 대해서는 높은 관심을 보이지만 과업에 대해서는 낮은 관심을 나타내는 유형이다. 이런 리더십유형을 가진 경영자는 부하들의 화합과 상사에 대한 신뢰, 부하칭찬 등 좋은 분위기를 만드는 데만 주로 신경을 쓴다.

2) 자유방임적 리더십(laissez-faire leadership)

사람과 과업 모두에 대해서 낮은 관심을 나타내는 리더십유형이다. 이런 리더십유형을 가진 경영자는 과업에 대한 의사결정 대부분을 집단구성원들에게 방임하고 부하들과의 관계에도 별 관심을 보이지 않는다.

3) 지시적 리더십(directive leadership)

과업에 대해서는 높은 관심을 보이지만 사람에 대해서는 낮은 관심을 나타내는 유형이다. 이들은 혼자 계획하고 통제하고 명령일변도이며 부하를 생산도구로 여기며 업적달성에만 관심이 있고 부하에게는 따라만 오라는 식이다.

4) 민주적 리더십(democratic leadership)

과업뿐만 아니라 사람에게도 높은 관심을 보이는 리더십이다. 기본적으로 이 유형의 경영자는 일을 통해서 사람을 키우는 데 익숙한 사람들로서 구성원들로 하여금 참여와 단결을 유도하여 주인의식을 고취시켜서 높은 성과를 달성하는 이상적인 리더이다.

위의 네 가지 리더십유형 중에 어떤 리더십이 가장 효과적인가에 대한 답을 구하기 위하여 여러 학자들이 연구하였다. 오하이오 주립대학의 연구에서 리더가 과업에 대한 높은 관심과 사람에 대한 높은 관심을 동시에 가질 수 없으며, 일반적으로 사람에 대한 관심이 높은 리더(인간관계적 리더십)의 경우 성과가 높다고 주장한다. 반면에 미시건 대학의 연구에서는 리더가 사람과 과업을 동시에 높은 관심을 가질 수 있다고 보며 그런 리더십이 성과를 높일 수 있는 가장 바람직한 유형(민주적 리더십)이라고 주장한다.

그러나 뒤이어 계속되어온 연구들에 따르면 민주적 리더십이 항상 효과적이지 않다는 결과를 제시하였다. 즉 어떤 한 유형의 리더십이 모든 상황에서 항상 일관성 있게 효과적인 것은 아니다. 결국 학자들은 어떤 유형의 리더십이 모든 상황에서 항상 일관성 있게 효과적인 것이 아니라 상황에 따라 효과적인 리더십은 달라진다는 결론을 내리고 있다.

2.3 상황이론

상황이론(contingency theory)은 여러 가지 특성에 따라 리더십이 이루어지는 상황을 체계적으로 분류하고, 분류된 각각의 상황에 가장 적합한 리더십 유형을 찾아내려는 접근방법이다.

피들러(F. Fiedler)는 최초로 상황적 리더십이론을 제시하였다. 리더의 스타일은 비교적 고정적인 것으로 쉽게 바꾸지 않는다고 가정하고 어떤 하나의 리더십이 모든 상황에 효과적인 것은 아니라고 주장하였다.

따라서 리더에게는 상황에 따라서 관계지향적 리더십이 유리할 수도 있고 과업지향적 리더십이 유리할 수도 있다는 것이다.

피들러의 상황이론은 세 가지 요인에 따라 여덟 가지 상황을 설정하고 각 상황별로 적합한 리더십 유형을 제시하였다. 피들러가 제시한 세 가지 요인을 보면,

첫 번째 요인은 리더와 구성원의 관계(leader-member relations)로 종업원들

그림 9-3 리더십의 상황이론

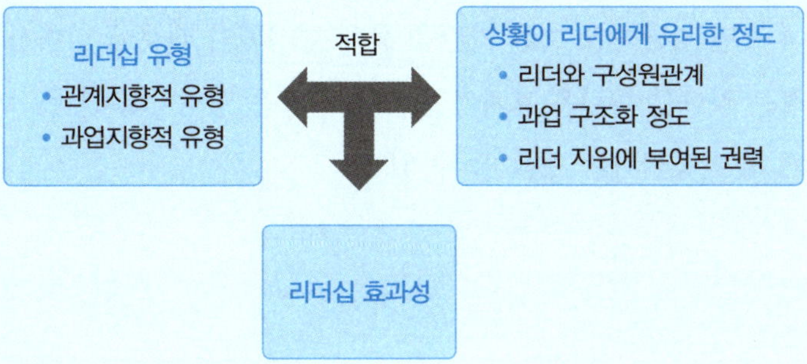

이 리더를 얼마나 지원하고 있는가를 나타낸다.

두 번째 요인은 종업원들에게 맡겨진 일이 얼마나 구조화(task structure)되어 있는가를 나타내는 것으로 업무의 목표나 처리절차 등이 구체적으로 정해져 있을수록 구조화되어 있다고 보는 것이다.

세 번째 요인은 리더의 지위에 부여된 권력(leader position power)으로 종업원들에게 보상을 주거나 처벌을 할 수 있는 재량권을 나타내는 것이다.

피들러는 이 세 가지 요인을 결합하여 8가지 상황으로 구분하고 〈표 9-1〉에서와 같이 각각의 상황별로 관계지향적 리더십이 유리한지, 과업지향적 리더십이 유리한지를 제시하였다.

또한 상황이 리더에게 아주 유리하거나 극단적으로 불리한 경우에는 과업

표 9-3 피들러의 상황이론

상황이 유리한 정도	유리 ←							→ 불리
리더와 구성원 관계	좋음				나쁨			
과업의 구조화 정도	구조화		비구조화		구조화		비구조화	
리더 지위권력	강함	약함	강함	약함	강함	약함	강함	약함
상황	I	II	III	IV	V	VI	VII	VIII
효과적 리더십 유형	과업지향적 리더십			관계지향적 리더십				과업지향적 리더십

지향적 리더십이 효과적이며, 상황이 어느 정도 유리하거나 썩 나쁘지 않은 경우에는 관계지향적 리더십이 효과적인 것으로 밝혀졌다. 피들러의 상황이론에 비추어 보면 리더십은 오랜 기간을 통해 형성되기 때문에 리더십 유형만을 변화시키려는 리더십 훈련은 효과가 적으며 새로운 경영자를 발굴하여 배치할 때 가장 적절히 활용된다는 것을 알 수 있다.

LET'S THINK

Leadership과 Headship의 차이를 살펴보고, 아울러 Leader와 Manager의 차이도 알아보자.

지금 경영현장에는

하·폐수 전문 처리 기업 부강테크의 시장 점유율 1위 비결

유엔도 탁월한 사업모델이라며 치켜 올린 한국의 중소기업이 있다. 바로 하·폐수 전문 처리 업체 '부강테크'다. 부강테크는 21년 전 10명도 채 되지 않는 엔지니어들이 모여 만들어진 회사로 국내는 물론 미국, 유럽, 중국, 베트남 등 세계 각국에 하수처리 기술을 수출하고 있다. 10년 전만 해도 기술을 수입하던 한국은 중소기업 부강테크의 활약으로 전 세계 가축 분뇨·폐수 처리시장 점유율 1위라는 성과를 이뤄냈다. 실제 최근 영국의 한 저명 학술지는 지난 160여 년간 인간의 수명에 가장 크게 기여한 기술로 백신도, 항생제도 아닌 하수처리를 꼽기도 했다. 유엔도 주목하는 한국의 중소기업 부강테크, 이 회사는 어떻게 업계 1위가 될 수 있었을까? 부강테크가 성장할 수 있었던 제1 원동력은 기술력이다. 실제 부강테크가 자체 분리막을 개발하기 전 한국은 미국장비를 비싼 값에 수입해 왔다. 미국장비에 대적할 국내 업체가 없다보니 미국 기업들의 '갑질'도 고스란히 감내해야 했다. 이에 엔지니어 출신들이 만든 회사인 부강테크는 "미국에 대적할 만한 기술을 개발해 본 때를 보여주자"는 생각에 밤낮으로 기술개발에 매달렸다. 미국장비를 샅샅이 조사해 수백 번 복제품을 만들었다. 당초 5억원으로 예상했던 연구개발비가 40억원으로 늘어 회사에 무리가 갈 때쯤, 의외로 단순한 곳에서 실마리가 나왔다. 분리막 표면에 소용돌이를 만드는 것이었다. 소용돌이를 만들어 주면 폐수를 그대로 흘려보낼 때보다 오염물질이 덜 달라붙었고 분리막 수명도 그만큼 늘어났다. 직원들은 슈퍼컴퓨터까지 동원해 소용돌이의 움직임을 분석했고, 결국 제너럴일렉트릭(GE)이나 지멘스 같은 글로벌 기업들도 보유하지 못한 소용돌이 제어기술을 독자적으로 개발해낼 수 있었다.

우수한 인재도 부강테크 성장에 큰 역할을 했다. 부강테크는 "인재를 최고의 자산"이라 여기는 기업이다. 실제 임직원 중 40%에 달하는 인원이 회사의 도움을 받아 석·박사 학위를 취득했으며 절반 이상이 환경전문 자격을 보유하고 있다. 또 회사는 기술 제안제도, 개별 교육프로그램 등을 고안해 직원들이 단순한 회사원이 아닌 '전문가'로 거듭날 수 있도록 독려한다. 이러한 적극적 인재투자는 회사에 대한 직원들의 충성도를 높였을 뿐만 아니라 핵심기술 개발에도 시너지 효과를 줘 부강테크가 업계 1위로 도약하는 데 든든한 밑천이 됐다. 겁먹지 않고 1위에 도전장을 내미는 행동력도 부강테크만의 강점이다. 업계 1위 미국제품을 뛰어넘는 것을 목표로 제품개발에 나섰을 뿐만 아니라 제품 개발 후에는 캘리포니아주에 현지법인을 설립하고 관련 전시회와 개발자들을 일일이 찾아다녔다. 처음엔 한국의 작은 기업이라며 거들떠도 보지 않던 기업들은 부강테크가 캘리포니아 바스토우시 지하수 정화사업을 수주하는 데 성공하자 부강테크를 다시 보기 시작했다. 원조 나라에서 원조보다 더 뛰어난 제품을 팔아 성공한 것이다.

한편, 현재 부강테크는 버려지는 물을 정화해 수익을 창출하는 사업모델 '투마로우 워터(Tomorrow water)' 프로젝트에 박차를 가하고 있다. 이왕 사업을 시작했기에 국내를 넘어 개발도상국, 선진국에 한국 기술을 전파하고 나아가 지속가능개발이라는 전 지구적 목표달성에도 기여하겠다는 것이다. 부강테크의 이 프로젝트는 2016년 7월 유엔 경제사회이사회에서 글로벌 지속가능개발 목표에 부합하는 사업모델로 공식 채택되기도 했다.

자료: 지식비타민, 2018.3.2

제 3 절

현대적 리더십 이론

3.1 거래적 리더십과 변혁적 리더십

베스(Bass)가 제시한 거래적 리더십(transactional leadership)과 변혁적 리더십(transformational leadership)은 1980년대 초부터 많은 연구의 초점이 되고 있는 비교적 최근의 리더십 접근법들 중의 하나이다.

거래적 리더십은 부하에게 원하는 성과목표가 무엇인지 주지시키며, 성과달성에 따른 보상이 어떤 것인가를 명확히 한다. 그리고 위의 두 과정을 통하여

그림 9-4 변혁적 리더십과 거래적 리더십

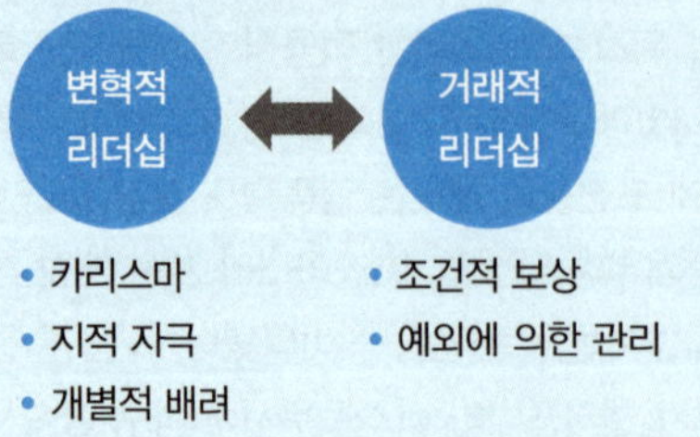

부하에게 부여된 성과를 달성하도록 만드는 과정이다. 거래적 리더는 부하가 과업을 수행하는 과정에서 특별하고 예외적인 일이 발생하는 경우를 제외하고는 개입하지 않는다.

변혁적 리더십은 그 이름이 의미하는 것처럼 부하의 가치관, 윤리, 행동규범 그리고 장기적인 목표 등을 바꾸어줌으로써 개인을 변화시키고 변혁시키는 과정이다.

번즈(Burns)는 리더십의 두 가지 형태를 명확히 구분하였다. 거래적 리더십은 리더와 부하 사이에 일어나는 교환관계에 초점을 두고 있으며, 많은 리더십 모델들이 리더십을 하나의 거래로 파악하는 거래적 리더십과 관련되어 있다. 지역의 숙원사업을 이루겠다는 공약으로 선거에 승리한 정치가는 거래적 리더십의 속성을 단적으로 보여 준다. 이와 마찬가지로 목표를 초과달성하는 종업원에게 그 대가로 승진을 약속하는 관리자들도 거래적 리더십을 보여주고 있는 것이다.

거래적 리더십과는 대조적으로 변혁적 리더십이란 리더가 부하들과 함께 기대 이상의 성과를 도출해 내는 과정으로 표현된다. 변혁적 리더는 부하들에게 장래의 비전 공유를 통해 몰입도를 높여 부하가 원래 생각했던 성과 이상을 달성할 수 있도록 동기부여시키는 리더를 말한다.

표 9-4 변혁적 리더십의 구성요인들

요인들	내 용
카리스마	리더는 비전을 제시함으로써 바람직한 가치관, 존경심, 자신감을 부하에게 심어줄 수 있어야 하고, 고차원의 욕구를 활성화시켜 나갈 수 있어야 한다
개별적 관심	리더는 부하들에게 개인적 성장을 위해 멘토링, 코칭 등을 실시해 나가야 한다. 그리고 그들의 능력에 적합한 임무를 부여하고 많은 자율성을 부여한다
지적 자극	리더는 부하들의 문제를 인식하고 해결하는 데 있어 기존의 사고방식의 틀을 뛰어넘어 보다 창의적인 관점을 개발하도록 격려한다

번즈는 마하트마 간디(M. Gandhi)를 변혁적 리더십의 고전적 사례로 지적하고 있다. 간디는 수많은 국민들의 요구와 희망의 수준을 드높였으며, 그 과정에서 자기 자신을 변화시켜 나아갔다.

이와 같이 변혁적 리더십은 특정목표의 가치와 중요성, 목표달성 방법에 대한 부하의 지각수준을 높이고, 집단이나 조직을 위해 부하의 이기심을 초월하도록 하며, 개인의 욕구수준을 향상시킨다. 이러한 변혁적 리더십의 특성에는 카리스마, 지적 자극, 개인적 배려 등이 있다.

3.2 슈퍼리더십

슈퍼리더십(super leadership)이란 부하들이 자기 자신을 스스로 관리하고 통제할 수 있는 힘과 기술을 갖도록 하여 자율적 리더(self-leader)로 만드는 리더이다. 리더 육성에 초점을 맞춘 이론이라고 볼 수 있다. 슈퍼리더는 부하들에게 본보기가 되는 모델이 되어야 하며, 부하들이 스스로 목표를 설정하고 이를 추진하도록 지도함으로써 자율적 리더십의 개발이 촉진되도록 해야 한다. 슈퍼리더십은 부하 자신이 자기에 대한 최대의 비판자이며 보상 주체가 되도록 하는 데 그 목적이 있다. 그러나 부하들이 높은 성장 욕구를 가지고 있지 않은 경우에는 이 이론을 적용하는 데 한계가 있다.

슈퍼리더십이론을 제시한 만즈와 심즈(Manz & Sims, Jr.)는 슈퍼리더에 이르는 7단계를 〈그림 9-5〉와 같이 제시하였다.

〈제1단계〉는 우선 슈퍼리더가 되려는 자신이 셀프리더가 되는 것이다. 다른 사람을 이끌기 전에 자기 자신을 이끌 줄 알아야 한다.

〈제2단계〉는 이러한 셀프리더의 모습을 부하에게 보여줌으로써 그들의 모델이 된다.

〈제3단계〉는 부하들에게 도전적인 지기목표를 설정하는 기법을 가르쳐 주는 단계이다.

〈제4단계〉 슈퍼리더는 부하에게 긍정적인 사고방식을 전수해 주어야 한다.

그림 9-5 슈퍼리더십 모델

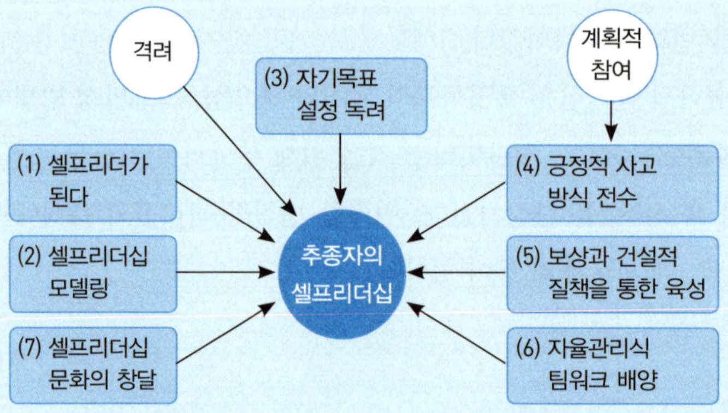

부하의 역량에 대한 믿음의 표현으로 커다란 자신감과 기대감을 불어넣는 단계이다. 계획적 참여는 긍정적 사고방식을 가지게 하는 데 중요한 수단이다.

〈제5단계〉는 보상과 질책의 단계이다. 건설적인 질책과 일을 통한 보람과 성취감 같은 내적 보상을 받는 법을 가르쳐야 한다.

〈제6단계〉에서는 팀워크를 통하여 셀프리더십을 배양하는 단계이다. 팀원들 각자가 셀프리더가 되도록 함으로써 팀 자체가 자율관리팀의 성격을 가지게 되어 더 이상 슈퍼리더에게 의존하지 않고 스스로 판단하고 결정하고 행동하게 된다.

마지막으로 〈제7단계〉는 셀프리더십의 조직문화를 만드는 단계이다. 이때 최고경영자의 적극적인 역할과 지원이 필요하다. 조직 전체가 셀프리더십의 가치를 받아들여 실천에 옮길 때, 조직몰입, 동기유발, 역량의 향상 등의 결과를 통하여 조직성과가 높아지고 조직혁신이 이루어지게 된다.

3.3 섬기는 리더십

섬기는 리더십(servant leadership)을 제시한 사람은 그린리프(R. Greenleaf)인데, 그는 리더십이란 본성적으로 남을 섬기려는 사람에게 부여되는 것이라고 주장한다. 실제로 한 개인이 리더로 부상하는 방법은 첫째로, 섬기는 자가 되는 것이다. 섬기는 리더는 부하들의 욕구에 관심을 기울이고 그들이 보다 더 지적이 되고 자유롭고 독립적이며 부하들 자신이 남을 섬기는 사람이 될 수 있도록 도와주어야 한다. 즉, 리더는 그의 존재만으로 다른 사람들을 풍요롭게 할 수 있어야 한다.

섬기는 일 이외에도 리더는 소외된 자들에게 관심을 가지고 그들을 조직생활에서 다른 이해관계자들과 동일하게 인식해야 할 의무가 있다. 불평등과 사회적 불공정이 있을 때 섬기는 리더는 그것들을 제거해야 하는 책임도 있다. 섬기는 리더가 되기 위해서는 리더는 제도적 권력과 통제력의 사용을 자제하는 한편, 부하들에게 권한을 위양할 수 있어야 한다.

그리고 섬기는 리더십은 공동체적 삶에 모든 사람이 참여할 수 있도록 하는 것을 가치있게 여긴다. 인간이 존경과 신뢰, 위로, 치유 그리고 개인적 강점을 충분히 경험할 수 있는 곳은 바로 공동체 안에서이기 때문이다. 또한 섬김의 리더십에서 제시하는 아이디어들은 리더와 부하간의 개인적인 관계가 존중, 봉사, 정의, 정직 그리고 공동체 윤리 등의 측면에서 출발되어야 한다는 것을 보여주고 있다.

지금 경영현장에는

하청업체에서 연매출 3.5조 세계적 기업된 아이리스

일본 최대 생활용품 제조업체 '아이리스 오야마'는 일본 제조업의 자존심과도 같다. 작은 플라스틱 하청업체로 시작해 연매출 3.5조원을 올리는 세계적 기업 반열에 올랐을 뿐 아니라 잃어버린 20년이라 불리는 일본의 장기 불황 속에서도 꾸준히 성장세를 이어왔기 때문이다. 아이리스 그룹은 그간 플라스틱 어업용 부표, 농업용 육묘상자, 원예용품, 애완용품까지 다양한 히트작을 내며 존재감을 과시해왔다. 그리고 그 뒤에는 사람중심 철학을 강조하는 재일교포 3세 오야마 겐타로 회장이 있었다. 그는 아이리스가 오랜 시간 일본 국민브랜드가 될 수 있었던 비결, 불황에도 살아남을 수 있었던 비결로 깐깐한 기준, 가성비, 투명함 3가지를 꼽는다.

겐타로 회장은 매주 월요일마다 직원들과 신제품 프레젠테이션을 갖는다. 70세가 넘는 노장이지만 신제품 출시에 관해서라면 깐깐함은 이루 말할 수 없다. 그가 신제품을 출시하기 전 꼭 거치는 질문은 소비자의 눈높이에 맞는가?, 라이벌 회사의 제품을 의식해 만든 것은 아닌가? 등이다. 최근 아이리스가 쌀의 종류나 양에 따라 자동으로 물의 양을 계산해주는 히트 전기밥솥을 출시한 것도 이같이 깐깐한 질문을 통과한 결과다.

이 질문을 통과하고 나면 다음은 가격을 정하는 단계다. 아이리스에선 타사와 달리 뺄셈방식으로 가격을 측정한다. 일반적으로는 기본 원가를 정하고 점포 마진, 유통비용, 세금 등을 더하지만 아이리스는 소비자 가격을 먼저 측정하고 뺄 수 있는 가격을 빼는 방법으로 가성비를 높인다. 이 덕분에 아이리스에서는 매년 가성비가 좋다고 평가 받는 1,000여 개의 신제품이 출시된다. 빠르지만 제대로가 아이리스의 신제품 출시 제1원칙이다.

정규직이든 비정규직이든 차별 없이 모든 직원을 가족처럼 대우하는 것도 겐타로 회장의 경영 철학이다. 1973년 이후 아이리스는 단 한 명의 직원도 해고하지 않았다. 그리고 모든 직원들과 대차대조표를 공유한다. 이 덕분에 매출이 늘 때도, 줄 때도 직원들은 스스로 원인을 분석하고 해결책을 강구할 수 있다. 임원은 물론 일반 사원들에게도 주인의식을 심어줘 회사의 장기적 발전을 꾀하는 것이다. 겐타로 회장은 속이는 게 없으니 직원들이 회사를 신뢰한다며 기업 경영자는 투명함으로 무장하고 직원들을 가족처럼 끌어안아야 한다고 조언한다.

자료: 지식비타민, 2017.8.31

제 4 절

기업현장의 리더십 연구

4.1 기업상황에 맞는 리더십 유형

위기에 직면한 기업은 두 가지 변수에 크게 영향을 받는다. 재무적 지위와 전략적 지위의 변수를 통해 4가지 유형의 리더십을 도출할 수 있다. 리더십 4가지 유형은 첫째, 장수형 리더십, 둘째, 활력자형 리더십, 셋째, 해결사형 리더십, 넷째, 혁신가형 리더십으로 나눌 수 있다.

그림 9-6 기업 상황에 맞는 리더십 유형

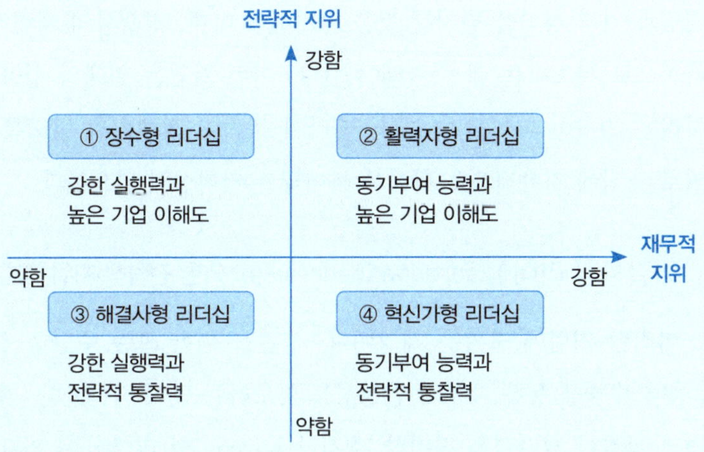

4가지 리더십 유형을 구분하는 2가지 변수를 살펴보면, 재무적 지위란 회사의 재무적 상황(손익과 보유 현금, 부채 등)에 의해 구분할 수 있으며, 전략적 지위는 시장 점유율과 원가 경쟁력, 고객 충성도, 브랜드 파워 등에 의해 구분한다.

가. 장수형 리더십(commander leadership): 강한 전략적 지위, 약한 재무적 지위

시장에서 우월한 지위를 차지하고 있지만, 재무 건전성이 취약하다. 따라서 불황을 맞아 매출과 이익이 줄고 자금 조달마저 어려워지면 파산할 수도 있다. 이런 유형의 기업에는 '장수형 리더십'이 필요하다. 과감한 구조조정을 통해 비(非)핵심 부분을 줄여나가는 한편, 조직 슬림화와 재무구조 개선을 통해 재무적 유연성을 확보해야 한다. 하지만 무리한 구조조정을 통해 기업의 핵심 역량까지 해쳐서는 곤란하다. 예컨대, 핵심 고객들이 이탈하지 않도록 주의를 기울여야 하며, R&D에 대한 투자를 게을리 하지 말아야 한다.

나. 활력자형 리더십(revitalizer leadership): 강한 전략적 지위, 강한 재무적 지위

이런 유형의 기업들에 불황은 절호의 기회이다. 반면에 소극적으로 대처할 경우 자칫 경쟁사에 역전의 가능성도 있으니 조심스럽게 접근할 필요가 있다. 이런 기업에는 '활력자(revitalizer)형 리더십'이 필요하다. 불황기에도 공격적인 마케팅과 가격 정책을 펼치는 것을 고려해야 하며, 경쟁사의 매력적인 고객들을 적극적으로 확보하는 데 주력해야 한다. 이런 기업은 현재의 성공적 지위에 안주하려는 경향이 나타나기 쉽다. 따라서 조직이 정체되지 않도록 새로운 동기 부여로 조직에 지속적으로 활력을 불어넣는 리더십이 필요하다.

다. 해결사형 리더십(surgeon leadership): 약한 전략적 지위, 약한 재무적 지위

이러한 기업에 불황은 재앙이다. 생존을 위한 모든 수단을 강구하여야 하며, 응급 수술을 통해 재무적 안정성을 확보하는 것이 시급하다. 따라서 강한 실행력과 과감한 결단력을 겸비한 '해결사(surgeon)형 리더십'이 필요하다. 진정한 핵심 역량 유지를 위해 필수적인 것들을 제외하고는 과감히 처분해야 한다. 이와 함께 회사의 생존과 발전을 위한 새로운 청사진을 명확하게 제시하여야 한다. 이것이 없다면 투자자나 채권단을 설득하는 것은 물론, 임직원을 리드하는 것이 불가능하기 때문이다.

라. 혁신가형 리더십(innovator leadership): 약한 전략적 지위, 강한 재무적 지위

호황기에는 선도 기업을 따라가는 'me-too(모방) 방식'으로도 성장이 가능하지만 불황기에는 다르다. 수요 급감과 가격 하락, 고객 이탈이라는 물이 점점 차오르면, 특별히 내세울 것 없이 선도기업을 따라만 해온 기업(follower)은 감당할 수 없다. 따라서 이런 기업에는 '혁신가(innovator)형 CEO'가 필요하다. 경쟁사와는 완전히 다른 전략을 실행하고, 핵심 역량을 키워야 한다. 구매 방식의 전면적 재조정이나 생산 프로세스의 개혁을 통한 '원가 혁신', 새로운 기술이나 디자인을 통한 '제품 혁신', 또 타깃 고객 군(群)을 재설정하고 이들의 니즈를 충족시켜 나아가는 '고객 혁신'을 고려할 수 있다.

이를 위해서는 조직 전체가 변화와 창의성이라는 테마 아래 끊임없는 혁신을 추구해 나아갈 수 있는 분위기가 형성되어야 하며, 직원들에 대한 동기 부여가 확실해야 한다.

표 9-5 우리 회사 상황에 맞는 리더십 유형 체크리스트

전략적 지위

질문	전혀 그렇지 않다(1점)	그렇지 않은 편이다(2점)	중간이다(3점)	그런 편이다(4점)	매우 그렇다(5점)
우리 회사는 업계에서 존경받고 성장 가능성도 크다.					
우리 회사의 비교우위(품질·가격 등)가 불황기에 큰 무기다.					
불황기에 시장 점유율을 증가시켜 경기 회복 후 포지션이 더 강화될 것이다.					

재무적 지위

질문	전혀 그렇지 않다(1점)	그렇지 않은 편이다(2점)	중간이다(3점)	그런 편이다(4점)	매우 그렇다(5점)
미래 성장기회에 투자할 여력이 충분하다.					
신용 등급이 주요 경쟁사보다 우월하다.					
더 높은 수익을 위해 더 큰 리스크 감수할 수 있다.					

〈필요한 리더십 유형〉

- 전략적, 재무적 지위 모두 8점 이상: 활력자형 리더십
- 전략적 지위 8점 이상, 재무적 지위 7점 이하: 장수형 리더십
- 전략적 지위 7점 이하, 재무적 지위 8점 이상: 혁신가형 리더십
- 전략적, 재무적 지위 모두 7점 이하: 해결사형 리더십

4.2 'WOMAN' 리더십, 무엇이 다른가

남성 중심의 전통적 리더십은 지배와 종속 관계를 전제로 한 권력 개념에서 출발했다. 하지만 시대의 변화에 따라 전통적 리더십만으로는 현대 사회에 적응하는 데 한계가 생기면서 수평적(We), 개방적(Open), 다중 역할(Multiple), 진정성(Authentic), 관계 지향(Network)의 특징을 지닌 'WOMAN(여성)' 리더십이 주

목받고 있다. 여기서 여성은 생물학적 개념에 국한되는 것이 아닌 여성성의 덕목을 의미한다. 남성이든 여성이든 여성성의 강점을 기반으로 한 리더십을 갖춘다면 21세기형 리더로 거듭날 수 있을 것이다.

산업 시대에는 남성들이 가진 근육질의 힘이 큰 역할을 담당했지만 지력 및 창의력이 중시되는 지식정보화 시대를 맞이함에 따라 여성의 경쟁력이 남성에 비해 뒤처지지 않게 되었다. 또한 여성, 고령, 신세대, 외국인, 장애인 등 조직 구성원의 다양성이 확산되면서 다름을 인정하며 통합해 나가는 유연성이 부각되고 있다. 따라서 배려와 조화를 지향하는 여성적 특성이 21세기 리더십의 표본이 된다는 관점에 힘이 실리고 있다.

문효은 이화리더십개발원 특임교수는 이 시대가 요구하는 리더십과 관련해 여성 리더십의 경쟁력을 '유연성'이라는 키워드로 함축했다. 문 교수는 "지금 시대는 매우 불확실하고, 빠르게 변화하고 있다. 노키아, 모토롤라 등의 몰락에서도 볼 수 있듯이 어느 순간엔가 영원한 1등은 존재하지 않는다. 항상 변화에 유연하게 대응하며, 창의적인 시대를 이끌어 가는 리더들이 절대적으로 중요하다. 이런 복잡한 변화를 주도적으로 이끌어 갈 수 있도록 대응하는 유연성은 여성 리더십이 갖고 있는 좋은 경쟁력이다"라고 말했다.

포춘은 "미안해요, 잭!(Sorry, Jack!)"이라는 말로 잭 웰치의 경영 방식에 작별을 고한다는 기사를 게재한 바 있다. 과감한 결단과 추진력으로 GE를 기사회생시킨 전설적 리더인 것은 분명하나, 이제 '취할 것은 취하고 버릴 것은 버려야 할' 시대적 전환점을 맞이했다는 것이다.

라케시 쿠라나 하버드대 교수의 말처럼, 명령과 톱다운 모델, 감독형 조직에 맞춤화된 위계 조직은 지금의 시대에선 더 이상 통하지 않는다.

그렇다면 지금의 시대에 취해야 할 '통하는 리더십'의 덕목은 무엇일까. 여성 리더십의 강점을 앞서 말한 'WOMAN'의 5가지로 나눠 살펴본다.

We(우리) — 나와 너 대신 '우리'

여성 리더십을 연구하고 있는 김양희 박사의 저서 「여성, 리더 그리고 여성 리더십」에 따르면, 여성적 리더십의 활동 스타일은 경쟁이 아니라 협동이다. 위계 조직에서 제왕적 군림을 하기보다는 팀 중심의 수평적 구조를 전제로 '분담된 리더십'을 발휘하는 것이다. 분담된 리더십이란 가부장제에서 아버지가 리더의 기능을 모두 수행했던 것과 달리 조직 구성원이 모두 동등한 정치적 인격체로서 유기적인 관계의 협업을 통해 조직의 목적을 달성해 나가는 것을 의미한다.

시대의 흐름 및 조직 환경이 점점 더 급속하고 복잡하게 변화하고 있기 때문에 이제는 한 사람의 리더가 모든 일에 대응하기 힘들어지고 있다. 따라서 다양한 아이디어를 기반으로 수평적, 참여적, 협업 업무 방식을 통해 성과를 만들어 가는 역량이 리더에게 중요해지고 있다.

보리스 그로이스버그 하버드대 교수도 하버드 비즈니스 리뷰(HBR)를 통해 "명령하고 통제하는 식의 권위적 리더십은 더 이상 실효성이 떨어지고 그 대신 다른 사람과 소통하며 협업할 수 있는 커뮤니케이션 역량이 중요해질 것"이라고 말한 바 있다.

다양성을 수렴하는 민주적이고 참여적인 방식에서는 일 처리의 속도가 늦어진다는 문제점이 제기되기도 한다. 하지만 문제점이 있는데도 속도를 위해 무사통과시키는 추진력보다는 문제점을 제기하고 토론하며 최대한 다양한 의견을 수렴해 나가는 방식이 조직의 경쟁력을 더욱 탄탄히 만들 수 있다.

협업의 관점을 조직에서 전체 산업으로 확산해도 유효하다. 포스코경영연구소의 보고서 '미래 경영을 위한 리더의 사고방식'에서는 미래 경영을 위한 3대 사고 중 하나로 협업 지향적 사고를 제시했다. 보고서는 "생태계 참여자들이 공통의 목표를 위해 각기 보유한 기술과 지식, 경험을 공유하고 협력적인 역량이 발휘되도록 참여자 간 커뮤니케이션을 촉진하고 신뢰를 높여야 한다"며 "협업은 다양한 이해관계가 얽힌 복잡한 문제를 돌파할 수 있는 유일한 해결책"이라고 제한했다.

Open(개방적) — 열린 마음 열린 목소리

여성 리더십에서 민주적 경영의 중요한 수단은 개방적이고 유연한 마음과 활발한 의사소통이다. 여성은 감성이 발달해 있고 환경적 측면에서도 가부장 사회에서 정서적 영역을 담당했던 경험이 존중과 소통, 배려의 특성을 더욱 강화해 주고 있다. 따라서 원활한 대화에 필요한 공감 및 경청의 능력이 뛰어나다.

이러한 여성 리더십은 급변하는 만큼 적응이 어렵고 시행착오의 스트레스를 겪어야 하는 오늘날의 경영환경에서 직원들의 정신적 피로감을 이해하고 대화로 풀어 줄 수 있다. 또한 조직 구성원들이 가진 정보를 잘 교환할 수 있는 소통의 기회를 열어 집단지성의 경쟁력을 강화할 수도 있다.

강한 리더보다는 공감형 리더가 좋아

직장 내에서 원하는 리더 및 상사의 덕목을 살펴봐도 공감이나 소통은 중요한 비중을 차지한다. 인크루트가 지난해 2030세대 대학생, 직장인에게 만나보고 싶은 CEO의 유형에 대해 질문한 결과, '구성원의 공감을 이끌어 내는 감동형'이 29.7%로 1위를 차지해 직장 내 소통이 얼마나 중요한지 확인할 수 있었다. 이어 '리더십이 강한 리더형'(27%), '스스로 기회를 만들어 평민에서 CEO가 된 자수성가형'(24.1%), '창조적인 아이디어가 많은 아이디어형'(17.6%)순이었다.

Multiple(다중 역할) — 21세기 원더우먼

여성 리더의 특성 중 하나로 '다중 역할' 수행 능력을 꼽을 수 있다. 기혼 여성들은 일반적으로 가정에서 어머니, 아내, 며느리 등의 역할을 동시에 수행하고 직장에서는 상사, 부하, 동료 등의 관계망 속에 놓여 있다. 이는 복잡하고 다양한 관계 속에서 갈등 및 문제해결에 대한 학습 능력을 기를 수 있다는 긍정적 측면을 가진다.

특히 현 시대의 기업은 과거처럼 주주나 고객과의 일대일 관계에만 포커스를 맞추는 것이 이니라 주주, 고객, 직원, 지역사회 등 다양한 이해 관계자와의 커다란 관계 속에서 다중의 역할을 조화롭게 수행해야 하므로 한국 사회에서 여성들의 특수한 상황이 오히려 역할 수행을 위한 자원으로 활용될 가능성이 크다.

김양희 박사의 「여성, 리더 그리고 여성 리더십」에 따르면, 여성 리더들은 일, 건강, 통합성, 가족, 친구 등 다섯 가지의 공을 저글링하면서 살아간다. 이들 공은 고무나 유리로 된 것도 있는데 일은 고무공이어서 떨어뜨려도 깨지지 않고 튀어오를 수 있는 반면, 나머지 건강, 통합성, 가족, 친구는 유리공이어서

한 번 깨지면 다시 회복하기가 어렵다. 때문에 매우 조심스럽게 다루어야 하는데, 이러한 공들의 균형을 이룬 여성 리더는 업무도 훌륭히 수행한다고 한다.

제록스, 펩시코CEO의 다양한 보직 경험

다양한 역할의 경험이 리더의 자질이 된다는 것은 기업 내 다양한 보직 경력이 여성이 CEO가 되는 데 중요한 요소로 작용한다는 점을 통해서도 증명된다. 심성경제연구소의 보고서 '글로벌 기업의 여성CEO 탄생 비결'은 2012년 기준 500대 기업의 여성 CEO를 토대로 "CEO가 되기 위해서는 사업부의 리더로서 손익 책임을 지는 다양한 업무 경험이 필요하다"고 밝혔다.

우르술라 버스 제록스 CEO는 2000년 수석부사장으로 선임된 이후부터 CEO가 되기 전까지 글로벌 제조, 기업 전략 서비스, 문서 시스템 및 솔루션 그룹, 비즈니스 그룹 오퍼레이션 등 다양한 사업부의 보직을 순환했다. 인드라 누이 펩시코 CEO는 전략 기획 부사장과 CFO를 역임하며 글로벌 리스트럭처링과 포트폴리오 재편 및 M&A를 주도했다.

Authentic(진정성) — 신뢰 상실의 시대 진징성을 주다

우리 사회는 도덕적인 차원에서 억압은 지양해야 한다는 데 동의한다. '도덕'이나 '억압'의 개념에는 입장 차이가 있을 수 있지만 현시대의 일반적인 관념에서 다양성과 존중의 키워드가 배제된 위계적·지배적 질서는 부정적이며 부도덕한 개념으로 비판하고 거부한다. 따라서 여성 리더십에서의 권력은 강제와 통제의 개념이 아닌 공유나 타인의 힘을 고양하는 차원으로 이해된다는 면에서 주목할 만하다.

특히 국민들의 사회의식이 높아진 가운데 비도덕적 행동들의 실체가 사회적인 이슈로 떠오르면서 정직과 신뢰, 도덕성을 바탕으로 한 리더십에 대한 요구가 점점 더 증가하고 있다.

진정성 있어야 업무도 충실하다

크리에이티브리더십센터의 루더맨과 올럿 박사가 기업에서 성공하는 여성 리더에 대해 심층 연구한 결과에 따르면, 리더십 개발 요구에서 중요하게 나타나는 주제 중 하나가 진정성이다. 이는 일상 행동이 자신이 중요하다고 생각하는 가치 및 신념과 일치한다고 느낄 때의 상태를 의미한다. 진정성은 심리적 만족도, 자신감을 증진해 현재에 충실하도록 하는 동력이 되기 때문에 조직 구성원의 열정적이고 충실한 업무에도 중요한 영향을 끼친다.

'여성, 리더 그리고 여성 리더십'에서는 "일반적으로 남성은 일과 사생활을 분리해 생각하는 경향이 있는 반면 여성은 삶의 가치와 직업적 역할의 가치 및 행동이 일치하기를 원한다"며 데브라 마이어슨 스탠퍼드 대학 교수의 말을 빌어 여성이 남성 중심의 조직문화 속에서 자신의 진정성을 포기하지 않고 여성의 '다름'에 기반하여 작지만 점진적인 변화를 이루어낼 수 있음을 강조했다.

마치 쇠가 열을 가하고 식히기를 반복할 때 더욱 강해지는 것처럼 여성이 조직의 관행에 의문을 가질 경우 극단적 방안이 아닌 작지만 지속적 변화를 실천하면서 변혁의 리더십을 발휘할 수 있다는 것이다.

Network(관계 지향) — '사이(間)'를 보는 눈

남성이 독립과 자기신뢰, 개인적 성취를 중요시 하는 반면, 여성은 타인과의 관계속에서 정체성을 정의하기 때문에 타인과의 연계, 상호공감대를 이루는 관계를 매우 중시한다.

여성 리더십 학자 샐리 헬게센은 '통합의 거미줄(Web of Inclusion)'이론을 통해 여성 리더십을 설명했는데, 여성은 사람들을 거미줄처럼 통합해 내는 관계 기술을 가지고 있다는 내용이다.

헬게센은 조직에서 일이 진행되는 리듬이 순환적 구조를 형성하는 것을 '통합의 거미줄'로 보았으며, 리더의 역할은 거미가 거미줄을 엮듯이 중심에서 주변으로 끊임없이 새로운 줄을 짜는 동시에 전체의 줄을 강화하는 '통합의 거미줄을 짜는 건 축가'라고 설명했다. 여기서 거미줄을 짜는 건축도구는 지속적인 대화와 균형 및 조화이다.

웰포인트 회장의 무드 엘리베이터

안젤라 브랠리 웰포인트 회장이 보여주는 직원에 대한 배려는 남다르다. 브랠리 회장은 감성이 직원들의 동기부여에 중요하다는 생각으로 '무드(Mood) 엘리베이터' 프로그램을 만들었다.

이는 직원들의 기분을 '우울'에서부터 '유쾌'까지 단계별로 나눠 측정하는 것으로, 대다수 직원의 감정이 '우울'로 측정되면 회의를 연기하기도 한다.

또한 인드라 누이 펩시코 CEO는 업무에 있어서 철두철미한 모습을 보이지만 직원들이 일보다 가족을 중시하는 문화를 만들기 위해 애쓰고 있다. 그녀는 직접 팝송을 들려주거나 이벤트를 여는 등 직원들의 마음에 따뜻한 감동을 주는 감성 리더십을 발휘해 긍정적인 관계를 유지해 나가고 있다.

〈자료: CHIEF EXECUTIVE, 2014.3〉

지금 경영현장에는

켈리(Kelley*)의 팔로워십(Foiiowership) 유형

리더십은 리더 혼자 만의 노력으로 이루어지는 것은 아니다. 성공하는 리더를 위해서는 리더와 뜻을 같이 하는 건전한 팔로워가 필요하다. 본래 팔로워는 도움을 필요로 하는 리더를 돕는 존재라는 뜻으로, 어원으로 볼 때 맡은 역할이 다를 뿐 리더와 동등한 관계이다.

켈리는 리더와 팔로워들을 대상으로 집중면담을 실시한 후 다음과 같은 다섯 가지 팔로워십 유형을 제시하였다. 이 중에서 모범형 팔로워가 되는 것이 가장 바람직하다.

수동형 팔로워는 생각도 하지 않고 열심히 참여도 하지 않는 스타일이다. 책임감이 부족하고 솔선

켈리의 팔로워십 유형

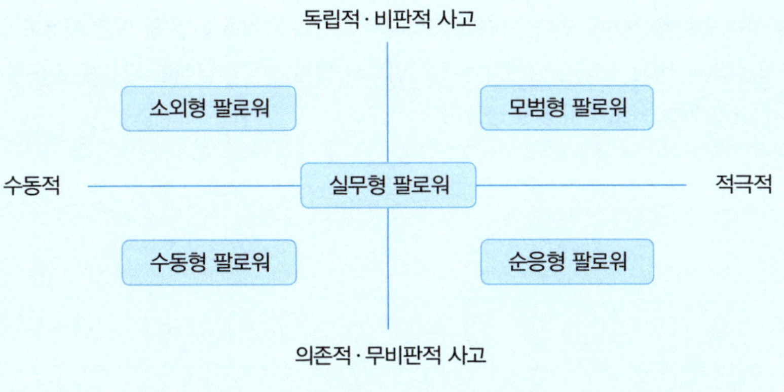

수범하지 않으며 리더가 지시하지 않으면 움직이지 않는다. 이러한 스타일은 팔로워십의 진정한 의미를 새로 배워야 한다. 스포츠 게임의 관중의 자세를 버리고 선수로 참여하려는 자세가 필요한 스타일이다. 수동형이 많으면 리더십을 발휘하기가 매우 힘들어 진다.

소외형 팔로워는 독립적이고 비판적인 사고는 잘하지만 역할수행에 있어서 적극적인 태도는 보여주지 못하는 유형이다. 리더를 비판은 하면서도 스스로 노력하지 않고 불만족한 침묵으로 일관하는 모습을 보인다. 이들은 초기에는 모범형 팔로워였으나 어떤 계기로 말미암아 리더와의 관계가 악화된 경우가 많다. 소외형은 자신이 리더로부터 부당한 대우를 받는 희생자라고 규정하는 경향이 있다. 소외형이 모범형이 되기 위해서는 자신이 리더로부터 불공정한 대우를 받는다는 인식을 극복하는 것이 선결과제이다. 독립적이고 비판적인 사고는 유지하는 것이 바람직하므로 긍정적 인식만 회복을 하면 적극적 참여와 기여가 가능해지다.

순응형은 생각은 모자라지만 착하고 열심히 참여하는 스타일이다. 이들은 독립적 사고가 부족하여 항상 리더의 판단에 지나치게 의존하려는 경향이 있다. 가정, 학교, 직장 등 사회가 전반적으로 순응을 장려하는 분위기에 젖어 있을 때 이러한 팔로워들이 많이 나타난다. 또한 전횡적인 리더들은 자신의 권력욕을 충족시키기 위해 이러한 예스맨 스타일의 순응형 팔로워들을 선호한다. 모범형이 되기 위해서는 독립적이고 비판적 사고를 기르고 그것을 사용할 수 있는 담력을 키울 필요가 있다. 대립에 대한 두려움을 버리고 리더로부터 독립할 수 있는 힘을 길러야 한다.

실무형 팔로워는 별로 비판적이지 않으며 리더의 결정에 의문을 품기는 하지만 자주 그렇지는 않다. 시키는 일은 잘 수행하지만 그 이상의 모험을 하지는 않는 스타일이다. 대립은 가급적 억제하고 실패했을 때를 대비한 해명자료를 항상 준비해 놓는다. 모범형이 되기 위해서는 우선 목표를 정하고 다른 사람들의 신뢰를 회복할 수 있도록 해야 하며, 다른 사람들의 목표달성을 돕는 데서 시작하는 것이 바람직하다. 비율로 볼 때, 실무형이 가장 숫자가 많다고 한다.

마지막으로 모범형의 경우는 스스로 생각하고 알아서 행동할 줄 아는 스타일이다. 혁신적이고 독창적이며 건설적 비판을 내놓을 줄 아는 유형으로 모든 면에서 적극적인 자세를 보여 준다. 이런 팔로워들은 일에 대하여 헌신하고 집중하는 모습을 보이며, 일을 추진할 때에는 결정적인 방법을 찾아내어 공략할 줄 아는 능력을 가지고 있다. 그리고 조직에서 자신의 가치를 높일 줄 아는 지혜도 있다.

이상에서 살펴본 바와 같이 구성원들이 팔로워로서 모범형의 바람직한 자세를 갖도록 하는 것은 좋은 리더십을 발휘하는 것 못지 않게 중요하다.

EXPERIENTIAL EXERCISES

문제 다음 문항들은 당신 자신의 두 차원 리더십 스타일을 분석하기 위한 것이다. 각 문항을 주의깊게 읽고 당신 자신이 어떤 집단의 리더일 때 보통 어떻게 행동하는지를 생각해 보라. 그래서 다음 각 문항이 당신 자신의 경우를 가장 잘 말해주고 있는 응답에 O표 해보시오.

5=항상 그렇다. 4=가끔 그렇다. 3=때때로 그렇다.
2=좀처럼 그렇지 않다. 1=전혀 그렇지 않다.

1. 나는 시간을 내어 직무(일)가 어떻게 수행되어야 하는가를 설명해 준다.	5 4 3 2 1
2. 나는 팀 내에서 구성원 각자가 어떤 역할을 해야 하는지를 설명해 준다.	5 4 3 2 1
3. 나는 집단의 구성원들이 따라야 할 규칙이나 절차를 자세하고 분명하게 알려준다.	5 4 3 2 1
4. 나는 나 자신의 작업활동을 계획하고 조직화한다.	5 4 3 2 1
5. 나는 집단구성원들이 자신들의 업무를 어느 정도로 잘하고 있는가를 알려준다.	5 4 3 2 1
6. 나는 구성원들에게 기대하고 있는 것이 무엇인가를 알려준다.	5 4 3 2 1
7. 나는 구성원들이 과업을 완성하기 위해 통일된 절차를 따라 일하도록 고무한다.	5 4 3 2 1
8. 나는 구성원들 앞에서 나 자신의 입장이나 태도를 분명히 밝힌다.	5 4 3 2 1
9. 나는 구성원들이 어떤 특정한 과업에 배치하여 그의 전문성을 살려 일하도록 한다.	5 4 3 2 1
10. 나는 구성원들이 집단 내에서의 자기의 역할이 무엇인가를 확실히 알게 한다.	5 4 3 2 1
11. 나는 구성원들의 과업수행계획을 내 자신이 직접 수립한다.	5 4 3 2 1
12. 나는 구성원들이 규칙이나 절차를 따르도록 요구한다.	5 4 3 2 1
13. 나는 구성원들이 직무수행에서 보다 즐겁게 일할 수 있도록 하기 위해 노력한다.	5 4 3 2 1
14. 나는 구성원들에게 도움이 되는 것이라면 나의 방식을 고집하지 않는다.	5 4 3 2 1
15. 나는 다른 사람들(구성원들)의 감정이나 의견을 존중한다.	5 4 3 2 1
16. 나는 다른 사람들(구성원들)에 대해 사려깊게 행동하는 사람이다.	5 4 3 2 1
17. 나는 팀 내에서 서로간에 우호적인 관계를 유지하려고 노력한다.	5 4 3 2 1
18. 나는 구성원들이 우리 집단의 구성원이 된 것을 기쁘게 생각하도록 하기 위해 노력한다.	5 4 3 2 1
19. 나는 다른 사람들(구성원들)을 평등하게 대한다.	5 4 3 2 1
20. 나는 어떤 변화를 시도하려고 할 때 그것을 미리 예고하고 그 같은 변화가 그들에게 어떤 영향을 미치게 될 것인가를 설명해 준다.	5 4 3 2 1
21. 나는 다른 구성원들의 복지안녕을 위해 노력한다.	5 4 3 2 1
22. 나는 구성원들에게 친절하고 구성원들이 가까이 하기 쉬운 사람이다.	5 4 3 2 1

〈채점 및 판정방법〉

1. 문항 1부터 12까지의 점수의 합이 47점 이상이면 당신은 과업지향적 리더이다.
2. 문항 13부터 22까지의 점수의 합이 40점 이상이면 당신은 관계지향적 리더이다.

Chapter 10

의사소통

훌륭한 경영인은 비전을 창조하고 비전을 명확하게 하며, 비전의 완성을 위해 냉혹하게 추진한다.

— 잭 웰치(Jack Welch), GE 회장

20년 동안의 연구결과 '진정으로 무엇이 사람을 동기부여시키는가'에 대한 해답은 '당신의 부하에게 가서 물어 보아라'이다.

— 빈센트 플로워스(Vincent S. Flowers)와 찰스 휴즈(Charles L. Hughes)

● 시작 이야기 ●

일 잘하는 사람의 특징 "소수 정예 스타트업에 꼭 필요한 사람들"

우리 회사는 지금은 15명 수준이지만 더 큰 회사가 되었을 때 지금 있는 이 사람들이 대부분 요직에서 중추 역할을 할 거라고 본다. 그래서 한 명 한 명 뽑을 때 정말 신중하고, 너무 소중하다. 직원과 회사의 관계가 서로 대등하되 서로를 위해 희생하고 서로를 위해 아낌없이 주는 관계가 가장 이상적이다. 보통 '퍼준다'라고 표현하는데, 이게 어느 한쪽이 소모적이거나 이용당하는 순간 균형은 깨진다. 일 잘하는 사람, 직장인의 일 잘하는 방법, 이런 것들을 다룬 책들도 수없이 많고 떠도는 글들도 많지만 '내 기준'에서 소수 정예 스타트업에 꼭 필요한 일 잘하는 사람, 내가 같이 일하고 싶은 사람, 즉 우리 회사에 들이고 싶은 사람의 특징을 정리해보았다.

1. 러닝 커브(Learning Curve)가 가파른 사람

처음부터 완벽한 사람은 없지만, 배움, 성장에 대한 의지가 있고 흡수력이 좋아야 한다. 흡수력이 좋다는 것은 곧, 말귀를 잘 알아듣거나, 스스로 문제를 분석할 줄 알며, 빠르게 행동으로 옮길 줄 아는 사람이다. 말귀라는 말이 참 애매하지만 해당 직무에서 필요로 하는 능력과 센스는 천차만별이기에, 적절한 표현인 것 같다. 내가 누군가에게 "어우, 너 진짜 말귀 잘 알아듣는다"라고 말한다면 아주 대단한 칭찬일 것이다.

2. 예측 가능한 사람

일이 다이내믹하다고 해서 사람이 다이내믹할 필요는 없다. 어떤 직무에 있든 이 사람이 예측이 가능하다는 것은 아주 중요하다. 이는 9시에 출근해서 6시에 퇴근하는 것 같은 단순 근태에 관련된 이야기가 아니다. 쉽게 이야기하면 특정 시간엔 항상 그 자리에 있고, 자신이 무슨 일을 하고 있는지 주변에 충분히 알리고, 결과물이 일정한 퀄리티가 나오며, 여기에 베스트 옵션은 감정적으로도 어느 정도 일정한 범위를 유지하는 사람이다. 어떤 업무를 '믿고 맡길 수 있다'는 것은 함께 일하는 팀원들에게 큰 신뢰감과 안정감을 준다.

3. 결과 지향적인 사람

스타트업이기 때문에 결과나 성과에 매우 민감해야 하는데, 이유는 한두 번의 실수나 Risk-taking이 회사 전체의 향방을 결정할 수 있기 때문이다. 다만 스타트업이라는 조직 자체가 부족하고, 부족한 사람들끼리 모인 것이기에 실수와 실패가 생길 수 있다. 실수는 용인하지만 이 실수에 대해서 뼈저리게 반성하고, 그다음에는 아주 월등히 나은 결과를 내기 위해 노력해야 한다. 방어기제가 너무 심한 사람하고는 같이 일하기 피곤하다. 그냥 인정하면 모두가 편한데…

4. 줏대가 있는 사람

주변의 평가, 세상의 통념보다 자기 자신에 대한 줏대가 있는 사람은 스타트업에 적합한 인재다. 일단 스타트업에 몸 담고 있는 것 자체만으로도 가족, 친구, 지인들에게 잔소리(혹은 그 이상의 비아냥, 비난 등)를 듣기 십상인데 이를 적절히 무시할 줄 알아야 한다. 이는 곧 개인의 자신감에서 발현되는데, 그게 부족하면 자주 흔들린다. 그런 사람들은 회사가 궤도에 오르기 전에 그만두는 경우가 많은 것 같다.

5. 격려할 줄 아는 사람

스타트업 같은 성장하는 조직에 있다 보면 당연히 부하가 걸리면서 직원들이 힘들 수밖에 없다. 그리고 크고 작은 실패에 낙담하는 경우도 분명 생긴다. 3, 4번 같은 사람은 강도 높게 자책할 가능성도 높다. 그럴 때 스스로와 주변 사람을 다독일 줄 아는 사람이 스타트업에 어울린다. 단순히 긍정적인 사람하고는 조금 다르다. 리더든 리더가 아니든, 주변 사람들에게 에너지를 불어넣을 수 있는 사람은, 팀에 보물 같은 존재다.

조직은 다양한 사람이 공존해야 하므로, 좀 더 주관적인 기준 세 가지를 제시하면,

첫째는 다양성을 인정하는 사람이 되어야 한다. 많은 구성원과 다양한 소비자의 니즈를 충족시킬려면 다양성을 수용할 수 있는 의사소통과 결정의 구조를 가져야 한다.

둘째는 맷집이 있는 사람으로, 많은 풍파와 시련을 함께 겪기 위해 필요한 맷집은, 풀어서 쓰면 강한 멘탈일 수도 있고, 과거의 경험일 수도 있겠다. 어쩌면 내가 화초처럼 자라지 못해서 그런 것일 수도 있지만, 너무 온실 속의 화초 같은 사람들은 내가 생각하는 이상적인 스타트업엔 어울리지 않는 것 같다.

셋째는 솔직한 사람으로, 내가 말하는 솔직한 사람이라는 것은

- 일처리를 투명하게 하는 것
- 눈치 보지 않고 자신의 의견을 가감 없이 말하고, 때로는 비판할 줄 아는 것
- 감정적으로 솔직한 사람이라는 의미이다.

세 가지를 포괄하는데, 사실 일에 있어서는 첫 번째, 두 번째만 있어도 충분히 가능하다. 그럼에도 세 번째를 넣은 이유는, 소수 인원으로 굴러가는 조직에서 구성원의 감정적인 교류는 곧 신뢰를 만들고, 끈끈한 팀워크를 만드는 데 필요한 부분이기 때문이다. 이런 사람들은 사실 어딜 가도 환영받을 거다. 다만 큰 조직에서는 한 사람의 역량이 좀 부족해도 잘 갖춰진 시스템으로 돌아갈 수 있지만, 스타트업에서는 그만큼 한 사람의 역할이 크기 때문에 더 중요시되는 것 같다. 개인의 성향, 성격은 천차만별일 것이다. 좀 더 긍정적인 사람, 좀 더 현실적으로 세상을 보는 사람, 농담을 잘하는 사람, 말수가 적은 사람 등등… 그런 걸 제외하고, 기본적으로 위에 나열한 자질을 가진 사람이라면 참 같이 일하고 싶어지는 사람이다.

자료: 신동해, 벤처스퀘어, 2017.1.31

제 1 절

의사소통의 의의

기업의 목표를 달성하기 위하여 구성원들은 상호작용을 하게 된다. 이 때 종업원들간 또는 집단 간에 서로가 갖고 있는 생각이나 정보 등을 주고받는다. 기업내에 의사소통이 원활하게 이루어질수록 기업목표 달성을 위한 여러 종업원들의 활동이 서로 원만하게 조정되고 통합될 수 있게 된다.

여기서 의사소통(communication)은 일반적으로 한 사람으로부터 다른 사람에게 정보나 의사가 전달되어 그 의미가 공유되는 과정을 말한다. 의사소통이 이루어지는 네 가지 조건은 다음과 같다.

(1) 적어도 두 사람 이상이 참여하여야 한다.
(2) 서로간에 전달될 정보가 있어야 한다.
(3) 그 정보가 실제로 전달되어야 한다.
(4) 정보의 내용과 의미를 정확하게 이해할 수 있어야 한다.

의사소통과정은 누가 어떤 정보를 어떤 방식으로 누구에게 전달하며, 그 효과는 어떠한가를 살펴보는 것이다. 이 때 의사소통은 효과적이고 효율적으로 수행되어야 한다. 즉 효과적인 의사소통(effective communication)은 얼마나 발신자가 전달하려고 의도한 의미과 수신자에 의한 지각된 의미가 일치하는가를 살펴보는 것이고, 효율적인 의사소통(efficient communication)이란 얼마나 의사소통에 소요되는 자원의 비용이 적게 들었는가를 의미한다.

상호간에 정보를 공유하는 과정을 의미하는 의사소통은 크게 세 가지 방법으로 이루어질 수 있다. 첫째, 말을 사용한 의사소통으로 직접대화, 전화통화, 집단토의 등이다. 둘째, 글을 사용한 의사소통으로 메모, 문서 등이 여기에 해당된다. 셋째, 비언어적 의사소통으로 뉘앙스, 신체적 표현 등을 포함한다.

1.1 의사소통 네트워크

경영자나 종업원들은 의사소통을 통해서 서로 정보를 교환하여 공유하게 된다. 그러나 기업의 규모가 커지게 되면 모든 종업원들이 필요할 때마다 필요한 사람과 직접 의사소통하는 것이 어려워지고 비효율적일 수 있다. 이 때 종업원들간의 의사소통은 여러 개의 의사소통 네트워크를 통해서 이루어지게 된다.

여기서 의사소통 네트워크(communication network)란 의사소통에 있어서 누가 누구와 의사소통을 할 수 있는가를 나타내는 것으로 주로 사전에 결정된다. 따라서 의사소통 네트워크는 기업마다 다르며 각각의 조직구조에 의해서 영향을 받는다.

이와 같은 의사소통 네트워크는 형태에 따라 집단 의사소통 네트워크와 조직 의사소통 네트워크로 구분할 수 있다.

1.2 집단 의사소통 네트워크

집단 의사소통 네트워크는 조직내에서 구성원 상호간에 정보가 교환되는 과정을 말한다. 의사소통의 유형에는 크게 집중화된 네트워크와 분권화된 네트워크로 나눌 수 있다.

가. 집중화된 네트워크(centralized network)

1) 연쇄형(chain) 네트워크

집단 내의 서열에 따라서 의사소통경로가 엄격하게 설정되는 경우를 말한다. 구성원들은 자신의 직속 상급자와 직속 하급자에게만 의사를 전달하게 된다.

2) Y자형 네트워크

집단내에 강력한 리더가 있는 것을 아니지만 어느 정도 대표적인 구성원을 통해서 집단 구성원들 간에 의사소통이 이루어지는 경우를 말한다.

그림 10-1 집단 의사소통 네트워크 유형

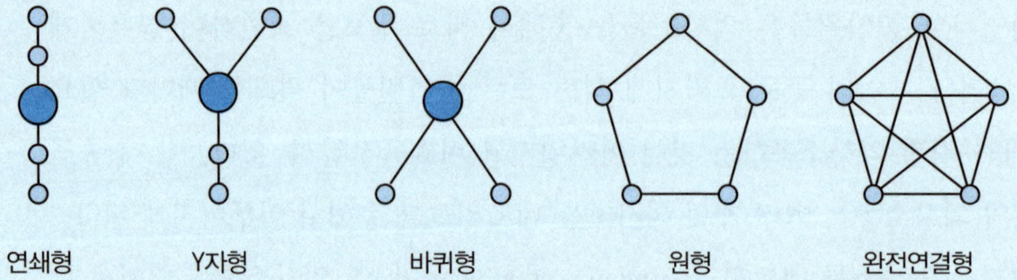

3) 바퀴형(wheel) 네트워크

팀내에 강력한 리더가 있어 의사소통이 그 사람에게 집중되는 경우를 말한다.

나. 분권화된 네트워크(decentralized network)

1) 원형(circle) 네트워크

구성원들의 서열이나 지위가 비슷하여 서로 동등한 입장에서 의사소통이 이루어지는 경우를 말한다.

2) 완전연결형(all-channel) 네트워크

리더가 없거나 공식적 구조가 없는 비공식집단에서 다른 구성원들과 자유롭게 의사소통할 수 있는 형태이다.

1.3 조직 의사소통 네트워크

조직 의사소통 네트워크는 기업 전체에서 이루어지는 의사소통으로 집단 내에서의 의사소통 네트워크보다 많은 사람들이 참여하고 있는 형태를 말한다. 이 의사소통 네트워크에는 공식적 의사소통과 비공식적 의사소통으로 구분된다.

가. 공식적 의사소통

공식적 의사소통(formal communication)은 기업이 미리 정해 놓은 경로와 방법, 절차에 따라 정보가 의사전달되는 것을 말한다. 공식적 의사소통에서는 종업원들 간에 의사소통이 체계적으로 이루어질 수 있도록 여러 가지 규칙이나 절차를 정하게 된다. 기업의 공식적 의사소통은 다시 하향식 의사소통, 상향식 의사소통, 횡직 의사소통으로 구분된다.

나. 비공식적 의사소통

비공식적 의사소통(informal communication)은 동기회, 취미동아리, 향우회 등 자연스럽게 생겨난 비공식적 조직을 통해 의사소통이 이루어지는 것을 말한다. 많은 경우 기업 안에서 이루어지는 정보와 의사교환은 실제로 비공식적 의사소통의 경로를 통하고 있다. 이를 그레이프바인(grapevine)이라고 한다. 이는 기업 전체에 퍼져 있는 비공식적 의사소통 네트워크를 말한다. 대부분의 기업 현장에서 경영자들은 의사소통하고 싶어하는 내용을 그레이프바인을 통해 빠르고 정확하게 얻어내고 있다. 또 다른 비공식적 의사소통 네트워크는 배회관리(management by walking around: MBWA)이나. 경영자가 조직의 이곳저곳을 돌아다니며 구성원들이나 고객 그리고 기타 조직과 관련된 사람들과 얘기를 나눔으로써 필요한 정보나 의사를 주고받는 것을 말한다. 이는 경영자가 직접 종업원이나 고객을 찾아가 그들의 의견을 듣고 필요한 정보를 전달해 주게 되므로 조직에 활력을 불어넣는 역할을 한다.

지금 경영현장에는

말레이시아에서 등장한 '유니콘 기업' 그랩, 우버 누르고 동남아 석권한 비결은?

그랩은 대표적인 유니콘 기업이다. 유니콘 기업이란 설립된 지 10년 이하인 스타트업 중 기업 가치가 10억 달러 이상인 기업을 말한다. 상상 속에서나 존재할 수 있는 존재이기 때문에 '유니콘'이라는 이름이 붙었다. 그랩의 추정 기업가치는 60억 달러로 유니콘 기업의 기준을 훌쩍 뛰어넘는다. 유니콘 기업보다 큰 100억 달러 가치의 데카콘(10을 의미하는 'Deca' + con) 기업도 등장하고 있다. 우버가 대표적인 데카콘 기업이다. 그렇기 때문에 세계 차량 공유 서비스 업계 1위인 우버(Uber)가 말레이시아의 그랩(Grab)에게 동남아시아 사업을 매각하는 협상이 막바지 단계라는 소식은 그랩이 만들어낸 반전의 결과다. 한때 우버와 그랩은 동남아시아 차량 공유 시장에서 치열한 각축전을 벌이던 사이였다. 그랩이 우버와의 경쟁에서 승자로 우뚝 선 비결은 무엇일까?

비결 1: 열정에서 시작되는 끈기이다. 그랩의 창업자 안토니 탄이 그랩 택시의 모태가 된 콜택시 서비스 '마이 택시(My Texsi)'를 개발했을 무렵에만 해도 탄의 미래는 그다지 밝지 않았다. 서비스를 활용해 줄 택시 회사를 찾지 못한 것이다. 대형 택시 회사는 새로운 기술에 대한 거부감이 있었고 사업의 성공 가능성도 낮다고 보았다. 사업이 시작도 하기 전에 좌초될 수 있는 상황이었지만 탄은 포기하지 않고 직접 택시 회사를 돌아다녔다. 마이 택시를 처음으로 채택한 회사는 운영하는 택시가 30대에 불과한 영세 택시 회사였다. 탄이 좌절하지 않은 것은 본인이 만든 서비스에 대한 확신이 있었기 때문이다. 확신이 열정을 불러오고 열정이 끈기 있는 자세를 만든다.

비결 2: 현지화로 무장한 글로벌 니치마켓 공략이다. '공룡' 우버와의 경쟁에서 그랩이 이길 수 있었던 것은 역설적으로 우버가 동남아시장에 큰 관심을 쏟지 않았기 때문이다. 바로 옆에 중국 혹은 인도 같은 대규모 시장이 있다 보니 글로벌 기업들은 아시아 시장에 진출하더라도 동남아시아 국가들을 후순위에 분류한다. 동남아 시장에 시스템화된 택시 기업이 전무해 이에 대한 수요가 분명히 존재함에도 우버는 중국 대륙에서 현지 기업 디디추싱과 경쟁에 몰두했다. 와중에 그랩은 동남아 시장 점유율을 확대해나갈 수 있었다. 경쟁자가 없더라도 공급자와 소비자가 없는 시장이라면 성공하지 못한다. 그랩은 공급자, 소비자 모두에게 이익을 가져다 주는 플랫폼으로 성공했다. 새로운 장비와 기술에 익숙하지 않은 택시 기사에게는 저렴한 수수료를 받고 신용카드 보급률이 낮은 동남아시아 특성을 고려해 택시 고객에게 현금 결제 방식을 허용했다.

비결 3: 규제 철폐의 산물이다. 한국에서 우버 택시가 한 때 영업한 적도 있었지만 지방자치단체와 정부의 법적 판단 때문에 현재는 찾아볼 수 없다. 정부는 택시업계의 '표'를 의식하지 않을 수 없었을 것이다. 그러나 이는 세계의 흐름에 맞지 않는 성급한 결정이라는 지적이 많았다. 그랩의 성장 과정을 보면 해당 주장에 무게가 실린다. 그랩이 각국에 퍼져나갈 때도 불법 여부에 대한 논쟁이 있었다. 그랩은 이 과정에서 각국 정부와 접촉을 지속했고 각국 정부는 그랩에 대한 명확한 판단을 내리지 않았다. 그랩이 소비자들에게 호평을 받자 동남아 국가들은 그랩을 합법으로 승인했다. 그랩이 5년 만에 동남아 7개 국가 55개 도시로 영업을 확대한 배경이다.

자료: 지식비타민, 2018.3.20

제 2 절

의사소통과 협력시스템

2.1 바나드의 조직이론

근대 경영학의 이론을 정립한 체스터 바나드는 조직을 '2명 이상의 사람이 모여서 의식적으로 행동이나 힘을 조정하는 시스템'으로 정의했다. 그의 조직이론에서 핵심 키워드는 '의사소통' 과 '협력 시스템(cooperative system)'이다. 체스터 바나드는 그의 저서 「경영자의 역할」(*The functions of the executive*)에서 밝힌 조직과 시스템에 대한 내용은 다음과 같이 요약된다.

"조직은 인간의 행위로 이뤄지고, 이런 행위는 여러 사람들의 조정된 노력에 의해 시스템이 된다. 그리고 이런 노력은 개인이 아닌 시스템에 의해 결정된다. 따라서 조직은 인간의 협력 행위 시스템이고, 조직의 기능은 효용을 창조하고 변환시키며 교환하는 것이다."

조직이 생존하기 위해서는 내부 구성원을 비롯한 이해관계자 간의 협력이 필수적이며, 개인은 조직에 공헌한 만큼 조직으로부터 보상을 받음으로써 서로 균형을 이뤄야 한다. 그가 주장한 협력이란 조직과 개인 간의 균형, 또는 상생의 관계를 의미한다. 개인은 조직에 공헌을 해야 하며, 조직은 이러한 개인의 공헌에 대해 적절한 보상을 해야만 한다. 조직이든 개인이든 어느 한쪽에 불만이 쌓이면 균형이 깨지고 조직은 붕괴된다. 개인의 공헌과 조직의 보상이 균형을 이뤄야만 협력 시스템이 잘 작동될 수 있고, 조직이 유지될 수 있다는 것이 바나드의 핵심 주장이다.

구성원들이 자신이 속한 조직에 꼭 필요한 공헌을 하고 있는지를, 반대로 조직은 구성원들의 공헌에 대해 충분한 보상을 하고 있는지를 살펴본다면 아마 오늘날 기업 현장에서 일어나는 많은 조직 문제들을 해결할 수 있을 것이다.

2.2 조직발전을 위한 기본요소

바나드는 '조직은 협력 시스템'이라는 기본 가정하에, 조직을 발전시키기 위한 기본 요소들을 언급했다.

"조직은 서로 의사소통할 수 있는 사람들이 공동의 목적을 달성하기 위해 공헌하려는 의지를 가질 때 성립한다. 따라서 조직의 요소는 의사소통, 협력 의지, 협력 목적으로 압축된다. 이 요소들은 모든 조직에서 발견되는 필요충분조건이고, 그중 하나인 협력 목적은 조직의 정의에 묘사돼 있다."

조직의 생명력은 협력 시스템에 공헌하려는 개인들의 의지에 달려 있고, 이 의지는 목적을 달성할 수 있다는 믿음에서 생긴다. 따라서 지속적인 의지는 목적을 실행하는 과정에서 공헌한 사람들이 저마다 얻는 만족에 달려 있다. 만족이 희생보다 크지 않으면, 조직에 공헌하려는 의지가 사라져서 비효율적인 조직이 된다. 이런 맥락에서 경영자의 주된 역할은 의사소통 시스템을 만들고, 협력 의지를 유지하며, 조직의 목적을 보전하는 것이다.

바나드가 강조한 경영자의 첫 번째 기능은 구성원들로부터 '조직에 공헌하려는 의지(willingness to serve)'를 이끌어내는 것이다. 개인으로는 할 수 없는 일들을 하기 위해 조직을 구성했다고 본다면 협력 의지야말로 조직을 움직이는 근본적인 원동력이라고 할 수 있다. 그러나 구성원들의 협력 의지를 이끌어내라는 바나드의 충고와 달리, 그동안 기업 경영의 실제는 구성원들의 참여와 권한 위양보다는 구성원들에 대한 지시와 간섭에 의해 전개됐다. 여전히 많은 기업에서 참여와 권한 위양은 요원한 과제이며, 일부 경영자들은 이를 권위에 대한 도전이나 월권행위 정도로 간주하기도 한다.

바나드가 강조한 경영자의 두 번째 기능은 구성원들의 협력 의지를 끌어내기 위한 방안으로 '종업원들이 공감하는 조직의 목적(common purpose)'을 강조했다. 협력하고자 하는 의지는 협력의 목적이 있을 때 생겨날 수 있기 때문이다. 하지만 기업 조직은 번영했지만 구성원은 정작 자신이 하는 일에서 의미를 찾지 못하는 것이 현실이다. 이런 상황에서 공동의 목적을 강조한 바나드의 충고는 놀랍게도 오늘날 기업 현장에서 중요한 이슈가 되고 있다.

이미 세계적인 초우량 기업들은 기업 그 자체를 경제적 활동보다 더 의미 있게 생각하고, 단순히 돈을 벌기 위한 수단 이상의 의미를 기업 활동에 부여하고자 노력하고 있다. 이들은 기업의 존재 이유를 핵심 가치라고 정의하고, 이익 추구와 함께 자신들이 기업 활동을 하는 본래 목적을 강조하고 있다.

예컨대 혁신 기업의 대명사인 3M은 개인의 창의성과 선의의 실수에 대한 관대함을, 엔터테인먼트 산업의 지존인 디즈니는 상상력과 가족의 즐거움을, 일본의 대표 기업 소니는 개척자 정신과 고객에게 이익을 주는 기술 혁신을 통해 기업 활동의 진정한 의미를 찾고 있다.

이처럼 많은 초우량 기업의 경영자들이 핵심 가치를 정립하고 전파하는 일에 몰두하는 이유는 조직의 규모가 커질수록 핵심 가치의 공유를 통해 조직의 목적을 분명히 하는 것이 중요하다는 것을 일찍 깨달았기 때문이다.

바나드가 강조한 경영자의 세 번째 기능은 '경영자의 의사소통(communication)' 활동을 강조했다. 조직에 참여한 구성원들 간에 의사소통이 부족하다면 공동의 목적에 대한 공감대를 형성시키기 어렵고, 협력 의지를 이끌어내는 것도 불가능하다. 바나드는 상사의 권한이 명령이라는 커뮤니케이션과 이를 받아들이는 구성원들의 수용에 의해 결정된다고 봤다. 따라서 상사의 지시를 부하들이 이해할 수 없거나 조직의 목적에 어긋난다면 권한이 수용되지 않을 수도 있다. 이처럼 커뮤니케이션은 상사의 명령을 이해하고 받아들이는 권한의 수용도를 높여주는 리더십의 핵심 수단인 셈이다. 오늘날 거대하고 복잡한 기업들이 저마다 관리 계층을 축소하고 조직 단위를 작게 쪼개는 것도 결국 의사소통 부재라는 동맥경화를 극복하고 원활한 커뮤니케이션을 통해 조직의 활력을 유지하려는 의도 때문일 것이다.

LET'S THINK

최근 기업들은 사내 의사소통의 방법을 휴대폰이나 컴퓨터를 통한 커뮤니케이션을 많이 하고 있다. e-mail, 화상회의, SNS 등 컴퓨터나 휴대폰을 통한 의사소통의 장점과 단점이 무엇인지 생각해 보시오. 또한 이러한 의사소통 방법이 기업이나 종업원들에게 어떠한 영향을 미칠까 생각해 보시오.

제 3 절
의사소통 전략

조직을 '커뮤니케이션의 시스템'이라 할 정도로 의사소통은 조직의 성공에서 중요한 요소이다. 의사소통이란 '의미의 전달'이라는 점에서 대화자 간의 정보의 공유, 메시지의 공감을 전제로 하고 있으며, 특히 변화와 혁신이 필요한 현대 조직사회에서 중요하다고 할 수 있다. 미국의 IBM의 루 거스너는 직원들과의 커뮤니케이션을 통해 공룡기업으로서 쓰러져 가는 IBM의 혁신적인 변화를 달성할 수 있었다.

3.1 의사소통의 방해요인

조직내 인간은 합리적인 의사소통을 하기에 매우 불완전한 존재라 할 수 있다. 허버트 사이먼이 말한 인간이 가진 제한된 합리성(bounded rationality)으로 인해 의사소통은 불완전할 수밖에 없으며. 이를 의사소통의 방해요인으로 볼 수 있다.

가. 소통 수단의 차이

우리가 사용하는 언어는 기본적으로 부정확한 수단이며, 그 정도가 어떤 종류의 언어냐에 따라서도 다를 수 있다.

나. 개인 이해의 차이

같은 말을 들어도 사람에 따라 그 말을 받아들이는 것이 다를 수 있다. 개인의 성장배경, 교육정도, 계급, 소속집단(성별, 인종, 문화 등) 등에 따라 의사소통 용어와 방식이 다를 수가 있다. 특히 계급에 따라 사용하는 용어, 이해정도, 문화 등이 다를 수 있으며, 따라서 계급의 차이가 나면 의사소통이 어려워진다. 부서 간에도 심리적 소통의 장벽이 높을 경우 정보교류 및 업무협력이 어려울 수 있다. 또한 소통하는 상대방에 대한 신뢰의 정도도 의사소통에 영향을 미치게 되며, 개인의 사익을 위해 의사소통을 왜곡하는 경우도 의사소통에 장애를 초래하는 경우에 해당한다.

다. 소통 내용의 차이

상사가 자신이 잘 모르는 것을 소통하려 하거나 자신의 진정한 의도를 감추고 있을 때 더욱 어려워진다. 부하가 잘 모르는 사안인 경우에도 마찬가지의 경우이다. 부하는 상사의 말을 이해하지 못해도 이를 다시 확인하기 어려운 경우가 많이 존재한다.

라. 소통 방향의 차이

일방적이냐, 쌍방적이냐에 따라 공유와 공감이 다르다. 일방적 소통(지시, 명령)은 빠르기는 하나 공유와 공감이 일어나기 어렵고, 쌍방적 소통은 상대적으로 정확하고 공유가 된다고 하나 시간과 노력이 많이 든다는 단점이 있다.

3.2 의사소통의 장애요소

의사소통은 사람 간의 프로세스이므로 노이즈(noise)라고 불리는 장애 현상이 일어나기 쉽다. 노이즈는 메시지의 전달과 해석을 방해하는 모든 요인으로 개인적 차원, 메시지 관련 차원, 조직적 차원에서 발생한다.

가. 개인적 차원

제공자와 수신자의 삶의 경험, 가치관 등 개인적 특성이나 교육 경험, 인성 등에 따라 의사소통 스킬이 차이가 나고, 이로 인해 원활한 의사소통이 이루어지지 않을 수 있다. 이를 해결하기 위해서는 경영진이나 의사소통 담당자가 적극적인 의사소통 스타일을 견지하고, 피드백을 탐색/전달하며, 종업원들까지 포함하여 의사소통 스킬 교육을 시행해야 한다.

나. 메시지 관련 차원

의사소통해야 할 정보의 양 과다나 복잡성, 시간 제약 등에 따라 의사소통이 과부하되거나 메시지 전달 채널이 적절하게 선정되지 않은 경우에 의사소통 장애가 발생할 수 있다. 이때에는 1차적으로 정보 양을 조절하는 것이 검토되어야 하고, 메시지에 적합한 채널의 개발 및 조정 과정이 이루어져야 한다.

다. 조직적 차원

의사소통해야 할 내용을 여과하거나 지체시키는 관료적/위계적 조직 구조, 지리적으로 멀리 떨어져 있는 종업원, 명령과 복종에 따르는 경직적인 문화를 가진 조직에서는 의사소통이 성공적으로 이루어지기는 어렵다.

이러한 조직이 성공적인 의사소통 활동을 전개하기 위해서는 조직 구조의 평면화(flat), 비공식적 채널 양성, 정보 기술의 활용, 성과주의/참여주의 문화 구축이 필요하다.

3.3 효과적인 의사소통 전략

조직이 의사소통 전략을 수립해야 하는 상황은 두 가지이다.

첫째, 의사소통 장애 현상이 현저하게 발생한 경우이다. 의사소통 장애에 대한 대응 방안을 사전적으로 구축하는 것이 바람직하지만 유기체적인 성격을 가진 조직은 언제나 의사소통하기 좋은 균형 상태만을 유지하는 것은 아니기 때문이다.

둘째, 조직이 나아가고자 하는 목적을 달성하기 위하여 종업원들을 설득할 의사소통 활동을 시행해야 할 때이다. 예를 들어 비전을 수립한 후 이를 종업원들에게 전파하거나 인사 제도의 변경 이유와 내용을 종업원들에게 알리고 설득해야 하는 경우이다. 이러한 상황에서는 현저한 장애 현상을 해결하기 위한 때보다는 더욱 신중한 전략 수립을 통해 종업원들의 반발을 최소화시키는 것이 필요하다. 어느 상황이든지 의사소통 전략은 종업원의 인식 수준 분석-장애 요인 파악-대응 방안 개발과 실행-결과 평가의 단계로 구성된다.

의사소통 전략의 수립은 조직이 나아가고자 하는 목적에 입각하여 조직이 원하는 기대 인식 수준과 종업원이 실제로 인식하는 수준과의 차이(gap)를 확인하는 것에서 시작된다. 의사소통을 잘하기 위한 전제로서는 의사소통의 한계를 인식하고, 의사소통에 정확성과 공정성을 어떻게 확보할 것이냐는 문제에 노력을 기울여야 한다.

첫째, 조직내 의사소통을 활성화시키기 위해서는 비전, 전략, 경영정보 등에 대한 조직내 공유를 위해 노력하여야 하며, 이에 대한 직원들의 참여를 제고하여야 한다.

둘째, 의사소통 시스템 구축에 있어 상기 여러 장애요소들에 대한 고려가 있어야 하고, 의사소통에 관한 지속적 교육훈련도 필요하다. 상위계층의 하위계층에 대한 개방적 태도, 쌍방향으로의 자유로운 의사소통 문화 등을 정착하는 노력도 필요하다.

셋째, 최근 정보기술을 이용한 의사소통의 수단들(인트라넷, UCC, 트위터 등)이 나타나고 있는바, 이를 적극 활용하는 것도 의사소통을 촉진하는 하나의 보완적 방법이 될 수 있다.

지금 경영현장에는

팀은 천재를 이긴다

#괴짜, 독불장군, 고집쟁이… 애플 전 CEO 스티브 잡스를 이야기할 때 흔히 나오는 표현들이다. 그도 그럴 것이 잡스는 마음에 드는 제품이 나올 때까지 고집을 꺾지 않았으며 며칠씩 골방에 틀어박혀 제품개발에 몰두하는 게 일상이었다. 하지만 이런 잡스가 최고의 팀플레이어였다는 사실을 알고 있는가? '애플'이라는 공통분모 하나로 8만여 명의 직원들과 거대한 팀을 이뤄 지금의 애플사를 일궈냈을 뿐 아니라 그는 2인1조 팀플레이에도 능했다. 바로 현 애플 CEO인 팀 쿡과의 팀워크다. 경영학을 전

공하고 여러 대기업 관리자로 오랜 시간 경험을 쌓았던 쿡은 대학을 중퇴하고 창업에만 몰두했던 잡스와 정반대의 성격으로, 잡스가 신제품 개발에 몰두할 수 있도록 인내심을 갖고 기다려줬다. 잡스 또한 쿡의 안정적인 관리능력을 전적으로 신뢰하며 그에게 애플의 운영권을 넘겨줬다.

#아마존 창업자인 제프 베조스 그는 '피자 두 판의 규칙'이라는 특이한 회의규칙을 만들었다. 이는 회의를 할 때나 팀을 꾸릴 때 구성원들이 '집단사고'의 오류에 빠지지 않도록 피자 두 판만으로도 충분히 먹을 수 있는 정도의 인원만 참석시키는 것이다. 참석하는 사람이 많으면 많을수록 각자의 생각이나 의견을 밝히기보다 전체 분위기에 묻어가려는 경향이 나타나기 때문이다. 즉 베조스는 효과적으로 팀을 꾸리는 방법을 스스로 고안해 최고의 성과를 이끌어냈고 아마존을 내로라하는 글로벌 기업으로 만드는 데 성공했다.

이렇듯 애플, 아마존, 구글, 스타벅스 등 손꼽히는 글로벌 기업들의 공통점은 팀워크다. 모든 팀을 7명 이내로 만드는 구글, 자신과 성향이 정반대인 하워드 베아르를 영입해 스타벅스 신화를 만들어낸 하워드 슐츠까지. 이들은 공통적으로 개인플레이가 아닌 팀플레이의 중요성을 인식하고 있었다. 세계적인 경영 월간지 포브스 발행인 리치 칼가아드와 IT 전문작가 마이클 말론은 이 같은 점에 착안해 「팀이 천재를 이긴다」는 신작을 출간했다. 이들은 책에서 "팀을 어떻게 조직하고 운영하고 재구축하느냐에 따라 개인의 운명은 물론 기업의 사활이 결정된다"고 말하며 "목표를 세울 때 팀 규모와 구성의 중요성을 잊어서는 안 된다"고 강조한다. 그들이 말하는 최상의 팀은 상황에 따라 다르다. 애플, 스타벅스와 같은 2인1조(페어)는 인류 역사상 가장 오래된 팀 구성 방식으로서, 의견 교환이 수월하고 안정적으로 운영될 수 있다는 장점이 있다. 장기적으로 팀을 꾸려 일해야 할 때나 목표가 정해진 뒤 이를 한 단계 더 발전시키려 할 때 2인1조 팀은 효율을 극대화할 수 있다. 반면 또 다른 팀의 기본인 3인1조 팀은 빠른 시일 내에 성과를 내는 데 보다 효과적이다. 보통 3인1조 팀은 문제해결력이 높아지는 대신 불안정한 특징이 있다. 1명이 제 기능을 다하면 재빨리 2인 팀으로 돌아가는 것이 팀의 불화와 의견충돌을 막을 수 있는 방법이다.

한편 저자들이 말하는 최적의 팀 인원은 7±2명이다. 역사적으로 최상의 전투효율을 보여줬던 병력팀 인원도 이와 일치했는데, 통솔이 가장 효과적이고 총성과 포화 같은 위급상황에서도 지휘관의 명령을 잘 들을 수 있는 규모였기 때문이다. 또 7±2명의 팀원들이 각자의 장점을 합치면 빈틈이 없는 '드림팀'이 만들어질 가능성이 높아진다. 아마존과 구글이 피자 두 판의 규칙과 7의 원칙을 고집하는 것도 이 때문이다. 이보다 인원수가 많아지게 되면 '방관자 효과'가 나타나 팀의 평화를 깨뜨릴 수 있다. 저자들은 "경영진과 투자가들은 천재적 인재를 과대평가하고 천재적 팀은 과소평가하는 경향이 있다"며 "한 사람의 경험에 의존하는 관습에서 벗어나 과학적 팀조직 방법론을 연구하고 적용할 때"라고 조언한다.

자료: 지식비타민, 2017.5.8

사람은 세 가지 방식으로 세상을 바라본다.

1. 첫째는 새의 눈으로 세상을 관찰하는 것이다. 이를 조감(鳥瞰)이라고 한다. 새처럼 하늘 높이 날아 땅을 내려다보면 숲, 강, 산 등이 한눈에 들어온다. 조선의 천재 화가였던 정선은 이런 조감의 방법을 응용해 부감(俯瞰, 높은 곳에서 내려다 봄)법으로 조선의 경치를 담아냈다. 조감이 새의 눈으로 보는 것이라면 부감은 사람의 눈으로 보는 것이다. 사람의 눈으로 보기 때문에 사람의 처지에서 중요한 것을 부각시키고 중요치 않은 것은 생략할 수 있다. 그러면서도 드넓은 세상을 한 폭에 고스란히 담아낸다. 이렇게 그린 그림이 금강내산도이다. 금강내산도를 보면 비로봉을 비롯한 1만 2,000개 봉우리를 한 폭에 모두 담은 듯 그려져 있다. 오른 편에 그려진 수많은 산에서는 험준한 산세가 느껴지는가 하면 왼편은 마치 산의 음영인 것처럼 묘사되어 있고 나무가 많아 육산(肉山)의 모습을 띠고 있다. 산 중턱의 암자와 산 밑 가옥들도 보이는데, 매우 세밀하게 그려져 있다. 실제 산 크기의 비율로 보자면 암자나 가옥은 보이지 않을 정도로 작게 그려져야 맞지만 정선의 눈에는 훤히 보이는 듯하다. 이게 바로 부감법의 특징이다. 항공사진으로도 보이지 않는 것이 화가의 눈에는 크게 보이는 것이다. 수많은 다양한 봉우리가 화가의 해석에 따라 일목요연하게 배치되어 있기 때문에 그림을 감상하는 사람들에게 금강산의 전경을 한눈에 보여준다. 그래서 정선의 금강내산도는 실제가 아닌 화가의 시각에서 재해석된 금강산이다.

2. 둘째는 인공위성에서 세상을 관찰하는 시각을 들 수 있다. 이 방법은 부감법보다 더 넓으면서도 개별적인 디테일을 놓치지 않는다. 인공위성에서 세상을 보기 때문에 새에 비견할 수 없을 정도로 시각이 넓고, 원한다면 수천 킬로미터 위에서도 사람의 움직임을 관찰할 수 있다. 구글에서 제공하는 지도가 그 예다. 이 시각을 그림으로 잘 표현한 것이 화가 최호철이 그린 을지로 순환선이다. 전체적인 모습을 보여주면서 개별적인 디테일까지 포착한다. 서울 시내의 전경을 보여주면서 한편으로는 지하철에 탄 다양한 시민들의 모습과 그들의 표정까지 세밀하게 묘사하고 있다. 그림 속 사람들은 무심히 밖을 내다보고 있지만 사실은 본인들이 살고 있는 동네다. 사람들은 잠시 자신이 살던 곳을 빠져나와 마치 남의 삶을 구경하듯 쳐다보고 있다. 서울살이의 고단함이 곳곳에 묻어 있어 서울이라는 도시가 어떤 곳인지 느끼게 해준다. 진짜 인공위성의 시각이

라면 이런 표정을 잡아내지는 못할 것이다. 화가의 눈에 비친 서울의 민낯이 정교하고 섬세한 필치로 드러난다.

3. 셋째는 상상의 눈으로 세상을 바라보는 시각이다. 상상의 눈임에도 우리가 마주하는 현실을 현실대로 포착하고 있다. 마치 지구 전체를 담아내는 듯 보인다. 시각의 넓이로 보자면 앞의 두 시각보다 넓다. 언뜻 나무 한 그루를 그린 듯싶지만 해석하기에 따라 지구 전체를 묘사했다고 봐도 그럴 듯하다. 지구촌 곳곳은 매우 다른 현실을 살고 있다. 어느 곳에서는 여름을 보내고 있는데, 다른 곳에서는 겨울을 지나고 있다. 어느 지역에서는 4차 산업혁명을 경험하고 있는데, 다른 지역은 아직도 수렵채집 시대에 머물러 있다. 과학기술 수준도 천차만별이고 생활방식도 다양하다. 누구의 미래는 누구의 과거이고, 누구의 과거는 누구의 미래이다. 이런 변화무쌍한 현실을 보려면 증거에 기반을 둔 상상의 눈으로 세상을 들여다볼 필요가 있다.

자료: 박성원, 우리는 어떤 미래를 원하는가, 도서출판 이새

문제 창의성이 절대적으로 필요한 시대에 당신이 만약 사업을 시작한다면 기업이나 소비자를 바라보는 시각을 어떤 방식으로 바라 볼 것인지를 결정하고 그 이유를 설명해 보자.

Chapter 11

통제 및 경영성과

모든 기업에서 낭비를 최소화하고 효율성을 추구하는 것은 종업원 모두의 일이다.

– 데이비드 헨리(David Henry), Handbook of Cost Reduction Techniques

오늘날 경영환경에서 계수들이 모든 사실을 말해주지 않는다.

– 패트릭 파커(Patrick S. Parker), Chairman, Parker-Hannifin Corp.

● 시작 이야기 ●

콜라와 커피

"코카콜라 경쟁상대는 다른 음료수가 아니라 물이다. 음료수 시장에서 40%를 차지하고 있지만 전체 생수시장을 놓고 봤을 땐 3%밖에 되지 않는다. 우린 한참 멀었다." 1981~1997년 코카콜라를 이끌었던 로베르토 고이수에타 회장이 남긴 유명한 말이다. 코카콜라는 이 시기부터 탄산음료 카테고리에서 벗어나 '마시는 것'으로 영역을 재설정하며 성장을 거듭해왔다. 투자 귀재 워런 버핏이 최고로 꼽는 기업 중 하나로 2017년 현재 브랜드 가치가 564억 달러(약 61조원)에 달한다. 음료시장의 황제 코카콜라가 커피시장에 도전장을 내밀어 이목이 쏠리고 있다. 코카콜라는 최근 영국 위트브레드로부터 세계 2위 커피전문점 '코스타'를 39억 파운드(약 5조 6,500억원)에 인수하기로 합의해 음료업계를 깜짝 놀라게 했다.

코카콜라의 변신은 건강에 대한 관심이 높아지면서 설탕이 많이 들어간 탄산음료 수요가 줄어들고 있는 것과 무관하지 않다. 탄산음료는 비만과 당뇨의 주범으로 낙인찍히면서 학교 자판기에서 퇴출되고 있다. '설탕과의 전쟁' 불똥을 맞은 코카콜라는 올해 초 설탕이 첨가되지 않은 '제로 슈거' 신제품을 출시하며 변화를 모색해왔다. 지난 5월에는 132년 무알코올 음료 전통을 깨고 일본 규슈 지역에서 레몬맛을 가미한 저알코올 음료 '레몬도'를 내놓기도 했다.

소비자들 선호가 콜라에서 커피로 급속도로 바뀌고 있는 것도 탄산음료만 고집하던 코카콜라가 커피시장에 뛰어든 이유다. 시장조사 업체 민텔의 글로벌 음료 애널리스트인 조니 포시는 "20년 전 사람들은 아침에는 커피를, 오후에는 콜라를 마셨다. 요즘 소비자들은 아침에 뜨거운 커피를 마시고 오후에는 찬 커피를 마시는 경향이 있다"고 분석했다. 이런 트렌드는 미국에서 시작됐고 유럽, 아시아, 중동, 라틴아메리카로 번지고 있는 추세다.

성장 한계에 봉착한 코카콜라가 소비자들 입맛을 좇아 돌파구 마련에 나선 것으로 볼 수 있다. 커피체인점은 지난 1년간 인수·합병이 가장 많이 이뤄진 뜨거운 시장이다. 파이낸셜타임스는 "39억 파운드의 제휴가 성사되면 세계 최대 음료 회사(코카콜라)는 커피 강자 스타벅스·네슬레와 전쟁을 벌이게 될 것"이라고 전망했다. 차가운 음료시장의 강자 코카콜라가 뜨거운 커피시장에서도 펄펄 날 수 있을지 궁금하다.

결국 글로벌 음료업체 코카콜라가 세계 2위 커피전문점인 코스타 커피를 인수할 수밖에 없는 이유가 여기에 있다. 2018년 8월 31일(현지시간) 영국 BBC 방송에 따르면 코카콜라는 위트브레드와 39억 파운드(한화 약 5조 6천500억원)에 코스타 커피를 인수하는 내용의 계약을 체결했다. 위트브레드는 코스타 커피 외에도 호텔체인인 프리미어 인, TGI프라이데이스, 피자헛 등의 브랜드를 보유하고 있다. 앞서 위트브레드는 지난 1995년 창업주인 세르지 코스타와 브루노 코스타로부터 1천900만 파운드(약 275억원)에 코스타 커피를 인수했다.

당시 코스타 커피의 매장은 39개에 불과했지만 현재는 영국 내 2천400개, 기타 31개국에 1천400개 매장을 가진 영국 최대이자 스타벅스에 이은 세계 2위 커피전문점으로 성장했다. 당초 위트브레드는 코스타 커피를 분사한 뒤 상장할 예정이었으나 코카콜라로부터 매력적인 제안이 오자 매각을 결정했다. 앨리슨 브리타인 위트브레드 최고경영자(CEO)는 "코카콜라는 그들의 제품군에 커피가 없어서 이를 추가하기를 원했다"면서 "코카콜라가 제시한 가격은 코스타 커피를 분사한 뒤 상장하는 것보다 훨씬 높은 수준이었다"고 설명했다. 브리타인은 코스타 커피를 매각한 데 따른 수익을 프리미어 인 체인 확대, 주주가치 제고, 부채 상환 등에 사용할 예정이라고 밝혔다. 이번 매각은 위트브레드 주주, 반독점 당국 등의 승인을 거쳐야 하며, 내년 상반기쯤 마무리될 것으로 예상된다고 BBC는 전망했다.

111년 만에 폭염의 역사를 다시 쓴 올해 여름은 커피를 비롯한 음료 시장엔 오히려 선물 같은 시간이 됐다. 음료 구매가 늘면서 업계는 호황을 누리고 있으며, 각 업체는 이러한 분위기를 이어가기 위해 다양한 전략을 구상 중이다. 커피 중에서도 깊은 풍미와 함께 깔끔한 맛으로 대표되는 '콜드브루(Cold brew)'의 인기가 유독 거셌다. 콜드브루라는 명칭은 말 그대로 차가운 물로 커피액을 추출하는 방식으로 인해 붙여진 이름이다. 커피액을 한 방울씩 추출하는 기법을 쓰다 보니, 추출 시간도 오래 걸린다. 이 때문에 콜드브루는 '천사의 눈물'이라는 별명도 갖고 있다. 일본에서 유행하던 콜드브루는 최근 몇 년 사이 국내 커피 애호가들을 중심으로 인기를 끌면서 빠르게 대중화되고 있다.

지난해 보해양조가 콜드브루와 소주를 결합한 '딸국다방'이라는 콜라보 상품을 출시한 사례는 콜드브루의 인기를 보여주고 있다. 보해양조 관계자는 "연간 1인당 커피소비량이 400잔이 넘을 정도로 커피를 사랑하는 한국인의 기호를 반영해 이색 제품을 출시하게 됐다"며 " '딸꾹다방'이라는 제품명 또한 최근 20대들에게 높은 인기를 끄는 인디 밴드들의 네이밍처럼 독특한 한글 명사 조합으로 직관적인 것을 좋아하는 젊은층에게 어필하고자 했다"고 설명했다.

스타벅스코리아는 지난 2016년 국내에 처음 콜드브루를 선보인 이후 매년 색다른 제품을 선보이고 있다. 스타벅스의 콜드브루 제품군은 올해 6월 기준 누적 판매량이 2,000만 잔을 넘어서며 베스트셀러 상품으로 자리를 잡았다. 지난해에는 총 1,130만 잔이 판매되며, 아메리카노와 라테에 이어 판매량 3위에 올랐다. 올해 (1~7월) 콜드브루 판매량도 전년 동기 대비 26%가 늘었다. 올해 단연 돋보인 제품은 '콜드 폼 콜드브루'다. 이 제품은 지난 4월 여름 프로모션 시작과 함께 3주 만에 50만 잔 판매라는 기록을 세우면서 올해 콜드브루 인기의 신호탄을 쐈다. 콜드 폼 콜드브루는 달콤한 크림을 얹은 비엔나 커피와 외형적으로 비슷하다. 콜드브루 커피 위에 얹혀지는 콜드 폼은 휘핑크림 대신 무지방 우유를 사용해 칼로리 부담이 적으면서도 부드러운 풍미를 담고 있다.

스타벅스는 콜드브루 인기에 힘입어 관련 제품 개발에 박차를 가하는 중이다. 스타벅스는 현재 '콜드 폼 콜드브루' '콜드브루', '바닐라 크림 콜드브루', '나이트로 콜드브루', '나이트로 쇼콜라', '나이트로 쇼콜라 클라우드', '밀크 카라멜 콜드브루 프라푸치노' 등 총 7종의 콜드 브루 커피를 판매하고 있다. 이 중 콜드 폼 콜드브루를 비롯해 나이트로 쇼콜라, 나이트로 쇼콜라 클라우드, 밀크 카라멜 콜드브루 프라푸치노는 올해 처음 선보인 제품으로 기존의 심플한 맛에 초콜릿과 견과류 등의 풍미를 더하면서 차별화했다.

여름 한정제품으로 나온 '밀크 카라멜 콜드브루 프라푸치노'는 향후 상시 판매 메뉴로 전환될지 눈여겨볼 만하다. 지난해 여름 시즌 프로모션 음료로 출시된 '바닐라 크림 콜드브루'는 고객들의 요청에 의해 상시 메뉴로 전환된 바 있다. 콜드브루에 질소(Nitro, 니트로)를 주입한 후 전용 머신 탭으로 뽑아서 제공하는 스타벅스 '나이트로 콜드브루'는 원래 105개 매장에서만 판매됐지만 찾는 고객들이 늘면서 올해 '나이트로 쇼콜라'와 '나이트로 쇼콜라 클라우드'로 출시됐다. 스타벅스 박현숙 카테고리 총괄 부장은 "아메리카노나 라테와는 색다른 매력이 있는 콜드브루 커피를 찾는 고객들이 꾸준히 늘고 있다"며 "트렌드 및 고객 선호도를 반영한 콜드브루 커피를 개발해 스타벅스만의 색깔이 담긴 콜드브루를 지속적으로 제공할 예정"이라고 밝혔다.

지난해 니트로 콜드브루로 인기를 끈 투썸플레이스는 올해 '칵테일형 콜드브루'라는 새로운 트렌드로 시장을 이끌고 있다. '칵테일형 콜드브루'는 코코넛, 귀리우유 등을 활용해 이국적 풍미를 한껏 느낄 수 있는 '콜드브루 베리에이션 3종'이 대표적이다. 진하고 깊은 풍미의 콜드브루 커피에 다양한 재료를 섞어 맛과 형태에 변화를 준 것으로, 화려한 비주얼을 뽐낸다. 다양한 색감으로 외관이 화려하다 보니 칵테일을 연상시키기도 한다. 대표 제품인 '콜드브루 오트 라떼'는 슈퍼푸드인 귀리로 만든 우유를 사용해 차별화했다. 스웨덴산 귀리 우유와 콜드브루가 조화롭게 어울려, 커피의 깊은 향과 건강한 단맛을 동시에 즐길 수 있다. '코코넛 콜드브루 프라페'는 코코넛을 넣어 달콤하고 이국적인 맛을 강조했다. '오렌지 니트로 콜드브루'는 상큼한 오렌지 주스에 질소 커피를 넣은 음료다. 밝은 주황색과 검정색의 대비가 눈길을 사로잡으며 소셜네트워크서비스(SNS) 인증샷 제품으로 인기를 끌고 있다.

투썸플레이스 관계자는 "콜드브루 시장이 확대되면서 세분화된 고객 취향을 공략하기 위해 색다른 제품을 출시했다"며 "지난해 6~8월에는 아이스 아메리카노 다음으로 판매량이 높았는데 올해도 역시 고객들의 반응이 좋다"고 설명했다. 더블 브루도 이색적이다. 이 제품은 진한 에스프레소와 부드러운 콜드브루가 합쳐진 것으로 깊은 풍미와 향은 물론, 깨끗한 맛으로 인기를 끌고 있다. 서로 다른 매력을 가진 커피가 만나 다채로운 맛은 물론 세련된 균형감까지 더했다. 더블 브루가 인기를 끌자 디저트로 함께 페어링하기 좋은 '크림슈'도 덩달아 인기를 끌고 있다. 김태리를 내세운 TV광고 공개와 동시에 출시한 크림슈는 출시 한 달 만에 판매량이 17만 개를 넘으며 커피와 함께 먹는 '페어링(Pairing)' 제품으로 자리를 잡았다. 투썸플레이스 관계자는 "커피와 디저트를 같이 즐기는 유러피안 페어링(European Pairing) 문화 확산을 위해 '크렘슈&더블브루' 마케팅을 더욱 강화할 것"이라고 전했다.

이디야커피도 콜드브루의 특수를 누리고 있다. 세계적인 바리스타 데일 해리스와 손잡고 공동 개발한 니트로커피는 지난 6월 100만 잔이라는 판매기록을 세웠다. 이디야커피는 올해 4월 WBC(월드바리스타 챔피언십) 우승자인 데일 해리스와 공동 개발한 '니트로 스위트' '콜드브루 라떼' '콜드브루 화이트비엔나' 등 니트로군 신제품 3종을 출시했다. 출시 이후 하루 평균 1만3,000잔 이상이 팔렸으며, 2개월 만에 100만 잔 판매를 훌쩍 넘었다. 이는 지난해 니트로 커피제품의 판매 추이를 훨씬 상회하는 수준이다. 실제 올해 새로 출시된 '니트로 커피'의 5~6월 판매량은 지난해 동기 대비 50% 증가했다. 니트로 커피의 기반인 콜드브루의 저변 확대와 함께 다양한 제품 출시로 소비자들의 선택권을 넓힌 것이 주효했던 것으로 분석된다.

니트로 커피의 대중화에 성공한 이디야커피는 데일 해리스가 메뉴 개발에 본격적으로 투입되면서 메뉴의 다양화는 물론, 품질 향상에도 큰 기대를 거는 분위기다. 이디야커피는 니트로커피와 콜드브루 커피군을 새로운 메뉴 카테고리로 정착시켜 매출 향상의 동력으로 삼아 나간다는 전략이다. 문창기 이디야커피 회장은 "니트로와 콜드브루 커피는 전 세계가 주목하는 차세대 커피로써 이미 국내 소비자에게도 인기를 끌며 그 가능성을 인정받았다"며 "이디야커피는 국내 대표 토종커피로써 WBC 우승자인 데일 해리스와 함께 국내 소비자들의 높아진 수준에 맞춰 최고 품질의 신메뉴를 꾸준히 개발해 나갈 것"이라고 강조했다.

코카콜라도 콜드브루 시장에 도전장을 던졌다. 코카콜라사의 RTD(Ready To Drink · 즉석 음용) 커피 브랜드 조지아는 올해 4월 '조지아 고티카 콜드브루'를 출시한 이후 꾸준한 호평을 얻고 있다. '좋은 커피의 향이 좋은 커피의 맛을 만든다'는 철학을 바탕으로 한국 소비자 입맛 공략에 나선 것이다. 조지아 고티카 콜드브루는 10기압 고강도 추출 과정을 통해 커피의 깊은 향과 맛을 느낄 수 있는 제품으로, 아메리카노 · 스위트 아메리카노 · 카페라테 3종으로 구성되어 있다. 이 제품은 커피의 깊은 아로마를 즐기고자 하는 소비자들의 니즈를 반영해, 기존 콜드브루의 장점인 깔끔함을 유지하면서도 동시에 묵직한 향을 담았다. 조지아 고티카 콜드브루는 국내 처음으로 알루미늄 재질의 슬림 용기를 커피시장에 도입해 스타일리시함을 강조했다. 기존 코카콜라 알루미늄 컨투어 보틀의 노하우를 캔 커피 시장에 적용한 것이다. 또한 크라프트지 느낌을 살린 디자인과 시원함을 연상시키는 파란 컬러가 만나 고급스런 디자인을 완성했다.

롯데칠성음료의 '칸타타 콘트라베이스'도 성적이 좋다. 무엇보다 500㎖라는 대용량으로 차별화에 성공했다. 롯데칠성음료는 지난 4월에 선보인 RTD 커피 '칸타타 콘트라베이스 콜드브루'가 출시 3개월 만에 300만 개가 팔리며 선풍적인 인기를 끌자, 지난 7월 '칸타타 콘트라베이스 콜드브루 라떼'를 후속 제품으로 내놨다. 칸타타 콘트라베이스 콜드브루는 최근 1인당 커피 소비량 증가 및 가성비를 따지는 실속형 소비 트렌드에 맞춰 출시한 제품이다. 롯데칠성음료는 "지난 4월말 출시한 '칸타타 콘트라베이스 콜드브루' 제품의 반응이 뜨겁다"며 "대용량 RTD커피 시장의 붐업을 조성하기 위해 라테 제품을 추가로 출시했다"고 설명했다. 칸타타 콘트라베이스 콜드브루 라테는 찬물 또는 상온의 물로 천천히 커피를 추출하는 콜드브루 방식으로 제조됐다. 우유가 함유되어 부드럽고 깊은 풍미를 느낄 수 있다. 기존 칸타타 라테 제품과 비교해 당 함량이 적은 점도 강점이다. 또 최근 강화된 재활용 기준에 맞춰 에코 패키징을 도입한 점도 눈길을 끈다. 일단 색깔이 없는 무색 페트병을 사용했다. 여기에 점선 모양의 이중 절취선인 '에코 절취선 라벨'을 적용해 라벨을 쉽게 제거할 수 있도록 했다. 이후 소비자들로부터 '착한 패키징'이라는 호응을 얻으며 커피 못지않게 주목을 받는 계기가 됐다.

커피전문기업 루왁코리아의 '카페 리토 콜드브루 니트로 크레마 커피'도 마니아층을 형성하고 있다. 자체 추출한 콜드브루 커피에 고압의 질소를 주입한 캔 커피로, 질소 주입으로 생기는 미세하고 고운 거품이 마치 생맥주 같은 느낌이다. 질소가 액체에 닿았을 때 일어나는 '서징효과(Surging effect, 폭포수 효과)로 자연스럽게 만들어지는 거품은 콜드브루의 묵직하고 살짝 거친 맛을 차분하게 가라앉히는 역할을 한다. 또한 거품이 물결 모양으로 흘러내리듯 가라앉는 캐스캐이딩(Cascading) 현상은 니트로 커피를 마시는 색다른 즐거움을 선사한다.

자료: 매일경제신문, 2018.9.4

제 1 절

통제의 의의 의의

1.1 통제의 개념과 중요성

대부분의 사람들은 계획을 잘 세워놓고도 제대로 실천하지 못한 경험을 갖고 있다. 아무리 잘 세운 계획이라 할지라도 제대로 실천을 하지 못한다면 아무런 소용이 없다. 개인뿐만 아니라 기업경영에서도 마찬가지다. 아무리 치밀하고 훌륭한 계획을 세웠다 하더라도 일이 계획대로 진행되는지 수시로 상황을 파악하여 문제가 발견되었을 때 즉시 수정해야 계획한 목표를 달성할 수 있다. 이것이 바로 통제이다.

경영관리 과정에 있어서 통제는 계획활동, 조직활동, 지휘활동 다음에 오는 마지막 단계이며, 완성의 의미를 갖는다. 통제(controlling)란 경영자가 계획한 과업들이 계획대로 바람직한 방향으로 이루어지고 있는지를 확인하고, 오차나 문제가 발생할 때 수정조치를 취하여 이를 다시 앞으로의 계획에 반영시키는 활동을 말한다.

모든 경영자들은 그들 부서가 계획된 대로 수행하더라도 통제기능에 관여해야 한다. 경영자들은 어떤 활동이 수행되고 실제 성과와 바람직한 표준을 비교할 때까지는 그들 부서가 저조하게 수행하고 있는지를 알 수 없다. 효과적인 통제시스템(effective control system)은 활동들이 조직의 목표를 달성하도록 수행되는지를 확인하는 것이다. 통제 시스템의 유효성을 결정하는 판단 기준은 그것이 얼마나 목표 성취를 잘 촉진시키는가 하는 것이다. 경영자들이 조직의 목표를 달성하도록 잘 도와주면 줄수록 그 통제 시스템은 더 좋은 것이 된다.

통제활동은 과업을 수행하는 데 있어서 제반 여건의 불확실성(uncertainty)과 복잡성(complexity), 인간능력의 한계(limit of human ability), 그리고 권한의 위양(delegartion)과 분권화(decentralization)로 인하여 과업수행 결과에 대한 책

그림 11-1 통제의 기능

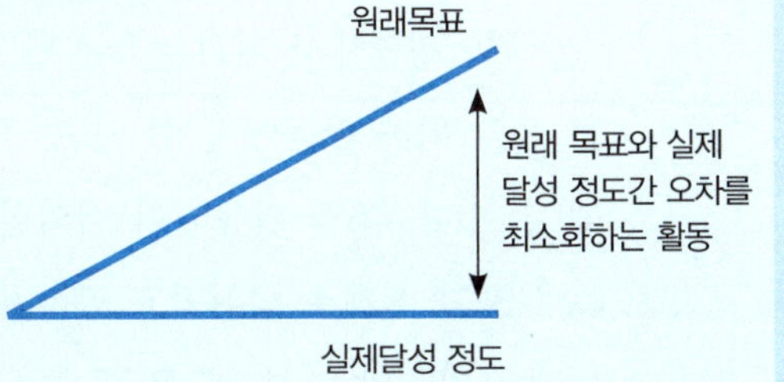

임을 묻기 위한 통제 수단이 필요하기 때문에 중요하다.

흔히 통제라고 하면 어떤 것을 금지시키는 부정적인 의미를 연상하기 쉬운데, 통제의 본질적인 의미는 경영자가 종업원들과 더불어 계획에 따른 성과를 검토함으로써 경영효과를 향상시키려는 목적을 갖고 있다.

계획에 따른 성과를 검토해서 실제 성과가 원래목표를 초과하게 되면 현재 이루어지고 있는 활동을 그대로 유지하면서 종업원들에게 격려와 동기부여를 해 주어야 한다. 반면에, 성과가 원래목표에 미치지 못하게 되면 미달된 원인을 찾아내어 앞으로 개선해 나가도록 조치를 취하도록 해야 한다.

또한 급변하게 환경에 따라 계획 자체가 모순을 갖게 되거나 현재 상황과 동떨어진 계획일 수도 있다. 따라서 성과를 평가할 때는 계획 자체도 합리적인지 평가하여 계획의 수정 여부를 검토해야 할 것이다.

이러한 통제의 기능을 알기 쉽게 설명하면 아파트의 난방시설의 자동온도 조절장치에 의한 온도 통제기능과 같다고 할 수 있다. 자동온도 조절장치를 특정 온도에 맞추어 놓았을 때 아파트 실내의 온도가 설정한 온도범위를 벗어나게 되면 자동온도 조절장치가 자동적으로 그 온도 차이를 감지하여 이를 조절하는 것과 같은 기능이 통제인 것이다.

통제활동은 경영자의 계층에 따라 통제대상이 달라진다. 제6장 계획활동에서 계획활동이 경영자의 계층에 따라 그 범위가 달라지는 것과 마찬가지로 통제활동의 대상이나 내용도 경영자의 계층에 따라 달라진다. 최고경영자는 생산·운영, 마케팅, 인적자원, 재무, 정보 등 경영 전반에 대하여 통제활동의 대상으로 삼는다. 예를 들어, 전사적 품질경영(TQM)이 제대로 운영되고 있는가, 마케팅관리는 계획한 대로 성과를 올리고 있는가, 정보의 획득과 관리는 체계적으로 이루어지고 있는가 등에 대하여 통제활동을 하게 된다. 일선경영자의 경우 담당업무의 흐름이나 하급자 통솔과 관련되는 사항이 주요 통제활동의 대상이 될 것이다. 예를 들면, 주어진 업무를 기한 내에 수행할 수 있는가, 하급자의 근무태도와 사기는 어떠한가 등에 관심을 갖게 될 것이다.

기업경영에서 계획은 수립될 수 있고, 조직구조는 목표의 성취를 효율적으로 돕기 위해 만들어질 수 있고, 구성원들은 효과적인 리더십을 통해 동기부여 될 수 있다. 조직 활동들이 계획된 대로 수행되고 있는지와 경영자들이 추구하는 목표가 실제로 성취되고 있는지에 대한 확신이 없다. 따라서 통제는 관리 기능에서 마지막 연결이므로 중요하다. 통제는 경영자들에게 조직 목표들이 조화를 이루는지 여부와 아니면 왜 그런지 이유를 알기 위한 유일한 방법이다. 통제 기능의 가치는 계획, 종업원에게 권한부여, 작업장 보호와 연관되어 있다.

목표는 구성원들에게 조직이 지향해야 할 방향을 제시한다. 그러나 단지 목표를 기술하거나 종업원으로 하여금 목표를 수용하도록 하는 것만으로 목표 달성을 위해 필요한 행동들이 취해질 것인지는 보장할 수 없다. 〈그림 11-2〉에서 보듯이 실제로 관리하는 것은 계속적 과정이고 활동을 통제하는 것은 계획을 뒷받침하는 중요한 연결을 제공한다. 만일 경영자가 통제하지 않으면 목표와 계획

그림 11-2 계획과 통제의 관계

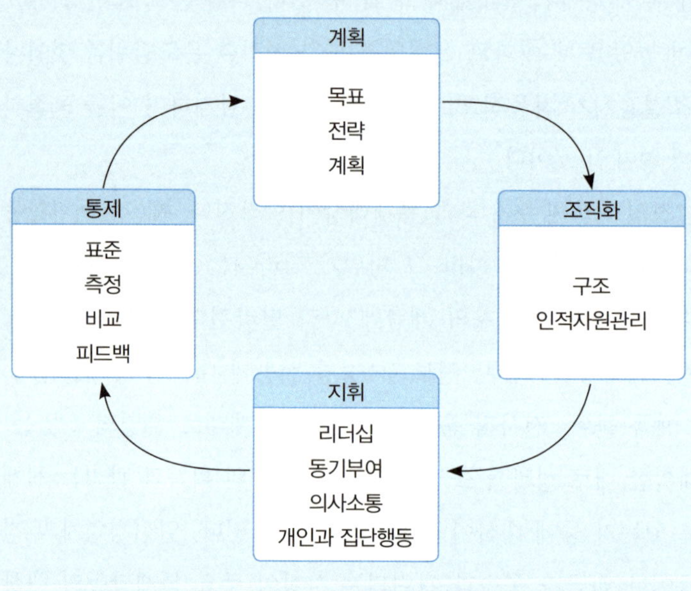

이 바라는 대로 있는지와 앞으로 어떤 행동을 취해야 하는지 알 방법이 없다.

통제가 중요한 이유는 종업원에 대한 권한부여(empowerment)이다. 많은 경영자들은 자신의 종업원에게 권한을 부여하기를 꺼려한다. 왜냐하면 그들은 종업원들이 경영자에 책임져야 할 일을 잘못할 것이라는 두려움 때문이다. 그러나 이러한 거리낌은 경영자들이 종업원 성과에 대해 정보와 피드백을 제공하는 유효한 통제 시스템을 개발한다면 감소될 것이다.

통제를 관리하는 또 다른 이유는 조직과 물리적 작업장을 보호하기 때문이다. 환율 및 원유가격의 변동에 대한 기업의 적응전략, 금융위기에 대한 대처, 세계경제의 흐름에 대한 예측, 기업자원에 대한 기업의 활용능력 등 오늘날의 경영환경에서 경영자들은 조직의 종업원, 자료, 인프라를 보호하기 위해 적절한 계획을 가져야 한다. 왜냐하면 2008년 10월 리먼브라더스 사건 이후 세계경제에 몰아친 금융위기 와중에서도 종합적인 통제와 백업 계획을 가진 조직들은 지속가능한 성장을 이루었기 때문이다.

LET'S THINK

교차로에서의 Red 교통신호는 계획이냐 아니면 통제인가?
주유소 등 인화물질이 있는 장소에서의 '금연' 사인은 통제인가?

1.2 통제의 여러 단계

통제활동은 발생할 문제를 사전에 예방하거나 문제가 발생했을 때 수정조치를 취하거나 기회를 찾기 위해 처방조치를 고려하는 것을 말한다. 이러한 통제활동은 일반적으로 4단계를 통해 이루어진다.

첫 번째는 통제활동의 대상이 되는 부분에 대한 표준을 설정하는 단계이고, 두 번째는 계획한 업무의 성과를 측정하는 단계이다. 세 번째는 설정된 표준과 업무성과를 비교하여 그 원인을 밝히는 단계이고, 네 번째는 밝혀신 원인에 따

그림 11-3 통제활동 과정

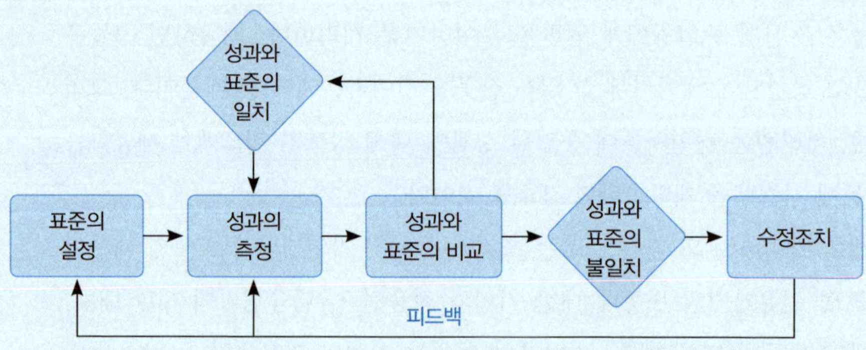

라 수정조치를 취하고 이를 피드백하여 다음 계획에 반영되도록 하는 단계이다.

통제활동 과정에서 중요한 점은 각 단계별로 피드백이 이루어질 수 있도록 해야 한다. 각 단계마다 기업목표와 계획, 외부환경변화 등이 반영될 수 있도록 피드백이 이루어져야 한다.

가. 표준의 설정

통제활동이 원활하게 이루어지기 위해서는 우선 통제활동의 대상 부서와 부문을 결정하여야 한다. 이 때 경영자는 어떤 분야를 주로 통제할 것인지를 결정하게 된다. 왜냐하면 종업원들의 모든 활동이 통제를 받게 되면 종업원들이 불쾌감을 느껴서 오히려 역효과를 가져올 수 있으며 비용 또한 너무 많이 들기 때문이다.

통제활동의 대상이 결정되면 경영상태를 평가하기 위한 통제의 내용이 적절한 수준에서 결정되어야 한다. 달성해야 할 표준이 설정되지 않으면 경영활동을 정확하게 측정하여 평가할 수 없기 때문에 표준을 설정하는 것은 평가활동의 첫 단계이면서 매우 중요한 역할을 한다.

그러나 일반적으로 경영자가 통제활동을 하면서 직면하는 문제는 표준이 없어서가 아니라 어느 부분에서의 표준달성이 기업의 성공에 결정적으로 영향을 미치는가를 판단하는 것이다. 따라서 경영자가 표준을 설정할 때에는 어느 분야가 목표달성에 가장 중요하며 성공의 관건인지를 판단하여 설정하여야 한다.

나. 업무성과의 측정

통제대상이 되는 부분의 표준이 설정되면 다음 단계로 업무성과를 측정하게 된다. 경영자는 성과측정에 앞서서 어떻게 성과를 측정할 것이며 얼마나 자주 측정할 것인가를 결정해야 한다.

경영자의 입장에서 업무성과를 측정할 때에는 가능한 한 계량적으로 측정하는 것이 바람직할 것이다. 그러나 실제적으로 계량화하기 어려운 부분에 대해서는 계량적 측정과 비계량적 측정이 조화롭게 유지되도록 하면서 측정할 수 있도록 노력하여야 한다.

다. 업무성과와 표준의 비교

업무성과를 측정한 후에는 설정된 표준과 업무측정 결과를 비교한다. 그 결과 성과가 표준보다 높은 경우에는 현재의 시스템을 유지하도록 하며 성과가 표준보다 낮은 경우에는 수정조치를 취하여 설정된 표준에 이르도록 해야 할 것이다.

또한 통제방법 중에 동시통제의 경우는 성과와 표준 간의 비교를 자주 하는 것이 바람직하다. 왜냐하면 문제가 발생했을 때 즉시 수정조치를 취하는 것이 누적된 경우에 조치를 취하는 것보다 더 쉽고 유리하기 때문이다. 따라서 일정한 주기를 설정하여 지속적으로 통제를 실시하는 것이 가장 효과적인 통제방법이라 할 수 있다.

라. 필요한 수정조치와 피드백

통제활동의 마지막 단계는 경영자가 원인을 분석한 것을 토대로 필요한 조치를 행동으로 옮기는 것이다. 만약 활동성과가 표준에 미달했을 경우에는 수정조치를 취해야 한다.

그러나 만약 표준이 너무 높게 설정되었다면 종업원이 아무리 열심히 일을 한다고 하더라도 성과를 달성하기가 어려울 것이다. 따라서 필요한 경우에는 표준이 합리적으로 설정되었는가를 검토해 보아야 할 것이다. 이와 반대로 표준이 지나치게 낮게 설정되어 있어서 누구라도 설정된 표준 이상의 성과를 내고 있다면 이에 대한 재검토도 필요할 것이다.

이 때 표준설정과 업무성과 간의 차이에 대해 반드시 피드백이 이루어져 합리적인 통제활동이 계속될 수 있어야 할 것이다.

지금 경영현장에는

100% 재택근무에, 순이익 생기면 직원에게 나눠주는 회사

"예? 진짜 직원들이 100% 재택근무를 한다고요?" "네"

"휴가는 알아서 갔다 오는 거고요? 그것도 무제한으로?" "네"

"정년은요?" "자기 다니고 싶을 때까지요."

"회사가 순이익이 매년 '0(Zero)'인데 이게 굴러가긴 하는 겁니까?" "그럼요. 순이익이 생기면 그 해 연말에 보너스로 직원들에게 다 나눠버려요. 매년 새롭게 시작하지요. 그렇게 한 지 19년째인 걸요."

미국 내 3대 세금소프트웨어 솔루션 기업인 택스 테크놀로지스(TTI)의 제이디 최 대표 얘기입니다. 대담을 나누다 기자는 할 말을 잃었습니다. TTI는 쉽게 말해 대기업의 세금만 특화한 소프트웨어를 개발해 감히 다른 기업이 범접하지 못하는 회사로 성장했습니다. 지난해 매출액은 약 1,800만 달러, 우리 돈으로 200억원 정도 합니다. 직원은 미국 본사 80명, 인도 지사 300명 정도 된다네요. 영업이익은 30억원 정도 되는데 정보기술(IT) 시스템 재투자 등에 쓰고 남는 순이익은 모두 직원들 성과급으로 나눠 준답니다.

TTI는 일찌감치 '100% 재택근무'를 실천하는 곳입니다. 미국 본사만 해당하긴 하는데요. 이것도 사정이 있습니다. 인도지사도 재택근무를 시도해보려 했지만 가정마다 컴퓨터를 보유한 직원이 많지 않고 사무환경을 갖추기에 열악한 형편이라 차라리 쾌적한 사무실이 낫다고 현지 직원들이 요구해 사무실 체제로 운영한답니다. TTI는 아예 사무실이 없지는 않답니다. 뉴욕에 작은 사무실이 있긴 하답니다. 그런데 일주일에 이곳을 찾는 이는 최 대표 혹은 최고기술경영자(CTO) 정도라고 하네요. 여러모로 질문거리가 적잖습니다. 서두에 물어봤지만 '진짜 이렇게 해도 회사가 굴러가는 건지'가 가장 궁금했습니다. 이건 최 대표가 패널로 참석한 '컨퍼런스창'에서도 주요 질문 중 하나였습니다.

"많은 분이 궁금해 하시는데 저를 보십시오. 멀쩡하게 돌아다니지 않습니까. 이 시간에도 직원들은 제게 메신저, 스마트폰으로 한국서 발표 잘 하고 오라는 메시지를 수시로 보내주고 있습니다. 멀리 플로리다에서도, 로스앤젤레스에서도요. 이게 저희 회사 경쟁력입니다. 세계 어디에 있는지는 중요하지 않지요. 수시로 소통하고 있기 때문에 업무에 '펑크'란 없습니다. 한 직원은 미국 사람인데 한국 사람처럼 술 먹은 날이면 꼭 제게 전화해서 진심으로 '제이디! 좋은 회사 만들어줘서 고마워, 사랑한다(I love you)'고 술주정을 하기도 해요. 농담인가?(웃음) 이렇듯 꼭 얼굴 마주보지 않아도 그만큼 신뢰가 쌓여 있고 그래서 회사가 굴러가는 겁니다."

좀더 자세한 얘기를 듣고 싶었습니다. 어떤 업무를 하기에 이럴 수 있을까요. 일단 TTI는 사업모델을 기업 전용으로 특화했습니다. 대기업 세금은 매번 규제가 바뀌고 세법이 달라져서 아무나 컨설팅할 수 없답니다. 그만큼 진입장벽이 높다고 합니다. TTI는 여기에 더해 각 기업에 맞는 세금 IT 서비스를 개발해 한번 이 회사 서비스에 발을 담그면 쉽게 빠져 나갈 수 없도록 해놨답니다.

"전사적자원관리(ERP) 아시죠? 기업 내 생산, 물류, 회계, 영업 등 경영 활동 프로세스들을 통합적으로 관리할 수 있는 소프트웨어잖아요. 이런 통합 ERP 회사는 많아요. 그런데 통합 소프트웨어는 세부 사안에서는 구멍이 숭숭 뚫려요. 제가 주목한 건 이 틈새였습니다. 오랜 기간 회계법인을 다니면서 대기업을 상대하는 과정에서 기업 입장에서는 가장 까다롭고 귀찮은 업무이자 대행업체 입장에서는 부가가치가 높은 사업분야라는 걸 알게 됐지요. 당시 다니던 회계법인에서 파트너로 승진을 제안받았는데요. 100만 달러 이상 연봉을 받을 수 있었지만 과감하게 퇴사하고 창업의 길을 택했어요."

"과연 직장생활에서 행복이란 무엇일까 곰곰이 생각해봤어요. 승진, 높은 연봉, 성취감도 좋지만 가족과 함께할 수 있는 시간도 그만큼 소중하잖아요. 아이가 커나갈 때와 같은 인생의 주요 순간과 직장생활을 맞바꿔야 할 때가 사실 많아요. 미국에서는 학생들이 보통 오후 3시 정도가 되면 하교해서 문을 열고 "Mommy, I'm home"하면서 뛰어 들어오지요. 그때 아빠까지 있으면 뛸 듯이 좋아해요. 그런 광경을 저뿐만 아니라 직원들에게도 선사해줘야겠다는 일종의 사명감 같은 게 있었어요."

실세 그의 바람은 19년째 계속되고 있답니다. 미국 시간으로 오후 3시면 일순간 전 직원 메일이나 메신저, 소셜네트워크서비스(SNS)가 조용해지곤 한다는데요. 바로 아이들의 하교, 귀가 시간이라서라는 군요. 그래서인지 이 회사의 이직률은 극히 낮다고 합니다. 2000년 초창기에 입사한 직원들이 지금껏 회사를 다니고 있다니 말 다했습니다. 들어보면 이상적이긴 한데 '그래도 아무리 전문 직종이 모인 회사지만 운영은 쉽지 않을 텐데'란 의문이 계속 들었습니다. 기자처럼 궁금한 사람들은 컨퍼런스 창에서도 많았나 봅니다. 여러 질문이 쏟아졌습니다.

조미호 화제인 대표: 소위 갑(대기업)이 와서 얘기 좀 하자, 사무실로 찾아오겠다고 하는 일이 있지 않나요?

최 대표: 저희가 가면 되지요. 이미 신뢰관계는 다 쌓여 있고 시스템문제나 오류가 있으면 저희가 고치면 되는 거지, 굳이 저희 사무실에서 대면할 일이 없어요. 인터넷이나 스마트폰이 얼마나 잘 발달돼 있나요? 얼굴 보고 얘기하면 더 얘기가 잘 통한다고요? 그러면 컨퍼런스콜(영상통화)로 해도 전혀 문제가 없어요.

또 다른 청중: IBM 같은 대기업도 처음에는 재택근무를 장려하다 지금은 포기했는데.

최 대표: 집기가 있고 내 자리가 있어야 일이 꼭 잘 되는 업종이 있습니다. 또 재택근무의 단점도 많이 얘기해요. 소외감과 충성도라고 하는데 저희 일은 업무가 일단 시작되면 그런 생각할 시간이 없어요. 끊임없이 업무 관련 대화, 영상통화, 회의가 이어져요. 물론 원격이긴 하지만요. 근무시간엔 효율을 극대화하는 구조다 보니 좀 얘기가 다르지요. 직원 간 유대요? 제가 직원들을 찾아가서 식사도 하고 여행도 가고 하니 유대감이 딱히 떨어진다는 생각은 안 해봤습니다. 무엇보다 '회사가 꾸준히 나를 인정하고 응원해준다는 점, 또 집에 있지만 경제활동을 하며 살림에 보탬이 되는 존재로 가족에게 인정받고 있다는 점'에서 직원들의 자존감이 높다는 게 다른 곳과 차별화되지 않았나 싶습니다.

참 신통방통한 회사입니다. 그런데 이렇게 해도 위기가 없었을까요. 딱 한 번 있었답니다. 2005년 즈음이었나? 회사가 좀 커지니까 은행에서 신용대출을 권하면서 회사를 더 키우라고 부추기더랍니다. 그전까지 돈 벌면 직원들에게 나눠주고 하다 보니 부채는 없었지만 회사 규모를 키울 자금이 당시 없었긴 했답니다. 그래서 부채를 안고 사람들을 추가 고용하면서 매출을 늘렸답니다. 그런데 2008년 글로벌 금융위기가 닥치면서 상황이 달라졌습니다. 대기업도 속속 쓰러졌답니다. 한순간에 고객사가 줄어드니 눈물을 머금고 구조조정을 할 수밖에 없었다네요. 구조조정 후 회사를 재건한 후 경영원칙은 또 하나 더해졌습니다. 은행거래를 하되 절대 부채를 안고 무리하게 사업하지 않는다는 겁니다. 이후 10년간 이 원칙은 지켜졌습니다. 그 덕에 무차입 경영을 하게 된 거지요.

그러면 순이익을 성과급을 나눠줄 때 어떤 기준에 따라 나누는 걸까요. 최 대표는 "아직 칼로 무 자르듯이 전산화되지는 않았다"고 전제하면서도 "직무마다 본인이 정한 목표를 초과 달성했느냐 혹은 데드라인을 지켰느냐, 관련사고 없이 1년간 일을 잘 수행했느냐를 보고 책정한다"고 전합니다. 인사, 총무 부문에서는 성과급 측정을 어떻게 하느냐는 질문에 전체 순익에서 특별히 그해 매출에 기여한 직원에게 좀 더 많이 책정한 후 나머지는 공평하게 근무연수와 직급에 따라 나눈다는 답이 돌아왔습니다. "회사가 돈 벌면 나눈다는 철학이 직원들에게도 전파되다 보니 글로벌 금융위기 이후 사람을 줄이고 월급도 줄였는데도 나가는 직원이나 남은 직원 모두 경영진을 믿어줬습니다. 그러니 이런 경영원칙을 계속 고수할 수밖에 없다는 생각이 더 강해졌습니다."

그런데 지금처럼 사업이 계속 승승장구할 수 있을까요. 혹시 AI(인공지능) 세무회계 컨설팅이 개발된다면? "미국 법이 그리 호락호락하지 않습니다. 세법이 매우 복잡하고 또 논쟁거리가 많아요. 회색지대가 있는 거지요. 그래서 규제마다 실제 적용하는 과정에서 법리 다툼이 굉장히 많아요. 오히려 컨설팅 수요는 더욱 복잡다단하고 많아지고 있습니다. 더불어 회사 성장을 고민하지 않아도 구조조정, 경영컨설팅 전문회사들이 지금은 알아서 제휴하자고 찾아오고 있습니다. 확고한 시장지위를 구축해놓으면 언제든 성장기회는 찾아온다고 보고 직원들과 계속 소통을 강화하고 있습니다. 물론 원격으로요 (웃음)."

자료: 매경 이코노미

1.3 통제의 유형

통제는 통제시기나 통제내용에 따라 몇 가지 형태로 나누어 볼 수 있다. 언제 통제하는가에 따라서 사전통제, 동시통제, 사후통제로 구분된다. 또한 통제시기에 따른 구분 외에 통제내용에 따라서 물적자원의 생산활동을 통제하는 생산통제, 인적자원이나 정보자원 등을 통제하는 지원통제, 자금의 조달이나 운용을 통제하는 재무통제로 나눌 수 있다.

가. 통제시기에 따른 통제 유형

1) 사전통제

사전통제(preliminary controlling)란 투입통제활동이라고도 하는데, 어떤 활동이 이루어지기 전이나 문제가 발생하기 전에 실시되는 통제활동을 의미한다. 이는 방향이 적절하게 설정되어 있는가, 목표달성을 위해 적절한 자원이 활용가능한가 등을 일을 시작하기 전에 검토하여 수정될 수 있도록 하는 것이다.

신제품개발의 경우 사전에 시장의 수요를 예측하고, 생산일정계획을 수립하고, 납기일을 정하기 위하여 주로 사전통제방법을 이용한다. 이어 신제품개발활동이 진행됨에 따라 예측한 결과를 기준으로 수정활동이 이루어진다.

그러나 사전통제는 현재의 상황을 파악하여 미래를 예측해야 하기 때문에 불확실성이 높거나 현재의 상황이 변화하는 경우가 발생하여 적시에 대처할 수 없는 경우가 많다. 이에 따라 대부분의 경우에는 동시통제나 사후통제에 의존하게 된다.

2) 동시통제

동시통제(concurrent controlling)란 현재 진행되고 있는 활동이 올바르게 진행되고 있는가를 확인하는 통제활동을 의미한다. 이때의 통제활동은 하던 일을 계속 진행시키거나 수정조치를 취하거나 활동을 중지시키게 된다. 동시통제의 예로는 품질통제, 예산통제 등이 있다.

통제활동 가운데 가장 효과적이면서 경영에서 가장 많이 요구되는 활동이 동시통제이다. 사전통제는 현재 시점에서 미래를 예측하기 때문에 오류를 발생

그림 11-4 통제의 유형

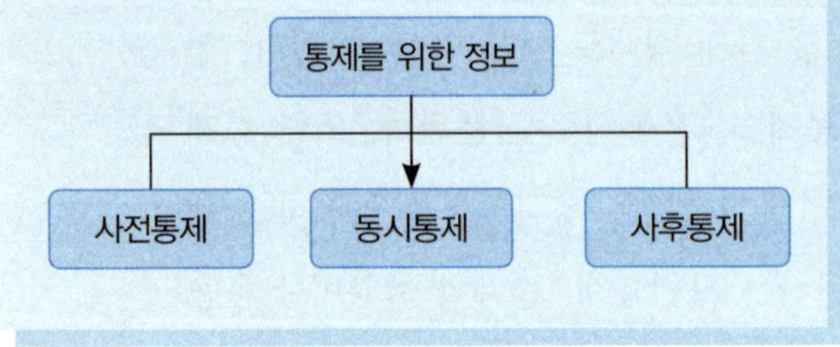

시킬 수 있으며, 사후통제는 수정조치를 다음 기회에 반영시켜야 하므로 현재 추진중인 업무를 통제하는 효과가 크지 않기 때문이다. 따라서 비용도 적게 들면서 업무개선효과도 큰 동시통제가 통제활동의 중심이 되는 것이다.

3) 사후통제

사후통제(feedback controlling)란 산출통제라고도 하는데 어떤 활동이 완료된 후에 결과를 측정하고 평가하여 수정조치를 취하는 통제활동을 말한다. 이러한 사후통제는 계획이 합리적이었는지 여부를 확인하여 성과와 계획 간에 차이가 있으면 그 원인을 분석하여 현재의 계획이나 활동의 평가에 사용하고, 또한 다음에 계획을 수립할 때 반영하기 위하여 피드백 정보를 제공한다. 사후통제의 예로는 재무통제 등이 있다.

계획에 비하여 성과가 미달된 경우에는 원인을 찾아 수정조치를 취해야 한다. 전략이 잘못되었으면 전략을 수정하고, 직무가 잘못 설정되었으면 직무설계를 변경하거나 보상제도를 바꾸는 등 원인에 따른 수정조치를 반드시 취해야 한다.

또한 시의적절한 사후통제를 통해서 종업원들에게 자신이 한 일에 대한 결과를 알게 하여 더 잘 업무를 수행하도록 동기를 유발하여야 한다. 계획대로 성과를 달성한 경우 다양한 형태의 보상과 격려를 하여야 향후에도 목표달성에 몰입할 수 있을 것이다.

나. 통제내용에 따른 통제 유형

1) 생산통제

생산통제(production controlling)는 생산의 효과성과 효율성을 달성하는 측면에서 주로 물적자원 투입물의 변환과정에서 이루어지는 통제활동을 말한다.

생산통제는 전형적으로 생산운영에 관한 일정통제가 주를 이루고 있으나 최근 들어서는 품질에 대한 통제활동도 중요하게 대두되고 있다.

생산통제를 구체적으로 살펴보면 적정한 품질을 갖춘 물품을 적당한 가격으로 정해진 기간 내에 구입하였는가를 통제하는 구매통제, 적정재고수준을 유지하도록 통제하는 재고관리통제, 적정수준의 품질을 유지하도록 하는 품질통제 등이 포함된다.

2) 지원통제

지원통제(administrative controlling)는 기업 내의 모든 활동을 지원하기 위해 필요한 자원을 적시에 적절하게 배분하여 활용하도록 통제하는 활동을 말한다. 이러한 지원통제에는 주로 인적자원, 정보자원 등을 통제하는 활동이 포함된다.

인적자원에 대한 통제활동은 종업원을 적절히 선발하고, 훈련시키며, 제대로 평가하고 보상하도록 통제하는 것을 말한다. 종업원들의 능률 여하에 따라 경영성과에 중요한 영향을 미치기 때문에 기업목표를 달성하기 위해 인적자원에 대한 통제활동은 매우 중요하다.

정보자원 통제활동은 기업활동에 필요한 정보를 적절한 시기에 확보하도록 통제하는 것을 말한다. 여기서는 필요한 정보시스템들이 제대로 작동되고 있는가에 대한 통제도 포함된다.

3) 재무통제

재무통제(financial controlling)는 자본을 효과적으로 조달하고 운용하기 위해서 통제하는 활동을 말한다. 이는 기업의 기본 목표인 이윤극대화와 깊은 관련이 있기 때문에 경영자에게는 매우 중요한 통제활동이다.

이러한 재무통제는 수익의 통제 이외에도 예산의 통제, 운전자본의 통제, 재무비율의 통제 등 자금의 조달과 운용에 관한 각종 통제활동을 포함한다. 특히 최고경영자의 입장에서는 기업이 정상적으로 운영될 수 있도록 하기 위해 현금흐름 측면에서 계획대로 이루어지고 있는가를 면밀히 검토하여 적정 유동성을 확보하도록 해야 할 것이다.

LET'S THINK

2009년 일본 토요타자동차는 가속 페달의 결함으로 대규모 리콜사태를 초래하였다. 2000년대에 들어서 미국 내 리콜 건수가 증가하고 있다는 위험신호가 있었으나, 비용절감을 우선시하여 실질적인 대처방안을 도출하는 데 소홀하였으며, 이에 더하여 2009년 8월 28일 렉서스 ES350의 사망사고 이후에도 상당기간 무대응으로 일관하는 등 안전사고 발생 직후에도 즉각적인 조치를 취하지 않고 축소 또는 은폐를 시도하려다 기 구축한 미국 내 소비자 및 미정부의 신뢰를 상실하였다. 이와 유사하게 국내에서도 폭스바겐의 배기가스 배출 소프트웨어 조작사건으로 소비자의 신뢰를 상실하는 사태가 벌어지기도 하였다. 이처럼 기업들이 특정한 사건에 대해 대처하는 방식에 차이가 있는데, 토요타가 사용한 통제의 유형은?

지금 경영현장에는

위기에 빠진 탐스, 무엇이 문제인가

한때 엄청난 인기를 끌었던 신발브랜드 탐스(Toms)는 2014년에 사모펀드 배인캐피탈(Bain Capital)에게 거액의 돈을 투자 받으며 더욱 많이 성장할 것으로 기대를 받았다. 탐스는 월스트리트에서 떠오르는 기업으로 주목받기도 했었다. 그러나 모든 것은 기대를 빗나갔다. 공격적인 경쟁업체들의 위협, 탐스의 다양화 실패, 그리고 미국 유통업계 내 여러 문제 등이 겹치면서 탐스는 4년 후 빚에 시달리며 새로운 고객들을 유치해야 하는 상황에 이르렀다. 간단하지만 혁신적이었던 사회적 기업의 성공을 보여줬던 탐스는 왜 현재의 경영난에 빠지게 되었을까?

탐스의 창업자이자 CEO였던 블레이크 마이코스키(Blake Mycoskie)가 아르헨티나 여행 중에 신었던 아르헨티나 전통 신발인 알파르가타(Alpargata)를 개량하여 판매한 것이 탐스의 시작이었다. 그는 창업하던 해인 2006년 10월에 1만 켤레를 판매하였고 1만 켤레를 아르헨티나에 기부하였다. 창업 7년 후인 2013년에 탐스가 기부한 신발은 1,000만 켤레를 돌파했다. 이처럼 탐스는 좋은 일을 하면서 이익을 내는 사회적 기업의 성공사례로 꼽혔다. 탐스와 비슷한 모토를 가진 기업들이 등장하며 한때 사회적 기업 창업 열풍이 불기도 했다. 그러나 자동적으로 CEO가 되어서 CEO직을 수행했던 마이코스키 대표는 사업에 큰 뜻이 없었다. 그는 비즈니스 인사이더를 통해 "어떠한 일을 시작하여 크리에이티브 팀과 일하는 것은 좋아하지만 여러 가지 절차 또는 인사 문제를 겪어야 하는 기업경영에는 소질이 없다"고 밝혔다. 결국 그는 2015년 CEO직에서 물러나며 그의 자리를 스타벅스 사장 출신의 전문경영인 짐 에일링(Jim Alling)이 이어받았다.

창업 이후 탐스의 대표제품이자 사실상 유일한 제품인 $54불짜리 알파가타 슬립온 외의 제품은 실패했다. 제품개발을 아예 안 한 것은 아니었지만 새롭게 선보였던 끈 운동화, 남성용 스웨이드 브로그신, 여성용 웨지 힐 등 다른 제품들은 크게 주목받지 못했다. 또한, 대표제품의 수많은 카피제품들이 생겨나는 것을 막지 못했다. 스케처스(Sketchers)는 유사상품인 '밥스(BOBS)'를 시장에 반값에 내놓으며 브랜드 캠페인이었던 '1켤레 사면 1켤레를 기부'하는 탐스의 기부 캠페인도 비슷하게 모방했다. 다이앤 샌드 S&P 글로벌레이팅스 연구원은 블룸버그를 통해 "탐스는 사실상 제품이 '하나'뿐인 기업이었다. 소매업계에서는 이를 '재앙의 레시피'라고 부른다"고 평가했다.

탐스 신발은 2014년에 배인 캐피탈에 지분의 50%를 매각하며 $3억 달러(약 3,372억원)의 투자를 받아 기업가치가 $6억 달러(약 6,760억원)까지 치솟았다. 배인 캐피탈이 기업의 50%를 인수한 것은 탐스로 하여금 더 빨리 성장하고 더 자주 신발을 기부하라는 의미에서 이루어진 것이었다. 또, 마이코스키 전 대표에 따르면 이는 좋은 전문경영인을 영입하기 위한 결정이었다고 한다. 그러나 인수 이후 늘어난 것은 부채뿐이었다. 사실상 사모펀드의 공식대로 인수 금액의 절반은 탐스 자산을 담보로 빚을 내 조달하였지만 그 부채로 인해 탐스의 회복이 어려워진 것이다. 경영난에 허덕이고 있는 유통업체들은 평균적으로 연수입의 5배~6배가량의 부채를 안고 있다. 그러나 탐스의 경우 약 15배로 총 부채가 3.5억(약 3,943억원)에 달한다. 매출이 부진한 상황에서는 배인 캐피탈의 인수가 탐스에 도움이 되지 않는다는 것이 전문가의 분석이다.

자료: 지식비타민, 2018.9.21

Exploring INTERNET

창고형 회원제 할인매장업체인 코스트코 홈페이지(http://www.costco.com, www.costo.co.kr)를 방문하여 통제활동에 관하여 알아보고 코스트코의 통제활동의 경쟁우위에 대하여 토론해 보시오.

제 2 절 통제의 여러 기법

조직 내에서 자주 활용되는 통제의 기법에는 여러 가지가 있을 수 있지만, 일반적으로 흔히 사용되는 기법은 관리자가 업적을 평가하여 적절한 조치를 취하는 데 매우 유용한 통제기법들이다.

2.1 예산통제

예산(budget)은 계획을 재무적인 용어로 표현한 것으로, 예산을 수립하는 목적은 경영활동에 대한 재무적인 표준(financial standards)을 설정하기 위한 것이다. 그래서 그 업무활동의 결과와 예산 사이에 오차가 생길 때에는 적절한 수정조치를 취해야 한다.

예산은 경영자에게 몇 가지 측면에서 매우 중요한데, 먼저 예산은 경영자로 하여금 달성가능한 목표, 기본적 계획, 그 목적과 관련된 정책 등을 개발하도록 한다는 측면에서 관리자의 계획기능수행에 도움이 된다. 환언하면, 예산은 생산기준의 설정을 가능하게 한다. 둘째, 예산은 조직구성원들 간의 책임을 분명히 하는데 도움이 된다는 점에서 경영자의 조직화기능의 수행에 도움이 된다. 셋째, 예산은 조직활동을 조정하는 데 있어서 매우 중요하다. 넷째, 예산수립의 과정에서 경영자와 종업원 간의 상호작용은 업적과 관련된 제활동을 명확히 하고 통합하는데 도움이 된다. 다섯째, 예산수립과정에서 어떤 자원을 사용할 것인지를 구체화해야 하기 때문에 예산은 조직전략의 성공적인 실천을 통한 목표달성에 도움이 되며, 이것들은 경영자의 중요한 지휘기능 중 한 부분이다. 마지막으로 예산은 경영자의 통제기능의 수행에도 도움을 준다. 왜냐하면, 예산은 여러 자원의 효과적 활용을 가능하게 하고 가치있는 자원의 보존과 주기적인 조직분석을 위한 장치를 설정하는 데 도움을 주기 때문이다.

이처럼 예산이 모든 관리기능의 수행에 도움이 되는 것 이외에도 다양한 조직활동에 걸쳐 연결되기 때문에 더욱더 중요한 의미를 갖는다.

2.2 재무분석

예산은 조직활동이 시작되기 전에 수립되기 때문에 예산통제는 기본적으로 투입통제(input control)이다. 기업의 운영이 시작되고 나면 경영자의 관심은 재무제표(financial statements), 비율분석(ratio analysis), 인적자원회계(human resource accounting), 운전자본(working capital) 등의 재무적 문제에 집중된다. 기업을 운영하는 데는 적절한 운전자금이 있어야 하므로 경영자들의 관심은 재무분석에 많은 관심을 가질 수밖에 없다.

2.3 감사

감사(audits)란 어느 한 집단이 다른 집단의 과업수행에서 잘못한 점을 찾아내려는 노력을 의미하는 것으로 이해하고 있다. 감사는 감사대상기관의 업무상의 오류나 비리를 밝혀내는 것이 감사의 목적이기는 하지만 그것이 감사의 목적만은 아니다. 감사는 기본적으로 분석, 확인 및 수정을 목적으로 하는 유일한 조직활동이기 때문에 감사는 조직의 업무감사뿐만 아니라 재무제표의 정직성과 공정성까지를 검증하는 데 초점을 두고 있다. 최근 조직 내에는 세 가지 유형의 감사가 실시되고 있는데, 외부감사(external audit) 및 내부감사(internal audit)와 경영감사(management audit)가 그것이다. 외부감사와 내부감사는 모두 재무적 자료를 다루며, 경영감사는 다양한 관리실무와 정책을 평가한다.

가. 외부감사

외부감사는 기업 재무제표의 독립적 평가로서, 이 외부감사는 공인회계법인이나 공인회계사에 의해 실시되는 것이 일반적이다. 감사인의 업무는 재무제표를 작성하는 것이 아니고 기업이 자산과 부채를 평가하는 데 있어서 일반적으로 인정되는 회계원칙에 따르고 있는가를 검증하는 것이다.

외부감사는 기업조직에 몇 가지의 장점을 제공해 주는데, 먼저 공인회계법인은 독립적인 조직이므로 그들의 분석은 높은 객관성과 공정성을 갖는다. 그들은 회계기준에 따라 감사대상기업의 재무제표와 운영상태를 있는 그대로 보고 하도록 되어 있다. 둘째, 회계법인의 공인회계사들은 고도로 숙련된 전문가들이기 때문에 감사는 기업조직의 재무적 활동과 관련된 문제점을 진단하는 데 유용하다. 셋째, 외부감사는 재무제표가 표준회계원칙에 따라 작성되었는지를 검증하기 때문에 주거래 은행과 투자자들이 그 기업조직에 대한 정확한 정보를 얻을 수 있다.

나. 내부감사

외부감사와는 별도로 많은 조직들은 자체 인력을 활용하여 지속적으로 내부감사를 실시하고 있다. 내부감사의 목적도 외부감사의 목적과 동일하다. 즉, 내부감사도 기업조직의 재무제표가 실제 재무상태를 정확하고 정직하게 반영되고 있는지를 확인하고 검증하는 것이다. 이와 같은 내부감사의 궁극적인 측면으로는 기업조직 내부의 운영상태를 잘 알고 있는 조직의 내부인이 감사를 하게 되므로 더욱 심도 있는 분석을 할 수 있다는 점이고, 다른 하나는 외부감사가 1년에 1회 실시되는 데 반해 내부감사는 1년 내내 주기적으로 감사를 실시할 수 있어서 기업조직 내의 문제점이 보다 일찍 발견될 수가 있다는 점이다.

다. 경영감사

경영감사는 기업조직 전체의 운영에 대한 평가 및 사정과 관련된 감사로서, 재무자료에 대한 분석도 포함될 수 있지만 경영감사는 재무자료 분석에 한정되지 않고 조직목적, 전략, 계획, 정책, 자원, 그리고 미래의 기회까지도 평가한다.

지금 경영현장에는

이상윤 스쿨푸드 대표 | 비보이 출신서 '프리미엄 분식' 대부로 변신

이상윤 SF이노베이션 대표는 춤꾼이었다. 가수 박남정, 현진영, 서태지와아이들의 이주노 등이 데뷔하기 전인 1980년대에 그들과 함께 춤을 추던 비보이 1세대다. 1986년 MBC의 한 뮤지컬 드라마에 찬조 출연했고, 1997년에는 4인조 혼성그룹 'C4'로 가수 데뷔도 했다. 그러던 중 갑작스러운 건강 악화로 연예계 활동을 중단해야 했다. 엔터 산업에 관심이 있던 그에게는 뜻밖의 일이었으나 이게 전화위복이 됐다. 2002년 생계를 위해 시작한 분식 배달이 대박 났다.

프리미엄 분식을 내세운 '스쿨푸드'의 성공을 바탕으로 이 대표는 '김작가의 이중생활' '분짜라붐' 등 새로운 콘셉트의 외식 브랜드를 차례로 선보였고 지금도 미국과 홍콩, 인도네시아, 태국, 베트남 등에서 총 11개 매장을 운영하며 K푸드를 널리 알리고 있다. 2014년에는 미국 최대 중식 프랜차이즈인 '판다익스프레스(Panda Express)'가 아시아 최초로 한국에 진출하는 데 있어 대기업을 제치고 국내 사업 파트너사로 선정돼 화제가 되기도 했다. 2015년과 2018년에 매경 100대 프랜차이즈에 선정됐다.

SF이노베이션은 어떤회사?	
설립연도	2002년
창업주	이상윤
매출	468억원
영업이익	5억원
직원 수	262명

*2017년 말 기준 *자료: SF이노베이션정보공개서

SF이노베이션 브랜드 운영 현황 (단위: 개)

브랜드	가맹점 수
스쿨푸드	39
스쿨푸드 딜리버리	34
김작가의 이중생활	30
분짜라붐	21
플랫 바이 에이프릴마켓	6
에그마리 바이 스쿨푸드	5
카페리맨즈	4
판다익스프레스	3
내몸에쌀국수	1
이태원우육미엔	1
합계	144개

*2018년 11월 기준 *자료: SF이노베이션

Q 비보이를 하다 분식집을 창업하게 된 경력이 이채롭습니다.

A 어느 날 결핵에 걸려 비보이를 그만두고 생계를 위해 창업을 해야 했어요. 우연치 않게 장아찌 반찬에 매력을 느꼈던 저는 형과 함께 계란말이 김밥과 장아찌 김밥을 팔기로 했습니다. 가게를 차릴 돈도 없어 반지하 방에서 음식을 만든 뒤 배달을 했어요. 전단지를 만들어 동네 미용실 등에 다니면서 돌리고, 김밥을 갖고 나가서 홍보했죠. 특히 꼬마김밥 형태로 만든 3줄짜리 김밥이 인기를 끌었어요. 당시에는 롤이나 김밥이라 불렀는데 저희는 '마리'라고 이름 붙였죠. 멸치볶음마리, 오징어먹물마리 등 신메뉴도 다 반응이 좋아 2005년 가로수길에 첫 매장을 내게 됐고 가맹점도 모집하게 됐습니다.

Q 스쿨푸드가 인기를 끈 비결은 무엇이었나요.

A 일단 상권에 대한 이해도가 높았어요. 장사를 시작한 논현동은 제가 그동안 비보이 활동을 하던 동네였어요. 비보이 시절 저녁 늦게 활동하던 게 습관이 돼서 오후 4시부터 다음 날 새벽 6시까지 영업했는데, 논현동에 즐비한 미용실과 단란주점에서 야식을 찾는 여성 고객이 많은 게 잘 들어맞았죠. 여성 고객에게 기존 김밥은 크고 양이 많이 먹기 힘든데 꼬마김밥 마리는 부담이 적었어요. 또 김밥은 10여 가지 재료가 뒤섞여 비빔밥처럼 복합적인 맛을 내는 반면, 마리는 4~5가지 재료만 들어가요. 식재료 본연의 맛에 더 집중할 수 있어 신선한 느낌을 준 것 같습니다. 오징어먹물마리, 국물떡볶이도 저희가 당시 처음으로 시도했어요. 밤에 술을 마시고 나면 해장이 필요하리라는 계산에서 개발했는 데 적중했습니다.

Q 16년이란 긴 업력에 비해 가맹점 수는 그리 많지 않습니다.

A '프리미엄 분식'을 지향하는 스쿨푸드는 일반 분식에 비해 손이 많이 갑니다. 치킨, 피자처럼 단일 메뉴가 아니고 운영 방식도 복잡해 아무에게나 가맹점을 내주지 않아요. 무턱대고 가맹점을 많이 늘리기보다 매장 하나하나를 완성해가자는 주의입니다.

Q 업계 일각에서 스쿨푸드 매각설이 제기됐는데요.

A 결론부터 말씀드리면 사실이 아닙니다. 사업 확장을 위해 자금을 조달하는 과정에서 지분을 매각하는 것으로 와전된 것 같습니다. 저는 외식업을 하기 위해 태어났다고 생각할 만큼 현 사업에 집중하고 있고 앞으로도 매각 계획은 없습니다.

Q 최근 외식업을 비롯한 자영업 시장이 많이 어렵습니다. SF이노베이션은 어떤가요.

A 스쿨푸드는 브랜드 특징이 명확하다 보니 매출이 오히려 늘고 있어요. 배달앱 분식 카테고리에서 '맛집 랭킹' 1위를 지키고 있죠. 처음부터 배달로 시작했고 배달에 특화돼 있어 확실히 경쟁력이 있다고 생각합니다.

단, 주점인 '김작가의 이중생활'은 타격이 좀 있습니다. 요즘 불황인 데다 회식 수요도 줄어서 소비 심리가 많이 위축돼 있어요. 저녁에 반주 한잔만 하고 귀가하거나 커피에 케이크로 회식을 갈음하는 경우도 늘고 있죠. 이런 경향은 앞으로도 더 짙어질 것으로 보여 해법을 모색 중입니다. 20평대 소형 매장에서 점주가 주방을 맡고 아르바이트생이 홀을 맡아 인건비를 절감하고 운영 방식도 간소화하려 합니다. 매장이 넓으면 관리할 부분이 많아져 비용이 증가하거든요. 일본식 '작은 가게'가 국내에서도 확산될 것으로 보입니다.

Q 해외 진출도 적극 하고 있습니다.

A 하노이식 베트남 요리 전문점 '분짜라붐'이 조만간 일본 신바시역 근처에 오픈할 예정입니다. 미국 진출도 논의 중이고요. 김작가의 이중생활도 뉴욕 출점을 논의하고 있습니다. 스쿨푸드는 인도네시아, 베트남, 홍콩 등에 진출했고 최근 호주에서도 관심을 보입니다.

해외에서는 아직 분식에 대한 개념이 없어요. 홍콩에 진출할 때는 '캐주얼 한식'을 표방했죠. 떡볶이의 끈적한 식감이 미국 등 서양에서는 잘 통하지 않는 것 같습니다. 단, 아시아에서는 떡볶이, 마리, 볶음밥, 장조림버터비빔밥 등 다양한 퓨전 메뉴로 진출하면 승산이 있는 아이템이에요. 진출하는 나라의 문화를 이해하고 현지화하는 것이 성공의 열쇠입니다.

Q 점주들과의 상생은 어떻게 하고 있습니까.

A 점주는 우리 브랜드를 제일 사랑해주는 첫 번째 고객이에요. 이들이 장사가 잘돼서 영업을 지속할 수 있게, 돈을 벌 수 있게 돕는 것이 프랜차이즈 본사가 할 수 있는 최고의 상생 정책이라고 생각합니다. 불황에도 점주 수익이 늘어날 수 있도록 꾸준히 노력하고 있습니다. 가령 최근 꼬막비빔밥 트렌드에 맞춰 개발한 신메뉴 '웰빙어간장꼬막비빔밥'이나 '육감샐러드덮밥' '타마고야끼소바' 등이 반응이 좋아 가맹점 매출 상승에 기여하고 있습니다.

Q 향후 경영 계획이 궁금합니다.

A 거창한 계획보다는 현 경영에 충실하려 합니다. 최근 어려운 자영업 경기를 극복해나가는 데 집중할 생각입니다. 불황에도 선방하고 있는 스쿨푸드는 SF이노베이션의 대표 브랜드로서 내년에 더욱 확장해나갈 것입니다. 스쿨푸드만의 색깔을 살린 도시락 형태의 신메뉴를 준비 중인데 기대하셔도 좋습니다. 지난 16년간 고객으로부터 받은 사랑이 지속될 수 있도록 최선을 다하겠습니다.

자료: 매경이코노미, 제1983호, 2018.11.14~11.20

제 3 절

기업성과

기업들은 예외 없이 고객 가치 창조를 통해 지속적으로 성장하기를 원한다. 하지만 역사적으로 돌이켜 보면 순탄하게 지속적으로 성장해온 기업들은 극히 드물다. 요즘처럼 불확실성이 크고 급변하는 환경 속에서 기업의 지속 성장은 더욱 쉽지 않다. 지속 성장 기업이 되려면 하루하루 치열한 경쟁 상황하에서 살아남아야 하는 단기성과도 중요하다. 하지만 장기적 관점에서 미래를 위한 끊임없는 고민과 투자가 선행되어야 한다. 당장의 단기 성과보다는 앞을 내다보며 미래를 대비하는 미래 준비형 기업으로의 변화가 필수적이다.

3.1 장기관점 경영

비즈니스위크는 1930년대 대공황 이후 발생한 내규모 경제위기 사배를 분석하여 그 사건들이 기업경영에 미친 영향을 분석했다. 1917년 포브스 100대 기업 중 1987년까지 생존한 기업은 고작 39개, 절반이 넘는 61개 기업들이 사라졌다. 그리고 생존한 39개 가운데 단지 18개 기업만이 100대 기업 내에 머물렀다. 더욱 아이러니한 것은 이들 18개 기업의 경우도 같은 기간 동안의 수익률이 전체 시장 평균 수익률에도 미치지 못했다는 점이다. 기업의 생존 유지가 어렵다는 것을 보여준 또 다른 사례가 있다. 1957년 S&P500에 속한 기업 가운데 1997년까지 생존한 기업은 74개에 불과했고, 그들 가운데 단지 12개 기업만이 S&P500의 평균수익률을 웃도는 성과를 거두었다. 이 두 가지 사례는 기업의 위상을 지속적으로 유지하거나 키우는 것이 얼마나 어려운지를 여실히 보여주고 있다.

많은 글로벌 경영학자들은 2009년 전 세계를 강타한 서브프라임 모기지 사태의 원인에 대해 다양한 분석을 내놓았다. 그 가운데서 눈에 띄는 것은 미국 경영시스템의 지나친 단기성과 중시 경향이 금융위기의 근본 원인이었다는 분석이다. 또한 그들은 금융위기 한파 속에서 꿋꿋하게 생존한 기업과 사라진 기업 간의 차이점을 다양한 각도에서 분석했다. 그들이 주장하고 있는 생존한 기업들의 공통점은 첫째, 멀리 내다보는 전략과 목표가 뚜렷하게 있었다는 점, 둘째, 잠재해 있는 리스크를 사전에 밝혀내고 관리해가는 능력이 탁월하였던 점, 셋째, 단기 경영을 추구하는 CEO를 모니터링하고 견제하는 내부 시스템을 갖추고 있었다는 점에서 차별적이었다. 이들의 주장을 한마디로 요약해보면 단기 중심의 경영에서 벗어나 장기적 관점에서 미래를 준비해야 지속성장할 수 있다는 것이다.

숱한 위기를 견뎌내며 현재의 위상을 지켜온 기업들의 공통적인 특징은 현실을 직시하고, 앞을 내다보는 경영을 한 미래 준비형 기업이었다는 점이다. 미래 준비형 기업은 지속성장하고 위기에 강한 특징을 가지고 있다. 그런데 지속성장하고 위기에 강한 기업이 되기 위해서는 경영에 필요한 인프라가 갖춰져야 한다. 특히 경영시스템과 조직 문화 차원에서 지속성장과 위기에 강한 기업의 해법을 찾을 수 있다.

단기성과 중시 경영은 눈앞의 성과에만 급급하게 되어 장기적인 관점에서 앞을 내다보는 전략을 수립, 실행하는 것을 소홀하게 할 가능성이 높다. 따라서 미래 준비형 기업들이 추구하는 경영의 지향점과는 상반된다. 세계 Top의 지위를 유지하고 있는 기업들은 경영자의 단기 중시 경영에 대해 경계하고, 구성원들의 목소리와 도덕성을 강조한다. 금융위기 여파로 신용이 급격히 하락한 미국의 금융기관들은 내부 구성원들의 쓴 소리를 들으려 하지 않았다. 반면 지속적으로 성장하고 있는 시스코 시스템, 사우스 웨스트 에어라인, 코스트코(Costco) 등은 미래의 안목으로 경영할 수 있는 경영시스템이 뒷받침되었고 구성원들의 쓴 소리를 경영에 적극 반영해갔다.

코스트코는 과거 높은 임금을 받는 경영진들과 생산성 낮은 구성원들 때문에 주주와 애널리스트들의 불만이 끊이질 않았다. 하지만 CEO Sinegal은 이러한 불평을 지나치지 않고 경영에 즉각 반영해갔다. 우선 경영진의 급여수준을 낮추는 솔선수범의 자세를 보였다. Sinegal의 총 급여 수준은 경쟁기업의 CEO에 비해 낮았다. 그리고 장기적인 관점에서 현금보다는 주식 보상을 더욱 선호했다. 이와 같이 CEO부터 솔선수범하는 문화는 하부 조직 깊숙이 파고 들었다. CEO와 구성원들의 배려와 소통의 문화는 전 구성원이 고객에게 집중할 수 있는 원동력이 되었다. 조직원들이 현장 구석구석에서 얻은 생생한 정보는 경영진에게 정확하게 전달되었고, 이를 통해 고객 관점에서 정확한 의사결정을 신속하게 할 수 있었다. 그리고 철저하게 고객의 관점에서 매장 수, 제품과 서비스를 늘려갔다. 그 결과 고객에게 제공되는 서비스의 스피드는 향상되었고, 제품 믹스와 매출액 면에서 상당 수준 개선되었다. 그뿐 아니라 조직원들의 생산성도 향상되면서 종업원 1인당 매출액이 타겟, 월마트 등을 훨씬 앞서게 되었다. 코스트코의 이러한 고객 중심 경영은 어떠한 경영환경에서도 지속 성장할 수 있는 강력한 힘이 되고 있다.

기업들이 왜 단기성과에 더 많은 자원을 투입하는 것일까? 이는 산업혁명 이후 기업의 지배구조가 변화되는 과정으로 설명할 수 있다. 경영환경의 불확실성이 점점 커지고 소유자(owner) 경영 체제에서 전문 경영인 체제로 변화되면서 기업의 수명은 더욱 단축되고 있다. 그만큼 전문 경영인들은 장기 경영보다는 단기 중시 경영을 선호할 가능성이 높다는 것을 간접적으로 시사하는 것이다. 경영자의 단기 중시 경영 현상은 CEO의 평균 재임기간을 보더라도 쉽게 이해가 된다. 전문 경영인 체제의 확산으로 CEO 재임기간은 줄어들었다. 1990년 미국 기업의 CEO 평균 재임기간은 10.5년으로 10년을 넘었다. 하지만 최근에는 4.2년으로 절반 이하로 단축되었다. 이처럼 경영자 재임기간의 단축은 경영자의 단기 중시 경영을 더욱 부채질한다. 그 이유는 경영자는 재임기간 동안 성과 향상을 통한 보상 극대화를 꾀할 것이기 때문이다. 이런 상황에서 멀리 내다보는 경영을 기대하는 것은 현실적으로 많은 어려움이 있다.

3.2 한국기업 현황

미래 준비형 기업은 당장의 눈앞의 이익보다는 다가올 경영환경을 미리 예측하고, 고객의 관점에서 가치있는 제품을 끊임없이 개발하여 고객으로부터 지속적인 관심과 사랑을 받는다. 흔히 기업이 먼 안목의 장기 경영을 하는 지의 여부는 미래 기업가치 향상을 위해 얼마나 많은 자원을 투입하는가로 판단할 수 있다. 특히 미래를 위한 투자로서 R&D 비중, 인재 육성 차원에서의 교육훈련비, 그리고 보상 방식에서의 주식 보상 비중 등을 살펴보는 것은 하나의 척도가 될 수 있다. 특정 기업이 R&D 비중이 낮거나 교육 훈련비 비중이 낮으면 상대적으로 미래 준비 활동이 소홀하다고 할 수 있다. 한국기업의 R&D수준은 세계적인 수준이다. 2008년 비금융 상장기업의 매출액 대비 연구개발비 비중은 전체 2.0%로 스위스(4.2), 스웨덴(3.3), 핀란드(3.1), 일본(2.3), 독일(2.2)보다 낮지만 미국(1.5), 영국(1.0), 프랑스(1.5) 보다는 높은 수준이다. 이처럼 한국기업들의 양적인 R&D 수준은 세계적인 수준에 도달해 있다고 할 수 있다.

한국산업기술진흥협회가 국내 R&D투자 상위 300개사를 대상으로 내년도 연구개발 투자계획을 조사한 결과, 절반이 넘는 57.6%가 내년 R&D투자를 올해보다 확대할 계획인 것으로 나타났다. 그러나 45.7%의 기업은 여전히 R&D투자가 부족하다고 응답해, 여전히 R&D투자가 기업규모와 성장잠재력을 고려할 때 부족한 수준인 것으로 나타났다. 그리고 더욱 흥미로운 것은 R&D활동의 애로사항에 대해서는 중장기 연구과제에 대한 투자 곤란(55.0%)을 첫 번째로 꼽고 있다. 그리고 그 다음으로 R&D 결과의 사업화 곤란(35.7%)을 들고 있어 R&D 활동을 통한 멀리 내다보는 경영과 사업화로 이어지는 활동 과정에 많은 어려움이 있는 것으로 나타났다. 이처럼 투입된 R&D의 양적 성장에 비해 산출되는 사업화 성과는 다소 미흡한 것이 국내기업들이 안고 있는 현실이다. 특히 세계 상위 10대 특허 중 우리나라가 자체적으로 개발하여 보유하고 있는 특허 기술은 전무하다는 상황을 보더라도 우리만이 가질 수 있는 멀리 내다보는 시각은 부족한 것이 아닌가 싶다.

미래 준비를 잘 하는 기업들은 조직원들의 역량 개발을 위한 투자도 적극적으로 진행한다. 조직원들의 역량 개발을 통해서 신사업 발굴 및 운영 효율성 향상 등 생존의 해법을 찾을 수 있기 때문이다. 최근 대한 상공회의소에서 분석한 자료에 따르면 2007년 국내 기업들의 노동비용에서 교육훈련비가 차지하는 비중은 0.8%로 10년 전 외환위기 직후인 1998년의 1.2%에 비해 큰 폭으로 감소한 것으로 나타났다. 이는 몇 년간 경제상황이 악화되면서 경기변화에 민감한 교육훈련비를 손쉽게 줄인 것으로 판단된다. 하지만 이는 먼 안목을 지닌 장기 관점의 경영이라 할 수 없다. 조직원들의 역량은 무형자산으로서 미래 기업 환경에서 매우 중요한 요소가 되기 때문이다.

글로벌 기업들의 대부분은 현금보상보다는 주식보상을 선호하고 있다. 글로벌 기업들은 경영자들의 장기 경영 마인드를 유도하기 위해 주식 보상을 적극 활용하고 있다. 하지만 국내 기업들 가운데 주식보상을 실시하는 기업의 수는 극소수다. 국내기업의 주식보상 비중을 살펴보기 위해 2008년 매출액 기준 100대 기업을 분석해 보면, 보상을 실시한 기업 비중은 2004년 18% 수준에서 매년 감소하여 2008년 말에는 5% 수준에 불과한 것으로 나타났다. 하지만 또한 주식보상의 형대도 매우 다양하다. 다양한 주식 보상 방식 가운데 최근 들어 경영자의 장기 경영을 유도하기 위해 활용비중이 점차 늘어나고 있는 방식은 양도 제한 주식(restricted stock)이다. 양도 제한 주식은 경영진이 퇴임 후에 일정기간 동안 주식 양도를 제한하는 방식이다. 하지만 국내에서는 아직 활용되지 않고 있다.

우리 기업들은 R&D투자의 양적 수준을 제외하고 아직도 단기 중시 경영을 유도하는 성향이 큰 것으로 보인다. 국내기업들은 불확실성이 크고 급변하는 환경 속에서 미래를 준비하는 노력이 부족한 것은 아닌지 심각하게 고민해 봐야 한다.

지금 경영현장에는

"실패를 하고 다시 사업을 시작하기까지 10년 이상의 시간이 걸렸습니다."

"집을 짓기 위해서는 설계도가 필요하듯 사업을 할 때 사업계획서가 꼭 필요합니다. 매출 의지치, 근거없는 시장규모, 막연한 자금운영 계획은 피해야 합니다." (주)펍플 박종한 대표는 세 번째 법인을 설립하기 전 파산을 겪기도 하고 신용불량자가 된 적도 있다고 합니다. 창업시장에서 쓴한 고배를 마시면서도 자신만의 철학을 지킨 박종한 대표의 이야기를 K-스타트업에서 공유했습니다.

1. (주)펍플은 어떤 아이템을 창업 중인 기업인가요? ㈜펍플은 교과서, 교재 등을 디지털콘텐츠로 변환해주는 변환 툴과 뷰어를 제공하는 디지털콘텐츠 인쇄소라고 생각하시면 됩니다. PDF만 있으면 디지털교재를 자동으로 만들어주고 만들어진 콘텐츠를 바로 활용할 수 있는 뷰어까지 제공하기 때문에 제작비용과 시간을 획기적으로 절감시켜주는 국내최초의 벡터기반의 Epub3전자출판 솔루션입니다.

2. 펍플 서비스가 교육 유통 플랫폼을 전문으로 개발하는 기업과는 다른 경쟁력은 무엇인가요? 유통 플랫폼은 크게 생산, 유통, 소비 단계로 나누어지는데 저희는 그중에 생산과 소비에 필요한 솔루션을 공급하고 있습니다. 특히 저희 회사의 경우 규모는 작지만 원천기술 특허와 차별화된 핵심기술인 PDF(EPS) to EPUB3 벡터 변환기술과 벡터이미지텍스트 인식기술 보유하고 있습니다. 본 기술은 전자출판을 위한 혁신적인 기술로 인쇄용PDF(EPS)만 있으면 왜곡 없이 벡터방식의 전자책을 출판할 수 있습니다. 또한 변환된 벡터그래픽에 포함된 텍스트를 폰트처럼 인식하여 검색, 복사, 하이라이트 등이 가능하며 인쇄용 콘텐츠와 동일한 레이아웃을 유지하면서도 확대나 축소 시 깨지지 않아 가독성이 매우 우수합니다.

   그리고 별도의 퍼블리싱작업이 필요 없기 때문에 단행본의 경우 90% 이상 디지털교과서의 경우 20% 이상 제작비용도 절감할 수 있습니다.

   이와 같이 가독성을 개선하고 제작비용을 절감할 수 있는 벡터방식의 디지털출판솔루션이 SDPS1.0(Smart Digital Publishing Solution)은 자사가 보유한 차별화 특허기술입니다.

3. 창업에서 실패했지만 다시 재도전을 하셨는데요, 다시 사업을 시작하면서 이전창업과는 다르게 특별히 신경 쓰셨던 부분이 있다면? 지금 생각하면 이전창업은 실패할 수밖에 없었다고 생각합니다. 물론 여러 가지 원인이 있겠지만 제가 생각하는 가장 큰 실패요인은 사업계획 부재였다고 생각합니다. 집을 짓기 위해 설계도가 필요하듯 사업을 할 때 사업계획서가 꼭 필요합니다. 사업계획서에는 매출 의지치, 근거없는 시장규모, 막연한 자금운영 계획은 피해야 합니다. 정확한 시장규모와 예상매출 그리고 1년 이상의 자금계획이 있어야 하고 본인이 세운 목표는 1년 단위로 최소 80% 수준 이상은 달성 가능해야 합니다. 시장을 예측하지 못하고 자금계획을 장기적으로 세울 수 없다는 이

야기는 그 사장에 대해 모른다는 이야기와 같습니다. 잘 알고 있어도 성공하기 힘든 시장에서 사업 계획 없이 한다는 건 정말 어려운 일입니다. 그래서 저도 다시 창업을 하면서 특별히 신경쓴 부분도 사업계획서 부분이었습니다.

4. 재창업을 꿈꾸는 지인에게 재도전 성공패키지 지원사업을 추천한다면 그 이유는 무엇일까요? 저는 특히 시제품 개발지원금과 멘토링지원부분에 많은 도움을 받았습니다. 창업을 시작하면서 금전적인 지원뿐만 아니라 각 분야의 전문가를 활용한 멘토링을 통해 필요한 정보를 1:1맞춤형으로 제공받아 사업의 성공률을 높여주고 위험요소를 사전에 찾아내어 예방할 수 있습니다. 재도전 성공패키지 사업은 재창업을 준비하는 대표님들께는 꼭 추천을 드리고 싶습니다. 시제품개발자금 외에도 사업적으로 궁궁한 부분이 많은데 1:1멘토링을 지원받아 필요한 분야의 전문가컨설팅을 활용하면 사업에 많은 도움이 됩니다.

5. 재창업 성공패키지 지원사업 이후 펍플의 매출액과 성과가 궁금합니다. 성공패키지 지원사업 선정전에는 매출 1억5천에 직원이 3명으로 시작하여 지금은 계약직포함 직원도 4배 매출도 4배 이상 늘었습니다. 가장 큰 성과는 올해 4월에 용역사업이 아닌 저희솔루션을 동아출판사에 공급계약을 1차밴더로 체결했다는 것입니다. 올해 3월까지만 해도 2차, 3차 밴더로 납품을 했는데 원천기술을 보유하고 고객사와 바로계약을 하고 우리 회사 제품이름으로 공급을 한다는 겁니다. 현재 국내 Epub3콘텐츠 제작은 3위 정도에 불과하지만 올해 연말까지 R&D를 하여 내년에 2.0버전이 나오면 현재 이야기되고 있는 대형 출판사들도 시장반응이 좋아 국내시장에서 1위를 선점할 수 있을 것으로 예상됩니다. 2018년 국내시장선점 후 2019년부터는 해외 국제도서전에 참가하여 해외시장으로 사업을 확대할 예정입니다.

저도 실패를 하고 다시 사업을 시작하기까지 10년 이상의 시간이 걸렸습니다. 사업을 다시 한다는 건 힘든 일이지만 실패의 경험이 쌓여 성공에 좀더 가까이 다가갈 수 있을 거라고 생각합니다. 그리고 정부도 성실하게 사업을 하다가 실패한 분들의 재기를 돕기 위해 많은 제도를 만들어 지원하고 있으니 창업하실 때 자신에게 맞는 창업지원 정책들을 꼭 찾아보시고 활용해 보도록 하세요. 도전하지 않으면 실패도 성공도 없습니다.

자료: K-Start Up, 2017.6.30

제 4 절

이해관계자 측면에서의 성과

4.1 고객만족

비행기를 타고 출장이나 여행을 자주 다니는 사람들이 공통적으로 느끼는 게 한 가지 있다. 똑같은 보잉 747을 타고 태평양을 횡단해도 항공사에 따라 마치 다른 비행기를 타는 듯한 기분이 든다는 점이다.

중국항공보다는 싱가포르항공을 선호하는 승객들이 절대적으로 많은 것도 따지고 보면 그 같은 기분의 차이에 기인한다. 두 항공사는 태평양 횡단노선에 같은 기종의 항공기를 띄운다. 회사 내에서 손꼽히는 유능한 조종사와 여러 외국어를 구사할 줄 아는 여승무원을 배치한다는 점도 똑같다. 기내 좌석배치도 비슷하다. 기내음식은 아예 같은 식음료회사 제품을 쓴다. 외견상 다를 게 없다. 그런데도 싱가포르항공이 중국항공과 차별화되는 이유는 무엇인가. 답은 간단하다. 서비스 품질의 차이이다.

싱가포르항공은 고객만족에 초점을 둔 사업전략을 펴 자사에 대한 고객들의 인지도를 높임으로써 차별화에 성공한 것이다.

고객만족(customer satisfaction: CS)이란 기업이 고객의 욕구를 이해하고 그들의 욕구를 채워줄 수 있는 상품과 서비스를 제공하는 것을 말한다. 즉, 고객만족이란 고객이 기대하는 것보다 고객이 실지로 경험한 것이 더 클 때 고객이 느끼는 것이라 할 수 있다.

고객만족은 몇 가지 주요 요소가 제대로 실행될 때 성과를 발휘한다.

첫째, 일관된 품질과 기술혁신이 이뤄져야 한다.

둘째, 경제성에 입각해 고객의 요구를 만족시켜야 한다.

셋째, 마케팅과 영업에 주안점을 둬야 한다.

넷째, 고객에게 차별화된 고객서비스를 제공할 수 있어야 한다.

다섯째, 고객에게 친숙한 기업이미지를 심어줘야 한다.

고객만족이란 단순히 애프터서비스를 잘하는 것을 의미하지 않는다. 또 고객서비스 부서에 걸려오는 전화에 신속히 응대한다고 해서 고객만족이 이루어졌다고 볼 수도 없다. 직원들에게 친절교육이나 예절교육을 시키는 것이 고객만족을 앞당기는 것은 더욱 아니다. 진정한 고객만족은 기업조직을 고객과 시장중심으로 재편할 때 달성된다고 할 수 있다.

고객을 위한 가치를 창출해 낼 수 있도록 업무프로세스 조직 전략 등을 제대로 조화시켜야 한다는 얘기다. 이 같은 조화는 또 기업의 전 분야에 걸쳐 이루어져야 한다. 매우 힘들고 도전적인 작업일 수밖에 없다.

우리나라는 그동안 '만들면 팔린다'는 식의 생산 위주의 경제가 지배를 해왔다. 수출중심의 경제성장에 치중하다보니 우리나라의 소비자들은 수출품보다 품질이 낮은 내수용 제품을 구입해야만 하는 경우가 잦았다. 또 내수용으로는 아예 만들지 않는 제품도 상당수에 달했다.

그러나 이 같은 시대는 지나갔다. 생산자중심의 경제는 우리나라에서도 더 이상 설자리가 없어졌다. 소비자 중심의 경세, 즉 '고객없이 사업없다' 시대가 본격 도래한 것이다. 서비스업이 한국의 산업에서 3분의 2를 차지하고 있고 2010년까지 70%에 이를 것이라고 한다. 또 2010년에는 한국의 1인당 GDP(국내총생산)가 2만 달러로 지금의 2배 이상 성장할 것이라는 전망이다. 이렇듯 경제력이 신장되고 개방이 가속화됨에 따라 한국의 소비자들은 제품 및 서비스업체들에 더 많은 것을 요구하게 될 것이다.

고객만족 프로그램은 다양한 차원에서 개발돼야 하며 고객지원 부서만이 아니라 전사적으로 실행돼야 만족할 만한 성과를 거둘 수 있다. 고객만족에는 전략, 프로세스 및 조직의 연계, 서비스 실행이라는 세 가지 주요 측면이 있다.

우선 고객을 위한 가치창출의 방법을 결정하는 전략을 세워야 한다. 이를 위해선 제품, 서비스, 고객 세분화, 경쟁적 우위, 브랜드 이미지, 출시까지의 채널, 마케팅전략 등을 구체적으로 결정해야 된다.

다음은 고객만족 전략을 기업의 조직관리 및 업무프로세스와 어떻게 연결시키는가 하는 문제이다. 기업의 조직관리 및 업무프로세스는 CS 프로그램을 지원해야 된다는 의미다. 비즈니스리엔지니어링(BPR) 같은 개념이 적용되는 단계가 바로 이 부분이다. 이 단계에서는 성과측정, 보상·동기부여, 교육, 범사업부적 조직연계 등이 CS 전략을 뒷받침할 수 있도록 전환돼야 한다.

마지막으로 서비스를 실행하는 단계인데 여기에는 주문관리 및 처리, 생산 및 유통 계획, 재고관리, 시설관리, 애프터서비스, 고객불만사항 접수 및 핫라인 시스템 등이 있다.

CS 프로그램을 수행하는 데는 다음의 7가지 단계를 거쳐야 한다.

1단계 방향을 설정하는 단계다. 이 단계에서는 현재 추진중인 사업을 바탕으로 기업의 비전을 설정해야 한다. 또 고객만족에 대한 공감대가 형성돼야 한다.

2단계 정보수집 단계로 경쟁사의 능력과 고객의 요구사항을 정확히 파악하는 동시에 자사의 능력을 냉정히 측정하는 단계이다.

3단계 분석단계로 설문조사나 자료 등을 수집·분석함으로써 새로운 아이디어를 창출하고 경쟁적 우위를 획득할 수 있는 부분을 찾아내는 것이다. 비교분석 후 차별화가 가능한 부분을 선정하는 것이다.

4단계 비전의 재정립 단계이다. 비전의 일관성을 검토하고 필요시 비전 및 전략을 재정립해야 된다.

5단계 고객만족 마음가짐을 구축하는 단계이다. 고객만족을 위한 목표와 대상을 설정하고 이를 바탕으로 성과를 측정할 수 있는 도구를 마련해야 된다. 그리고 고객만족 목표에 맞지 않는 업무프로세스를 찾아내 재정비해야 된다.

6단계 고객만족에의 헌신이다. 구체적인 실행계획을 개발하고 내·외부 커뮤니케이션을 활성화해야 된다.

7단계 마지막 단계로 고객만족 프로그램을 실행하는 단계이다.

고객만족의 개념은 새로운 것이 아니다. 단지 힘든 점은 고객만족 프로그램을 제대로 실행하기 어렵다는 것이다. 공급자 위주의 시장에서 소비자 위주의 시장으로 변하고 있는 지금 고객가치를 극대화할 수 있는 제품이나 서비스를 보다 빨리 제공하는 기업만이 궁극적인 승자가 될 것이다.

이와 같은 고객만족을 창출하기 위하여 기업은 기업 내의 구성원 모두가 고객만족을 지향하는 기업문화를 조성해야 하며, 그 어느 때보다 고객에 대하여 한층 더 민감해야 할 뿐만 아니라, 고객만족을 유지하는 데 보다 뛰어나 역량을 갖추어야 할 섯이다. 오늘날 시장에서 성장하고자 하는 기업은 고객의 제품이나 서비스에 대한 기대감, 고객이 지각하는 제품이나 서비스의 실제성능, 고객만족 등에 대하여 자신의 회사는 물론 경쟁업체들을 끊임없이 추적, 분석하여야 할 것이다. 그리고 고객중심적인 기업에 있어 고객만족은 목표인 동시에 도구라 할 수 있다.

비록 고객중심적 회사가 높은 수준의 고객만족을 창출하는 데 주력한다 할지라도 이는 모든 것을 희생하면서 고객만족을 최대화시키는 것이 결코 아님을 유의할 필요가 있다. 기업은 회사자원의 범위 내에서 구성원들에게 최소한 수용가능한 수준이 만족을 주면서, 높은 수준의 고객민족을 추구하는 철학이 필요하다.

기업들이 경쟁에서 살아남기 위해선 기존의 사업관행을 근본적으로 바꾸는 일 외에 달리 선택의 여지가 없다. 변신에 성공하는 기업만이 미래시장의 리더가 된다. 그렇지 못한 기업은 지속적인 변화 속에서 선두주자의 뒷꽁무니만 따라 다니고 결국 경쟁에서 도태될 것이다.

지금 경영현장에는

부의 추월이 일어나는 파괴적 혁신

#1. 공룡과 마찬가지로, 한때 비즈니스 세계를 지배했던 거대 기업들은 시장조건이 자신들에게 우호적이던 시대에 성장했다. 시어스, 블록버스터, 모토로라도 경쟁자들을 깔아뭉개던 시절이 있었고, 폴라로이드와 타워레코드도 한때는 혁신가라는 찬사를 들었다. 그러나 이들 기업이 시장지배자가 되는 데 이바지한 바로 그 요소들이 미래의 기회를 보는 측면에서는 근시안적인 시각을 만들어냈다. 각 기업은 자신들이 시장에 도입한 그 혁신이 '진보라는 끝없는 여정의 중간에 있는 이정표 하나'가 아니라 '발전의 최종상태' 라고 생각했다.

#2. 폴라로이드의 즉석 사진은 필름 사진보다는 더 빠르고 발전된 형태였지만 디지털과는 비교가 되지 않았다. 타워레코드는 다량의 음반을 보유한 대형 레코드가게라는 개념을 도입했지만 아이튠즈 같은 디지털 서비스만큼 풍부하고 끝없는 음악 리스트를 보유할 수는 없었다. 대부분의 CEO는 미래를 현재의 연장선이라고 생각하지, 끝없이 진화하는 '정글'이라고는 생각하지 않는다.

#3. 2007년 마이크로소프트의 CEO 스티브 발머(Steve Ballmer)는 아이폰에 관해 이렇게 말한 것으로 유명하다. "세상에서 제일 비싼 전화기이면서 비즈니스 고객에게는 별 매력이 없는 제품이다. 키보드가 없어서 이메일을 보내기에 적절치 않다." 그는 소비자들이 연간 수천억 개의 모바일 앱을 다운로드받는 세상을 결코 그려보지 못했을 것이다. 또한 유튜브가 파괴적 혁신을 일으킨 세상도 그려보지 못했을 것이다. 아이폰을 비웃는 그의 영상을 150만 명이 아이폰으로 구경하는 세상말이다. 「퍼펙트 이노베이션」의 공동 저자 비제이 고빈다라잔(Vijay Govindarajan)에 따르면 기업의 성공을 가로막는 전형적인 함정 세 가지가 있다고 한다. 첫 번째는 자원의 함정이다. 기업들은 새로운 기회는 무시하면서 구닥다리 시스템에 과도한 투자를 한다. 두 번째는 경영진의 심리적 함정이다. 경영계획을 수립하는 주기가 워낙 길다 보니 과거의 성공에 핵심적인 역할을 했던 것이 아니면 하찮게 본다. 기업의 경영계획이야말로 뭐가 놓여 있을지 모르는 앞날을 준비하는 대신 지나간 전쟁만 반복하는 장군들의 행동과 같다. 마지막 함정은 진화하는 미래를 생각하며 계획을 세우지 못하는 것이다.

#4. 코닥의 사례가 바로 그런 경영계획의 함정을 잘 보여준다. 코닥은 경영진과 연구센터, 제조 부문을 모두 한 도시에 모아놓고 더 큰 공장을 짓는 데만 열중했다. 1932년에 설립자였던 조지 이스트먼(George Eastman)이 죽은 이후, 후임 책임자들은 하나같이 사내에서 승진한 사람들이었다. 코닥은 언제나 다른 필름 제조사들에 견주어 자신들의 성공을 쟀다. 정점이었을 때 코닥은 로체스터에 있는 민간 부문 노동력의 40퍼센트를 고용했다. 그러나 최고위 경영진에서 외부 영입이 전혀 없다 보니, 디지털 사진기술로 이행하는 일을 하찮은 것으로 치부했고, 언젠가는 끝이 날 일종의 프로젝트로 여겼다. 코닥에서 디지털기술팀으로 배치된다는 것은 커리어상 자살행위와 같은 말이었다.

코닥의 경영진은 다른 제조사들과 파트너십을 구축해 새로운 디지털 생태계를 만들어내는 데 실패했다. 코닥은 사진의 미래를 장악할 만한 브랜드 네임과 마케팅 예산을 갖고 있었고, 시장점유율도 지배적이었다. 그러나 자신들의 제품에만 매달려 그 외 혁신의 중심에서 지리적으로 고립돼 결국 처참하게 실패했다. 2012년 코닥은 124년간 영위해온 사업을 뒤로하고 파산보호 신청을 했다.

#5. 한때는 소비자 가전제품 분야에서 세계 1위였던 소니도 디지털 콘텐츠 유통시대를 맞아 새로운 생태계를 구축해야 했다. 소니의 각 사업부는 저마다의 시장에서 독특한 제품을 만드는 데 익숙했다. 컴퓨터, 휴대용 오디오, 텔레비전, 게임기 같은 것들 말이다. 그러나 이제는 디지털 콘텐츠가 유통되면서 이런 개별 기기들이 모두 상호 통신할 수 있어야 했다. 경영자들은 부서 간에 담을 쌓고 제 밥그릇 챙기기에만 급급했는데, 그들이 못해낸 일을 기기들이 서로 해내기를 바랄 수는 없는 노릇이었다. 그들은 다들 대학을 졸업하자마자 소니에 입사하여 평생을 소니에서만 일해온 사람들이었다. 그들은 자신의 경쟁자가 같은 도시에 있는 도시바, 파나소닉, 산요, 후지쓰, 미쓰비시라고 생각했던 것이다. 소비자가 미디어를 찾아내고 구매하고 소비하는 방식에 파괴적 혁신을 일으키고 있던 애플이나 구글, 아마존 등은 안중에도 없었다.

#6. 하워드 스트링어(Howard Stringer) 경은 이 모든 것을 바꾸려고 나를 소니로 데려왔다. 다시 한 번 나는 사내 기업가로서 소니가 디지털시대에 경쟁할 수 있도록 부서간 벽을 허물고 플랫폼을 오가는 디지털 생태계를 구축하는 임무를 부여받았다. 나는 디지털 음악·영화·게임·책 서비스를 새로 출시하고, 여러 제조 사업부와 협업해 전자상거래를 지원하는 하드웨어를 만드는 책임을 졌다. 소니의 글로벌 경영진은 내게 절대적인 지지를 보내줬지만, 소니는 분야에 따라 천 갈래로 나뉘어 있어 이미 죽은 목숨이나 마찬가지였다. 예컨대 수십 년간 휴대용 오디오 부문에서 1위를 지켜온 워크맨 사업부에 애플의 아이팟과 경쟁할 수 있는 하드 드라이브 장착제품을 만들자고 해봤지만, 단칼에 거절당했다. 그러면서 그들은 이미 실패로 판명 난 미니디스크 제품을 미국에 재도입하겠다고 우겼다. 플레이스테이션 사업부는 최첨단 휴대용 기기인 PSP 게임기를 보유하고 있으면서도 기기 안에 디지털 영화나 음악은 넣고 싶지 않다고 했다.

#7. 그런 콘텐츠가 비디오게임의 수입을 잠식할지도 모른다고 생각했었던 것이다. 소니픽처스는 인터넷에서 자사 영화에 대한 통제권을 포기하려 하지 않았고, 경쟁관계의 디지털 서비스 때문에 로비를 했다. 전자책 사업부는 출판사들의 지원도 등에 없지 못한 채 하드웨어를 출시하겠다고 했다. 나는 소니 사람들에게 변화하는 비즈니스 지형에 관해 설명해주려고 무진 애를 썼으나 아무 소득도 없었다. 나는 종종 일본 국기가 무슨 그림인지 알 것 같다고 농담을 했다. "제가 벽에다 이마를 찧고 있는 그림이죠." 도쿄에서 나는 고빈다라잔의 말을 실감했다. "비즈니스 조직은 혁신하기 좋게 만들어져 있지 않다. 효율성을 극대화하도록 만들어져 있다." 대다수의 대기업에서 고위 경영진은 똑같은 것을 더 많이 해냈을 때 보상을 받는다. 기업 리더가 항로를 크게 벗어나는 모험을 감행할 때는 자신의 커리어가 끝날 위험까지도 감수해야 한다.

자료: 제이 새밋, 부의 추월이 일어나는 파괴적 혁신, 한국경제신문

4.2 종업원만족

'종업원 만족없이 고객만족은 없다'라는 말을 종종 듣는다. 이는 기업에서 종업원은 직접 고객을 접하기 때문이다.

토요타 자동차에서도 고객만족의 기본 전제는 종업원 만족(employee satisfaction)이라고 강조한다. 스스로 만족하는 종업원이 고객을 만족시킬 수 있으며 친절도 자연스럽게 고객에게 전달된다는 것이다. 일방적으로 고객만족을 강요하여 종업원이 불만을 느낄 때 진정한 의미의 고객만족은 불가능하다.

예를 들어 고객을 만족시키기 위해서 근무시간이 8시간에서 11시간으로 늘어나 부담으로만 느껴지면 어느 종업원도 고객만족을 실천하지 않을 것이다. 소위 WIIFM(What's In It For Me?: 내게 무슨 도움이 되는가?)이라는 질문에 대한 답을 종업원들이 이해하고 받아들여야 종업원의 자발적 참여를 통해 고객만족이 가능한 것이다. 삼성 에버랜드의 '칭찬조회'나 두산건설의 '좋은 음성 메시지 남겨놓기 운동' 등은 종업원들에게 작은 기쁨을 만들어 줌으로써 진정한 고객만족을 시작하려는 예라고 할 수 있다.

경영자의 입장에서 매일매일 대하는 종업원이 고객이 될 수도 있다. 경영자는 막상 최종소비자와 거래를 하거나 제품생산의 일부에 참여하기보다는 종업원들을 지휘하고 통제하는 활동에 대부분의 시간을 보내기 때문이다. 따라서 기

그림 11-5 고객만족의 순환과정

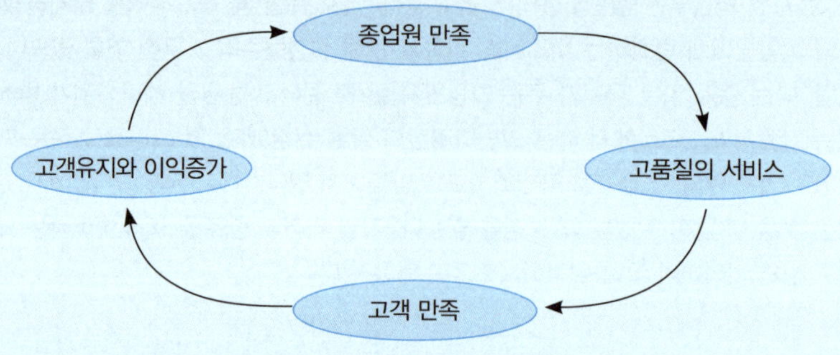

업이 높은 경영성과를 내려면 최종소비자에게는 물론 종업원에게도 따뜻한 배려와 너그러운 마음씨를 한껏 베풀어야 한다.

경영자는 종업원들을 같은 배를 탄 내 가족으로 여기고 그들과 공동운명체라는 생각으로 서로간의 정을 나누는 데 소홀해서는 안 된다. 그래서 최근에는 기업경영을 잘하는 필수적인 요건의 하나로 '종업원을 가족처럼 대하라'고 강조하고 있다.

하지만 기업을 경영하는 많은 사람들을 둘러봐도 그렇고, 사람들의 얘기를 들어봐도 이것을 실천하는 사람은 그리 많지 않은 것 같다. 대기업의 경우도 크게 틀리지 않는다. 특히 평판이 나쁜 기업을 유심히 관찰해 보면 경영자의 이중성을 어렵지 않게 발견할 수 있다.

최종소비자인 고객에게는 온갖 친절과 서비스를 다하면서도 종업원들에게는 인색하거나 인간적으로 대하지 않고 있는 것이다. 그런 기업의 종업원이 고객에게 친절할 리가 없으며, 또 그들의 입을 통해 그 기업의 나쁜 점이 밖으로 새어나가 평판이 나빠질 수도 있다. 따라서 기업을 경영하는 경영자는 종업원도 고객이라고 생각하고 가족처럼, 최종소비자처럼 대해야 할 것이다.

표 11-1 종업원만족의 유형

종업원만족 분야	내 용
일에 대한 만족도	• 지금하는 일이 자신을 성장시켜 주는가? • 자유재량의 폭이 넓은가? • 고객이나 타부서 사람에게 공헌하고 있는가?
직장에 대한 만족도	• 상사와의 의사소통은 잘 이루어지고 있는가? • 동료들과의 의사소통은 잘 되는가? • 결정된 일은 모두 수행하려는 결속력이 있나?
인사에 대한 만족도	• 인사평가의 처우는 공정하다고 생각하는가? • 실패를 비난하지 않고 재도전하게 해주는가? • 개인의 성장을 지원해 주는가?
근로조건에 대한 만족도	• 복리후생은 충실하게 되어 있는가? • 소득수준은 일에 비해 합당한가? • 근무조건은 납득할 만한가?
회사에 대한 만족도	• 경영자세에 공감할 수 있는가? • 이 회사를 다니는 데 자부심을 가지고 있는가? • 지역사회에의 공헌 등 좋은 이미지를 가지고 있는가?

지금 경영현장에는

통계로 본 창업생태계 제2라운드 연구

한국의 창업소요기간은 4일이다(세계은행). 10년 전만 해도 22일(세계 116위)이던 창업절차가 초고속으로 이뤄지며 창업붐은 사상최대를 기록 중이다. 하지만 창립 3주년을 넘기는 기업은 38%에 그친다. 민간투자를 받아 새로운 도전에 나서기도, 판로확보도 어렵기 때문이다. 이른바 '창업꽃길 지나니 성장흙길'이다. 대한상공회의소는 16일 '통계로 본 창업생태계 제2라운드' 보고서를 통해 "지난 10년간 초고속 창업절차, 진입규제 완화 등에 힘입어 '3만 벤처시대'가 열리는 등 창업 1라운드는 성공을 거뒀다"며 "하지만 벤처투자 생태계 미비, 판로난 등으로 창업기업의 62%는 3년을 못버티는 것으로 나타났다"고 평가했다. 실제로 지난 10년간 창업장벽은 크게 낮아졌다. 세계은행의 국가별 기업환경보고서에 따르면(2006년~2016년 기준), 창업 등록단계는 12단계에서 2단계로 축소됐고, 소요시간은 22일에서 4일로 줄었다. 스타트업 천국 미국의 5.6일도 앞질렀다. 우리나라 창업부문 경쟁력 순위도 116위(175개국 대상)에서 11위(190개국)까지 껑충 뛰었다. 이 같은 창업지원 인프라에 힘입어 벤처기업 수는 사상최대치인 3만 개를 넘어섰다. 하지만 창업 3주년을 넘기는 기업은 전체의 38%에 불과했다. 10곳 중 6곳 이상의 창업기업이 다음 라운드에 오르지 못한 채 좌절하는 셈이다. OECD 비교에서도 스웨덴(75%), 영국(59%), 미국(58%), 프랑스(54%), 독일(52%) 등에 크게 뒤처져 조사대상 26개국 중 25위를 기록했다.

2라운드 진입의 장벽은 '민간중심 벤처투자 생태계 미비', '판로난'이었다. 실제로 민간 벤처투자를 나타내는 '엔젤투자'규모는 2014년 기준 834억원으로 미국(25조원)의 0.3%에 그쳤는데 이에는 투자금 회수환경이 불리한 점이 주된 요인으로 분석됐다. 보고서는 "미국 나스닥 상장에는 6.7년 걸리지만 한국 코스닥 상장에는 평균 13년이 걸린다"며 "법인사업자의 80% 이상이 10년 안에 문 닫는 상황에서 13년 후를 기대하며 자금을 대는 투자자를 찾기 힘들 수밖에 없다"고 말했다. 또 벤처기업은 일반적으로 기술역량은 높지만 제조역량과 마케팅역량이 낮다. 그래서 선진국에서는 기술상용화 가능성만으로 창업한 후 시장출시를 전후해 대기업 등에게 지분을 매각하는 방식으로 투자자금을 조기회수하는 것이 일반적이다. 그런데 이러한 M&A를 통한 자금 회수비중이 유럽에선 51%에 달하지만 우리는 1.3%에 불과하다. M&A 거래규모도 한국은 875억 달러로 미국의 1/22에 불과하다.

신현한 연세대 교수(대한상의 자문위원)도 "미국의 경우 대기업이나 벤처캐피탈 등으로부터 민간투자를 받은 벤처기업들이 더 혁신적이라는 연구가 있다"며 "국내 대기업이나 해외 다국적기업의 투자를 통해 민간자본에 대한 접근성을 높여야 성장에 필요한 자원이 지속적으로 공급되어 보다 성공적인 벤처가 나올 것"이라고 조언했다. 해외에서 본 한국벤처의 투자매력도 역시 낮은 수준이다. 전 세계 '벤처시장 매력도'를 발표하는 스페인 나바다 경영대학원이 M&A시장, 금융시장 성숙도 등으로 벤처투자 매력도를 평가한 결과에 따르면 한국은 미국의 80% 수준에 불과했다.

전국적인 유통망이나 해외수출경험 부족도 문제다. 실제로 벤처기업의 65.6%가 국내판로 개척에 어려움을 겪고 있다고 응답했고 74.9%는 '해외에 수출하지 않는다'고 말했다. 〈벤처기업 실태조사〉 송

의영 서강대 교수(대한상의 자문위원)는 "기업가정신을 꽃피우려면 창업 자체만 촉진하는 방식보다 시장에서 끊임없이 가치를 창출해내는 기업들을 다수 육성하는 것이 더 효과적이다"며 "정부정책방향을 이제 스타트업(start-up)에서 스케일업(scale-up)으로 레벨업할 때"라고 말했다. 판로개척뿐 아니라 IPO 규제 간소화, M&A 활성화 등 선진적인 민간 투자환경을 구축해야 한다는 것이다. 이동근 대한상의 상근부회장은 "창업 소요시간이 여권 발급시간보다 빠를 정도로 창업환경이 개선돼 기술력 높은 혁신벤처들이 시장에 쏟아져 나오고 있다"며 "대기업은 M&A를 통해 미래 신기술·신제품을 수혈받고, 벤처기업은 민간투자를 바탕으로 새로운 사업에 도전할 수 있는 대기업-창업기업 상생의 혁신 생태계가 시급하다"고 말했다.

자료: 대한상의, 2017.2.21

4.3 주주만족

주식회사의 경우 기업의 가치가 주식시장에서 주식가격으로 평가되는 상황에서 주주가 최고의 고객이라는 생각을 경영이념으로 구체화할 만큼 주주중심의 경영체제를 구축하는 것이 중요하다. 최근 들어 많은 기업들이 원만한 투자자관계(investor relations: IR)를 통해 미래전망에 대한 포괄적인 정보를 투자자에게 제공함으로써 주주이익과 경영투명성을 높여 기업의 자본조달을 원활하게 하고 있다.

이렇게 주주는 기업이 자본을 조달할 수 있도록 하는 창구로서 기업에 있어서는 그 역할이 매우 중요하다. 따라서 기업은 단순히 최종소비자만을 고객으로 볼 것이 아니라 자본을 조달하는 창구인 주주도 고객으로 볼 필요가 있으며 주주만족을 위하여 노력해야 한다.

기업이 주주로부터 자본을 조달하기 위해서는 주주에게 신뢰감을 형성하도록 하고 정확한 정보를 전달하는 것이 무엇보다 필요하다. 기업은 어떤 면에서 소비자와 투자자인 주주의 신뢰를 먹고 산다고 해도 과언이 아니다.

따라서 경영자는 주주를 가장 중요한 고객으로 보고 주주의 입장에서 경영활동을 수행함으로써 주주에게 이익이 돌아갈 수 있도록 함으로써 주주를 만족시키도록 해야 할 것이다. 우호적인 주주집단을 형성하고 이를 바탕으로 기업이미지를 높여 적절한 자본조달을 위한 환경을 만든다면 그 기업은 지속적인 성장과 발전을 이룰 수 있는 토대를 마련하는 것이다.

Exploring INTERNET

매일경제신문에서는 매분기마다 한국소비자만족지수(KCSI)를 개발하여 발표하고 있다. 미국에서도 미국소비자만족지수를 미시간대학교 포넬 교수가 개발하여 발표하고 있다. '고객만족의 모든 것'(www.csnet.co.kr) 사이트에 들어가 KCSI가 어떻게 개발되었는지 또한 어떤 기업들이 높은 지수를 받았는지 살펴보시오. 또한 미시간 대학교(www.bus.umich.edu/research/nqrc) 사이트에 들어가 미국소비자만족지수(ACSI)에 대하여 알아보고 토론해 봅시다.

지금 경영현장에는

패션 브랜드 디젤의 창업자이자 CEO 렌초 로소(Renzo Rosso)

한낱 청바지 제작자에 불과했던 그를 성공적인 CEO로 만든 원동력은 바보스러우리만치 무모한 도전과 실험이었다. 1985년에는 일부러 청바지를 두들겨 망가뜨린뒤 경쟁 업체보다 훨씬 비싼 가격에 판매하기도 했고, 1990년대 초 동성애 코드를 담은 광고를 만들어 뜨거운 논쟁을 일으키기도 했다. 그뿐 아니라 1996년 청바지의 본고장 미국에 진출할 때는 뉴욕의 대형 리바이스 매장 바로 앞에 디젤 매장을 세우며 도전장을 내미는 등 언뜻 보기에 도무지 성공 가능성이 없어 보이는 모험을 이어갔다. 당시에는 모두가 바보 같은 짓이라며 손가락질했지만 결국 이런 시도들이 디젤을 세상에서 가장 혁신적이고 크리에이티브한 패션브랜드로 성장시켰다. 최근 자신의 인생관을 담은 책 「바보가 되라(*Be Stupid*)」를 발간하고 한국을 찾은 렌초 로소를 통해 그를 성공으로 이끈 '바보 전략'과 철학에 대해 들었다.

"열정과 호기심, 긍정적인 마음이 똑똑한 바보를 만든다." 청바지 제작자였던 당신이 글로벌 브랜드의 경영인으로 성공할 수 있었던 비결은 무엇인가?

이탈리아 북동부 몰베나(Molvena)에서 지역 의류 제조업자들과 함께 지니어스(Genious) 그룹을 설립한 것이 1978년이었다. 당시 유럽은 물론 미국과 일본 등 세계 여러 나라를 여행했는데 그때의 경험이 회사를 운영하는 데 많은 도움이 됐다. 요새는 글로벌이라는 단어가 흔해졌지만 1970~80년대만 하더라도 전 세계를 여행한다는 것은 매우 드문 일이었다. 여행을 통해 글로벌한 감각을 기른 것이 경영인으로 성공하는 데 좋은 토양이 됐다. 이와 더불어 다른 사람들과 많이 교류하고 그들의 장점을 배웠다는 것 역시 성공 비결이다.

디젤 본사는 설립 이후 지금까지 베네토(Veneto) 주 바사노델그라파(Bassano del Grappa) 근교에 있는 것으로 알고 있다. 이 지역을 고집하는 이유가 있나? 나는 이 지역에서 성장하고 공부했으며 첫 직장도 얻었다. 그만큼 나와 특별한 인연이 있는 곳이다. 하지만 회사를 이곳에 두는 이유가 단지 나를 위해서만은 아니다. 물론 본사를 대도시나 해외 유명 도심지에 둔다면 새로운 동업자를 구하거나 중요한 미팅을 성사시키는 것이 한층 수월할지도 모른다. 그러나 근면 성실하고 낯선 이에게도 친절하게 대하는 바사노의 친근하고 평화로운 분위기는 디젤의 창의력을 고취시키고 공동체 정신을 형성하는 데 도움을 준다. 디젤은 지난 수 년간 이 작은 도시를 변화시키고 있다. 이제 바사노는 다양한 인재와 스타일리시한 사람들로 넘쳐나는 지역으로 변했다.

1, 2, 3 바보가 되라

2010년부터 선보인 디젤의 캠페인 광고. 과감한 도전과 실패를 두려워하지 않는 창조적 바보가 되라는 메시지로 2010년 칸 국제 광고제와 원쇼 광고제 옥외 부문에서 각각 그랑프리와 금상을 수상했다. 선정성 논란에 휩싸이며 영국에서 옥외광고 금지처분을 받아 더 유명해졌다. 디젤 하면 가장 먼저 떠오르는 것이 파격적인 광고 캠페인과 슬로건이다. 특별히 1992년 선보인 '두 수병의 키스'는 당시 많은 화제와 논란을 일으켰다.

지금은 동성애에 대한 인식이 상당 부분 개선됐지만 그 광고를 만들 때만 하더라도 게이 커뮤니티를 사회에서 배척하고 격리하는 분위기가 만연했다. 디젤은 성적 소수자를 포용하고 사회의 일원으로 받아들여야 한다는 생각으로 이 캠페인을 벌였다. 논란의 여부를 떠나서 '두 수병의 키스'는 미학적으로 봤을 때 매우 아름답고 완성도 있는 작품이다. 지금은 세계적인 사진가가 된 데이비드 라샤펠(David Lachapelle)이 이 프로젝트에 참여했는데 당시만 하더라도 그가 지금처럼 유명하지는 않았다. 나는 유명인보다 잠재력을 지닌 새로운 사람들과 일하는 것을 선호한다. 우리 두 사람 모두에게 이 광고를 함께 만든 경험은 매우 즐거운 추억으로 남아 있다.

'바보가 되라(Be stupid)' 캠페인은 어떻게 탄생하게 됐나?

'바보가 되라'는 내 인생을 보여주는 캠페인이다. 디젤은 항상 시대를 앞서가는 크리에이티브를 선보여왔다. 그러다 보니 사람들에게 이해받지 못하고 왜 그런 바보 같은 짓을 하느냐고 손가락질받기 일쑤였다. '두 수병의 키스' 광고는 여러 매체에서 게재를 거부당하기도 했다. 하지만 디젤은 결국 이런 정신 나간 짓으로 큰 성공을 거뒀다. '바보'의 또 다른 의미는 '용기'다. 보통 사람들은 엄두도 내지 못하는 것에 도전하고 이전에 없던 것을 만들어내는 용기 말이다.

당신처럼 똑똑한 바보가 되려면 어떻게 해야 하나? 열정과 호기심, 그리고 긍정적인 마음이 필요하다. 똑똑한 사람은 현실을 보지만 바보는 현실 그 이상을 보는 법이다. 나는 항상 직원들에게 어떤 일을 하든지 있는 그대로 두지 말고 개선할 수 있는 방법을 찾아보라고 권한다. 상사가 지시하는 대로만 움직여선 크리에이티브해질 수 없다. 디자이너들에게는 특별히 더 크레이지(crazy)한 생각을 통해 창의적인 결과물을 만들도록 요구한다.

4. 지구 온난화(Global Warming Ready)

열대 우림이 된 런던 템스강 일대, 사막이 되어버린 만리장성, 엠파이어 스테이트 빌딩 꼭대기까지 물이 차오른 뉴욕 등을 통해 사회의 공익과 환경에 대해 고찰하는 패션 브랜드라는 인식을 심는 데 성공했다.

5. 더 데일리 아프리칸(The Daily African)

〈the Daily African〉 이라는 가상 신문을 정면에 내세운 광고 시리즈. 광고 한쪽에는 마치 실제 보도 자료를 인용한 듯한 그래픽이 들어가는데 '캘리포니아 폭도들, 148일 안에 아프리카 인질 석방', '아프리카 연합(AU)이 유럽에 재정 지원을 하기로 합의했다' 같은 문구로 아프리카는 가난하고 위험한 곳이라는 고정관념에 정면으로 도전하고 있다. 2001년 칸 광고제 인쇄 부문에서 그랑프리를 차지했다.

6. 두 수병의 키스

게이 선원들이 키스하는 장면을 담은 디젤 광고. 미국 해군의 게이 입대 반대를 직접적으로 비판해 많은 논란을 일으켰다.

디젤의 디자이너 구성은 어떻게 되나? 현재 디젤에는 100여 명의 디자이너가 있다. 여성, 남성, 아동 의류와 액세서리뿐 아니라 가죽 제품, 시계, 인테리어 디자인과 가구 디자이너 등 다양한 분야로 세분화되어 있다. 디자인 팀 외에도 신소재를 연구하고 개발하는 R&D 팀과 그래픽 팀이 있는데, 이들은 디자인 팀과 함께 호흡을 맞추며 새로운 디자인을 만들어낸다. 직원을 뽑을 때 최고의 인재보다는 No.2를 선호한다고 들었다. 이미 성공을 이룬 사람들은 제자리에 안주하려는 경향이 있다. 반면 성공에 목마른 사람들은 훨씬 더 단호하고 열의에 가득 차 있다. 그래서 나는 아직 의욕에 불타고 있는, 그리고 아직 실현시킬 꿈을 가지고 있는 넘버 2를 찾으려고 노력한다. 그들은 일인자의 그늘에 가려 있지만 자신의 재능을 발휘할 줄 알고 발휘하고 싶어 한다.

경영자이자 아트 디렉터 역할을 오랫동안 해왔다. 최근까지 나는 디젤의 아트 디렉팅 전반에 걸쳐 깊게 관여해왔다. 나의 DNA가 곧 회사의 DNA요, 나의 라이프스타일이 회사의 문화였다. 하지만 최근에는 니콜라 포미체티(Nicola Formichetti)라는 크리에이티브 디렉터를 새롭게 영입했다. 젊은 디렉터인만큼 젊은 소비자들과의 소통에 더 능숙하리라고 판단했다. 예전과 달리 회사가 많이 커졌고 관리해야 하는 브랜드도 많아진 만큼 전문적으로 경영을 담당할 사람이 필요해졌기 때문에 나는 디자인이나 크리에이티브 영역을 그에게 넘기고 경영에 집중하고 있다.

7. 라이브 패스트(Live Fast)

2008년 S/S 시즌 광고. 언제나 시간에 쫓기듯 일상을 살아가는 현대 도시인의 삶을 위트 있게 풍자했다. 2008년 칸 국제 광고제 인쇄 광고 부문에서 동상을 수상했다.

8. 디젤의 조명

조명 디자인 회사 포스카리니(Foscarini)와 협업으로 만든 조명 제품.

9. 디젤 홈 컬렉션

로큰롤과 캐주얼 리빙을 콘셉트로 선보인 디젤의 침구 컬렉션. 디젤 특유의 빈티지한 감성을 녹아 있다.

10.「바보가 되라」

렌초 로소의 인생관을 담은 책. 똑똑한 바보가 되기 위한 18가지 방식을 소개한다. 몇 년 전부터는 패션뿐 이니라 가구와 조명도 선보이고 있다.

오늘날 집은 단순한 주거 이상의 의미를 갖는다. 패션을 통해 개성을 표현하는 것처럼 생활 공간을 통해 자신의 개성을 드러내는 시대가 온 것이다. 디젤은 이런 트렌드에 발맞춰 몇 년 전부터 조명 디자인 회사 포스카리니(Foscarini), 가구 디자인 회사 모로소(Moroso), 주방 가구 전문회사 스카볼리니(Scavolini) 등과 협업으로 라이프스타일 제품을 선보이고 있다. 특히 디젤이 만든 주방 소셜 키친(Social Kitchen)은 〈 엘르ELLE 〉 에서 선정하는 데코 국제 디자인 어워드(DECO International Design Awards) 주방 부문에서 수상하기도 했다.

디젤의 크리에이티비티를 닮고 싶은 디자이너와 기업에게 조언을 부탁한다.

절대 돈만을 목적으로 일하지 말라고 조언하고 싶다. 성공한 지금의 내 모습만 보고 내가 너무 쉽게 이런 말을 한다고 생각할지도 모르겠지만 사실 나는 가난할 때도 늘 같은 생각을 갖고 일했다. 옷감 하나를 구입할 때도 당장의 수익을 계산하기보다는 아름다운 제품을 만드는 데 더 집중했다. 한 가지 더 조언하자면 우리가 사는 곳을 나은 곳으로 만들기 위해 노력하라는 것이다. 디젤은 지난해 베네치아 리알토(Rialto) 다리의 보수 공사에 앞장서기도 했고 아프리카 말리(Mali)에 2만여 명의 주민들이 살 수 있는 타운을 조성하기도 하는 등 공익사업에 많은 투자를 하고 있다. 세상이 필요로 하는 것을 만들고자 하는 디젤의 의지가 많은 기업에 영향을 미쳤으면 한다.

자료: 매일경제신문

ABC사 중부공장의 총무부장은 지역사회의 각계각층을 대표하고 있는 지역사회환경위원회와 회담을 가졌다. 그런데 이 지역사회환경위원회의 위원들은 한결같이 공장에서 방출되고 있는 공기오염물질의 유출을 즉각 중지시켜 줄 것을 강력하게 요구하였다. 이 회담 석상에서 총무부장은 오염물질의 유출방지를 위한 점진적이고 단계적인 회사의 계획을 열심히 설명하였으나 납득이 되지 않았고, 일주일 후에 다시 모이기로 하고 헤어졌다.

회의 직후 총무부장은 서울 본사에 있는 생산담당 부사장에게 전화를 걸어 일어난 사실을 보고하였다. "지역사회환경위원회는 이 지역사회의 각계각층의 대표들로 구성되었기 때문에 그 힘이 막강한 것 같고 그 당당한 자세로 보아 오염물질의 유출방지를 위한 즉각적인 조치를 취하지 않으면 안 될 것 같습니다."

생산담당 부사장이 말하기를 "이보시오 총무부장, 우리는 지금 오염물질의 방출을 계속 줄여가고 있는 중 아닙니까? 만약 그들의 요구대로 한다면 아직도 튼튼하고 성능이 우수한 현재의 기계설비를 하룻밤 사이에 폐기물로 처리하고 공해의 염려가 없는 새로운 설비에 당장 거액의 투자를 해야 한다는 말인데, 그렇게 되면 어떻게 되겠소. 그러잖아도 운영자금난에 쪼들리고 있는데 말이오. 그리고 새로운 설비에 대한 투자문제를 사장도 원하지 않고 있으며 이사회도 받아들이지 않을 것이오. 극단적으로 그 지역사회환경위원회가 소송을 제기한다면 우리는 그 공장의 문을 닫아야 하는 문제를 고려하게 될 것이오. 그렇게 되면 그 지역사회의 많은 사람들이 실직을 하게 될 것이고 …. 아무튼 이 문제를 사장님께 보고하겠으나 쉽게 해결이 나지 않을 것 같소. 그러니 다음 주에 환경위원회와 다시 회합할 때 지금 내가 한 이야기 내용을 그대로 설명해 주시오."

문제

1. 여러분이 이 회사의 사장이라고 가정하고 사회적 책임의식을 가지고 내릴 수 있는 최선의 의사결정이 무엇이겠는가? 그 의사결정의 내용을 설명해 보라.
2. 지역사회환경위원회와의 의견대립을 어떠한 방법으로 미리 예방할 수 있었겠는가?

03

제3부

제3부에서는 경영학 각론에 대한 기본 개념들에 대해서 알아본다. 우선 마케팅이 무엇인지와 고객과 마케팅의 한계, 그리고 마케팅 관리 활동과 마케팅의 트렌드를 알아보고 실제 광고전략도 마련해본다.

또한 정보관리에서는 경영정보와 재무관리, 그리고 회계에 대해서 알아보고, 이들 정보관리가 기업경영에 어떤 영향을 미치는지에 대하여 알아본다.

마지막으로 기업가정신과 창업에 대한 개념들에 대해 알아보고, 최근 강조되고 있는 창업의 실제 사례에 대해서 알아본다.

PART 3

경영분야의 이해

Chapter 12

인적자원관리와 마케팅관리

당신은 좋은 쥐덫을 만들 수 있다. 그러나 그것이 적절할 때 적절한 곳에 있지 않으면 아무런 쓸모가 없다.

– 제롬 맥커시(E. Jerome McCarthy)와 윌리엄 페리올트(William D. Perreault, Jr.)

전통적인 조직설계는 더 이상 존재하지 않는 세계를 묘사한다.

– 래리 허시본(Larry Hirschborn)과 토마스 길모어(Thomas Gilmore)

우리가 공장에서 만드는 것은 화장품이지만, 우리가 가게에서 파는 것은 희망이다.

– 찰스 렙슨(Charles Revson), Founder, Revlon Comestics

우리에게는 오직 한 명의 보스(고객)가 있다. 그는 자신의 돈을 다른 점포에서 사용함으로써 우리 회사의 모든 사람들을 해고시킬 수 있다.

– 샘 월튼(Sam Walton), Founder, Wal-Mart

● 시작 이야기 ●

인사팀만 2,500명 구글의 인재선발 비법

[신현만 커리어케어 회장] Q 우리 회사는 기술 분야의 중견 컨설팅 회사입니다. 컨설팅 회사의 특성상 고객에게 질 높은 서비스를 안정적으로 제공하려면 무엇보다 우수한 인재가 많아야 합니다. 이 때문에 임직원들 모두가 인재에 대한 욕심이 많습니다. 하지만 이 같은 인재 욕심에 비해 실제 회사가 뽑는 직원들은 매번 기대에 한참 못 미칩니다. 임원들은 "어디 쓸 만한 사람 없을까"라는 말을 입에 붙이고 다닐 정도로 인재에 대한 갈증을 토로하고 있습니다. 인재를 확보하기 위한 노력을 하지 않는 게 아닙니다. 매년 정기적으로 신입사원을 공채하고 경력사원도 수시 채용하고 있습니다. 내부 직원추천을 통해 뽑기도 합니다. 면접도 나름대로 체계적으로 진행하고 있습니다. 그럼에도 불구하고 기대했던 것과 다른 직원들이 들어올 때가 많습니다. 꽤 오랫동안 교육훈련하지 않으면 실전에 투입하기 어려울 정도의 직원이 상당수에 이릅니다. 이 때문에 교육훈련에 신경을 많이 쓰고 있지만 이 같은 노력에도 불구하고 일부 직원들은 결국 탈락하고 맙니다. 어떻게 해야 우수한 인재를 확보할 수 있을까요.

A 구글은 채용에 엄청난 시간과 비용을 투입하는 것으로 잘 알려져 있습니다. 직원이 2만 명이었을 때 인사 채용 담당자가 1,000명이나 됐고 직원이 5만여 명으로 늘어난 지금 인사 채용담당자는 2,500여 명에 이르는 것으로 알려져 있습니다. 구글의 사업본부장에게는 각각 한 명씩 임원이 배치돼 인사 조언을 하고 최고경영자(CEO)는 대부분 주 5일 중 하루를 인재 채용에 할애합니다. 구글은 직원 한 명을 채용할 때마다 매번 채용공고를 내고 채용절차를 진행합니다. 직원을 한 명 뽑는 데 적게는 150시간, 많게는 500시간이 걸립니다. 답답할 정도로 진행 속도가 더뎌 채용이 완료될 때까지 아무리 짧아도 몇 주, 길면 몇 개월 걸립니다. 그런데 이렇게 채용에 시간이 많이 걸려 업무에 일부 차질이 빚어지더라도 채용에 쓰는 시간을 줄이려고 하지 않습니다. 구글 직원들은 중요한 자리가 비어 있어 업무진행에 문제가 생겨도 적임자를 찾을 때까지 참고 기다립니다. 구글은 이렇게 까다롭게 뽑는 대신 해고를 잘하지 않기 때문에 다른 기업들에 비해 해고 비율이 매우 낮습니다.

구글에 이런 인재관리 원칙이 자리 잡은 것은 꽤 오랫동안 많은 시행착오를 겪은 뒤였습니다. 구글은 지금 세계 최고 수준의 인재들이 모였지만 성장과정에서 귀하의 회사와 비슷한 고민을 했습니다. 구글의 초기 설립 멤버들은 대단히 화려했습니다. 그런데 회사 규모가 빠르게 커지고 인력이 급증하면서 설립 초기 직원들과 같은 역량수준을 유지하는 데 어려움을 겪었습니다. 사업 확장으로 인력수요가 크게 늘었지만 원하는 수준의 인재를 확보하기가 쉽지 않았기 때문입니다.

당시 구글도 귀하의 회사처럼 인재 확보에 많은 정성을 기울였습니다. 인재가 회사의 전 재산이고 인재 확보만이 살길이라고 봤기 때문에 인재를 발굴하기 위해 모든 방법을 동원했습니다. 특히 내부 직원들의 역량수준이 높은 점을 감안해 내부직원들의 추천을 받아 많이 채용했습니다. 하지만 이 같은 인재 발굴 노력에도 불구하고 기대했던 것만큼의 결과를 얻는 데는 실패했습니다. 내부 직원의 추천을 믿고 입사시킨 사람들 중 일부는 회사에서 갈등을 일으켰고 역량이 부족해 다른 직원들과 협업이 어려웠습니다. 그러다 보니 한편에선 사람들이 줄지어 입사했지만 다른 편에선 퇴사하는 사람들이 끊이지 않았습니다.

직원의 수준이 떨어지다 보니 회사는 직원들의 교육훈련에 엄청난 비용과 시간을 투입해야 했습니다. 2012년 한 조사에 따르면 미국 기업들은 직원 1인당 교육 훈련에 606달러를 쓴 반면 채용에는 456달러를 지출했습니다. 회사 전체 인적자원 관리비의 18.3%를 교육훈련에 사용한 데 반해 채용에는 13.6%를 쓴 것입니다. 구글도 예외는 아니어서 해마다 직원 채용보다 기존 직원 교육에 더 많은 돈을 써야 했습니다. 구글은 이런 문제를 해결하기 위해 많은 연구와 조사를 했습니다. 머리를 맞대고 개선방안을 고민했습니다.

귀하의 회사는 구글과 처해 있는 상황이 많이 다를 것입니다. 하지만 귀하의 회사처럼 구글도 직원의 역량이 사업의 성패를 좌우하기 때문에 초기부터 인재에 집중했습니다. 그런 점에서 구글이 어떻게 난관을 뚫고 세계 최고의 인재들을 모으고 있는지 그 비결을 이해하는 것이 귀하 회사의 인재 확보 문제 해결에 도움이 될 겁니다.

구글의 인재관리 비결 가운데 가장 중요한 것은 직원의 교육보다 채용에 회사의 역량을 집중하는 것입니다. 구글은 연구조사를 진행하는 과정에서 회사의 재원을 기존 직원의 재교육보다 채용에 투자하는 게 생산성 향상에 더 효과적이라는 사실을 발견했습니다. 회사가 직원을 잘 뽑으면 나중에 그 직원의 교육 훈련을 위해 쓰는 시간과 비용이 줄어드는 겁니다.

독선적인 사람은 성장하지 못한다

구글은 특히 사람을 잘못 뽑으면 교육 훈련을 포함해 백약이 무효라는 사실을 경험을 통해 깨달았습니다. 가치관이나 철학이 회사와 잘 맞지 않고 품성이 직무에 적합하지 않은 사람은 아무리 매력적인 프로젝트를 맡아도 흥미를 못 느끼고 결과도 좋지 않습니다. 이들에게 상사와 동료가 내놓은 반짝이는 아이디어는 단지 귀찮은 일에 불과합니다. 회사가 아무리 높은 수준의 자율성을 부여하고 창의성을 유발하려고 노력해도 소용이 없습니다.

구글은 이에 따라 교육에 투입되는 시간과 비용의 대부분을 직원 선발로 돌렸습니다. 그 결과 회사의 인적자원 관련 예산 가운데 직원채용에 사용하는 비용의 비율이 평균적인 다른 기업의 두 배가 넘습니다. 반대로 교육훈련에 투입하는 비용은 전체 인사예산의 10%를 밑돕니다.

둘째, 똑똑하기만 할 뿐 겸손과 성실을 겸비하지 않은 사람은 철저히 배제한다는 겁니다. 구글도 초기에 다른 기업들처럼 '똑똑한 사람을 최대한 많이 뽑기'를 채용의 목표로 삼았습니다. 래리 페이지와 세르게이 브린 구글 공동 창업자는 면접장에서 후보자에게 미국 대학 입학시험인 SAT 점수를 묻기도 했고 "스쿨버스에 골프공을 몇 개 넣을 수 있느냐"와 같은 엉뚱한 질문을 던지기도 했습니다. 출신대학과 학점을 중요한 평가지표로 삼는 것은 당연했습니다. 그런데 채용이 늘어나면서 지능지수만으로는 창의성이 높고 팀에 공헌하는 인재를 선별하기 어렵다는 사실이 드러났습니다. 그 대신 겸손하고 성실해 다른 사람의 성공을 도울 수 있고 역경을 극복하는 능력과 끈기를 갖춘 사람이 장기적으로 큰 성과를 만들어 낸다는 것이 확인됐습니다.

구글은 특히 이른바 '문제 직원'의 입사를 막기 위해 총력을 기울이고 있습니다. 불량품을 걸러내듯이 문제 직원을 찾아내기 위해 다양한 방법을 동원합니다. 아무리 똑똑하고 성과가 좋고 창의성이 뛰어나도 인성에 문제가 있다고 판단되면 절대 뽑지 않습니다. 문제 직원 한 명이 조직 전체에 미치는 부정적 영향이 너무나도 크기 때문입니다. 구글이 문제 직원으로 생각하는 유형 중 하나는 '지적인 겸손'이 부족한 사람입니다. 자기만 옳다고 생각하는 독선적인 사람은 다른 사람과 함께 일하지 못할 뿐만 아니라 자신도 성장하지 못하니까요.

셋째, 절대 서두르지 않는 겁니다. 구글이 채용을 급하게 진행하지 않는 것은 최고의 그리고 최적의 사람을 찾기 위해서입니다. 기본적으로 각 분야에서 최고의 성과를 내는 사람들은 대개 직장에 속해 있거나 어떤 일에 몰입해 있습니다. 자신이 하는 일과 직장에 대한 만족도도 높습니다. 이런 사람들을 설득해 영입하려면 시간이 걸릴 수밖에 없습니다. 반대로 빠르게 입사시킬 수 있는 사람은 직장이나 일과 관계가 느슨해져 있을 가능성이 높습니다. 그런데 이런 사람 가운데 최고의 인재를 찾을 가능성은 그리 높지 않습니다.

인재를 제대로 검증하고 평가하는 데도 시간이 걸립니다. 다양한 시각으로 다양한 것들을 꼼꼼하게 검증하려면 여러 사람이 오랫동안 후보자를 인터뷰하는 게 불가피합니다. 이 때문에 구글은 한동안 보통 7~12번, 많게는 25번까지 인터뷰를 진행하기도 했습니다. 5차례 이상의 면접은 비효율적이라는 연구 조사 결과 때문에 최근 들어 면접 횟수가 5회를 넘지 않도록 하고 있지만 여전히 면접은 까다롭고 더디게 진행됩니다.

뛰어난 사람 없으면 차라리 어려움 견뎌라

구글은 이처럼 인재를 발굴하고 검증하는 데 많은 시간을 투입하지만 적임자가 나타나지 않으면 나타날 때까지 기다립니다. 마치 경험이 많은 사자나 표범이 최적의 사냥감이 나타날 때까지 매복한 채 기회를 노리는 것처럼 기다리고 또 기다립니다. 목적지를 향해 가긴 하지만 굼벵이처럼 느립니다. 구글의 임직원들은 평범에 머무르는 사람이 아니라 자기보다 더 낫고 기존 직원보다 더 뛰어난 사람을 찾으려면 어쩔 수 없다고 생각합니다. 아무리 급해도 성에 차지 않는 사람을 뽑느니 차라리 충원 없이 어려움을 견디는 게 구글의 인재 관리 원칙입니다.

구글의 인재관리 원칙은 일반기업들이 쉽게 따라하기가 어렵습니다. 구글 역시 이런 원칙이 조직문화로 자리 잡을 때까지 오랫동안 수많은 시행착오를 거치고 많은 어려움을 감내해야 했으니까요. 그런 점에서 귀하의 회사도 최고의 인재를 확보해야만 한다면 지금부터라도 구글의 인재관리 원칙을 참고로 귀하 회사만의 인재관리 원칙을 만들어 보세요. 물론 시간이 오래 걸리고 많은 어려움을 겪을 겁니다. 하지만 중간에 포기하지 않는다면 언젠가는 구글과 다르지만 구글에 뒤지지 않는 인재관리 원칙을 토대로 우수한 인재로 조직을 구성할 수 있을 겁니다.

자료: 한경비즈니스, 제1184호, 2018.8.6~2018.8.12

제 1 절

인적자원관리

1.1 인적자원의 속성

기업이 경영목적을 달성하기 위해서는 필수적으로 세 가지 구성요소를 갖추어야 하는데, 이는 사람(man), 자본(money), 재료(material)이다. 이 중 사람은 인적자원을 일컫는 요소로서, 기업은 사람으로 구성되어 있는 사회시스템으로 종업원 또는 직원, 관리자, 그리고 최고경영자와 같은 인적자원의 상호작용과 조정에 의해 움직이는 조직이다.

인간은 원시공동체 사회에서부터 사람과 사람 사이에서 더불어 살거나, 선택하거나 아니면 헤어지는 삶을 살아 왔다. 기업도 사람들이 모여서 이익공동체를 형성하고 구성원들이 선택적이고 합리적인 의지에 의해 지탱되고 굴러가는 것이다.

인적자원의 속성은 다른 물적자원과는 달리 무한한 부가가치를 창출할 수 있는 요소이다. 물적요소를 가지고 생산성이나 수익성 등과 같은 부가가치를 창출할 수도 있겠지만 물적요소는 제한된 자원이어서 이용에 한계가 있고 또한 획득에도 한계가 있는 요소이다. 그러나 이러한 부가가치는 인적자원의 효과에 비하면 그리 크지 않을 수도 있다.

물적자원은 소유권을 가지기 때문에 거래가 가능하지만 인적자원은 거래가 불가능하다. 물적자원은 경쟁자에 의해 모방될 수 있지만 인적자원은 모방이 불가능한 경쟁력의 원천이다. 기업경쟁력의 원천인 우수하고 창의적인 인적자원을 얼마나 확보하고 활용하느냐에 따라 기업의 사활이 결정될 만큼 경영자들이 관심을 가져야 할 영역이다.

21세기는 지식정보의 사회이며 지식 정보의 최대 패러다임은 사람의 가치를 강조하는 것이라는 데 이의를 다는 사람이 없을 정도이다. 포터(M. Porter) 교수는 인류의 경쟁력은 군사력에서 시작하여 토지로, 산업혁명 이후에는 생산수단의 경쟁력의 척도로 인식되어 왔다고 주장하고 있다. 그러나 20세기 말 정보화시대가 전개되면서부터는 사람의 지식과 기술이 가장 효과있는 경쟁력이 되고 있다고 주장하고 있을 만큼 인적자원에 대한 중요성들이 제기되고 있다.

1.2 인사관리와 인적자원관리

기업이 존재하게 되면 작으나 많으나 일과 사람의 관리가 필요하게 되는데, 문자 그대로 사람(人)과 일(事)과의 관계에 대한 효율적인 관리(管理)를 인사관리(Personnel Management)라고 할 수 있다. 즉 먼저 일(직무)이 주어지고 그 일에 적합한 사람을 찾고 관리하는 모든 과정이 인사관리가 된다. 그래서 일만 있고 사람이 필요 없는 무인자동시스템에는 이러한 인사관리가 존재하지 않는다. 또한 사람을 자원이라는 측면에서 보면 인적자원관리(Human Resources Management)가 될 것이다.

인적자원관리(HRM)의 정의는 다양하게 내릴 수 있다. 간단한 정의는 "조직에 있어 인간의 활동을 요약"한 것이다. 즉 인적자원관리란 조직이 필요로 하는 인력을 조달·유지·개발·활용하는 일련의 관리활동 체계를 연구대상으로 한다. 인력의 조달과 유지·개발·활용은 어느 조직에나 있는 것이므로 이는 가장 보편적인 것이라고 할 수 있다.

이러한 인적자원관리의 개념을 바로 이해하려면 먼저 인적자원관리가 추구하는 목적을 분명히 아는 것이 필요하다. 이는 사람이란 무엇인가라는 질문보다 무엇 때문에 살아가는 것인가를 이해할 때 사람의 존재 의미를 더욱 잘 알게 되는 것과 같다.

기업이 기업으로 존재하기 위해서는 무엇보다도 능률과 합리성을 기초로 하는 생산성과 수익성의 달성이 제1차적인 목표가 된다. 즉 매출이라는 매개를 통해 생산성과 수익성이 지속적으로 이루어지지 않는다면 더 이상 기업으로서 존재 의미가 없을 것이다. 따라서 경영의 한 부분으로서 인적자원관리 역시 합리성을 기초로 한 생산성이 제1차적 목표가 된다. 나아가 기업은 협력이라는 공동체를 통해서 경영성과를 가장 효율적으로 달성할 수 있기 때문에 공동체를 형성하는 내부 구성원에 대한 인간적 배려와 보상이 필요하다. 결국 인적자원관리의 목적은 경영성과 달성이라는 생산성을 목표로 함과 동시에 협력이라는 공동체, 즉 인간성을 기초로 한 만족성을 목표로 해야 한다.

이렇게 볼 때 인적자원관리의 목적은 서로 양면성을 동시에 가지고 있다고 볼 수 있다. 생산성을 추구하다 보면 만족성이 문제가 되고, 만족성을 생각하다 보면 생산성이 또한 그렇다. 앞으로 인적자원관리 담당자는 이 양면성을 어떻게 조화시켜 나갈 것인지가 중요하다.

1.3 인적자원관리의 중요성

기업이 공장 등의 시설에 투자하는 것보다 인적자원에 투자하는 것이 생산성이나 수익성 효과가 더 크다는 것이 증명되고 있다. 1999년 미국 부통령이 주재한 직업능력 정상회의에 제출된 21세기 직업능력이라는 자료에 의하면, 기업이 시설에 10% 투자를 추가할 경우에 생산성이 3.6% 향상된 반면에, 교육훈련에 10% 투자를 추가할 경우에 생산성이 8.4% 증가된다는 사실을 제시함으로써 인적자원 투자의 생산성 증가 효과가 시설투자의 효과를 능가한다는 것을 보여주었다. 한명의 슈퍼인재가 십만 명의 사람을 먹여 살린다는 이건희 삼성회장의 말에서 보듯이 21세기 지식정보시대에는 우수한 인적자원의 확보 및 활용이 매우 중요한 기업경쟁력의 원천으로 등장할 만큼 그 중요성이 높아지고 있다.

기업을 둘러싸고 있는 새로운 환경변화는 인적자원관리에 있어서 직·간접적으로 많은 영향을 미치고 있다. 인적자원관리에 영향을 미치는 요소로서 기술변화, 노동시장의 변화, 근로자나 사회가치관의 변화 등 많은 요인들이 새로운 도전으로 나타나고 있는 만큼 인적자원에 대한 중요성을 그만큼 높아지고 있다는 사실을 고려하여 구체적으로 인적자원의 중요성을 살펴보면 다음과 같다.

가. 본질적이고 기초적인 기능으로서 인적자원관리

기업 경영의 목표는 기업의 지속적 성장 발전을 유지하기 위한 이윤추구이며, 기업은 이런 목표달성을 위한 효율적인 경영관리가 필요하게 되었다.

과거에는 경영관리의 기능 중, 생산관리, 재무관리, 마케팅 관리 등에 많은 연구가 이루어진 데 비해서, 인사관리는 오랜 기간에 걸쳐서, 상대적으로 낮게 평가되어 왔다. 다른 경영관리 활동과는 달리 거의 필요 없는, 또한 누구나 할 수 있는 기능으로 인식되어 왔기 때문이다.

이는 인사관리를 경영학의 하나의 하위부문으로 인식한 데 그 이유가 있다고 하겠다. 즉, 인사관리를 원자재나 설비를 관리하는 생산관리, 그리고 자금을 관리하는 재무관리와 함께, 사람이라는 요소를 관리하는 하나의 독립적인 관리 기능으로 오해하고 있다는 것이다. 그러나 이들 경영관리 활동은 그 자체가 사람들에 의해서 수행됨으로, 이들 사람에 대한 효율적 관리 없이는 어떠한 관리도 결코 원활하게 이루어질 수 없다. 즉, 생산관리의 기계나 설비의 조작, 재무관리의 자본의 조달과 운용, 또한 마케팅관리의 제반 활동의 경우, 모두가 그 과정에 참여한 수많은 사람들의 노력에 의해 이루어지기 때문에 인적자원관리는 여러 관리부문 중에서 가장 본질적이고 기초적인 기능을 수행하는 주요한 위치에 있다.

특히 국제화, 개방화에 따른 무한 경쟁시대에 직면하여, 그 어느 때보다도 인적자원의 효율적 활용이 강조되는 오늘날, 이러한 인적자원관리의 중요성은 더욱 증대되고 있다.

나. 정보화 시대의 인적자원의 중요성

정보화 시대에서는 정보를 중심으로 사회변화가 광속에 비유될 만큼 빠르게 진행되기 때문에 그 변화에 대한 예측이 곤란하다. 따라서 기업 입장에서는 이러한 불확실한 경쟁상황에서 정보와 아이디어를 탁월하게 창출하고 활용할 수 있는 인적자원을 확보하고 그 역량을 유지시킬 수 있는가에 따라 기업의 생존 여부가 좌우된다. 과거의 획일적이고 고착화된 전통적인 인적자원관리 방식으로는 정보화 시대에 요구되는 우수인재의 최적활용 및 성과창출을 기약할 수 없다. 최근까지의 기업 인적자원관리는 양적인 성장을 중시하는 경영전략에 따라 전체인력의 확보·유지에 중심을 두면서 장기고용방식이 선호되었고 주로 이미 개발된 교육프로그램에 따라 전 직원을 대상으로 한 차별성없는 천편일률적인 교육이 실시되었으며, 보상체계도 연공서열에 따라 이루어진 것이 보편적이었다.

그러나 정보화 사회에 적합한 인적자원관리를 위해 각 기업은 질적인 성장을 중시하면서 직무·역량중심의 인적자원 관리제도를 도입하는 추세에 있으며 핵심인재의 확보·육성을 중시하면서 직원들의 자기주도적 학습(Self-Directed learning: SDL)이 가능한 환경을 조성하는 노력을 하고 있다. 그리고 시장가치에 기준을 둔 능력과 성과에 따른 차별적인 보상체계를 시행하고 있는 중이다.

또한 최근까지 국내기업은 학력, 근속, 성, 연령 등을 중심으로 한 연공서열 중심의 인적자원관리를 기본으로 하였으나 정보화 사회에서의 기업 경쟁력 제고를 위해 직무 및 역량을 중심으로 한 인적자원관리 방식을 도입하고 있다. 직무는 조직에서의 일정한 직위에 어울리는 책임, 권한, 과업, 지식, 기능 등을 포괄하는 개념이며 역량은 이와 같은 직무를 수행하기 위해 필요한 개인의 능력을 말한다. 정보화 시대에 기업은 수평 조직화하면서 보다 많은 책임을 맡은, 보다 적은 규모의 자치적인 작업그룹을 만드는 것이 생산성을 극대화하는 데 더 적합하다. 따라서 직무와 그에 따른 역량 중심의 인적자원관리 방식은 고도의 기량과 지식을 갖춘 소규모의 독립적인 인재들을 주축으로, 급변하는 경쟁 환경에 조건반사적으로 대응할 수 있는 조직 체제를 갖추고 있다.

1.4 인적자원관리의 과정

인적자원관리의 과정은 "인적자원을 확보·개발·보상·유지하는 데 관련된 계획적인 의사결정 및 관행의 체계로서, 조직의 목표달성에 기여하는 과정"이라고 할 수 있다. 따라서 인적자원관리는 인적자원의 확보·개발·보상·유지 등에 관련된 내용을 다루고 있으며, 서로 영향을 주고받는 다양한 의사결정과 관행의 체계이고, 조직의 목표달성에 기여하기 위해 이루어지는 과정이라는 성격을 지닌다.

가. 인적자원의 확보

우수한 양질의 인적 자원을 어떻게 확보하느냐의 여부는 기업조직의 성패를 좌우하는 생존전략이자 급변하는 환경변화에 대한 대응책이라 할 수 있다. 그러므로 기업들은 필요한 인력의 모집·선발을 위해 이 기능에 영향을 미치는 거시적 인적 자원의 변화추이를 검토할 필요가 있다. 이를 위해 인적자원의 수급계획이 필요하다. 인적자원의 수급계획은 조직이 필요로 하는 인력의 양과 질을 획득하여 최대로 활용하며, 잠재적인 인력의 부족현상과 과잉상태를 예측하고 적절히 대응하는 것이다. 따라서 이러한 목적들을 수행하기 위해 인적자원의 수요예측, 공급예측, 인적자원 소요량 결정, 활동계획, 인적자원의 예산, 통제 등이 포함된다.

인적자원의 확보를 위해서는 우선 모집과 선발전략이 필요하다. 인적자원의 모집은 업무에 가장 적합한 사람들을 선발하기 위해 조직체가 필요로 하는 지식, 기능, 능력과 기타 특성을 갖춘 인력을 파악하고 그들로 하여금 조직에 지원하도록 유인하는 과정이라고 정의할 수 있다. 인력의 모집원천으로는 내부노동시장을 대상으로 한 모집과 외부 노동시장을 대상으로 한 모집으로 구분할 수 있다.

인적자원의 선발은 지원자 가운데서 조직이 필요로 하는 직무에 가장 적합한 자질을 갖추었다고 판단되는 인력(man-power)의 고용을 결정하는 과정이다. 조직이 인적자원을 선발할 경우에는 지원자들이 직무에 배치되었을 때 실제로 보일 행동을 선발도구를 활용하여 예측하고, 예측치를 근거로 선발을 하게 된다.

나. 인적자원의 개발

오늘날과 같은 무한경쟁의 글로벌화, 정보화 사회 속에서 기업들이 생존하기 위해서는 지속적으로 경영혁신과 기술혁신을 꾀하지 않으면 안 된다. 이러한 변화에 적응하기 위하여 기업들은 종업원을 교육·훈련시키고 있다.

인적자원의 개발기능 중 교육훈련이란 조직구성원들로 하여금 조직체의 목적에 기여할 수 있는 능력을 개발할 수 있도록 교육과정을 실시하는 것을 말한다. 다시 말해서 종업원의 업무수행능력을 향상시키기 위하여 그들의 기능, 지식, 태도, 행동을 변화시키는 과정을 뜻한다. 교육훈련은 그 대상에 따라 신입사원과 기존사원에 대한 교육훈련으로 구분되고, 교육훈련 장소별로는 직장내훈련(on-the-job training: OJT)과 직장외훈련(off-the-job training: Off JT)으로 나누어진다.

인적자원의 개발 기능 중 경력개발(career development)이란 조직이 그 구성원 개개인의 능력과 잠재력을 최대한 발휘할 수 있도록 격려하고, 그 과정에서 조직의 목표달성에 필요한 능력을 개발하기 위한 종합적인 과정을 뜻한다. 이와 유사한 용어로는 '경력개발과 계획'(career development and planning), '경력계획과 개발', '경력관리'(career management), '경력개발과 관리', '경력계획'(career planning) 등이 있다.

경력개발을 개인적 차원에서 보면, 개인이 자신의 능력을 발휘하고, 그로 인해 자기 자신의 욕구가 충족된다는 점에서 매우 중요하다. 그리고 조직적 차원에서 보면, 경력개발은 불확실성에 대한 적응력을 높여 주고 종업원으로 하여금 적합한 시기에 적정한 직무를 맡게 하여 조직의 유효성을 증대시킬 수 있다는 점에서 또한 중요하다.

경력개발은 조직에 필요한 유능한 인재를 유인하고 유지시키는 수단으로 이용된다. 그러나 최근 조직기구의 축소나 업무체계의 개선 등으로 경력개발에 대한 기업의 관심이 조금씩 낮아지고 있다. 이러한 환경변화는 조직의 구성원들에게 새로운 직장을 준비하기 위한 경력개발에 더욱 관심을 갖게 한다.

다. 인적자원의 보상

인적자원관리의 보상(compensation)은 조직구성원의 기업에 대한 공헌과 성과에 대하여 대가를 보답하는 과정이다. 이러한 보상에는 경제적인 보상은 물론 비경제적인 보상도 포함된다.

기업이 조직구성원인 개인에게 주는 보상은 종업원의 노력과 공헌에 대한 대가일 뿐만 아니라 인적자원에 대한 투자이다. 이러한 보상을 통하여 개인의 능력과 경험이 축적되고 기업의 성과향상에 이바지하게 된다.

종업원에 대한 경제적 내지 비경제적인 보상은 그들에게 경제적인 만족감과 동기부여를 유발시키며, 능력개발의 기회를 제공한다. 그리고 이러한 보상은 기업에 대한 몰입도와 직무만족도를 높일 수 있다. 따라서 보상은 조직구성원의 기업에 대한 태도와 성과에 직접적인 영향을 미친다. 만약 특정 종업원이 보상에 대해 만족하지 못하면, 그는 자신의 기업에 대한 역기능적인 행동을 유발하게 될지도 모른다. 따라서 인사담당자는 항상 공정하고 적정한 보상이 이루어지도록 노력하지 않으면 안 된다.

라. 인적자원의 유지

오늘날과 같이 지식기반 경제에서 인적자원의 중요성이 강조되는 시점에서, 조직구성원들은 기업 내의 단순한 일원으로서 작업하고 있는 것이 아니며, 종업원의 협조없이 기업의 목적은 달성될 수 없다는 사실을 경영자들이 인식하고 있다. 또한 경영자들은 조직 구성원 스스로의 일하려는 적극적인 의욕이나 창의성이 경영성과에 지대한 영향이 있음이 인식되었다. 따라서 인적자원의 유지전략이 필요하게 되었다.

또한 조직의 다른 측면에서 살펴보면, 기업조직이 양적으로, 그리고 질적으로 발전함에 따라 개개인의 업무는 단조로워지고 근무의욕은 오히려 감퇴되는 현상을 초래하였다. 이제까지의 인간중심의 경영학에서 강조하는 주장은 인간성을 중시한 경영관리의 중요성을 부각시켰고, 종업원의 자발적 협력에 의한 능률의 향상이 중요 관심사로 대두되었다.

인적자원관리의 유지전략은 첫째 인간관계의 개선방안이 있고 또 하나는 노사관계의 개선이 있다.

첫째, 인간관계의 개선은 다양한 제도를 통해 인간관계의 개선 및 유지가 가능하다. 우선, 인사상담제도(personnel counseling program)를 통해, 근로자의 불평·불만이나 개인의 고민과 고충 등의 신상에 관한 사항을 상담할 수 있도록 기구를 마련하여, 직무상의 문제나 개인적인 고민을 해결해 줌으로써 개인적으로는 인격형성을 촉진하고, 종업원 개개인의 근로의욕을 고양시키는 방법이 있다. 또한 제안제도를 통해 조직의 운영이나 직무수행에 관련된 여러 개선안을 조직구성원이 제안하도록 하고, 우수한 제안에 대해서는 적절하게 보상하는 제도를 둘 수도 있다. 고충처리제도(grievance)는 조직구성원들이 경제적·사회적으로 불만스럽게 느끼는 증상으로서 그들 스스로가 이러한 상황을 자율적으로 제거할 수 없는 심리적인 증상을 의미하며 경영활동상에 있어서 종업원들의 일반적인 불평을 해결해주는 제도이다.

둘째, 노사관계의 개선은 산업화과정에서 나타난 것으로서 최근, 경제의 고도성장과 급속한 기술발전과 함께 더욱 복잡해지고 있다. 산업화에 따라 임금노동자가 출현하게 되자 이들은 노동조합을 결성하여 근로조건의 개선과 경제적·사회적 지위의 향상을 도모하게 된다. 오늘날 산업사회의 노사관계는 노조, 사용자, 정부가 주체가 되어 형성되는 것이라고 할 수 있다. 이들의 상호관계와 담당기능이 적절하게 설정되고 유기적으로 연결될 때 산업평화와 산업민주주의의 실현이 가능해진다. 이처럼 노사관계를 노동자와 사용자로 한정시켜 볼 때 두 당사자 간은 본질적으로 양립할 수 없는 양면성을 지닌다. 이와 같은 노사관계는 상당히 복잡하고 어렵기 때문에 그 관계를 한마디로 규명하기는 매우 어렵다. 그러나 노사 간에 건설적이고 원활한 관계를 유지하기 위해서는 당사자 간에 협동적인 노력의 필요와 관리활동이 요구된다.

지금 경영현장에는

하버드대가 40년간 추적한 성공한 이들의 '공통점'

1940년 미국 하버드대 연구팀은 대학 2학년생 130명을 대상으로 실험을 진행했다. 먼저 이들의 지능, 성격, 경제적 수준 등을 체크했다. 그리고 마지막으로 러닝머신에서 뛰어보라고 요청했다. 최대 속도로 러닝머신에서 5분을 뛰는 간단한 실험이었고 실험을 마친 학생들은 곧 일상으로 돌아갔다. 하지만 진짜 실험은 그때부터였다. 연구팀은 이 130명의 학생을 대학 졸업 후 2년마다 연락해 근황을 물어보며 무려 40년이나 추적 연구를 진행했다. 그리고 이 학생들이 60대가 된 시점에 놀라운 사실을 발견했다. 이들이 수십 년간 겪은 직업적 성취도와 사회적 만족도는 지능이나 성격, 경제적 수준과 크게 비례하지 않았다. 그러나 딱 한 가지, '그릿(Grit)' 점수에만 비례했다. '그릿 점수'는 러닝머신 실험 당시 '체력의 한계가 닥칠 때 포기하지 않고 몇 발자국을 더 뛰었는가'를 바탕으로 매겨진 점수였다.

우리는 보통 성공을 결정짓는 요소로 보통 IQ, 재능, 경제적 수준 등을 말한다. 하지만 하버드 연구팀에 따르면 이보다 더 중요한 성공 비결을 러닝머신에서 버텨낸 '그릿'이라고 지정했다. 바로 '열정적 끈기'를 말한다. 그릿을 개념화한 사람은 앤절라 더크워스 미국 펜실베이니아대 심리학과 교수다. GRIT은 성장(Growth), 회복력(Resilience), 내재적 동기(Intrinsic Motivation), 끈기(Tenacity)의 앞글자를 따서 만든 단어로, 미국의 심리학자인 앤젤라 더크워스가 개념화한 용어다. 성공과 성취를 끌어내는 데 결정적인 역할을 하는 투지 또는 용기를 뜻하며, 단순히 열정과 근성만을 의미하는 것이 아니라 담대함과 낙담하지 않고 매달리는 끈기 등을 포함한다. 더크워스 교수는 그릿의 핵심은 열정과 끈기이며 몇 년에 걸쳐 열심히 노력하는 것이라고 강조한 바 있다.

그는 고교 수학교사로 근무할 당시 형편없는 수학 점수를 받았던 고등학생이 로켓을 만드는 세계적 공학자로 성공하는 모습을 지켜보면서 '성공에는 재능이나 성적보다 더 중요한 무언가가 작용한다'는 확신을 가졌다. 그리고 그 '무언가'를 알아내기 위해 심리 연구를 시작했다. 그는 힘들기로 악명 높은 미 육군사관학교 신입생 훈련에서 누가 중도에 탈락하고 누가 끝까지 훈련을 받는지, 문제아들만 있는 학교에 배정된 초임 교사 중 누가 그만두지 않고 아이들을 가르치는지, 거절이 일상인 영업직에서 어떤 영업사원이 중도에 포기하지 않고 좋은 판매 실적을 내는지 등을 연구했다. 그리고 그 모든 성공의 한가운데에 '그릿'이 있음을 밝혀냈다. 더크워스 교수는 "성공한 사람들이 가진 특별한 점은 결국 끈기였다"고 강조했다.

자료: Facebook에서

제 2 절

고객과 마케팅

2.1 마케팅이란

과거에는 기차를 탄다는 것은 큰 재밋거리였다. 시커먼 괴물 같은 쇠덩어리가 흰 연기와 요란한 소리를 내면서 빠른 속도로 움직인다는 것은 신기한 일이었다. 비행기를 탄다는 것도 빠르게 목적지로 옮겨간다는 것 이외에 하늘을 난다는 흥분이 있었다. 그러나 오늘날 기차와 비행기 등을 이용하는 데에는 이러한 기대감보다는 일정 가치에 비해 얼마나 빨리, 안전하게, 그리고 편안하게 목적지에 도달할 것인가가 이용자의 주요 관심사인 것 같다.

이제 우리 기업들도 고객중심(custormer-oriented)의 사고를 외치고 있다. 기차 여행이라는 상품이 있으면 고객이 찾아오던 제품중심(product-oriented)의 시대는 이미 지나고 고객만족을 위한 고객중심이 고객화(customizing)를 부르짖고 있다. 부산에서 서울로 가는 항공시장을 두고 대한항공과 아시아나항공만이 경쟁하고 있지 않다. 새마을호, 무궁화호 등 여러 종류의 기차와 우등고속버스, 일반고속버스, 관광버스 등 그 외에도 자가운전까지 다양한 대체 수단이 경쟁하고 있을 뿐만 아니라 가공할 속도의 고속전철(KTX)마저 운행되고 있다. 환경변화가 가져온 결과이다.

20세기 초 개화된 미국의 철도산업은 난공불락의 성장산업으로 보였다. 하버드 대학의 레비트(T. Levitt) 교수는 「하버드 비즈니스 리뷰」에서 '근시안적인 마케팅(marketing myopia)'이라는 글을 통하여 미국의 철도산업의 경쟁자는 철도업자들이 아니라 운수업자 전체임을 경고하였다. 레비트 교수의 이 지적대로 이제 미국의 철도산업은 다른 운송수단의 발달로 더 이상 그 막강한 지위를 유지할 수 없었다.

근시안적 마케팅을 탈피하자는 그의 주장은 최근 기업환경에서 더욱 빛나

보인다. 즉 철도산업뿐만 아니라 금융업 등 모든 산업 및 기업들에게 이 경고는 현실로 나타났다. 특히 그는 근시안적 마케팅의 경고와 더불어 제품중심의 사고에서 고객중심의 고객만족 사고로의 전환을 강조하여 마케팅 역사에 커다란 한 획을 긋는 업적을 남겼다.

2.2 마케팅과 시장의 개념

마케팅이라는 용어는 실제로 시장(market)에서부터 발전된 개념으로, 마케팅을 제대로 이해하려면 시장의 개념을 이해하여야만 한다. 시장은 보통 '교환을 위해 모인 사람들의 집합(market)'과 '거래가 이루어지는 장소(market place)'라는 두 가지의 개념으로 정의된다. 시장은 인류가 물물교환을 시작한 때부터 존재하였는데, 어부, 사냥꾼, 농부, 직조공 등 네 명의 경제인구가 원시사회에 있다고 가정하자. 이들은 자신의 욕구를 충족시키기 위해 각각 다른 방법들을 사용하고 있다.

첫 번째 경우는 자급자족하는 것으로 각자가 생활에 필요한 물품을 스스로 생산하여 소비하는 형태이다. 두 번째 경우는 물물교환을 통한 욕구의 충족이다. 자신이 생산한 물품을 자신이 필요한 물품을 생산하는 사람과 직접 교환하는 경우이다. 세 번째 경우는 시장의 개념이 발생하여 각자가 필요한 물품을 시장에서 교환하는 것이다. 시장이 존재할 경우는 그렇지 않은 경우에 비해 거래 횟수가 대폭적으로 감소하게 된다. 사람들은 이러한 이유 때문에 시장이라는 일정한 장소에서의 교환을 선호하게 되었다.

이러한 시장의 장소적 개념은 일반적으로 교환을 위해 모인 사람들의 집합이라는 추상적인 개념으로 발전하였고, 오늘날의 경영인들은 고객을 집단화하기 위해 사용하기도 한다.

소비자들은 기업에서 생산하는 제품들을 구입하여 사용하지만 많은 기업에서 생산하는 제품을 모두 다 구매하지는 않는다. 소비자들의 욕구나 필요에 맞는 제품만을 구입하여 사용한다. 따라서 기업들은 소비자들에게 자신들이 만든 제품을 보다 더 좋은 이미지로 인식시키고, 보다 더 많은 제품을 판매하려고 노력하게 된다. 이러한 기업들의 노력을 마케팅활동이라고 한다.

과거에는 마케팅을 단순히 생산한 제품을 판매하여 이익을 극대화시킨다는 소극적인 판매(selling)의 개념으로만 생각하였다. 그러나 최근의 마케팅(marketing)의 의미는 소비자들의 욕구나 필요를 충족시키기도 하지만 이들의 욕구나 필요를 불러일으키도록 하는 개념까지 포함하게 되었다. 또한 이러한 마케팅 개념을 기업활동에서뿐만 아니라 정부, 병원, 학교 등 여러 분야에서 응용하면서 그 중요성이 더욱 크게 부각되고 있다. 최근의 마케팅 개념은 고객지향(customer orientation), 즉 소비자가 원하는 욕구가 무엇인지를 정의하는 작업에서 마케팅활동이 시작되고 이러한 욕구가 충족될 때 마케팅활동이 종료된다는 관점에 바탕을 두고 있다.

이와 같은 일반적인 마케팅의 개념은 시장에서 판매자의 역할을 하는 기업의 관리적 관점에서 다시 정의될 수 있다. 즉 마케팅이란 "개인이나 조직의 목적을 만족시키는 교환을 창출하기 위해 제품, 서비스, 아이디어의 개발, 가격설정, 촉진, 유통활동을 계획하고 실행하는 과정이다"라고 정의할 수 있다.

이러한 정의에는 주의 깊게 보아야 할 몇 가지 사항이 포함되어 있다. 첫째, 이 정의에는 마케팅 활동의 목표가 나타나 있다. 즉, 마케팅활동은 개인이나 조직의 목적을 만족시키는 것을 목표로 한다. 둘째, 마케팅의 대상 혹은 객체에 제품, 서비스뿐만 아니라 아이디어도 포함시키고 있다. 셋째, 마케팅활동의 내용을 소위 마케팅믹스라고 하는 4P로 구체화하고 있다. 넷째, 마케팅활동의 관리적 관점을 분명히 하고 있다. 즉, 마케팅활동이란 무엇인가를 계획하고 실행하는 과정으로 정의하고 있는 것이다.

지금 경영현장에는

기존 자동차·석유산업 2030년엔 무너진다

120년 역사의 자동차 산업과 160년 역사의 석유산업이 10여 년 후 붕괴(collapse)할 것이라는 전망이 나왔다. 미국 캘리포니아주 소재 싱크탱크 리싱크엑스가 15일 발간한 '2020~2030년 운송수단을 재고하다' 보고서에서다. 보고서의 결론은 '내연기관 자동차가 2020년을 정점으로 하락하기 시작해, 2030년 완전히 사라진다'는 것이다. 국제신용평가사 무디스와 미국 유명 시장조사 전문기관 IHS 오토모티브 소속 전문가들도 보고서 작성에 참여했다. 전기·전자공학 분야 가장 유력한 학술지를 발간하는 국제전기전자기술자협회 운영 공학매체(IEEE 스펙트럼)도 이 보고서를 소개했다. 연구진은 2030년경이면 자율주행 기능을 갖춘 전기자동차가 전체 자동차 판매대수의 60%를 점유할 것이라고 예측했다. 주행거리를 기준으로는 도로에 다니는 자동차의 95%는 자율주행 전기차라고 전망했다. 자동차산업 패러다임이 크게 달라지는 기점은 2021년이다. 보고서의 공동저자인 토니 세바 미국 스탠퍼드대 교수는 "페이스북·스마트폰 보급 등의 예에서 보면, 기술변화가 특정시점을 넘어서는 순간 갑자기 시장수요가 급격히 증가하면서 일상에 확산한다"며 자율주행차의 경우 이 시점을 2021년으로 예상했다. 이는 미국자동차기술학회(SAE)가 규정한 '레벨5(Level 5)급 자율주행차' 구현이 가능한 시점이 2021년이기 때문이다. 레벨5급 자율주행차란 주행 시 운전자 도움을 전혀 받지 않고 100% 자동차가 스스로 주행할 수 있는 수준의 자율주행차를 뜻한다. 이 시점이 되면 보고서는 소비자들이 자동차를 소유할 필요가 사라진다고 봤다. 차량을 소유하는 비용과 비교할 때, 카셰어링(carsharing) 서비스를 이용하는 것이 ▶ 금융비용을 90% 줄일 수 있고 ▶ 차량 유지비용을 80% 절약하고 ▶ 자동차보험료를 90% 덜 내고 ▶ 연료비를 70% 아낄 수 있다는 것이다. 이런 시대가 개막하면 현재 자동차산업은 심각한 타격을 입는다. 보고서는 2억 4,700만 대(2020년 기준)의 미국 자동차 등록대수가 10년 만에 4,400만 대(2030년)로 감소할 것이라고 예측했다. 대신 자동차산업의 주도권은 카셰어링 업체가 쥔다. 4,400만 대의 차량이 효율적으로 거의 24시간 움직이면서, 차량 1대의 연간 이동거리는 현재 1만 6,000㎞~3만 2,000㎞에서 16만㎞로 최대 10배 증가한다. 보고서는 이때가 되면 자동차 제조사들이 카셰어링업체에 차량을 납품하는 하청업체로 전락할 수 있다는 예측도 곁들였다. 이렇게 되면 유관산업에도 파장이 크다. 직접적으로는 석유수요가 2020년의 70% 수준으로 줄어들어 석유산업이 타격을 입는다. 부동산가격과 공간활용 방식에도 영향을 미친다. 브레드 탬플턴 미국 싱귤레러티대학 교수는 "현재 주차장으로 사용하고 있는 땅은 도심재생에 활용될 것"이라고 예측했다. 신용평가사 무디스 관계자는 보고서에서 "손해보험사는 그들의 자동차보험 비즈니스모델을 완전히 뜯어고쳐야 할 것"이라고 밝혔다. 자동차사고가 크게 줄어들면 지금과 같은 형태의 자동차보험에 가입할 이유가 사라지기 때문이다. 보고서는 종합적으로 이런 변화는 미국 경제발전에 긍정적이라고 본다. 개인 자동차 보유·운송비용이 줄어들면 가구당 가처분소득이 5,600달러(628만원) 늘어나고, 내수 소비증가로 이어져 미국 국내총생산(GDP)이 연간 1조 달러(1,121조원) 상승한다고 분석했다. 보고서가 얼마나 현실성이 있는지에 대해 보고서 공동저자인 제임스 아르빕 리싱크엑스 공동설립자는 "보고서의 결론은 2020년대 초기 완전자율주행 시대가 열린다는 가정을 바탕으로 한다"며 "2021년 이런 시대가 열리지 않는다면 보고서가 제시한 시나리오는 지연될 수밖에 없다"고 인정했다.

자료: 중앙일보, 2017.5.18

2.3 마케팅의 필요성

마케팅은 기업이 제공하는 제품과 서비스, 촉진, 가격결정, 유통경로 등을 결정하고 이러한 결정의 결과는 다시 개인, 조직, 그리고 사회의 사고와 행동양식에 중요한 영향을 미친다. 기업은 자신이 속해 있는 환경과 끊임없이 상호작용하는 개방시스템이며, 마케팅기능은 이러한 환경과 조직을 연결해 주는 핵심 메커니즘이다. 그 결과 마케팅은 전 세계경제, 각국 경제, 개별조직과 소비자로서의 개인에 대한 중요한 역할을 수행하게 된다.

먼저 세계경제에서의 마케팅의 필요성을 살펴보면, 오늘날 대부분의 국가들은 경제발전 정도나 정치적 이념에 관계없이 마케팅의 중요성을 인정하고 있다. 많은 수의 중·후진국들이 선진 마케팅기법의 도입을 통해 그 나라의 경제적 부를 향상시켜 가고 있다. 이러한 마케팅사고의 확산은 무엇보다도 대규모 글로벌기업의 출현과 경제질서의 무국경화가 진행된 결과이다.

현재 세계무역은 세계총생산보다 3배 이상 빠르게 성장하고 있다고 한다. 이러한 글로벌화의 진전은 마케팅기업으로 하여금 해외에 대한 더 많은 관심을 유도하고 있는데, 이는 자사의 생존과 성장이 국내뿐만 아니라 국내와 국제마케팅의 결합을 통해 달성될 가능성이 높기 때문이다.

이와 관련하여 레비트 교수는 시장의 글로벌화와 산업의 글로벌화를 주장하고 있다. 이것은 세계시장과 국내시장이 서로 불가분의 관계에 있으며, 국가별로 다르게 나타나는 마케팅 활동범위와 내용, 판매촉진기법은 단지 지역시장간의 환경의 차이를 고려한 결과라는 것이다. 그 결과 기업의 해외진출이 마케팅적인 고려없이 단순히 포화된 자국시장을 벗어나기 위한 판매목적이라거나, 재무적·생산적 목표만을 강조할 경우 실패할 가능성이 높아진다.

예를 들면 우리나라는 극동 아시아에 위치하고 있지만, 기업의 제품은 전세계에 공급된다. 세계시장으로의 성공적인 진출은 현지시장 수요에 있어서 마찰은 물론 저항 및 반대를 극복할 수 있을 때 달성된다. 즉, 제품의 유형이나 디자인, 서비스 등이 현지 고객의 욕구를 충족시켜줄 수 없을 때, 혹은 범세계적인 환경의 변화, 즉 세계시장, 경제, 정치, 군사, 자원 등에 대한 복합적인 고려를 토대로 한 마케팅전략 없이는 해외시장에서의 성공을 보장할 수 없다는 것이다.

이상에서 살펴보았듯이 세계경제의 동조화와 사회전반에 대한 글로벌화가 진행되고 있는 상황에서 기업의 생존 및 번영은 시장과 기업환경에 대한 고려없이는 불가능하기 때문에 기업환경과 기업을 연결하는 마케팅의 역할이 더욱 중요해지고 있는 것이다. 고객과 기업환경에 대한 고려, 그것은 바로 마케팅적 사고의 핵심인 것이다.

둘째, 각국 경제에서의 역할인데, 현대 사회는 자본주의사회로서 생산과 자본을 소유한 자본가에 의해 기업이 이익을 창출하고 이를 통한 경제적 부를 바탕으로 성장하는 기업시민사회이다. 기업이 단순한 생산활동의 주체일 뿐만 아니라 가계 및 정부와 함께 현대사회를 구성하는 핵심적인 존재이며, 기업활동의 후퇴는 그 나라의 국부상실 및 존립을 위태롭게 만들 수 있다는 의미이다.

현대사회에서의 마케팅 역할은 이러한 기업의 생존과 번영을 가능케 하는 데 의미를 부여할 수 있다. 마케팅이 기업의 생존과 번영을 가능하게 하고 기업 시스템을 조정, 통제하는 가장 중요한 개념으로 인식되고 있는 만큼 시장에서 성장을 보장받지 못하는 기업은 사회에서 쇠퇴할 수밖에 없다.

마케팅은 직접적으로는 마케팅부분의 고용을 증대시켜 주고, 간접적으로 수요를 자극함으로써 제조업, 판매업, 서비스업 등 다른 부문의 고용도 증대시켜 준다. 또한 생산과 수요를 연결시켜 줌으로써 수요에 따라 사회적 자원을 배분하는 거시적 조정자 역할도 수행한다. 따라서 마케팅은 기업의 생존을 가능케 함으로써 국가경제의 토대를 제공하고 고용창출은 물론 수요와 공급을 조절하여 국가경제가 균형적으로 발전할 수 있도록 해준다.

셋째, 개별기업에서의 마케팅에 대한 역할인데, 마케팅은 외부환경과 기업의 연결고리 역할을 하며 기업생존의 원천이자 기업활동을 조정 및 통제하는 기본적 철학이다. 기업성공의 원천은 자신들의 고객들이 욕구충족을 통해 수익을 창출하는 데 있다. 생산, 재무, 인사 등의 많은 경영기능들이 존재하지만 직접적으로 수익을 창출할 수 있는 기능은 마케팅이 유일하다. 이러한 사실들이 마케팅을 제외한 다른 부서의 관리자들에 의해서 간과되기는 하지만 이들이 사용하는 모든 생산원가나 비용 등은 마케팅활동의 결과로 발생하는 수익의 다른 이름일 뿐이다.

또한 마케팅의 효과적인 조정없이 대량생산된 제품은 대량판매로 이어질 수 없다. 고객욕구에 대한 면밀한 조사결과로써의 생산계획의 실행과 적시적소의 공급이야말로 고객만족의 필요조건이며, 고객만족 없이는 지속적인 판매도 없다. 마케팅은 본질적으로 환경에 대한 외부지향성과 내부활동의 조정이라는 내부지향성의 양면을 가지고 있으며, 이를 통해 기업과 환경을 연결해 준다.

2.4 마케팅활동의 여러 기능

상호교환활동으로서 마케팅은 여러 가지 기능을 수행하게 되는데, 마케팅 기능(marketing functions)에는 구매(buying), 판매(selling), 표준화 및 등급(standardization and grading), 수송(transportation), 보관(storage), 시장정보의 수집(gathering market information), 금융(financing in the market) 및 위험분담(risk taking) 등이 포함된다. 이들 기능들은 그 어느 것 하나도 마케팅활동에서 제거될 수 없으며, 누군가에 의해서 수행되어져야 한다. 이와 같은 여러 기능을 내용별로 분류하면 〈그림 12-1〉과 같다.

그림 12-1 마케팅활동의 여러 기능

마케팅기능

- 1. 교환기능
  - ① 구매
  - ② 판매
  - → 상적유통: 인적 분리현상을 해결하기 위한 수급 조절기능
- 2. 물적 유통기능
  - ③ 수송
  - ④ 보관
  - → 물적유통: 장소적 격리제거를 위한 상품이전기능 / 시간적 격리제거를 위한 상품보관기능 / 양적 격리제거를 위한 집합준산기능
- 3. 조성기능
  - ⑤ 시장정보
  - ⑥ 표준화
  - ⑦ 금융
  - ⑧ 위험부담
  - → 정보의 격리제거기능 / 질적 격리제거기능 / 자금이용상의 격리제거기능

제 3 절

마케팅관리활동의 내용

그림 12-2 바고지의 마케팅관리과정

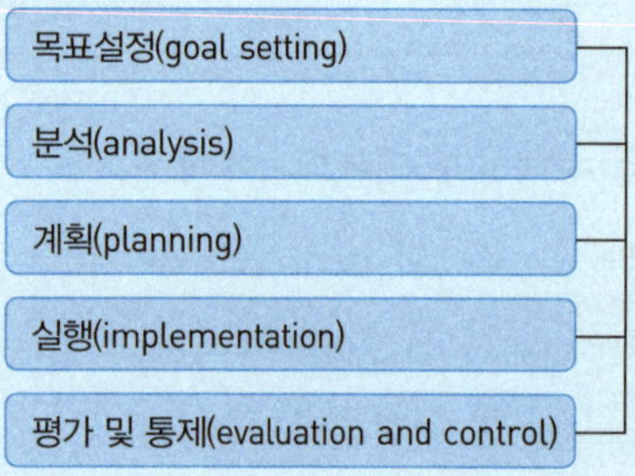

코틀러(P. Kotler)는 마케팅관리(marketing management)란 개인 및 조직의 목적을 달성하게 해주는 교환 관계를 창조하기 위해 아이디어나 재화 및 서비스 등의 개념화, 가격, 촉진, 유통을 계획하고 관리하는 과정이라고 정의한다. 바고지(R.P. Bagozzi)는 마케팅관리과정을 〈그림 12-2〉와 같이 통합된 순서로 보았다.

마케팅관리에 대한 이 두 가지 정의의 공통점은 마케팅관리를 단순한 하나의 사실(fact)이나 사건(event)이 아닌 과정(process)으로 보았다는 점이다. 그런데 관리를 과정으로 보는 데는 두 가지 접근법이 있는데, 하나는 사람중심의 관리과정이고, 다른 하나는 일중심의 관리과정이다. 즉, 쿤츠(Koontz, O'Donnel and Weihrich) 등의 저서 *Management*란 책은 대표적인 사람중심의 관리과정의 관점에서 쓰여진 책으로, 사람중심의 관리과정은 계획(planning), 조직화(organizing), 충원(staffing), 지휘(leading), 통제(controlling)의 5단계로 되어 있다. 코틀러나 바고지 등은 마케팅의 관리과정을 사람중심보다는 일중심의 접근방법을 채택하였다. 코틀러는 마케팅관리를 분석, 계획, 실행 및 통제의 과정으로 보았으며, 바고지는 목표설정, 분석, 계획, 실행, 그리고 평가 및 통제의 과정으로 보았다. 즉, 마케팅 기회를 분석하고, 표적시장의 조사 및 통제의 과정으로 보았다. 즉, 마케팅프로그램의 계획, 그리고 마케팅노력의 조직화와 실행 및 통제로 정의하고 있다.

코틀러의 일중심의 마케팅관리과정을 그림으로 나타내면 〈그림 12-3〉과 같다. 이 그림에서 우리는 마케팅활동의 관리에 관한 개괄적인 내용을 한눈에 볼 수 있다. 그 구체적인 내용은 앞으로 마케팅원론 또는 마케팅관리론에서 심도 있게 배우게 될 것이므로 여기에서는 마케팅관리자의 주된 활동영역이라고 할 수 있는 두 가지 분야에 대해서만 설명하기로 한다. 첫째는 전략적 마케팅관리를 설명하고, 마케팅 노력을 집중할 수 있는 표적시장을 찾는 것이고, 둘째는 고객가치와 고객만족에 대해서 설명하고자 한다.

그림 12-3 코틀러의 마케팅활동의 관리과정

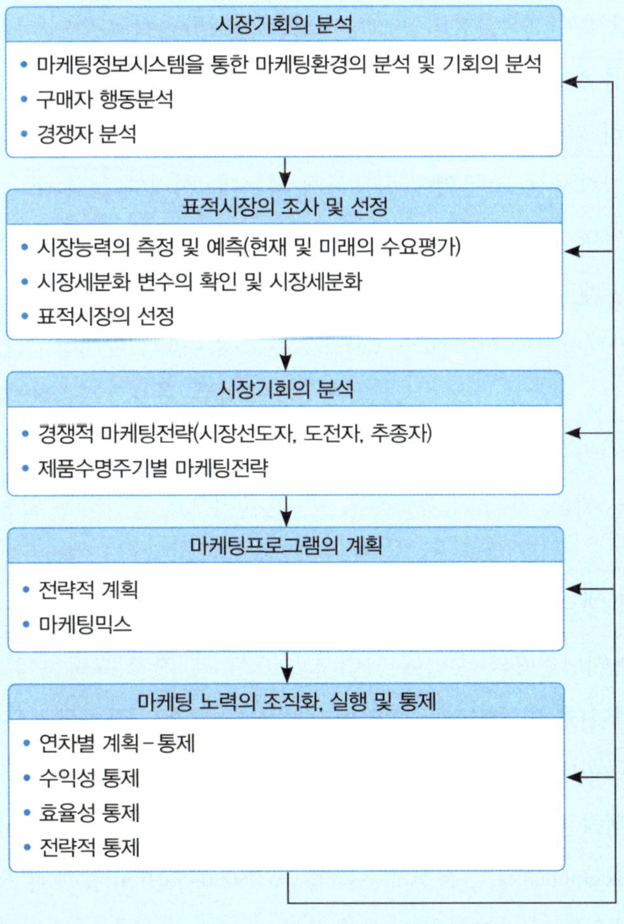

3.1 전략적 마케팅관리

오늘날 마케팅활동은 생산·판매 지향적 입장에서 벗어나 '고객으로부터 시작하여 고객으로 끝난다'는 관점에 기초를 두고 있다. 현대적 의미의 마케팅이란 고객이 무엇을 원하고 있는가를 미리 파악해서 그것에 부응하는 제품이나 서비스를 만들어 고객에게 공급하는 일련의 활동이라고 할 수 있다. 다시 말하면 마케팅의 기본적 역할은 고객이 원하는 제품이나 서비스를 필요로 하는 수량만큼 원하는 장소와 시간에 공급하는 것을 의미한다.

앞에서 고객지향적 마케팅개념을 설명하면서 기업이 고객의 욕구를 파악하여 이를 충족시키기 위한 마케팅활동의 중요성을 강조했다. 그러나 이러한 활동은 우리 회사만 하는 것은 아니고 경쟁기업도 똑같이 하고 있다. 따라서 경쟁사와 차별화시킬 그 무엇이 필요하게 되는데, 여기에 전략(strategy)의 개념이 필요하게 된다. 고객의 욕구를 충족시키기 위한 마케팅개념과 경쟁에 대처하기 위한 전략의 개념을 접합시켰을 때 마케팅전략이 나오게 된다.

마케팅전략(marketing strategy)은 고객지향적 마케팅 개념과 전략적 사고를 결합시킨 것으로 고객의 욕구를 충족시키고 시장경쟁에서 경쟁기업에 이길 수 있는 지속적인 경쟁우위를 확보하기 위한 활동, 즉 마케팅믹스(marketing mix)(4P's)—제품, 가격, 유통, 촉진—를 효율적으로 통합하는 활동을 뜻한다.

가. 마케팅전략

마케팅전략의 수립에 있어서 중요한 세 가지 요소는 고객, 우리 회사, 경쟁기업이다. 마케팅전략 수립의 출발점은 고객의 분석에서부터 시작된다. 고객이 누구이며, 어떤 욕구를 갖고 있는지를 파악해야 한다. 여기에 직면하는 사실은 고객들은 다양한 욕구를 갖고 있다는 점이다. 따라서 분석은 고객세분화(customer segmentation), 시장세분화(market segmentation)로부터 시작된다.

다음은 여러 세분화된 시장 중에서 어떤 고객층을 주요 표적으로 선택할 것인가를 결정해야 한다. 표적고객(target market)이 선택되고 이들의 여러 특성이 파악되면, 다음에는 이들 고객에게 우리 회사를 어떻게 경쟁기업과 차별화시켜 알

그림 12-4 마케팅전략의 3C's와 STP

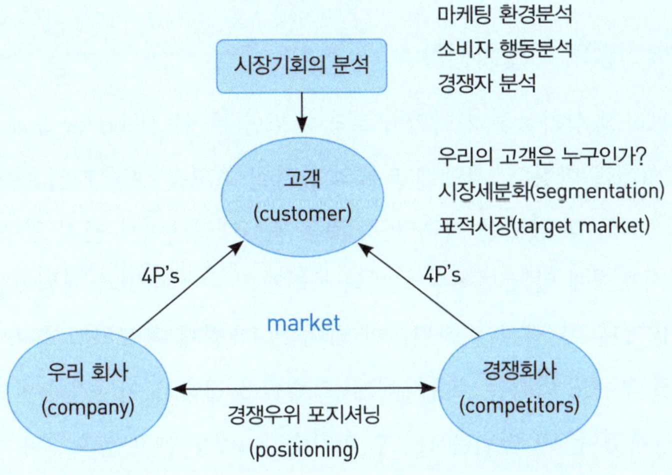

릴 것인가 하는 과제, 즉 포지셔닝(positioning)에 직면하게 된다. 모든 기업은 고객에게 일정한 가치를 공급하고 대가를 받으려고 한다. 이 가치는 구체적으로 마케팅 믹스로 나타난다. 기업들은 마케팅믹스를 통하여 경쟁기업과 차별화하려고 노력하며, 성공적으로 제품차별화가 이루어지면 이는 곧 경쟁우위로 연결된다.

제품차별화(product differentiation)란 고객이 특정회사의 제품이나 서비스가 경쟁기업보다 더 우수하다고 믿고 있는 상태를 가리킨다. 즉 제품차별화는 고객들의 마음속에 경쟁우위를 확보하고 있음을 뜻한다.

고객들은 여러 경쟁제품이나 브랜드 등을 나름대로의 기준, 즉 개별적인 속성에 의해서 평가하고 있다고 할 수 있다. 만약에 고객들이 구매시에 중요시하는 기준이 무엇이며, 또한 경쟁제품들이 그런 기준에 의해서 어떻게 평가되는지를 파악할 수 있다면 자사의 브랜드가 고객의 마음속에 어떻게 포지셔닝되는지도 알 수 있다.

그러므로 마케팅전략의 마지막 단계는 제품이나 브랜드를 표적고객에게 원하는 특성을 가진 제품이나 브랜드임을 인식시키는 활동, 즉 포지셔닝으로 집약된다.

결국 현대적 개념의 마케팅전략은 고객세분화(segmenting), 표적시장 선택(targeting), 포지셔닝(positioning) 등 STP의 단계로 진행된다.

나. 에이밀의 차별화전략

브라질 상파울루 거리의 구두닦이 소년 부에노(Edsonde Godoy Bueno)는 어렵게 의대를 마쳤다. 그에게 오늘의 브라질 초고속 성장 기업 에이밀(Amil Assistencia Media)의 출발을 가져다 준 것은 리우데자네이루 근처 인구 60만 명의 소도시 상호세에 있는 병동수 35개의 쓰러져 가는 산부인과 병원이었다.

1971년 이 병원은 직원들의 급여를 4개월째 체불하면서 파산의 초읽기에 몰리자 부에노 박사는 소유자에게 그 병원을 달라고 이야기하여 병원 회생에 전력투구하였다. 이 병원은 1년 후 환자수가 2배로 늘고 상호세의 가장 인기 있는 병원이 되었다.

그 성공의 비결은 코카콜라 한 병이었다. 당시 브라질의 월평균 임금은 약 60달러 수준으로 콜라를 사서 마신다는 것은 여간한 사치가 아니었던 시절이었다.

부에노 박사는 병원을 찾는 모든 임산부뿐 아니라 그들을 따라온 아이들에게까지 코카콜라 한 병씩을 무료로 제공하였다. 이로 인해 비록 6%의 원가 부담요인이 추가로 발생하였으나, 가난한 사람들이라도 '사람을 사람답게 취급한다'는 소문이 도시 내에 삽시간에 퍼지면서 병원은 말 그대로 문전성시를 이루게 되었다. 그 후 부에노 박사의 병원은 점차 그 수가 늘어났으며, 회사의 주력 사업도 의료보험사업으로 전환 확대된 후 에이밀 그룹으로 발전하였다.

그 외에도 에이밀의 기발한 마케팅전략은 브라질뿐만 아니라 전 세계의 관심을 집중시켜 왔다. 회사상호 중 밀(Mil)이 포르투갈어로 1,000이라는 숫자에 착안하여 모든 홍보 말미에 '221-1000으로 전화하십시요'라는 문구를 넣어 에이밀의 전화번호를 모르는 브라질 사람이 없을 정도로 만들었다. 부에노 박사가 브라질의 한 유명 호텔에 묵을 때 종업원에게 갑자기 "혹 지금 기억하고 있는 전화번호 생각나는 것 있느냐"고 물었더니 "221-1000"이라고 하여 흐뭇해하였다는 일화도 유명하다.

에이밀의 의료 보험자를 위한 헬기 수송체계의 구축, 미국 세계 최고 정보지의 포르투갈어판 무료 배부 등 '우리는 당신을 돌봐 드립니다(We take care of you)'라는 캐치프레이즈 아래 이 회사는 인간 존중의 이념을 독특한 방법으로 실천하였다.

지난 10년 간(1982~1992) 에이밀 그룹의 연평균 성장률은 무려 45%로 말 그대로 숨가쁜 성장을 거듭해 왔다. 이러한 에이밀 초고속성장의 동인은 한마디로 경쟁자에 대한 끊임없는 차별화 전략의 추구이며, 그 시발이 콜라 한 병이라면 좀 지나친 비약일까?

부에노 박사가 23년 전 가난한 작은 도시에서 무료로 제공한 콜라 한 병이 대단한 위력을 발휘했듯이 우리 주변에도 조금만 생각을 달리하면 상당한 차별화 효과를 가져올 요소가 많을 것이다.

커피만 해도 그렇다. 오는 고객이나 방문객 모두에게 무차별적으로 자동판매기 커피를 아무런 생각없이 대접하는 것이 대부분이다. "설탕과 프림은 어떻게 할까요?"라는 한마디에 그 기업에 대한 고객의 이미지와 느낌이 다를 것이다. 만약 1개월 뒤나 2개월 후에 그 고객이 다시 찾았을 때 "설탕 한 스푼에 프림은 안 넣지요?"라고 되묻는다면 소위 고객만족을 지나 조그만 감동까지도 줄 수 있을 것이다.

LET'S THINK

7번의 실패 끝에 세계 최고 도시락 기업으로 탄생하다, 스노우폭스 김승호 회장

스노우폭스(Snow fox)는 2005년 미국 휴스턴에 본사를 두고 시작한 글로벌 도시락 기업이다. 스노우폭스는 세계 최초의 그랩&고 형태의 레스토랑인데 이는 미리 용기에 담아 놓은 메뉴를 계산하고 매장 내에서 먹거나 들고 나가는 방식을 뜻한다. 2005년 시작한 스노우폭스는 불과 13년 만에 미국, 유럽 등 전 세계 1,300여 개 지점을 두고 연 매출액은 3,500억원에 이르는 세계적 기업으로 성장했다. 그런 스노우폭스의 대표가 한국인이라는 사실을 아는가?

1987년 미국 이민 길에 오른 스노우폭스 김승호 회장은 가난한 흑인 동네에 정착해 아버지와 함께 사업을 시작했다. 베갯잇, 커튼 등을 팔기도 했었고 지역 신문사를 차린 적도 있다. 하지만 동업자들과 문제가 생겨 무너졌다. 이후 증권, 선물회사, 한국식품점, 컴퓨터조립회사, 건강식품점 등을 운영했지만 결과는 매번 실패였다. 일곱 번째 실패를 맛보고 그는 아내에게 기대 울었다. 아내는 그를 다독이며 다시 한 번 도전해 보라는 응원의 말을 건냈다. 김 회장은 이 때를 회상하며 "가족의 지지가 없었다면 지금의 자리에 오지 못했을 겁니다"고 말한다.

김 회장이 스노우폭스 매장을 처음 열었을 때 그는 지도를 벽에 걸고 미국 전역에 앞으로 낼 300개의 지점을 표시했다. 사람들은 의아해 하며 코웃음치기 바빴다. 하지만 300개가 훌쩍 넘은 1,300개의 지점을 가진 지금 아무도 그에게 그런 시선을 던지지 않는다. "생각은 물리적인 힘을 갖고 있습니다. 절실한 생각을 머리에서 빠져나가지 않도록 하는 것이 제 성공 비결입니다"는 김 회장의 말이다.

그는 목표가 생기면 종이에 매일 100번씩 100일간 직접 손으로 글씨를 쓴다. 머릿속으로는 구체적인 이미지를 떠올린다. 김 회장은 미국 이민 전 만난 아내를 보고 사귀기도 전에 결혼을 하기로 마음먹었다. 그는 그의 바람을 매일 100번씩 종이에 썼다. 실제로 그는 그녀와 결혼을 했고 스노우폭스의 상호 또한 아내의 성인 '백'을 따서 만든 것이다. 김 회장은 "100번 쓰기는 단순한 행동이지만 실행에 옮기는 것은 생각보다 어렵습니다. 목표를 명확하게 인지하고 절실한 생각을 이미지화해야 합니다"고 말한다.

2015년 그는 국내 전 매장에 '공정 서비스 권리 안내문'을 붙였다. 내용은 "우리 직원이 고객에게 무례한 행동을 하면 직원을 내보내겠습니다. 그러나, 만일 우리 직원에게 무례한 행동을 한다면 고객을 내보내겠습니다"이다. '손님은 왕'이라는 한국의 정서 때문인지 그의 말은 매우 큰 반향을 일으켰다. 직원이 손님에게 친절하게 대하는 것, 서비스를 제공하는 것은 당연하다. 하지만 그렇다고 해서 손님이 직원에게 소위 말하는 '갑질'을 해도 된다는 의미는 아니다. 직원 또한 누군가의 소중한 딸, 아들이자 이 나라의 국민이기 때문이다. 스노우폭스의 경우 본사 직원이 제 몫을 하려면 2년의 시간과 5만 달러의 비용이 든다. 이렇게 키운 소중한 직원이 논란으로 인해 그만둔다면 회사에게도 큰 손실이다. 하지만 그렇다고 고객에게 함부로 하는 직원에게 조치를 취하지 않는 것은 아니다. 그는 이에 대해 "우리 회사는 착하지 않습니다. 공정할 뿐이죠. 구성원도 고객에게 잘못하면 내보내는 오히려 무서운 회사입니다"라고 답한다.

자료: 지식비타민, 2018.10.1

스노우폭스가 세계 최고의 도시락 기업으로 성공한 이유를 한국의 본, 장원도시락 등의 업체와 비교하여 생각해 보시오.

3.2 고객가치와 고객만족

가. 고객가치

고객은 최대의 가치를 제공하는 기업으로부터 제품이나 서비스를 구매한다. 고객가치(customer value)란 고객이 특정 제품이나 서비스로부터 기대하는 여러 가지 혜택과 지불하게 될 총비용 사이의 차이를 의미한다.

고객가치 = 고객이 기대하는 혜택 − 고객이 지불하는 가격

위의 식이 시사하는 점은 우리 회사와 경쟁기업 사이의 상대적 위치 평가와 기업이 고객에게 상품이나 서비스에 대한 전달가치가 상대적으로 취약한 경우 총가치를 향상시키거나 고객의 부담을 경감시키는 방안을 강구해야 한다는 것을 알려준다.

나. 고객만족

고객만족(customer satisfaction)이란 고객의 제품이나 서비스에 대한 사전 기대와 구매 후 제품이나 서비스의 지각된 실제성능을 비교함으로써 나타나는 심리적 상태를 의미한다.

고객만족 = f(고객이 지각하는 성능, 기대)

제품이나 서비스의 지각된 성능이 고객의 기대보다 낮은 경우 고객은 불만족을 느끼게 되고 고객들은 이탈하게 된다. 또한 제품이나 서비스의 지각된 성능이 고객의 기대에 충족시킨 경우에 고객은 만족하게 된다. 이에 더하여 제품이나 서비스의 지각된 성능이 고객의 기대보다 큰 경우 고객은 감동하게 된다.

다. 고객유지

기존고객의 이탈율을 5%만 줄이게 되어도 기업은 25~85%의 이익을 증가시킬 수 있다고 한다. 신규고객의 개발이나 유치를 위하여 소요되는 비용은 기

존고객의 유지비용보다 5배나 더 들게 되므로 기존고객을 유지하는 것이 훨씬 기업의 입장에서는 효율적이다. 따라서 신규고객의 창출을 위한 공격적 마케팅 전략을 사용할 것인지 아니면 기존고객 유지를 위한 방어적 전략을 사용할 것인지를 기업들은 신중하게 결정해야 한다. 고객과의 연속적 관계, 즉 고객유지(customer retention)를 위하여 해결해야 할 두 가지 과제는 다음과 같다.

첫째는 고객이 이탈하지 못하도록 장벽을 높게 세우는 것이다. 전략전환으로 높은 자본비용과 탐색비용을 지불하게 되거나 할인혜택이 감소하게 되는 경우에 고객은 다른 경쟁업체로 전환하기가 쉽지 않을 것이다.

둘째는 높은 고객만족을 지속적으로 제공하는 것이다. 이러한 경우 고객은 경쟁업체의 단순한 저가제공 혹은 전환권유 등으로 인하여 기존 관계를 이탈하지는 않게 된다.

따라서 고객과의 연속적 관계에 초점을 둔 관계마케팅(relationship marketing)이란 이와 같은 보다 강력한 고객충성도(customer loyalty)를 창출하고 유지하는 과업을 의미한다. 기업이 관계마케팅을 수행할 경우, 기업과 고객 사이의 가능한 관계를 다음의 5가지 수준에서 파악할 수 있다.

첫째, 초보적 관계로 판매원이 제품이나 서비스 판매를 하지만 그 고객을 또다시 접촉하지 않는다.

둘째, 고객반응적 관계로 판매원이 제품이나 서비스를 판매하고, 고객이 궁금해 하거나 불평이 있을 경우 이를 고객에게 알려주도록 권유한다.

셋째, 점검 위주의 관계로 판매원이 제품이나 서비스 판매 직후 제품이나 서비스가 고객의 기대에 부응하는지의 여부를 점검한다.

넷째, 선행적 관계로 판매원이 고객에게 수시로 전화를 걸어서 개선된 제품이나 서비스 사용법을 알려 주거나 고객에게 도움이 될 만한 새로운 제품이나 서비스를 소개한다.

다섯째, 동반자적 관계로 기업은 고객과 더불어 고객의 노력을 절감시킬 수 있게 하고 고객제품이나 서비스의 보다 나은 기능수행을 돕기 위한 방안을 지속적으로 모색한다.

지금 경영현장에는

'창업신화'의 몰락… 그들은 어떻게 무너졌나

주먹밥 프랜차이즈 봉구스밥버거가 네네치킨에 매각됐다. 가맹업주들이 사전고지 없이 매각된 데 대해 반발하면서 오세린 봉구스밥버거 전 대표의 도덕성 문제가 또다시 도마에 올랐다. 한때 성공한 청년사업가로 꼽힌 오 전 대표의 신화가 이렇게 무너지는 데 대한 아쉬운 목소리도 나온다.

2018년 10월 3일, 관련업계에 따르면 봉구스밥버거는 지난 9월 회사를 치킨 프랜차이즈 네네치킨에 매각했다. 봉구스밥버거 홈페이지의 대표자 명의도 현철호 네네치킨 대표로 수정됐다. 봉구스밥버거 가맹점주협의회는 본사를 가맹거래법 위반 등의 문제로 공정거래위원회에 신고한 것으로 알려졌다. 가맹점주협의회 측은 봉구스밥버거 본사와 점주들 간에 남아 있는 채무 문제가 있는데, 이를 네네치킨에서 해결해줄지 여부를 알 수 없다며 반발하는 상태다. 이에 따라 오세린 전 봉구스밥버거 대표의 도덕성이 다시금 입길에 올랐다. 앞서 오 전 대표는 2015년 5월~2016년 10월 3차례에 걸쳐 졸피뎀 등 향정신성의약품을 투약하고 마약을 지인들에게 제공한 혐의로 지난해 징역 1년6월, 집행유예 3년을 선고받아 브랜드이미지에 큰 타격을 줬다. 2015년 958곳에 달했던 봉구스밥버거 가맹점은 현재 650여 개로 감소했다. 당시 오 전 대표는 "갑작스러운 젊은 날의 성공을 담을 그릇이 아니었고, 순간 일탈로 이어졌다. 그 순간(마약 투여와 제공 등)을 지금도 후회하고 있다"며 사과했는데, 청년신화가 무너진 데 대한 충격이 크다는 반응이 나왔다.

오 전 대표는 주먹밥 노점상을 전국 1,000개에 달하는 가맹점을 지닌 프랜차이즈로 키워낸, 성공한 청년사업가로 꼽혀왔다. 오 전 대표는 25세던 2009년, 창업비 10만원으로 주먹밥 노점상을 시작했다. 부모님 몰래 대학교 등록금을 환불받아 전국을 떠돌며 분식장사를 했지만 연이어 실패했고 마지막으로 남은 10만원으로 수원 동원고와 동우여자고 앞에서 주먹밥 노점상을 시작했다. 학생들을 중심으로 밥버거가 큰 인기를 끌면서 프랜차이즈 사업으로 확장했다. 봉구스 밥버거는 2015년 기준 958곳의 가맹점을 보유하며 성공신화의 대표 사례로 꼽혔다. 하지만 잦은 음주와 흡연, 회사경영에 대한 압박감으로 오 전 대표는 2014년 2월 뇌졸중을 앓았다. 이어 지난해 마약투약 사실이 적발돼 내리막길을 걷기 시작했다. 오 전 대표의 무너진 성공신화에 대해 안타깝지만 놀랍지 않다는 반응이 나온다. 이전에도 유사한 사례들이 있었기 때문이다.

지난해 6월 호식이두마리치킨 최호식 전 회장이 20대 여직원 성추행 사건에 휘말리며 경영 일선에서 물러났다. 최 전 회장은 1999년 호식이두마리치킨을 창립, 한 마리 가격에 두 마리 치킨을 제공한다는 콘셉트로 업계신드롬을 일으켰다. 호식이두마리치킨은 창립 17년 만에 가맹점 1000호점을 돌파하고 일본 등 해외에도 지점을 냈다. 그는 정직한 기업, '고객감동과 체인점주님 감동 그리고 소외된 이웃과 함께'를 핵심가치로 두고 '상생경영'을 실천한다며 프랜차이즈 업계의 성공신화로 꼽혔지만, 끝내 좋지 않은 일로 회장 자리에서 내려와야 했다.

이어 지난해 7월 채소·과일 전문 프랜차이즈 '총각네 야채가게' 이영석 전 대표도 가맹점주들에게 욕설과 폭행 등 도를 넘은 행위를 했다는 게 보도되면서 홈페이지에 사과문을 발표했다.

가맹점주들은 이 전 대표가 자신들을 향해 욕설, 폭력, 금품 상납 요구 등의 갑질을 했다고 폭로했다. 갑질을 제보한 점주들은 이 전 대표가 스쿠터를 사달라고 요구하고, 2주에 한번 열리는 점주교육에서 욕설을 했다고 주장했다. 일부 점주는 이 전 대표가 영업자세를 강조한다며 교육 중 점주의 따귀를 때린 적도 있다고 제보했다. 이 밖에 이른바 '똥개 교육'으로 불리는 500만원을 내고 받는 유료교육도 있었다고 주장했다. 당시 이 전 대표는 사과문을 통해 "고등학생 시절부터 생존을 위해 밑바닥부터 치열하게 장사를 하다 보니 부족한 점이 많았다. 욕부터 사람을 대하는 태도까지 무지했고 무식했다"고 밝혔다. 그는 "다른 기업들의 갑질 논란이 남 얘기인 줄 알았는데 (이렇게 된 것은) 나의 오만함이 불러온 결과다. 문제가 됐던 모든 부분을 전면 수정하고 최선을 다해 방안을 마련하겠다"고 말했다. 이후 이 전 대표는 경영일선에서 물러나 현재까지 자숙 중이다. 현재 총각네야채가게는 강명균·윤석재 공동대표 체제로 전환됐다. 총각네 야채가게는 이 전 대표가 행상으로 시작해 연매출 400억원대 업체로 키워낸 채소·과일 전문 프랜차이즈로, 성공신화의 대표사례로 꼽힌 만큼 큰 충격을 줬다. 이 전 대표의 성공담을 소재로 뮤지컬, 드라마도 제작된 바 있다.

자료: 다음, 2018.10.4

제 4 절

전략적 마케팅관리의 과정

전략적 마케팅관리(strategic marketing management)는 시장점유율, 매출액, 상표선호도 등 마케팅목표를 설정하고, 이를 달성하기 위하여 필요한 활동들을 계획하고 통제하는 과정이다. 이러한 과정에는 다음의 3가지 구성요소로 나눌 수 있다. 즉 사업기회의 탐색, 표적시장의 결정, 마케팅믹스의 개발 및 실행 등이 그것이다.

4.1 사업기회의 탐색

모든 기업은 시장성이 있는 새로운 기회를 포착할 수 있어야만 계속기업으로서 존속할 수 있다. 이렇게 사업기회를 포착하기 위해서는 우선 마케팅환경을 분석해야 한다. 마케팅환경(marketing environment)이란 기업이 제품을 생산하고 판매하는 등의 경영활동에 영향을 미칠 수 있는 모든 환경을 말한다. 따라서 마케팅환경분석에 직접적으로 영향을 주는 원자재 공급업자, 경쟁기업, 유통업자, 고객 등 이해관계자뿐만 아니라 정치적 환경, 경제적 환경, 기술변화 등 제품에 영향을 미칠 수 있는 각종 환경을 분석하는 것을 말한다.

또한 마케팅환경 분석과 함께 소비자들의 행동이 어떠한지를 분석해야 한다. 이는 소비자의 구매심리가 어떻게 변화하는가를 파악하는 것이다. 또한 개인소비자뿐만 아니라 제품을 대량으로 구매하는 회사, 학교, 정부, 소매상 등 단체소비자에 대해서도 고려해야 한다.

그리고 경쟁기업이나 경쟁제품에 대한 분석도 해야 한다. 우리 기업의 주요 경쟁기업은 어느 기업인지, 주요 경쟁제품은 어떤 것인지, 경쟁기업이 취하는 전략은 무엇인지, 마케팅전략은 어떻게 변화하고 있는지 등에 대한 상세한 분석이 이루어져야 한다.

마케팅을 실천하기 위해서는 표적 고객들이 원하는 바를 충족시키되 그것도 경쟁자에 비하여 보다 효과적으로 충족시켜야 한다. 그 이유는 고객들은 마케팅믹스를 평가하는 데 있어서 항상 경쟁자와의 상대적인 가치를 고려하기 때문이다. 따라서 마케터는 상표나 기업수준에서만 경쟁을 인식하는 근시안적인 마케팅에서 탈피하여 기본적인 욕구의 수준에서도 경쟁을 인식함으로써 새로운 기회와 시장잠식의 가능성을 조기에 포착하고 대응할 수 있어야 한다.

이와 같은 여러 가지 분석을 통해서 해당제품이 사업기회를 가지고 있는지, 즉 시장성이 있는지를 판단하게 된다.

4.2 표적시장 결정

소비자의 욕구가 다르므로 한 제품으로는 모든 소비자의 욕구를 동시에 충족시켜 줄 수 없다는 전제 아래, 소비자의 욕구를 충족시키기 위해서 전체 시장을 일정한 기준에 따라 세분화하여 각 세분시장별 고객특성과 이들의 욕구를 이해해야만 올바른 마케팅전략의 수립과 실행이 가능하다. 따라서 시장세분화(market segmentation)는 매우 중요한 개념이다. 소비자행동을 연구하고 마케팅조사를 실시하는 이유도 전체시장을 효과적으로 세분화하기 위한 기초자료를 얻기 위한 것이다.

기업은 상황분석을 통하여 시장을 세분화하여 평가한 후 그 가운데에서 표적시장(target market)을 선정하게 된다. 표적시장을 선정하는 것은 그 기업의 제품이나 서비스를 구매할 만한 고객들이 누구인가를 찾아내는 것을 말한다.

따라서 시장세분화란 욕구가 유사한 소비자집단별로 전체시장을 나누고(segmenting), 기업의 목적달성에 가장 적합한 표적시장을 선택하며(targeting), 표적시장에서 지속적 경쟁우위를 위하여 상품이나 서비스를 적절하게 위치시키

그림 12-5 시장세분화전략 수립과정

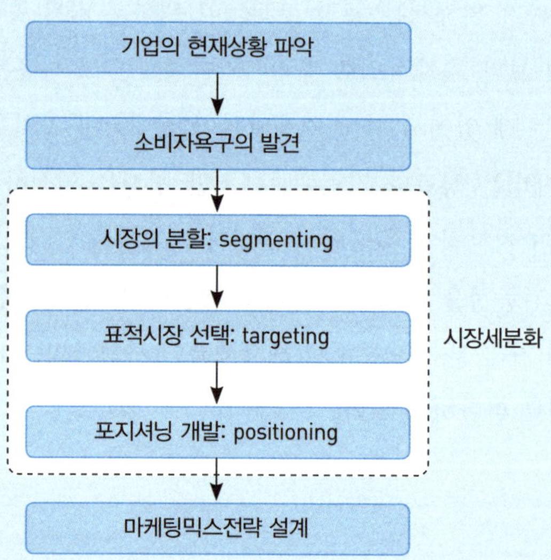

는(positioning) 전략을 개발하는 과정을 의미한다. 표적시장을 결정하고 나면 선정된 표적시장 내에서 소비자들을 대상으로 자사제품이 경쟁제품과 비교하여 우위를 갖도록 여러 가지 마케팅믹스활동을 하게 된다. 이러한 마케팅믹스활동은 제품(product), 가격(price), 유통(place), 촉진(promotion), 즉 4P에 대하여 이루어지게 된다.

마케팅관리의 주요 대상인 4P는 기업이 표적시장으로부터 원하는 반응을 창출하기 위해 통제할 수 있는 마케팅 대상을 의미한다. 이러한 마케팅관리에서의 4P는 각각 별개의 과정을 통해 결정되어질 수 있으나, 따로 볼 때는 적절한 결정이지만 기업 전체적인 측면에서는 적절하지 못한 경우가 종종 발생할 수 있다.

따라서 마케팅믹스활동인 4P는 전체적인 측면에서 적절하게 혼합하여 결정하여야만 효과적일 수 있다. 이러한 요인들은 별개의 요인으로 보고 의사결정을 내리는 것이 아니라 제품의 특성에 맞도록 가격, 유통, 촉진 등 모든 요소들이 조화를 이루도록 하여야 기업의 목표를 달성할 수 있을 것이다.

지금 경영현장에는

놀부, 부대찌개 식당에 분식 결합해 매출 쑥

급격한 최저임금 인상 등으로 프랜차이즈 산업의 어려움이 커지는 가운데 31년 된 외식업체 놀부가 확 달라진 행보를 보이고 있다. 요체는 가맹점이 살아야 회사가 산다는 프랜차이즈 기본에 입각해 가맹점 이익을 키우기 위한 상생 활동과 함께 신규 브랜드 개발을 통한 사업 확장이다. 지난 28일 경기도 성남 본사에서 만난 안세진 놀부 대표(50)는 "올해 들어 임금과 임대료 인상, 프랜차이즈 갑질 이미지로 인해 신규 창업 희망자가 작년에 비해 절반이 줄었다"면서 "이대로 가면 가맹점과 본사 모두 위험해질 수 있다는 위기의식 속에 지난 8개월간 여러 혁신작업을 밀어붙였다"고 강조했다.

LG·LS그룹 등에서 위기대응전략 임원을 지낸 안 대표는 놀부의 모회사 격인 모건스탠리에서 사업구조 재편 등 정상화를 위한 러브콜을 받고 지난 1월 말 부임했다. 1987년 놀부를 설립한 김순진 회장은 2011년 글로벌 투자회사인 모건스탠리PE에 지분 100%를 매각했다. 하지만 보쌈과 부대찌개 위주 단순한 메뉴로 인해 놀부 성장은 정체됐고, 지난해는 큰 폭의 순손실을 기록했다. 이런 상황에서 구원

투수로 투입된 전문가가 안 대표였다. 그는 먼저 사업 악화 원인부터 찾아 나섰다. 그는 "인건비나 임대료 상승, 외식업계 경쟁 심화 등 대외환경이 나빠진 데다 기존 메뉴와 브랜드만을 고수하면서 빠른 음식 트렌드 변화에 뒤처졌다"고 진단했다.

안 대표가 제시한 대응책은 크게 두 가지였다. 첫째는 고통을 호소하는 가맹점을 살리는 것이고, 둘째는 신규 브랜드 출시로 사업 외연을 키우는 것이었다. 가맹점 매출 증대를 위한 작업 중 하나는 기존 놀부 매장 안에 떡볶이, 순대 등 분식을 배달로만 파는 별도 매장을 두는 숍인숍을 설치한 것이다. 놀부 분식 브랜드 공수간에서 파는 메뉴 중 일부를 매장 형편에 맞춰 팔 수 있도록 했다. 안 대표는 "기존 매장 설비와 인력을 그대로 쓰기 때문에 추가 비용이 들지 않는다"면서 "매장마다 매출이 최대 30% 늘고, 이익률이 높아져 만족도가 높다"고 전했다. 국내 놀부 매장 500여 곳 가운데 상권이나 매장 규모 등을 감안해 개조 가능한 200여 곳 중 100곳이 최근 두 달간 숍인숍 형태로 바뀌었다. 안 대표는 "부부나 친·인척이 함께 매장을 운영하는 경우가 많아 일거리가 늘어도 인건비 증가가 없다"면서 "매출이 늘다 보니 폐점이 줄고, 신규 창업자 문의가 많아졌다"고 털어놨다. 놀부는 내년 상반기까지 200여 곳을 숍인숍 형태로 바꾸고, 신규 매장은 처음부터 숍인숍으로 운영할 계획이다.

돈육 등 식자재 공급 가격도 현실화했다. 안 대표는 "급격한 납품 단가 인하는 시장 상황이 바뀌면 중단될 수 있는 만큼 시장 가격과 연동해 수시로 좋은 가격에 공급하는 편이 지속성이 높다"고 설명했다. 그는 또 예전엔 가맹점과 절반씩 부담하던 행사 프로모션 비용을 본사가 100% 내는 것으로 바꿨다. 노후한 매장 간판 교체도 회사가 전액 부담하기로 하고 현재 70여 곳(매장당 평균 약 250만원)을 지원했다.

안 대표가 추진한 또 다른 변화는 브랜드의 다양화다. 숍인숍에 들어갈 브랜드로 공수간 외에 배달 삼겹살 전문점 삼겹본능을 만들었다. 놀부 매장의 숍인숍에서 배달로만 파는 형태로 10여 곳에서 운영하고 있다. 20·30대 젊은 층을 공략하기 위해 트렌디한 면류 전문점인 만면희색과 막걸리 주점 취화당을 지난 4월 오픈했다. 또 쇼핑몰과 역사(驛舍) 상권이 커지고 있는 데 대응해 특수상권용 한·중·일식 브랜드를 조만간 내놓는다.

외부 전문업체와 협업도 눈길을 끈다. 막걸리와 안주 등을 파는 외식업체 월향과 함께 서울의 맛이라는 합작회사(JV)를 세웠다. 오는 11월 북한 가정식을 콘셉트로 한 첫 매장을 인천 송도에 열 예정이다. 안 대표는 "북한 음식 하면 평양냉면을 떠올리지만 온반이나 국수, 북한식 패스트푸드 등 북한 대중이 즐겨 찾는 메뉴도 많다"면서 "북한 음식을 저렴한 가격에 맛볼 수 있게 될 것"이라고 밝혔다.

해외사업은 현재 매장이 있는 중국과 일본 위주로 확대해 나갈 방침이다. 중국에선 놀부를 현지 전용으로 만든 이화언니 브랜드를 내놓고 중국인 입맛에 맞는 메뉴 개발에 나서고 있다. 안 대표는 내년쯤 다시 흑자 전환을 이룰 것으로 내다봤다. 그는 "수년간 1,200억원대에 갇혀 있는 매출이 2~3년 내 2,000억원대에 이를 것"이라고 강조했다.

자료: 매일경제신문, 2018.10.1

4.3 제품전략

가. 제품전략

소비자의 욕구를 충족시키기 위한 제품의 제공이야말로 기업의 마케팅활동에서 가장 중요한 요소이다. 아무리 가격을 잘 결정하고 최적의 유통경로를 선택하여 홍보를 잘한나 하더라도 제품이 없는 미케팅활동은 있을 수 없다. 따라서 기업이 어떠한 제품을 생산할 것인가 하는 결정은 마케팅믹스의 기본이 된다.

마케팅믹스에서의 제품전략(product strategy)이란 무엇인가? 제품전략을 이야기하기 전에 먼저 제품(product)이란 무엇인가 살펴볼 필요가 있다. 좁은 의미의 제품이란 고객의 기본적 욕구와 욕망을 충족시키기 위해 제공하는 물리적이고 기능적인 제품이나 서비스 그 자체를 말한다. 반면 넓은 의미의 제품이란 물리적이고 기능적인 제품이나 서비스뿐만 아니라 브랜드, 포장, A/S, 판매장소의 분위기 등을 포함한다.

이 때 제품의 유형성 측면에서만 제품의 정의를 내리는 근시안적 마케팅(marketing myopia)에서 벗어나 제품을 넓은 의미로 이해하는 것이 시장에서 경쟁우위를 점할 수 있는 위치를 확보하는 데 도움이 될 것이다. 따라서 제품전략이란 고객을 만족시키기 위한 물리적이고 기능적인 제품 결정뿐만 아니라 거기에 수반되는 브랜드, 포장, 이미지 등을 결정하는 것을 말한다.

나. 제품믹스

제품믹스(product mix)란 기업이 판매하는 모든 제품계열을 어떻게 결정하는가를 말한다. 여기서 제품계열(product line)이란 소비자의 욕구, 사용용도, 판매처, 가격범위 등에서 서로 연관성이 있는 제품의 집단을 말한다. 제품믹스를 구성하는 데 있어서 고려해야 할 사항은 다음과 같다.

(1) 폭(width): 한 기업이 취급하는 제품계열의 수

(2) 깊이(depth): 각 제품계열에 속한 제품품목의 개수

(3) 길이(length): 제품믹스 내에 있는 전체의 수

(4) 일관성(consistency): 제품계열의 유사성

그림 12-6 제품믹스

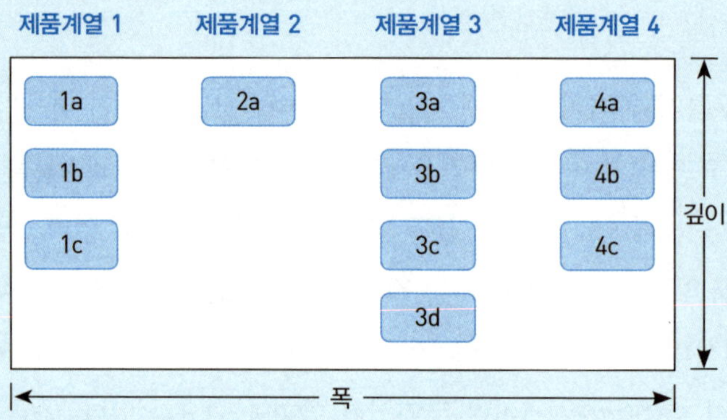

다. 브랜드

브랜드(brand)는 제품이나 서비스에 붙여진 이름, 상징, 도안 등을 말한다. 브랜드는 보통 브랜드명과 브랜드 마크로 구분되는데 브랜드명은 브랜드 중에서 말로 부를 수 있는 이름을 말하고, 브랜드 마크는 상징이나 도안 등과 같이 시각적으로 보여지는 부분을 말한다.

이 때 브랜드는 특정제품이나 서비스의 고유 이름이므로 같은 이름이 둘 이상이거나 유사한 이름이 있어서 소비자가 혼돈을 일으키게 되면 안되기 때문에 브랜드를 법적으로 보호할 수 있도록 하기 위해서 브랜드를 등록하여야 한다.

소비자는 일반적으로 높은 브랜드 선호도를 가지고 있는 제품이나 서비스를 구매하게 되며 경쟁제품이 더 낮은 가격으로 판매하거나 많은 광고에도 쉽게 끌리지 않는다. 따라서 많은 기업들은 자사 브랜드에 대한 인지도와 선호도를 높이기 위해서 막대한 투자를 아끼지 않고 있다.

라. 포장

포장(packaging)이란 제품을 싸거나 담을 용기나 포장지를 만들고 디자인하는 활동을 말한다. 이러한 포장은 과거에는 단순히 제품을 보호하기 위한 수단으로 인식되었으나 최근에는 포장의 형태, 색상, 재질 등으로 제품의 이미지를 형성하여 소비자들의 욕구를 불러일으키도록 하고 있다. 따라서 경영자는 포장을 '말없는 세일즈맨'이라고 인식할 필요가 있다.

마. 신제품개발

오늘날 소비자들의 욕구와 기술 및 경쟁양상이 급격하게 변화하기 때문에 기업들이 기존제품에만 의존해서는 살아남을 수 없기 될 것이다. 포스트잇(Post-It) 메모지로 잘 알려진 3M은 신제품을 강조하는 회사로 유명하다. 현재 6만여 가지 제품을 판매하는 이 회사는 매년 200가지 이상의 신제품을 출시하고 있으며, 매년 25% 정도의 매출이 최근 5년내 시장에 출시된 제품들로부터 나오고 있다. 신제품개발이 이처럼 중요하지만, 문제는 신제품의 실패율이 매우 높다는 데 있다. 미국시장을 대상으로 한 조사에 의하면 신제품의 실패율이 소비재 40%, 산업재 20%, 그리고 서비스업 18%라고 한다. 또한 다른 조사에 의하면 매년 시장에 도입되는 2,500여 신제품 중 90%가 3년 이상을 버티지 못한다고 한다.

신제품의 성공률을 높이기 위해서는 개발과정을 효과적으로 관리해야 한다. 보통 신제품개발은 아이디어 창출 → 아이디어 선별→ 제품개념 개발 및 테스트 → 마케팅전략 개발 → 사업성분석 → 제품이나 서비스 개발 → 시험마케팅 → 시장에 출시 등의 8단계를 거치는 것으로 볼 수 있다.

바. 제품수명주기

경영자는 제품전략의 수립에 있어서 제품은 일종의 수명주기를 가지고 있다는 사실을 인식해야 한다. 인간의 일생과 마찬가지로, 제품은 일반적으로 도입기, 성장기, 성숙기, 그리고 쇠퇴기의 4단계를 거치게 된다.

제품수명주기(product life cycle: PLC)에 있어 단계별로 제품이 처한 시장상황, 경쟁, 수요 등이 변하기 때문에 경영자는 이러한 변화된 각 상황에 적합한 마케팅믹스전략을 수립할 필요가 있다. 또한 제품수명주기 개념을 토대로 수명주기의 새로운 형태를 재구축하기 위한 전략을 수립할 수 있다. 예를 들면 기계식 전화기에서 전자식 전화기로, 그리고 무선전화기 등으로 발전시킴으로써 전화기에 대한 제품수명주기를 연장하여 왔다.

표 12-1 제품수명주기의 단계별 마케팅전략

단계 \ 측면	도입기	성장기	성숙기	쇠퇴기
경쟁기업	중요하지 않음	소수의 경쟁업자 등장	많은 경쟁업자가 시장에 있음	거의 없음
전반적 전략	시장확보, 제품사용을 위한 초기 사용자 설득	시장침투, 자사제품을 선호하도록 소비자 설득	브랜드 위치 방어	취약제품폐기 준비, 가능한 모든 이익을 고려한 철수
이익	낮은 생산성과 높은 마케팅비용으로 적자	고가격과 수요증가로 절정수준에 도달	성장률 둔화	마이너스 성장
가격	고가격	고가격(소비자의 집중적 수요)	경쟁대응가격 설정, 저가격	저가격
유통	선택적 유통(유통경로 구축단계)	집중적 유통구축	집중적 유통구축	선택적 유통
광고전략	초기 사용층 목표	대중시장에서의 상표이점의 인식	유사브랜드 차이점 부각	재고제품 감소를 위한 저가격 강조
광고강조	높음	보통(구전광고)	보통	제품폐기를 위한 최소의 비용
촉진	과다지출(견본, 쿠폰 및 기타 유인물 제공)	보통(상표선호도 창출)	과다	최저수준

지금 경영현장에는

트렌드에 딱 맞는 떡

〈조복남〉은 서울 마포구 연남동에 위치한 퓨전한식 디저트 전문점이다. 정재헌, 김도훈 공동대표는 식사와 간식 사이에서 다양하게 응용할 수 있는 떡 아이템을 가지고 2018년 4월 〈조복남〉을 오픈했다. 대부분의 사람들은 떡을 명절 때나 먹을 수 있는 음식으로 생각하지만, 두 공동대표는 '떡을 조금 색다른 형태로 선보이면 젊은 층에게도 충분히 어필할 수 있을 것'으로 예상했다. 베이커리에서도 식사용 빵과 디저트용 빵이 있듯이 떡 또한 카테고리를 이분화하면 나름의 가능성이 있을 것으로 내다본 것이다. 우선 떡의 경쟁상대는 서양식 디저트. 은은한 단맛의 떡보다 달달한 베이커리에 길들여진 소비자들에게 좀 더 가까이 다가가기 위해서는 전통만을 고집하기보다 변형의 방식을 택하는 게 수월할 것으로 판단했다.

때문에 서양식 디저트가 지니고 있는 요소들을 차용해 새롭게 재해석한 떡을 선보이게 된 것이다.

쌀가루로 만든 '초코 브라우니', 콩고물 대신 소보로를 입혀 만든 '소보로 인절미' 등이 그렇게 개발됐다. 이외에도 옥수수 인절미와 치즈 인절미, 팥 인절미 등 20대 여성들의 입맛에 맞춰 다양한 메뉴들을 출시했으며, 기존의 떡보다 살짝 당도를 높임으로써 서양식 디저트들과 비교했을 때에도 경쟁력이 크게 뒤처지지 않게끔 했다. 뿐만 아니라 고소한 풍미가 있는 콩고물과 흑임자 인절미로 중년 이상의 소비자들까지 끌어들여 '떡의 소비층이 한정적'이라는 기존의 인식을 깨뜨렸다.

〈조복남〉의 떡은 유기그릇에 진열해 판매한다. 전통적인 느낌을 줄 뿐만 아니라 메뉴명과 가격까지 표시해 소비자들이 손쉽게 구매할 수 있도록 유도하고 있다. 특히 인절미는 봉지에 담아 어디서나 간편하게 즐길 수 있도록 스낵 형태의 포장을 취하고 있으며, 백설기는 종이상자에 담아 개별 포장, 손님들이 선물용으로도 많이 찾고 있다.

〈조복남〉에서 또 한 가지 시선이 와닿는 부분은 시식코너이다. 직원들의 메뉴 설명을 들으며 인절미를 맛볼 수가 있다. 정재헌 대표는 "손님들이 떡의 식감과 맛을 느낄 수 있는 것은 물론, 매장에서는 손님들의 피드백을 즉각 얻을 수 있다. 손님들의 의견을 적용해 레시피 수정이나 새로운 아이디어에도 적극 반영한다"며 소비자들이 더 가까이, 자주 찾을 수 있는 신제품들을 지속적으로 출시할 것이라고 전했다. 매장 앞에서는 매주 토요일마다 떡메 치는 모습을 볼 수 있다. 흔하게 볼 수 있는 장면이 아니기 때문에 손님들의 이목이 집중되는 것은 물론, 매장에서 매일 직접 제분을 하고 찌고 떡메까지 치는 제조 과정을 한 번에 볼 수 있도록 만들어놓음으로써 소비자들에게 '제대로 된 떡을 만드는 브랜드'로서의 신뢰감까지 주고 있다.

전통의 느낌만을 가지고 있던 떡은 이렇게 또 새로운 음식으로 소비자들에게 서서히 다가서고 있는 중이다. 한식에는 유독 매운 음식이 많다. 때문에 약간의 단맛이 필요하다. 흔하게 구할 수 있는 과일을 활용해 정과를 만들거나 백설기 위에 '콩 포트(과일을 설탕에 조려 만든 프랑스식 잼)'나 잼을 살짝 얹어 간단하게 디저트로 활용하는 방법도 좋다.

자료: 월간외식경영, 2018.9.20

4.4 가격전략

가. 가격전략

마케팅믹스에서 가격전략(price strategy)이란 제품이나 서비스를 구입하기 위하여 소비자가 지불해야 하는 금액을 결정하는 것을 말한다. 제품이나 서비스의 가격은 기업의 입장에서는 수익과 이익의 유일한 원천인 반면, 소비자가 지불해야 할 제품이나 서비스 구매의 대가이기 때문에 촉진의 한 수단이면서, 동시에 경쟁의 도구 역할을 한다. 또한 기업이 결정한 제품의 가격수준에 따라 다른 마케팅활동의 실행수준이 결정되기 때문에 가격은 다른 마케팅믹스전략의 기초가 된다.

나. 가격결정

기업이 가격을 결정하는 데 있어서 흔히 사용하는 방법은 원가중심적 가격결정 방법이다. 즉 제조원가에 일정한 이익을 가산하여 가격을 결정하는 방법이다. 이에 더하여 기업은 제품이나 서비스의 가격결정에 있어서 경쟁기업을 고려하여 다음의 두 가지 전략을 사용한다.

초기 고가격전략(skimming pricing strategy)을 사용하기도 하고 저가격 침투전략(penetration pricing strategy)을 사용하기도 한다. 초기 고가격전략은 고소득층 시장을 노리고 초기에 가격을 높게 책정하는 것이다. 즉, 초기에 높은 가격을 책정하고 고소득층을 대상으로 판매촉진을 하여 투자비용을 조기에 회수하고 그 후 경쟁기업이 들어올 때는 낮은 가격으로 경쟁력을 확보하는 경우라고 할 수 있다. 이 가격전략은 주로 신제품의 경우에 상당수의 소비자들이 현재의 수요를 지속적으로 창출하는 경우, 높은 가격의 제품 이미지를 돋보이게 하는 경우 등에서 효과적이다.

저가격 침투전략은 많은 소비자층을 대상으로 초기에 낮은 가격으로 단기간에 시장점유율을 높여 경제규모와 생산성을 달성함으로써 단위당 비용을 낮추어 목표이익을 달성하고 경쟁기업의 시장진입을 저지하는 전략이다.

4.5 유통전략

가. 유통전략

마케팅믹스에서 유통전략(place strategy)은 제품이나 서비스를 생산자로부터 최종소비자인 고객에게 전달하는 과정을 결정하는 것을 말한다. 다시 말하면 제품이나 서비스가 표적고객들이 바라는 시점과 장소에 적절한 양만큼 공급될 수 있도록 전달하는 과정을 결정하는 것이다. 이러한 유통활동은 도시가스관과 같은 파이프라인으로 비유할 수 있다.

전통적으로는 대부분의 생산자들은 최종소비자에게 직접 제품을 판매하지는 않는다. 생산자와 최종소비자 사이에는 여러 가지 기능을 수행하는 많은 중간상(middleman)이 존재한다. 따라서 마케팅믹스활동에서 유통전략의 주요 관심대상은 유통경로를 결정하고 운송방법을 결정하고, 적정재고를 결정하는 것이다.

나. 유통경로

유통경로(channel of distribution)는 제품이나 서비스를 최종소비자에 이를 때까지 통과하게 되는 경유노선을 말한다. 경영자는 각 제품이나 서비스의 유통경로상에서 중간단계의 수를 얼마로 할 것인가 그리고 각 단계에 있어서 판매자의 수를 얼마로 할 것인가에 대한 결정을 하게 된다. 가장 효율적인 유통경로란 상품이나 서비스를 고객들이 원하는 시간과 장소에 최소의 비용으로 전달하는 것이다.

효율적인 유통경로를 구축하는 데는 오랜 시간과 상당한 자금이 소요되며, 일단 유통경로가 구축되고 나면 이를 변경하기란 대단히 어려우므로 유통경로의 설계와 관리는 마케팅의 성공 여부에 매우 중요한 영향을 미치는 의사결정 중의 하나이다.

다. 물류

최근 들어 기업은 물류(physical distribution, logistics)에 대한 관심이 높아지고 있다. 우리나라의 경우 물류비용이 가격의 15% 가까이를 차지함에 따라 물류비용을 관리해야 할 필요성이 크게 부각되고 있다. 물적 유통, 간단히 물류란 원자재, 재공품, 완제품 및 관련정보를 생산지점에서 소비지점까지 효율적이고 효과적으로 이동되도록 계획, 실시, 통제하는 과정으로, 고객서비스, 수송, 창고 및 보관, 공장의 위치선정, 재고관리, 유통정보, 조달, 원료취급, 부품 및 서비스 지원, 폐품처리, 포장, 반품처리, 수요예측 등의 활동을 포함한다. 효과적이고 효율적인 물류관리는 가장 낮은 비용으로 소비자가 원하는 시간에 적절한 장소에서 물자를 획득할 수 있게 하여 소비자를 만족시키고 기업의 경쟁력을 키워나가는 가치창출활동이다.

라. 적정재고 결정

재고(inventory)를 얼마로 하는 것이 적정한지도 유통상의 중요한 결정사항이다. 특히 계절상품이나 유행상품인 경우에는 재고를 어느 수준까지 확보할 것인가 하는 문제가 매우 중요하다. 따라서 적정재고 수준을 합리적으로 결정하기 위해 다양한 방법을 연구할 필요가 있다.

4.6 촉진전략

가. 촉진믹스

촉진전략(promotion strategy)이란 기업이 제공하는 제품이나 서비스에 대한 정보를 소비자에게 제대로 전달하기 위하여 주요 4가지 촉진유형의 수단을 활용하여 촉진의 노력을 기울이게 되는 것을 말한다. 이는 기업의 제품이나 서비스를 소비자가 구매하거나 계속적으로 구매하도록 유도할 목적으로 이루어진다.

이에 따라 제품의 장점을 알리고 잠재구매자들이 실제로 제품이나 서비스를 구매하도록 설득하는 방향으로 활동이 이루어지게 된다. 촉진믹스(promotion mix)는 기업이 마케팅목표를 달성하기 위하여 촉진전략을 시행하기 위한 여러 가지 촉진유형(광고, 인적판매, 판매촉진, 홍보 등)의 결합을 의미한다.

나. 광고

광고(advertising)는 TV, 라디오, 잡지, 신문, 옥외간판 등을 활용하여 소비자들이 제품이나 서비스에 대해 인식하도록 하는 비인적인 매체를 통한 촉진방법이다. 소비자들은 많은 광고에 노출되지만 대부분의 경우 소비자들의 관심을 끌지 못하고 사장되어 버린다. 따라서 기업은 소비자들이 관심을 끌 수 있는 광고를 개발하기 위하여 많은 노력을 기울여야 한다.

소비자의 심적 상태의 변화과정을 설명하는 모형 중에서 대표적인 것은 AIDMA모형이다. 즉 인지(awareness) → 흥미(interest) → 욕구(desire) → 기억(memory)의 과정을 통해서 소비자는 구매행동(action)을 한다.

다. 인적판매

인적판매(personal selling)는 세일즈맨과 예상고객 또는 기존고객이 직접적인 대면관계를 통해 이루어지는 인적 촉진활동이다. 인적판매는 세일즈맨이 고객에게 직접 정보를 제공하고 설득하기 때문에 고객이 마음을 정하도록 하는 데 효과적이다.

인적판매의 접근방법에서 대표적인 모형은 AIDAS모형이다. 세일즈맨들은 잠재고객의 주의(attention)를 모으고, 관심(interest)을 유발하고, 제품이나 서비스에 대한 욕망(desire)을 자극하고, 구매행동(action)을 일으키고, 거래에 대한 만족(satisfaction)을 구축하는 5단계를 거치게 된다.

라. 판매촉진

판매촉진(sales promotion)은 기업이 자사의 제품이나 서비스의 판매를 늘리기 위하여 중간상이나 최종소비자를 대상으로 단기적으로 벌이는 마케팅활동을 말한다. 여기에는 가격할인, 쿠폰, 무료견본, 경품 등이 주요 수단이 된다. 경쟁이 치열할 때는 가격할인이나 행사개최와 같은 판매촉진이 효과적이지만 너무 자주 사용하게 되면 오히려 그 브랜드에 대한 이미지와 선호도를 저하시키게 된다.

주로 사용하는 수단에는 푸시마케팅전략과 풀마케팅전략이 있다. 푸시마케팅(push marketing)전략은 도매상, 소매상 또는 세일즈맨에게 판촉물을 제공함으로써 제품이 판매상의 경로에 도달하도록 할 뿐만 아니라 판매를 증대시키는 목적으로 수행하는 촉진활동으로 예로는 초기가격공제, 광고비용공제 등이 포함된다. 풀마케팅(pull marketing)전략은 생산자가 주로 제품광고나 소비자 판매촉진에 의존하는 전략이다.

마. 홍보

홍보(publicity)는 TV, 라디오, 신문, 잡지 등 언론매체에 뉴스 등의 형태로 자사제품이나 서비스에 관한 기사를 다루게 함으로써 수요를 자극하게 하는 마케팅활동으로 기자회견, 제품홍보, 기업홍보, 로비활동, 카운슬링 등의 수단이 있다.

이와 같은 여러 가지 촉진활동들은 소비자의 욕구를 자극하여 계속적인 구매활동을 유발시키게 된다. 따라서 경영자는 시장의 성격, 제품이나 서비스의 성격, 비용 등을 고려하여 광고, 인적판매, 판매촉진, 홍보활동 등을 적절히 결합하여야 한다.

지금 경영현장에는

전전세 형태의 뻔한 사업모델, 기업가치 22조원을 만든 위워크의 전략

창업 8년 만에 기업가치 22조원. 전 세계 242곳 지점에 가입자 21만 명. 오피스 공유 스타트업 위워크(WeWork)를 설명하는 말이다. 지난 2010년 미국 뉴욕에서 아담 노이만 최고경영자(CEO)와 미구엘 맥캘비 최고 고객책임자(CCO)가 의기투합해 창업한 위워크는 부동산업계의 '우버'로 불린다. 사실 건물을 임대한 뒤 재임대하는 '전전세' 형태의 사업 모델은 새로울 게 없다. 위워크는 어떻게 '뻔한' 사업 모델을 'Fun한' 공유 스타트업으로 변신시켰을까.

위워크는 건물 일정 층을 임대하고 리모델링을 한 후 사무실이 필요한 다양한 사람에게 멤버십 형태로 재임대한다. 노이만과 맥캘비는 여기에 '오피스 커뮤니티' 개념을 더했다. 멤버십 가입자들이 사용하는 모바일 앱에 정보와 사업기회를 공유할 수 있도록 만든 것이다. 기존 사무실 세입자들이 임대업체와 독립적인 일대일 관계를 맺은 것과 차별화한 것이다. 위워크 관계자는 "위워크 멤버 70%가 직·간접적으로 서로 협력하고 있다"고 밝혔다. 위워크 사무실에서는 회사일에 필요한 모든 서비스를 제공한다. 프론트 데스크 서비스는 물론 고객 맞춤형 서비스, 청소, 초고속 인터넷 등 서비스가 상시 제공된다. 휴식 공간 라운지에는 고급 커피와 수제 맥주를 무한 제공하고 있다. 미국에서는 독립 사업자가 필요로 하는 건강보험도 제공한다. 비즈니스 너머 '사람'이 필요한 서비스를 제공하는 것이 핵심이다.

여기에 커뮤니티에 기반한 교육·협력 서비스가 추가된다. 요가 클래스, 외국어 강의에서부터 주식

공개상장(IPO) 준비를 위한 강의까지 멤버십 가입자라면 위워크 앱을 통해 참여할 수 있다. 이런 행사를 일회성 겉핥기식이라고 생각하면 오산이다. 온라인 코딩 교육회사 '플랫티론', 모임 서비스 회사 '밋업', 빅데이터 클라우드 서비스 플랫폼 회사인 '컨덕터'는 모두 위워크가 인수한 기업들이다. 위워크는 사업자들에게 퀄리티가 보장된 서비스를 제공해 오프라인 사무실 임대업 이상의 가치를 만들었다.

위워크는 산업 중심이 온라인으로 이동하고 있는 시대에 필요한 서비스다. 사업자들은 기존의 사무실 임대비용을 부담스러워하지만 오프라인에서 업무를 처리할 공간 역시 필요로 한다. 혁신으로 무장한 스타트업은 온라인이나 모바일에서 지신만의 아이디어를 실현시키는 것처럼 보이지만 기술적인 부분 등에서 여전히 전통적인 경영 노하우가 필요하다. 중요한 것은 기존 기업들도 이런 서비스에 열광한다는 점이다. 위워크의 2016년 매출액 중 1/4가 스타트업이 아닌 기업을 대상으로 벌어들인 것이다. 마이크로소프트 뉴욕지사 해외 영업부의 70%가량이 위워크 사용자다. 아마존, IBM, 삼성 등 다른 글로벌 기업도 위워크에서 일하고 있다.

자료: 지식비타민, 2018.5.4

제 5 절

마케팅의 새로운 흐름

경영의 모든 패러다임은 시대적 상황에 따라 다양한 형태로 변화되어 가는데, 이와 마찬가지로 마케팅에 대한 모든 아이디어들도 개선 및 변화를 필요로 하며 마케팅사고 역시 예외가 아니다. 아래에서는 최근에 등장하고 있는 마케팅의 새로운 흐름들은 정리한 것이다.

5.1 고객만족경영

고객만족경영은 모든 경영활동을 고객만족을 목표로 전개해 나가려는 새로운 경영조류이다. 앞에서 우리는 마케팅의 고객지향성을 살펴보았는데, 고객만족경영은 고객지향성의 개념을 경영전반으로 확산시켜 적용하는 것을 말하는 것으로 기업 전체의 마케팅적 통합을 의미한다.

만족이란 소비자의 기대와, 기업이 제공하는 가치물 또는 성과와의 관계에 의해 규정된다. 즉, 고객만족은 기업이 고객의 기내수준을 초과하는 제품이나 서비스를 제공할 때 발생하는 것이며, 그러한 상황이 일회적이거나 일시적인 것이 아니라 지속성을 가질 때 달성된다.

그러므로 본서에서는 고객만족을 '제품 또는 서비스에 대해 고객이 원하는 것을 기대 이상으로 충족시켜 감동시킴으로써 고객의 재구매율을 높이고, 그 제품 또는 서비스에 대한 선호도가 지속되는 상태'로 정의하고자 한다.

고객만족도를 높이는 것은 안정적인 기업이익을 확보하는 첩경이다. 그러나 고객지향성이 고객에 대한 기업의 일방적인 자선이나 의존을 의미하는 것은 아니다. 고객지향은 본질적으로 고객과 기업간의 공존공영의 사상이며 그 효과면에서도 쌍방적인 것이다.

그런데 고객만족 경영은 잠재고객보다는 기존고객 또는 고정고객에게 초점이 맞추어져야 한다. 고정고객은 반복구매와 같은 직접적인 수익의 원천일 뿐만 아니라 호의적 구전(word of mouth) 광고를 통한 새로운 고객의 창출, 그리고 기업의 마케팅비용을 절감시켜주는 간접적 효과를 통해 기업이익을 크게 늘려준다. 그러므로 이러한 고객만족 경영의 실천적 패러다임은 다음에서 설명되는 관계마케팅으로 요약된다.

5.2 관계마케팅

전통적으로 기업의 마케팅 노력은 주로 일회적 거래나 교환, 즉 신규수요의 창출에 집중되어 있다. 사실 시장의 규모가 매우 크거나 잠재수요가 많다면 기업의 마케팅노력은 미개발된 수요를 충족시키는 것만으로도 충분한 수익을 달성할 수 있다. 그러나 현실적으로 시장의 규모는 제한적일 뿐만 아니라, 제한적 시장에서의 치열한 경쟁은 지속적인 신규수요의 창출을 어렵게 만들고 있다. 이러한 시장상황에 대한 마케팅관리자의 인식은 기존고객의 유지에 대한 더 많은 관심을 초래하였다.

관계마케팅(relationship marketing)이란 기업이 고객과의 지속적인 관계의 구축을 통해 장기간에 걸친 이익을 확보하려는 마케팅노력을 의미한다. 과거의 전통적 마케팅을 신규고객에 대한 수렵형 마케팅으로 표현한다면 관계마케팅은 경작형 마케팅으로 표현될 수 있는 것이다.

한 조사에 의하면 새로운 고객을 개발하는 데 드는 비용은 기존고객을 그대로 유지하는 것보다 5배 내지 6배 정도의 비용이 더 든다고 한다. 그러므로 기업은 관계마케팅을 통해 신규고객을 창출하는 데 소용되는 마케팅 비용의 1/5 정도만으로 일정한 수익을 유지시킬 수 있다는 것이다.

관계마케팅의 기본 개념은 조직들이 고객들과 인간적이고 장기적인 유대를 맺기 위해 노력해야 한다는 것이다. 판매자와 구매자 간의 관계는 단순히 하나의 교환관계에 참여하는 것이라기보다는 비교적 장기적인 시간을 바탕으로 신뢰감과 책임감이 형성된 경우에만 생겨난다. 이러한 관계마케팅의 개념은 산업재시장이나 조직 간의 거래에서 일반화된 개념이었지만 앞에서 언급된 이유 때문에 점차 소비자시장으로 확산되고 있다.

기업과 고객들과의 관계형성에는 많은 시간이 소용된다. 예를 들어 제일제당은 고객들과의 장기적 관계를 형성하기 위한 다양한 프로그램을 가지고 있다. 주요 공장에 대한 견학은 물론 주부의 문화답사, 발행부수가 11만 부가 넘는 격월간 사외보 '생활 속의 이야기'의 무료 우편발송을 한다. 네슬레는 프랑스의 바캉스시즌 동안 어린 아이들과 함께 여행하는 가족들을 위해 무료휴게소를 지원한다. 네슬레의 견본제품과 기저귀 등이 아기들과 부모들에게 제공되며, 약 두 달 동안 12만 명의 방문자에게 60만 명분의 식사가 제공된다. 기업은 이러한 노력의 반대급부로 무엇을 얻게 되는가? 기업은 이러한 활동을 통해 고객들의 좋은 감정, 즉 단순한 거래관계 이상의 장기적인 관계를 추구하고 있다는 것이다.

최근에는 관계수립의 대상이 고객을 넘어 연관된 거의 모든 집단으로 확대되고 있다. 종업원, 공급업자, 정부, 심지어는 경쟁자 등도 포함된다. 자기 회사에 불만을 가진 종업원들이 판매나 서비스활동을 열심히 할 것으로 기대하기가 힘들기 때문이다. 한 연구에 의하면 내부고객의 만족도와 외부고객의 만족도는 90% 이상의 정(+)의 상관관계를 갖는 것으로 나타났다. 또한 바람직한 관계구축의 노력에는 경쟁사와의 관계구축 노력도 포함되는데, 예를 들면 IBM은 메모리칩의 개발을 위해 경쟁기업인 Toshiba와 Siemens 등과 전략적 제휴를 맺고 있다.

5.3 대량 맞춤마케팅

오늘날의 마케팅시스템은 소비자 대중의 욕구를 확인하고 그러한 욕구를 만족시키기 위하여 대량생산과 대량마케팅을 이용한다. 표준화된 제품을 대량으로 생산하고 판매함으로써 기업들은 단위당 생산비를 낮출 수 있었고, 저렴한 가격과 적절한 품질의 제품을 제공할 수 있었다. 그러나 과거와 같은 방식으로 시장에서 경쟁하기에는 너무 많이 변했다. 대량마케팅은 대량 맞춤마케팅(mass customization)으로 대체되고 있는데, 이것은 엄청나게 많고 다양하고 차별적인 제품(customization)을 생산하고 인도하는 것이다. 이러한 대량 맞춤마케팅은 정보기술의 발전에 의해 가능하게 된 마케팅개념이어서 앞으로도 이러한 마케팅 개념들이 기업전반에 확산될 것으로 기대한다.

LET'S THINK

최근 애플의 아이폰, 삼성의 갤럭시, 화웨이 등 스마트폰 업체의 신제품 등장에 따른 이동통신업체들의 고객확보를 위한 마케팅전략은 어떠한지 광고를 통해 살펴보시오.

지금 경영현장에는

독일에서 폭발적으로 성장하며 월마트를 위협하는, 알디

심플함이 무기인 독일의 마트가 있다. 알디(ALDI)는 독일의 구멍가게에서 출발하여 폭발적인 성장을 통해 세계에서 가장 거대한 슈퍼마켓 체인 중 하나가 되었다. 재미 있는 점은 가성비를 따지는 짠돌이 경영으로 비용을 철저하게 아끼면서 품질은 최고로 보장한다는 것이다. 심지어 독일에서는 '알디화(Aldisierung)'라는 신조어가 생겼을 정도이다. 미국의 월마트와 영국 고급마트인 웨이트로즈를 위협하는 알디는 무엇을 차별화했을까?

알디의 제품 가격이 저렴한 이유 중 하나는 90%의 식료품들이 자사의 브랜드 제품이기 때문이다. 또한 알디는 매장 규모와 매장 운영 시간을 엄격하게 제한하고, 인건비를 낮추기 위해 효율성을 꼼꼼히 따진다. 매장 규모의 경우 1,000~1,100㎡로 경쟁 업체들보다 훨씬 작아 직원 10명 내외로 운영이 가능하다. 직원 수를 최소로 유지하기 위해 매일 저녁 8~9시까지만 운영한다. 직원이 바코드를 찾는데 시간을 허비하지 않도록 제품 구석구석에 바코드를 여러 개 붙여 놓아 회전율을 높였다. 상품 진열은 상자째 진열대에 올려두고 고객이 제품을 직접 꺼내 갈 수 있도록 전면부만 뜯어 놓는다. 직원이 포장된 상자를 뜯어 제품을 하나씩 꺼내서 진열하는 시간을 들지 않게 하기 위해서이다. 이 밖에도 알디 매장 곳곳에 비용 절약을 위한 노력들이 돋보인다. 비용이 많이 든다는 이유로 별도의 매장 인테리어도 하지 않고 식료품점임에도 불구하고 시식 코너도 제공하지 않는다. 쇼핑 카트는 무료로 제공하면 쉽게 분실되고 관리가 어려워져 동전을 넣고 대여하도록 한다.

알디의 경영진은 "간단하게"를 끊임없이 강조해왔다. 고객들에게는 선택지를 간소화시켜 주는 것이다. 수십 개의 땅콩 잼이 과연 소비자들에게 필요한가? 너무 많은 선택지로 고민하지 않게 하는 것이다. 꼭 필요한 소수의 제품군만 선별하여 판매하여 재고 관리 비용도 줄였다. 그러나 매장에 갖춘 소수의 제품들은 그 품질이 뛰어나다. 심플리 네이처(Simply Nature), 어스 그로운(Earth Grown) 등 알디 제품의 대부분을 차지하고 있는 PB제품들은 품질이 뛰어나 저소득층뿐만 아니라 중산층도 열광한다. 관계자에 따르면 PB 제품들은 50,000개 이상의 테스트를 거쳐 공급업체들이 재료와 레시피 관련 자사의 규준을 엄격하게 지키도록 하며 철저하게 관리가 이루어진다. 최근에는 가격과 품질 면에서 뛰어난 농산물의 판매가 다른 카테고리에 비해 2배 이상 상승 중이다. 2022년까지 2,500개 넘는 매장 수로 월마트(Walmart)와 크로거(Kroger)에 이어 미국 3위의 슈퍼마켓이 되겠다는 알디는 유기농 식료품을 40%까지 늘렸으며, 기존에는 가격에 민감한 고객들만을 겨냥하였다면 이제는 식품에 깐깐한 기준을 가진 고객들의 취향을 맞추겠다는 계획이다. 알디의 제품들 중에 타 고급 브랜드 제품과 견줄 만큼 유명한 향초와 와인 제품을 내세우는가 하면, 고기 및 해산물은 오로지 비냉동 식품만 판매하며 첨가물을 넣지 않고 100% 채식을 한 닭 위주로 닭고기 브랜드를 선정하는 등, 더욱 품질과 건강을 중심으로 제품을 구성하겠다는 것이다.

자료: 포브스, 2018.8.9

Exploring Internet

매출만 17조원, 간편결제시장 독보적 1위 페이팔

1998년 미국에서 설립된 페이팔은 압도적인 세계 1위 디지털 결제 플랫폼 사업자다. 전 세계적인 이용자 규모는 2억3,000만 명에 육박하고 올해 1분기 매출만 36억9,000만 달러(약 4조원)에 이른다. 작년 동기간 대비 액티브 이용자 수와 총 거래건수도 각각 35%와 25% 상승하는 등 경쟁이 심화되고 있는 간편결제 시장에서 여전한 강세를 보여, 올 해 총매출은 153억 달러(약 17조824억원)에 달할 것으로 예측된다.

페이팔의 공동 창업주는 민간 우주로켓 회사 스페이스X, 자동차 회사 테슬라의 창업주이기도 한 엘론 머스크이다. 남아프리카공화국 출신인 그는 스탠퍼드대에 입학했다가 이틀 만에 학교를 그만두고 창업을 결심한다. 현재는 손대는 사업마다 대박을 터뜨리며 천재 CEO로 불리는 엘론 머스크이지만, 그에게도 첫 창업은 쉽지 않은 도전이었다. 그는 사업이 처참히 실패할 경우를 가정해 자신이 그러한 실패를 견뎌낼 수 있는 사람인지 알고 싶었다. 이에 하루를 1달러만으로 생활하는 1달러 프로젝트를 시작해 자신을 시험한다. 냉동 소시지와 오렌지 주스만으로 한달을 버티며 그가 내린 결론은 놀랍게도 '할 만하다'는 것이었다. 1달러 프로젝트를 성공적으로 완수한 그는 더이상 도전이 두렵지 않았다. 그렇게 그가 24살에 시작한 첫 사업이 바로 페이팔이다.

창업 이후 승승장구하는 듯 보이던 페이팔은 신용카드 사기로 골머리를 앓게 된다. 신용카드 사기는 페이팔에 매달 1,000만 달러 이상의 막대한 손실을 입혔다. 당시 CEO이던 맥스 레브친은 최고의 수학자들을 소집해 사기성 송금을 면밀히 연구한 후 신용카드 사기를 감지할 수 있는 소프트웨어 개발에 나섰다. 실시간 및 자동으로 의심되는 거래를 취소할 수 있는 프로그램을 제작했지만 무용지물이었다. 사기범들이 매번 수법을 바꿔 접근했기 때문이다. 하지만 그의 팀은 낙담하지 않고 컴퓨터가 의심스러운 거래를 적발하면 소프트웨어 프로그램 운영자가 최종 판단을 내리는 방식으로 소프트웨어 작동방식을 바꿨다. 이 방법은 성공적으로 작동해 신용카드 사기 피해액을 대폭 줄였고, 페이팔은 2002년 1분기에 창업 이래 첫 영업이익을 기록할 수 있었다.

댄 슐먼 페이팔 CEO는 "온·오프라인 그리고 모바일 쇼핑의 경계를 무너뜨리고 혁신적인 결제 서비스를 제공하는 디지털 거래 플랫폼을 마련하는 것이 우리의 목표"라고 밝혔다. 실제로 온라인에서 강세를 보이고 있는 페이팔은 최근 오프라인 시장의 최강자 또한 넘보고 있다. 오프라인 쇼핑 결제에도 페이팔 결제를 활용할 수 있게끔 하는 것뿐만 아니라, 잔고에 돈을 입금하면 일정 한도까지 예금자 보험을 제공하고 직불카드로 ATM 출금을 할 수 있게 하는 등 전통적인 은행업에까지 공격적으로 서비스를 확장하고 있는 것이다. 최근 삼성페이와 손을 잡은 것도 오프라인에서 강세를 보이는 삼성페이의 장점을 흡수하기 위한 맥락으로 해석된다.

자료: 지식비타민, 2018.10.1

삼성페이, 카카오페이, 네이버페이, 코나페이, 체이스페이, 알리바바페이, 신세계페이 등 모바일 결제시장의 동향과 마케팅전략을 조사해 보자.

EXPERIENTIAL EXERCISES

〈인적자원관리〉

종업원 150명 정도인 자동차 부품공장을 운영하는 사장이 여러분에게 가장 적합한 인적 자원관리 방안을 마련하라고 요구한다면 어떤 형태의 관리체계를 만들 것인가에 대해 고민해 보자.

문제 자동차 부품공장이 효율적으로 운영되기 위해서는 인적자원관리자가 가져야 할 자격요건은 무엇인지에 대해서도 생각해 보고, 그 이유에 대하여 토론하시오.

〈마케팅관리〉

당신의 얼굴 사진을 가지고 광고를 해 보자.

문제

1. 다른 사람들이 생각하는 당신의 가장 큰 특징은?
2. 당신 자신이 생각하는 당신의 장단점은?
3. 이 광고를 내는 목적은?
4. 누구에게 광고를 하고 싶은가?

프레드 터너 맥도날드(www.mcdonalds.com) 명예회장의 최종학력은 무엇일까? 이 넌센스 퀴즈의 정답은 '햄버거대학 학사'이다. '햄버거대학' 졸업은 터너 명예회장뿐 아니라 맥도날드에 근무하는 모든 임직원의 공통된 최종학력이다. 이들에겐 공통점이 또 하나 있다.

임직원의 절반 이상이 매장 아르바이트 사원에서 출발했다. 매장에서 햄버거를 내주고 돈을 받는 시간제 직원들이 경력을 쌓아 정식직원으로 올라서게 되는 경우가 50%를 넘는다. 시간제직원들의 평균 근무기간도 6개월 이상으로 다른 업체에 비해 훨씬 길다. 맥도날드가 세계곳곳에 햄버거왕국을 건설할 수 있었던 무기는 두 가지이다.

하나는 '맛'이고 다른 하나는 '교육'이다. 맛은 기술에서 나오지만 교육은 경영철학에서 나온다. 맥도날드의 경영에는 햄버거를 만들어 파는 장사이기에 앞서 '사람에 의한 사업(People Business)'라는 철학이 깔려 있다.

맥도날드의 창업주인 레이 크록은 일찍부터 "맥도날드 직원들에게 트레이닝은 하루도 거르지 않고 해야 하는 업무"라고 강조했다. 맥도날드의 직원교육은 세계 114개국 2만 4,500여 개의 매장에서 똑같이 이루어진다. 맥도날드의 유니폼을 입는 순간부터 모든 사람들은 학습자가 되어야 한다. 시간제 직원에게는 비디오교재를 사용한 기초교육을 실시하고 전담트레이너를 붙여 한달동안 일대일 직무훈련(OJT)을 실시한다. 매장사원들은 단순한 학습자의 위치에서 벗어나 조직 전체의 생산성을 높일 수 있도록 서로 코치를 해주는 교육자도 된다. 이런 훈련과정을 통해 경력을 쌓은 시간제 직원들에게는 정식직원으로 승진할 수 있는 기회가 주어진다.

맥도날드의 상표를 빌어 매장을 개설하는 프랜차이즈 계약에서도 교육훈련은 예외없이 적용된다. 보통 20년 정도의 장기계약으로 이루어지는 프랜차이즈의 점주가 되려면 9개월 간의 교육과정을 거쳐야 한다. 이 기간 동안 점주는 청소에서 직원관리에 이르기까지 매장에서 일어날 수 있는 모든 일들을 직접 체험하는 교육을 받는다. 이런 교육훈련의 마지막 코스는 물론 햄버거대학이다. 미국 일리노이주에 있는 햄버거대학은 지난 61년 개설된 이래 전 세계 맥도날드 직원들을 위한 최종교육과정으로 운영돼왔고 매년 15회에 걸쳐 3,000여 명의 졸업생을 배출한다.

햄버거대학의 교육은 매장운영, 인사관리, 품질 및 장비관리, 고객서비스 등에 관한 내용으로 이뤄진다. 실제매장과 똑같은 세트에서 시뮤레이션 위주로 진행된다. 이 교육프로그램에 들어 있는 18개 과목은 미국내 다른 대학에서도 학점을 인정해 줄만큼 전문성을 갖고 있다. 맥도날드 서울지역 법인인 ㈜신맥의 신언식 대표를 비롯해 국내 모든 맥도날드 점주들은 이런 과정을 거쳤다.

언제 떠날지 모르는 시간제 직원들에게 투자를 아끼지 않고 특히 현장의 고충을 모르는 사람에게 경영자의 자격을 주지 않는 교육철학이 맥도날드를 지금까지 이끌어온 원동력인 셈이다.

문제

맥도날드의 햄버그 대학과 유사한 판매교육시스템을 갖추고 있는 국내기업들이 있는지를 조사하여 보자.

Chapter 13

회계와 재무관리

이익은 변화를 이용할 때 얻게 되는 대가이다.

– 조셉 슘페터(Joseph Schumpeter), Austrian economist

위험을 감수하지 않고 회사를 운영할 수 없다.

– 밀라드 드렉슬러(Millard Drexler), Chairman, The Gap Inc.

● 시작 이야기 ●

금감원 "고의 분식 50억원 이상이면 무조건 처벌"

고의 분식금액이 50억원 이상이면 회사 규모와 상관없이 금융당국이 행정조치를 내리도록 관련 규정이 개정된다. 반면 자발적으로 회계기준 위반 사항을 수정한 경우 경고 정도의 가벼운 조치로 넘어갈 수 있다.

27일 금융감독원은 이 같은 내용을 담은 '외부감사 및 회계 등에 관한 규정 시행세칙' 개정안을 사전 예고한다고 밝혔다.

먼저 금감원은 회사가 경영진의 횡령·배임 사실을 은폐하거나 주식시장 상장 또는 상장폐지 회피를 위해 고의적으로 분식회계를 저지른 경우 분식 금액이 50억원 이상이면 회사 규모와 상관없이 조치할 수 있도록 양정 기준을 신설했다. 현행 규정은 회사 규모가 클수록 분식 금액도 비례적으로 커야 조치가 가능하다.

반면 회사가 과실로 인한 회계기준 위반 사항을 적시에 수정한 경우 경조치(경고 또는 주의)하도록 개편했다. 현재는 과실로 인한 위반도 위반 규모가 클 경우 중과실과 유사한 수준으로 조치하고 있다.

금감원은 "절대분식금액 기준 도입으로 상대적으로 자산·매출액 규모가 큰 기업의 불법행위, 또는 상장·상장폐지와 관련한 분식회계 조치 사각지대를 최소화할 수 있을 것"이라고 기대했다.

이와 함께 외감규정에서 정의한 회계기준 위반의 동기와 회계위반 금액 판단기준을 양정 기준에 반영하기로 했다. 위반동기의 경우 '고의'가 아니라면 △과실 판단을 원칙으로 하되 직무상 주의 의무를 지키지 않고 △회계정보 이용자의 판단에 미치는 영향력이 큰 회계정보 위반 시 중과실로 판단하기로 했다. 또 회계위반 금액은 감사인이 정한 개별 회사의 중요성 금액을 회계위반 조치의 기준 금액으로 반영하고 세부 적용 방안을 마련키로 했다.

아울러 개정 외감법상 회계기준 위반 등에 대한 조치의 종류와 대상, 사유가 확대됨에 따라 이를 양

제 1 절

회계와 재무정보

1.1 회계란

회계(accounting)는 기업이 수행하고 있는 경영활동을 기업회계기준에 따라서 측정·기록·해석하고 기업내부 및 외부관계자들에게 필요한 정보를 제공하

정기준에 반영키로 했다. 해당 법 규정에 따라 회계법인이 품질관리제도를 적절히 구축하고 운용하지 않아 중대한 감사 부실이 발생한 경우 책임있는 회계법인 대표이사 또는 품질관리 담당이사에 대한 조치가 가능해졌다.

한편으로 회계 환경 변화를 반영한 양정기준 정비도 이뤄졌다. 연결재무제표 작성 시 연결대상 회사의 누락(또는 부당하게 포함)과 관련된 회계위반 시 비고의적 위반이면서 연결대상회사의 재무정보가 공시된 경우 조치 수준을 경감하는 조항을 신설했다.

이 밖에 회계기준 위반에 따른 조치의 실효성을 높이기 위해 '임원해임권고' 시 직무정지 6개월을 함께 부과하도록 하는 내용을 담았다. 공인회계사의 경우 담당이사에 대한 직무정지건의 조치시에만 중간 감독자 조치가 가능했는데 앞으로는 담당이사에 대한 지정회사, 주권상장법인, 대형비상장주식회사 감사 업무 참여 제한 조치 시에도 조치가 가능하다.

금감원은 또 고의적 회계위반 기간이 3년을 넘거나 내부회계관리 제도가 취약한 회사, 사회적 물의를 야기한 경우 가중 처벌할 수 있도록 했다. 반면 △소규모 회사(자산 또는 3년 평균 매출액이 1,000억원 미만인 경우, 상장(예정)법인이나 대형비상장회사 및 금융회사 제외) △품질관리기준을 충실하게 이행한 경우 △조치 대상자가 투자자 피해를 보상하거나 내부고발자인 경우 조치를 감경해 주기로 했다.

감사인에 대한 양정기준도 제·개정이 이뤄졌다. 감사인이 지정제외 조치를 받는 경우 지정제외점수를 벌점으로 부과해 30점당 1개 회사를 지정받을 수 없도록 했다. 감사인의 독립성 및 감사조서 보존의무 위반에 대한 조치 기준을 양정 기준에 반영해 위법 동기 및 중요도에 따라 조치 수준을 차등하고 다수의 위법행위를 저지를 경우 각 위법 행위별로 조치를 합산하기로 했다.

금감원은 시행세칙 개정안에 대해 내년 2월 7일까지 사전예고를 진행하고 의견수렴 절차를 거쳐 최종안을 마련해 같은해 4월 1일부터 시행할 예정이다.

자료: 조선비즈(http://biz.chosun.com), 2018.12.27

고 의사결정을 원활하게 해주는 활동을 말한다. 이러한 회계정보를 체계적이고 주기적으로 전달하기 위해 회계시스템은 일상적인 기업활동을 기록, 요약하여 분류하고 이를 바탕으로 재무제표를 작성하는데 구체적으로 살펴보면 다음과 같이 요약할 수 있다.

(1) 일상적 기업활동에 대한 체계적 기록유지와 분개장의 정리

(2) 모든 거래 및 기업활동의 체계적 분류와 원장의 정리

(3) 의사결정을 위한 회계정보로서의 요약과 재무제표의 작성

(4) 각 기업 이해관계자들간의 의사소통 지원

(5) 회계정보의 해석 지원

회계를 제대로 이해하지 못하는 대다수의 사람들은 부기가 곧 회계임을 착각하고 있는데 이들은 구별되는 개념이다. 부기(book-keeping)는 말 그 자체로 장부에 기록하는 기장을 위한 절차를 의미하는 기술(art)로서 회계의 일면을 지칭하며 회계보다는 좁은 개념이다. 즉 거래를 일정한 원리에 따라 자산, 부채, 자본, 수익, 비용으로 구분하여 기록·계산하며, 그 증감 변화를 추적하는 것을 말한다. 부기의 출발점은 거래이고 도착지는 재무제표이다.

이에 반해 회계는 부기가 갖는 기술적, 기계적, 반복적인 특성을 이용하여 의사결정에 유용한 정보의 창출을 통해 합리적인 의사결정을 도모하는 것이다. 특히 회계정보의 유용성 관점에서 이 정보의 창출에 소요되는 비용과 그로 인한 효익을 끊임없이 평가해야 하는 전문가적 판단이 회계의 핵심이라는 것은 아무리 강조해도 지나침이 없다.

1.2 재무제표의 이해

재무제표(financial statements)란 한마디로 한 기업의 경영 실적에 대한 성적표로, 기업활동 속에서 화폐 및 재화가 들어오고 나가는 상태와 흐름을 숫자로 나타낸 표이다. 따라서 재무제표는 기업경영 분석의 가장 중요한 정보원이다. 이러한 재무제표 중에서 대표적인 것은 대차대조표와 손익계산서이다.

기업 경영은 인적·물적·재화적 자원을 투입하여 이를 효율적으로 배분하면서 최종 생산물을 생산하는 과정이다. 따라서 투입된 기업의 제반 자원은 여러 형태로 기업 곳곳에 흩어져 있게 되는데, 대차대조표(balance sheet: B/S)는 일정 시점에 있어서 기업의 제반 자원 상태를 나타내는 표이다.

한 예로서 카페 하나를 개업한다고 생각해보자. 우선 이 사업을 하기 위해서는 사업장소가 필요할 것이다. 의자와 각종 내부 인테리어도 요구되며 필요하다면 칸막이도 설치해야 한다. 이러한 사업용 자원을 기업회계기준에서는 고정자산이라고 하여 주요 자산 항목별로 구분 표시하고 있다.

사업장소와 제반 설비가 완료되면 이제 팔 물건, 즉 맥주와 안주가 있어야 한다. 이러한 판매를 목적으로 보유하는 자원인 맥주 등을 재고자산이라 한다. 맥주와 안주는 손님들이 찾아와서 마시고 가면 현금을 바꾸어진다. 550원짜리 맥주를 3,000원짜리 현금으로 바꾸는 것이 카페의 목적이며 재미일 것이다. 그러나 때때로 현금 대신에 외상을 쫙 긋고 가는 손님도 생기게 마련이다. 이때 발생하는 것이 외상매출금이나 받을어음 계정으로 이를 매출채권이라 한다.

재고자산이나 매출채권 등과 같이 기업에서 1년 이내에 현금화되는 자산들이 유동자산이다. 그리고 사업을 하다 여유자금 등이 생길 경우 부동산을 매입하거나 계열회사를 설립하게 될 때 이를 투자자산으로 분류 표기한다.

그 외 회계 처리상 비용으로 인식한 일부 금액을 수년간에 걸쳐 처리하는 이연자산 등이 간혹 발생하게 된다. 즉 기업의 자원은 크게 고정자산, 유동자산, 투자자산과 이연자산으로 운용된다. 이들 4개 자산 항목을 합친 것이 기업의 총자산이며, 이는 결국 그 기업이 현재 사업을 하면서 운용하고 있는 자원의 총계이다. 다시 말해 카페의 총자산이 2억원이라면 바로 이 마시는 장사를 하기 위해서는 2억원이라는 자원이 필요한 것이다.

한편 자산은 그 기업의 장래에 경세석 수익을 제공할 수 있는 용역 잠재능력을 가지고 있으므로 자산은 미래의 현금을 창출하는 자원임을 직시하여야 한다. 자산의 투입, 즉 투자 없이는 수익도 없는 법이다.

이러한 자산은 그 원천이 있어야 한다. 자원의 원천은 크게 '자기 돈'과 '남의 돈'으로 나눌 수 있다. 전자가 자기자본이며 남에게 의존한 후자가 부채이다. 부채는 다시 단기차입금 등과 같이 1년 안에 갚아야 할 유동부채와 1년 후에 갚아도 되는 고정부채로 구분된다. 이렇듯 자산 운용의 근원이 되는 자금의 원천은 유동부채, 고정부채와 자기자본으로 조달된다. 이들 1개 항목으로 합친 것이 자본과 부채의 총계이며, 이는 결국 기업이 현재 사업을 하면서 조달하고 있는 자원의 총계로서 총자산 규모와 일치하게 된다.

카페의 총자산이 2억원일 경우, 2억원의 사업자금이 자기가 저축한 돈 5,000만원으로 충당된 것이라면 나머지 1억 5,000만원은 타인의 자본으로 조달된 것이다.

한편 이 부채와 자본 총계는 미래의 현금지출을 요하는 경제적 의무도 됨을 직시하여야 한다. 다만 부채는 특정일에 원금과 이자의 형태로 지출되는 것이나, 자기자본은 이익을 원천으로 배당의 형식으로 또는 청산의 방법으로 지출됨에 차이가 있다.

기업은 살아 있는 조직체로 매분 매초마다 자금의 흐름이 기업 활동 과정에서 여러 형태로 변하고 있다. 대차대조표란 이러한 자원의 흐름상태를 일정 시점에서 정리하여 조달과 운용 실태를 표시하고 있는 것이다. 일종의 스냅 사진처럼 매달 말, 매일, 매시간 대차대조표를 작성할 수 있으나, 우리가 흔히 신문 결산 공고에서 보는 대차대조표는 결산일 24:00 현재의 기업의 자원상태를 나타내는 것이다.

손익계산서(income statement, profit and loss statement: P/L)는 일정 기간 동안 기업의 영업성과를 나타내는 표이다. 앞서 대차대조표에서 설명하였듯이 기업에 투하된 자원은 시시각각으로 늘었다 줄었다 하면서 변화한다. 이때 기업 창설시의 투하자원과 기업 청산시의 산출자원의 차이가 바로 손익이다.

그러나 기업은 영속하는 조직체이므로 손익계산을 청산이나 해체시까지 미루기보다는 나라에 따라 다르나 통상 1년 단위로 하여 결산한다. 기업의 손익계산은 대차대조표에서처럼 재산의 차이로 계산할 수도 있으나, 어떠한 영업 활동을 통해 창출되었는지 구체적으로 알기 위해 손익계산서를 작성한다.

따라서 손익계산서는 기업의 각 활동별로 총수익과 총비용을 대응하여 산출된다. 이를 좀더 구분하여 보면, 기업이 제품이나 서비스를 판매하거나 제공한 경우 매출액이라는 수익이 발생되고 여기에서 당기 제품이나 서비스를 창출하기 위한 재료비, 노무비나 기타 경비 등의 매출원가를 차감하면 매출총이익이 계산된다. 이 매출총이익에서 판매비와 일반관리비를 차감하면 영업이익이, 여기에 수입이자나 지급이자등의 영업외수익과 영업외비용을 각각 가감하면 경상이익이 산출된다.

부동산 매각 등 영업과 전혀 무관하게 발생한 특별이익이나 특별손실을 가감하는 경우 법인세 공제전 순이익이 산출되며 여기에 법인세 등을 공제하면 최종적으로 당기순이익이 산출된다.

이렇게 기업의 손익계산을 기업 활동의 성격에 따라 각각 구분하여 산출하면 기업 정보이용자들에게 의사결정에 필요한 정보를 제공하게 된다는 장점이 있다. 예로서 카페의 경우 마담의 급여는 판매비와 일반관리비에 기록되는 데 비해 현장에서 일하는 A번 아가씨의 임금은 매출원가에 삽입될 것이다. 카페의 영업성과 분석에서 어느 부문에서 운영상의 문제가 있는지를 살펴볼 때 이러한 구분 표시된 손익계산서는 의사결정에 유용한 정보를 제공한다.

재무제표의 중요성과 보는 법이 다소 딱딱하고 기술적으로 치중된 감이 없지 않으나, 재무제표에 대한 이해가 충분하지 못하다면 경영자는 주요 의사결정을 올바르게 할 수 없음을 새삼 강조하고자 한다.

1.3 재무제표의 분석

기업의 경영실적은 재무제표에 나타나는데 이들을 평가하기 위해서는 일정한 평가기준이 필요하다. 이러한 기준에는 일반적으로 비율이 사용된다. 기업의 재무상태나 영업성과 등을 이러한 비율로 나타내면 기업의 과거나 현재상태를 구체적으로 파악할 수 있고, 미래에 대한 개선방향을 제시해 줄 수도 있다.

기업의 재무성과 분석을 내용면에서 여러 가지 비율로 나타낼 수 있으나 여기서는 다음의 일곱 가지로 구분하였다.

단기채무의 지급능력을 측정하는 유동성비율, 기업의 타인자본 의존도를 측정하는 레버리지비율(부채비율), 조달된 자본이 기업의 자산에 얼마나 적절히 배분되고 있는가를 측정하는 안정성비율(고정비율), 자산의 물리적인 이용도를 측정하는 활동성비율(매출채권회전율), 기업의 수익성을 측정하는 수익성비율(총자본이익률), 기업이 생산활동에 사용하고 있는 인적·물적 자원의 능률 및 업적을 평가하는 생산성비율(자본생산성), 증권시장에서 주식가치와 관련된 시장가치비율(주가수익비율) 등이다.

이러한 분석내용을 토대로 과거와 현재를 비교하여 기업의 경영상태가 어떻게 변화했는지를 파악할 수 있다. 또는 해당 기업의 재무비율과 그 기업이 속한 산업의 평균비율이나 경쟁기업의 비율을 비교함으로써 상대적인 재무상태를 평가할 수도 있다.

유동성비율(current ratio)은 대차대조표상에 있는 유동자산을 유동부채로 나누어 퍼센트로 표시한 것으로, 기업의 단기부채의 지급능력을 측정하는 데 이용되는 대표적인 비율이다. 일반적으로 200% 이상이면 단기부채의 지급능력이 높다고 할 수 있다.

$$유동비율=\frac{유동자산}{유동부채}\times 100$$

부채비율(debt ratio)은 자기자본의 부채총액에 대한 퍼센트이다. 보통 기업에 있어서의 차입자본은 자기자본액을 한도로 해야 한다. 부채비율을 타인자본에 대한 안전도를 측정하는 데 이용된다. 부채비율은 일반적으로 100% 이하를 표준비율로 보므로 채권자의 입장에서 보면 낮을수록 채권회수의 안정성이 높으므로 좋다.

$$부채비율=\frac{부채총액}{자기자본}\times 100$$

고정비율(fixed ratio)은 조달된 자본을 고정자산에 얼마나 안정적으로 배분하고 있는가를 나타내는 비율이다. 조달된 자본을 유동자산과 고정자산에 합리적으로 배분한다는 것은 자본의 효율적 이용이라는 관점에서뿐만 아니라 기업의 지급능력을 유지한다는 측면에서도 중요하다. 즉 고정비율은 기업자본의 고정화정도를 측정하는 데 이용되며, 일반적인 기준은 100%이다. 고정비율이 지나치게 높다는 것은 고정자산에 과대한 투자를 한 것을 말한다.

$$고정비율=\frac{고정자산}{자기자본}\times 100$$

매출채권회전율(receivables turnover)은 매출액과 외상매출어음, 받을어음 등 매출채권과의 비율을 말한다. 이 비율은 높을수록 자금의 회전이 빠른 것을 뜻한다.

$$매출채권회전율 = \frac{매출액}{매출채권}$$

총자본이익률(ratio of net income to total assets)은 순이익을 총자본(또는 총자산)으로 나누어 계산한 비율로, 총자본에 대한 수익성을 측정하는 데 이용된다. 이 비율은 총투자액은 대차대조표의 총자산의 금액과 같기 때문에 투자수익률(return on investment: ROI)이라고도 하며, 기업의 목표를 투자수익률로 보고 이를 결정하는 재무요인을 체계적으로 관찰하며, 문제가 있는 재무요인을 중점적으로 통제하는 방법이다.

$$총자본이익률 = \frac{순이익}{총자본} \times 100 = 매출액순이익률 \times 총자본회전율$$

자본생산성(productivity of capital)은 기업에 투하한 총자본이 1년 동안에 얼마만큼의 부가가치액을 산출하였는가를 나타내는 비율로 총자본투자효율이라고도 한다. 이 비율이 높다는 것은 총자본이 효율적으로 운영되었음을 말하는데, 이 비율이 높게 유지되면 노동생산성(부가가치/종업원수)이 역시 높아지게 된다.

$$자본생산성 = \frac{부가가치}{총자본}$$

주가수익비율(price earnings ratio: PER)은 주식의 시장가치(주가)를 1주당이익(earnings per share: EPS)으로 나누어 구한 배수이다. 이 비율은 1주당이익(보통주 순이익/보통주식 수)의 몇 배가 주식가격으로 형성되어 있는가를 보여주고 있다. 이 주가수익의 비율은 크면 클수록 그만큼 기업의 이익수준에 비해 주식의 시장가격이 높은 것을 뜻하며, 작으면 작을수록 주식의 이익수준에 비해 주식가격이 상대적으로 낮다는 것을 의미하므로 투자자에게 매력적이라고 할 수 있다.

$$주가수익비율(PER) = \frac{주가}{주당이익(EPS)}$$

LET'S THINK

1997년 외환위기를 겪으면서 우리나라 은행들도 국제결제은행(BIS)이 규정한 자기자본비율을 충족시키느라 온통 혼란에 빠진 적이 있다. BIS기준이란 은행의 재무건전성을 확보하기 위하여 자기자본비율을 8% 이상으로 유지하도록 해야 한다는 국제적 통일기준으로 1987년 12월 스위스 바젤에서 개최된 G7 중앙은행 총재회의에서 처음 만들어진 것이다. 2008년 10월 리먼브라더스 사태로 촉발된 국제 금융위기 속에서도 국내은행들의 안정적인 경영을 지속하였던 것은 BIS기준을 충족하고 있었던 탓으로 보고 있다. 각종 포털 사이트나 금융기관의 홈페이지를 참조하여 BIS비율이 우리나라 은행에 미친 영향에 대해서 조사해 봅시다.

지금 경영현장에는

회사가 잘 되고 있나…수익성, 안정성, 성장성, 활동성지표

수익성, 안정성, 성장성, 활동성비율

재무분석은 재무제표상의 자산, 부채, 자본, 순이익 등 비표간 비율을 분석하는 것이다. 그중 가장 중요한 비율은 역시 수익성비율이다.

수익성은 주주와 경영자 두 입장에서 측정할 수 있다. 주주입장에서 수익성은 자기자본 이익률(ROE)로 계산한다. 자기자본으로 얼마의 순이익을 올렸느냐가 주주의 관심사이다. 반면 경영자는 회사 자산을 얼마나 잘 활용하느냐가 관심사이다. 그래서 경영자 입장에서 수익성은 총자산이익률(ROA)로 계산한다. ROE와 ROA를 합쳐서 흔히 투자수익률(ROI)이라고도 한다. 수익성지표로는 이 밖에 매출액순이익률(순이익/매출액), 매출액영업이익률(영업이익/매출액) 등이 있다.

자기자본이익률(ROE Return on equity)=순이익/자기자본
총자산순이익률(ROA Return on Assets)=순이익/총자산

표의 (주)사랑의 재무제표를 활용해 수익성을 분석해 보면 ROE는 2,000만/2억이므로 10%, ROA는 2,000만/4억이므로 5%이다. ROE는 일반적으로 시장이자율보다 높아야 한다. 자기자본을 다른 곳에 투자했을 때의 수익보다는 더 높아야 한다는 의미이다.

그런 측면에서 수익성 판단을 할 때 경제적 부가가치(EVA, economic value added)도 흔히 사용한다. 경제적 부가가치는 순이익에서 자기자본 비용(암묵적 비용)을 차감해 계산한다. EVA가 0 이상이면 그 회사를 계속 운영할 가치가 있다는 의미이다.

(주)사랑 손익계산서

(2015년 1월 1일~12월 31일(단위: 원)

매출	4억원
매출원가	3억원
매출총이익	1억원
판매관리비	5,000만원
영업이익	5,000만원
금융비용	3,000만원
당기순이익	2,000만원

안정성 비율은 쉽게 말해 불황에도 부도를 내지 않을 능력이다. 대표적인 비율로 부채비율(부채/자기자본), 이자보상비율(영업이익/이자비용), 유동비율(유동부채/유동자산) 등을 들 수 있다. 안정성이 강조되는 것은 레버리지(지렛대) 효과 때문이다. 레버리지 효과란 차입금 규모가 커질수록 매출이 조금만 변해도 이익이 크게 변하는 현상을 말한다. 예를 들어 100억원의 사업자금이 필요할 때 10억원만 자기자본이고 90억원은 대출 받을 경우, 사업이 잘되면 자기자본(10억원)에 대한 수익률이 높지만 사업이 잘 안될 경우 이자를 지급해야 하므로 자기자본 이익률은 급감하게 된다. 레버리지를 일으킨다는 말은 부채를 조달한다는 뜻이고, 디레버리지는 부채를 상환한다는 의미이다.

이 밖에 활동성 비율은 자산의 활용도를 말한다. 총자산회전율(매출액/총자산), 재고자산회전율(매출액/재고자산) 등이 있다. 식당에서 저가로 많은 량을 판매한다면 고가로 적은 양을 판매할 때보다 활동성이 높아진다. 성장성 비율은 총자산증가율(당기총자산증가액/전기말총자산×100), 매출액증가율 등을 들 수 있다.

직전연도, 업계평균과 비교

재무비율을 평가하려면 무엇과 비교해야 한다. 비교 대상은 크게 그 회사의 직전년도 실적과 동종업계 평균을 많이 사용한다. 상장 회사들의 평균도 참고할 수 있다. 동종업계 평균은 한국은행이 매년 5월경 발간하는 기업경영분석을 보면 알 수 있다. 우리나라 제조업의 경우 활동성 비율인 총자산회전율은 1 정도이다. 즉 총자산만큼 매출을 올린다. 상장회사(코스피)가 되기 위한 ROE는 최근연도 5% 이상 또는 최근 3년합계 10% 이상이다.

재무지표는 추세가 있어야 한다. 추세가 파악되지 않으면 분식 가능성을 일단 의심할 필요가 있다. 또 일시적 현상이 아닌지도 살펴보아야 한다. 예를 들어 어떤 회사가 전사적인 원가절감 운동의 일환으로 원재료 구입비용을 일률적으로 삭감했다고 가정해 보자. 그럴 경우 단기적으로는 수익성이 개선된다. 하지만 품질 저하로 이어질 경우 장기적으로 성장에 큰 문제가 생길 수 있다.

감사의견 적정한가

기업의 재무제표는 회계기준에 따라 적정하게 표시되어야 한다. 그렇지 않으면 아무리 재무분석을 잘하더라도 그 결과를 활용할 수 없다.

재무제표가 적정하게 표시되었는지는 외부 감사인의 감사보고서를 보면 알 수 있다. 감사의견에는 적정의견, 한정의견, 부적정의견, 의견거절 등 4종류가 있다. 적정의견은 말 그대로 회사의 재무제표가 회사의 실적을 적정하게 표시하고 있다는 의미이다. 한정의견은 감사범위가 제한되거나 소송 등 손실이 발생할 수 있는 불확실한 사항이 있을 경우 제시한다. 재무제표에 ~~~를 제외하고는 적정하게 표시되었다고 설명한다.

하지만 감사범위가 너무 많이 제한되거나 불확실한 내용이 매우 중요한 경우 감사인은 아예 '의견거절'이라는 의견을 제시한다. 또 회사 재무제표가 전체적으로 실적을 왜곡하고 있을 경우 감사인이 '부적정의견'을 제시한다. 의견거절이나 부적정의견은 위험한 회사일 가능성이 높다. 대부분 회사의 감사보고서는 증권감독원 전자공시실(dart.fss.or.kr)에 들어가면 볼 수 있다.

자료: 한국경제(http://www.hankyung.com), 2016.4.1

제 2 절

재무관리

기업의 경영활동에 있어서 자금(돈)은 사람, 정보 등과 함께 중요한 경영자원 중의 하나로 인식되고 있다. 제품이나 서비스를 생산하고 판매하는 것이 기업의 주요 활동이기는 하지만 이러한 경영활동이 원활히 운영되기 위해서는 반드시 재무관리활동이 뒷받침되어야만 한다.

재무관리(financial management)는 기업의 목표를 달성하기 위해서 기업경영활동에 필요한 자금을 어떻게 합리적으로 조달하고, 조달된 자금을 효과적으로 운용할 것인가를 결정하는 경영활동이라 할 수 있다.

따라서 재무관리활동은 기업이 필요한 자금을 언제, 어디서, 얼마만큼 조달할 것인가 하는 자본조달결정(financing decision)과 조달된 자금을 언제, 어디에 얼마만큼 투자할 것인가를 결정하는 자본운용결정(investment decision) 측면에서 살펴볼 수 있다.

전통적으로 재무관리의 목표는 이윤의 극대화(profit maximization)로 이해되어 왔으나, 최근에 와서는 기업가치의 극대화(value maximization)로 전환되고 있다. 이러한 기업의 가치는 기업의 수익성(profitability)과 위험(risk)에 달려 있다고 볼 수 있다. 이를 식으로 표시하면 다음과 같다.

$$\text{기업가치} = f(\text{수익성, 위험})$$

기업의 가치를 결정하는 변수인 기업의 수익성과 위험은 기업이 어떠한 재무의사결정을 하는가에 달려 있다. 즉 자본조달결정과 투자결정이 기업의 수익성과 위험을 좌우하게 되어 기업의 가치를 결정하게 된다.

기업의 가치는 수익성이 높을수록 커지고, 위험이 클수록 작아진다. 따라서 기업은 상충(trade-off) 관계에 있는 이들 두 요인을 적절히 조화시켜 기업의 가치가 극대화되도록 의사결정을 해야 한다.

지금 경영현장에는

성공적 M&A를 위한 전략적 준비

인수합병(M&A)이 기업의 성장을 열어주는 보증수표가 아니라는 것은 여러 사례를 통해 확인할 수 있다. 자동차부품 기업 A사는 전장부품 기업으로의 전환이라는 '풍운의 꿈'을 갖고 센서 벤처기업을 인수했다가 사업화 실패로 모기업의 재정 상태까지 어려움을 겪었다. 대기업 B사는 M&A로 신성장동력을 창출하자는 비전을 내세웠으나 '어디서, 어떤 기업을 인수하겠다'는 방향이 없었다. 이렇다 할 성과를 거두지 못하고 수없이 많은 타깃만 검토하는 비효율을 낳게 됐다.

두 사례는 공통적으로 M&A에 사전 준비가 부족해 실패한 것으로 볼 수 있겠다. 신성장동력 확보 수단으로 M&A를 활용하려는 기업은 '왜, 무엇을'이라는 관점에서 M&A 준비 단계를 거칠 필요가 있다. 즉 산업 환경의 변화 속에 어떤 성장의 모습을 지향할지 또는 어떤 변화를 모색할 것인가를 정의해야 한다. 중요한 것은 기업이 보유한 핵심 역량을 잘 정의하고 이에 따른 성장 비전의 제시라 할 수 있다.

이렇게 핵심 역량을 정의한 후 성장 방향을 정립했다면 이후에는 어떤 사업영역에서 성장을 추구할 것인가에 대한 답을 찾아야 한다. 이때 중요한 키워드는 '연관성'이다. 여기서 연관성이란 핵심 역량에 기반해 새로운 산업에 진입할 때 기존 산업과의 유사성일 수도 있고 새로운 역량을 접목할 경우는 솔루션 관점의 연관성일 수도 있다. 실제 PwC 글로벌의 통계에 따르면 M&A를 성공적인 성장 수단으로 활용한 기업의 약 83%는 기존 사업과 인접한 영역으로 진출한 것으로 나타났다. 기존 사업과 '너무 멀리 떨어진 사업'으로 진출했다 쇠락의 길을 걷은 우리나라 기업도 많다는 점은 핵심 역량과 인접 사업으로의 진출이 얼마나 중요한지를 방증한다.

M&A 준비의 마지막 단계는 진출하고자 하는 사업영역 내에서 타깃 후보를 검토하는 것이다. 후보 검토 과정에서는 '현실적으로 M&A를 추진할 수 있는가'의 관점에서 타깃을 검토해야 한다. 이러한 판단을 위해서는 타깃의 '재무적 형편'을 우선 살펴보고 자금 니즈를 확인, 지분구조를 검토해 엑시트(exit)를 원하는 재무적 투자자의 지분이 없는지 등을 우선 살펴보는 과정 등을 거쳐야 한다.

최근 고객사를 방문하면 '어디 좋은 회사 없는지, 좋은 매물 있으면 소개해달라'는 질문을 많이 받는다. 사실 이런 이야기를 들을 때마다 솔직히 가슴 한구석이 답답하다. '도대체 좋은 매물이란 어떤 기준에서 판단해 이야기해야 한단 말인가' 하고 말이다.

시장에 좋은 물건은 많다. 하지만 '내가 맘에 드는, 내가 필요한, 나에게 좋은 물건'은 따로 있다. 아니, 따로 고민해서 정해야 한다. 기업 역시 윈도 쇼핑하듯 출현된 매물을 열심히 검토하거나 좋은 물건을 소개받기보다 먼저 자사의 본질적 핵심 역량은 무엇인지, 그에 맞는 새로운 사업영역은 무엇인지, 그 영역 내에서 살 만한 타깃은 없는지부터 고민해야 한다. 개인이 쇼핑 리스트를 작성하듯 기업도 성장을 위해 M&A를 활용하고자 한다면 '준비'부터 시작하자.

자료: 서울경제(https://www.sedaily.com), 2018.11.5

2.1 자본조달결정

일반적으로 기업들은 필요한 자금을 금융시장이나 증권시장을 통해 조달할 수 있다. 이 때 기업이 주식이나 채권을 발행하여 투자자로부터 직접 자금을 조달하게 되는 경우를 직접금융을 통한 자본조달(financing)이라고 한다. 반면 투자자로부터 기업이 직접 자금을 조달하지 않고 은행 등 금융기관을 통해 간접적으로 자본을 조달하는 경우를 간접금융을 통한 자본조달이라고 한다.

가. 직접금융을 통한 자본조달

직접금융을 통한 자본조달 방법에는 기업의 주식을 발행하여 자금을 조달하는 방법과 회사채를 발행하여 조달하는 방법이 있다.

1) 주식발행

주식회사의 경우 일반투자자들을 대상으로 주식(stock)을 발행하여 자금을 조달할 수 있다. 주식발행을 통한 자본조달은 자기자본의 형태이기 때문에 기업의 재무건전성 측면에서 다른 조달방법보다는 유리하다. 주식을 발행하여 자본을 조달하는 방법에는 일반적으로 보통주를 발행하는 방법과 우선주를 발행하는 방법이 있다.

보통주(common stock)는 주식을 매입하면 해당 기업의 주주로서 이사회의 구성, 배당금의 결정 및 기타 주요사항에 대한 투표권을 가지게 된다. 또한 주식을 보유함으로써 배당금과 주가가 상승할 경우 투자에 대한 수익을 얻을 수 있다. 그러나 기업이 파산할 경우에는 투자한 원금을 잃을 수도 있다.

우선주(preferred stock)는 보통주보다 배당금을 우선적으로 지급받는 주식을 말하며 기업이 파산할 경우에도 보통주에 우선하여 기업의 남아있는 재산에 대한 청구권을 갖는다. 반면에 우선주는 보통주와는 달리 주주의 투표권이 없다.

그림 13-1 자본조달의 수단

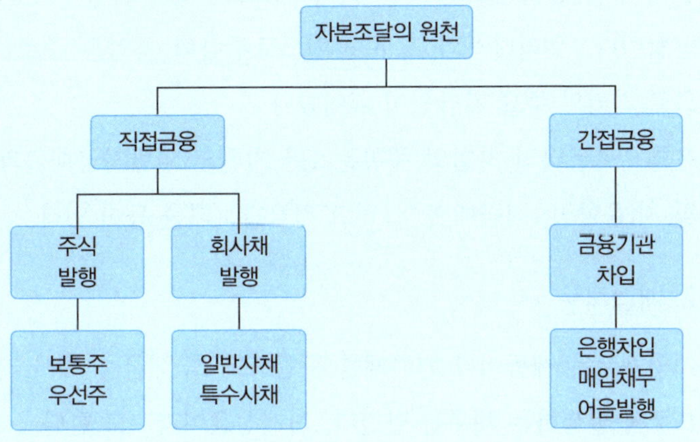

2) 회사채발행

기업의 회사채(corporate bond) 발행은 유동성이나 편리성 측면에서 가장 일반적인 자금조달 방법이다.

회사채는 기업이 자금을 비교적 장기간 사용하기 위하여 일반투자자로부터 공개적으로 자금을 빌리고 그 증거로서 발행하는 유가증권이다. 이 경우 조달된 자금은 기업의 장부상에는 부채로 처리된다. 기업이 과도하게 회사채를 발행할 경우 채권자들은 원리금을 회수 불가능하게 될 위험이 있으므로 채권자들을 보호하기 위하여 일정한 범위 이내로 회사채 발행을 규제하고 있다. 회사채에는 보통 채권자에게 지급된 확정이자와 만기일이 표시되어 있으며 정해진 이자와 만기일에 원금만 지급받을 수 있다.

나. 간접금융을 통한 자본조달

기업은 주식이나 채권 등 직접 금융시장에서 자금을 조달할 뿐만 아니라 은행 등 금융기관을 통해서 간접 금융시장에서 자금을 조달할 수도 있다. 간접금융을 통한 자본조달방법으로는 은행으로부터 차입, 매입채무, 그리고 기업어음을 발행하는 방법 등이 있다.

1) 은행으로부터의 차입

은행 등 금융기관으로부터 자금을 빌리는 것은 가장 보편적인 기업의 자금 조달방법이다. 우리나라의 경우 은행으로부터의 차입은 주로 단기자본조달의 원천으로 기업의 주요 자금원이 되어왔다.

은행으로부터의 차입의 종류는 1년 기한의 일반자금대출과 1년 미만의 당좌차월, 어음할인, 적금대출, 그리고 적금담보대출 등이 있다.

2) 매입채무

매입채무는 제품이나 원자재를 구입하고 그 대금을 즉시 지급하지 않고 연기함으로써 발생하는 채무를 말한다. 거래신용이라고도 한다.

이러한 매입채무는 대차대조표상에는 외상매입금과 지급어음의 형태로 기재된다. 외상매입금은 신용을 바탕으로 매입대금의 지급을 일정기간 연기하는 것이고, 지급어음은 채무의 증거로 구매자가 발행하여 준 어음으로 법적 구속력을 갖는다.

3) 기업어음 발행

기업어음(commercial paper: CP)는 기업이 발행한 약속어음을 말한다. 기업이 발행하는 기업어음은 대부분 투자금융회사와 종합금융회사, 일반시중은행 등의 중개기관을 통해서 판매된다. 기업어음은 중개기관이 보증하는 담보부 기업어음과 보증이 없는 무담보부 기업어음이 있다.

기업어음은 은행대출에 비하여 담보제공을 비롯한 번거로운 절차 없이 수시로 자금을 조달할 수 있다는 점에서 편리하지만 단기 자본조달 수단이다.

2.2 자본운용결정

위에서 언급한 여러 가지 방법으로 조달된 자금을 언제, 어디에 얼마만큼 투자할 것인가 하는 의사결정을 하는 것이 자본운용(capital investment) 결정이다. 일반적으로 자본을 운용하는 방법에는 현재의 사업이나 미래의 사업기회를 모색하여 투자하는 방법과 주식이나 채권 등 금융상품에 투자하는 방법으로 나누어 볼 수 있다. 여기서는 현재의 사업이나 미래의 사업기회를 모색하여 투자하는 방법에 대하여 살펴보기로 한다.

그림 13-2 자본운영결정

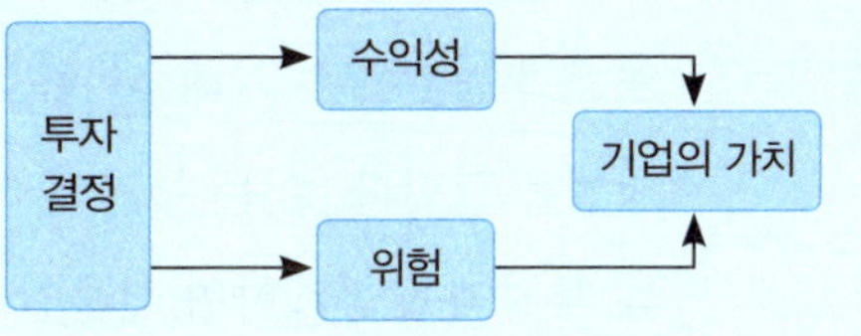

가. 자본예산

기업의 경영활동에서 사업에 대한 투자결정은 매우 중요하다. 어디에 투자하는가에 따라 기업의 수익이 달라질 뿐만 아니라 그 기업의 위험도 달라지기 때문이다. 따라서 기업의 가치는 기업의 수익성과 위험에 의해 결정되므로 투자결정은 미래의 기업가치와 직결된다. 따라서 한 기업의 성패는 그 기업의 투자결정에 달려 있다고 볼 수 있다.

기업이 사업기회를 모색하여 투자를 하는 경우 통상적으로 투자의 효과가 1년 이상 장기간에 걸쳐 나타나는 경우 자본예산(capital budgeting)을 수립하게 된다. 이러한 자본예산을 수행하는 과정은 일반적으로 다음과 같은 4단계를 거쳐서 이루어진다.

(1) 투자목적의 설정
(2) 투자목적 달성을 위한 투자안들의 선정
(3) 각 투자대상으로부터 기대되는 현금흐름의 추정
(4) 각 투자안의 타당성 평가(경제성 분석)
(5) 선택된 투자안의 사후 재평가, 피드백 및 통제

이러한 자본예산의 단계 중에서 가장 중요한 과정은 각 투자안별로 기대되는 현금흐름(cash flow) 추정과 투자안의 타당성(feasibility) 평가를 통해 투자안의 선택 여부를 결정하는 과정이다.

투자안의 타당성을 분석해 주는 기법으로 회수기간법, 회계적 이익률법, 순현가법, 내부수익률법 등이 있는데, 이 중에서 자본의 시간가치를 고려한 순현가법과 내부수익률법이 주로 이용된다.

나. 순현가법

순현가법(net present value method: NPV)이란 투자로 인하여 발생할 미래의 모든 현금흐름을 기대수익률로 할인하여 계산한 현재가치로 투자안을 추정하는 방법을 말한다. 이는 투자에 따른 현금흐름을 현재가치로 환산하고 여기에 최초의 투자액을 공제하여 산출한 순이익의 현재가치를 측정하는 것이다.

$$순현가(NPV)=\sum_{t=1}^{n}\frac{CF_t}{(1+R)^t}-I_0$$

CF_t는 t시점의 현금흐름, R은 할인율, I_0는 최초의 투자액

순현가가 0보다 클 경우 기업가치가 증가하는 것을 의미하므로 그 투자안은 채택될 것이다. 또한 투자안들을 평가할 때는 순현가가 가장 큰 것이 기업가치를 가장 높이는 대안이 될 것이다.

다. 내부수익률법

내부수익률(internal rate of return method: IRR)이란 투자로 인해 발생하는 현금유입의 현재가치와 현금유출의 현재가치를 일치시키는 할인율을 말한다. 따라서 내부수익률법은 현금유입의 현재가치와 현금유출의 현재가치를 일치시켜 투자안의 순현가를 0으로 하는 할인율 IRR을 구한 후 이를 기대수익률과 비교하여 투자 여부를 결정하는 방법이다.

$$\sum_{t=1}^{n}\frac{CF_t}{(1+IRR)^t}-I_0=0$$

내부수익률법을 통해서 투자안의 채택 여부를 결정할 때는 내부수익률이 미리 설정된 기대수익률을 초과하면 채택하고, 반대로 내부수익률이 기대수익률보다 낮으면 채택하지 않게 된다. 여러 투자대안들 중 내부수익률법으로 투자결정을 할 때는 내부수익률이 가장 큰 투자안을 선택하게 된다.

라. 운전자본관리

기업이 성장하기 위해서는 기본적으로 자본조달결정과 투자결정이 합리적으로 이루어져야 한다. 그러나 기업의 원활한 운영을 위해서는 일상적으로 발생하는 운전자본, 즉 유동자산과 유동부채의 관리가 효율적으로 수행되어야 한다.

운전자본(working capital)은 현금, 매출채권, 유가증권, 재고자산 등의 유동자산뿐만 아니라 매입채무, 단기차입금, 미지급비용 등 유동부채도 포함한다.

유동성은 자산이 적정한 가격으로 얼마나 빨리 현금화될 수 있는가를 의미하는데, 흔히 단기부채의 지급능력을 말한다. 유동성의 근원은 현금을 비롯한 유동자산에 있다. 유동자산은 대부분 기업에 이익을 가져다주지 않는 비수익성 자산이기 때문에 과다하게 보유하면 기업의 수익을 저하시킬 우려가 있다.

그러나 유동자산이 적으면 유동성 부족으로 인하여 단기부채 지급불능 상태에 빠질 위험이 크다. 따라서 운전자본관리의 목표는 유동성을 유지하여 부도나 파산 등 지급불능위험을 감소시키며 동시에 수익성을 증대시키는 것이라 할 수 있다.

많은 중소기업들이 사업에서 흑자를 보면서도 어느 날 갑자기 도산하는 경우가 있는데, 이의 많은 경우 유동자산의 부족으로 인하여 발생하는 것이라 할 수 있다. 이에 운전자본관리의 중요성이 부각된다.

Exploring INTERNET

1. 핵심 사업(Core Business)의 2018년 2분기 성과로 세계시총 1위 애플, 2위 아마존과 삼성전자를 비교해 보고, 삼성전자 시가총액의 적정성을 평가해 보시오.
2. 최근 분식회계로 논란이 되고 있는 삼성바이오로직스와 경남제약의 자료를 분석해 보고, 분식회계 평가와 상장폐지에 대한 자신의 견해를 정리해 보시오.

지금 경영현장에는

기업의 미래 재정능력을 보여주는 현금흐름

사람의 혈관에 콜레스테롤이 과도하게 쌓이면 혈액의 순환이 막혀 사망에 이르기도 한다. 이처럼 회사도 현금이 돌지 않으면 영업을 지속할 수 없어 결국엔 파산할 수밖에 없다. 회사가 현금을 소중히 여기는 것은 당연하다. 은행에서 돈을 빌리거나 회사채 발행을 통해 확보한 자금은 만기가 되면 상환해야 하고 불확실한 상황에 대비해 어느 정도의 현금을 보유하고 있어야 한다.

회사의 재무제표는 재무상태표, 손익계산서, 자본변동표, 현금흐름표, 주석이 있다. 현금흐름표는 1년 동안 회사에 들어오고 나간 현금의 내역을 기록한 보고서다. 현금흐름을 살펴보면 기업의 경영활동이 크게 영업활동, 투자활동, 재무활동으로 구분되어 있는 것을 알 수 있다. 회사는 주식이나 회사채를 발행하거나 은행에서 자금을 조달해서(재무활동) 그 돈으로 유형자산이나 무형자산 등 경제적 자원을 취득한 후(투자활동) 제품을 판매해 수익을 창출함으로써 이익을 얻게 된다(영업활동). 현금흐름표에서 '영업활동 현금흐름'은 회사의 영업과 관련해 들어오고 나가는 현금이기 때문에 영업활동 현금의 유입이 발생한다면 회사 입장에서 좋은 뉴스라고 볼 수 있다.

한편 '투자활동 현금흐름'의 지출은 설비투자, 자산 매입과 관련된 것으로 장기적인 전망을 나타내는 경향이 있다. 반면 '재무활동 현금흐름'의 유입은 향후 기업에 이자 부담을 가져다줄 수 있기 때문에 과도한 경우 그다지 좋은 징후가 아니라고 볼 수 있다.

각 현금흐름이 (+)라는 것은 회사로 현금이 유입된 것을, (−)는 현금이 나간 것을 알 수 있다.

영업활동 현금흐름이 (−)인 경우를 자세히 살펴보면 창업 초기 또는 불황으로 인해 처음에는 적자가 날 수 있지만 적자가 지속되면 언젠가는 부도가 난다. 그리고 손익계산서상에는 이익이 나지만 영업활동 현금흐름이 (−)인 회사가 있는데, 이 회사들은 매출액이 급증해 비용이 많이 들어간 경우다.

이런 경우 금융기관 등 외부에서 자금이 원활하게 조달되지 않으면 흑자도산할 우려가 있기 때문에 주의해서 살펴볼 필요가 있다.

영업활동으로 돈을 벌어들이지 못하는 회사가 단기부채로 자금을 조달한다면 심각한 자금난을 겪을 가능성이 높아진다.이처럼 현금흐름표는 현금이 어떻게 들어오고 무슨 이유로 나가는지 회사가 보유하고 있는 현금 상황을 일목요연하게 보여준다. 또한 회사의 유동성에 관한 정보를 제공해 배당금지급능력, 차입금상환능력 및 외부로부터의 추가적인 현금 조달의 필요성에 관한 정보를 제공한다. 수익이 많은 회사도 현금창출능력이 미약하다면 부도에 직면할 수 있다는 점에서 현금흐름 분석은 필수적이다.

자료: 매일경제(http://www.mk.co.kr), 2018.4.26

최근 신문기사들을 보면 벤처기업에 관련된 기사가 하루도 빠짐없이 나는 것을 볼 수 있다. 이제 당신도 인터넷관련 벤처기업을 설립하고자 생각한다. 주위 사람들에게 물어보니 설립하는 회사의 형태에는 개인기업, 합자회사, 그리고 주식회사 등이 있다는 것을 들었다. 위의 3가지 회사형태 중에서 어느 것이 당신이 설립하고자 하는 기업의 형태로 적합한지를 생각해 보자.

문제

1. 당신이 기업을 설립하는데 특정한 회사 형태를 선택한 이유는 무엇인가?
2. 각 회사형태를 선택하는 데 있어서 유리한 점과 불리한 점은 무엇인지 열거해 보시오.

MIS사의 각 부장들은 매 3개월마다 영업성적을 알리는 손익계산서를 받아보고 있다. 이를 통해서 각 부장들은 그들 부서의 영업성적과 원래의 계획을 비교할 수 있었다. 물론 각 부장들은 생산과 판매 모두를 책임지고 있었다. 그러나 어떤 관리자들은 불평하기를 매 3개월마다 보고되는 손익계산서가 입수될 때에는 잘못되고 있는 일이 상당히 진행되고 있어서 신속하게 대처할 수 없을 뿐 아니라 문제가 어디에서 발단되고 있는지에 대해서도 알 수가 없다고 말하고 있었다.

문제

1. 부장들의 의사결정에 도움이 될 수 있는 다른 유형의 정보시스템이 무엇이라고 생각하는가?
2. 이 경우에 컴퓨터를 도입한다면 편리한 점이 무엇이겠는가?

Chapter 14

정보관리와 생산·운영관리

기업을 관리하는 것은 미래를 관리하는 것이다. 그리고 미래를 관리하는 것은 정보를 관리하는 것이다.

– 메리온 하퍼(Marrion Harper)

향후 30년 동안 컴퓨터기술의 발전은 조직에 대한 우리의 사고를 혁명적으로 변화시킬 것이다. 가장 기본적인 변화는 물질에 초점을 둔 관점에서 지식에 초점을 둔 관점으로 바뀔 것이다.

– 호사플(C.W. Hosapple) 및 앤드류 휜스톤(Andrew B. Whinston), Expert Systems

● 시작 이야기 ●

디지털 정보시대에는 협업의 중요성이 더 커짐

초기의 인류에게 집단은 곧 생존이었다. 집단을 이룰 경우 포식자의 위험으로부터 보호받을 수 있을 뿐만 아니라 먹이를 구하기가 용이하고, 먼 지역으로 사냥을 떠날 때에도 자원을 효과적으로 지킬 수 있었기 때문이다. 한편 집단 구성원들은 고유의 공통된 소리와 몸짓을 만들어냈다. 위험한 상황에서 서로가 같은 소리와 몸짓을 냄으로써 서로를 보호하고, 힘을 합쳐 대응할 수 있었다. 그리고 이 과정에서 서로에 대한 신뢰가 형성됐다. 집단의 중요성은 인류에게 있어 매우 역사가 깊은 것이었다.

디지털 시대의 집단의 중요성

인류에게 깊숙이 내재된 집단의 중요성에도 불구하고 최근 정보 기술의 발전은 개인이 집단과 무관한 존재인 것처럼 느껴지게 만든다. 정보기술의 발전으로 인해 인간이 가질 수 없다고 여기던 능력을 갖게 되면서 거의 모든 분야에서 각 개인의 능력이 급격히 발전했기 때문이다.그럼에도 불구하고 오늘날 집단의 중요성은 계속해서 커지고 있다.

2007년 「사이언스(*Science*)」지에 소개된 노스웨스턴대학의 스테판 부키와 캘러그 경영 대학원의 벤자민 존스의 연구는 이를 증명한다. 이들의 연구인 'The Increasing Dominance of Teams in Production of Knowledge'에 의하면 지난 50년간 모든 학술 분야에서 팀의 연구가 개인의 연구보다 많아지고 있고, 규모가 보다 큰 팀에서 수행한 연구가 인용된 사례가 더 많아지고 있음을 밝혀냈다. 이뿐만 아니라 50년 전에는 단일 저자의 논문이 인용될 확률이 높았지만 오늘날 이런 흐름이 완전히 바뀌었다는 점도 발견했다.

디지털 경제 형성의 근간을 이루는 과학 및 공학 분야의 경우 1,000회 이상 인용될 확률이 팀의 연구가 개인 연구보다 530%나 높았다는 결과는 이를 뒷받침한다. 정보 기술의 영향력이 커지는 오늘날 지식 창조의 중심이 개인이 아닌 집단임을 확인할 수 있는 대목이다.

창조적 인간 만드는 집단지성

집단을 중심으로 한 지식 창조의 경향은 훌륭한 집단을 만드는 요인에 대한 궁금함으로 이어진다. 이에 대한 카네기멜론과 MIT, 유니온대학의 2010년 연구는 매우 선도적이다. 이들은 집단을 하나의 생물체로 간주하여 집단의 지능을 파악하는 연구를 했다. 논문에서 이들은 집단의 지능을 '집단지성(collective intelligence)'이라고 이름 붙였다.

사이언스지에 소개된 이들 연구는 다음의 두 가지

제 1 절

경영과 정보

월마트에서는 매일 품목별로 팔린 양과 재고량을 확인하며 어떤 품목을 얼마나 주문할 것인가를 결정한다. 또 주간별, 월간별로 판매경향을 분석하면서를 밝혀냈다. 집단 구성원의 IQ와 집단의 수행능력 간에는 상관관계가 존재하지 않는다는 점과 집단의 능력을 결정짓는 가장 큰 요인은 '사회적 민감성'이라는 점이다. 사회적 민감성은 타인에 대한 공감능력을 의미한다. 즉, 새로운 아이디어를 만들어내고, 어려운 문제를 해결하는 집단의 능력은 인간 상호작용의 미묘한 요인들과 관련이 있다는 것이다. 상대방의 몸짓으로부터 감정 상태를 읽어내고, 말투를 통해 의중을 읽어내는 능력이 바로 그것이다. 기계 역시도 입력된 프로그램에 따라 사람의 인상과 말투를 통해 기분을 읽어낼 수 있다. 하지만 이를 바탕으로 한 공감을 하지는 못한다. 과학 기술이 다양한 분야에서 인간의 활동을 대체해가는 이 시점에서 인간만이 할 수 있는 일을 수행하기 위해 집단지성을 키워야 함을 엿볼 수 있다.

대체적 존재 아닌 집단적 인간

인간이 집단을 구성하게 되면 집단의 시각에서 인간은 대체 가능한 존재가 아니다. 집단의 구성원으로서의 인간은 기계의 부품이 아닌 공감하며 상호작용하는 존재로 서로에게 인식되기 때문이다. 결국 집단의 효율성은 구성원들이 서로를 신뢰하고 도우면서 사회적 자본을 쌓을 수 있느냐에 따라 결정된다. 미국 항공 사고의 73%가 처음으로 같은 팀에 편성된 승무원들이 나선 비행에서 발생했으며, 경험 많은 심장외과 의사가 같은 병원 소속이 아닌 다른 병원의 의료진과 호흡을 맞출 때 수술 성공률이 낮았다는 결과는 집단의 힘을 다시 확인할 수 있는 대목이다.

놀랍게도 구성원 간 상호작용으로 쌓이는 사회적 자본, 즉 집단지성은 온라인 공간에서는 작동하지 않는다. MIT 팬트랜드 교수진의 실험에서 밝혀진 이 같은 현상을 두고 다른 사람의 몸짓이나 표현을 흉내 내는 무의식적인 행동이 사람 간의 관계를 맺는 가장 근본적인 방법이 온라인상에서는 이뤄지지 않기 때문이라고 설명한다.

스티브 잡스가 설립한 애니메이션 스튜디오인 '픽사'가 건물의 중간에 카페와 사내 우편함, 회의실을 배치한 이유도 이와 같다. 그는 직원들이 이메일과 소셜네트워크서비스(SNS)가 아니라 실제로 섞여 어우러져야만 좋은 아이디어가 나온다고 믿었다. 어쩌면 공감을 통한 인간 상호 간 협동은 수천 년을 다른 사람과 함께 살아오면서 훈련된 생존방식인지도 모른다. 새로운 기계시대에도 이는 여전히 힘을 발휘할 것이다. 협동은 디지털기술과 기계의 기하급수적 발달에도 불구하고 인간을 과소평가하지 말아야 할 다양한 이유 가운데 하나이다.

자료: 한국경제, 2018.5.14

매장구성에 문제점은 없는지 어떤 품목을 더 보충하고 혹은 줄여야 하는지, 거래처별로 손익이 얼마나 나는지, 점포 내에 도난손실은 얼마인지를 추정하고 있다. 이처럼 지역 고객들의 특성에 맞는 상품을 적절한 양으로 갖고 경영할 수 있는 것은 첨단 정보시스템이 있기 때문이다.

사람이 신경조직을 통해 외부로부터의 자극을 분별하고 신체활동을 관장하듯이 기업은 정보시스템을 통해 계획, 조직, 지휘, 통제 기능을 발휘한다. 어떤 의미에서 경영은 정보를 받아들이고 처리하고 전파하는 과정이라고도 볼 수가 있다. 자신이 자동차 부품공장을 경영한다고 가정해 보면, 하루 일과 중 거래처 사람들과 품질이나 주문계획, 혹은 업계 사정에 관한 정보를 나누고 외부 모임에 참석하여 정보를 입수하는 데 상당한 시간을 보낼 것이다. 이메일, 편지, 그리고 전화도 받고 관련 경제신문이나 잡지를 읽기도 한다. 부하들이 작성해 올린 보고자료를 검토하고 시간이 있을 때는 직접 작업현장을 돌아보며 정보를 얻기도 한다. 수집된 자료를 바탕으로 회의를 소집하여 주간별, 월간별 생산계획을 수립하고 장기적인 대책을 마련한다. 또 전화, 팩스로 혹은 서류로 영업소나 거래처에 정보를 전달하기도 한다. 이처럼 경영자의 활동은 정보를 중심으로 이루어지고 있다. 여기서 경영과 정보 사이를 연결해 주는 네 가지 요소와 어떻게 연관되는지를 살펴보면 다음과 같다.

먼저, 계획수립과 정보에 관한 요소인데, 목표를 설정하고 자원을 배분하는 것은 계획수립의 주된 과제이다. 어떤 분야로 진출할 것인가, 어떤 신제품을 내놓을 것인가와 같이 전략적 결정을 내릴 때 고객, 경쟁자, 시장추세, 회사의 강·약점에 대한 정보는 필수적이다. 만약 자신이 인터넷 쇼핑몰을 운영해볼 의향이 있다면 이 방면에서 고급정보를 입수할 수 있도록 노력해야 할 것이다. 예를 들면, 우리나라 인터넷 사용자에 관한 통계나 미국, 일본, 대만 등 참고로 할 수 있는 나라의 현황자료는 크게 도움이 될 것이다. 또 인터넷 이용자의 나이, 성별, 학력, 취향에 대해서도 비교적 자세하게 알고 있어야 할 것이고, 상품 공급업체, 배달방법, 자금관계 등에 관해서도 알아야 할 것이다.

둘째는 조직화와 정보와 관련된 요소로써, 실적이 부진한 조직을 보면 정보소통이 원활하게 이루어지지 않고 있는 경우가 많다. 그 결과 업무처리에 시간이 걸리고 환경대응능력도 떨어지게 된다. 정보시스템이 잘 작동되면 조직계층을 단축할 수 있다. 경영자는 컴퓨터정보시스템을 통하여 일선 담당자들과 커뮤니케이션을 직접 할 수 있다는 것은 통제할 수 있는 부하의 숫자가 늘어난다는 의미를 포함하고 있다. 또 일선 담당자들도 필요한 자료를 직접 검색하고 이용할 수 있다. 결과적으로 조직계층이 줄어들어 조직도를 그리면 평평하게 된다. 정보시스템이 발전된 조직에서는 정보기술을 가진 사람의 숫자가 늘어나게 될 것이다. 생산현장에서조차도 컴퓨터를 이용하는 근로자가 다수를 차지하게 된다.

셋째는 지휘와 정보요소와의 관계인데, 정보를 취급하는 위치에 있는 사람은 그 정보가 필요한 사람에게 자신이 의도하는 대로 행동하도록 영향력을 미칠 수 있다. 그래서 여러분도 졸업 후 회사에 입사를 하게 되면 값진 정보를 취급하는 보직을 맡기를 원할 것이다. 경영자는 직책상 부하들보다 더 많은 정보를 갖고 전파할 수 있는 위치에 있기 때문에 지휘하기가 그만큼 용이해진다.

정보시스템을 활용하면 부하들을 더 정확하게 평가하여 일을 열심히 하게 할 수 있다. 예를 들어, 자신이 미용실을 경영할 때 정보시스템을 활용하면 어떤 고객이 어느 디자이너를 다시 찾는지를 정확하게 파악할 수 있기 때문에 그에 맞는 보너스를 지급할 수 있을 것이다. 미국 텍사스 주 휴스턴에 본부를 두고 있는 비즈블 체인지(Visibel Changes)사는 바로 이러한 제도를 통하여 헤어디자이너를 동기부여하고 단골고객 수를 늘리고 있다.

마지막으로 통제와 정보요소와의 관계인데, 현 상황을 측정하고 시정조치를 취하는 데에도 정보는 필수적이다. 구성원의 통제행위는 모두 경영정보시스템을 바탕으로 이루어지고 있다.

1.1 정보기술의 경영에의 적용

정보기술의 발전으로 경영활동에도 많은 변화를 가져왔는데 우선 기업의 생산, 판매, 고객관리, 수송 등의 업무활동에 고도의 정보기술을 이용하여 경영효율을 높이고 있다.

- 정보시스템을 이용한 시장 수요분석, 판매예측
- 고객과 기업의 연결시스템 구축
- 컴퓨터를 이용한 제조와 생산공정의 관리
- 재고시스템의 전산화와 물동량 관리
- 인적자원관리의 정보시스템화

이처럼 정보기술은 경영의 각 부문별 활동을 과거보다 훨씬 빠르고 효율적으로 수행할 수 있게 하였으나 이보다 더 큰 기여는 기업통합(enterprise integration: EI)을 손쉽게 가능하게 한다는 점이다. 즉, 기업 내부와 외부의 모든 조직의 정보를 통합하여 서로 공유하는 시스템을 구축하여 경영활동의 전반적 혁신을 가져오게 되었다. 정보기술을 활용하여 경영혁신을 이루고 있는 대표적 사례를 살펴보면 다음과 같다.

먼저 CALS(칼스)인데, 제품의 설계부터 생산, 판매, 관리에 이르기까지의 전 과정을 하나로 통합시키는 개념으로서 품질관리의 효율화, 제조기간의 단축, 배달시기 단축, 고객서비스의 신속, 정확의 효율성을 높여주게 되었다. 특히 제조과정에 초점을 두고 설계와 제조, 마케팅과 제조를 연결하여 광속적 상거래(commerce at light speed: CALS)를 가능하게 했다는 데에서 유래된 말이다.

둘째는 BPR(비즈니스 프로세스 리엔지니어링)인데, 업무의 초기단계에서 마무리되는 단계까지의 모든 과정 하나하나를 개선하는 데 그치지 않고 전체과정을 새로 재편성하여 비용절감, 품질향상, 기간단축을 하자는 취지에서 출발하였다. 물론 정보시스템구축으로 모든 과정에 필수적인 정보를 적시에 제공하고 각 부서의 정보를 연결하여 한 치의 오차나 지연 없이 업무절차가 계속적으로 진행되고자 하는 데 목적이 있다. 즉 정보기술에 의존한 업무과정 재설계(business process reengineering: BPR) 방법이라고 할 수 있다.

셋째는 ERP(전사적 자원관리)인데, 경영의 각 분야별로 자원을 효율적으로 관리하려는 노력은 누구나 하고 있다. 즉, 재무팀에서는 자금의 관리, 인사팀에서는 인적자원의 관리, 구매팀에서는 재고 부품의 관리에 최선을 다할 것이다. 그러나 이를 기업 전체적 측면에서 효율적으로 관리하기는 어려웠는데 정보공유와 분석을 기초로 유기적으로 모든 자원을 최적의 상태로 연결하여 활용하는 시스템이 전사적 자원관리 시스템(enterprise resources planning: ERP)이라고 볼 수 있다.

1.2 정보시스템과 관련된 문제

경영정보시스템이 발전하면서 사무실 모습뿐만 아니라 눈에 보이지 않는 면도 변화하고 있다. 이에 따라 지금까지 경험하지 못한 문제들이 발생하고 있는데 그중에서 인간관계, 컴퓨터 공포증, 소프트웨어 불법사용, 정보보안문제에 대해서 알아보자.

먼저 조직 내 인간관계의 문제인데, 컴퓨터회의(computer conference), 화상회의(video conference), 그리고 화상전화는 향후 더 많이 활용될 것이다. 그룹웨어 커뮤니케이션(groupware communication) 기술이 발전하면서 조직 내 인간관계에도 영향을 미치고 있다. 경영환경 변화에서도 이야기하고 있듯이 앞으로는 재택근무를 하는 사람이 늘어나게 된다. 회사에 따라서는 근무시간도 일정하지 않고 본사 사무실도 도시 근교로 이전하는 경우가 많아진다. 그러나 이러한 변화는 사람을 컴퓨터 앞에 붙들어 놓아 구성원 간의 인간관계를 소홀하게 하는 측면도 있다. 사회적인 동물인 인간에게서 서로 만나는 기회를 앗아가고 있는 셈이다. 경영자는 정보통신기술을 도입할 때 인간관계에 미칠 영향을 검토할 필요가 있다.

둘째는 컴퓨터 공포증에 관한 문제로서, 새로운 기술을 배우는 데 적극적인 사람이 있는가 하면 두려워하고 외면하는 사람도 있다. 컴퓨터를 접해 보지 않은 사람에게 새로운 용어나 일하는 방법을 가르치는 것은 쉬운 일이 아니다. 자칫하면 비용을 들인 시스템이 일부 사람만이 이용하는 것으로 그칠 수가 있다. 그러므로 새로운 시스템을 도입할 때는 충분한 교육과 지원, 격려가 뒤따라야 한다. 시스템이 사용하기 쉽고 편리해야 하는 것은 기본적인 요구이다. 사용하는 사람과 계층에 따라 적절한 훈련과정을 마련해야 한다. 또 문제가 발생했을 때 즉시 지원해 줄 수 있도록 제도적인 뒷받침이 있어야 시스템의 성과를 극대화할 수 있을 것이다.

셋째는 소프트웨어 불법사용에 관한 문제로서, 소프트웨어는 값이 비싼 반면 복제하는 일이 간단하기 때문에 알면서도 법을 어기는 경우가 많다. 일부 사람들이 불법으로 복제한 제품을 유통시켜 이익을 챙기고 해외로 수출까지 하여

나라의 체면까지 손상시키기도 한다. 정부는 지적재산에 대한 법규를 강화하여 소프트웨어 개발에 몰두하고 있는 두뇌집단을 육성하기 위해 노력하고 있다. 이는 무형의 재산을 개발하는 기업이 높은 부가가치를 창출하면서 경제를 주도하는 위치에 서게 되기 때문이다. 비양심적인 사람이 활개치는 사회에서 소프트웨어 산업이 제대로 발전할 수가 없다. 특히 소프트웨어산업은 젊은이들이 주도하고 있다. 빌 게이츠(Bill Gates)를 능가하려는 꿈을 가진 우리나라 젊은이들을 격려하기 위해서라도 소프트웨어 불법사용은 없어져야 할 것이다.

마지막으로 시스템 보안에 관한 문제로써, 컴퓨터 네트워크에 불법적으로 침입하여 자료를 파괴하는 사람을 해커(hackers)라고 부른다. 주로 젊은이들이 취미 삼아 하지만 때로는 고의로 악성 바이러스를 침투시켜 막대한 피해를 끼치기도 한다. 해마다 3월 6일 미켈란젤로가 탄생한 날에 활동하는 악성 바이러스에 대해서 이야기를 들었을 것이다. 국가정보기관, 통신회사, 금융기관, 군사기관이 갖고 있는 컴퓨터시스템이 멈추는 경우를 상상하면 결코 그냥 넘길 수 없는 일이다. 경쟁기업 컴퓨터에 침입하여 정보를 뽑아내는 일, 금융기관 직원이 다른 사람의 예금을 가로채는 일, 보험회사 직원이 차명계좌를 만들어 보험금을 타내는 일 등 컴퓨터관련 악성 범죄는 그 종류도 다양해지고 빠르게 늘어나고 있다. 미국에서 컴퓨터범죄는 이미 강도와 같은 강력범들이 저지르는 피해보다 더 크고 범인 검거율은 상대적으로 낮다고 한다.

경영정보시스템은 안전을 위해서는 정기적으로 보관자료를 복사(backup)하고 자료에 접근하는 사람의 자격을 제한해야 한다. 또 사용하는 소프트웨어를 계속적으로 향상시키고 안전장치를 바꾸어야 한다. 고급시스템으로 대체하면 교육도 시켜야 한다. 이처럼 시스템개발뿐만 아니라 유지하는 데에도 큰 비용이 들게 되는데 처음 시스템을 도입하는 경영자는 이런 점을 자칫 간과하기 쉽다.

제 2 절

전략적 경영정보

2.1 경영정보의 의미

지금까지 우리는 여러 가지 다양한 기업활동, 이익창출을 위한 주된 활동으로써 생산·운영관리와 마케팅관리를 살펴보았고, 이러한 주된 활동이 효과적으로 수행되도록 지원해주는 활동으로 인적자원관리, 자금의 조달 및 운용에 관한 회계·재무관리 등에 관해서 살펴보았다. 경영자는 이러한 기업의 경영활동에 있어서 자주 의사결정을 해야 할 상황에 놓이게 된다. 이 때 해당 문제에 대해 어떠한 정보자원을 갖고 있느냐에 따라 합리적인 의사결정을 할 수 있느냐 없느냐가 결정된다.

사실 경영자가 적절한 정보를 적시에 갖고 있지 못한다면 우수한 의사결정을 기대하기란 매우 어려운 것이다. 그래서 기업의 경영활동에서 합리적 의사결정을 내리기 위해 정보기술과 정보자원은 매우 중요하다.

우선 데이터와 정보에 대한 이해가 필요하다. 라틴어로 데이터(data)는 '준다'는 단순한 뜻을 가지고 있지만, 정보(information)는 '누구에게 무엇인가를 준다'는 뜻을 가지고 있다. 즉 데이터의 의미는 가공하지 않은 있는 그대로의 사실을 말한다. 이 때 데이터는 그 자체로는 의미가 없고 이용자의 의도에 맞게 유용한 형태로 전환되어야만 비로소 의미를 가지게 된다. 따라서 있는 그대로의 데이터를 경영자의 목적에 맞도록 가공처리된 데이터가 정보인 것이다. 이러한 정보를 경영활동에 활용함으로써 기업은 보다 효과적이고 효율적인 의사결정을 내릴 수 있다.

경영정보(management information)란 급격하게 변하는 경영환경 속에서 경쟁력을 확보하고 지속적으로 유지하기 위하여 정보자원과 정보기술을 효과적으로 이용하여 경영활동을 수행하는 것을 말한다.

지금까지는 경쟁력 강화를 위한 많은 전략들이 주로 인적자원이나 물적자원에 초점을 두어 수립·실행되었다. 그러나 21세기 정보화 사회에서는 정보자원과 정보기술을 체계적으로 활용하여 기업의 경영활동에서 합리적인 의사결정을 할 수 있어야 경쟁력을 확보·유지할 수 있을 것이다. 이처럼 정보자원과 정보기술을 활용하여 기업의 경쟁력을 강화하는 것이 바로 경영정보의 핵심이다.

2.2 경영정보시스템

경영정보시스템(management information system: MIS)은 1954년 미국에서 컴퓨터가 조직의 정보처리에 응용되기 시작하면서부터 발전한 분야로 학문적으로는 경영과학의 한 분야로, 응용면에서는 조직관리의 근대적 기술로 인정되었으나 최근에는 독자적인 영역을 구축하고 있다. 특히 급격하게 변하는 정보기술의 발전에 힘입어 정보화 지식사회로 이행됨에 따라 기업의 경영정보시스템의 관리는 그 중요성이 더욱 확대되고 있는 실정이다.

경영정보시스템은 기업의 외부환경 및 내부환경에서 발생하는 정보자료를 처리하고 조직의 구성원, 특히 각 계층의 경영자들의 의사결정에 필요한 정보를 적절히 제공해 주는 체계를 의미한다. 즉 경영정보시스템이란 경영자들이 기업의 경영활동을 계획, 통제, 평가하는 데 필요한 의사결정 지향적인 정보를 제공해 주도록 설계된 시스템이라고 말할 수 있다.

사이먼(H.A. Simon)은 의사결정과정을 탐색(intelligence), 설계(design), 선택(choice)의 3단계로 구분하고 있다. 이와 같은 관점에서 경영정보시스템과 의사결정과의 관련성을 살펴보면 먼저 탐색단계는 의사결정을 필요로 하는 내·외부 환경을 조사하는 것으로서 경영정보시스템은 이에 대해 효과적인 정보의 저장매체로서 데이터베이스를 제공하며, 설계단계는 가능한 행동대안을 개발하는 단계로서 이 때 경영정보시스템은 가능한 상황에 대한 모델설계 및 가능 해결안의 추출을 위한 소프트웨어와 타당성분석을 위한 소프트웨어를 제공하며, 마지막 단계인 선택단계는 가능한 행동대안들 중 하나의 행동대안을 선택하는 단계로서 경영정보시스템은 이를 위해 다양한 의사결정모형을 제공해 준다.

이와 같이 경영의사결정에 대한 효과적인 지원을 목적으로 하는 경영정보시스템은 포괄적인 데이터베이스와 정보검색 능력 및 모델을 필요로 하며 경영계층 전반에 대해 효과적인 정보를 제공하게 된다.

지금 경영현장에는

FAANG은 가고, MAG이 왔다

스마트폰 저물고, 클라우드 뜬다,
IT 기업 지각 변동 이제 MAG(MS · Amazon · Google)이 세계 IT 주도

지난 11월, NH투자증권은 '클라우드가 스마트폰을 이기다'라는 의미심장한 보고서를 내놨다. 'FAANG'으로 표현되는 미국 5대 IT기업의 자리에 애플의 자리를 없다는 뜻이었다. FAANG은 페이스북(Facebook) · 아마존(Amazon) · 애플(Apple) · 넷플릭스(Netflix) · 구글(Google)'의 앞 자를 딴 신조어로, 2016년 이후 TGIF에 이어 등장했다. TGIF는 트위터(Twitter), 구글, 애플 아이폰(iPhone), 페이스북을 말한다.

이제 페이스북, 애플, 넷플릭스 대신, MS를 추가해 MAG(MS · Amazon · Google)의 시대라고 시장은 말하고 있다. 사티아 니델라의 지휘 아래 클라우드 기업으로 변신한 MS는 지난 11월 30일, 애플을 꺾고 전 세계 시가총액 1위에 올랐다. 장중 가격으로 넘어선 적은 종종 있었지만, 마감기 기준으로는 2002년 이후, 16년 만이다.

MS의 성장 요인은 단연 클라우드. 사티아 나델라의 '클라우드 퍼스트' 전략은 적중했다. 2014년 사티아 나델라가 부임하던 당시에도 이미 AWS가 클라우드 시장은 쥐고 있었으나, MS는 오피스와 같은 SW를 결합한 클라우드 전략으로 시장을 공략했다.

MS는 전 세계에 데이터센터를 구축해, 국내 2개 리전을 포함해 전 세계에 54개 리전을 두고 있다. 지난 3월, 한국 MS는 데이터센터 설치 1년 만에 "애저 클라우드상에서 구동되고 있는 오픈소스 기반의 앱, 솔루션 및 서비스 매출이 700%가량 성장했다"고 밝힌 바 있다.

지난 2016년, MS는 노키아로부터 2013년에 인수한 무선 사업부를 매각했다. 스마트폰을 버리고 클라우드를 택했다고 볼 수 있다. 그때의 선택이 2018년의 성과로 드러난 셈이다.

자료: 키뉴스(KINEWS) (http://www.kinews.net), 2018.12.18

2.3 다른 경영활동의 지원

오늘날 경영정보시스템을 기업의 경영활동의 모든 분야에 가장 활발히 적용되고 있다. 예를 들면 생산정보시스템, 마케팅정보시스템, 회계 및 재무정보시스템, 인사정보시스템 등 그 역할이 급격히 증가하고 있는 실정이다.

먼저 생산정보시스템의 경우 오늘날 가장 활발히 진행되고 있는 부분이다. 생산정보시스템은 제조량, 종업원 수를 포함한 제약조건, 변경된 제고정책 및 품질관리계획 등을 입력함으로써 거래처리시스템을 만들 수 있다. 또한 생산계획시스템, 재고관리시스템, CAD/CAM, CIM, FMS 등은 대표적인 생산경영정보시스템의 산출물이라고 할 수 있다. 최근에 각광받고 있는 JIT, EC/CALS, ERP 등은 생산정보시스템의 대표적인 예라고 할 수 있다.

마케팅 및 로지스틱스 분야의 정보는 소비자 및 시장에 관한 정보, 상품의 물적 유통, 재고관리, 생산공정계획, 운송 등에 관한 정보를 포괄하는 것으로서, 대부분의 대규모 기업에서는 이와 같은 정보의 수집과 처리 및 보급 등에 컴퓨터를 이용하고 있다. 최근에는 신속대응시스템(quick response system: QR), 효율적 고객대응시스템(efficient customer response system: ECR), 전자상거래(EC) 등이 마케팅정보시스템의 예라고 할 수 있다.

회계 및 재무분야의 정보체계에는 회계기록, 재무제표 및 예산 등이 포함되는 자료를 신속하고 적시에 얻을 수 있을 뿐만 아니라 재무제표상의 여러 요소를 분석·비교하는 작업도 간편하게 처리할 수 있게 되었으며, 실제 성과와 예산을 비교·평가하기가 용이하여 미래성과를 개선하기 위한 신속한 조정이 가능하게 되었다.

인사분야의 정보는 종업원 각자의 훈련 및 교육수준, 능력 및 경력, 지식, 성격, 적성, 흥미, 희망, 전공과목, 숙련기능, 예상정년시기 등 종업원에 관한 모든 사항을 포괄하는 것으로서, 이와 같은 정보내용을 컴퓨터에 보관해 두었다가 승진, 배치, 이동, 훈련의 적격자가 누구인가를 컴퓨터로 하여금 출력하도록 하는 인사자료시스템(personnel data system: PDS)을 이루고 있다.

사실 조직의 규모가 확대되면 종업원 개인의 능력이나 경험 및 희망 등을 일일이 파악하여 인사관리에 반영하기란 매우 힘든 일이다. 이와 같은 문제를 해결하기 위한 방안으로서 이 분야에 컴퓨터가 도입되어 컴퓨터에 의한 경력관리제도(career development program: CDP) 등이 활용되고 있다.

2.4 경영정보시스템의 유형

기업의 경영활동을 수행하는 데 있어서 경영자의 계층에 따라 필요한 정보도 서로 다르다. 또한 필요한 정보가 다르기 때문에 계층별로 사용해야 하는 경영정보시스템도 달라지게 된다. 다음에 몇 가지 경영정보시스템의 유형에 대해서 살펴보기로 한다.

그림 14-1 경영 계층별 정보시스템의 유형

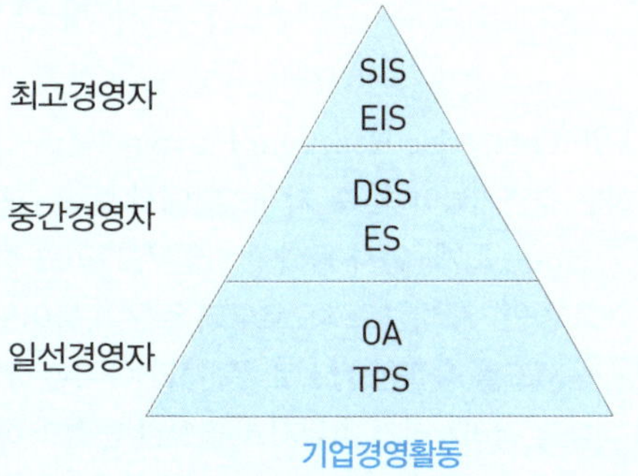

가. 거래처리시스템

거래처리시스템(transaction processing system: TPS)은 기업이 일상적인 업무를 수행하는 거래활동의 결과로 발생하는 데이터를 처리, 저장, 관리하는 경영정보시스템을 말한다. 이는 가장 기본적인 정보시스템으로 은행의 온라인시스템, 항공회사의 예약시스템, 유통업체의 주문을 처리하는 POS(point of sales) 시스템, 주민등록자료의 전산망 등의 활동을 처리하는 시스템이다.

그러나 이는 주로 사용자가 하는 단순하고 반복적인 업무를 컴퓨터가 처리해주는 기능만을 하게 된다. 따라서 경영자가 의사결정을 내리는 데 도움이 되는 정보를 제공해주지는 못한다.

나. 사무자동화시스템

사무자동화시스템(office automation system: OA)은 업무처리 과정을 컴퓨터로 처리함으로써 사무종사자와 일선경영자의 생산성을 증가시키고 의사소통을 원활히 하도록 만들어진 경영정보시스템을 말한다. 팩스, 워드프로세스, 전자결재, 전자사서함, 데스크탑 출판, 화상회의, 음성우편 등의 응용분야들이 업무의 생산성을 높이기 위하여 이용되고 있다.

최근 기업들은 사무실에서 생산성을 높이는 사무자동화시스템에 많은 관심을 보이고 있다.

지금 경영현장에는

ERP(전사적 자원관리)

ERP(Enterprise Resource Planning: 전사적 자원관리)은 회사 전체의 경영자원을 계획적으로 활용하는 경영기법이다. 즉 자재조달에서 생산·재고·물류·판매에 이르는 일련의 기업활동 과정과 이를 지원하는 회계·인사 등의 관리업무, 그리고 경영정보까지를 통합해 관리, 운영하는 방식을 말한다.

예를 들면, 기업은 고객으로부터 주문이 들어오면 일단 판매부문에서 매출전표가 발생하고, 이에 따라 상품재고를 적절한 장소로 운반하거나 주문에 맞춰 공장에서 상품을 제조한다. 그리고 이러한 활동과 더불어 경리처리가 이뤄지고 필요한 인력의 배치가 결정된다.

이와 같이 기업에 필요한 데이터는 판매·생산·물류 등 각각의 장소에 개별적으로 존재하는 경우가 많은데, 따지고 보면 발생근원지는 모두 같은 경우가 허다하다. 이러한 데이터를 회사 전체가 공유할 수 있다면 각 부문이 일일이 데이터를 입력해야 하는 수고를 덜 수 있다. 그러기 위해 각 부문에서 사용하는 데이터의 형식을 통일, 정보를 일원화함으로써 경영자원을 효과적으로 활용하려는 것이 ERP의 사고방식이다. 그리고 이러한 사고를 토대로 만들어진 소프트웨어를 'ERP 소프트' 혹은 'ERP 패키지'라고 한다. ERP의 장점은 데이터 입력의 수고를 덜어 비용을 낮출 수 있다는 것뿐만이 아니다.

ERP의 가장 큰 장점은 업무개혁과 결부돼 있다는 점이다. 이 소프트웨어는 원래 생산성이 높은 기업의 업무처리방식을 따온 것이다. 때문에 사내 업무를 이 소프트웨어에 맞춰 처리하면 업무효율이 상승한다. 결국 리엔지니어링의 매우 효과적인 수단으로 사용될 수 있다는 의미다.

LG CNS, 인공지능 결합한 지능형 ERP 출시

LG CNS는 9일 지능형 전사적 자원관리(ERP) 플랫폼 'LG CNS EAP'를 출시했다. 기존 ERP 핵심 기능과 인공지능, 빅데이터, 사물인터넷, 클라우드 등 신기술을 결합해 경쟁 업체와 차별화했다. 또 패키지 대신 맞춤형으로 시스템 구축이 가능해 구매 비용을 줄일 수 있다. ERP는 기업의 생산·영업·구매·재무·인사 등 전체 업무를 통합 관리하는 IT 시스템이다. 국내 시장은 2,800억원 규모로, SAP·오라클 등이 대기업·공공기관 시장을 주도하고 있다.

자료: 중앙일보(https://joongang.joins.com), 2018.10.10

다. 의사결정지원시스템

의사결정지원시스템(decision support system: DSS)은 다양한 계층의 경영자들이 필요한 정보를 적시에 제공받아 다양한 분석을 통해 합리적 의사결정이 가능하도록 하는 시스템을 말한다. 통계적 기법, 재무분석기법, 경영과학기법, 시뮬레이션 등의 계량적 분석모형들이 의사결정지원시스템에 널리 이용되고 있다.

의사결정지원시스템을 이용하여 제품의 가격을 10% 올릴 경우 매출액이 어떻게 변화할 것인가, 재고수준을 10% 낮출 경우 재고비용은 얼마나 절약되며 또는 재고부족으로 인한 손실은 어떻게 되는가 등과 같은 분석을 할 수 있다. 중간경영자는 이러한 의사결정지원시스템을 활용하여 마케팅, 생산, 재무 등 다양한 경영활동을 분석할 수 있다.

라. 전문가시스템

전문가시스템(expert system: ES)은 전문가의 지식을 추출하여 컴퓨터에 프로그램화하여 전문가의 역할을 대신할 수 있는 정보시스템을 말한다. 최근에 인간처럼 생각하고 판단하는 컴퓨터의 개발을 연구하고 있는데, 이 분야가 인공지능(artificial intelligence: AI) 분야이다. 인공지능분야의 기술을 경영분야에 이용하여 전문가의 지식을 추출하여 컴퓨터에 내장하여 전문가의 역할을 대신하려는 정보시스템이 전문가시스템이다.

현재 기업에서 구축된 전문가시스템은 주식투자자문, 고객의 신용분석, 생산스케줄링, 컴퓨터설계 등의 분야에 널리 이용되고 있다.

마. 중역정보시스템

중역정보시스템(executive information system: EIS)은 기업 외부환경과 내부환경에 관한 중요한 정보를 최고경영자가 쉽게 획득하여 기회탐색과 문제해결을 효과적으로 수행할 수 있도록 지원하는 정보시스템을 말한다. 중역정보시스템은 경영자가 원하는 중요한 정보를 그래프나 표 등을 이용하여 빠른 시간 내에 제공할 수 있어야 한다.

중역정보시스템은 최고경영자 계층에서 사용하는 시스템이기 때문에 기업의 내부정보뿐만 아니라 해당산업의 환경, 국내외 경영환경 등 기업의 외부정보도 신속하고 정확하게 제공되는 것이 중요하다. 만일 정보가 종합적으로 제공되지 못한다면 중역정보시스템은 무의미해지기 때문이다.

바. 전략정보시스템

전략정보시스템(strategic information system: SIS)은 기업의 경영정보시스템을 전략적으로 활용하여 전략적 우위를 확보할 수 있도록 하는 정보시스템을 말한다. 위에서 설명한 각종 정보시스템을 전략적으로 활용하는 경우 이에 해당된다. 예를 들면 거래처리시스템을 전략적으로 활용하여 경쟁우위를 창출할 수 있었다면 전략정보시스템인 것이다.

전략정보시스템은 시장점유율을 높이기 위한 마케팅, 생산 등의 개별시스템에서부터 전사적인 토털시스템까지 기업이 처한 상황에 따라 여러 가지가 있을 수 있다.

2.5 지식경영이란

21세기 지식사회에서 기업의 경영활동은 과거의 자본이나 눈에 보이는 물적 자원에서 종업원들의 지식과 아이디어, 우수한 프로세스, 탁월한 고객만족 등과 같은 눈에 보이지 않는 자원들이 기업의 경쟁력을 좌우하게 된다. 따라서 최근 지식을 바탕으로 하는 지식경영이 기업경쟁력의 핵심으로 떠오르기 시작하였다.

가. 지식이란

우리는 앞에서 있는 그대로의 사실을 의미하는 데이터를 이용자의 의도에 맞게 가공한 형태를 정보라고 하였다. 반면에 지식(knowledge)은 이러한 정보를 모아서 체계적으로 구성하여 미래의 사용에 대비하여 보편성을 갖도록 한 형태

그림 14-2 지식의 체계

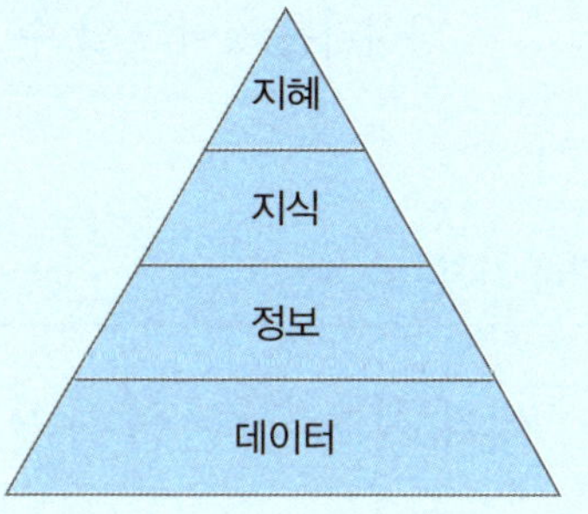

를 말한다. 따라서 지식은 정보보다 상위의 개념으로 정보가 축적되고 가공되어 유용한 가치창출로 이어진 것이 지식이라고 할 수 있다. 피터 드러커(Peter Drucker) 교수는 지식을 "일하는 방법을 끊임없이 개선, 개발하거나 혁신해서 부가가치를 높이는 행위"라고 했다.

또한 지식보다 한 단계 위의 개념으로 지혜(wisdom)가 있다. 이는 지식창출에 대한 추론과 문제해결을 위한 지적능력을 말한다. 따라서 지혜는 지식의 응용능력이라고 할 수 있다.

한편 일본의 노나카 이쿠지로는 지식을 암묵지와 형식지로 구분하였다. 여기서 암묵지(暗黙知, tacit knowledge)는 학습과 체험을 통해 개인에게 습득되어 있지만 겉으로 드러나지 않은 상태의 지식이며, 형식지(形式知, explicit knowledge)는 암묵지가 문서나 매뉴얼처럼 외부로 표출돼 여러 사람이 공유할 수 있는 지식을 말한다. 따라서 형식지는 정보통신기술을 통하여 효과적으로 창출, 유통, 관리될 수 있지만, 암묵지는 사람들 간의 직접적인 상호교류를 통해 효과적으로 창출되고 확산된다.

나. 지식경영이란

현재 산업사회에서 지식사회로의 전환이 빠르게 진행되고 있다. 과거 산업사회에서는 자본과 노동을 집약적으로 사용하였지만, 이제는 인간의 창의력과 정보기술이 결합된 지식사회로 재편되고 있는 것이다. 지식을 중요한 자원으로 활용해야 하는 지식사회에서는 경영활동도 기존의 방식에서 변화해야 한다. 이에 따라 기업의 경영활동에 있어서 새롭게 대두되고 있는 것이 지식경영이다.

지식경영(knowledge management)은 기업이나 종업원 개개인이 가지고 있는 지식을 체계적으로 발굴하여 지식을 축적하고 이를 체계적으로 공유하여 기업 내부의 보편적인 지식으로 발전시켜 활용함으로써 기업 전체의 경쟁력을 강화시키는 경영활동을 말한다. 따라서 지식경영은 기업이 지니고 있는 지적 자산

뿐만 아니라 종업원 개개인의 지식이나 노하우를 체계적으로 발굴하여 조직내부의 보편적인 지식으로 공유하고, 이의 활용을 통해 기업 전체의 경쟁력을 향상시키는 것이라 할 수 있다.

지금 경영현장에는

세계최초 직지심경처럼…지식경제로 4차 산업혁명 앞선다.

도널드 트럼프 미국 행정부가 23일부터 160억 달러(약 18조원) 규모 중국산 수입품에 25% 관세를 부과하기로 했다. 중국산 제품 500억 달러 가운데 340억 달러어치에 25% 관세를 부과한 뒤에 이어진 후속 조치다. 미국 무역대표부는 "미국 기술과 지식재산권을 침해한 중국의 불공정 무역관행에 대한 대응 조치"라며 "무역법 301조 규정에 따른 것"이라고 홈페이지를 통해 밝혔다. 중국은 이에 맞서 600억 달러 규모 미국 제품에 대한 관세를 차별화해 부과하겠다고 밝히기도 했다.

중국은 지난해 1월 '13차 5개년 국가지식재산권 보호 및 활용 규획'을 발표하면서 지식재산 보호에 팔을 걷어붙였다. 이미 중국은 2011년부터 2015년까지 이어진 12차 5개년 규획을 통해 지식재산권 침해 단속을 강화해왔다. 5년간 전문 단속 활동 약 150회와 법 위반 사건 100만 건을 조사했으며 위조 혐의 5만 9,000건에 대해 기소를 완료했다. 중국 국가지식재산권국은 "지식재산권 강국 건설은 중국 정부에서 제시한 혁신 국가를 건설하기 위한 중대 전략 계획"이라며 "지식재산권 제도의 최종 목표는 법적 보호 환경하에서 혁신 성과를 효율적으로 활용하고 생산성을 강화해 경제구조에 변화를 이끌어내는 것"이라고 강조했다. 시진핑 주석도 올해 4월 보아오포럼에 참석해 "감독기구인 국가지식재산권국을 재편해 (국내외) 지식재산권 보호를 강화할 것"이라며 "외국 정부도 중국 지식재산권을 보호해주길 바란다"고 말했다.

관세를 둘러싼 미국과 중국 간 패권 다툼을 두고 전문가들은 "본질은 지식재산권 보호"라고 강조한다. 4차 산업혁명이라는 기술 시대에 신기술에 대한 지식재산권의 권리화와 활용이 국가와 기업 경쟁력을 좌우할 수 있기 때문이다. 2016년 세계경제포럼에서도 4차 산업혁명 시대 승자의 조건으로 '강하고 유연한 지식재산 제도'를 제시한 바 있다.

지식재산이란 지적 활동을 통해 만들어진 재산을 총칭한다. 지식재산에 대한 법적인 권리를 지식재산권이라 하며, 특허·실용신안·디자인·상표를 포괄하는 산업재산권, 문화·예술 분야 저작권, 세상의 변화에 따라 새롭게 등장하는 신지식재산권으로 나뉜다. 미국과 중국 사례에서 보듯 세계 경제 질서가 지식재산 중심으로 재편되면서 지식재산 가치가 새롭게 조명되고 있다.

우리 정부도 지식재산권에 대한 중요성을 깨닫고 2011년 7월 대통령 소속 국가지식재산위원회를 설립하고 제1 · 2차 국가 지식재산 기본계획 등을 수립했다. 특히 기술 간 융·복합, 신지식재산 등장 등 산업재산권과 저작권의 경계가 허물어지는 현상 등을 고려했을 때 기존 법과 제도의 틀을 뛰어넘어 각 부처가 수행하는 지식재산 정책을 국가 차원에서 통합하는 일이 필요하다.

지식재산권은 단순히 자동차 몇만 대를 팔았을 때 발생하는 매출을 뛰어넘는다. 한올바이오파마는 자가면역질환치료 항체신약을 5,000억원에 기술수출하는 데 성공했으며 방탄소년단이 갖고 있는 저작권 등 경제적 파급 효과는 1조원으로 추정되고 있다. 아이들이 좋아하는 만화 캐릭터인 '뽀로로'는 경제적 효과가 5조 7,000억원에 달하며 130여 개국에 수출하며 로열티로만 연간 120억원을 벌어들이고 있다.

지식재산은 기업과 연구자 등이 혁신을 이끄는 원인이 될 뿐 아니라 창의적 아이디어와 기술을 기반으로 한 혁신형 창업은 새로운 산업과 일자리를 창출하는 데도 영향을 미친다. 삼성경제연구소에 따르면 지식재산을 기반으로 한 혁신형 창업의 3년 생존율은 전체 벤처기업 생존율의 2배를 넘으며 고용 규모는 3배나 된다.

특허를 보유한 스타트업은 전체 스타트업 평균보다 창업 5년 이후 고용성장률은 54.5%, 매출성장률은 79.5%, 벤처캐피털 투자는 47% 높은 것으로 나타났다. 한국은 삼성과 애플 간 디자인 특허전 이후 지식재산에 대한 관심이 높아졌다. 하지만 여전히 대기업의 중소·벤처기업 등에 대한 아이디어·기술 탈취, 창작자에 대한 불공정한 수익 분배, 불법 복제물 유통이 여전히 발생하고 있다. 이는 지식재산을 통한 혁신 유인을 감퇴시키고, 건강한 지식재산 생태계 조성을 저해하는 요인이다.

국가지식재산위원회는 일반 국민의 지식재산에 대한 인식을 높이고 튼튼한 지식재산 생태계를 조성하기 위해 '지식재산의 날'인 다음달 4일 '제1회 지식재산의 날 기념식'을 개최한다. 9월 4일이 지식재산의 날로 지정된 이유는 세계 최고 금속활자본인 '직지심체요절'이 유네스코 세계기록유산으로 등록된 날이기 때문이다. 직지심체요절은 세계 최초 금속 활자로 제작된 저작물로 지식재산권의 대표 유형인 산업재산권과 저작권을 포괄한다.

구자열 국가지식재산위원회 공동위원장은 "국가지식재산위원회 역할은 4차 산업혁명 시대에 점점 더 중요해질 것"이라며 "제1회 지식재산의 날을 통해 지식재산의 중요성에 대한 사회적 인식을 높이고, 우리나라가 지식재산 강국으로 발전하는 방향을 함께 모색해보는 계기가 되기를 기대한다"고 말했다.

자료: 매일경제(http://www.mk.co.kr), 2018.8.21

2.6 지식경영의 실천

가. 지식근로자

지식근로자(knowledge worker)가 되기 위한 조건을 무엇인가? 이를 간략하게 3B+ 3S로 표현하고 있다. 3B는 컴퓨터를 자유자재로 다루며(bit generation), 최고의 경쟁력을 갖추기 위한 지속적인 개선(best practices), 개발노력과 새로운 기술에 대한 의지가 필요하고, 영어는 기본으로 2개국어 이상을 구사해야 한다(bilingual)는 것을 말한다. 또한 3S는 자신이 하고 있는 일의 의미에 대해 누구보다도 탁월한 감각을 갖추고(sense), 강력한 대인관계기술(skill-to-skill), 그리고 기업가정신(entrepreneurship)이 있어야 한다는 것이다.

나. 지식경영의 4R

지식경영을 도입하는 방법으로 4R이 제시되고 있다. 첫째로, 지식이라는 귀중한 자원을 공동으로 활용할 수 있도록 모아두는 지식공동창고(repository)를 만들어야 한다. 지식은 다른 사람들과 공유하면 새로운 지식으로 변한다. 둘째로, 이 창고가 전체 종업원들이 쉽게 활용할 수 있도록 관리하고 권장하는 지식창고관리자(reference worker)를 양성해야 한다. 이러한 역할을 담당하는 사람을 최고지식경영자(chief knowledge officer: CKO)라 한다.

셋째로, 창고에서는 늘 새로운 지식을 공급(refresh)해야 한다. 경쟁에서 이기기 위해서는 새로운 무기를 만들어 전체 종업원이 쓸 수 있도록 창고에 비치해 두어야 한다. 그러기 위해서는 새로운 무기를 만들어낸 근로자, 즉 지식을 많이 공유하도록 한 근로자에게 적절한 보상(reward)을 해주어야 한다. 이 같은 4R의 과정이 지속적으로 상호작용하며 나아갈 때 새로운 기업창조가 가능하며 성공기업으로 탈바꿈하게 되는 것이다.

다. 지식경영의 4단계

지식경영이 이루어지기 위해서는 〈그림 14-3〉과 같은 4단계를 거치게 된다.

그림 14-3 지식경영의 4단계 모형

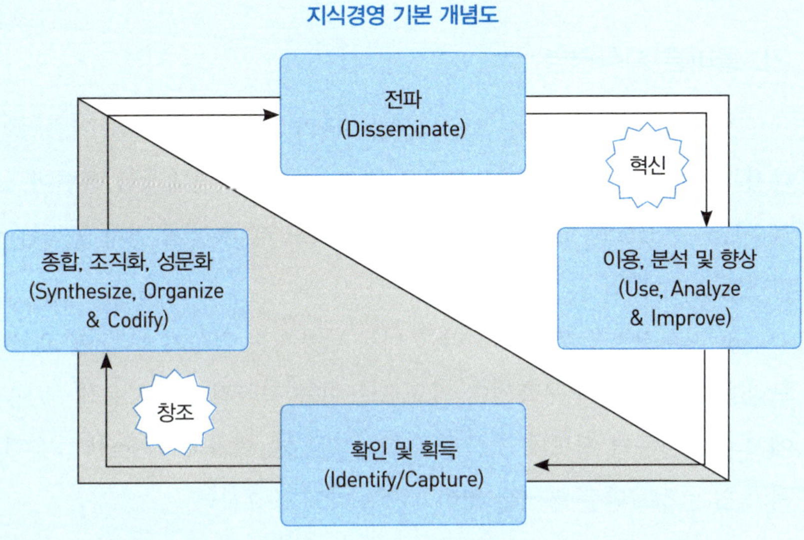

자료: 한경비즈니스, 1999. 5. 18

우선 기업 내부와 기업 외부를 통해서 다양한 지식을 획득하고, 이를 체계적으로 종합하고 조직화하며, 성문화하여 저장한다. 이처럼 저장된 지식을 모든 종업원들이 활용할 수 있도록 전파하고 공유한다. 공유된 지식은 경영활동에 유용하도록 새로운 지식을 창출하게 된다. 이렇게 함으로써 미래의 경영환경 변화에 따른 어떤 문제에 직면하게 되었을 때 이를 해결할 수 있는 지식으로 재창조되어 활용될 수 있다.

2.7 지식경영의 성공전략

"첨단기술을 구축한다고 해서 자동적으로 성공적인 지식경영이 이뤄지는 것이 아니다. 지식경영은 인적, 기술적, 경제적 기술이 총동원되어 그것들이 조화를 이룰 때에 비로소 성공할 수 있다."

「워킹 날리지(*Working Knowledge*)」라는 저서로 잘 알려진 앤더슨컨설팅 지식경영 책임자인 데븐포트(T. Davenport) 박사가 지식경영에서 가장 빠지기 쉬운 오류와 성공조건에 대해 다음과 같이 설명했다.

가. 올바른 지식경영

지식경영에 경주하는 노력, 시간, 돈의 3분의 1 이상을 기술적인 측면에 쏟아부어서는 안 된다. 지식경영은 인적, 기술적, 경제적인 측면이 고루 조화를 이룰 수 있도록 해야 한다. 따라서 노력도 세 부분에 걸쳐 균등하게 이뤄져야 한다.

또 지식경영을 위한 인프라를 너무 남용하는 경우가 두 번째 오류다. 즉 인트라넷이 기업 내에 구축되어 있으므로 이를 적극적으로 활용해 보겠다는 의도에서 무분별하게 정보나 지식을 올리는 경우가 여기에 해당된다. 올릴 만한 가치가 있는 정보만을 올리는 것이 무엇보다도 중요하다.

나. 성공조건

지식을 위한 지식 그 자체를 얻기 위해 시간과 비용, 노력을 투자할 것이 아니라 보다 나은 경영성과를 위한 도구로서 지식을 활용하는 것이 지식경영의 참된 목표이다. 따라서 지식을 창조하고 공유하며 활용하는 것은 기업에 소속된 모든 사람의 몫이다. 하지만 지식관리 전담부서를 두어야 한다.

또한 기업의 최고경영자나 기타 중역들이 지식경영에 대해서 충분히 인식하고 있다는 심증이 가더라도 이에 안주하지 말고 끊임없이 지식경영의 필요성을 주지시키는 노력을 게을리 해서는 안 된다.

다. 실천방법

지식경영이 성공하려면 먼저 전략과 연계되어야 한다. 또 지식경영에 접근하는 것이 용이해야 하고 사용하는 방법도 단순화되어야 한다.

회사들이 가장 범하기 쉬운 함정은 어떤 장벽을 설치하는 것인데, 이것이 기술적인 장벽이 될 수도 있고 보이지 않는 장애물이 될 수도 있다. 예를 들면 회사 내에서 사용하는 인트라넷을 사용하는 경우, 사용자 입장에서 검색이 어렵다든지 또 어떤 전문가에게 물어보고 여러 가지 질문을 던져야 하는데 문화적인 차이로 이러한 것이 용이하지 않다든지, 또 전반적인 모든 것을 관리하는 관리비가 너무 높다든지 하는 것이 장애물이 될 수 있다.

중요한 성공요인 중의 하나가 피드백을 잘 해주는 것이다. 가치라는 것이 워낙 추상적이고 어떻게 사용하는가에 따라서 그 가치가 결정된다. 과연 우리가 지식경영이라는 시스템을 마련했는데 여기서 창출된 지식이 과연 가치를 창출하고 있는가, 창출됐다면 과연 얼마만큼 유용하게 사용되고 있는가 등을 정기적으로 체크해야 한다.

LET'S THINK

신지식인은 1999년부터 대한민국 정부에서 선발하기 시작한 인재이다. 현재는 신지식인협회에서 선정한다. 스펙이 좋든 나쁘든 상관없이 창의적이고 진취적인 발상으로 지식의 활용 가치를 높이 끌어올린 사람이 그 선발 대상이 된다. IMF 경제 위기 이후 기존의 학벌, 학력 등에 의한 고리타분한 인재기준에서 벗어난 숨은 인재를 발굴하여 신성장동력으로 삼고자 했으며, 대한민국의 주권이 회복되어 정부가 수립된 지 50년을 맞아 김대중 정부에서 추진한 '제2의 건국'의 일환이었다.

신지식인 1호로 선정된 사람은 희극 배우이자 영화 감독인 심형래이다. 이후 선정된 여러 분야의 다양한 신지식인들을 찾아보고, 신지식인의 조건과 경쟁력을 알아보자.

지금 경영현장에는

2018년 제7회 지식대상 대통령상 'KT' '부산광역시'

KT와 부산시가 '제7회 대한민국 지식대상' 대통령상을 받는다. 대통령상에 이은 국무총리상에는 민간 부문에서 SK인천석유화학이 뽑혔고, 행정기관에서는 문화체육관광부와 병무청이 선정됐다.

대한민국 지식대상은 '지식 확산을 통한 혁신'을 확산시키기 위해 매일경제신문·행정안전부·삼정KPMG가 공동으로 매년 선정하는 국내 최고 권위의 상이다. 매일경제신문·행정안전부·삼정KPMG 관계자와 대학교수들로 구성된 지식대상 최종심사위원회는 최근 회의를 열고 총 18곳을 수상자로 확정했다.

우수상은 모두 13곳이 받는다. 민간·공공 부문에서는 국립생태원과 빙그레(이상 행정안전부 장관상), 우리은행(매경미디어그룹 회장상)이 낙점됐다. 행정기관에서는 국방부 해군보급창과 전라북도, 서울시 은평구·성동구·영등포구, 대구시 남구가 행안부 장관상을 받게 됐다. 환경부와 광주시 서구, 강원도 태백시, 경상북도 포항시는 매경미디어그룹 회장상을 받는다. 시상식은 제19회 세계지식포럼 행사 기간인 오는 12일 신라호텔 루비홀에서 열린다. 시상에 앞서 KT와 부산시 등은 지식경영 및 행정 우수 사례에 대해 발표할 예정이다. 부산시는 지식행정 전반에서 좋은 평가를 받았다. 부산시의 '톡톡 아이디어 뱅크'는 시정 효율화의 긍정적인 사례였다.

불합리한 행정 절차, 업무 개선 방안 등에 대해 자유롭게 제안하는 제도다. 지금까지 의견 953건이 제출돼 시정에 반영됐고, 우수 부서와 직원은 인사상 가점됐다. 시정 발전 아이디어와 관련해서는 조직 내부는 물론 시민 의견도 수렴할 수 있는 창구를 상시 운영해 올 상반기에만 개선책 7건을 내놨다.

미래전략자문단, 시정연구회, 4차산업혁명대응추진단 등 부산시의 미래 먹을거리를 찾고 선제적으로 대응하는 데 전문가들의 집단지성을 활용하려는 노력도 보였다.

KT의 '1등 워크숍'은 지식경영의 취지에 가장 부합하는 우수 사례로 심사위원들의 호평을 받았다. KT의 1등 워크숍은 2014년 처음 시행된 이래 올 8월까지 임직원 5만 명이 참여했다. 여기서 이뤄진 토론만 3,500여 건으로 KT 임직원들은 각자 부서에 현안이 있을 때마다 자유로이 매주 이를 개최한다.

인적·물적 지원을 책임질 임원과 현안을 공유함으로써 논의가 탁상공론에 그치지 않게 했다. 이 같은 KT의 지식공유 플랫폼은 다른 기업은 물론 유관 정부기관도 벤치마크 대상으로 삼을 정도로 업계에 소문이 났다.

국무총리상을 차지한 SK인천석유화학은 3단계로 짜인 체계적인 계획 아래 디지털 트윈, 빅데이터, 드론, 클라우드 모바일 플랫폼 등 각종 신기술을 업무 현장에 적극 활용하며 생산시설 혁신을 이뤄냈다. 특히 인력으로는 발견할 수 없었던 부식 지점 확인 등 시설물 점검에 드론을 활용하고, 인공지능·빅데이터를 활용해 공정의 불량률을 낮추고 안정성은 높였다. 지방자치단체, 규제·감독기관, 학계, 시민단체, 노동계 등 각계각층이 참여하는 환경·안전 관련 협의체를 선제적으로 구성해 정례 토론회를 여는 점도 우수 협업 사례로 꼽혔다.

문화체육관광부는 지식행정이 제대로 자리 잡힌 기관이다. 2006년 구축한 지식관리 시스템 '나루'에 직원들의 의견을 수렴하고 매년 기능을 개선하고 있다. 문화정책을 홍보 누리집에 자동 배포하고, 해당 정책의 국민 의견을 나루에서 확인할 수 있도록 틀이 잡혀 있다.

병무청은 경찰청, 국세청, 국민건강보험공단 등 유관기관 빅데이터까지 연계해 병역 면탈자 적발 및 병력 자원 특기 반영 배치 업무 효율을 크게 높였다. 직원 제안 아이디어가 채택되지 않았더라도 바로 폐기하지 않고 여건이 바뀌었을 때 활용가치가 있는지 심사하는 제도도 운영하고 있다. 아이디어 생성과 토론을 권장하고 행정에 적극 반영해 업무 성과를 냈다.

자료: 매일경제(http://www.mk.co.kr), 2018.10.1

제 3 절

생산 · 운영관리

3.1 생산 · 운영관리의 개념

생산활동(production activity)은 기업의 가장 기본적인 활동으로 자원을 활용하여 고객들이 원하는 제품이나 서비스를 창출하는 활동이다. 생산·운영관리(production/operation management)는 생산활동을 관리하는 기능으로 기업이 사용할 수 있는 모든 자원을 이용하여 고객인 원하는 제품이나 서비스를 만들어내도록 생산시스템을 계획하고 실행하고 통제하는 활동을 말한다.

이러한 생산활동은 제조업의 생산활동과 서비스업의 생산활동으로 구분될 수 있다. 생산관리라는 용어는 주로 제조업의 생산을 관리하는 활동으로 통용되어 왔으며, 서비스업의 생산을 관리하는 활동으로는 운영관리라는 용어를 사용했었다. 그러나 최근에는 제조업과 서비스업 모두를 통틀어 생산하고 운영하는 활동을 생산·운영관리라고도 한다. 또한 과거에는 생산관리를 단순히 제조업에서 제품을 생산하는 활동으로만 생각하고 서비스업의 생산활동은 크게 관심을 두지 않았다. 그러나 최근에는 서비스산업의 비중이 커지면서 서비스업에서의 생산활동에도 많은 관심을 갖게 되었다.

이에 더하여 제조업에 있어서도 수익의 원천이 제조부문에서 서비스부문으로 이동하는 현상이 나타나면서 자사제품과 관련된 서비스부문을 사업화하는 추세가 발생하고 있다. 따라서 제조업의 생산활동과 서비스업의 생산활동을 분리해서 고려하기보다는 통합해서 생산활동으로 이해할 필요가 있는 것이다. 제조업에서의 생산활동과 서비스업에서의 운영활동은 〈표 14-1〉과 같이 몇 가지 다른 점이 있다.

하지만 우리는 일상생활에서 유형의 제품과 무형의 서비스를 하나로 묶어 제공하는 경우가 많다. 예를 들면 컴퓨터를 고객에게 제공하기 위해서는 컴퓨터

표 14-1 제조업과 서비스업의 다른 점

	제조업	서비스업
제공 상품형태	유 형	무 형
재고	재고가 가능하면 미래의 고객을 위하여 보관했다가 사용할 수 있다. 또한 교환, 복원이 가능하므로 결함에 대한 보상도 가능하다.	생산과 소비가 현장에서 즉시 이루어지고, 한 번 소비되어 사용되면 그 자체가 소멸하며 저장이 불가능하다.
고객의 상품 지각	고객이 유형의 상품을 사용한다.	무형의 상품을 고객들이 직접 경험한다.
품질관리	모양, 무게, 크기 등 외양적인 것으로 결정되므로 표준화 등을 통해 품질관리가 가능하다.	서비스를 제공하는 사람에 의해 결정되므로 표준화하기도 어렵고 일관성있게 제공하기도 어렵다.

라는 유형부분이 있고 세일즈맨의 친절이나 애프터서비스 등의 무형부분이 포함되어 있다. 또한 대학에서 학생에게 교육서비스를 하는 경우에 교육프로그램이라는 무형부분이 있으며 동시에 교육시설이라는 유형부분도 있는 것이다.

최근에는 소비자들이 유형의 제품보다는 오히려 무형의 서비스에 관심을 가지는 경우가 점점 많아지고 있다. 따라서 제품과 서비스를 모두 고려해서 효과적으로 고객에게 제공할 수 있도록 해야 할 것이다.

가. 공정계통도

최근의 생산관리는 계량화되는 경향이 높아져서 선형계획법이나 대기행렬 등 경영과학(operation research: OR) 쪽으로 더욱 발전되고 있다. 그러나 효율적인 생산관리는 복잡한 고등수학에 의하지 않더라도 단순한 공정분석과 수량분석으로도 가능하다.

이러한 분석은 우선 공정계통도(process flow chart)의 작성으로부터 시작된다. 즉 제품이 공장 내에서 어떤 흐름을 거쳐 완성되는지를 도형으로 표시하는 것으로, 생산의 흐름을 도형으로 나타낸 후 그 흐름을 수량화할 필요가 있다. 빅맥(Big Mac) 하나를 생산하는 데 소용되는 총시간, 단위 시간당 빅맥의 최대 생산능력, 단위당 원재료비 및 노무비 등의 직접비, 시간별 고객의 예상수요량 등을 산출해 내야 한다.

그림 14-4 공정계통도

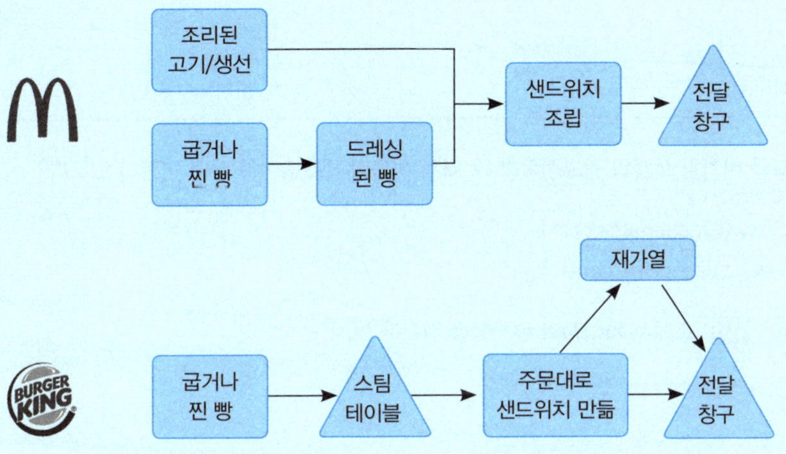

〈그림 14-4〉는 맥도날드의 빅맥(Big Mac)과 버거킹의 와퍼(Whopper)에 대한 공정 계통도이다. 공정계통도상에서 생산과 관련된 경영 상황을 검토하고 문제가 있다면 그 요인을 분석하여 문제를 해결하는 것이다.

패스트푸드 산업의 가장 중요한 성공 요인은 신속함과 신선함, 그리고 맛일 것이다. 위의 그림에서 보면 맥도날드의 공정은 일괄 조리공정인 데 반해 버거킹은 흐름의 작업공정임을 알 수 있다. 즉 빅맥의 조리공정은 표준화를 통하여 손님을 기다리게 하지 않는 신속함을 추구하고 있고, 와퍼의 경우는 손님이 입맛대로 먹을 수 있게끔 생산공정을 구성하고 있다.

신속함과 기호는 서로 상충(trade-off) 관계에 있으므로, 결국 패스트푸드 가게를 찾는 고객이 어떠한 선택 동기를 가지고 있느냐에 따라 사업의 성패가 좌우될 것이다.

결국 생산공정 문제 등을 비롯한 제반 생산관리도 기업의 경영목표와 고객의 요구에 부응하는 것이 무엇보다 중요하다. 특히 생산공정을 포함하는 설비 문제는 이것이 제품이나 서비스의 내용을 결정할 뿐만 아니라 이를 바꾸는 데는 많은 비용이 들기 때문에 장기적 관점에서 철저하게 시장(고객)과 연계하여 접근돼야 할 것이다.

빅맥과 와퍼는 햄버거이지만 그들을 찾는 고객의 층이나 수가 다른 것은 근본적으로 그들의 생산 과정이 각각 다르기 때문일 것이다.

LET'S THINK

맥도날드와 버거킹 회사의 광고전략과 각 회사 제품의 제조공정은 어떤 연관이 있을까?

맥도날드(www.mcdonalds.com)
버거킹(www.burgerking.com)

두 회사의 웹사이트에서 차이점과 유사점을 비교해 보시오.

지금 경영현장에는

컨베이어 벨트

1863년 디트로이트 부근 디어본에서 태어난 헨리 포드는 13세 때 아버지와 마차를 타고 디트로이트에 갔다가 이야기로만 듣던 증기자동차를 보고 홀딱 반해 버린다. 16세가 되자 포드는 자신의 자동차를 만들기로 결심, 디트로이트의 여러 공장을 전전하면서 엔진 등 주요 기술을 습득하기 시작했다.

1896년 5월 20년간 각고의 노력 끝에 2인승 4마력 최대시속 45㎞의 포드1호를 개발하는데 성공한 포드는 1903년 6월 자본을 모아 포드자동차회사를 정식으로 발족했다.

사업실패를 거듭하던 포드는 1907년 새로운 돌파구를 모색하던 중 우연히 시카고의 한 가축도살장에 들렀다가 그 해결책을 찾아냈던 것이다. 도살된 가축의 고기가 이동 활차에 의해 머리 위로 이동하고 인부들은 가만히 서서 고기를 자르고 있었던 것이다. 포드는 도살장의 아이디어를 자동차공장에 적용했다. 바로 보다 빨리, 보다 싸게, 보다 많은 물건을 생산할 수 있는 20세기 대량생산체제가 탄생한 순간이었다.

움직이는 조립라인(컨베이어 벨트)의 도입은 자동차제작시간을 10분의 1 이하로 단축, 포드자동차 가격을 크게 하락시켰다.

그러나 컨베이어 벨트는 노동자를 하나의 기계부품으로 전락하는 인간소외문제를 가져왔다. 이 때문에 종업원의 중도탈락도 줄을 이었다. 포드는 종업원의 중도탈락을 막기 위해 당시 평균 일당보다 배의 임금을 제공했다.

자동차 가격의 급락과 임금상승은 포드사의 종업원들도 귀족들의 오락품이었던 자동차를 구입할 수 있게 만들었고 포드자동차는 노동자들의 자동차 구매로 엄청난 속도로 성장하기 시작했다.

포드자동차의 생산혁명은 철강, 석유, 도로건설 등 미국의 수많은 산업을 크게 발달시켰다. 그러나 대량생산과 대량소비체제는 환경오염이란 새로운 과제를 인류에게 가져왔다.

컨베이어 벨트가 사라졌다. "하루 7대만 주문제작해요"

"공장 내부 한번 보자고요? 절대 안 됩니다."

지난 14일 오전 세계 최초 수소연료전기차(이하 수소차) 전용공장이 있는 현대차 울산공장. 현대차의 수소차 시대 선언 이후 수소차에 대한 관심이 높아지고 있는 가운데 찾은 현대차 수소차 전용공장 앞에서 수차례 공장 내부 취재를 요청했으나 현대차는 보안을 이유로 거절했다.

현대차 관계자는 "공장 내부는 지금까지 언론에 노출된 적이 한 번도 없다"며 "전 세계에서 현대차만이 갖고 있는 생산설비나 시스템이 가동되기 때문에 기술 유출을 방지하는 차원에서 원칙적으로 공개가 안 된다"고 말했다.

철통 보안 속에 수소차 '넥쏘' 생산이 한창인 공장 옆, 차체를 실은 트럭이 출입하는 문 틈으로 얼핏 본 공장 내부는 매우 환하고 깨끗해 보였다.

기계 돌아가는 소리와 근로자들이 바쁘게 움직이는 공장보다는 마치 연구소를 연상케 했다. 수소차 공장은 자동차를 조립하는 현대차 의장공장 중 유일하게 출입문에 지문 인식기가 달려 있다. 지난 7월 백운규 전 산업통상자원부 장관이 울산공장에 왔을 때도 수소차 공장 내부 촬영은 엄격하게 금지됐다. 수소차 공장에서는 직원 20여 명이 하루 최대 7대의 수소차를 만들고 있다. 현재 수소차는 주문이 들어오면 그때그때 생산하고 있어 생산 물량이 적다. 그래도 현대차는 수소차 인기 속에 올해 수소차 1,000대를 생산해 판매했다. 이 가운데 10%는 유럽 등 해외로 수출됐다. 현대차는 내년에 내수 기준으로 수소차 4,000대를 만들 계획이다. 수소차 공장은 자동차 공장 특유의 컨베이어 벨트 시스템이 없다.

수소차는 주문형 소량 생산을 하기 때문에 대차(큰 선반 위에서 차체를 조립) 방식으로 만들어진다. 차체가 공장 안으로 들어오면 직원들이 돌아가면서 핵심 부품인 스택(배터리)과 수소탱크 등을 장착한다. 수소차가 처음 등장했을 때 소비자들은 수소폭탄을 연상하면서 수소탱크 폭발을 염려했다. 현대차 관계자는 "기우일 뿐"이라며 "수소탱크는 합성수지로 매우 두껍게 만들어진다"며 "10m, 20m 낙하실험에도 끄떡없었고 총을 쏴도 뚫리지 않았다"고 설명했다.

자료: 매일경제(http://www.mk.co.kr), 2018.12.18

3.2 생산 · 운영관리의 기능

기업 생산활동은 투입물, 변환과정, 산출물, 피드백 등 4개의 구성요소들로 이루어진 생산시스템(production system)에 의하여 수행된다.

첫 번째 요소는 생산에 필요한 원자재나 부품들인 투입물(input)이다. 생산활동에 필요한 자원은 원자재, 시설 · 장비, 인력, 자금 등의 유형자원과 정보, 기술, 경영능력 등의 무형자원으로 크게 분류된다.

두 번째 요소는 원자재 등을 이용하여 제품을 만들어내는 변환과정(transformation)이다. 변환과정은 생산활동에 투입된 투입물을 고객이 원하는 제품이나 서비스로 가공하는 과정이다. 따라서 변환과정은 생산활동의 핵심이라고 할 수 있다.

세 번째 요소는 투입된 자원이 가공되어 만들어지는 산출물(output)이다. 산출물은 가전제품, 자동차, 컴퓨터와 같은 유형의 물리적 제품과 교육, 의료서비스, 은행 등과 같은 무형의 서비스 제품으로 크게 나눌 수 있다.

네 번째 요소는 생산에 필요한 자원이 적절하게 투입되고 있는지, 기업이 설정한 목표나 기준에 의하여 적절하게 생산되고 있는지, 소비자가 원하는 형태로 생산되었는지 등을 통제하고 조정하는 과정이 필요하다. 이러한 통제과정을 피드백(feedback)이라고 한다. 기업들은 피드백과정을 통해 생산활동을 보다 효과적, 효율적으로 수행하게 된다.

가. 생산시스템의 설계

1) 수요예측과 제품설계

제품설계(product design)는 고객의 욕구가 무엇을 원하는지 정확하게 예측한 결과를 바탕으로 이루어진다. 따라서 경영자는 우선 제품을 설계하기에 앞서 시장을 조사하여 소비자가 필요로 하는 것이 무엇인지를 알아야 한다. 제품에 대한 수요예측(demand forecasting)은 생산활동의 첫 걸음인 것이다.

시장성이 있다고 예측되면 다음에는 제품을 생산하기 위한 설계를 하게 된다. 제품설계는 시장에 내보낼 제품을 생산하기에 앞서 제품의 기능뿐만 아니라 모양, 색깔, 기능 등과 같은 제품의 디자인까지 어떻게 할 것인가에 대해서 결정하는 것을 말한다. 또한 이 때 제품이 의도했던 기능, 신뢰성 등과 함께 실제로 제품을 생산했을 때 예상되는 납기, 원가 등도 검토해야 한다. 이러한 검토과정에서는 설계, 제조, 운영, 검사, 마케팅 부서 등 각 분야의 담당자들이 동시에 참여하는 것이 바람직하다.

2) 공장입지의 선정

제품에 대한 수요를 예측하여 시장성이 있다고 판단되면 제품의 특성을 결정하는 제품설계가 이루어지며 그 제품을 생산할 공장입지(location)를 선정하게 된다.

공장입지를 선정할 때 중요 고려사항은 해당 기업의 업종이나 규모, 작업성격에 따라서 다르지만 일반적으로 입지, 원료, 공장용수 등 자연적 요인과 수송, 노동력, 시장, 토지가격, 건설비용 등 경제적 요인 및 관계법규, 지역사회의 특성, 공해문제 등 사회적 요인들이다. 또한 기술적 요인도 고려해야 할 것이다.

공장입지의 선정이 중요한 이유는 대부분의 경우 공장이 한 번 건설되고 나면 공장이전이 어려울 뿐만 아니라 이전하는 경우 생산원가가 크게 달라지게 되기 때문이다. 따라서 처음부터 신중하고 세심한 검토를 거쳐서 최적의 입지를 선택하여 공장을 건설해야 한다.

3) 공장시설의 배치

공장입지가 선정되고 나면 내부시설을 배치하기 위한 의사결정을 해야 한다. 공장시설의 배치(layout)란 제품생산을 위하여 기계·설비와 인력을 효율적으로 배치하는 것을 말한다. 공장시설의 배치에서는 전체 가용공간, 공정유형, 공정기술, 기계설비의 구조, 작업특성, 작업흐름, 작업자의 수 등 여러 가지 요소를 종합적으로 고려해야 한다.

이러한 공장시설의 배치에는 작업흐름의 유형에 따라서 제품별 시설배치, 공정별 시설배치, 고정형 시설배치, 셀룰러 시설배치 등이 있다.

① 제품별 시설배치: 제품별 시설배치(product layout)는 특정제품을 생산하는 데 필요한 작업순서에 따라 시설을 배치하는 방식이다. 이 방식은 대량생산이나 연속생산에 사용되며 자동차, 전자조립공장 등에서 볼 수 있는 형태이다.

② 공정별 시설배치: 공정별 시설배치(process layout)는 동일한 기능을 가진 시설을 종류별로 작업장에 모아 배치하는 방식이다. 예를 들면 붙박이장을 제작할 때 필요한 모든 선반은 선반부서에, 밀링은 밀링부서에 배치하는 것을 말한다.

③ 고정형 시설배치: 고정형 시설배치(fixed-position layout)는 제품의 부피가 크거나 무게가 무거워 운반할 수 없는 경우에 한 곳에서 작업을 하도록 원자재 및 시설을 운반하는 형태를 말한다. 예를 들면 항공기, 선박, 아파트 건축 등이 여기에 해당된다.

④ 셀룰러 시설배치: 셀룰러 시설배치(cellular layout)는 작업시설 및 소요자원이 생산량 변화 및 자재량 변화에 적절하게 대응할 수 있도록 작업장을 배치하는 형태를 말한다. 여러 종류의 제품이 생산될 때 이용되는 공정별 시설배치의 유연성과 소수의 제품을 대량으로 생산할 때 이용하는 제품별 시설배치의 장점을 결합한 방식이다.

이 외에 혼합형 시설배치(mixed layout)는 위의 방식을 혼합하여 시설을 배치한 경우이다. 이러한 여러 가지 시설배치 가운데 어느 방식으로 하느냐는 작업자의 효율성과 자재운반비를 기준으로 선택하여야 한다.

나. 생산시스템의 운영

제품생산을 위한 공장입지가 선정되고 공장에 들어설 시설배치가 완료되면 이제는 실제로 공장을 가동하게 된다. 생산시스템의 운영(operation of production system)은 기업에 있어서 가장 중추적인 활동으로서 기본생산계획, 주생산계획, 자재소요계획, 일정계획 등에 따라 체계적으로 이루어져야 한다.

1) 기본생산계획

기본생산계획은 생산자원의 적정배분과 비용의 최소화라는 제약하에서 일정기간 동안의 생산계획을 말한다. 이 계획에서 예측된 수요를 토대로 하여 생산량, 재고수준, 작업시간, 소요인력 등에 관하여 총괄적으로 검토하게 된다.

2) 주생산계획

기본생산계획이 세워지면 이를 기초로 하여 각 품목별로 단기적인 주생산계획을 세우게 된다. 주생산계획은 분기별, 월별 또는 주별 단위로 각 품목의 생산량과 생산시기를 결정하는 것을 말한다. 즉 기업이 실제로 언제 무엇을 얼마나 생산할 것인지를 나타내는 제조계획인 것이다.

3) 자재소요계획

기본생산계획이 수립되면 제품생산에 필요한 원자재나 부품의 종류, 주문량, 주문시기 등에 대한 자재소요계획을 세우게 된다. 자재의 소요량을 계산하고 그에 따른 발주계획을 수립하며, 또한 노동력과 설비능력이 언제 필요한가를 나타내는 계획을 수립하게 된다.

4) 일정계획

자재소요계획이 수립되면 세부적인 일정계획을 수립하게 된다. 작업량과 작업순서 등의 세부일정계획이 수립되면 이에 따라 대개 일일단위로 작업지시를 내리게 된다.

이렇게 각 단계별로 생산계획이 짜여지면 구체적인 운영활동에 들어가게 된다. 운영활동을 하면서부터는 제품의 품질검사를 해야 한다. 제품의 품질검사는 완성된 제품의 품질을 확인하는 과정을 의미한다.

모든 제품은 미리 설정된 표준과 일치되어야 하다. 특히 오늘날 제품의 품질은 기업의 이미지와 직접적인 관련을 가지며 기업의 경영성과에 결정적인 요인으로 작용하고 있기 때문에 제품의 품질에 대한 철저한 검사와 관리는 더욱 강조되어야 한다.

LET'S THINK

위에서는 주로 제조업의 생산활동을 과정별로 나누어 살펴보았다. 서비스업의 생산과정도 크게 다르지 않다. 다만 유형의 제품을 설계하는 과정이 생략되고 무형의 서비스상품을 개발하는 과정이 포함된다. 따라서 서비스업의 경우에는 고객의 욕구를 파악하여 신상품을 개발하거나 기존상품을 개선하는 작업이 완료되면 서비스를 제공할 입지를 선정하고 설비를 배치하여 운영에 들어가게 된다.

맥도날드(www.mcdonalds.co.kr)의 운영활동에 대하여 생각해 보시오.

지금 경영현장에는

"일하는 방식 안 바꾸면 미래 없다"…스마트워크 속도 내는 기업들

월요일은 '회의 없는 날'

삼성전자는 지난 7월부터 연구개발 및 사무직을 대상으로 주 단위 자율 출퇴근제를 월 단위로 확대한 '선택적 근로시간제'와 '유연 근무제'를 시행하고 있다. 이 회사는 2015년부터 자율 출퇴근제를 실시하고 있다. '하루 4시간 이상, 1주일 40시간 이상 근무' 틀 안에서 임직원들은 자율적으로 근무시간을 조정할 수 있다. 2011년부터는 일부 직원을 대상으로 재택근무제도 도입했다. LG전자는 주 40시간 근무 체제에 맞춰 월요일을 '회의 없는 날'로 정했다. 주말에 출근해 월요일 회의를 준비하는 상황을 막기 위해서다. 주말 출근으로 근로 시간이 늘어나면 장기적으로 업무 효율이 떨어진다는 게 회사의 판단이다. SK하이닉스는 지난 2월부터 장시간 근로 관행을 개선하기 위해 주 최대 52시간 근로제 시범운영에 나섰다. 이를 위해 정보기술(IT) 시스템 개선, 통근버스 시간 조정 등 인프라를 지속적으로 보완하고 있다. 지난 3월부터는 유연근무제를 전사로 확대해 시행하고 있다.

회의도, 보고도 '효율 중심'

회의문화, 보고문화도 뜯어고쳤다. 삼성전자는 회의할 때 참석자를 최소화하고 모두가 자유롭게 의견을 내도록 했다. 결론을 낸 뒤에는 반드시 지키는 문화도 정착시키고 있다. 빠른 의사결정을 위해 직급 단계를 순차적으로 거치며 보고하는 대신 '동시 보고'를 활성화하고 핵심만 간결하게 요약하는 식으로 보고문화를 바꿨다. 현대자동차그룹은 효율적으로 업무를 진행하기 위해 '워크스마트' 캠페인을 벌이고 있다. 이 캠페인의 핵심은 문서자산화다. 업무를 할 때 만들어지는 모든 문서를 회사 중앙서버에 저장하고 체계적으로 관리한다. 전사의 지식을 자산화하는 동시에 협업 프로세스를 체계화하기 위해서다. 일하는 방식을 효율적으로 개선하기 위해 문서작성과 보고, 결재 등에서 전사적인 가이드라인도 제시하고 있다.

단순 업무는 로봇으로 대체

반복적이고 정형화된 업무는 로봇 소프트웨어가 대체하고 있다. LG전자는 올해 초부터 영업, 마케팅, 구매, 회계, 인사 등 12개 직군의 총 120개 업무에 '로봇프로세스자동화(RPA)' 기술을 도입했다. RPA는 사람이 처리해야 하는 반복적인 업무를 로봇 소프트웨어로 자동화하는 기술이다. 로봇 소프트웨어는 회사 시스템에 로그인하고 데이터를 내려받고 특정 양식의 보고서에 입력하는 등 사람의 손을 일일이 거쳐야 했던 일들을 수행한다. 현대차그룹은 스마트한 업무문화를 이루기 위해서는 공장도 '스마트'해야 한다는 판단에 따라 스마트팩토리를 적극적으로 도입하고 있다. 현대차와 기아차의 일부 공장은 '스마트태그' 시스템을 운영하고 있다. 생산 중인 차량에 부착된 무선통신 단말기를 통해 차량의 위치와 부품의 사양 및 조립 방법, 차량이 판매될 국가 등에 대한 정보를 생산설비와 주고받을 수 있는 시스템이다. 이 시스템이 더욱 발전하면 사람의 눈으로 차종과 사양 등을 확인할 필요가 없어진다.

자료: 한국경제(http://www.hankyung.com), 2018.11.5

3.3 전사적 품질경영

생산활동에서 품질관리(quality control: QC)는 제조업이나 서비스업에 관계없이 생산활동에 있어서 가장 중요한 위치를 차지하고 있다. 왜냐하면 단순히 원가절감을 통한 생산량의 증대에만 관심을 가지던 과거에 비해 고객만족을 위한 품질관리가 이루어져야만 경쟁력을 확보할 수 있기 때문이다. 따라서 품질과 고객에 초점을 둔 생산활동은 이제 기업이 경쟁우위를 확보하는 데 결정적인 역할을 하는 요인이 되고 있다.

또한 품질관리는 제품이나 서비스가 디자인되는 첫 단계에서부터 생산이 이루어지는 모든 단계마다, 그리고 고객에게 제품이나 서비스가 제공된 이후까지도 이루어져야 한다. 이러한 의미에서 현재 품질관리는 전사적 품질경영(total quality management: TQM)으로 불려지며 기업의 중요한 경쟁수단으로 자리잡고 있다.

TQM은 제품이나 서비스의 품질을 관리하고 보증하는 것뿐만 아니라 업무, 직장환경, 종업원의 자질까지도 품질개념에 넣어 종합적으로 관리하는 것을 말한다.

TQM은 1960년대 이후 크게 부각된 전사적 품질관리(total quality control: TQC)에서 발전한 개념이다. TQC에서는 통계적 기법이 중요했으나 TQM은 통계학적인 것은 물론 조직적이며 관리적인 면에서도 많은 비중을 두고 있다. 특히 품질을 개선시키기 위해서는 노동의 질적인 측면도 고려해야 한다는 일본식 품질관리 이론에 영향을 받으면서 발전했다.

TQM은 예전의 경영·기술 차원에서 실천되던 고객지향적 품질관리활동을 품질관리 책임자뿐 아니라 엔지니어링, 생산, 마케팅, 노사관계 등 기업의 모든 분야에 확대하여 적용한 것이다. 이에 따라 생산부문의 품질관리만으로는 기업이 성공할 수 없고 기업 전체 및 종업원 모두가 품질관리의 실천자가 되어야 성공한다는 것을 강조한다.

그러므로 기본적인 정신이나 사고방식을 소홀히 한 채 단순히 지엽적인 제도나 기법에만 매달려서는 TQM의 진정한 효과를 얻기 어렵다. 오로지 품질을 제일 우선으로 하는 기업문화를 창조하고 종업원의 의식을 개혁해야만 궁극적으로 기업의 국제경쟁력을 높일 수 있다고 보는 것이다.

우리나라에서도 1992년부터 정부가 새로운 산업정책의 일환으로 TQM을 강조하여 많은 기업들이 이를 도입, 추진하여 대외경쟁력을 높이고 있다. 예를 들면, 자동차부품업체인 광진상공이 1991년부터 표준화진단제도를 도입하고 품질분임조활동을 전개할 때만 해도 품질불량으로 인한 손실은 연간 2~3억원에 달했다. 이에 TQM을 도입하여 전사적 품질마인드 고취를 위해 전사원 집체교육, 관리직 현장실습을 실시했으며 전 부서가 일일단위로 불량현황을 검색할 수 있도록 전산화했다. 광진상공의 이같은 노력은 1993년 품질경영대상, 1997년 GM의 우수협력업체 선정으로 이어졌다.

가. 6시그마 경영

전사적 품질경영과 유사한 개념으로 최근 기업들이 많은 관심을 보이고 있는 것은 6시그마 경영(6 sigma management)이다. 6시그마 경영은 1987년 마이클 해리가 창안한 것으로 품질을 획기적으로 향상시키기 위해 통계지식을 활용하는 데에서 출발하였다. 모토롤라에서 출발한 이 기법은 텍사스인스트루먼트, ABB, GE, IBM, 소니 등에서 도입하였다.

여기서 시그마(σ)라는 것은 통계학에서 표준편차를 의미하는 것으로 오류가 발생할 확률을 가르키는 용어로, 6시그마는 1백만 개당 불량품 3.4개를, 100PPM은 100개를 목표로 하기 때문에 무려 30배가량 차이가 나는 수치이다.

6시그마 경영은 100PPM운동과 같은 단순한 품질개선 활동이 아니라 총체적인 경영혁신전략으로 기업문화 자체를 바꾸는 경영혁신운동으로 제품설계에서 출하까지의 모든 경영활동과정을 대상으로 하고 있다.

6시그마 경영은 특징은 다음과 같다.

첫째, 통계적 측정치로 객관적인 통계 수치로 나타나기 때문에 제품이나 업종, 업무 및 생산프로세스가 다르더라도 비교할 수 있게 해주며,

둘째는 기업전략으로 시그마 수준을 높이는 만큼 제품의 품질이 높아지고

원가는 낮아지므로 고객만족 경영을 달성할 수 있다.

셋째는 철학으로 6시그마는 기업의 사고방식을 바꿔준다. 6시그마는 QC, TQC, TQM 등 전통적 품질관리기법과는 큰 차이가 있다. 과거 품질관리기법이 대량생산 시대에 부합하는 공장 중심의 운동이었다면 6시그마는 정보화시대에 알맞은 21세기형 전방위 경영혁신운동으로 요약할 수 있다.

TQC와 TQM은 QC의 한계를 극복하기 위해 품질운동의 대상범위를 확대했으나 부분적인 데 그친 반면, 6시그마는 특정 부문의 개선이 아니라 경영 전반을 대상으로 한 혁신활동이라 할 수 있다.

최고경영자가 6시그마를 도입키로 하고 시스템 구축이나 종업원들에 대한 교육훈련 등 6시그마 경영에 필요한 인프라를 구축하면 프로젝트의 수행에 들어간다.

프로젝트 대상은 품질에 영향을 미칠 수 있는 모든 기업활동, 즉 프로세스 자체이다. 일단 선정된 프로젝트는 MAIC의 4단계를 거쳐 개선된다.

(1) 불량빈도는 얼마나 되는지 현실적 문제를 파악하는 측정단계(measurement)
(2) 결함이 언제 어디서 발생하는지를 통계수치로 전환하는 분석단계(analysis)
(3) 통계수치를 통해 해결 방안을 찾는 개선단계(improvement)
(4) 통계적 해결을 현실에 적용하고 개선된 공정의 유지 방안을 찾는 관리단계(control) 등이다.

MAIC를 거친 프로젝트는 개선효과가 있었는지 사후평가를 받고 여기서 성과가 입증되면 계속 관리된다. 기업활동의 전 부분에 대해 프로젝트를 지속하면 결국 1백만 개당 불량품 3.4개란 6시그마 목표를 달성하게 되는 것이다.

지금 경영현장에는

포스코, 철강도 AI가 스마트하게 뚝딱…오차 제로에 도전

포스코는 4차 산업혁명 키워드인 스마트화를 위해 기업·국가·산업을 뛰어넘는 시스템 혁신을 준비하고 있다. 향후 3년간 스마트 포스코로 체제를 전환해 미래 50년 먹거리를 찾는다는 방침을 밝힌 바 있다. 포스코의 스마트팩토리는 50년에 가까운 오랜 현장 경험과 축적된 노하우에 사물인터넷(IoT), 빅데이터, 인공지능(AI) 기술을 접목해 최적의 생산현장을 구현하기 위한 것이다. 무(無)장애 조업 체계를 실현하고, 품질 결함 요인을 사전에 파악해 불량을 최소화한다는 목표다.

스마트 기술 적용으로 작업장의 위험 요소를 실시간으로 파악해 안전한 생산 환경을 구현할 수 있다는 설명이다. 포스코는 세계 최초로 철강연속공정의 특성을 반영한 플랫폼인 '포스프레임'을 자력 개발했다. 이에 따라 광양제철소 후판공장은 조업·품질·설비를 아우르는 데이터 통합 인프라를 구축하고 각종 이상 징후를 사전 감지하거나 예측해 선제적으로 대응할 수 있게 됐다. 포항제철소 2열연공장도 레이저 센서와 인공지능을 활용한 스마트화 기술을 구현하고 있다.

포스코 관계자는 "철강업체로는 세계 최초로 생산공정 과정에 인공지능을 도입함으로써 인공지능 제철소로 탈바꿈을 추진하고 있다"고 설명했다. 인공지능 기반 도금량 제어자동화 솔루션은 자동차강판 생산의 핵심 기술인 용융아연도금(CGL)을 인공지능을 통해 정밀하게 제어해 도금량 편차를 획기적으로 줄일 수 있는 기술이다. 이 기술은 인공지능 기법의 도금량 예측 모델과 최적화 기법의 제어 모델이 결합돼 실시간으로 도금량을 예측하고 목표 도금량을 정확히 맞힐 수 있다.

포스코는 선진 기업들과 협력해 기존 사업의 본원 경쟁력을 높이는 스마트팩토리에서 한발 더 나아가 다양한 산업과 정보통신기술(ICT)을 융·복합해 스마트 산업이라는 새로운 사업 기회를 창출하는 방안도 모색할 계획이다.

권오준 회장은 지난 2월 스마트팩토리 선진 기업인 독일의 지멘스와 미국의 GE를 방문해 각 사의 추진전략과 우수 사례를 살펴봤다.지난 3월에는 방한 중인 제프리 이멀트 GE 회장을 만나 산업계에 불고 있는 디지털 트랜스포메이션과 포스코형 스마트인더스트리에 대해 협력 방안을 논의했다. 이날 두 회사 CEO는 GE가 보유한 설비 관련 핵심 강점과 포스코의 철강 전문지식을 결합해 새로운 스마트 솔루션을 창출하고 이를 포스코 소재, 에너지, 건설 분야 등 그룹 차원의 스마트인더스트리 구축을 위한 협력 기회를 모색하자는 데 의견을 모았다.

취약계층을 위한 사회공헌 활동에도 스마트 기술을 중심에 뒀다. 포스코는 지난 7월부터 취약계층 취업준비생을 대상으로 IoT·빅데이터·AI를 중심으로 하는 4차 산업 분야 취업교육을 무료로 실시하고 있다.

자료: 매일경제(http://www.mk.co.kr), 2017.8.31

3.4 적시생산시스템

토요타는 적시생산시스템(just-in-time system: JIT)을 개발하여 생산시스템에 혁신을 꾀하였다. 이는 제품생산에 요구되는 부품 등 자재를 필요한 시기에 필요한 수량만큼 조달하여 낭비요소를 근본적으로 제거하려는 생산시스템으로 전통적인 재고관리시스템과 달리 생산활동 전반에 영향을 미친다.

JIT는 미국의 슈퍼마켓에서 아이디어를 얻었는데 그 요체는 고객이 원할 때에 고객이 원하는 제품을 공급하는 제도이다. 즉 제조 공정에 간반(看板: Kanban)시스템을 도입하여 시장에서 요구하는 재고 수량만을 생산하고 원재료나 부품도 소요량만큼만 제조시에 구입하여 공장 안팎으로 자금이 재고 자산에 묶이지 않도록 관리하는 제도이다.

전통적인 생산시스템은 불확실한 소요량에 대비하여 안전재고를 보유하지만, 적시생산시스템은 매일 또는 매 시간별로 요구되는 자재를 소량으로 조달하게 하여 재고를 최소화하고자 하는 방식이다. 그러므로 적시생산시스템은 재고를 줄임으로써 여러 가지 비용을 절감하고 품질개선과 작업자의 작업능률 향상으로 생산성을 높이는 생산시스템이라 할 수 있다.

1986년에 MIT공대 연구팀이 세계 최대 자동차 회사인 미국의 GM과 토요타를 비교한 결과, GM의 부품재고 회전기간이 2주인 데 비해, 토요타 공장의 경우 불과 2시간이라는 사실을 발견하고 그 상상을 초월하는 생산성과 부품공급업자에 대한 관리에 놀란 바가 있다.

이후 포드, GM, 제너럴 일렉트릭, HP, IBM, 제록스와 같은 세계적 기업들이 JIT를 받아들이면서 JIT는 서구 경영자들의 초미의 관심사 중 하나로 떠올랐다.

국내에서도 많은 기업들이 적시생산시스템으로 생산성을 향상시키고 있다. 예를 들면 삼성중공업은 대형조선소로서는 처음으로 선박건조에 적시생산시스템을 도입하면서 조립공정을 획기적으로 단축시키는 데 성공하여 선박의 건조기간을 대폭 앞당기고 있다.

하지만 최근 발생한 토요타 자동차의 대규모 리콜사태를 살펴보면 지나치리만큼 엄격하고 철저한 JIT시스템도 지나친 원가절감을 위한 부품의 다변화정책으로 상당한 어려움에 직면해 있다.

지금 경영현장에는

인간 중심 생산공정 혁신… '소울웨어' 시대 개막

독일 통일의 상징인 브란덴부르크문에서 서쪽으로 7㎞ 정도 떨어진 곳에 위치한 BMW모터사이클 공장. 베를린 도심 인근이지만 축구장 30개 규모로 큰 이 공장은 BMW그룹 내 생산시설 중 가장 오래됐지만 모터사이클 혁신의 역사를 써온 곳이다. 최근에는 자율주행 시대를 염두에 둔 모터사이클까지 연구하고 나섰다. 특히 인간 중심의 생산공정 혁신을 이루고 있다는 점에서 독일이 추구하고 있는 4차 산업혁명의 기본 철학을 두 눈으로 목격할 수 있는 곳이다.

공장에 들어서자 가장 놀라웠던 점은 19세기에 지어진 건물과 최신식 건물들이 오묘한 조화를 이루고 있다는 것이었다. 이곳 공장이 생긴 것은 1916년부터다. 하지만 공장을 돌아보다 보니 1872년 건설된 유서 깊은 건물까지 공장 내부에 공존하고 있었다. 이곳은 초창기에 항공기 엔진 공장이었으나 고급 모터사이클 공장으로 탈바꿈했다. BMW모터사이클 베를린 공장에는 건축가 3명이 근무한다. 유서 깊은 건축물과 현대적 건축물의 조화는 이런 노력이 있기 때문에 가능해 보였다. 이런 긴 역사를 알게 됐고 이야기 소재는 자연스레 'Vision Next 100'이라는 BMW모터사이클의 비전으로 옮겨갔다. BMW모터사이클 관계자는 "Vision Next 100은 지난 100년의 성과에 안주하지 않고 또 다른 100년을 향해 나아가자는 의미를 담고 있다"고 말했다. 자율주행자동차 시대가 펼쳐지더라도 이들과 공존할 수 있는 모터사이클을 만들겠다는 생각도 담았다고 한다. 특히 이 계획에는 4차 산업혁명 시대 가장 중요한 철학이 되고 있는 개방형 협력의 가치를 담고 있었다. 혼다, 할리데이비슨 등 전통적인 모터사이클 강자와 협력해 새로운 생태계를 만들겠다는 구상을 담고 있다는 점이 흥미로웠다.

5,000만 유로가 투자된 최신식 공장 건물에 들어서자 인간 중심의 작업 환경이 인상적이었다. 4차 산업혁명의 스마트팩토리 정신을 구현하면서도 근본은 인간이라는 점이 강조된 환경이었다. 스마트팩토리를 추구하면서도 가장 인간 신체에 최적화된 작업 라인을 구현했다. 무거운 것을 들 필요가 없는 라인이 대표적이다. 작업대 높낮이를 8단계로 조절할 수 있기 때문이다. 대당 5만 유로에 설비를 구입해 근로자와 함께 자연스럽게 움직이는 작업 환경을 구현했다. 신분증 칩을 시스템에 입력하면 자동으로 원하는 높이로 작업이 가능한 시스템이다.

생산라인 2층에는 생산된 엔진들이 계속 라인을 따라 이동하고 있었지만 헬멧을 쓸 필요가 없을 정도로 안전하게 1층과 2층이 격리돼 있었다. BMW모터사이클 관계자는 "아무리 자동화되더라도 사람 없이 일하는 작업 환경은 생각하기 힘들다"며 "모든 것을 인간 중심적으로 설계하려고 노력하고 있다"

고 말했다. 인공지능(AI) 등의 발전으로 기계와 기계 간 소통이 늘어날 수밖에 없지만 이럴수록 인간 중심의 발전이 필요하다는 이야기다. 하드웨어와 소프트웨어 구분을 넘어 인간 중심의 시스템인 '소울웨어(SoulWare)' 시대가 열렸다는 얘기다.

이 공장에서는 하루에 모터사이클 800대를 생산한다. 모터사이클 600여 종을 생산하지만 모든 제품이 고객 옵션에 따른 맞춤형(on-demand) 제품이다. 부품 1만여 개를 정교하게 조립해야 하는 복잡한 작업이지만 같은 사양의 모터사이클이 거의 없을 정도로 다양한 제품을 생산하고 있다.

이렇게 인간 중심적인 4차 산업혁명을 실천한 결과일까. BMW모터사이클 사업부는 지난해 매출 22억 8,300만 유로(약 2조 9,679억원), 세전이익 2억 500만 유로(약 2,665억원)라는 실적을 거뒀다. 생산량은 2017년에 16만 4,153대를 기록하며 전년 대비 13.2% 성장했다. 베를린 공장에만 2,000여 명이 근무하고 있고 브라질·태국 공장 근로자 등 포함하면 전체 임직원은 3,000명에 이른다.

근로자들은 최상의 조건에서 근무할 수 있도록 여러 지원을 받고 있다. 헬스센터에만 8명이 근무하며 이들 근로자가 건강을 유지하면서 근무를 할 수 있도록 지원하는 것이 대표적이다.

BMW모터사이클은 전기모터를 동력으로 쓰는 모터사이클 개발에도 힘쓰고 있다. BMW모터사이클 관계자는 "최대 130㎞의 속도를 내면서 충전 시간을 최소화하고 총 100㎞를 주행하는 데 연료비가 3유로 수준인 전기 모터사이클을 개발했다"며 "자율주행이 가능한 모터사이클 연구도 활발하다"고 말했다.

자료: 매일경제(http://www.mk.co.kr), 2018.5.18

Exploring INTERNET

1. 현재자동차(www.hyundai.com)와 토요타(www.toyota.co.kr 또는 www.toyota.com)의 홈페이지를 방문하거나 인터넷 검색을 통해 Just in Sequence(직서열 생산방식)와 Just in Time(적시생산시스템)의 특징, 장점 및 단점에 대하여 알아보시오.

"유감스럽게도 김계장의 업무성적은 만족스럽지 못하여 이번 특별상여금 지급대상에서 제외되었어" 하고 판매과장이 말하였다. 이 말을 듣고 있던 김계장은 좀 엄숙한 표정으로 판매과장을 쳐다보며 "지난 번에 과장님과 제가 같이 앉아 여러 가지 목표를 설정하여 서로 합의하지 않았습니까?" "그래, 그건 나도 알지. 그러나 김계장이 그 목표를 달성했다고 생각되지 않는데." "그렇지 않습니다, 과장님. 저의 활동목표는 상당한 양의 매출고를 증진시키는 일이고 몇 사람의 새로운 고객을 확보하는 것이며, 또 판매비용을 최소로 유지하는 것이 아니었습니까?"라고 김계장은 약간 높은 어조로 이야기하였다. "그렇지만 만족할 만한 수준에 못 미쳤다고 생각돼. 아마 우리는 각자가 다른 표준을 생각하고 있었던 모양이지" 하고 판매과장이 말하였다.

문제 이와 같은 의견의 불일치를 막을 수 있는 방법은 무엇인가? 위의 대화에서 적어도 세 가지 분야에 대한 목표설정을 한다면 어떻게 하는 것이 합리적인가?

Chapter 15

기업가정신과 창업

이 세상의 새로운 것들이란 우리가 이미 알고 있는 것들을 결합한 것에 불과하다.

– 조셉 슘페터(Joseph Schumpeter), Austrian economist

작은 기회의 발견이 가끔은 커다란 사업성공의 밑거름이 된다.

– 디모스세네스(Demosthenes), Greek politician

합리적인 사람은 자신을 세상에 적응시키는 반면 비합리적인 사람은 세상을 자신에게 적응시키려고 고집한다. 따라서 모든 발전은 비합리적인 사람에 좌우된다.

– 조지 버나드 쇼(George Bernard Shaw)

● 시작 이야기 ●

배달의 민족, '혁신적인 B급' 광고로 만든 '배민공화국'

배달의 민족은 디자이너 출신인 김봉진 대표가 설립한 '우아한 형제들'이라는 스타트업 회사에서 제작된 서비스다. '배달의 민족'은 2010년 6월에 앱이 출시됐으며, 그 후 5개월 뒤인 11월에 '우아한 형제들'이라는 스타트업이 창립됐다.

현재 압도적인 격차로 국내 배달앱 1위를 달리고 있는 배달의 민족은 최근 몇 년 동안 연평균 70% 이상의 높은 매출 성장률을 기록 중이며, '배달 앱' 시장형성 초기 우위를 점하기 위한 공격적 마케팅으로 우리들에게 친숙해졌다. 공격적인 마케팅으로 배달의 민족은 2016년 기점까지 오랫동안 적자를 봐 왔으나, 2016년 이후 첫 흑자를 달성 후 지금까지 성장했다.

김봉진 대표는 '꾸준하게'라는 말에 영감을 얻어 네이버 오픈캐스트와 디자인 관련 사이트에 콘텐츠를 매일 8개씩 올리면서 스스로 성장했고, 755일이라는 반복의 시간 뒤에 스스로 변화된 모습을 보이며 또 한 가지 깨달음을 얻는 김 대표는 '뛰어난 아이디어보다 생활에 밀착한 실용적 서비스들이 더 오래간다'라는 것을 깨달았다.

● 배달의 민족 성공 비결

1. 브랜드 가치 확립을 위한 공격적 마케팅

디자이너 출신인 김봉진 대표의 배달의 민족답게 재미있는 문구를 이용한 공격적 마케팅으로 대한민국을 '배달(음식)공화국'에서 '배민공화국'으로 만들었다. 2014년 당시 브랜드 가치 확립 및 경쟁 업체를 따돌리려는 장기적 전략으로 150억 적자를 두면서까지 광고비를 지출했으며, 대부분의 투자금으로 지출된 금액이었다.

센스있으면서도 과감하고, 느낌 있는 마케팅들은 수많은 패러디를 만들어 냈으며 '2014년 한국광고대회'에서 인쇄 부문과 통합 미디어 부문의 2관왕을 석권하게 됐다.

이후 광고대상을 4년 연속 수상하면서 '배민 치믈리에 자격시험'이라는 자체적인 이벤트로 인해 치킨에 죽고 못 사는 대한민국 국민들의 심리를 제대로 저격하는 등 이벤트들을 펼쳐나갔다.

그 외에도 젊은 층에게 가장 효과적으로 광고가 도달할 수 있는 곳이 대중교통 이동 경로라고 판단

제 1 절

기업가정신

1.1 기업가의 특성

가. 기업가의 개념

기업가는 절반쯤 채워진 컵이거나 차라리 빈 컵처럼 보이는 낙천주의적 기

해, 공격적인 옥외광고를 배치해 타깃층의 눈길을 제대로 끌었다.

하지만 최근 '한국소비자단체협의회'에 따르면 배달의 민족의 광고비가 과도하다는 지적이 잇따라 나왔으며 과도한 수수료로 인해 자영업자들에게 고통을 준다는 지적도 있다.

2. 브랜드 이미지에 맞는 아이덴티티 확립

배달의 민족은 배달을 시키는 주 타깃인 20~30대의 1인 가구와 대학생들을 위한 타깃을 잘 잡아 성공한 것으로 유명하다.

젊은이들이 좋아하는 키치(Kitsch: 유머러스하면서도 보기 괴상한 것, 저속하면서도 미적 가치가 있는 것)의 문화 코드를 브랜드 아이덴티티에 적용했으며 소위 말하는 B급 브랜드 이미지 덕분에 친근하고 재미있는 캐릭터와 문구들로 타깃을 유혹하고 있다.

그 이외에도 배달의 민족 글씨체를 무료 배포해 저작권에 민감한 젊은 크리에이티에게도 큰 호응을 얻었다.

3. '최초'라는 타이틀

배달의 민족은 유난히 '최초' 타이틀이 많은 업체다. 비록 세계 최초의 배달 어플 및 배달음식 후기를 도입한 건 2010년 4월에 출시한 '배달통'이지만 배달의 민족은 더 많은 서비스를 최초로 도입해 혁신적인 기업임을 증명해 나갔다.

배달의 민족은 업계 최초 1,000만 다운로드를 돌파했으며, 배달 앱 최초 '바로 결제 건당 수수료 0%'를 도입해 수수료 제로가 당연하게끔 시장을 형성했었다.

그리고 '업계 최초 배달음식 원산지 표시'를 실시해 자발적 표시로 투명한 배달음식 정보 공개에 앞장섰으며, '고객 안심번호'를 최초로 도입해 개인 정보가 노출되지 않도록 만들었다. 더불어 국내 최초로 인공지능(AI) 기술이 든 스피커를 이용해 주문을 할 수 있는 시스템을 도입했으며 네이버가 350억 규모의 전략적 투자를 진행해 푸드테크의 미래 경쟁력을 확보할 것으로 보인다.

자료: 데일리팝(http://www.dailypop.kr), 2018.10.5

업인을 의미한다고 한다. 그들은 절반쯤 채워진 컵 또는 빈 컵을 채우기 위하여 강렬한 책임과 인내를 감내하면서 완전무결을 위하여 성실하게 노력한다. 그들은 학습을 위한 도구로 실패를 두려워하지 않으며, 모험의 최종결과에 대하여 확신하고 신뢰하는 사람들로, 기업에 자본을 대고 기업의 경영을 담당하는 사람들을 통칭해서 기업가라고 부른다. 미국의 연구문헌에서 나온 내용 중 대규모 관료조직에서의 기업가 사고(思考)의 고취라는 보고서의 내용 중에는 기업가들에 대한 3가지 해결해야 할 문제에 대한 반응을 서술하고 있는데, 첫째는 빠르게 성장하는 신진세력과 세상물정에 익숙한 경쟁자들의 경쟁문제이고, 둘째는 경영자의 전통적인 방법들에 대한 불신감각을 어떻게 배제하느냐에 대한 문제이고, 셋째는 몇몇 베스트 멤버의 대이동과 가장 머리가 좋은 사람이 small business의 기업가가 되기 위하여 기업을 떠나는 문제를 어떻게 해결할 것이냐에 대한 문제를 지적하고 있다. 이들 기업가들은 몇 가지 특성을 가지고 있는데 특히 성공적인 기업가들은 실패를 두려워하지 않는다는 점이다. 이들이 가지는 특성을 구체적으로 나열하면,

① 책임(위탁), 결단력, 끈기(인내)의 소유자이다.

② 성취하려는 충동이 누구보다 강한 자들이다.

③ 기회지향적인 사람들로, 성공적인 기업가는 자원, 조직구조, 경영전략보다는 오히려 기회에 초점을 둔다.

④ 독창력(initiative)있는 사람, 책임(responsibility)질 줄 아는 사람이다

⑤ 문제 해결자(problem solving)로서, 기업가는 의사결정자이면서 기업 활동에 관한 모든 문제를 풀어가야 할 책임과 의무를 가진 사람들이다.

⑥ feed-back을 할 줄 아는 사람들로서, "plan → do → see"의 관리과정을 이해하고 있으며 기업가는 기록과 확인을 철저히 하여 분석적인 사고를 가지고 피드백을 할 줄 아는 사람들이다.

⑦ 내부통제를 적절히 활용할 줄 아는 사람들로서, 성공한 기업가의 상당수가 내재론자이다.

⑧ 모호함에 대한 관용을 가진 사람들로서, 성공 기업가는 부단한 변화와 스트레스, 모호성에 관대하다.

⑨ 계산된 모험을 할 줄 아는 사람이다

⑩ 성실(완전무결)과 신뢰성을 가진 사람들이다.

⑪ 실패에 대한 관용을 베풀 줄 아는 사람들이다. 예를 들어, 3M의 경우 1902년 사포공장으로 시작하여 수많은 실패로 14년 만에 겨우 이익을 내기 시작하였지만 3M은 1980년대 포스트 잇 메모지로 히트를 하였고, 최근 세상에서 가장 일하기 좋은 회사 1위로 손꼽히게 되었다. 3M은 실패한 기술이란 없다라고 전제하고 종업원들에게 딴짓과 불복종을 장려하고, 실패나 딴짓에 대하여 적극 지원하기까지 한다.

⑫ 높은 수준의 에너지를 가진 사람들로서, 먹고 마시고 운동하고 공부하는 수준을 높인다.
⑬ 창조성과 혁신의 소유자로서, 기업가는 끊임없는 창조성을 가지고 지속적인 혁신을 추구하지 않으면 안 된다.
⑭ Vision을 가진 사람들로서, 모름지기 기업가는 장래를 전망하고 조직과 구성원에 대한 장밋빛 비전을 제시할 수 있어야 한다.
⑮ 자기 확신과 낙관을 할 줄 아는 사람이다.
⑯ 독립성을 추구하는 사람들이다.
⑰ 팀 구축에 적극적인 후원자들이다.

나. 기업가의 어두운 면

첫째는 재정적 리스크 부문으로, 기업가는 자본투자에 대한 엄청난 모험을 해야 하기 때문에 창업 당시나 기업운영과정에서 많은 재정적 위험을 부담하지 않으면 안 된다. 사업이 성공할지 또는 언제 어느 만큼의 부도가 발생할지에 대한 재정적 리스크는 항상 따라다니는 것이다.

둘째는 경력 리스크 부문으로, 기업가는 자기 사업에 몰두하여 정신없이 일하기 때문에 여타의 경력을 쌓을 기회가 많지 않다. 전문경영자가 되기 위해서는 전문적인 기술과 함께 충분한 경력이 중요한데 이런 것이 여의치 못한 경우가 많다. 특히 벤처 기업가들은 일반적으로 충분한 경력을 쌓은 다음에 창업을 하는 것이 아니기 때문에 경력부족 현상은 더욱 심하다.

셋째는 가정 및 사회적 리스크 부문으로, 기업가는 늘 사업과 함께하며 사업에만 몰두하는 경우가 많으므로 가정생활에 소홀해지기 쉬우며, 사회활동이나 동료관계에 있어서도 소홀해지기 쉬운 일면을 가지고 있다.

넷째는 정신적 리스크 부문으로, 기업가는 인생 전체를 사업에만 몰두하는 외곬 인생이 되기 쉽기 때문에 정상적인 사회활동을 하는 일반 사람들과 비교할 때 사고기준이나 행동양식이 다를 수 있으며 정신적 결함 현상이 나타날 수도 있다. 세계에서 가장 부호이고 사업으로 가장 성공적인 카네기도 사업에만 몰두하였기 때문에 60세까지 혼자 살았던 것이다.

다. 기업가의 기질

기업가가 되기 위해서는 공통적인 기질이 있다는 주장과 그렇지 않다는 주장이 있는데, 이들 두 가지 내용을 살펴보면 다음과 같다.

첫째, 기업가가 되는 공통적 기질이 있다는 주장이다. 전통적으로 기업가(entrepreneur)가 되는 사람들은 특별한 심리적 특성을 갖고 있다는 통념이 강하다. 그 특별한 심리적 특성에는 불확실성에 대한 인내, 성취욕, 내적 통제 등이 언급된다. 개인적 자질로 위험감수의 동기, 통찰력과 자신감, 위험에 대한 책임감, 기회포착 능력, 조정능력과 노력, 정보보유 및 판단능력 등이 연구되어 있다. 창업 초기 자신의 내재능력으로 사업을 유지해야 하므로 강한 자기희생과 인내력, 그리고 성취욕구가 강하다. 전통형 창업유형의 기업가에게는 헝그리 정신, 자수성가 성공, 검약 근면, 신용중시의 가치관이 나타난다는 연구결과가 있다.

"기업가 씨앗론"이라는 속설처럼 기업가는 일반인이 갖지 못한 독특한 특성에서 온다는 주장도 있다. 기업가정신으로 대변되듯이 기회와 이익에 대한 동물적 감각을 소유하고 있고, 불확실성하에서는 강한 모험심을 발휘한다. 또한 경영과정에서 각종 스트레스와 긴장에 대한 강한 저항력을 가지고 있다. 이처럼 기업가에 대한 정밀한 관찰은 기업가 개개인의 개별적 특성에 주목하여, 성공적인 기업가들에게 공통적으로 나타나는 성격적 특성과 행동적 성향을 파악하는데 관심을 가져왔다. 성공적인 기업가의 특성에는 높은 위험추구 성향, 선도성, 혁신성, 기회포착력 등이 포함된다.

둘째, 기업가가 되는 공통적 기질이 없다는 주장이다. 기업가는 정보와 기회의 산물이지 심리적 특성의 산물은 아니라는 주장이 있다. 특히 하이테크 분야는 더욱 그러하다. 기술적 기회와 그 기회를 상업적으로 이용할 수 있는 지혜가 모여서 기업가가 탄생한다. 대학 연구자들이 과학적 발명을 갖고 창업하는 경우에도 기술적 기회에 의존한다고 한다. 이를 제대로 알기 어려우면 다른 사람(기업)에게 그 발명을 라이선싱하는 것이다.

라. 기업가의 창업동기

기업가들이 창업을 하게 되는 동기는 기업가들은 강한 성취 욕구를 가지고 있고, 사회적인 활동력이 강하기 때문에 모험과 위험이 많이 따르는 창업을 하게 된다. 창업동기에 대하여 조사한 것을 보면, 〈표 15-1〉에서와 같이 기술적 아이디어의 사업화가 41.8%로 가장 많았고, 신규시장 형성에 따른 기회인식이 34.9%로 그다음 순서이나. 반면에 창업자체가 목적인 경우가 12.0%, 퇴직/은퇴의 대안, 소득향상, 유휴자본의 사업기회 창출 등 수동적인 창업동기는 11.3%를 차지하여 낮게 나타났다. 여기에서 기술적 동기가 다소 낮은 반면, 시장기회를 충족시키려는 수요적 창업동기와 수동적 창업동기가 상대적으로 높게 나타났다.

표 15-1 창업동기

창업동기(2가지 선택)	빈도	비율
• 창업에 대한 욕구를 충족시키기 위해(창업 자체가 목적)	714	12.0%
• 창업자 또는 동업자의 기술적 아이디어를 사회화하기 위해	2,487	41.8%
• 신규시상의 형성에 대한 기회인식에 따라	2,079	34.9%
• 주위의 사업화 권유로	164	2.8%
• 퇴직/은퇴에 따라 새로운 일자리를 확보하기 위해	108	1.8%
• 유휴자본의 적당한 사업기회 모색	69	1.2%
• 기존 직장보다 고소득을 위해	196	3.3%
• 기타	133	2.2%
합 계	5,950	100%

1.2 기업가정신

기업가정신(entrepreneurship)이란 창업자가 현재 가지고 있는 경영자원에 구애받지 않고 새로운 기회를 추구하는 정신을 말한다.

일반적으로 보수적인 기업의 경영자들은 현재 보유하고 있는 자원이 무엇인지를 파악하여 그 자원의 범위 내에서만 기회를 추구하고 자원 활용의 극대화를 위해 노력한다. 그러나 기업가정신을 가진 경영자는 먼저 기회를 파악한 후, 이러한 기회를 실현하는 데 필요한 자원을 필요한 시기에 외부조달(outsourcing) 등의 방법으로 확보하고 활용한다. 현재 보유하고 있는 자원에 제약받지 않고 기회를 파악하여 그것을 추구하는데 몰두하는 것이다. 즉 '기회의 추구'와 '통제 가능 자원을 초월한 자원 활용'이 기업가정신의 핵심이라고 볼 수 있는 것이다.

이러한 기업가정신이 많은 사람들의 관심을 끌게 된 것은 전 세계적으로 창업이 급격히 늘어나고 있다는 점과 무관하지 않다. 이러한 창업 붐은 정보사회로의 진전, 수요의 다양화, 급속한 기술발전으로 인해 첨단 소기업을 창업하는 것이 쉬워졌기 때문이다. 아울러 독립적으로 자기 자신의 꿈을 실현하는 데 주력하는 젊은이들의 가치관이 창업으로 나타나고 있기 때문이다.

이러한 기업가정신은 창업자들만의 전유물이 아니며 기존의 대기업에도 필요한 실천양식이 되어가고 있다. 3M, 코닥 등 우수기업들은 일찍부터 사내기업가정신(intrapreneurship)의 중요성을 인식하여 사내벤처 제도를 적극적으로 활용하고 있으며, 사내기업가를 많이 배출하고 있다.

최근 들어 기업가정신의 주제가 대중화되기는 하였지만, 그러나 완전하게 그 개념을 이해하는 사람은 매우 적다. 대부분의 기업가정신에 대한 정의들은 조직적인 규정을 받아들이고 혁신적 결과의 목표에 대한 자원몰입을 얻는 기업가활동에 귀결시키려는 것에 동의하고 있다. 그러나 기업가정신의 주요한 개념은 조직 바운더리 내에서 기업가정신을 개발하는 것이다. 그러므로 기업가는 혁신을 성공시키려는 분위기를 고조시켜야 하는 것이다.

지금 경영현장에는

'한강의 기적' 일군 기업가정신…이젠 4차 산업혁명이다.

한국무역협회 국제무역연구원이 지난해 스위스 금융기관인 UBS가 발표한 4차 산업혁명 준비도와 세계경제포럼(WEF)의 2016년 네트워크 준비지수, 국제경영개발대학원(IMD)의 2017년 디지털 경쟁력 지수 등을 분석해 순위를 매긴 결과 우리나라 4차 산업혁명 경쟁력은 미국(3위), 영국(8위), 독일(13

위) 등에 뒤진 세계 주요국 가운데 19위에 그쳤다. 전체 1위는 싱가포르가 차지했고 우리나라는 같은 아시아권인 대만(14위)과 일본(15위)에도 미치지 못했다. 실제 국내 기업들의 4차 산업혁명 품목의 수출 경쟁력은 아직까지 부진한 모습이다. 국제무역연구원이 지능형 로봇, 항공·우주, 전기자동차, 첨단 의료기기, 리튬 2차전지, 시스템 반도체, 차세대 디스플레이 등 4차 산업혁명 관련 7개 주요 품목의 수출 경쟁력을 국제 비교한 결과도 리튬 2차전지와 차세대 디스플레이를 제외하고는 대부분 품목의 경쟁력이 다른 나라에 비해 뒤처졌다. 그렇다고 좌절하기엔 아직 이르다.

다행히 재계도 신발끈을 고쳐 매며 4차 산업혁명 시대를 준비하고 있다. 대한상공회의는 주요 기업인들로 구성된 '혁신 탐방단'을 이끌고 싱가포르와 미국 실리콘밸리의 4차 산업혁명 현장을 잇따라 방문했다. 특히 박용만 대한상의 회장은 기업인 10여 명과 함께 미국 실리콘밸리에 위치한 전기차 기업 테슬라와 친환경 기업 리카본 사옥을 방문해 관심을 모았다.

박 회장의 이번 방문은 평소 '한국의 혁신 기업 부재'를 우려해 온 그의 지론과 맞닿아 있으며 우리 재계의 대안을 찾기 위한 구상의 일환이다. 박 회장은 최근 직원들에게 "10년 후 기업들이 먹고살 문제에 대해 역량을 집중해야 하지만 우리는 '혁신의 길'을 잘 모른다"면서 "싱가포르든 실리콘밸리든 잘되고 있는 혁신 현장을 직접 찾아 배워야 한다"고 주문하기도 했다.

우리 기업들도 글로벌 경쟁에서 뒤처지지 않기 위해 성장 전략을 가다듬고 있다. 삼성전자는 IoT·AI·전장사업 부상 등이 본격화됨에 따라 신규 수요가 확대될 것으로 보고 신성장동력을 키우기 위한 준비에 매진하고 있다.

LG도 IoT와 AI 기술을 활용해 스마트한 미래 세상을 열어가고 있다. 구본무 LG 회장은 "AI와 같은 4차 산업혁명 혁신 기술은 우리에게 익숙한 경쟁 양상과 게임 룰을 전혀 새로운 형태로 바꾸고 있다"며 "틀을 깨는 시각으로 새로운 기술을 접목해 생산성을 세계 최고 수준으로 높이고 4차 산업혁명 흐름에 앞장서야 한다"고 강조했다. SK그룹도 다가올 4차 산업혁명에 필요한 기술을 확보하고 이를 통해 비즈니스 모델을 혁신하고 미래 시장을 개척하기 위한 과감한 투자에 나섰다. 특히 새로운 라이프, 운송 플랫폼이 될 모빌리티를 활용한 사업 기회를 모색 중이다.

이런 가운데 재계와 학계 원로들은 4차 산업혁명 시대 도래에 따른 불확실성의 돌파구를 한때 '한강의 기적'을 일군 기업가정신에서 찾아야 한다고 조언하고 있다.

산업 간 경계가 허물어지고 창조적 파괴가 일상화하는 4차 산업혁명 시대를 슬기롭게 헤쳐나가기 위해 어느 때보다 기업가정신의 중요성이 부각될 수밖에 없다는 것이다. 현재 한국의 기업가정신은 바닥까지 떨어진 상태다. '2018 암웨이 글로벌 기업가정신 보고서'에 따르면 한국의 '기업가정신 지수(AESI)'는 전년보다 9점 떨어진 39점으로 전체 참여 44개 국가 중 33위를 기록했다.

재계 관계자는 "급변하는 4차 산업혁명 시대를 슬기롭게 헤쳐 나가기 위한 시대정신으로 기업가정신이 부합한다"며 "긍정적이고 야심만만한 비즈니스 리더가 정부의 전폭적인 지원을 받게 되면 얼마든지 혁신적인 변화를 가져올 수 있다"고 강조했다.

자료: 매일경제(http://www.mk.co.kr), 2018.3.23

제 2 절

창 업

2.1 창업의 개념

가. 창업이란 무엇인가?

좁은 의미로서의 창업이란 제품 또는 서비스를 생산하거나 판매하는 사업을 시작하기 위해서 이제까지 존재하지 않은 새로운 기업조직을 설립하는 행위를 말한다. 즉, 새롭게 제품이나 서비스를 생산하거나 판매할 목적으로 건물과 설비 등을 갖추고 필요한 인원을 배치하는 것을 말한다. 우리가 보통 흔하게 사용하는 창업이라는 용어는 바로 이와 같은 좁은 의미의 개념인 것이다.

그러나 넓은 의미로 창업을 정의할 때는 새로운 기업조직을 설립하는 것은 물론 기존의 기업이 이제까지와 전혀 다른 새로운 종류의 제품을 생산하거나 판매하는 일을 시작하는 것까지를 포함한다. 즉, 넓은 의미로는 기존의 기업이 이제까지와 다른 새로운 사업을 시작하는 것도 창업이라 볼 수 있다.

일반적으로 창업이란 하면 감자탕, 떡볶이집, 라면집, 호프집, 치킨집, 음식점, 프랜차이즈 등과 같이 자영업의 냄새가 진하게 난다. 사람들은 창업을 너무 쉽게 생각하는 경향이 있다. 안되면 창업해서 장사나 하지 하는 식으로 표현하는데, 창업이 얼마나 어렵고 힘든 일인지를 알고 나면 함부로 말하지 않을 것이다. 맹자(孟子)의 양혜왕 하편에 따르면, 원래 창업이란 나라를 새로 여는 일로 정의하고 있는데, 이는 점포창업이 아니라 왕조창업을 의미하는 것이었다. 이조실록에 의하면, 태조께서 조선을 창업하시어…라고 할 때 나오는 게 바로 창업이다. 춘추전국시대 등나라의 임금 등문공이 맹자에게 "지금 제나라가 우리나라(등나라)를 침공하려고 하는데 어떻게 하면 좋겠습니까?"라고 묻자, 맹자는 "군자가 창업하여 계통을 전수하면 이어갈 수 있습니다(君子創業垂統 爲可繼也)"라고 대답한 바 있다.

나라를 새롭게 세운다는 것은 목숨을 걸어야 하는 위험한 일로 실패 시에는 삼족이 멸문을 당하는 위험한 일이었다. 서양에서도 주식회사 제도가 나오기 전에는 창업(주로 해상무역)의 실패는 노예로 팔려나가는 결과를 가져올 정도로 아주 위험이 큰일이었다. 그래서 창업이란 말에는 두려움의 기운이 느껴지며, 20여 년 전만 해도 누가 창업을 했다는 말을 들으면 곧 패가망신을 연상할 정도로 창업이 어렵고 힘든 일이었다. 또한 사업하는 사람에게는 딸자식 주기를 꺼려할 정도로 창업이 어렵고 사회적으로 힘든 일이라는 사실이 각인되어 있었다. 살던 집을 담보로 삼아 사업하다가 쫄딱 말아먹지 않을까 하는 걱정이 컸고, 그러고 보면 망하면 죽는다는 점에서 나라를 창업하는 거나 회사를 창업하는 거나 다를 바가 없다고 생각했던 것 같다.

이제 창업은 나라가 아닌 회사를 여는 일을 의미하지만, 예전에는 나라를 창업하는 일이 사업이었고, 전쟁은 자국에서 부족한 물자를 충당하기 위해 벌이는 최적 비즈니스 도구였다. 이렇게 보면 기업을 창업한다는 것은 곧 나라를 개국하는 것과 다를 바가 없으며, 내가 창업한 회사는 곧 나의 나라이자 내가 최고 주권자가 되는 나의 영토이다. 따라서 창업은 결국 나의 나라, 곧 자기 세계를 창조하는 일이다. 사신의 일을 만들고 그 일에 뜻을 부여하는 것이다. 창업이란 장사가 아니라 일을 통해 자기를 완성하는 일이며, 일을 통해 나의 세계를 구축하는 것이다. 스스로가 경제적인 재생산 구조를 만들어 놓는 일이며, 자기 삶의 형태를 경제적으로 재생산하는 일이라고 볼 수 있다.

하지만 최근 중앙정부나 지방정부 주도로 창업학교나 각종 창업보육센터 주도의 창업학교개설, 그리고 대학의 창업동아리에 대한 각종 지원, 교수 및 연구원의 창업에 대한 각종 규제의 완화, 소자본 창업에 대한 각종 지원 등 창업을 희망하는 자에게 다양한 채널을 통해 정부 및 이해관계를 가지고 있는 기관에서 창업에 대해 적극적으로 지원해 주고 있어 창업이 그렇게 낯설게 다가오지는 않고 있다.

기업을 일종의 유기체로 인식할 때, 창업행위는 새로운 생명체의 탄생을 위한 파종작업과도 유사하다. 따라서 어느 정도는 창업에 쏟은 정성과 노력에 비례하여 튼튼한 묘목과 풍성한 과실을 기대할 수 있다. 이러한 차이는 바로 기업이 인간의 오묘한 의지에 의해 전적으로 영향을 받기 때문이다. 특히 창업활동은 기업의 여타 활동들과 많은 점에서 다른 다음과 같은 특성을 갖고 있다.

첫째, 창업결정은 전형적인 불확실성하에서의 의사결정이라는 특성을 갖는다. 왜냐하면 단지 창업아이디어가 훌륭하다는 이유만으로 수요가 저절로 창조되는 것은 아니며, 자산의 보유 그 자체가 쓸모 있는 자산으로 자원화될 수 없는 많은 요인들이 창업의 결과에 영향을 미치기 때문이다.

둘째, 창업은 거대한 자원의 투입을 전제로 하고 있다는 것이다. 즉, 창업은 다수의 인적자원의 투입을 필요로 하며, 거대한 자본의 희생을 통해서 가능하게 된다.

셋째, 창업은 본질적으로 진취적이고 창조적이며 모험적인 성격을 갖고 있다는 것이다. 이는 원래 창업이 갖고 있는 불확실성과 위험 때문이기도 하지만 창업이 주로 변화를 잘 감지할 줄 알며, 상상력과 창의력이 뛰어나고 결단력 있는 사업가에 의해서 추진되기 때문이기도 하다.

나. 창업의 핵심요소

건물을 신축하려면 건물이 들어설 땅·목재·시멘트·벽돌·타일·내장재·현금 등이 있어야 하고, 설계도면이 있어야 하며, 설계도면에 따라 땅을 파고 자재를 결합할 인력이 있어야만 한다. 이와 같이 건물을 새로 세우는 데 많은 요소들의 결합이 필요하듯이 창업을 하는 데 있어서도 많은 요소들의 투입을 필요로 한다. 훌륭한 건축물의 창작과 마찬가지로 훌륭한 기업의 탄생은 우수한 투입요소들의 합리적인 결합에 의해서 가능하게 된다. 만약 창업에 투입되는 요소의 양이 부족하거나 질이 떨어진다면 건강하고 튼튼한 기업으로 성장하기가 어렵게 될 것이다. 따라서 창업을 하는 데는 많은 우수한 인적·물적 자원의 투입이 필요하게 된다. 이들 다양한 투입요소 중 가장 대표적인 것은 다음의 3가지 핵심요소를 들 수 있다.

① 인적요소: 창업자 등 인적자원

② 제품요소: 창업 아이디어인 제품 또는 용역

③ 물적요소: 창업자본 등 물적자원

1) 인적요소(창업자)

창업을 하는데 필요한 기본적 투입요소 중 가장 핵심적인 것은 인적요소이다. 인적요소는 창업의 주체인 창업자를 위시하여 생산, 판매, 일반관리 등 기업조직의 각 기능을 담당할 인적 자원을 지칭한다. 즉, 창업을 하는 데 있어서는 창업을 주도적으로 계획하고 추진하며, 창업에 모든 재정적 부담과 위험을 책임지는 창업자가 있어야 한다. 그리고 창업자를 도와 제품이나 서비스를 생산하고 판매하며 기업의 일상업무를 담당할 종업원이 필요하게 된다.

2) 제품요소(아이디어)

창업의 기본요소 중 인적요소처럼 중요한 것으로 제품요소가 있다. 제품요소란 사업의 구체적인 아이디어를 지칭한다. 즉, 창업을 통해 무엇을 할 것인가에 대한 사업내용을 말한다. 이는 기업의 존재이유와 목적으로 대변하게 된다. 창업의 제품요소는 새로운 건물을 신축할 때, 이미 계획하고 있는 건물의 용도와 유사하다. 건물이 들어설 땅의 규모와 주위여건을 참작해 건물의 용도를 결정하고, 그러한 용도에 부응하는 적합한 설계가 뒷받침되어야 가치 있는 건물이 될 것이다.

마찬가지로 창업시 제품에 대한 현명한 탐색과 선택문제는 성공과 실패의 중요한 요인이 된다. 창업아이디어가 어떻게 탐색되고 선택되든 창업아이디어, 즉 제품요인이 갖추어야 할 요건은 충분한 시장수요를 가져야 한다는 것이다. 시장수요는 제품의 효용가치가 제품의 가격보다 크다고 인식될 때 자연적으로 생겨난다.

그림 15-1 창업의 기본요소

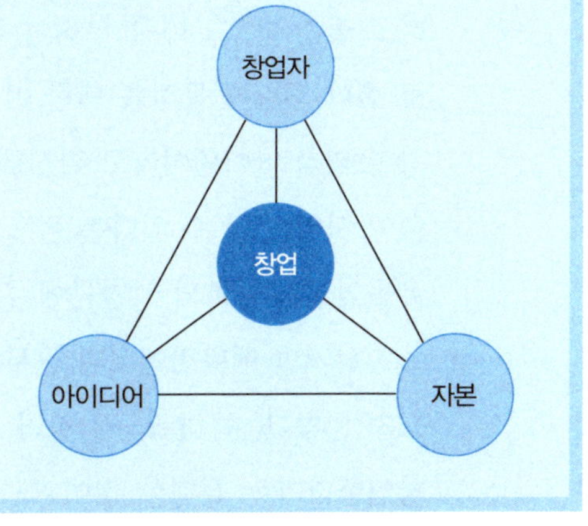

그러나 제품요소는 결국 창업자나 창업에 참여하는 사람들의 아이디어에 의해 결정된다는 점에서 인적요소에 의해 전적으로 좌우된다는 사실을 알 수 있다. 즉, 제품요소는 창업자의 상상력과 창조성, 그리고 창업에 동참하는 참여자들의 기발한

아이디어와 분석된 정보로 뒷받침된 조언 등 인적 요인에 의해 결정된다.

매일경제신문에 게재되었던 내용을 예를 들어 샐러리맨이 창업아이디어를 잘 살려 레드오션 업종에서 창업에 성공한 비결을 살펴보면 다음과 같다. 2007년 11월 김창현 씨(37·현 맘스터치 문정장지점 대표)는 문정동 소재 치킨호프집에서 배달 아르바이트를 시작했다. 그 가게는 인근에서 서비스가 좋기로 유명한 곳으로, 이곳에서 7개월여 일하면서 김 대표는 소위 '장사 잘하는 치킨집'의 경영 노하우를 익혔다. 홀서빙을 비롯하여 손님 응대법을 익혔고, 주방업무를 통해 치킨을 맛있게 튀기는 방법도 습득하였다. 자신보다 어린 아르바이트 직원들과 어울리며 직원 관리법도 습득하였다. 김 대표는 이후 장지동 소재 배달전문 치킨집으로 자리를 옮겨 배달 일을 하였다. 비 또는 눈이 오는 날에도 오토바이를 탔고, 밤늦게 퇴근하기 일쑤였지만 한 번이라도 더 배달을 나가면서 동네 구석구석의 지리를 익히는 데 힘썼다. 4개월 정도 배달 일을 하고 나니 문정동·장지동 주택가 골목길 하나하나까지 머릿속에 상세히 그려졌다. 1년 동안 아르바이트 경험을 쌓은 뒤 나름대로 창업을 하여도 되겠다는 생각이 드는 시점에 그는 장지동 송파파인타운 상가에 치킨전문점 '맘스터치' 매장을 열었다.

김창현 대표가 2007년 당시 서른다섯 살 적지 않은 나이임에도 정규직 직원이 아닌 시급제 아르바이트를 시작한 이유는 자신의 점포를 열기 위한 준비작업을 위한 것이었다. 김 대표는 10년간 중견 백화점에서 영업사원으로 근무하면서 사람 대하는 일에 자신이 붙어 있었고, 또한 직접 가게를 열면 잘할 수 있을 거라 여겨 창업을 결심하고 정들었던 직장을 나왔다. 그 후 김 대표는 유행을 덜 타고 불경기에도 매출 부침이 작은 업종을 알아보았고 결국 치킨전문점을 내기로 했다. 치킨전문점을 택한 이유는 값싸고 영양이 풍부한 치킨이야말로 불황에 강한 외식 아이템이라고 확신했기 때문이다. 조리가 쉬워 초보자라도 별 어려움 없이 사업을 할 수 있다는 점도 마음에 들었다. 점포를 열 장소는 일정한 규모의 유동인구가 확보되고 인근에 주택가가 많은 문정·장지동으로 정했다.

하지만 백화점에서만 근무했던 터라 어떻게 창업을 해야 할지 도무지 감이 오지 않았다. 특히 몇 집 걸러 하나 있을 정도로 흔한 것이 치킨집인데, 무작정 창업했다가는 실패할 것이 불을 보듯이 뻔해서, 김 대표는 아르바이트 경험을 통해 성공 노하우를 배우고 원활한 배달을 위해 주변 지리도 익히기로 결심했다. 그는 인근에서 장사 잘한다고 소문난 집들은 어디든지 찾아가 직접 몸으로 부딪히며 성공비결을 체득했다. 1년여 준비 과정을 거쳐 김 대표는 지난해 10월 장지동 송파파인타운에 맘스터치 문정장지점을 열었다. 매장은 23.1㎡(7평) 규모의 배달전문점을 오픈하였다. 점포 보증금과 임차비용에 가맹비, 기자재비 등을 포함해 총 8,000만원이 들었다.

레드오션 창업 성공 5계명

1. 사전에 창업교육 등 철저하게 받아야
2. 적성과 자금 상황에 맞는 창업 아이템 선택
3. 경험이 없다면 아르바이트 등 현장 체험 필요
4. 차별화를 위한 메뉴 구성·점포 운영
5. 창업 초기 점포 알리기에 투자를 아끼지 말아야

철저한 준비과정 덕에 점포운영은 순조로웠지만, 인지도가 낮다 보니 생각보다 손님이 많이 늘지 않았다. 이때 김 대표가 꺼내든 카드는 '차별화' 전략이었다. 치킨전문점 시장은 경쟁이 치열한 레드오션이기 때문에 고객은 남과 조금이라도 차별된 상품·서비스를 선택할 것이라고 판단한 것이다. 김 대표는 시간대별로 상품을 차별화해 매출을 가능한 최대로 끌어올렸다. 오전에는 초등학생 고객이나 자녀 간식을 사러오는 주부가 많은 점을 감안해 팝콘볼 등 간식 메뉴를 집중 편성했다. 야간에는 기름에 튀긴 프라이드치킨 먹기를 부담스러워하는 소비자 심리를 파악해 기름기를 뺀 오븐구이치킨을 메뉴에 넣었다. 시간대별로 경품행사 등 각종 이벤트를 진행했고, 서비스 메뉴도 시차를 둬 소비자 요구에 부응했다.

점포를 알리기 위해 매일 전단지 500여 장을 들고 직접 거리로 나섰다. 2008년 설날에 문을 연 것도 주효했다. 고향에 내려가지 못한 사람들을 대상으로 주문을 받음으로써 '쉬지 않고 일하는 가게'라는 이미지를 심어줬다. 배달점포가 어느 정도 성공 궤도에 접어들었다고 확신한 김 대표는 바로 옆에 26.4㎡(8평) 규모 점포를 추가로 임차해 홀을 꾸몄다. 퇴근 후 치킨에 맥주 한 잔을 즐기려는 직장인을 공략하기 위해서였다. 김 대표는 "경쟁이 치열한 레드오션일수록 철저한 준비가 필요하다"고 말했다. 현재 김 대표는 배달과 홀 매출을 합쳐 월 5,000만원에 순이익 2,000만여원을 거두고 있다.

치킨호프전문점은 특별한 기술이 필요 없어 초보자라도 별 어려움 없이 사업을 할 수 있고 경기를 크게 타지 않아 매출 부침도 작다. 이러다 보니 치열한 경쟁이 펼쳐지는 대표적 '창업시장 레드오션'으로 통한다. 때문에 성공을 위해서는 철저한 준비가 필요하다. 주변에 경쟁 점포가 워낙 많다 보니 개점 초기 입소문을 타지 않으면 생존이 어렵다. 이를 위해서는 우선 점포를 내려는 지역 상권을 철저하게 분석할 필요가 있다. 지역 주민의 연령대, 가족 구성, 주요 활동 시간대 등을 살피고 배달을 위해서 인근 지리를 꿰차고 있어야 한다. 경쟁업소와 차별되는 자기 점포만의 특별함도 갖춰야 한다. 경품행사나 특별메뉴 등은 차별화를 위한 좋은 수단이다(매일경제신문, 2009. 7. 14).

3) 물적요소(자본)

창업에 있어서 인적요소 및 제품요소와 마찬가지로 중요한 비중을 갖는 것이 물적요소이다. 물적요소란 제품요소인 사업아이디어를 구체적으로 상품화하는데 필요한 자본, 기술, 기계와 설비, 재료나 부품, 건물 등을 말한다. 건물을 신축할 때 이들 투입자원이 질적으로 우수하고 양적으로 풍부해야 튼튼한 건물로 되듯이 성공적인 창업을 위해서는 질적으로 우수하고 풍부한 기술, 자재나 부품, 기계와 설비, 건물, 자본 등이 적절히 뒷받침되어야 한다.

창업시 소비자의 기호나 필요의 공간을 찾아 제아무리 훌륭한 제품개념을 정립하였다 하더라도, 이를 상품으로 만들 수 있는 적절한 자원이나 기술이 뒷받침되지 않는다면 성공적인 제품으로 태어날 수 없다.

제품개념이 제품화되기 위해서는 적합한 기술과 물적요소들이 투입되어야 한다. 창업의 물적요소 중 가장 중요한 것은 자본과 기술이다. 생산에 필요한 자재나 부품, 기계 및 생산설비, 그리고 공장 등은 결국 자본의 투자에 의해 취득가능하기 때문이다. 그리고 인적요소의 양과 질도 결국은 자본의 투자에 의해 취득가능하기 때문이다.

따라서 안정적인 창업자본의 조달과 이용, 그리고 이를 위한 정부나 관계기관의 지원제도 등은 성공적인 창업을 위해 인적자원만큼 중요하게 된다. 자본과 달리 기술은 동적인 성격을 가지고 있다. 즉, 일반적으로 발전된 과학의 영향과 학습효과에 의해 시간이 경과할수록 기술수준은 점점 더 향상된다.

요컨대 창업의 가장 핵심적인 요소는 인적인 요소를 대표하는 창업자, 제품요소를 대표하는 창업아이디어, 그리고 물적요소를 대표하는 창업자본임을 알 수 있다. 이들 3가지 핵심요소들은 성공적인 창업의 기본요건으로 된다. 따라서 만약 이들 중 어느 것에 심각한 결함이나 약점이 있는 경우 성공적인 창업은 어렵게 된다.

이외에 고려해야 할 요소로는 창업 준비기간이다. 적절한 창업 준비기간이 얼마나 필요한가에 대해서는 사람들마다 이야기가 다르다. 준비고 뭐고 일단 저질러야 한다는 사람이 있는 반면, 준비기간이 길수록 좋다고 하는 사람도 있다. 둘 다 본질과 무관한 얘기다. 길고 짧은 게 중요한 게 아니라 어느 정도 완성도를 갖추고 시작하느냐가 관건이다. 준비기간이 길수록 성공 확률은 높아지겠지만 그만큼 투입 비용도 많이 드는 것이기 때문에 남는 게 없다. 개인 창업에서 준비기간을 지나치게 길게 가져가는 것은 과잉 투자일 수 있다.

준비기간을 길게 가져가는 이유 중 하나는 머뭇거림이다. 불확실성에 대한 지나친 두려움이 높아 모든 것을 알기 전에는 절대 움직이지 않겠다는 자세이다. 하지만 사람들이 모르는 것이 있는데, 움직이기 전에는 진정으로 알 수 없다는 사실이다. 준비기간을 길게 가져가는 것은 실천을 미루기 위해 더욱 알려고 발버둥치는 도피수단일 뿐이다. 창업은 일정 수준의 불확실성을 감수하고 뛰어들어야 한다. 불확실성은 경영 환경에서 피할 수 없는 조건이고, 이 창업세계의 물리적 본질이다. 불확실성을 제로화하려는 시도는 비용을 증가시켜 사업의 수익성을 마이너스로 만들 뿐이다. 창업자가 갖춰야 할 역량 중 하나는 불확실성에 대한 참을성이다.

다. 인터넷 창업과 재래식 창업의 차이

창업을 하고 싶지만 직장생활에 바쁜 직장인들이 창업을 위해서만 시간을 투자한다는 것은 여건상 생각보다 쉽지 않다. 이러한 점에 착안하여 최근에는 집이나 사무실에 가만히 앉아서 손쉽게 창업할 수 있는 온라인 창업상담이 가능한 창업관련 사이트들이 많이 등장하고 있다. 지금까지의 창업은 창업하고자 하는 사람이 직접 창업에 관련된 일을 하기 위해서 관공서 등을 방문해야 하는 불편을 감수하였지만, 인터넷을 통한 창업의 경우는 이러한 불편을 해소할 수 있고, 경제적이면서도 시간적·공간적 제약을 받지 않는 장점이 있다.

보통 직장인이든 비직장인이든 간에 사람들은 한번 정도는 창업을 해보아야겠다는 생각을 많이 가지고 있지만, 재정적이고 시간적인 어려움과 창업방법론 때문에 실천에 옮기지 못하고 온갖 푸념만 늘어놓는 경우가 많다. 하지만 인터넷의 이용이 보편화되면서부터는 시간적·공간적 제약을 뛰어넘어 인터넷을 활용하여 창업을 할 수 있는 방법들이 많이 등장하고 있다. 직장인이든 비직장인이든 간에 창업을 준비하고 있는 사람이면 누구든지 퇴근 또는 일과 후에 회식이나 술자리, 기타 모임 등에 참석하지 말고, 대신에 온라인상에 존재하는 창업관련 사이트를 뒤지기 시작하면 손쉽게 창업을 할 수 있다.

인터넷을 통해서 창업을 하려면 업종선택에서부터 ▶사업계획서 작성 ▶사무실 임대 ▶인력채용 ▶상호등록 등 창업에 필요한 모든 절차를 인터넷 사이트를 통해 해결할 수 있다. 경영서식(書式)을 만들거나 사무실 집기를 구입하는 것도 인터넷의 도움을 받아 해결할 수 있고, 그리고 자신의 창업과정을 일일이 기록하여 창업과정에서 나타날 수 있는 여러 가지 문제점들을 직접 해결하면서 창업에 성공할 수 있다. 이처럼 널리 알려진 창업관련 사이트를 잘 활용하면 창업비용도 아낄 수 있고 창업시간도 크게 줄일 수 있다.

1) 맞춤 창업에 도전

사람은 누구나 직장생활을 하면서 나름대로 직장생활에 대한 회의나 자신의 성향에 따라 창업의 꿈을 키워온다. 대학 졸업 후 직장생활을 하면서 자신의 직무와 관련된 일이나 아니면 다른 동료들의 도움이나 의견을 종합하여 자신이 경영할 수 있는 독립적인 업체를 창업하려고 시도한다. 하지만 자신의 의도대로 창업이 이루어졌을 경우 회사가 잘될 것이라는 자신감 하나만으로는 창업에 나서는 것은 무모하다고 할 수 있다. 예를 들어, 홍길동이라는 사람이 대학을 졸업한 후 어느 기업에서 다년간 마케팅과 홍보분야에서 일한 경험이 있어 홍보대행업체를 차려 독립할 계획이라고 가정하자. 그러면 어떤 업종의 홍보를 대행할 것인지, 또 사업이 잘 될 것인지는 막막하다. 더욱이 창업에 필요한 기본적인 사업계획서의 작성과 같은 서류작업은 한번도 해보지 않는 생소한 일이기만 했다.

이러한 경우에 홍길동 씨는 창업을 위해 매일 저녁 퇴근 후에 '창업뉴스'(이하 인터넷 주소는 그래픽 참조) 등의 창업관련 사이트에서 신규 창업 아이템을 찾았고, 건강에 대한 국민들의 수요가 폭발적으로 늘어날 것으로 예상해 개인병원 전문 홍보업체를 만들기로 작정했다. 그래서 창업에 필요한 기초자료인 사업계획서는 기업경영연구원의 '경영서식뱅크'에 수록된 다양한 계획서를 참조하여 작성하였다.

창업컨설팅 회사를 이용할 경우 대개 착수금만 해도 1백만원이 소요되기 때문에 이 창업사이트에 회원(연간 회비 3만3천원)으로 가입해서 해결하면 되고, 창업관련 세무상담은 각 지방자치단체 산하 '소상공인창업지원센터'에서 무료로 해결하면 된다.

2) 창업서류도 사이버공간에서

예를 들면, 홍길동 씨는 '스피드민원' 사이트를 통해 사업자등록과 관련한 서류를 준비해서 해당 관청에 인터넷 민원과 팩스 서비스를 이용해 제출하였다. 상호는 '이름쟁이'라는 사이트에서 아이디어를 얻어 지었고, 회사이름이 상표등록이 됐는지 여부는 '아이니드브랜드'의 무료 상표검색사이트를 통해 확인하였다.

홍길동 씨는 창업회사의 홈페이지를 만들기 위해 도메인은 '한국인터넷정보센터', 웹호스팅은 '블루웹'을 이용해 등록하였고, 사무실은 '지도로 보는 빌딩 사무실임대'에서 빈 오피스텔을 찾아내 부동산 중개업체를 찾아다니는 수고를 덜었다.

함께 근무할 직원 2명은 '워크넷' 등의 인터넷 채용사이트를 통해 채용하는 것이 좋다. 왜냐하면 헤드헌팅 업체를 통해 사람을 구할 경우 보통 채용인력 연봉의 20%를 부담해야 하므로 가능한 무료사이트를 이용하는 것이 좋다. 각종 전표나 결재서류 등 경영과 관련된 서식은 '서식뱅크'에서 내려 받아 사용하면

되고, 사무실 집기는 중고 사무용 가구 판매업체인 '도스'에서 구입하면 비용을 최소화할 수 있다.

이처럼 홍길동 씨는 고객이 암기하기 좋은 전화번호를 얻기 위해 한국통신에 찾아간 것을 제외하면 모든 창업절차를 인터넷으로 해결했으며, 창업 후 가능한 "인터넷 방식의 창업 노하우를 회사 홈페이지(www.doctorpr.co.kr)에 수록하면 창업을 희망하는 다른 사람들이 이를 이용할 수 있으므로 창업의 전 과정을 기록한 내용을 홈페이지에 수록하는 것이 바람직하다. 이제 창업에 성공한 홍길동씨에게 남은 문제는 가장 큰 문제는 사업계획이 적중해서 수익을 올리는 것에 있다. 누구든지 인터넷 창업과정을 통해서 얻은 경험을 잘 활용하면 사업에서도 크게 성공을 거둘 수 있을 것이다.

3) 인터넷 창업과 재래식 창업 비교

	사이트(URL: www는 생략) – 창업정보 내용	온라인 창업	오프라인 창업
창업 준비	창업뉴스(changupnews.co.kr) – 창업아이템 금주의 신규창업정보(magicsystem.co.kr) 아이창업(ichangup.co.kr) – 창업아이템	창업트렌드, 시기 – 노하우 등 실시간 정보 취득	창업박람회 등 참가, 신문 등 일반 매체 활용한 정보활용
	경영서식뱅크(form.re.kr) – 사업계획서 작성사례	연회비 3만3천원	컨설팅 비용 부담
	소호소상공인지원센터(sohoexpo.or.kr) – 자금, 세무상담	무료상담	세무위탁 월 5만원
회사 설립	스피드민원(speedminwon.co.kr) – 사업자 등록 서류	인터넷민원, 팩스 서비스	동사무소, 세무소 방문
	이름쟁이(irmjangi.com) – 상품, 회사명 짓기	직접 작명 가능	작명 비용부담(1천만원)
	아이니드브랜드(ineedbrand.com) – 무료상표검색, 출원	16만7천원 소요	변리사 이용(30만원)
	한국인터넷 정보센터(nic.or.kr) – 도메인 등록	연 2만2천원	서비스 없음
	블루웹(blueweb.co.kr) – 웹 호스팅	월 1만1천원	〃
	넷피아(netpia.com) – 키워드, 한글서비스	연 5만5천원	〃
사무실 임대	지도로 보는 사무실(office-map.co.kr) – 사무실, 오피스텔 정보	사무실 정보 무료 파악	중개업체 직접 방문
개업 준비	워크넷(work.go.kr) – 구인·구직, 취업알선	무료	헤드헌팅수수료 (구인자 연봉의 20%)
	서식뱅크(formbank.co.kr) – 경영서식	무료 다운로드	컨설팅업체 활용
	도스(doss.co.kr) – 중고 사무가구 판매	온라인 판매	가구매장 방문

2.2 창업자와 창업정신

1) 창업자세

창업을 한다고 모두 성공하는 것은 아니다. 주변을 살펴보면 창업을 통해서 기존의 사업체마저 부실의 사업체로 만드는 경우도 있고, 성공적으로 사업체를 유지하는 경우도 있다. 우리나라에는 해마다 약 4~5만 개의 중소기업이 새로 설립되는 것으로 추정된다. 일정한 규모와 체계를 갖춘 주식회사 형태에서부터 종업원 5명 이내의 소규모 기업인, 소상공인, 심지어는 사장 1인이 모든 업무를 총괄하는 소매점도 창업되고 있다. 또한 기회와 여건만 주어지면 언젠가 한번쯤 자기 회사를 차려 사장이 되고 싶어 하는 예비창업자와 기업의 환경변화에 따라 창업을 하게 되는 창업자도 많다.

그러나 사장이 되어 보겠다는 막연한 생각과 의욕만으로는 회사를 창업할 수 없고, 더군다나 성공적인 경영을 이룩해 내기란 불가능한 일이다. 창업을 성공적으로 이끌기 위해서는 창업자가 가져야 할 바람직한 자세가 필요한데, 창업자세가 어떠해야 하는지를 생각해 보면 다음과 같다.

첫째, 창업에는 철학이 있어야 한다. 창업자가 마음먹은 대로 되리라는 강한 신념을 관철시킬 수 있는 창업철학 없이는 결코 성공하지 못한다. 단순히 돈을 벌기 위한 창업은 창업과정 자체가 고달프고, 창업에 성공하여도 큰 보람을 느끼지 못하기 때문이다.

둘째, 적성에 맞는 업종선택이 창업성공의 지름길이다. 창업 업종과 창업자의 적성은 일치되어야 한다. 자기 적성이나 충분한 예비검토도 없이 창업에 뛰어든다면 자기 인생은 물론 가족과 친척, 친구들에게 피해를 줄 뿐 성공적인 창업경영은 현실적으로 어렵다. 창업은 창업자 자신의 이상과 취향, 그리고 적성에 맞는 분야에 뛰어드는 것이 창업에 성공할 수 있는 지름길인 것이다.

셋째, 탈 샐러리맨에도 전략과 정도(正道)가 필요하다. 장기적인 계획과 준비가 창업성공의 열쇠다. 대부분의 샐러리맨 창업은 전 직장과 직·간접적으로 연계될 수밖에 없다. 퇴직 전 수년간에 걸친 치밀한 계획과 전략 아래서 이루어질 때 성공할 수 있는 것이다.

넷째, 창업자에게는 분명한 좌우명이 있어야 한다. 창업기업의 사장은 모든 회사 업무에 만능이 되어야겠다는 각오, 끈질긴 의욕과 집념, 부단한 자기계발, 그리고 성실성을 창업자는 좌우명으로 삼아야 한다.

2) 창업정신

창업은 결심하기까지의 심적 고충에서부터 동업자의 물색, 아이템의 선정, 창업자금 조달, 종업원의 채용, 공장(점포)입지 선정, 공장건설, 관공서와의 접촉, 판매처의 확보, 그 어느 것 하나 고생스럽지 않는 일은 없다. 고생의 연속이라 해도 결코 과언이 아니다.

기업의 활동을 계획·조직·충원·지휘·통제함으로써 본래의 목적을 달성하도록 이끌어 나가는 관리기능, 그리고 기업의 모든 결과를 최종적으로 책임지는 위험부담기능 등을 수행하게 한다. 따라서 창업자는 사업성공에 대한 확고한 신념이 없이는 사업에 도전할 수조차 없는 것이다.

사업은 정신으로 시작해서 정신으로 끝난다고 해도 과언이 아니다. 정신으로 시작한 창업은 결국 국가에 유용한 일을 하겠다는 신념과 사회에 공헌하겠다는 사명감으로 귀착될 수밖에 없다.

고생을 기업경영의 근거 또는 성공을 위한 영양분으로 수용하는 창업자만이 성공한 경영인으로서 자격이 있다. 지위나 명예를 위해 또는 너무 많은 돈을 벌 목적으로 창업을 생각하는 사람은 창업자로서의 자격이 없을 뿐만 아니라 십중팔구 실패할 확률이 높다. 그러므로 창업자는 독립운동가적 정신으로 자기 자신을 샐러리맨으로부터 독립시키고, 국가와 사회를 위한 공인으로서 사명감을 갖고 출발해야 한다.

창업가정신은 '성공의 가능성을 좇아 도전하고 모험하는 정신'으로 정의할 수 있는데, 성공한 창업자들이 하나같이 행동지향적이였고 실천지향적이였음을 볼 때, 성공은 도전과 행동과 실천이 뒷받침되지 않는 한 이루어지지 않는다는 것을 알 수 있다. 창업에서의 성공은 완벽하고 철저한 계획이 보장하는 것이 아니라 완벽하고 철저한 모험, 즉 과감한 실천이 보장하는 것이다. 직접 경험해 보면서 공부하고 시작하는 일 이외에 창업에서의 성공을 보장할 방법은 이 세상 어디에도 없다.

지금 경영현장에는

창업 10계명

1. 긍정적인 생각을 유지하라. 반드시 방법이 있을 것이라 생각하고 포기하지 말고 찾으라.
2. Learning 없는 경험과 시도는 시간 낭비일 뿐이다.
3. 위기가 항상 곁에 있음을 염두에 두라.
4. 사람들은 항상 들어오고 나가니 있을 때 최선을 다하되 나가는 것에 상처받지 말라.
5. 장기적 비전에서 눈을 떼지 말되 단기적 성과가 쌓여서 달성됨을 잊지 말라.
6. 성장이 멈추면 규모는 재앙이 됨을 명심하고 성장의 지표를 매일 확인하라.
7. 기술은 매우 중요하나 사업에서의 비중은 10~30% 수준이고 전략, 조직운용, 불굴의 의지, 자본조달능력, 기회포착, 파트너십 등 목표달성을 위한 모든 것이 필요하다는 것을 인식하라.
8. 고객을 명확히 설정하라. 자신의 고객이 누구인지 정확히 모르고 사업을 하는 것은 어둠 속에서 다트를 던지는 것과 같다.
9. 고객 만족 지점 없이 비즈니스 모델만 만드는 것도 문제이며 비즈니스 모델 없는 고객 만족 서비스도 오래 가지 못한다. 영속적인 비즈니스 모델과 고객이 감동할 magic moment 둘 다를 갖춰야 한다.
10. 아이디어는 그저 시작점에 불과하다. 실행(execution)이 성공을 만들어 낸다.

자료: Nextrans(http://nextransblog.blogspot.com)

성공한 창업자들은 열 번 찍으면 어떻게 될까를 생각하기보다 직접 열 번을 찍어 보고 결과가 어떻게 되는지 확인하는 사람들이었다.

따라서 창업자는 새로운 사업을 창업하여 경영함에 있어 특히 뚜렷한 기업가정신이 없이는 성공할 수가 없다. 기업을 창업하면서 온갖 모험과 도전을 극복하고 성장해 가는 과정에서 많은 어려움에 직면할 때마다 남다른 지도력과 투철한 신념을 가지고 각고의 노력을 하지 않으면 안 된다. 성공적인 기업가정신의 특징을 개인적인 속성과 주요 행동적 특성으로 구분하여 살펴보면 다음과 같다.

(1) 개인적 속성

① 높은 성취욕구

② 독립성의 희구

③ 자신감
④ 미래지향성
⑤ 자기희생

(2) 행동적 특성

① 기술적 능력
② 대인관계 능력
③ 의사결정 능력

2.3 창업자의 기본자세

보통 직장에서 10년 넘게 근무하다 퇴직한 사람들이나 직장생활의 경험없이 창업을 희망하는 사람들에게는 창업이란 말 자체가 매우 어렵게 보인다. 왜냐하면 아무런 경험없이 창업을 희망하는 사람도 본인이 자발적으로 창업에 관련된 교육을 이수하지 않으면 창업이란 단어 자체가 너무 어려워 보이며, 직장생활을 한 사람이라 할지라도 마케팅이나 회계, 전략 등을 가르쳐는 주지만, 창업에 대해서는 제대로 가르쳐주기 않기 때문이다. 직장생활을 하다보면 1인당 연간 의무교육 시간이 있어서 직무교육이나 오피스 등의 전산교육을 직원들에게 억지로라도 시킨다. 여러 가지 커리큘럼이 마련되어 있지만 대부분 직장인으로서의 업무중심 교육이지 창업과 관련된 내용은 없으며, 최근에는 퇴직예정자들을 위한 교육과정(outplacement)에 이를 반영하기도 한다.

직장생활에서 자기가 근무하고 있는 부서별로 해마다 사업계획을 작성하지만, 사업계획과 창업계획은 다르다. 직장에서의 사업계획은 이미 정해진 양식에 맞추어 작성하는데, 전년도 사업계획서를 참조하여 문구만 적당히 바꾸고 위에서 떨어진 할당 목표에 맞게 매출과 비용을 조정해서 만드는 게 대부분이다. 자기 손으로 업무체계를 창조해내는 게 아니라 만들어진 체계에 빈 칸 채우기만 하는 되는 것이다.

반면 창업계획은 제로베이스에서 시작하여 업무체계부터 자신의 손으로 만들어야 하기 때문에 엄두를 내기 쉽지 않다. 경영자는 자동차를 운전하는 사람이고, 창업자는 자동차를 만들어서 운전하는 사람이다. 창업자는 일을 하면서 일에 대한 일도 해야 하는 것이다. 창업자는 경영자가 할일을 다하고 경영자가 하지 않는 일도 해야 하기 때문에 창업은 경영보다 힘들다.

창업을 하려고 할 때 가장 힘든 것은 마땅한 아이템이 떠오르지 않는다는 것이고, 막상 아이템이 머릿속에 떠올라도 이것을 현실에서 구체화시킬 세부 실천력이 결여되어 있다는 것과 또한 직장인 신분에서 자영업자나 사업가로 존재의 도약을 하는 데 따른 두려움이 발목을 잡는다. 삼성 창업자 이병철 회장도 20대 초반에 와세다 대학 중퇴 후 4년을 방황하며 노름으로 허송세월을 했다. 한마디로 백수였는데 어느 날 노름을 하다가 한밤중에 돌아와 잠자는 자식들을 보며 대오각성을 했다고 한다. 이병철 회장의 자서전「호암자전」을 보면 1930년대 당시 상황에서 청년들이 선택할 수 있는 것은 독립운동, 관리(공무원), 그리고 사업이있는데 독립운동은 용기가 부족했고, 일제치하에서 관리가 된다는 것은 떳떳치 못해서 사업을 선택했다고 한다. 사업이 성격에 맞는다고 판단했으며, 인생을 사업에 걸어보자는 생각이 있이 창업을 결심하게 되었다. 이병철 회장은 백수시절을 헛되이 보냈다고만 생각하지는 않았고 생각이 영그는 시기라고 썼다. 오히려 백수시절이 뜻을 세우기 위한 탐색기였다고 보았다. 또 하나 재미있는 것은 이병철 회장이 부모로부터 연수 300석의 재산을 물려받았는데 먹고 살기에는 넉넉하지만 창업자금으로는 모자란 수준이었다 한다. 그래서 동업자 2명을 구해 셋이서 정미소를 한 것이 삼성의 시작이다. 천하의 삼성도 시작할 때는 자금부족 상황이었다는 점이 재미있다.

가. 창업자의 자질

창업자로서 요구되는 자질은 기업의 규모나 성격에 따라서 매우 다양하다. 다양한 창업자의 자질 중 개인적인 특성에 따라 여러 가지로 분류하기도 하지만, 일반적으로 선천적 자질과 후천적 자질의 두 가지 유형으로 나누어 볼 수 있다.

지금 경영현장에는

언스트앤영 조사발표: 기업가는 선천적이 아니라 후천적으로 양성돼

세계 685명의 기업가와 올해 기업가상 수상자를 대상으로 한 심층 인터뷰에 기반해 금일(2일) 언스트앤영(Ernst & Young)이 발간한 보고서 '본성과 양육: 기업가 분석'(Nature or nurture: Decoding the entrepreneur)은 세계적인 기업가의 공통된 특성과 좌절, 이들의 커리어 목표를 집중 분석한다.

이번 연구 보고서는 모든 기업가들이 정식교육과 회사경험 없이 창업한다는 편견에 도전한다. 비록 설문 조사한 많은 기업가들이 젊은 나이에 창업을 시작했지만, 응답자 중 45%는 30세 후부터 시작했다고 답했다. 거의 60%는 창업 전에 회사 근무 경험이 있는 회사원에서 기업가로 변신했다고 자신의 상태를 정의했다.

마리아 피넬리(Maria Pinelli) 언스트앤영 전략적 성장시장 글로벌 신규 부임 부회장은 "기업 리더들은 자신을 규정하는 요소로 개인 본성만큼이나 초기 사업 경험, 문화적 배경, 외부환경을 중요시 한다. 본성이 아니라 양육이 기업가정신을 배양하는 데 더욱 중요한 영향을 미치는 것 같다"고 설명했다.

△ 대부분 창업은 일회성 결정에 멈추지 않아 대부분 기업가들은 한 가지 창업에만 만족하지 않는다. 60%는 3개 이상의 회사를 창업했고, 20%는 6개 이상, 10%는 현재까지 10개 이상의 회사를 창업했다고 답했다.

하지만 새로운 사업을 시작했다고 바로 기존의 사업과 연관을 끊어버리지 않는다. 연구조사 응답자 중 45%는 기존 벤처 사업의 소유권을 유지하고, 28%는 일부 사업에 지분을 보유하고 있다고 답했다.

△ 자금, 인재, 노하우가 창업 성공의 가장 큰 걸림돌 창업의 어려움에 대해 10명의 응답자 중 6명은 미래 성장의 가장 공통적인 장애물로 자금 또는 재정 부족을 꼽았다. 이는 대다수 국가의 점진적인 신용 완화에도 불구하고 기업가들은 자금접근의 어려움을 지속적으로 경험했다고 답한 현재 사업 환경을 반영한다. 자금 이외 장애물로는 적절한 전문성을 지닌 적합한 인재 채용이 있다.

△ 기업가들은 공통 특징을 공유해 연구에서 기업가들은 선천적이 아니라 후천적으로 양성된다고 시사하는 가운데, 이번 조사에서 기업가들은 더욱 조직화된 기업 환경에서 동료집단과 다른 행동과 태도를 보이는 경향을 드러냈다. 기업 리더의 가장 중요한 자질에 대해 4분의 3의 기업가들은 '비전'을, 73%는 '열정', 64%는 '추진력'을 꼽았다. 유연성(33%), 품질에 대한 끊임없는 추구(18%), 충성도(14%)와 같은 요인의 점수는 상대적으로 낮았다.

피넬리 "이번 연구조사에서 남들은 위기만 보는 가운데 가장 성공적인 기업가는 기회를 볼 수 있는 자질이 십분 부각됐다. 또한 이들은 긍정적이며 남들이 아니라고 말할 때 성공할 수 있다는 확신을 갖는 경향이 있다"고 결론 내렸다.

자료: 뉴시스(http://www.newsis.com), 2011.6.3

1) 선천적 자질

① 새로운 것에 도전하는 모험심이 유별난 사람

② 가능성에 대한 집념이 강한 사람

③ 스케일이 크고 큰일을 해내는 사람

④ 사람을 잘 통제할 줄 아는 사람

⑤ 쉽게 좌절하지 않고 의지력이 강한 사람

2) 후천적 자질

① 본인이 지금까지 쌓아온 창업관련 분야에서의 경험

② 지금까지 배워서 얻은 학문과 지식

③ 본인의 성격, 체질, 체력적인 소질

④ 본인이 가지고 있는 자격, 사회지위, 이전 근무했던 직장에서의 신용

⑤ 지금까지 인간관계에 있어서의 교제 인물의 폭과 깊이

⑥ 창업환경을 둘러싼 인간관계

나. 사업분야의 선정

창업을 실행하려는 사람은 기존에 다니던 직장과 상관없이 처음부터 시작한다는 자세를 가져야 한다. 따라서 막연한 구상이나 충동에 의해서 행동을 할 수는 없으며 실패하지 않기 위한 사전 준비를 단단히 하여야 한다.

직장 생활을 청산하고 독립하는 것이 결코 쉬운 일이 아니다. 만약 창업을 하여 독립하게 되면 모든 것을 혼자서 책임져야 한다. 주위에서 보면 좋아 보이지만 자기가 직접 그 속에 들어가 보면 꼭 그렇지만은 않다.

직장을 그만두고 독립하려는 사람은 상당한 각오를 한 후 행동하여야 한다. 도중에 그만둘 바에는 처음부터 안 하는 것만 못할 수도 있으며 대개는 다시 돌아갈 수도 없다. 따라서 자신의 창업준비가 부족하거나 적절치 못하다고 판단되면 창업 자체를 유보하거나 창업시기를 조절할 필요가 있다.

창업자가 업종선택을 할 때, 다음 항목들을 고려하여 자신이 생각한 업종에 해당되는 것을 찾아보는 것이 좋다.

① 당신의 성격에 맞는 업종인가?
② 지금까지의 경험이나 지식을 살릴 수 있는 업종인가?
③ 가족의 찬성과 협력을 얻을 수 있는 업종인가?
④ 개업 시점에서 일정의 수익이 예상되는 업종인가, 장래성은 있는가?
⑤ 고도의 기술이나 전문적인 지식을 필요로 하는가, 만일 그렇다면 배울 방법은 있는가?
⑥ 경험이 없는 사람이 개업하기에 위험한 업종은 아닌가?
⑦ 면허·허가·등록·신고 등을 필요로 하는 업종은 아닌가, 법적 규제는 없는가, 만일 그렇다면 조건을 충족시킬 수 있는가?
⑧ 개업에 어느 정도의 자금을 필요로 하는 업종인가, 그 조달은 가능한가?

이러한 기준들 중에서 특히 중요한 몇 가지에 대해 보다 구체적으로 설명하면 다음과 같다.

1) 창업의 필연성 확인과 창업가적 자질 여부의 판단

창업희망자는 먼저 스스로의 성격적 특성 때문에, 현재 또는 장래 예측되는 신분상의 변화 때문에 창업을 반드시 해야 할 것인가 아니면 기존에 해 오던 일의 연장선에서 다른 직장을 구할 것인가에 대한 결정을 내려야 한다.

이와 더불어 파악할 주요한 사항은 자신이 창업가적 자질을 어느 정도 갖추고 있는가에 대한 판단을 내리는 일이다. 만일 앞에서 언급한 창업가적 자질을 풍부하게 갖춘 창업가라면 비록 모험이 될지라도 창업을 시도해 볼 만한 가치가 있다. 반면 창업가적 자질이 높지 못한 것이라면 보다 신중한 준비와 철저한 자기분석을 통해서 가급적 자신에게 적합한 사업 분야를 모색하는 노력이 필요하다.

2) 자신의 경험과 자격요건의 활용 여부를 확인

최근과 같이 경기가 불투명할 때는 창업의 성공률이 가장 높은 것은 자신이 몇 년 동안 경험해 온 업종으로 시작하는 것이다. 이 경우 어떻게 생산을 할 것이며, 어디에서 매입해서 어떻게 팔면 좋은가?라는 사업의 방법에 대해 어느 정도 기초지식을 갖고 있는 상태이고 창업을 위해 필요한 준비방법 등도 곧 조사를 할 수 있으므로 자금만 있다면 창업하는 데 큰 어려움이 없을 것이다.

3) 자신의 인생목표, 경영철학 및 취향과의 대조

대부분의 사람들에게 있어 창업은 스스로의 삶에 있어 추구하고자 하는 꿈을 실현하는 과정이다. 따라서 자신의 인생목표나 가치관과 너무 동떨어진 분야에서는 개인이 가진 능력을 극대화시킬 수 없고 창업성공을 이끌어 내기도 어렵다. 흔히들 창업업종과 관련하여 유망분야를 선호하지만 이는 상대적인 개념이라는 점을 받아들여야 한다.

4) 창업자의 자금조달 능력의 고려

통상 도·소매업이나 서비스업에 비해 제조업이 더 많은 자금을 필요로 한다. 또한 도·소매업의 경우에도 취급 상품이나 점포규모 등에 따라 사업 자금규모는 천차만별이다. 서비스업의 경우에도 서비스업의 종류와 유형에 따라서 큰 자본이 필요한 경우가 있는가 하면 도·소매업에 비해서 훨씬 많은 자금이 소요되는 경우도 흔히 있다. 따라서 창업자의 자기자본 규모와 금융기관 차입을 위한 담보, 신용 및 인맥 등 자금조달 능력을 충분히 고려하여 결정하되 5억 이상의 자금조달이 가능한 경우는 제조업을, 1억원 내지 5억원 정도의 자금조달이 가능한 경우는 도·소매점 또는 개인 중심의 서비스업을 선택하는 것이 좋다.

2.4 사업분야별 고려사항

가. 제조업의 선정시 고려사항

제조업은 도·소매업에 비해서 풍부한 경험을 필요로 하는 분야이다. 따라서 제조업을 경영하고자 하는 예비 창업자는 최소한 제조업체에 직접 근무한 경험이 있거나 간접적으로 깊은 관계가 있는 경우에 선택하여야 한다. 보다 사업성공률을 높이기 위해서는 제조업체에 근무하는 동안 생산, 관리, 판매의 3대 분야 중 적어도 2개 이상의 분야에서 직접 근무한 경험을 쌓아서 창업한다면 그만큼 성공 가능성은 높이진다고 볼 수 있을 것이다. 최근 경영환경상 종업원 구직난 등으로 제조업 경영이 어려운 현실을 고려하여 제조업 자체를 기피하는 예비 창업자가 있는가 하면, 사업을 할 바에야 생산적인 제조업을 경영해야 하겠다는 확고한 경영철학을 갖고 있는 예비창업자도 있을 수 있다.

나. 도·소매업의 선정시 고려사항

도·소매업은 흔히 제조업이나 서비스업에 비해 비전문가가 도전하기 쉬운 분야로 알려져 있다. 도·소매업은 대개 중간 내지 최종소비자와 직접 만나는 분야이므로 어느 업종 못지않게 고도의 친밀성과 시장감각이 필요한 분야이다. 도·소매업이라고 하더라도 사업하기 어려운 분야와 쉬운 분야의 구별이 있다는 점을 알아야 한다. 도·소매에서 주로 다루는 소비재는 취급하는 품목에 따라 편의품, 선매품, 전문품으로 구분된다. 여기서 편의품은 손님이 근처 가게에서 사는 식료품이나 일용 잡화 등이고, 선매품은 손님이 여러 가게에서 상품을 둘러본 후에 사는 가구나 의료품 등이며, 전문품은 취미에 따라 기호도가 높은 고급 의류나 귀금속 등이다.

이 중 편의품점은 대개 착수하기가 쉽고, 선매품점은 경험이나 상술이 필요하기 때문에 초보자인 사람에게는 어렵다. 전문품은 상품에 대한 전문지식이 필요하고 더군다나 자본금이 많이 들므로 신규창업은 어렵다. 하지만 편의품이라도 정육이나 생선은 특수기능을 필요로 하기 때문에 어렵고, 선매품이라도 문구, 꽃, 스포츠 용품 등은 취급하기 쉬운 편이다.

다. 서비스업의 선정시 고려사항

서비스업은 창업자의 능력 자체가 사업의 핵심요소가 되는 경우가 대부분이다. 따라서 제조업과는 또 다른 적성과 자질을 필요로 한다. 서비스업을 영위하기 위해서 창업자 자신이 모든 업무수행에 필요한 자격요건이나 능력을 갖출 필요는 없지만 최소한 사업분야의 전체 흐름에 대해 이해할 수 있는 수준 이상이어야 한다.

서비스업 분야에서 새로 창업할 때 흔히 사업의 운영에 필요한 자격요건을 갖춘 사람을 고용하고 스스로는 관리자 내지 경리의 역할에만 한정하고 있는 경우를 보는데, 이는 그다지 바람직하지 못한 것이라고 여겨진다. 왜냐하면, 창업자 자신이 업무에 정통하여 전체 흐름을 주도하면서 새로운 아이디어와 방향제시로 사업을 이끌어 가야만 성공가능성이 높아지기 때문이다.

때로는 지금 현재 준비가 부족하나 어느 정도 준비기간을 가지면 사업분야에 대한 이해와 실제 창업이 가능한 분야를 선정하는 것이 바람직할 것이다. 일반적으로 서비스업은 사무직 종사자 또는 지식산업 분야 종사자들에게 적합하다고 여겨진다.

음식점이나 그외 서비스업도 도·소매업과 같은 분류가 가능하다. 또한 업종 중에는 주류 판매업이나 음식점처럼 허가가 필요한 것, 약국처럼 면허를 필요로 하는 것, 세탁소업과 같이 신고를 필요로 하는 것 등이 있다. 인가나 허가를 필요로 하는 업종은 일정기준을 충족시키지 않으면 창업을 할 수가 없다. 하지만 인가나 허가의 조건이 엄격한 대신 일단 창업한 후의 경영은 어느 정도 안정을 유지할 수 있으므로 조건의 양면을 충분히 검토해야 한다.

라. 프랜차이즈업의 선정시 고려사항

도·소매, 서비스업의 경우 최근 프랜차이즈화된 체인점에 가입하는 창업자도 많이 늘어나고 있다. 프랜차이즈라는 것은 햄버거점이나 치킨점, 카페 등에서 볼 수 있는 형태로 경영의 노하우를 제공하는 본사(프랜차이지)와 그 대가로 돈을 지불하는 가맹점(프랜차이저)으로 조직된다. 구체적인 내용은 체인에 따라 다른데, 그 기본적인 스타일은 다음과 같다.

본사는 창업에 즈음하여 입지나 점포, 설비, 제조판매의 기술과 메뉴, 광고선전 등의 노하우를 제공하거나 실제로 지휘하고, 이후에도 제품이나 재료의 제공, 제품개발 등을 행하며, 가게의 관리와 운영에 책임을 진다. 그리고 가맹점은 이에 대해 가맹료와 로열티를 지불하는 것이다.

프랜차이즈화된 체인점의 경우, 기본적인 것에 관해서는 본사가 관리해주므로 창업시의 시간과 노고가 적게 들고 창업 후에도 안정된 수입을 얻기 쉬운 장점이 있다. 반면에 본사의 지도성이 강하나 그것으로부터 오는 단점도 적지 않다.

가맹체인점에 대한 의무감이 전혀 없이 인테리어 비용이나 상품 및 기계설비 판매이익을 챙기는 데만 급급한 체인본부도 적지 않으며 심지어 체인본부가 한 사업아이템으로 체인점을 모집한 다음 상호를 바꿔 같은 사업아이템으로 또 다른 체인점을 모집해 체인점끼리 경쟁을 유발해 체인점의 수익성을 떨어뜨리는 경우도 있으므로 주의해야 한다.

마. 소호창업시 고려사항

1) 소호란

소호(small office home office: SOHO)란 집이나 작은 사무실에서 아이디어와 실력으로 하는 사업이다. 소호는 원래 패션과 예술의 중심지인 미국 뉴욕 맨하탄 남부지역을 가리키는 말이다. 또 옛 영국 왕족의 여우 사냥지를 부르는 말이기도 하다. 그러나 최근에는 사무실없는 새로운 창업방식을 일컫는 말로 더욱 널리 쓰이고 있다.

소호는 산업사회에서 정보·지식사회로 옮겨가면서 사무실이 없이도 사업을 할 수 있다는 생각에서 출발한다. 이 때문에 소호비즈니스는 인터넷과 PC 등 사이버공간을 활용하는 경우가 많다. 사이버공간에서는 대기업이라고 특별히 사업환경이 유리한 것은 아니다. 오히려 의사결정이 빠른 집단이나 개인이 우위를 누릴 수 있다.

창업하면 의례 자본이나 기술을 중시한다. 그러나 소호창업에서는 자본이나 기술보다도 정보나 아이디어 그 자체가 높은 비중을 차지한다. 이런 점이 일반창업과 차이라고 할 수 있다.

흔히 소호창업을 벤처창업의 전단계로 생각하는 사람들이 많지만 이는 잘못된 생각이다. 벤처기업은 첨단기술을 상품화하는 비즈니스이다. 그러나 소호사업은 규모와 관계없이 정보를 중시하는 비즈니스라는 측면에서 다른 비즈니스와 영역을 달리하는 것으로 보는 것이 좋다.

소호비즈니스는 적은 투자비용으로 시작하지만 매출규모는 상상을 초월할 정도로 확대될 수 있는 가능성을 가지고 있다는 점이 특징이다.

소호비즈니스는 겉보기에 누구나 창업할 수 있는 것처럼 보이지만 실제 성공가능성은 천차만별이다. 따라서 소호로 성공하려면 무엇보다도 개인적인 특성을 잘 살려야 한다.

소호의 원산지인 미국에는 소호인구가 5,000만 명에 달한다. 근로자 3명 중 1명이 소호족일 정도로 소호개념이 널리 확산돼 있다. 매출규모도 연간 4,500억 달러에 달하고 있다. 일본도 소호인구가 600만 명을 돌파했다.

2) 소호창업 유의점

소호는 직접적인 금전 투자는 적지만 자신의 모든 것을 걸고 한다는 점에서는 다른 사업과 마찬가지이다. 체인점처럼 매장을 내면 본부에서 모든 지원을 해주는 식이 아니라 처음부터 끝까지 자신이 알아서 해야 하는 것인 만큼 철저한 각오와 완벽한 준비가 없이는 성공하기 어렵다.

주변에서 흔히 볼 수 있는 대표적인 실패사례로는 나 혼자 모든 것을 잘할 수 있다는 것이다. 자신이 혼자 사업을 계획하고 주도한다 해도 팀을 짜서 일을 하는 것이 위험성을 줄일 수 있음에도 본인에게 돌아오는 수익이 줄어들 것을 우려해 혼자서 모든 일을 하다 보면 실패하기 십상이다.

또 사업아이템이 좋다고 철저한 준비없이 일부터 벌이는 사람들이 있다. 그러나 자신의 역량을 파악하지 못하고 사업 시작과 동시에 고객의 욕구에 부응하지 못해 무너지는 사례가 많다.

또 철저한 기업가정신이 없이 실패하는 사람들도 많다. 이런 사람들의 공통점은 문제가 발생하면 자신이 아니면 외부에서 먼저 문제를 찾는 경향이 있다. 그러나 외부에서 문제가 있더라도 사업하는 사람 자신이 해결하지 않으면 안 된다.

이 같은 점을 염두에 둔다면 몇 가지 성공 열쇠를 발견할 수 있다. 소호는 자기 혼자서 일하는 것으로 착각하기 쉽지만 주변에 좋은 동료가 없다면 성공하기 어렵다. 공동작업을 할 수 있는 팀을 구성할 수 있어야 한다.

두 번째는 경험축적이다. 하다보면 자연스럽게 경험도 쌓이지만 시행착오를 줄이려면 경험이 많은 선배들이나, 책, TV, 영화 등의 각종 매체를 통해 간접경험을 쌓는 것도 좋다.

세 번째는 고객만족이다. 자신의 가치를 스스로 매기되 일을 맡긴 고객이 정말 그 사람 일 잘하더군 하는 소리를 들어야 한다. 고객은 최대의 홍보맨이다.

지금 경영현장에는

공유 경제, 이젠 주방으로…창업부담 덜어주는 '공유주방'

제품이나 물건, 부동산을 다른 사람들과 함께 소비하는 개념을 일컫는 '공유 경제'가 이제는 주방으로까지 영역을 넓혀가고 있다. 초기에 과도한 비용을 들이지 않고도 원하는 때 주방을 사용할 수 있는 '공유 주방'이 외식업 창업자들에게 큰 인기를 끌고 있는 것.

설비를 갖춘 주방을 마련해 다른 사람에게 대여하는 '공유 주방'은 최근 조금씩 늘어나는 추세다. 차량공유서비스 우버 창업자인 트래비스 캘러닉도 지난달 한국에서 공유 주방 사업 진출을 발표했다.

공유 주방은 조리대, 화기, 냉장고, 식품창고 등 시설비용이 높은 주방을 여러 사업가와 함께 사용하며 초기 투자비용을 줄일 수 있게 도와준다.

외식업 창업자인 이 모씨는 '비용 절감'을 공유 주방의 가장 큰 장점으로 꼽았다. 이 모씨는 "공유 주방을 통해 창업 초반에 부담이 되는 비용을 크게 줄일 수 있었다"고 말했다.

창업 전문가에 따르면 공유 주방을 통한 개업 비용은 혼자 사업을 준비할 때보다 약 20% 수준으로 줄일 수 있으며, 만약 사업이 실패하더라도 타격을 최소화할 수 있는 것으로 나타났다.

공유 주방은 외식업계 창업가의 가장 큰 문제점으로 불리는 '준비 부족'도 보완할 수 있다.

외식 창업자 A씨는 "창의적인 음식 아이템은 있지만 이를 직접 시험해볼 수 있는 공간이 너무나도 한정적"이라며 "그렇다고 준비에만 매진했다가는 시간과 비용이 막대하게 들어가니 일단 창업을 하고 볼 수밖에 없다"고 토로했다.

공유 주방을 이용하는 한 외식업 창업자는 "공유 주방에서 제가 개발한 메뉴를 충분히 연습할 수 있어 손님들에게도 더 좋은 음식을 제공할 수 있게 됐다"고 밝혔다.

외식업에 뛰어드는 창업자외에 기존 외식업자들도 공유 주방에 주목하고 있다. 공유 주방을 통해 실패가 두려워 과감히 시도하지 못했던 실험적인 메뉴에 도전할 수 있기 때문이다.

다만 일각에서는 "1년에 10개 중 9개가 문을 닫는 우리나라 자영업자들의 현실 속에서 이 공유경제의 바람이 한줄기 빛이 될지, 오히려 경쟁을 더 부추길지 의문"이라는 우려를 표했다.

자료: 매일경제(http://www.mk.co.kr), 2018.11.21

2.5 사업아이템 선정

가. 업종 및 사업아이템 선정 순서

업종 및 사업아이템의 선정 순서는 일반적으로 다음과 같은 순서로 선택하는 것이 좋다.

① 창업 희망업종에 대한 정보수집
② 체험자 또는 종사자의 면담
③ 후보 사업아이템의 구체적 정보 수집
④ 후보 사업아이템에 대한 정밀분석, 검토
⑤ 사업타당성 분석
⑥ 최적업종 및 사업아이템 선정

사실상 창업업종 내지 사업아이템의 선정은 창업과정 중에서 가장 어렵고 많은 시간이 요구되는 것이다. 이는 자신이 고려하는 사업 업종·아이템에서의 성공가능성을 추정할 수 없기 때문이다. 따라서 선택업종에서의 성공가능성을 어느 정도 추정할 수 있으면 신댁에 도움이 될 것인데 이러한 목적을 위해서는 전문가의 창업컨설팅을 받아 보거나 각종 가상 창업업종 선택 시뮬레이션 프로그램을 실행한 결과를 참고하는 것도 한 방법이다.

나. 업종전환시 고려사항

지금 운영하고 있는 업종에 새로운 사업, 업종, 또는 품목을 추가하거나 새로운 분야로 업종을 전환하기 위해서는 현재 운영하고 있는 업종뿐만 아니라 새롭게 진출하고자 하는 분야의 현황과 업종전망도 동시에 고려하여야 한다. 새롭게 진출하고자 하는 분야에는 미래에 대한 불확실성과 여러 가지 위험요인이 항상 내재되어 있고, 경쟁업자들의 동향도 파악하여야 하는 만큼 고려해야 할 사항들이 매우 복잡하다. 업종을 전환할 경우는 몇 가지의 이유가 선행되어야 하는데,

첫째, 매출이 정체되거나
둘째, 경쟁업체와의 경쟁으로 수익성이 악화되거나
셋째, 대형업체들의 진출로 매출이 감소될 경우
넷째, 도시계획의 변경으로 인해 주변상권 이동이 예상되는 경우
다섯째, 임대건물의 경우 건물주의 요구로 업종변경이 요구되어지는 경우
여섯째, 각종 규제로 인해 업종유지가 어려울 경우
일곱째, 시장규모가 축소될 경우
여덟째, 신제품의 출시에 따른 기존 제품의 진부화가 진행될 경우 등이 있다.

그런데 업종을 전환할 때는 전환되는 업종이 자신의 적성과 맞는지 여부를 따져보아야 하며, 자신이 가지고 있는 경험이나 지식이 관련업종에 적합한 여부를 검토하여야 하며, 만약 인·허가사항이 필요하다면 이를 면밀히 검토하여야 하며, 비용의 절감을 위해 기존 설비를 활용할 수 있는지 여부도 검토하여야 한다. 또한 종업원의 배치·전환이 가능한지도 검토하여 업종의 전환을 고려하여야 한다.

업종전환의 조건은 기존의 업종과 유사하거나 관련된 업종으로의 전환, 기존설비나 인력의 활용이 가능한 업종으로의 전환, 자신의 경험과 전문지식을 활용할 수 있는 업종으로의 전환, 주변의 도움으로 시장확보가 가능한 업종으로의 전환 등이 검토되어야 한다.

1) 후보 사업아이템 탐색

성공적인 사업아이템을 발견하기 위해서는 될 수 있으면 많은 사업아이디어를 발굴할 필요가 있다. 창업이 가능한 모든 분야에서부터 출발하여 점차 좁은 범위로 옮겨가면서 체계적인 분석을 하다 보면 예비사업 아이디어가 탐색되고 이어서 창업자에게 적합한 후보 사업아이템이 1차적으로 선정된다.

후보 사업아이템을 선정하는 과정 및 절차를 살펴보자.

첫째, 사업아이템 선정의 기본 룰(rule)이라 할 수 있는 창업상품과 시장과의 관계 및 사례별 성공가능성을 살펴볼 필요가 있다. 창업 아이템으로서 가장 적합한 경우는 기존상품을 아이템으로 하여 새로운 시장에 뛰어들 경우와 새로

표 15-2 창업 아이템과 시장과의 관계 및 성공가능성

구분	유 형	성공가능성
창업 적합	신상품 (1/2) 기존시장 A형	• 소비자에게 만족을 주는 신상품을 개발하여 수요가 있는 기존시장에 판매 • 성공가능성은 50%~70% 정도
	기존상품 (1/2) 신시장 B형	• 성장기 또는 성숙기에 있는 기존상품을 사업아이템으로 하여 새로운 시장에 참여 • 성공가능성은 25%~50% 정도
창업 부적합	신상품 (1/2) 신시장 C형	• 신상품을 생산하여 새로운 시장에 판매하기 위해서는 소비자의 의식변화가 선행되어야 하며, 비교적 고가 상품임 • 성공가능성은 5% 정도
	기존상품 (1/2) 기존시장 D형	• 기존상품을 기존시장에 판매하기 위해서는 경쟁시 또는 해외상품과 경쟁하여 이겨야 함. • 성공가능성은 10%~30% 정도

운 상품을 개발하여 기존시장에 참여할 경우이다. 이들 상호간의 관계를 도표로 표시하면 〈표 15-2〉와 같다.

둘째, 성공가능성이 높은 상품유형의 선별이 필요하다. 성공적인 제품 또는 상품이 되기 위해서는 상품으로서 갖추어야 할 몇 가지 요건이 있는데 이를 구체적으로 살펴보면 〈표 15-3〉과 같다.

셋째, 성공가능성이 높은 상품유형과 기본요건을 기준으로 현재 존재하는 기존상품을 조사한다. 성공가능성이 높은 이들 기존상품을 찾는 방법에는 ① 정책적으로 지원하는 중소기업, 즉 중소기업 진흥(제품구매촉진에 관한 법), 중소기업 고유업종 및 계열화 업종(중소기업의 사업영역 보호 및 기업간 협력증진에 관한 법 시행령 별표), 도시형(공업배치 및 공장설립에 관한 법 시행령 제34조 관련 별표1), 벤처기업 업종(벤처기업 육성에 관한 특별조치법), ② 한국표준산업분류표 및 표준산업분류표 해설집, ③ 세계무역박람회, 산업박람회 및 발명품 전시회 등 참관, ④ 제품 아이디어관련 간행물의 활용 등의 방법을 통해 기존상품을 조사할 수 있다.

표 15-3 성공적인 상품의 기본요건

상품유형	기본요건
욕구충족형 상품 (히트 예상 상품)	• 필요성은 인정되나 욕구를 충족시킬 수 있는 제품을 생산하는 방법을 아는 사람이 없다. • 욕구의 인식부족으로 인해 제품이 개발되지 않았다. • 미래 욕구분출 가능성이 있다.
경쟁력이 있는 상품	• 품질향상 - 실용신안 의장등록 - 성능개선 및 특징 추가 - 품질 및 외형개선, 신뢰도 증가 • 원가절감 - 저렴한 원재료개발 - 기술혁신 - 저렴한 가격
일정기간 수요증가 예상상품	• 소비인구의 증가가 지속되는 경우 • 소비자 취향의 변화 • 소비자 의식의 변화 • 국민경제 수준의 증가

넷째, 기존상품의 응용 및 개선 가능성을 정밀 검토한다. 색깔이나 모양을 변경하거나 순서, 부품, 패턴 등을 재비치하거나 확대, 축소, 대체, 결합 등의 방법을 동원하여 특징이 개선되고 성능이 우수해진다면 창업에 적합한 후보 사업아이템이 예비적으로 선별되어지는 것이다.

다. 유망 사업아이템의 선정전략

1) 유망 사업아이템

흔히 사업아이템을 선정할 때 가장 중요시 여기는 부분은 바로 그 사업의 전망이다. 이는 달리 말해 과연 이 아이템이 유망한가?라는 문제로 창업의 핵심이 된다. 유망 아이템의 엄격한 의미는 성장성 즉, 장래성이 있고 사업의 궁극적인 목적이라 할 수 있는 수익률이 높은 업종으로서 안정적인 매출 실현이 가능할 뿐만 아니라 자금회전율이 높은 업종이라 할 수 있다.

그러나 현실적으로 이런 유망업종을 찾기란 거의 불가능하다. 만약 이런 사업아이템이 있다면 이미 많은 업체가 성업 혹은 창업 예정 중일 것이 틀림없으며, 그렇다면 오히려 유망 아이템이라기보다는 실패율이 높은 업종으로 분류할 수 있을 것이다. 아무리 좋은 아이템이라 하더라도 경쟁자가 많은 업종은 실패할 확률이 높기 때문이다.

따라서 유망 아이템이란 돈벌이가 확실한 업종이라기보다는 "실패율이 낮은 업종으로서 어느 정도의 부가가치가 있고, 기본시장이 존재하여 향후 수요확대의 여지가 큰 업종 정도로 해석하는 것이 창업자에게 적절하다고 보여진다." 왜냐하면 창업이란 너무 낙관적이면 방심하게 되고, 사업을 통해 일확천금을 노리다 보면 곧 실패의 문턱에 이를 수 있기 때문이다.

2) 유망 업종의 기본요건

첫째는 작고 실속 있는 업종의 선택이다. 창업을 하려면 장차 거래소 상장이라도 할 만한 업종을 선택하고 싶은 것이 창업자의 욕망이겠지만 사업이란 욕심만으로 되는 것이 아니므로 창업 초기에는 작고 실속 있는 업종 선택이 절대 필요하다.

둘째는 시류에 맞는 업종 선택이다. 시류에 맞는 업종을 선택하면 비교적 쉽게 창업에 성공할 수 있는 길이 열릴 확률이 높다. 시류에 맞지 않는 사업은 창업자가 아무리 열심히 팔려고 해도 매출이 쉽게 늘지 않는 반면에, 시류에 잘 맞는 사업은 창업자가 조금만 노력하여도 고객이 찾아와서 사주는 것이라 생각할 수 있다. 결국 시류에 맞는 업종 선택이 경제적인 창업효과를 거둘 수 있는 이점이 있다는 말이 된다. 시류에 맞는 업종 선택의 첫째 포인트는 정확한 시장 예측력에 있다. 둘째 포인트는 선진국의 산업 흐름과 유망 업종의 국내 상륙 가능 적기를 포착하는 일이다.

셋째는 대기업이 참여하기 곤란한 새로운 분야의 사업 선택이다. 창업하려고 하는 사람은 먼저 자신의 경험 및 능력과 자금조달 가능 범위 내에서 시작할 수 있는 업종을 우선적으로 고려해야 한다. 해당 사업이 누가 생각해도 유망한 사업이어서는 곤란하다. 대기업이 막대한 자금과 짜임새 있는 조직력으로 성장분야 산업에 참여하는 경우가 흔히 있기 때문이다. 우리나라가 무역적자 걱정이 한창이던 1990년, 1991년, 그리고 그 이후에도 외제 소비재 수입에 열을 올린 대기업이 상당수 있었다는 사실만 보아도 짐작이 가는 상황이다. 모처럼 좋은 기회를 포착하여 창업하고, 창업 초기 고생해서 개척한 황금시장을 고스란히 대기업에게 바치게 되는 것은 시간문제인 것이다.

넷째는 자본규모에 적정한 업종 선택이다. 아무리 좋은 업종이라도 자금이 뒷받침되지 않은 사업 구상은 허구에 불과하고 결국 실패로 이어질 수밖에 없는 것이다. 따라서 업종 선택은 자금조달이 가능한 자본규모와 연결하여 검토하는 것이 필수적이다

3) 유망 사업아이템 찾는 법

① 잘 아는 전문분야를 선택하라

창업에 관한 통계수치를 보면 잘 아는 전문분야를 선택했던 창업자의 성공률을 100으로 볼 때 모르는 무관분야에 뛰어들어 성공한 비율은 20%도 채 되지 않는다. 다시 말하면 전문분야를 선택했을 때의 성공률이 무관분야를 선택했을 때의 성공률보다 5배나 더 높다는 것이다.

② 자금회전 기간이 짧은 아이템을 선정하라

중소기업이나 소상공인이 창업하면서 3년, 4년이 지나야 겨우 수입이 생길 수 있는 장기 프로젝트를 가지고 나선다면 이미 실패를 안고 나서는 것이나 마찬가지이다. 적은 돈을 가지고 가장 안전하게 사업을 할 수 있는 최선의 방법은 자금회전율을 높이는 것이다.

③ 시장창출형 아이템을 선택하라

사업아이템 중에는 갈수록 스스로 시장을 잠식해 들어가는 아이템이 있고 갈수록 시장을 창출해 가는 아이템이 있다. 예를 들면, 백과사전의 경우 한 번 구매한 고객은 수십 년, 심한 경우 평생 동안 다시 구매할 가능성이 없다. 그러므로 백과사전 한 권을 팔았다는 말은 고객 한 사람을 영원히 잃어버렸다는 말이 된다. 이런 아이템을 시장잠식형 아이템이라고 한다.

반면 커피나 담배 같은 기호식품은 중독성을 가지고 있기 때문에 한 번 구매한 고객은 두 번 세 번 연달아 구매하게 된다. 이런 아이템을 시장창출형 아이

템이라고 한다. 이처럼 시장창출형 아이템은 하나를 팔고 나면 가만히 앉아 있어도 자동적으로 두 개 세 개를 팔게 되므로 가급적이면 이런 시장창출형 아이템을 선정하는 것이 좋다.

물론 각 아이템은 수요와 공급의 법칙에 의해 자동 조정되고 있으므로 시장잠식형은 반드시 나쁘고 시장창출형은 반드시 좋다고 말할 수는 없다. 예를 들면, 시장창출형 아이템인 경우는 예외없이 경쟁이 심하고 인위적 시장조작이 심하므로 창업시 이런 점을 각별히 유의하여야 할 것이다.

④ 국내외 초유의 신개발품은 피하라

지금까지 누구도 들어보지 못한 신개발품은 아무리 그 제품의 기능이 좋고 듣기만 하면 안사고 못 배길 것 같은 아이템이라도 그런 제품은 손대지 않는 것이 좋다. 막상 창업을 하려고 보면 사실 손대 볼 만한 아이템이 없음을 절감하게 된다. 옷 장사를 해볼까 하고 시장조사를 해보면 넘치는 게 옷이고 신발장사를 해볼까 하고 시장조사를 해보면 넘치는 게 신발이다.

이것은 서비스업인 경우에도 마찬가지이다. 우리나라도 중진국이 되었다 하여 여행객이 하루가 다르게 늘어나고 있음을 감안하여 여행사를 해볼까 하고 시장을 조사해 보면 넘치는 게 여행사이고, 패스트푸드점이 인기있다 하여 햄버거 가게를 해볼까 하고 시장을 조사해 보면 눈에 뜨이는 게 햄버거 가게이다. 그래서 뭔가 남들이 하지 않는 것이 없나 하고 수소문을 하게 되고, 그러다 보면 아무도 손댄 일이 없는 신개발품에 귀가 솔깃하게 된다.

그러나 창업의 역사가 말해 주는 결론은 그런 신개발품은 성공률보다 실패율이 훨씬 높다는 것이다. 상식적으로 생각해 보면 그런 신개발 제품, 혹은 특허품은 경쟁자가 없는 완전독점 아이템이므로 사업이 잘 될 것 같아 보이지만 속을 자세히 들여다보면 전혀 그렇지 않다. 이런 신개발품이 실패하는 주된 이유는 제품과 상품이 다르다는 사실을 미처 깨닫지 못하기 때문이다.

⑤ 뒤끝이 깨끗한 아이템을 선택하라

이는 한마디로 애프터서비스의 비중이 적은 아이템을 선정하라는 것이다. 방대한 조직을 가진 대기업은 사업성만 있다면 애프터서비스 같은 것은 조금도 문제될 것이 없다. 그러나 소규모 창업기업인 경우 애프터서비스의 비중이 높게 되면 애프터서비스를 위한 새로운 조직을 갖추어야 하며 그러다 보면 물건값보다 애프터서비스 비용이 더 먹힐 수도 있다. 그리고 그렇게 되면 거리가 먼 곳에는 팔고 싶어도 팔 수 없는 경우마저 생길 수 있다. 더욱이 애프터서비스에 대한 불만이 제품 자체에 대한 불신으로 연결되어 근거 없는 비방이 나돌 수도 있다.

⑥ 소비성이 강한 생필 소비재를 선택하라

창업은 물론 전문업 최선의 원칙에 따라 자기가 잘 아는 분야를 창업하는 것이 최선 중의 최선이다. 그러나 만일 그런 특별한 전문분야가 없거나 어쩔 수 없이 전문분야를 포기해야 할 경우라면 생필 소비재분야가 무난하다는 것이다.

중소기업이나 소상공인이 창업을 하면서 내구재 혹은 자본재 사업에 뛰어드는 것은 시작부터 너무 무거운 짐을 지고 나서는 것과 같으므로 중도에서 무너질 가능성이 매우 높다. 왜냐하면 내구재와 자본재는 자금의 회전기간이 길고 상당한 전문지식 없이는 할 수 없는 일이기 때문이다.

그러나 이에 비해 일반소비재는 자금의 회전기간이 짧고 창업자금도 적게 소요되므로 그만큼 부담이 적다. 뿐만 아니라 일반소비재는 사전에 특별한 지식을 가지고 있지 않더라도 평소 생활 속에서 늘 접해 왔던 아이템들이기 때문에 빠른 시간 내에 전문지식을 습득하기가 쉽다.

⑦ 계절성이 지나치게 강한 아이템은 피하라

계절성이 강하다는 말은 사업의 연속성이 보장되지 않는다는 말이다. 한 철은 장사가 잘됐다가 한 철은 장사가 안 되는 그런 사업은 기업의 유동성에 문제를 야기시킬 수 있기 때문이다.

물론 수출시장을 개척할 수 있다면 그러한 계절성을 극복할 수 있겠지만 창업 중소기업이나 소상공인이 수출시장을 개척한다는 것은 그리 쉬운 일이 아니다. 일반적으로 대부분의 중소기업이나 소상공인은 내수시장에서 어느 정도 발판을 굳힌 다음 수출시장의 문을 두드리는 것이 보통이다.

⑧ 업종의 수명주기를 파악하라

창업 업종들은 사람처럼 태어나 성장하고 늙은 뒤 사라진다. 좋은 창업 아이템들은 대부분 업종의 발전단계상 도입기나 성장단계에 있는 것들이라고 할 수 있다. 도입기나 성장기의 업종들은 밀려오는 큰 조류에 올라타 있는 것이나 마찬가지이므로 작은 노력이라도 큰 성과를 거둘 수 있다. 그러나 시장규모가 아직 작은 아이디어성 사업 중에는 수명주기에 따라 업종분류가 힘든 경우도 있다. 때로는 이들 사업의 경우 다른 사업과 병행하면서 시장여건이 성숙하기를 기다려야 하는 특성을 가지고 있는 경우도 있다.

지금 경영현장에는

'갓종원' 백종원, '제2의 대박' 위한 진검승부가 시작됐다

- **목조사업하다 IMF 만나 17억원 빚으로 좌절**
- **쌈밥집으로 재기 이어 한신포차 등 대박 행진**
- **고객우선·가격 파괴 등 자신만의 전략이 주효**
- **지난해 20개 브랜드·매출 1,741억원으로 성장**
- **中企 지위 박탈 예고 등 새 도전 요인 넘어야**

'외식업계의 미다스 손' 하면 누가 떠오르시나요?

아마 대부분 백종원을 떠올릴 것입니다.

강남의 작은 쌈밥집에서 지금의 더본코리아를 일군 이야기는 꽤 유명한 성공 스토리가 됐으니깐요.

그런데 요즘 이 더본코리아가 사람들의 관심의 대상이 되고 있는 것 아시나요?

얼마 전 국정감사장에 백 대표가 나타났습니다. 그 자리를 흡사 백 대표의 창업 강의장처럼 만들어 버렸죠.

이렇게 외식업게 '아이돌'과 같은 백 대표.

하지만 그가 지금껏 '꽃길'만 걸어온 것은 아닙니다.

백 대표가 외식업계에 모습을 나타낸 것은 지난 1993년부터입니다. 그때는 외식업보다 목조주택 건축 사업에 더 심취해 있었죠. 당시 백 대표의 눈에 가장 먼저 들어온 건 당시 한창 선풍적인 인기를 끌던 목조건축 사업이었습니다. 처음에는 꽤 성공을 거뒀지만 청천벽력과도 같이 하필 외환위기가 터진 탓에 사업이 실패하고 손에 남은 것은 17억원의 빚과 건축 사업을 시작할 때 인수했던 작은 쌈밥집뿐이었습니다.

좌절했던 백 대표는 쌈밥집을 밑천으로 성공하겠다는 마음을 품었습니다. '동네 한구석의 식당 아저씨'로 늙어갈 수는 없다고 다짐한 거죠. 직접 전단지를 돌리며 가게를 홍보하고 고객이 우선이라는 믿음 아래 착실히 장사를 계속했고 결국 입소문이 나고 작은 쌈밥집 앞은 항상 고객들로 가득해졌습니다. 이 성공을 기반으로 선보인 한신포차, 새마을식당 등의 브랜드가 '초대박'이 났고 지금의 '밥재벌' 백종원이 탄생할 수 있었던 거죠.

따지고 보면 백 대표의 '마인드'는 눈앞의 이익에만 급급했던 식당 사장들과는 좀 거리가 멀었다고 합니다. 바로 고객 우선주의와 가격 파괴전략이 지금의 성공을 만든 가장 중요한 요소죠. 우선 고객들의 행동을 통해 모아진 심리 요소를 가게에 반영했고 여기서 그 유명한 '30대70 법칙'이 탄생했습니다. 고객이 음식을 통해 얻는 맛은 30%에 불과하고 나머지는 식기나 인테리어를 통해 느낄 수 있다는 말이죠. 이런 백 대표만의 법칙은 가게들에 적용돼 큰 성공을 거두게 됩니다.

그는 음식점에서 중요한 전략 중 하나가 '가성비'라고 생각하는 사람입니다. 저렴한 가격에 많고 질 좋은 음식을 제공해야 한다고 생각했습니다. 이외에도 메뉴의 전문화, 빠른 유행 파악 등 외식 프랜차이즈 성공을 위한 끊임없는 고민이 브랜드 전략에 고스란히 녹아있죠.

더본코리아의 성장세를 보면 정말 '억' 하는 소리가 나올 정도입니다. 지난해 매출액은 1,741억원. 최고점을 찍었던 2016년 1,749억원보다는 조금 줄었지만 어마어마한 액수죠. 불과 5년 전인 2013년 775억원에서 두 배 이상 상승한 것이 대단하다는 말이 절로 나옵니다.

매출뿐 아니라 브랜드와 가맹점도 정말 많아졌습니다. 지난해 기준 20개 브랜드에 1,300여 가맹점수를 기록했는데 5년 전 490개에서 3배 가까이 늘어난 거죠. 더본코리아는 해외 진출에서도 큰 성공을 거뒀죠. 지난 2005년 중국 칭다오에 처음 진출을 시작한 이후 지금은 미국, 일본, 중국 등 3개 해외법인과 80여 개의 점포를 갖고 있는 글로벌 외식 프랜차이즈로 성장했습니다. 올해 초에는 경영투명성 확보와 글로벌 사업 확장을 위해 기업공개(IPO)를 하겠다는 포부도 갖게 됐습니다. 추정되는 기업가치만 해도 무려 3,000억원에 이를 정도죠.

하지만 백 대표와 더본코리아가 승승장구할 때는 보이지 않던 위기 요인도 조금씩 나타나고 있습니다. 일단 준비 중인 상장이 첫 번째 불안 요인입니다. 커피 전문점 프랜차이즈인 이디야커피의 예를 보면 이유를 알 수 있죠. 지난 4월 이디야커피의 상장이 무기한 연기됐습니다. 상장이 될 경우 벌어질 수 있는 주주와 가맹점주 사이의 이해관계 충돌 문제 때문이었죠. 회사 입장에서 주주가치를 올리려면 더 많은 수익을 내야 합니다. 결국 가맹본부의 이익을 극대화해야 하는데 반대로 가망점주들의 부담은 커질 수밖에 없는 거죠. 같은 문제를 더본코리아도 겪을 수 있다는 이야기가 됩니다.

불안한 것은 또 있습니다. 더본코리아라는 기업과 백종원이라는 사람은 결코 떼어놓을 수 없는 운명 공동체 같은 것입니다. 지금은 '국민스타'급인 백 대표의 이미지가 예상치 못한 이유로 무너질 경우 사업 자체가 타격을 받을 수 있다는 거죠. 더본코리아의 브랜드와 점포 수가 급팽창하면서 이미 견제구가 들어가고 있는 상황입니다. 질투 때문이건, 정당한 이유 때문이건 말이죠. 가령 일부 사람들은 더본코리아가 골목상권을 침해하고 문어발 확장에만 열을 올린다고 비판하고 있고 개인적인 식당 사업에 방송을 이용한다는 말도 나오고 있습니다.

게다가 내년4월 더본코리아는 중소기업 지위를 잃을 가능성이 높죠. 지금도 다른 외식업체들은 매출액이 1,000억원이 넘는 더본코리아가 중소기업으로 분류되는 것은 형평성에 어긋난다고 불만을 터뜨리고 있기 때문입니다. 대기업으로 지정되면 출점 제한 등의 규제를 받으면서 과거와 같은 고성장이 힘들게 되죠. 회사 규모가 커지면서 백 대표도 또 다른 시험대에 오른 모습입니다. 백 대표는 자신을 둘러싼 논란을 잘 알고 있는 듯 그에 맞는 행동을 보여주고 있습니다. 그는 직접 국정감사 자리에서 골목상권 침해 논란에 대해 해명하고 가맹점주와의 상생을 위해 가맹비를 인하하는 등의 조치도 취했죠.

사실 백 대표가 주먹구구식이던 한국 외식산업의 수준을 한 단계 올려놓은 것은 누구도 부정할 수 없는 사실입니다. 백 대표의 맹활약 덕분에 소비자의 선택지가 다양해지고 외식 산업에 대한 인식도 많이 개선됐죠. 중요한 것은 지금부터입니다. 과연 백 대표의 더본코리아는 '성장'과 '상생', 두 마리 토끼를 모두 다 잡을 수 있을까요?

자료: 서울경제(https://www.sedaily.com), 2018.11.14

제 3 절

벤처창업

3.1 벤처창업이란

벤처(venture)는 모험이란 뜻으로 위험부담을 지닌 행위 또는 불확실한 결과를 가져오는 것을 말한다. 따라서 벤처기업이란 말 그대로 새로운 기술을 보유했지만 큰 위험부담을 지닌 모험기업을 의미한다. 즉 벤처기업이란 새로운 첨단기술을 이용하는 기업, 대기업이 하기 어려운 사업, 도산위험이 높은 모험적 사업이다. 따라서 벤처창업이란 이러한 벤처기업을 설립하는 것을 말한다. 서비스업의 부상과 정보화의 진전으로 최근 벤처창업은 컴퓨터 관련 정보통신이나 서비스업에서 주로 이루어지고 있다.

이러한 벤처창업은 일반적인 창업에 비해 위험이 높은 반면에 이익도 높다는 특징이 있다. 그 이유는 벤처창업은 신기술을 이용하므로 제품의 인지도, 안정성 등이 떨어져서 도산위험이 높은 반면 이러한 제품이 일반화되는 경우에는 폭발적인 성장이 가능하기 때문이다. 따라서 벤처창업을 하는 경우에 기업이 성공하면 엄청난 이익이 남지만 그 반대의 경우에는 막대한 손실을 감수해야 한다.

3.2 사업계획서 작성

창업을 하기 위해서는 철저한 사업계획서(business plan)가 필요하다. 창업으로 성공하려면 무엇보다도 개인적인 특성을 살려야 한다. 따라서 무턱대고 시작하기보다는 자신의 여건을 고려, 검증한 후에 시작하기를 권한다.

그러면 그 첫 단추는 어떻게 꿰어야 할까. 바로 사업계획서에서 시작하면 된다. 그동안 생각해온 구상을 체계적으로 정리하는 일이다. 구상은 정리하면서 체계가 잡히고 또 다른 구상을 낳을 수 있다. 이런 점에서 사업계획서의 중요성은 아무리 강조해도 지나치지 않다.

대개의 중소기업들은 사업계획서 없이 경영자의 의지만으로 시작하는 사례가 많다. 그러다가 은행의 자금지원이 필요할 때 뒤늦게 사업계획서를 작성하곤 하는데 이는 단순히 은행 제출용일 뿐 별다른 의미를 갖지 못하는 것이 대부분이다.

여기서 주목해야 할 점은 왜 은행이 사업계획서를 필요로 하는가 하는 점이다. 이는 사업계획서를 보면 경영자의 최소한의 자질을 볼 수 있고 회사의 앞날에 대해서도 어느 정도 예측할 수 있기 때문이다.

사업계획서가 이처럼 중요한 것이지만 사업을 시작하려는 사람들은 어떤 내용으로 어떻게 작성해야 할지 모른다. 제일 먼저 알아야 할 내용은 사업계획서에 무슨 내용을 포함시킬 것인가 하는 점이다. 사업에 따라 조금씩 성격이 다르긴 하지만 대부분은 다음과 같은 형태를 갖추어야 한다.

가. 사업 개요

사업 개요는 유통이나 정보서비스 심지어 제조까지 사업을 해야 할 분야를 정확하게 구별하는 것이다. 자신이 제공하고자 하는 상품이나 서비스를 명확히 정의하고, 또한 제3자에게 정확하게 그리고 매력적으로 보일 수 있도록 명확하고도 상세히 기술하여야 한다. 이에 더하여, 1차적인 사업을 바탕으로 앞으로 사업영역을 확대하고자 하는 계획이 있을 때는 이 부문도 포함시켜야 한다.

나. 사업자 소개

본인의 경력과 특성을 남들이 한 눈에 보고 신뢰를 가질 수 있도록 명확하게 기재한다. 이를 작성하면서 자신의 사업적 적성과 분야를 명확히 해야 한다.

다. 준비상황

인력, 시설, 자금, 사업자신고 등 처음 사업을 시작할 때 필요한 부문을 꼼꼼하게 정리해 현실에 맞고도 의미가 있도록 작성하여 다른 사람에게 신뢰성을 주도록 노력해야 한다.

라. 상품·서비스 소개

사업 내용을 구체적으로, 현실적으로 정리, 소개해야 한다. 바로 이 부문에서 외부인들을 설득할 수 있을 때 비로소 사업 성공 가능성을 볼 수 있다.

마. 마케팅전략

상품·서비스 아이템이 아무리 좋다 해도 이를 성공시킬 수 있는 것은 마케팅전략에 달려 있다. 마케팅은 영업과는 차원을 달리 하는 것으로 누가 고객인지 현재시장 규모는 얼마이며 잠재 가능성은 어떤지, 어떤 방식으로 판매팀을 운영할 것인지 알아보는 것이다. 가장 중요한 것을 판매하고자 하는 상품의 시장이 존재하는지 여부와 어떻게 파고 들 것인지, 시기적으로 어떠한지, 어떻게 개척할 것인지 등을 설명해야 한다.

바. 재무계획

이제까지의 여러 가지 항목을 정리했다면 운영을 위해 얼마의 투자금액이 필요하며 무엇을 해야 하는지 제대로 된 재무계획을 세울 수 있을 것이다.

재무계획은 크게 두 가지 목적에서 사용되는데 첫 번째는 최저 투자금액이 얼마인지 파악하는 것이고, 다른 하나는 현금유동성이 얼마나 필요한지 알아보는 일이다.

이미 사업경험이 있다면 재무계획을 어떻게 해 나갈 것인지, 사업 초기를 시작으로 몇 단계에 걸쳐 구분할 수 있을 것이다.

사. 관리체계

기업은 생명력을 가진 것으로 어떻게 구성되는지, 어떻게 관리, 감독할 것인지 무척 중요하다. 이에 관한 부문을 정리하는 것이다. 사업계획서를 외부인에게 보여주어 투자를 유치할 계획이라면 이 부문에도 상당한 신경을 써야 한다.

아. 발전 계획

사업을 1회성으로 끝낼 것이 아니라면 발전계획을 세워야 한다. 어떻게 꾸준히 상품을 개발하고 고객을 확보해서 시장을 넓혀갈 것인지, 최대한 구체적으로 발전 계획을 작성해 보는 것이 바람직하다.

그림 15-2 사업계획서 작성내용

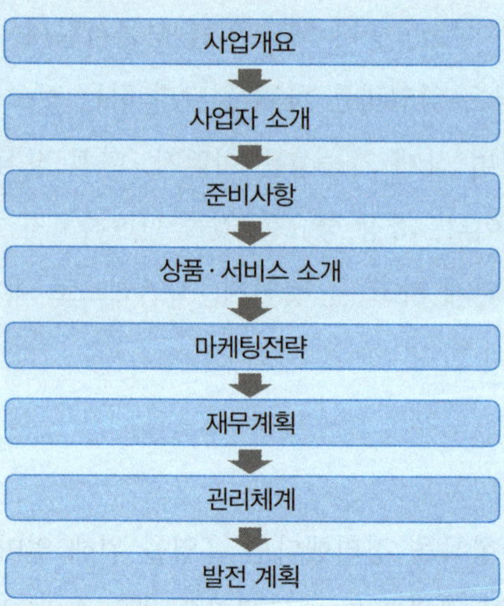

지금 경영현장에는

숫자화하면 성공하는 사업계획서 작성법

창업을 준비하는 예비창업자의 경우 첫 번째 하는 작업이 바로 사업계획서를 작성하는 것이다. 사업배경, 아이템, 홍보 마케팅, 재무, 시장분석 등 다양한 시각에서 창업의 준비를 하는 작업이다. 예비창업자의 경우 내가 팔고자 하는 아이템을 중심으로 시장분석을 하고 고객선정, 상품 확정, 가격 결정, 홍보 마케팅 등의 정리가 첫 번째 작업이다. 그리고 누구에게 팔 것인지, 한 달에 얼마나 팔 것인지, 어떻게 팔 것인지를 말하는 것이 두 번째 작업이다. 그리고 마지막이 재무계획과 사업을 운영하는 스케줄을 정하게 된다. 이렇게 작성된 사업계획서는 여러 번의 검증을 통해 수정하고 확정되면 사업자등록을 하고 사업을 시작하게 된다.

그런데 사업계획서를 검토하면서 제일 먼저 드는 생각은 숫자에 대한 개념이 약하다는 것이다. 숫자화하면 관리할 수 있는 것이 경영의 기본인데 이런 숫자보다는 정성적 표현이 많다는 것이 문제이다. 다시 말해 말로 서술하는 긍정적인 표현이 아닌 숫자로 나타내는 정량적인 표현이 필요하다. 정량적인 표현은 숫자를 뒷받침할 데이터가 필요하기 때문에 정성적 표현보다는 구체성이 있는 사업계획서를 작성할 수 있게 된다.

예를 들어서 반려견 수제 간식을 판매하는 업체가 일산지역을 대상으로 사업한다고 가정해보자. 그럼 일산지역의 반려견을 키우는 인구 숫자, 반려견 관련시설(동물병원, 카페, 유치원, 숍)의 숫자, 전년도 반려견 수제 간식의 매출, 일산지역 내 나의 목표매출, 일매출, 월매출, 분기매출 등의 숫자가 필요하다. 그런데 대부분의 사업계획서는 무엇을 할 것이다라는 내용을 서술하고 구체적인 숫자화가 불투명한 것이 현실이다. 그래서 사업계획서를 쓰기 위한 숫자를 만드는 작업은 사업의 구체성, 즉 반려견을 키우는 인구조사, 나의 고객의 시장조사, 경쟁상품에 대한 가격, 판매율조사 등을 통해 숫자를 만들어 내는 것이 중요하다. 왜냐하면 숫자를 만든다는 구체적인 숫자의 데이터를 만들고 그 데이터를 중심으로 나의 명확한 매출계획을 세울 수가 있게 된다.

사업계획서를 작성할 때 숫자는 단순히 숫자의 개념이 아니라 사업을 성공할 수 있는지를 결정할 수 있게 하는 근거자료가 되는 것이다. 이런 근거자료들은 철저한 시장조사, 고객의 선호도조사, 전년도 매출조사, 빅데이터를 중심으로 한 온라인분석자료, 홍보마케팅자료건수 등의 다각도의 사업성을 검증하는 단계이다. 경영학의 아버지 피터 드러커의 숫자화하면 관리할 수 있다는 말이 바로 사업계획서에도 반영되는 것이다. 지금 예비창업을 준비하는 여러분의 숫자분석이 바로 성공창업을 만들 수 있게 된다.

자료: 이코노믹리뷰(http://www.econovill.com), 2018.12.1

3.3 우리나라의 벤처창업

우리나라에도 기술 하나로 세계에 도전장을 던지는 벤처기업들이 확산 중이다. 80년대 초반 아무도 거들떠보지 않던 "한국에서 벤처기업이 과연 될까"라는 반신반의 속에서 묵묵히 그 자리를 지켜온 기업들이 이제 한국경제 전면에 나서고 있다.

가. 80년대 초반 1세대 '리딩 벤처'

한국 벤처시계는 3세대쯤에 왔다는 것이 중론이다. 벤처의 원조격은 큐닉스컴퓨터의 이범천 회장이다. 한국과학기술원을 1호로 입학해 1호로 학위를 받았다. 그는 1981년 KAIST 교수직을 버리고 30대 초반의 나이로 벤처기업인 큐닉스컴퓨터를 세웠다. 벤처라는 용어도 생소하던 시절이다. 창업한 지 불과 1년 만에 흑자를 기록, 주변을 깜짝 놀라게 했다.

메디슨신화의 주인공 이민화 회장은 1세대 리더격이다. 한국벤처신화를 주도한 인물이다. 1985년 창업한 그는 이제 40대 중반으로 원조격인 이범천 씨의 공백을 메우고 있다. 그는 한국벤처기업협회 회장직을 맡아 회원 벤처기업들을 이끌면서 숫한 화제를 뿌리고 있다. 이민화 회장보다 창업이 2년쯤 빨랐지만 늦게 두각을 나타낸 비트컴퓨터의 조현정 사장도 1세대에 속한다.

1983년 2월 창업한 반도체 검사장비업체인 미래산업의 정문술 사장도 창업 시기로 보면 역시 1세대다. 그는 현재 벤처기업인은 물론 정부, 학계, 언론계 등이 모여 구축한 네트워크인 '벤처리더스클럽' 초대 회장을 맡아 활동중이다.

1980년 삼보전자엔지니어링으로 출발한 이용태 삼보컴퓨터 명예회장도 1세대 원로급이다. 1세대는 창업투자회사 제도가 도입되기 이전 벤처캐피털인 신기술사업금융회사와 한국종합기술금융의 투자를 받았다.

나. 선도기능 맡은 2세대

2세대는 한마디로 '올림픽과 3저 호황세대'다. 88올림픽과 3저 호황이 창업의 기폭제 역할을 했다. 또한 중소기업창업지원법이 제정되면서 창업투자회사들의 벤처기업 투자가 시작되는 시기다.

올림픽 전산시스템을 맡았던 핸디소프트도 이때 창업의 기틀을 잡았다. 핸디소프트 안영경 사장은 KAIST전산학과 석사과정을 마친 후 과학기술원 시스템공학센터 제9그룹 실장을 역임하면서 86 아시안게임과 88올림픽 전산시스템 개발에 참여했다. 이후 독자적인 창업전선에 나서기로 하고 1991년 2월에 회사를 설립한다. 터보테크 장흥순 사장은 1988년 4월 창업의 깃발을 올렸다. 퓨처시스템 김광태 사장이 1987년 11월, 디지털 위성방송 수신기 전문 제조업체인 휴맥스 변대규 사장은 1989년 2월에 건인이란 이름으로 세계에 도전장을 낸다.

1989년 한글과 컴퓨터의 이찬진 사장이 한국의 빌 게이츠란 닉네임을 얻으면서 화려하게 등장했다. 이후 두인전자가 1990년 8월 닻을 올렸다. 무서운 유망주였지만 두 회사 모두 좌절도 겪었다.

1세대를 포함한 2세대 벤처기업들은 이후 벤처붐을 조성하는 조타수 기능을 담당했다. 후배기업들이 국내 벤치마킹대상으로 활동했다는 점에서도 높은 평가를 받고 있나. 2세대는 특히 1세대와 공조체제를 갖추면서 '나눔의 문화' 등 새로운 기업문화를 선도하고 있다. 이런 점들 때문에 1세대와 구분하기 쉽지 않다.

다. 벤처붐을 창조한 3세대

3세대는 경제위기를 기회로 만든 세대이다. IMF 외환위기를 겪기 전부터 달아오른 벤처붐을 기초로 창업전선에 뛰어든 세대다.

가장 중요한 계기는 역시 벤처인프라가 갖춰진 덕분이다. 1996년부터 벤처기업협회를 중심으로 제기된 벤처기업 육성책이 정부에서 받아들여지면서 벤처인프라가 갖춰지기 시작했다. 특히 코스닥시장 활성화와 1997년 제정된 벤처기업 특별법에 담겨진 제도 등이 주요한 인프라다.

여기에 인터넷이 확산되면서 창업전선에 뛰어든 군단들이 3세대를 형성하고 있다. 또 벤처형 기업으로 변신하고 있는 기존 중소기업도 이들 세대이다.

1999년 말 중소기업청 등록기준 벤처기업 수는 5,000개를 약간 밑도는 4,934개다. 이들 대부분이 3세대라고 할 수 있다. 그러나 중소기업청에 등록하지 않았지만 벤처기업이라고 쳐줄 수 있는 기업들도 셀 수 없다.

표 15-4 한국 벤처기업 역사

시기 구분	대표 기업
1세대(초기벤처 탄생기): 1985년 이전	
• 신기술사업 금융회사, 한국종합기술금융 등 벤처캐피털 설립	• 큐닉스 • 미래산업 • 메디슨 • 비트컴퓨터 등
2세대(선도벤처 탄생기): 1986~95년	
• 중소기업 창업지원법 제정 이래 창업투자회사 설립 증가	• 핸디소프트 • 한글과컴퓨터 • 터보테크 • 휴맥스 • 두인전자 등
3세대(벤처붐 확산기): 1996년 이후	
• 벤처기업협회 창립 • 코스닥, 스톡옵션, 엔젤 등 벤처 기반 구축·강화 • 인터넷 확산	• 네띠앙 • 옥션 등 • 중소기업청 등록 벤처기업 외 다수

최근 벤처열풍을 타고 속속 입성하고 있는 군단은 3.5세대로 부를 수 있다. 벤처기업 도약기에 등장한 기업들이다. 세계시장조차 좁다고 느끼는 기업들이 나올 때에 벤처시대는 4세대로 접어든다고 볼 수 있다. 그 때는 21세기 벤처강국 꿈이 현실로 다가오는 시점이다.

3.4 벤처기업의 형태

벤처기업은 기업가에 의해 설립된 독립 사업체나 기업을 의미하나 최근에 벤처기업에 대한 관심과 중요성이 높아짐에 따라 대기업들도 참여하고 있어 다양한 형태의 벤처기업들이 나타나고 있다. 그 형태를 살펴보면 다음과 같다.

가. 독립벤처

벤처기업의 가장 전형적 형태로 독립적으로 벤처기업을 창업하여 운영하는

지금 경영현장에는

글로벌 CEO들의 첫 직업

디자이너 랄프 로렌은 가난한 러시아 유대인 이민자의 아들로 태어나 브룩스 브라더스 영업사원으로 사회생활을 시작했다. 철강왕 앤드루 카네기는 방직공장 노동자였다. 하워드 슐츠 전 스타벅스 최고경영자(CEO)의 첫 직업은 제록스 영업사원이었다. 모두 아메리칸 드림의 상징이다.

기업의 세계엔 아메리칸 드림을 이룬 인물이 많다. 이들뿐 아니라 미국의 대기업 창업자, CEO들은 하역 노동자, 접시닦이, 야구장 음료수 판매원 등 다양한 직업으로 사회생활을 시작했다.

창고형 할인점 코스트코의 창업자인 제임스 시네갈은 첫 직장도 유통업체였다. 1954년 대학생 때 할인점 페드마트에서 아르바이트로 시작한 매트리스 하역 작업이 그의 첫 직업이다. 그의 성실함에 상사들이 승진을 시켜 주겠다고 하자 그는 대학도 그만뒀다. 그리고 1983년 코스트코를 창업했다. 시네갈은 어린 시절 몇 년간 고아원에 맡겨졌을 정도로 가정형편이 어려웠다. 델 컴퓨터의 창업자 마이클 델은 12세 때 중국 식당에서 접시를 닦는 것으로 사회에 첫발을 내디뎠다. 그는 16세 때 휴스턴의 한 작은 신문사 영업사원으로 일한 것이 첫 정식 직업이었다고 한 인터뷰에서 말하기도 했다.

퇴임한 골드만삭스 '최장수 수장' 로이드 블랭크페인의 첫 직업은 뉴욕양키스 경기장에서 25센트짜리 음료수를 파는 일이었다. 가정형편이 어려웠던 그는 13세에 처음 아르바이트로 돈을 벌었다. 빈민가에서 태어나 '월가의 황제'에 오른 블랭크페인은 금융위기를 헤치며 12년간 골드만삭스를 이끌었다. 미국 유명 방송인이자 미디어 재벌인 오프라 윈프리는 14세 때 잡화점 점원으로 일했다. 그의 첫 직업이었다.

자료: 한국경제(http://www.hankyung.com), 2018.11.21

것을 의미한다. 이러한 대부분의 독립벤처의 경우 기업가의 배경이 이전의 직장을 의미하는 배양조직(incubating organization)이 대학, 연구소, 대기업인 경우가 많아 배양조직으로부터 파생되어 나온 사업이라는 의미도 포함하고 있다. 또한 이러한 형태의 벤처는 배양조직에서 익힌 경영능력을 갖추고 있어 기술 창업자와 벤처캐피털이 융합된 경우가 많다.

나. 합작벤처

중소규모의 벤처와 대기업이 합작(joint)한 경우로 전자가 고도의 기술력을 제공하고 후자가 자본과 판매망 또는 기술개발 결과의 활용과 적용에 역점을 둔

형태이다. 벤처가 자금부족이나 경영부실 또는 규모의 경제성을 실현하고자 하는 경우와 대기업이 전략적 필요성에 의해 벤처를 인수·합병하여 자회사나 사업부로 운영하는 형태이다. 또한 벤처는 지속적으로 기술보완 및 개발에 전념하고 기업경영의 총괄은 경영능력이 있는 대기업이 맡게 되는 경우이기도 하다.

다. 내부벤처

대기업이 회사내부에 모험자본을 마련해 놓고 기업내부의 조직구성원들에게 사업아이디어를 제안하여 벤처기업을 설립하게 하거나 참여하도록 하는 방식이다. 최근 대기업들이 적극적으로 추진하고 있는 전략으로 기업내부에 기업가정신을 고취시키는 수단으로 사용된다. 또한 대기업이 내부에 벤처캐피털을 마련해 놓고 기업내부의 종업원에게 좋은 아이디어를 창출하도록 하고 벤처기업에 참여하도록 하는 형태이다.

라. 복합벤처

경영능력이 부족한 기술 창업자가 자신은 기술개발에 전념하고 경영관리는 전문경영인에게 위임하여 기업을 경영하도록 하며 이 때 벤처캐피털도 참여하는 형태이다. 대부분 전문경영인은 벤처캐피털사가 추천하고 벤처기업가의 동의를 얻어 영입되는 경우가 많다.

마. 도입벤처

연구기관의 연구결과나 특허와 같은 공업소유권, 해외의 선진기술을 도입하여 기업화하는 형태이다. 이는 대부분 벤처캐피털사의 주도로 추진되고 이에 관심이 있는 자본가를 참여시켜 벤처캐피털사와 합작투자를 하게 하는 경우이다.

바. 경영참가 벤처

벤처캐피털사가 벤처기업에 자본참여를 통해 투자하는 것은 도입벤처와 같으나 이 형태는 벤처캐피털이 벤처기업의 인사, 생산, 마케팅, 재무 및 회계 등 경영전반을 총괄하여 벤처캐피털의 자회사로 운영하는 형태이다.

사. 컨소시엄 벤처

벤처캐피털사가 컨소시엄을 구성하여 벤처기업에 투자하는 경우로써 주식뿐만 아니라 전환사채와 같은 지분을 갖는 투자와 지분대신 사용료(royalty)만을 받는 조건부 투자 등을 포함하여 공동으로 투자한 형태이다.

Case study

성공한 창업과 실패한 창업의 사례를 조사하여 이들의 성공 및 실패 요인을 ERIS(Entrepreneur, Resources & Capabilities, Industry Environment, Strategy) 모델에 따라 장단점을 분석하고, 성공적인 창업을 위해 기업가가 갖추어야 할 조건들을 제시해 보자.

문제

1. 여러분은 인터넷을 활용하여 SOHO형 벤처기업을 2019년 9월 1일자로 창업하려고 한다고 가정하고, 인터넷상에서 사업성이 있다고 생각하는 아이템을 선정하여 사업계획을 수립하시오.
2. 사업계획서에는 지금까지 배운 내용들을 바탕으로 사업 아이템, 달성하고자 하는 목표, 시장분석, 표적시장 선정 및 분석, 사업의 기본 콘셉트, 예산계획, 시간계획, 기대효과 등이 포함되어야 합니다. 특히 현재 국내외에서 유사한 사업을 전개하고 있는 경쟁상황을 철저히 분석하고, 이에 대비한 차별화 전략을 제시하시오.

사업계획서 사례 예시

- 사업명: 선물(gift) 전문 사이버 쇼핑몰
- 목표: 인터넷의 특성과 인터넷 사용자의 성향에 적합하며, 백화점식 쇼핑몰과 차별화되는 새로운 전문 쇼핑몰로 조기에 시장 정착이 가능한 사업
- 환경분석 및 자사분석: SWOT분석
- 시장분석: 많은 사이버 쇼핑몰이 난립하고 있지만, 인터넷의 특성을 살려 새로운 마케팅 패러다임을 구현하는 쇼핑몰은 거의 없다(경쟁 분석).
- 표적시장: 학교나 회사에서 LAN을 통해 인터넷을 이용하는 대학생 및 20~30대 직장인(표적시장분석)
- 마케팅전략: STP 분석, 4P 분석 등
- Concept: 선물 대상, 목적, 예산 등을 입력하면 자동으로 최적 선물 후보추천, 무료 배달 서비스, 카드와 꽃 동시 배달 가능, 일반 매장에 비해 최대 40% 할인, 각종 이벤트 전개, 고객과 주문 상대에 대한 내용을 데이터베이스화하여 지속 관리
- 예산: □□ 00원, ■■ 00원, △△ 00원, ▲▲ 00원, … , 계 000원
- 재무분석: 자금조달 계획, 손익분기점, 추정손익계산서 등
- 스케줄: □□ 9/20까지, ■■ 10/10까지, 11/20까지, … , OPEN 2010년 12월 1일
- 기대 효과: 기념일을 잊어버리거나 선물 때문에 고민하는 젊은 고객들의 욕구에 부응하여, 조기에 인기 쇼핑몰로 자리 잡을 수 있을 것임

참고문헌

강신성 · 오장균, 경영학원론, 청목출판사, 2014

곽수일 · 이경환 · 정상철, 경영정보시스템, 무역경영사, 2000

권구혁 · 박광태 · 박주영 · 장정주 · 최우석 · 최진남 · 홍광헌 공역, 경영학의 이해, 생능출판사, 2016

김남현 · 김정원 · 류태모 · 송경수 · 정현우, 경영학원론, 경문사, 2015

김석진, 글로벌시대 에센스경영, 도서출판 청람, 2008

김성민 · 길재욱 · 김헌수, 생활재무관리, 경문사, 2003

김세중, 디지털시대의 경영학이해, 무역경영사, 2012

김홍준 · 김진수, 생산운영관리, 명진출판, 2013

류태모 · 박봉규 · 송경수 · 정동섭, 경영학원론, 도서출판 대명, 2002

류태모 · 박봉규 · 박정기 · 송경수 · 정동섭 · 하우수, 창업과 취업전략, 도서출판 대명, 2001

류중경, E-Business 성공을 위한 ERP(CRM, SCM) 시스템 개발 방법, 정익사, 2011

박영배 · 김계수, 경영학개론, 도서출판 청람, 2018

박영배, 조직행동, 도서출판 청람, 2016

백기복, 새로운 경영학, 창민사, 2017

손동원, 벤처기업 창업경영론, 경문사, 2010

송교직, 재무관리의 이해, 신영사, 2018

송영출, 재무분석, 신영사, 2007

서성무 · 이지우, 경영학의 이해, 경문사, 2015

신유근 · 이춘우, 통합 경영학원론, 다산출판사, 2018

안상협, E-Business, 도서출판 대명, 2001

윤대혁 · 안춘복 · 신현범, 글로벌시대의 경영학원론, 탑북스, 2013

윤석철, 경영학의 진리체계, 경문사, 2012

이종호 · 김용호 · 김문태 · 옥정원, 마케팅 액츄얼리, 2013

이중우 · 김만술 · 김원석 공역, 경영학원론, 성진미디어, 2012

임창희, 경영학원론, 라온, 2015

장영광·정기관, 생활속의 경영학, 신영사, 2017

정재영·노승종·오세경·오홍석·정현수·현용진 공역, 경영학배움터, 생능출판사, 2006

조동성, 21세기를 위한 경영학, 서울경제경영, 2011

지호준·이재범, 알기 쉽게 배우는 21세기 경영학, 집현재, 2018

최용식, 경영학의 이해, 창민사, 2018

한정화, 벤처창업과 경영전략, 홍문사, 2018

한재민, 경영정보시스템, 학현사, 2000

Boone, L. E. & Kurts, D. L., *Contemporary Business*(10th), Harcourt College Publishers, 2002

Daft, R. L., *Management*(6th), Thomson South-Western, 2003

Hellriegel, Don, Susan E. Jackson and John W Slocum, Jr., *Managing: A Competancy-Based Approach*(11th). Casebound Publishing, 2008

Hill, C. W. L. & McShane, S. L., *Principles of Management*, McGraw-Hill, 2008

Nickels, W. G., McHugh, J. M. & McHugh, S. M., *Understanding Business*(8th), McGraw-Hill, 2008

Schermerhorn, J. R. Jr., *Management*(5th), John Wiley & Sons, Inc., 1996

Stephen P. Robbins, *Management, Global Edition*(12th), Pearson & Penguin Returns, 2016

찾아보기

ㄱ

ㄴ

ㄷ

ㄹ

ㅁ

ㅂ

ㅅ

ㅇ

ㅊ

ㅋ

ㅌ

저자약력

류 태 모

계명대학교 대학원(경영학박사)
부경대학교 경영학부 교수

송 경 수

계명대학교 대학원(경영학박사)
부산가톨릭대학교 유통경영학과 교수

정 동 섭

부산대학교 대학원(경영학박사)
경성대학교 경영학부 교수

정 현 우

부산대학교 대학원(경영학박사)
부산대학교 교육인증원 강의전담교수

제3판

경영학의 이해

초 판 발 행 2010년 2월 20일
개정판발행 2013년 2월 25일
제3판 인쇄 2019년 2월 20일
제3판 발행 2019년 2월 28일

지은이 류태모 · 송경수 · 정동섭 · 정현우
펴낸이 박노일

총괄기획 김중용 · 최준규
편 집 심성보

펴낸곳 pnc publishing and culture 피앤씨미디어
경기도 고양시 일산동구 강송로 153 310-1501
등록 제396-2012-000203호
전 화 070)7550-3758 팩 스 02)718-8554
홈페이지 www.pncmedia.co.kr 이메일 pnc@pncmedia.co.kr
ISBN 979-11-5730-607-7 93320

정 가 25,000원